ଆମେରିକା ଓ କାନାଡ଼ା
ଭ୍ରମଣର ଦିନଲିପି

ଆମେରିକା ଓ କାନାଡ଼ା
ଭ୍ରମଣର ଦିନଲିପି

ଡା. ପ୍ରକାଶ ଚନ୍ଦ୍ର ପାତ୍ର

ବ୍ଲାକ୍ ଇଗଲ୍ ବୁକ୍ସ
ଭୁବନେଶ୍ୱର, ଓଡ଼ିଶା

BLACK EAGLE BOOKS
Dublin, USA

BLACK EAGLE BOOKS

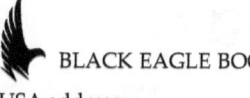

USA address:
7464 Wisdom Lane
Dublin, OH 43016

India address:
E/312, Trident Galaxy, Kalinga Nagar,
Bhubaneswar-751003, Odisha, India

E-mail: info@blackeaglebooks.org
Website: www.blackeaglebooks.org

First edition published in 2019

First International Edition Published by
BLACK EAGLE BOOKS, 2022

AMERICA O CANADA BHRAMANARA DINALIPI
by **Dr. Prakash Chandra Patra**
Mobile : 9437166500

Cover & Interior Design: Ezy's Publication

ISBN- 978-1-64560-317-7 (Paperback)

Printed in the United States of America

ଉତ୍ସର୍ଗ

ପୂଜନୀୟ ପିତୃଦେବ ସ୍ୱର୍ଗତ ରଘୁନାଥ ପାତ୍ରଙ୍କ କରକମଳରେ, ଯିଏକି ତା.୪-୨-୨୦୦୩ ରିଖରେ ଇହଲୀଳା ସମ୍ବରଣ କରିଛନ୍ତି । ଜାତୀୟ ହେଉ କି ଅନ୍ତର୍ଜାତୀୟ ହେଉ ଯେକୌଣସି ଭ୍ରମଣ ପାଇଁ ସେ ଉତ୍ସାହିତ କରୁଥିଲେ ଏବଂ ତାଗିଦ୍ କରୁଥିଲେ ଯେ, ଫେରିବା ପରେ "ଯିବାଠାରୁ ଆସିବା ପର୍ଯ୍ୟନ୍ତ" ସବୁ କଥା ବିସ୍ତୃତ ଭାବରେ କହିବାକୁ ପଡ଼ିବ । ମୁଁ ବି ଅଭ୍ୟାସଗତ ଭାବରେ "ଯିବାଠାରୁ ଆସିବା ପର୍ଯ୍ୟନ୍ତ" ଶୈଳୀରେ କହିବାକୁ ଓ ଶୁଣିବାକୁ ଭଲପାଏ । ଏ ପୁସ୍ତକଟିକୁ ଏ ଶୈଳୀରେ ଲେଖି ସେହି ଅମର ଆତ୍ମା ଉଦ୍ଦେଶ୍ୟରେ ଉତ୍ସର୍ଗ କରୁଛି ।

– ଲେଖକ

ଉପକ୍ରମଣିକା

ଅନ୍ତର୍ମନରେ ସମସ୍ତେ ଭ୍ରମଣକାରୀ । ଭ୍ରମଣ ସର୍ବଦା ଆନନ୍ଦଦାୟୀ । 'ଭ୍ରମଣ'ର 'ଭାବନା'ରୁ ବି ସୁଖ ମିଳେ ଏବଂ ଭ୍ରମଣସାହିତ୍ୟ ପଠନରୁ 'ସୁଖ' ସହିତ 'ଜ୍ଞାନ' ବି ଉପଲବ୍ଧ ହୁଏ । ୨୦୦୧ ମସିହାରେ ମୋର ବିଦେଶଭ୍ରମଣ ଆରମ୍ଭ ହେଲା, ତା' ସହିତ ଭ୍ରମଣସାହିତ୍ୟ ପ୍ରତି ବିଶେଷ ରୁଚି । ଏହା ପୂର୍ବରୁ ପ୍ରତିବର୍ଷ ଅନ୍ତତଃ ଦୁଇଥର ଭାରତର କୌଣସି ନା କୌଣସି ସହରରେ ଚିକିତ୍ସାବିଜ୍ଞାନୀଙ୍କ ସମ୍ମିଳନୀରେ ଯୋଗଦାନ କରିବାର ସୁଯୋଗ ପାଇ ସନ୍ନିକଟସ୍ଥ ଭ୍ରମଣସ୍ଥଳୀ ଦର୍ଶନର ଆନନ୍ଦ ନେଇଛି ଏବଂ ପ୍ରତ୍ୟେକ ସ୍ଥାନର ସଚିତ୍ର ବିବରଣୀ ପୁସ୍ତିକା ସଂଗ୍ରହ କରି ବନ୍ଧୁମାନଙ୍କୁ ମୋ ସୁଖରୁ ଭାଗ ଦେଇଛି । ତତ୍‌ପରିମାଣରେ ସୁଖ ମଧ୍ୟ ସେମାନଙ୍କଠୁ ଆଦାୟ କରିଛି । ସମୟଚକ୍ରରେ ମୋର ପାଠକ ଓ ଲେଖକ ମନ ଗଳ୍ପ, ଉପନ୍ୟାସ, ନାଟକ ଏବଂ ଜୀବନୀ-ଆତ୍ମଜୀବନୀ ସ୍ତରରୁ ଉନ୍ନୀତ ହୋଇ ଭ୍ରମଣକାହାଣୀରେ ଲାଖିଯାଇଛି ।

ବିଦେଶଭ୍ରମଣର ଅନୁଭୂତି ନିଆରା । ସୁଯୋଗ ପାଇ ନଥିବା ପରବର୍ତ୍ତୀ ପିଢ଼ିକୁ ଶୁଣାଇବାରେ ତ ଆନନ୍ଦ ଥାଏ । ସେମାନଙ୍କ ପାଇଁ ଏହା ପ୍ରେରଣାଦାୟକ ମଧ୍ୟ । ଯେଉଁ 'ପ୍ରେରିତ' ଅନୁଜମାନେ ନିଜେ ବିଦେଶ ଯାତ୍ରା ଆରମ୍ଭ କରିଛନ୍ତି ସେମାନଙ୍କଠାରୁ ସଚିତ୍ର ବିବରଣୀ ପୁସ୍ତିକା, ସ୍ମରଣିକା ତଥା ଭ୍ରମଣକାହାଣୀ ସଂଗ୍ରହ କରି ମୋ ବ୍ୟକ୍ତିଗତ ଗ୍ରନ୍ଥାଗାରକୁ ସମୃଦ୍ଧ କରିଛି । ସିଙ୍ଗାପୁର, କୁଆଲାଲୁମ୍ପୁର, କଲମ୍ବୋ, କାଣ୍ଡି (ଶ୍ରୀଲଙ୍କା), ଆମଷ୍ଟରଡମ୍, ରୋମ୍, ହଙ୍ଗ୍‌କଙ୍ଗ୍, ପ୍ୟାରିସ୍, ଚିଆଙ୍ଗ୍‌ମାଇ (ଥାଇଲାଣ୍ଡ), ଭିଏନା, କୋପେନ୍‌ହାଗେନ୍ (ଡେନ୍‌ମାର୍କ), ମାଲମୋ (ସ୍ୱିଡେନ୍), ସିଡ୍‌ନୀ (ଅଷ୍ଟ୍ରେଲିଆ), ଅମାନ, ପେଟ୍ରା (ଜୋର୍ଡାନ୍), କାଇରୋ (ମିଶର), ଲଣ୍ଡନ, ତାସ୍‌କେଣ୍ଟ, ମଣ୍ଟ୍ରିଲ୍, ଟରଣ୍ଟୋ, ଏଥେନ୍ସ, ଲିସ୍‌ବନ୍, ମସ୍କୋ, ବର୍ଲିନ୍, ଭିଏତ୍‌ନାମ, ସୁଇଜରଲ୍ୟାଣ୍ଡ, ମେଲ୍‌ବୋର୍ଣ୍ଣ, ସ୍ଲୋଭେନିଆ, ଭେନିସ୍, ହେଲିସିଙ୍କି, ଷ୍ଟକ୍‌ହୋମ୍, ବୁଦାପେଷ୍ଟ, ମ୍ୟୁନିକ୍, କେପ୍‌ଟାଉନ୍, ବେଜିଂ, ସାଙ୍ଘାଇ,

ଦୁବାଇ, ଅବୁଧାବି, କ୍ରୋଏସିଆ, ଥାଇଲାଣ୍ଡ, କାମ୍ବୋଡିଆ, ଇସ୍ତାନବୁଲ୍ ଏବଂ ବାର୍ସେଲୋନା (ସ୍ପେନ୍) ସହରମାନ ଭ୍ରମଣ କଲାବେଳେ ପ୍ରାକୃତିକ ସମ୍ପଦର ସୁରକ୍ଷା, ବୈଜ୍ଞାନିକ ସମୃଦ୍ଧି ଏବଂ ସାଂସ୍କୃତିକ ଐଶ୍ୱର୍ଯ୍ୟ ପ୍ରତି ଅନ୍ତରଙ୍ଗ ଦୃଷ୍ଟିପାତ କରିଛି । ଫେରିବା ପରେ ପୁସ୍ତକମାନ ପାଠକରି ଜ୍ଞାନର ପରିସୀମା ସିନା ବୃଦ୍ଧି କଲି, ଲେଖିବା ପାଇଁ ମନ ବଳି ନଥିଲା । ୨୦୦୮ ମସିହା ଜୁନ୍ ୫ରୁ ୨୫ ତାରିଖ ପର୍ଯ୍ୟନ୍ତ ତିନି ସପ୍ତାହର ଆମେରିକା ଭ୍ରମଣ ମୋ ଦୃଷ୍ଟିଭଙ୍ଗୀ ବଦଳାଇଦେଲା ।

ଆମେରିକାଯାତ୍ରା ପୂର୍ବରୁ ଓଡ଼ିଆଭାଷାର ପ୍ରାୟ ସମସ୍ତ ଭ୍ରମଣକାହାଣୀ ପଢ଼ି ସାରିଥିଲି । ପୁସ୍ତକଗୁଡ଼ିକ ହେଲା ଆମେରିକା ଅନୁଭୂତି (ଗୋଲକ ବିହାରୀ ଧଳ), ମାର୍କିନ୍ ପରିକ୍ରମା (ଡ଼ଃ. ସଦାଶିବ ମିଶ୍ର), ଆମ ଆମେରିକା ଅନୁଭୂତି (ଗୋକୁଳାନନ୍ଦ ଓ କୁମୁଦିନୀ), ଆମେରିକାରୁ ଇଉରୋପ ଓ ଆଫ୍ରିକା ଏବଂ ଆମେରିକା ପୁନଶ୍ଚ (ଡ଼ଃ. କୁଞ୍ଜବିହାରୀ ଦାଶ), ପ୍ରାଚୀ ଓ ପ୍ରତିଚୀ (ଆଶୁତୋଷ ପ୍ରସାଦ ପଟ୍ଟନାୟକ), ଚେନାଏ ପୃଥିବୀ ଚିରୁଡାଏ ଘର (କିଶୋରୀ ଚରଣ ଦାସ), ଆମେରିକା ଅନୁଭୂତି (ଶ୍ରଦ୍ଧାକର ସୁପକାର), ପାଶ୍ଚାତ୍ୟ ଅନୁଭୂତି (ଡ଼ଃ ବୈଦ୍ୟନାଥ ମିଶ୍ର), ମୋ ଝର୍କାରୁ ପୃଥିବୀ (ସୁସ୍ମିତା ବାଗଚି), ଆଜିର ଆମେରିକା (ପ୍ରମୋଦ କୁମାର ମହାପାତ୍ର), ଯେତିକି ଦେଖିଛି ଆମେରିକା ଯେତିକି ବୁଝିଛି (ହୃଦାନନ୍ଦ ରାୟ), ପ୍ରଥମ ପ୍ରବାସ ଏବଂ ଦୁଇ ଦିଗନ୍ତ (ଗୌରହରି ଦାସ), ନାନା ଦେଶ ନାନା କଥା (ଡ଼ଃ ରାଧାନାଥ ରଥ), ଆମେରିକାରେ କିଛି ଦିନ (ଡ଼ଃ ବାସୁଦେବ ସାହୁ), ଅମୃତ ଅନ୍ୱେଷଣ (ଶୈଳରାଣୀ ମିଶ୍ର), ଆମେରିକାରୁ ଆସିଲି (ଚିତ୍ତରଞ୍ଜନ ଦାସ), ଏବଂ ତୃଷ୍ଣା (ଶାନ୍ତନୁ କୁମାର ଆଚାର୍ଯ୍ୟ) । ୧୯୫୧ ମସିହାରୁ ଆରମ୍ଭ କରି ୨୦୦୨ ମସିହା ଭିତରେ ଉପରୋକ୍ତ ଲେଖକମାନେ ସ୍ୱକୀୟଶୈଳୀରେ ଆମେରିକା ସଂପର୍କରେ ନିଜର ଅନୁଭୂତି ଓ ଅଭିମତ ପ୍ରକାଶ କରିଛନ୍ତି ।

ଆମେରିକାର ଐଶ୍ୱର୍ଯ୍ୟ କ'ଣ ? ସ୍ୱାଧୀନତା ଲାଭର ମାତ୍ର ୨୩୦ ବର୍ଷ ଭିତରେ ଏ ଦେଶ କିପରି ପୃଥିବୀର ସବୁଠାରୁ ବିତ୍ତଶାଳୀ ହୋଇଛି ? ଆମେରିକାକୁ ପ୍ରତିଭାଚାଲାଣ କାହିଁକି ହେଉଛି ? ଏପରି ଅନେକ ପ୍ରଶ୍ନର ଉତ୍ତର ମୁଁ ଖୋଜୁଥିଲି । ବିଭିନ୍ନ ଲେଖକ ନାନା ଶୈଳୀ ଓ ଭିନ୍ନ ଭାବରେ ଆମେରିକା ପ୍ରତି ନିଜର ପ୍ରେମ ପ୍ରକାଶ କରିଛନ୍ତି । ମୁଁ ପ୍ରତ୍ୟକ୍ଷ ଭାବରେ ଆମେରିକାର ପ୍ରାକୃତିକ ସୌନ୍ଦର୍ଯ୍ୟ, ଆର୍ଥିକ ସ୍ୱଚ୍ଛଳତା, ବୈଜ୍ଞାନିକ ଅଭିବୃଦ୍ଧି ପ୍ରତି ସମ୍ମାନ, ରାଜନୈତିକ ସାଧୁତା, ଆଧ୍ୟାତ୍ମିକ ଜାଗୃତି ଇତ୍ୟାଦି ଲକ୍ଷ୍ୟ କଲି ଯାହାକି ସେମାନଙ୍କୁ ଉନ୍ନତିର ଶିଖରକୁ ନେଇଯାଇଛି ।

ଆମେରିକା କହିଲେ ଆମେ ବୁଝୁ 'ଯୁକ୍ତରାଷ୍ଟ୍ର ଆମେରିକା' । ୫୦ଟି ପ୍ରଦେଶକୁ ନେଇ ଗଠିତ ଏହି ଭୂଖଣ୍ଡ ଭାରତଠାରୁ ଆୟତନରେ ଚାରି ଗୁଣରୁ ଅଧିକ, କିନ୍ତୁ ଲୋକସଂଖ୍ୟା

ଏକ ଚତୁର୍ଥାଂଶରୁ କମ୍। ତେଣୁ ଜନସଂଖ୍ୟାବିସ୍ଫୋରଣଜନିତ ଯେଉଁ ସମସ୍ୟାରେ ଆମେ ଜର୍ଜରିତ ସେମାନେ ତା'ଠାରୁ ଉର୍ଦ୍ଧ୍ୱରେ। ଯୁକ୍ତରାଷ୍ଟ୍ରର ପଶ୍ଚିମାଞ୍ଚଳର ରାଜ୍ୟ କାଲିଫର୍ଣ୍ଣିଆ, ଓରେଗନ୍ ଓ ୱାସିଂଟନ୍ ଏବଂ ପୂର୍ବାଞ୍ଚଳର ଛଅଟି ରାଜ୍ୟ ନ୍ୟୁୟର୍କ, ନ୍ୟୁଜର୍ସି, ପେନ୍‌ସିଲଭ୍ୟାନିଆ, ଭର୍ଜିନିଆ, ମେରିଲ୍ୟାଣ୍ଡ ଓ ଦେଲୱାର ମୁଁ ପ୍ରଥମ ଦଫାରେ ବୁଲି ଦେଖିଲି। ସମସ୍ତ ରାଜ୍ୟ ଉନ୍ନତି ପାଇଁ ନିଜ ନିଜ ଭିତରେ ପ୍ରତିଯୋଗିତା କଲାଭଳି ମନେ ହେଲା। ପ୍ରାକୃତିକ ସଂପଦର ସୁରକ୍ଷା ପାଇଁ ସେମାନେ ବନାଞ୍ଚଳକୁ ଜାତୀୟପାର୍କ ଭାବରେ ଘୋଷଣା କରି ତା'ର ରକ୍ଷଣାବେକ୍ଷଣ ସହିତ ପରିବେଶ- ସନ୍ତୁଳନ ପାଇଁ ଗୁରୁତ୍ୱ ଦିଅନ୍ତି। ତେଣୁ କେବଳ ବିଶ୍ୱପ୍ରସିଦ୍ଧ ନାଏଗ୍ରା କାହିଁକି, ଓରେଗନ୍- ୱାସିଙ୍ଗଟନ୍ ସୀମାର କଲମ୍ବିଆ ନଦୀ ଉପତ୍ୟକା, ମଲଟନୋମା ଜଳପ୍ରପାତ, ସିଏଟଲ୍‌ର ସ୍ନୋକ୍ୱାଲମୀ ଜଳପ୍ରପାତ ଓ ପାର୍ବତ୍ୟାଞ୍ଚଳ ଇତ୍ୟାଦିର ଶୋଭା ମନଜିଣା ଓ ଚିରସ୍ଥାୟୀ। କେତେକ ପ୍ରାକୃତିକ ସଂପଦ ଯଥା- ଗ୍ରାଣ୍ଡ କେନିଆନ୍, ୟୋସେମିଟି ଉପତ୍ୟକା ଓ ୟେଲୋଷ୍ଟୋନ୍ ଜାତୀୟ ଉଦ୍ୟାନ ଦେଖିବାର ସୁଯୋଗ ମୁଁ ପାଇନି। ତେବେ ମୁଁ ଯାହା ଦେଖିଛି ତାହା ଲେଖୁଛି।

୨୧ ଦିନର ଏ ଯାତ୍ରା ପାଇଁ ଯେଉଁମାନେ ମୋତେ ସହଯୋଗ ଦେଇଛନ୍ତି ସେମାନଙ୍କ ପ୍ରତି କୃତଜ୍ଞତା ଜ୍ଞାପନ କରୁଛି । ସହଧର୍ମିଣୀ ଡା. ଶ୍ରଦ୍ଧାଞ୍ଜଳି ଏବଂ ଅନୁଜ ଡା. ସଂଜୟ କେବଳ ସହଯାତ୍ରୀ ନଥିଲେ, ଯାତ୍ରାକାଳରେ ବିବରଣୀ ପୁସ୍ତିକା ସଂଗ୍ରହ, ସଚିତ୍ର ପୁସ୍ତକ ଚୟନ ଓ ଗନ୍ତବ୍ୟସ୍ଥଳକୁ ଟିକିନିଖି ଭାବରେ ବୁଲି ଦେଖିବାରେ ସହଯୋଗ କରିଥିଲେ । ମାତୁଳପୁତ୍ର ଡ. ପ୍ରିୟଦର୍ଶନ, ତତ୍‌ପତ୍ନୀ ଅନ୍ନମାଳା, ମାତା ପଦ୍ମାବତୀଙ୍କ ନିମନ୍ତ୍ରଣ ଓ ଆକର୍ଷଣ ଏ ଯାତ୍ରାର ମୂଳଦୁଆ ସ୍ଥାପନ କରିଥିଲା । ମାତୁଳ ୮ ଶ୍ରୀ ହରିହର ପାତ୍ରଙ୍କ ପ୍ରେରଣା ଭୁଲିବାର ନୁହେଁ । ପ୍ରିୟଦର୍ଶନଙ୍କ ବନ୍ଧୁ ପ୍ରଦୀପ ସାନ୍‌ଫ୍ରାନ୍ସିସ୍କୋ ଓ ଲସ୍‌ଏଞ୍ଜେଲସ୍ ଭ୍ରମଣରେ ସଂପୂର୍ଣ୍ଣ ସହଯୋଗ କରିଥିଲେ । ସିଏଟଲ୍‌ରେ ମୋର ଭଗିନୀପୁତ୍ର ଡ. ତାରକନାଥ ଆତିଥେୟ ପ୍ରଦାନ କରି ଭ୍ରମଣବିଳାସୀ ମନର ସମସ୍ତ ବାସନା ପୂରଣ କରିଥିଲେ । ଇଂ. ନୀଳମାଧବ ଓ ପତ୍ନୀ ରୀନା ସିଏଟଲ୍ ଭ୍ରମଣକୁ ସମୃଦ୍ଧ କରିଥିଲେ । ନ୍ୟୁୟର୍କରେ ରହଣୀର ସମସ୍ତ ସୁବିଧା ପାଇଁ ଶ୍ରୀମାନ୍ ମୀନକେତନ ଦାସ, ପତ୍ନୀ ରୀତା ଏବଂ ପୁତ୍ର ଅଙ୍କିତ କଷ୍ଟ ସ୍ୱୀକାର କରି ଦିଗ୍‌ଦର୍ଶକ ସାଜିଛନ୍ତି । ତେଣୁ ଏ ସମସ୍ତଙ୍କୁ କୃତଜ୍ଞତା ଜଣାଉଛି ।

ପ୍ରଜାପିତା ବ୍ରହ୍ମାକୁମାରୀ ଈଶ୍ୱରୀୟ ବିଶ୍ୱବିଦ୍ୟାଳୟର ଆମେରିକାସ୍ଥିତ ମୁଖ୍ୟ କାର୍ଯ୍ୟାଳୟର ସଂଚାଳିକା ମୋହିନୀ ଭଉଣୀ, ଭଉଣୀ କଳା, ପାରୁଲ, କ୍ରିଷ୍ଟିନା ଓ ଅନ୍ୟମାନେ କେବଳ ନ୍ୟୁୟର୍କଭ୍ରମଣରେ ସହଯୋଗୀ ନଥିଲେ, ଆମେରିକାର ଆଧ୍ୟାତ୍ମିକଜୀବନ ସଂପର୍କରେ ପ୍ରତ୍ୟକ୍ଷ ଜ୍ଞାନ ପ୍ରଦାନ କରିଥିଲେ । ତେଣୁ ସେମାନେ

ଧନ୍ୟବାଦାର୍ହ । ପରମପିତା ପରମାତ୍ମାଙ୍କ ନିର୍ଦ୍ଦେଶରେ ହିଁ ଏ ଯାତ୍ରା ଅଭିପ୍ରେତ । ତେଣୁ ସେ ହିଁ ସବୁ ଶ୍ରେୟର ଅଧିକାରୀ ।

'ଆମେରିକାର ମଧୁମେହ ସଂସ୍ଥା' ଆନୁକୂଲ୍ୟରେ ସାନ୍‌ଫ୍ରାନ୍‌ସିସ୍‌କୋ ବିଶ୍ୱ ସମ୍ମିଳନୀରେ ଯୋଗଦେବା ଏ ଯାତ୍ରାର ମୂଳ ଉଦ୍ଦେଶ୍ୟ । ଏ ଉପଲକ୍ଷେ ମୋର ସହଯାତ୍ରୀ ଚିକିତ୍ସକ ବନ୍ଧୁ ଏବଂ ପ୍ରାୟୋଜକ ଆନ୍ତର୍ଜାତୀୟ ସଂସ୍ଥାଙ୍କଠାରେ କୃତଜ୍ଞତା ଜ୍ଞାପନ କରୁଛି ।

ସମୟର ଆହ୍ୱାନରେ ୨୦୦୯ ମସିହାରେ କାନାଡ଼ାର ଟରଣ୍ଟୋ, କିଙ୍ଗ୍‌ଷ୍ଟନ୍, ନାଏଗ୍ରା, ୨୦୧୦ରେ ଆମେରିକାର ବିଦ୍ୟାନଗରୀ ବୋଷ୍ଟନ୍, ଆମୋଦନଗରୀ ଆର୍ଲାଣ୍ଡୋ, ୨୦୧୨ ମସିହାରେ ଫିଲାଡେଲ୍‌ଫିଆ ଏବଂ ୨୦୧୫ ମସିହାରେ କାନାଡ଼ାର ଭ୍ୟାଙ୍କୋଭର୍ ଭ୍ରମଣର ସୁଯୋଗ ମିଳିଥିଲା । ସହୃଦୟ ବନ୍ଧୁମାନଙ୍କ ଅନୁରୋଧ, ବିଶେଷତଃ ଜାତୀୟ ପୁରସ୍କାରପ୍ରାପ୍ତ ପ୍ରବୀଣ ଶିକ୍ଷକ ଓ ଲେଖକବନ୍ଧୁ ଶ୍ରୀ ରବୀନ୍ଦ୍ରନାଥ ପ୍ରଧାନଙ୍କ ପ୍ରେରଣାରେ ସମସ୍ତ ଅନୁଭୂତି ଦିନଲିପିରୁ ପୁସ୍ତକ କଳେବରକୁ ଉତାରି ଦେଇଛି ।

ଏହା ଭିତରେ ମୁଁ ଶ୍ରୀଯୁକ୍ତ ବସନ୍ତ ଦାସଙ୍କର 'ଯେ ଦେଶ ଯାଇ ସେ ଫଳ ଖାଇ', ଡା. ଶାନ୍ତି ମହାପାତ୍ର (ବଳ)ଙ୍କ 'ସ୍ମୃତି-ଅନୁଭୂତିର ଆମେରିକା' ଏବଂ ଶ୍ରୀ ବିଶ୍ୱମୋହନ ପଟ୍ଟନାୟକଙ୍କର 'ପ୍ରାଚୁର୍ଯ୍ୟର ଇଲାକାରେ ଗୋଟିଏ ମାସ' ପାଠ କରିଛି । ବସନ୍ତ ଦାସଙ୍କର ୨୦୦୮ ମସିହାରେ ଯୁକ୍ତରାଷ୍ଟ୍ର ଓ କାନାଡ଼ା ଅନୁଭୂତି, ଡା. ଶାନ୍ତି ମହାପାତ୍ରଙ୍କର ୨୦୦୯ରେ ଯୁକ୍ତରାଷ୍ଟ୍ର ଆମେରିକା ଭ୍ରମଣ ଏବଂ ବିଶ୍ୱମୋହନ ପଟ୍ଟନାୟକଙ୍କର ୨୦୧୧ ମସିହାରେ ଆମେରିକାର ପ୍ରାଚୁର୍ଯ୍ୟ ସହିତ ପରିଚିତି ଆତ୍ମସ୍ଥ କରିଛି । ତେବେ ଭ୍ରମଣ କାଳରେ ଅଧିକରୁ ଅଧିକ ତଥ୍ୟ ଆହରଣ କରି କାନାଡ଼ାର ମଣ୍ଟ୍ରିଲ୍, କ୍ୟୁବେକ୍ ସିଟି, ଟରଣ୍ଟୋ ଓ ନାଏଗ୍ରା, ଯୁକ୍ତରାଷ୍ଟ୍ର ଆମେରିକାର ବିଦ୍ୟାନଗରୀ ବୋଷ୍ଟନ୍, ଆମୋଦନଗରୀ ଅର୍ଲାଣ୍ଡୋ, ଭ୍ରାତୃପ୍ରୀତି ନଗରୀ ଫିଲାଡେଲ୍‌ଫିଆ ଏବଂ ଉପବନରାଜ୍ୟ ନ୍ୟୁଜର୍ସି ବିଷୟରେ ଯେଉଁ ଅଧ୍ୟାୟମାନ ସଂଯୁକ୍ତ କରିଛି ତାହା ପାଠକୀୟ ସ୍ୱୀକୃତି ଲାଭ କରିବ ବୋଲି ଆଶା ଓ ବିଶ୍ୱାସ ।

ପୁସ୍ତକଟି ବିଦ୍ୟାଳୟ ଓ ମହାବିଦ୍ୟାଳୟର ଛାତ୍ର, ଭ୍ରମଣପ୍ରିୟ ପୁରୁଷ ଓ ମହିଳା ତଥା ଘରର ଚାରିକାନ୍ଥରେ ଆବଦ୍ଧ ରହି ଭ୍ରମଣର ଆନନ୍ଦ ନେଉଥିବା ବୟୋଜ୍ୟେଷ୍ଠ ନାଗରିକମାନଙ୍କ ପାଇଁ ଉପଯୋଗୀ ହେବ ବୋଲି ପାଣ୍ଡୁଲିପି ପଢ଼ିଥିବା ସଜ୍ଜନମାନେ ଦୃଢ଼ ଭାବରେ ମତ ପ୍ରଦାନ କରିଛନ୍ତି ।

ପ୍ରଥମଥର ଆମେରିକା ଭ୍ରମଣରୁ ଫେରିବା ପରେ ୨୦୦୯ ମସିହାରେ ବ୍ରହ୍ମପୁରର ଆଶା ପ୍ରକାଶନୀର ସତ୍ତ୍ୱାଧିକାରୀ ଶ୍ରୀଯୁକ୍ତ ଗୋପୀନାଥ ରଥ ଏକ କ୍ଷୁଦ୍ର କଳେବର ବିଶିଷ୍ଟ 'ଅନୁଭୂତିର ଆମେରିକା' ନାମରେ ପ୍ରକାଶ କରିଥିଲେ । ଏଥିରେ ଏହି ପୁସ୍ତକର

ପ୍ରଥମ ୧୧ଟି ଅଧ୍ୟାୟ ପ୍ରକାଶ ପାଇଥିଲା । ଶାରୀରିକ ଅସୁସ୍ଥତା ଓ ଅନ୍ୟାନ୍ୟ ବ୍ୟକ୍ତିଗତ କାରଣରୁ ପ୍ରକାଶନ ସଂସ୍ଥା ବନ୍ଦ ହୋଇଗଲା । ସେତେବେଳର ସହଯୋଗ ପାଇଁ ତାଙ୍କୁ ଧନ୍ୟବାଦ ଜଣାଉଛି ଏବଂ ତାଙ୍କର ଆରୋଗ୍ୟ କାମନା କରୁଛି ।

ଦୋଷତ୍ରୁଟି ଥିଲେ ସହୃଦୟତାର ସହିତ କ୍ଷମା ଦେବେ ଏବଂ ମୋ ଦୃଷ୍ଟିକୁ ଆଣିବା ପାଇଁ ଅନୁରୋଧ ।

- ଲେଖକ

ମୁଖବନ୍ଧ

ଆମେରିକା ଓ କାନାଡ଼ା ଭଳି ସ୍ୱର୍ଗୀୟସୁଖ ବହନ କରିଥିବା ଦେଶଗୁଡ଼ିକ ବାସ୍ତବିକ୍ ଜଗତେ ବିରଳ । ଆଉ ସେହିଭଳି ଦେଶଭ୍ରମଣରେ ଯିଏ ଯାଇଛି, ତା'ଠାରୁ ବଳି ଭାଗ୍ୟବାନ୍ କେହି ନାହାନ୍ତି । ସତେଯେମିତି ସେମାନଙ୍କୁ ସ୍ୱର୍ଗସୁଖ ମିଳିଯାଇଛି କିଛିଦିନ ପାଇଁ । ତା'ଛଡ଼ା ଯେଉଁମାନେ ସେଠାରେ ସ୍ଥାୟୀବାସିନ୍ଦା ହୋଇ ରହିଗଲେ, ବୁଝିବାକୁ ହେବ ଯେ, ସେମାନେ ବଞ୍ଚି ଥାଉ ଥାଉ ସ୍ୱର୍ଗଧାମକୁ ଚାଲିଗଲେ ।

ମୋର ବାଲ୍ୟବନ୍ଧୁ ଡାକ୍ତର ପ୍ରକାଶ ଚନ୍ଦ୍ର ପାତ୍ରଙ୍କର ବିଦେଶବୁଲା ଅନୁଭୂତି ପୁସ୍ତକ ପଢ଼ିଲା ପରେ ମୁଁ ଅନୁମାନ କରିନେଲି ଯେ- "କୋଇଲି ଲୋ ! ମୋର ପୁତ୍ର ଆମେରିକା ଗଲା ଯେ, ଆଉ ବାହୁଡ଼ି ନଆଇଲା ।" ଜନ୍ମ କଲା ମାଆ-ବାପାଙ୍କର ଏହି ବିଳାପ କଥାଟା ସତ ନହେବ କାହିଁକି ?

ଏହାଛଡ଼ା ଏହି ଘଟଣାର ସତ୍ୟତା ସମ୍ବନ୍ଧରେ ଜାଣିବା ପାଇଁ ଥରେ ମୋର ବନ୍ଧୁ ପ୍ରକାଶକୁ ପଚାରି ବସିଥିଲି- "ତୁମର ପୁସ୍ତକ ଅନୁଭୂତିର ଆମେରିକାରୁ ପଢ଼ି ଜାଣିଲି, ତୁମ ମାମୁଙ୍କ ପୁଅ ଓ ଭଣଜା ଦୁହେଁ ଆମେରକାର ବାସିନ୍ଦା ପାଲଟି ଯାଇଛନ୍ତି କଥାଟା କ'ଣ ସତ ? ଯଦି ସତ, ତେବେ ସେମାନେ ଜନ୍ମମାଟି, ଧନସମ୍ପତ୍ତି ଓ ପାରିବାରିକ ମୋହ ତୁଟାଇ ଆମେରିକାରେ ରହିଗଲେ କାହିଁକି ?"

ଉତ୍ତର ମିଳିଲା- "ସୁଯୋଗ ପାଇଲେ ଯେକୌଣସି ବ୍ୟକ୍ତି ସେଠାକାର ସ୍ଥାୟୀ ବାସିନ୍ଦା ବନିଯିବାରେ ଅସୁବିଧା କିଛି ନାହିଁ । ସେମାନେତ ସେଠାରେ ସ୍ୱର୍ଗସୁଖ ଲାଭ କରୁଛନ୍ତି । ସେଭଳି ସୁଖ-ସୁବିଧା କ'ଣ ଆମ ଦେଶରେ ଅଛି ?"

ବାସ୍, ବନ୍ଧୁଙ୍କର ଏତିକି କଥାରେ ସତେ ଯେପରି ମୋର ମୁଖ ବନ୍ଦ ହୋଇଗଲା ।

ଆଉ ଦିନକର ଘଟଣା । ଏଇ କିଛିଦିନ ତଳର କଥା । ମୋର ସାନ ଭାଇଭଳିଆ ଅତ୍ୟନ୍ତ ସ୍ନେହୀ, ମେଳାପି, ଜଣେ ଡାକ୍ତର ବନ୍ଧୁଙ୍କ କଥା ଶୁଣି ଚକିତ ହେଲି । ଅଧୁନା

ସେ ଆମ ବାଣପୁର ଅଞ୍ଚଳର ଜଣେ ନାଁକରା ଡାକ୍ତର । ମୁଁ ଖୋଦ୍ ତାଙ୍କ ମୁହଁରୁ ଶୁଣି ନଥିଲେ ବି ତାଙ୍କର ମନକଥା ଅନ୍ୟମାନଙ୍କ ମୁହଁରୁ ଯାହା ଶୁଣିଛି ତାକୁ ପ୍ରକାଶ କଲେ ଆମେରିକା ସମ୍ବନ୍ଧରେ ଯାହାସବୁ ଶୁଣାଯାଉଛି ତାହାର ସତ୍ୟତା ଅକ୍ଳେଶରେ ପ୍ରମାଣିତ ହୋଇଯାଇପାରିବ ।

ସେହି ଡାକ୍ତରବନ୍ଧୁଙ୍କର ଅନ୍ତରର କଥା ଠିକ୍ ଏହିଭଳି – "ମୋ' ପୁଅକୁ ପାଠଶାଠ ପଢ଼ାଇଲି, ଉଚ୍ଚଶିକ୍ଷିତ କରାଇଲି । ପିଲାଦିନୁ ସେ ଖୁବ୍ ମେଧାବୀ ଥିଲା ବୋଲି ମୋ' ମନରେ ଅପାର ଗର୍ବ ବି ଥିଲା । ମୋ' ପୁଅ ବଡ଼ ହେଲେ ଜଣେ ପ୍ରତିଭାବାନ୍ ମଣିଷ ହୋଇ ନାଁ ରଖିବ ବୋଲି ଆଶା ବି ଥିଲା । ମୋ' ଭଳି ଜଣେ ସଫଳ ଡାକ୍ତର ହେବାପାଇଁ ପୁଅକୁ ପ୍ରବର୍ତ୍ତାଇଥିଲି । ହେଲେ ମୋ' କଥାରେ ପୁଅ ରାଜି ହୋଇନଥିଲା । ଶେଷରେ ପାଠପଢ଼ି ଚାକିରି କଲା ସୁଦୂର ଆମେରିକାରେ । ମୋଟା ଅଙ୍କର ଦରମା ପାଇ ଖୁସିରେ ରହିଲା ସିନା, ଆମ ଖୁସି ହଜେଇ ଦେଇଗଲା । ଆମେ ବାପା-ମାଆ ତାକୁ ଦେଖିପାରିଲୁ ନାହିଁ । ପୁଅ ମୋର ଆମେରିକାର ବାସିନ୍ଦା ହୋଇଗଲା ଓ ସେଇଠୁ ବୋହୂଟିଏ ବି ଯୋଗାଡ଼ କରିନେଲା । ଆମେରିକାରୁ ଧରାହାଇ ଆସିଲା ଭଳି ଏବେ ଆସିଛି ଗାଁକୁ, ମାତ୍ର ଚଉଦ ଦିନ ପାଇଁ । କାରଣଟା ଥିଲା ତା'ର ବାହାଘର । ସୁତରାଂ ମୁଁ ପୁଅ ବାହାଘର ଧୂମ୍‌ଧାମ୍‌ରେ କରାଇଦେଲି । ମିଆଦ ସରିଲେ ସେମାନେ ଚାଲିଯିବେ ଆମେରିକା । ଆଉ ଆମେ ତା' ମୁଖ ଦେଖିପାରିବୁ କି ନା ସନ୍ଦେହ । ଏଣେ ଏଠାକାର ରୋଗୀସେବା ଛାଡ଼ି ଆମେରିକା ଗଲା ଭଳି ପରିସ୍ଥିତି ମୋର ନାହିଁ । ସୁତରାଂ ବେଳେ ବେଳେ ମୋ' ମନକୁ ଅସେ ଇଏ କି ପ୍ରକାର ସୁଖ ?

ଏଇଠି ମୋର ମନେପଡ଼େ, ବାହାବେଦୀରେ ବସିନଥିଲେ ବି ବରଯାତ୍ରୀ ଗଲାଭଳିଆ କଥାଟିଏ । ବ୍ୟକ୍ତି ଧନୀ ହୁଅନ୍ତୁ କି ଶିଳ୍ପପତି ଅଥବା ଆମୋଦପ୍ରମୋଦ ପାଇଁ ବିଦେଶ ଭ୍ରମଣକାରୀ । ସେମାନେ ବିଦେଶ ଭ୍ରମଣ ଆଳରେ ଉଡ଼ାଜାହାଜରେ ଉଡ଼ିବା, ନାମୀଦାମୀ ହୋଟେଲ୍‌ରେ ରହି ମଜା ଉଠାଇବା ଓ ଦର୍ଶନୀୟ ସ୍ଥାନମାନ ବୁଲି ମୋବାଇଲ୍‌ରେ ଫଟୋ ଉଠାଇ ବା ସେଲ୍‌ଫି ନେଇ ସମ୍ପର୍କୀୟଙ୍କୁ ଜଣାଇ ନିଜ ବାହାଦୁରୀ ବଖାଣିବାରେ ସୀମିତ ଥାଆନ୍ତି । ଆମ ବାଣପୁର ଅଞ୍ଚଳର ଅନେକ ଶ୍ରମିକ ନିତି ଉଡ଼ାଜାହାଜରେ ଉଡ଼ି ବିଦେଶକୁ ଯିବା କି ସ୍ୱଗୃହ ପ୍ରତ୍ୟାବର୍ତ୍ତନ କରିବା ଦେଖାଯାଏ । ସେମାନଙ୍କର ଗସ୍ତ କେବଳ ବିଦେଶରେ କୁଲିଗିରି କରି ଟଙ୍କା ରୋଜଗାର କରିବା ଛଡ଼ା ଅନ୍ୟ କିଛି ଉଦ୍ଦେଶ୍ୟ ନଥାଏ । ସେମାନେ ନା ବିଦେଶ କଥା କିଛି ଜାଣନ୍ତି ନା କାହାକୁ କିଛି ଟିପ୍ପଣୀ ଦେଇପାରନ୍ତି । ଏଭଳି ଭ୍ରମଣ କେବଳ ସେମାନଙ୍କର ସ୍ୱାର୍ଥସର୍ବସ୍ୱ ଥାଏ ।

କିନ୍ତୁ ଆଉ କେତେକ ଉଚ୍ଚଶିକ୍ଷିତ ବ୍ୟକ୍ତି ବିଦେଶ ଗସ୍ତ କରିଥାନ୍ତି ଭିନ୍ନ ଉଦ୍ଦେଶ୍ୟ

ନେଇ । ସେମାନେ ନାନା ସ୍ଥାନ ବୁଲି ଅଜଣା କଥା ସବୁ ଜାଣିବା, ଅଦେଖା ଦୃଶ୍ୟପଟ୍ଟର ଫଟୋଚିତ୍ର ଉତ୍ତୋଳନ କରିବା ଏବଂ ପରବର୍ତ୍ତୀ କାଳରେ ଏହାକୁ ଲୋକଲୋଚନରେ ପ୍ରକାଶ କରିଦେବାରେ ଖୁବ୍ ଆନନ୍ଦ ପାଇଥାନ୍ତି । ଏହିଭଳି ଜଣେ ବିଦ୍ୱାନ, ଅନୁସନ୍ଧିତ୍ସୁସମ୍ପନ୍ନ, ପାରଙ୍ଗମ ବ୍ୟକ୍ତି ହେଉଛନ୍ତି ଡାକ୍ତର ପ୍ରକାଶ ଚନ୍ଦ୍ର ପାତ୍ର, ମୋର ବାଲ୍ୟବନ୍ଧୁ । ପିଲାଦିନୁ ପାଠ ପଢ଼ିଲାବେଳୁ ତା'ର ଅନୁସନ୍ଧିତ୍ସୁ ମନ ଓ ସାରସ୍ୱତସଧନା ନୂଆ ନୂଆ କଥା ଜାଣିବା ଓ ତାକୁ ସ୍ୱରଚନା ମାଧ୍ୟମରେ ପ୍ରକାଶ କରିବା ଥିଲା ତା'ର ରୁଚି । ଗୋଦାବରୀଶ ବିଦ୍ୟାପୀଠରେ ପାଠପଢ଼ା ସମୟରେ 'ପଲ୍ଲୀରେଣୁ' ଓ 'ବନଫୁଲ' ଭଳି ପତ୍ରିକାରେ ପ୍ରକାଶ ପାଉଥିବା ଲେଖାରୁ ବାରି ହୋଇପଡୁଥିଲା ଯେ, ପ୍ରକାଶ ବଡ଼ହେଲେ ଜଣେ ସାରସ୍ୱତ ସାଧକ ହୋଇ ସାହିତ୍ୟ ଜଗତରେ ମହକି ଉଠିବ ।

ଅଧୁନା ଜଣେ ସଫଳ ତଥା ବରିଷ୍ଠ ମଧୁମେହ ରୋଗ ବିଶେଷଜ୍ଞ ଭାବରେ ଡାକ୍ତର ପାତ୍ରଙ୍କର ନାଁ ଆଜି ଯେତେବାଟ ଆଗକୁ ଯାଇଛି, ତା'ଠାରୁ ବଳିପଡ଼ିଛି ତାଙ୍କର ବିଦେଶ ଭ୍ରମଣ । ଏଯାବତ୍ ସେ ୭୨ଟି ଦେଶ ଭ୍ରମଣ କରିସାରିଲେଣି । ଏହି ଧାରା ଆଗକୁ ବି ବଳବତ୍ତର ରହିବ । ସେ ପ୍ରତି ମାସରେ କେଉଁଠି ନା କେଉଁଠି ଦେଶ ଭିତରେ ହେଉ କି ବିଦେଶ ଗସ୍ତ କରିଥାନ୍ତି । ଉଦ୍ଦେଶ୍ୟ, ସେଠାରେ ଡାକ୍ତରୀ ସମ୍ମିଳନୀରେ ଯୋଗଦାନ କରି ବିଶେଷ ଜ୍ଞାନ ଅର୍ଜନ ଓ ବଣ୍ଟନ କରିବେ । ଅସଲ କଥାଟି ହେଲା, ସେ ଦେଶର ନାନା ଅଜଣା, ଅଦେଖା ସ୍ଥାନ ଭ୍ରମଣ କରି ବଡ଼ ଫାଇଦା ଉଠାଇଦେବା । ସେ ନାନା ସ୍ଥାନ ଭ୍ରମଣ କରି କେବଳ ଖୁସି ହୁଅନ୍ତି ନାହିଁ ବରଂ ସେଠାକାର ସ୍ଥାନ ସମ୍ବନ୍ଧରେ ଲୋକଲୋଚନକୁ ଜଣାଇଦେଇ ନିଜକୁ ଗର୍ବ ଅନୁଭବ କରିଥାନ୍ତି । ଏହା ହିଁ ଥିଲା ବନ୍ଧୁ ପ୍ରକାଶର ବିଦେଶ ଭ୍ରମଣର ବୈଶିଷ୍ଟ୍ୟ । ସେ କହନ୍ତି- "ଖୁସି ବାଣ୍ଟିଲେ ବଢ଼େ" ।

ଡାକ୍ତର ପାତ୍ରଙ୍କର ସାରସ୍ୱତ ସାଧନା ଏବେ ବି ଚାଲିଛି । ବିଜ୍ଞାନ, ସ୍ୱାସ୍ଥ୍ୟ, ଭ୍ରମଣକାହାଣୀ ଓ ଅନେକ ଶିକ୍ଷଣୀୟ ଲେଖା ବିଭିନ୍ନ ପତ୍ରପତ୍ରିକାରେ ପ୍ରକାଶ ପାଉଛି । ତାଙ୍କର ଏଯାବତ୍ ଚାରିଖଣ୍ଡ ପୁସ୍ତକ ଯଥା-ଶତାବ୍ଦୀର କବର ତଳେ (ନାଟକ)-୧୯୯୭, ମଧୁମେହର କାରଣ ଓ ପ୍ରତିକାର-୧୯୯୭ ଓ ୧୯୯୯ (ଦ୍ୱିତୀୟ ସଂସ୍କରଣ), ଅନୁଭୂତିର ଆମେରିକା (ଭ୍ରମଣ କାହାଣୀ)-୨୦୦୯ ଏବଂ ମଧୁମେହରୁ ମୁକ୍ତି-୨୦୧୦ ପ୍ରକାଶ ପାଇ ବେଶ୍ ପାଠକୀୟ ସ୍ୱୀକୃତି ଲାଭ କରିପାରିଛି । ଏବେ ଆମେରିକା ଓ କାନାଡ଼ା ଉପରେ ସବିଶେଷ ତଥ୍ୟସମ୍ବଳିତ ଓ ଦୃଶ୍ୟାବଳୀର ଫଟୋଚିତ୍ର ସହିତ ନୂତନ ପୁସ୍ତକ "ଆମେରିକା ଓ କାନାଡ଼ା ଭ୍ରମଣର ଦିନଲିପି" ଆତ୍ମପ୍ରକାଶ କରିବାକୁ ଯାଉଛି ।

ତେବେ ଅନେକ ଦେଶ ବୁଲିଲା ପରେ ଏହି ଦୁଇ ଦେଶ ସମ୍ବନ୍ଧରେ ଲେଖିବାର କାରଣ ଥିଲା ଯେ, ଆଗରୁ ଏହି ଦେଶଗୁଡ଼ିକ ବିଷୟରେ ଖୁବ୍ କମ୍ ପୁସ୍ତକ ପ୍ରକାଶ ପାଇଛି । ସମୟ ସୁଯୋଗ ଦେଖି ଅନ୍ୟ ଦେଶ ସମ୍ବନ୍ଧରେ ପୁସ୍ତକମାନ ପ୍ରକାଶ କରିବା ପାଇଁ ସେ ଆଶାବାଦୀ ଅଛନ୍ତି ।

ବନ୍ଧୁ ଡାକ୍ତର ପାତ୍ର ମୋତେ ଏହି ପୁସ୍ତକର ପ୍ରକାଶନ ଦାୟିତ୍ୱ ଦେଇଥିବାରୁ ମୁଁ ବିଶେଷ ଖୁସି ହେବା ସହିତ ଲେଖକଙ୍କୁ ସାଧୁବାଦ୍ ଜଣାଉଛି । ସବୁଠାରୁ ବଡ଼କଥାଟି ହେଲା- ଏହି ପୁସ୍ତକର ପାଣ୍ଡୁଲିପି ପଢ଼ି ଓ ଏଥିରେ ସ୍ଥାନିତ ଫଟୋଚିତ୍ରକୁ ଦେଖି ମୁଁ ଅତ୍ୟନ୍ତ ଆହ୍ଲାଦିତ ହୋଇଯାଇଛି ।

ଶେଷରେ ମୋର ଛୋଟିଆ ପରାମର୍ଶ-

"ବୁଲାବୁଲି ନୁହେଁ ଛୋଟିଆ ନିଶା
ପାଖରେ ଯାହାର ଅଛି ପଇସା
ବିଦେଶ କରି ଭ୍ରମଣ
ନାନା କଥା ଦେଖି, ନାନା କଥା ଶିଖି
ଅନ୍ୟକୁ କର ବଣ୍ଟନ ।"

ପରିଶେଷରେ ବନ୍ଧୁ ଡାକ୍ତର ପାତ୍ରଙ୍କର ନୂତନ ପୁସ୍ତକଟି ଆତ୍ମପ୍ରକାଶ କରି ପାଠକୀୟ ଆଦର ଲାଭକରୁ, ଈଶ୍ୱରଙ୍କ ନିକଟରେ ଏହି ଅଳି କରି ରହୁଛି ।

"ଜୟ ଜଗନ୍ନାଥ-ଜୟ ମା' ଭଗବତୀ"

- ପ୍ରକାଶକ

ଅଭିମତ

ଆମେରିକା ଦେଖିବାର ସୌଭାଗ୍ୟ ମୋର ହୋଇନି କି ହେବାର ମଧ୍ୟ ନାହିଁ । ଅଜଣା ରାଇଜର ଅଦେଖା ଦୃଶ୍ୟ ଓ ଅଶୁଣା କଥା ସମ୍ପର୍କରେ ଜାଣିବାର ଆଗ୍ରହରୁ ଭ୍ରମଣ କାହାଣୀ ପଢ଼ିବାର ଦୁର୍ବଳତା ବହୁଦିନରୁ ରହିଛି । ଓଡ଼ିଶାମାଟିରୁ ବିଭିନ୍ନ ସମୟରେ ବହୁ କିସମର ବ୍ୟକ୍ତି, ଏକାକୀ ହୁଅନ୍ତୁ ବା ସପରିବାର ହୁଅନ୍ତୁ, ଆମେରିକା ଯାଇଛନ୍ତି । କିଏ ଭ୍ରମଣ ତ କିଏ ଚାକିରି, କିଏ ଉଚ୍ଚଶିକ୍ଷା ପାଇଁ ତ କିଏ ଆନ୍ତର୍ଜାତୀୟ ଆଲୋଚନାଚକ୍ରରେ ଅଂଶଗ୍ରହଣ କରିବା ପାଇଁ । ବହୁ ଓଡ଼ିଆ ଆମେରିକାର ନାଗରିକତ୍ୱକୁ ମଧ୍ୟ ଆଦରିନେଇଛନ୍ତି । ବିଭିନ୍ନ ବିଭାଗର ଅଧ୍ୟାପକ, ରାଜନେତା, ବୈଜ୍ଞାନିକ, ଦାର୍ଶନିକ ନିଜ ନିଜ ଦୃଷ୍ଟିକୋଣରୁ ଆମେରିକାକୁ ଦେଖି ଦେଖାଇଛନ୍ତି, କିଏ ପ୍ରାଚ୍ୟ ଦୃଷ୍ଟିରୁ ଆମେରିକାକୁ ଦେଖିଛନ୍ତି ତ ଆଉ କିଏ ପ୍ରାଚ୍ୟ ସମ୍ପର୍କରେ ପାଶ୍ଚାତ୍ୟମାନଙ୍କର ଧାରଣା ସମ୍ପର୍କରେ ଅନୁସନ୍ଧାନ କରିଛନ୍ତି । ଏମାନଙ୍କ ମଧ୍ୟରୁ ଅଧିକାଂଶ ଅନୁଭୂତିକୁ ସ୍ମୃତି ଭିତରେ ସାଇତି ରଖିଥିବା ବେଳେ ଈଶ୍ୱରଦତ୍ତ ସାରସ୍ୱତ ପ୍ରତିଭାର ଅଧିକାରୀମାନେ ସେମାନଙ୍କ ଅନୁଭବକୁ ଅନ୍ୟମାନଙ୍କ ଭିତରେ ସଞ୍ଚାରିତ କରାଇବା ପାଇଁ ପ୍ରୟାସ କରିଛନ୍ତି । ଡାକ୍ତର ପ୍ରକାଶ ଚନ୍ଦ୍ର ପାତ୍ର ଦ୍ୱିତୀୟ ପର୍ଯ୍ୟାୟର ଭ୍ରମଣକାରୀ ।

ଡା. ପାତ୍ର ବୃତ୍ତିରେ ଚିକିତ୍ସକ ହେଲେ ମଧ୍ୟ ସାହିତ୍ୟ ପ୍ରତି ତାଙ୍କ ଆଗ୍ରହ ଛାତ୍ର ଜୀବନରୁ ରହିଆସିଛି । କବିତା, ଗଳ୍ପ, ଏକାଙ୍କିକା, ପ୍ରବନ୍ଧ ରଚନାରେ ତାଙ୍କ ଲେଖନୀ ଚଳଚଞ୍ଚଳ । ଲେଖକର ମାନସିକତା ନେଇ ଦେଶ ବିଦେଶର ସାମାଜିକ ଓ ସାଂସ୍କୃତିକ ପରମ୍ପରା ସମ୍ପର୍କରେ ଜାଣିବା ପାଇଁ ସେ ବିଶେଷ ଆଗ୍ରହୀ । କେବଳ ଭ୍ରମଣ କାହାଣୀ ଆଉ ପରିଚୟ ପୁସ୍ତିକା ସଂଗ୍ରହ କରି ପଢ଼ିବାରେ ନୁହେଁ ସୁଯୋଗ ପାଇବା ମାତ୍ରେ ବିଭିନ୍ନ ଦେଶ ବିଦେଶ ଭ୍ରମଣ କରି ନୂଆ ନୂଆ ଅନୁଭୂତି ଆହରଣ କରିବାରେ ତାଙ୍କର ଆନନ୍ଦ ।

୨୦୦୮ ମସିହା ଜୁନ୍ ପାଞ୍ଚ ତାରିଖରୁ ୨୫ ତାରିଖ ପର୍ଯ୍ୟନ୍ତ ସେ ଆମେରିକାର

ବିଭିନ୍ନ ସ୍ଥାନ ଭ୍ରମଣ କରିଛନ୍ତି । ଲକ୍ଷ୍ୟ, ବିଶ୍ୱର ସବୁଠାରୁ ଶକ୍ତି ଓ ସମୃଦ୍ଧିଶାଳୀ ରାଷ୍ଟ୍ର ଆମେରିକା ସମ୍ପର୍କରେ ଜ୍ଞାନ ଆହରଣ, ଉପଲକ୍ଷ ବିଶ୍ୱ ମଧୁମେହ ଚିକିତ୍ସକ ସମ୍ମିଳନୀରେ ଯୋଗଦାନ । ଏକାସଙ୍ଗେ ଦିଅଁଦେଖା ଓ କଦଳୀବିକା (କିଣା) । ଫେରିବା ପରେ ସେ ଦିନଲିପି ଶୈଳୀରେ ତାଙ୍କ ଅନୁଭୂତିକୁ ଆମ ଆଗରେ ବାଢ଼ି ଦେଇଛନ୍ତି । ସ୍ୱଳ୍ପ ସମୟ ଲାଗି ଯେଉଁମାନେ ଏହି ମହାଦେଶ ଭ୍ରମଣରେ ଯିବାପାଇଁ ଇଚ୍ଛୁକ କିମ୍ବା ଅନ୍ୟ କୌଣସି କାର୍ଯ୍ୟ ଉପଲକ୍ଷେ ଯାଇ ସେଠାରେ କିଛି ସମୟ ରହିବେ, ସେମାନଙ୍କ ପାଇଁ ପୁସ୍ତକଟି ଉପାଦେୟ । ସଠିକ୍ ଭାବେ କାର୍ଯ୍ୟକ୍ରମ ପ୍ରସ୍ତୁତ ନକଲେ ଆମେରିକାର ବହୁ ସ୍ଥାନ ଓ ଦୃଶ୍ୟ କିପରି ଅଦେଖା ରହିଯବ, ଡାକ୍ତର ପାତ୍ର ପ୍ରତିଦିନର କାର୍ଯ୍ୟକ୍ରମ ମାଧ୍ୟମରେ ସେ ସମ୍ପର୍କରେ ସୂଚାଇ ଦେଇଛନ୍ତି । ଉପଯୁକ୍ତ ସମୟ ଅଭାବରୁ ବହୁ କଥା ଦେଖିବା ଓ ଜାଣିବା ସମ୍ଭବ ହୋଇପାରି ନଥିବା ଯୋଗୁଁ ତାଙ୍କ ମନରେ ଯଥେଷ୍ଟ କ୍ଷୋଭ ।

ବ୍ରହ୍ମପୁର ପରି ଏକ କ୍ଷୁଦ୍ର ସହରରୁ ଯାଇଛନ୍ତି ଡାକ୍ତର ପାତ୍ର, ଯେଉଁଠି ଆଇନ ଶୃଙ୍ଖଳା ବିପର୍ଯ୍ୟସ୍ତ, ରାସ୍ତାଘାଟ ବିପଦଶଙ୍କୁଳ, ଯୁବଶକ୍ତି ଲଗାମହୀନ, ସାଧାରଣ ଜନଜୀବନ ବିସ୍ଫୋରଣ, ଆକ୍ରମଣ, ଲୁଣ୍ଠନ ଏବଂ ହତ୍ୟାକାଣ୍ଡରେ ସନ୍ତ୍ରସ୍ତ । ସେଥିପାଇଁ ତାଙ୍କ ଆଖିରେ ଆମେରିକାର ବହୁକେଟି ଜନସଂଖ୍ୟା ବିଶିଷ୍ଟ ସହରଗୁଡ଼ିକର ଶୃଙ୍ଖଳିତ ଜୀବନ ପ୍ରଣାଳୀ, କର୍ତ୍ତବ୍ୟନିଷ୍ଠା, ପ୍ରାକୃତିକ ଓ କୃତ୍ରିମ ସୌନ୍ଦର୍ଯ୍ୟ ସବୁକିଛି ସ୍ୱର୍ଗୀୟ ମନେହେବା ସ୍ୱାଭାବିକ । ଆମ ରାଷ୍ଟ୍ର ଓ ରାଜନେତାମାନେ ବାରମ୍ବାର ଏ ଦେଶକୁ ଯାଉଛନ୍ତି କିଛି ଶିଖିବା ପାଇଁ, କିନ୍ତୁ ଏ ସବୁ ସେମାନଙ୍କ ବିଳାସପୂର୍ଣ୍ଣ କୋଠରି ମଧ୍ୟରୁ ଦେଖିବା ସମ୍ଭବ ହୁଏ ନାହିଁ । ସବୁଠାରୁ ଦୁଃଖଦାୟକ ହେଲା ସେଠାରୁ ଫେରିଆସିବା ପରେ ସେମାନଙ୍କ ହାସ୍ୟାସ୍ପଦ ମନ୍ତବ୍ୟ "ଆମ ଦେଶରେ ଏ ସବୁ ସମ୍ଭବ ନୁହେଁ" । ଡାକ୍ତର ପାତ୍ରଙ୍କ 'ଅନୁଭୂତିର ଆମେରିକା' ପଢ଼ିବା ପାଇଁ ସେମାନଙ୍କର ସମୟ ନାହିଁ ।

ଜଗନ୍ନାଥ ସଂସ୍କୃତି ଓଡ଼ିଆ ଜାତି, ବିଶେଷକରି ଓଡ଼ିଆ ଗୃହିଣୀ ଅତିଥିପରାୟଣତା ଓ ବନ୍ଧୁଚର୍ଚ୍ଚା ପାଇଁ ସୁପରିଚିତ । ବିଦେଶରେ ରହୁଥିବା ଓଡ଼ିଆ ଗୃହିଣୀମାନଙ୍କ ସମ୍ପର୍କରେ ଲେଖକଙ୍କ ପ୍ରଶଂସାପତ୍ର ଏହାକୁ ଅଧିକ ସତ୍ୟ ବୋଲି ପ୍ରତିପାଦନ କରେ । ସେମାନେ ମାତୃଭୂମିରେ ରହି ଆମେ ଛାଡ଼ି ଆସୁଥିବା ସାଂସ୍କୃତିକ ପରମ୍ପରାର ଜାଗ୍ରତ ପ୍ରହରୀ କି !! ଯାହାହେଉ ଡାକ୍ତର ପାତ୍ରଙ୍କ "ଅନୁଭୂତିର ଆମେରିକା" ବହୁତ ଭଲ ଲାଗିଛି । ତାଙ୍କ ଅନୁଭୂତି ମାଧ୍ୟମରେ ସେ ଆମକୁ ଅନ୍ୟାନ୍ୟ ଦେଶକୁ ନିଅନ୍ତୁ, ଲେଖନୀ ମାଧ୍ୟମରେ ତାଙ୍କର ସହଯାତ୍ରୀ କରାନ୍ତୁ ଏବଂ ପାଠକମାନଙ୍କ ମନରେ ଜ୍ଞାନ ପିପାସା ଓ ଭ୍ରମଣ ନିଶା ସୃଷ୍ଟି କରି ସମୃଦ୍ଧଶାଳୀ ରାଷ୍ଟ୍ରମାନଙ୍କର ଉପାଦାନ କାରଣ ପ୍ରତି ଆମ ନାଗରିକମାନଙ୍କୁ ସଚେତନ କରାନ୍ତୁ ।

ପ୍ରକାଶନ ପୂର୍ବରୁ ପୁସ୍ତକଟି ପଢ଼ିବାର ସୁଯୋଗ ଦେଇଥିବାରୁ ଲେଖକଙ୍କ ପ୍ରତି ମୁଁ କୃତଜ୍ଞ । ତାଙ୍କ ଲେଖନୀ ବିଶ୍ରାମ ନନେଇ ଓଡ଼ିଆ ଭ୍ରମଣ ସାହିତ୍ୟକୁ ସମୃଦ୍ଧ କରୁ, ଏହା ହିଁ ଭଗବାନଙ୍କ ନିକଟରେ ପ୍ରାର୍ଥନା । ତାଙ୍କ ଅମୃତହସ୍ତ ମଧୁମେହର ଔଷଧ ଏବଂ ଚଳଚଞ୍ଚଳ ଲେଖନୀ ମଧୁ ବୃଷ୍ଟି କରୁ ।

- ସୁଦର୍ଶନ ଆଚାର୍ଯ୍ୟ

ଅବସରପ୍ରାପ୍ତ ପ୍ରଫେସର ତଥା

କେନ୍ଦ୍ର ସାହିତ୍ୟ ଏକାଡେମୀ ପୁରସ୍କାରପ୍ରାପ୍ତ ଲେଖକ

ଯତିରାଜ ନିକେତନ

ଅଶୋକ ନଗର-୧

ବ୍ରହ୍ମପୁର-୪

ସୂଚୀପତ୍ର

ସ୍ୱର୍ଣ୍ଣିମ ସାନ୍‌ଫ୍ରାନ୍ସିସ୍କୋ

ତା.୦୬.୦୬.୨୦୦୮ (ଶୁକ୍ରବାର) :

ଆମର ଚାରିଜଣିଆ ଦଳଟି ଗତକାଲି ରାତି ୧୧ଟାରେ ଭାରତ ଛାଡ଼ି ଆଜି ସକାଳ ୬.୩୦ରେ ନ୍ୟୁୟର୍କ ଏବଂ ୧୨ଟା ୩୦ ମି.ରେ ସାନ୍‌ଫ୍ରାନ୍ସିସ୍କୋରେ ପହଞ୍ଚିଗଲା । ଏହା ପୁଣି ବମ୍ବେଠାରୁ ୧୬ ଘଣ୍ଟା ଏବଂ ନ୍ୟୁୟର୍କଠାରୁ ତିନି ଘଣ୍ଟାର ଯାତ୍ରା ପରେ । ଟାଇମ୍ ଜୋନ୍ ପାର ହେବାର ମଜାଦାର ଖେଳ । ଭାରତରୁ ପଶ୍ଚିମ ଦିଗକୁ ଯାତ୍ରା କରିବାରୁ ସମୟ ଲାଭ ହେଲା । ନ୍ୟୁୟର୍କର ସମୟ ଭାରତୀୟ ସମୟଠାରୁ ୯ ଘଣ୍ଟା ୩୦ ମିନିଟ୍ ପଛୁଆ ଏବଂ ସାନ୍‌ଫ୍ରାନ୍ସିସ୍କୋର ସମୟ ନ୍ୟୁୟର୍କଠାରୁ ୩ ଘଣ୍ଟା ପଛୁଆ । ଯାହାହେଉ ଆମେରିକାର ପ୍ରସିଦ୍ଧ ଡେଲ୍ଟା ଏୟାରଲାଇନ୍ସ କମ୍ପାନୀର ବିମାନରେ ସୁଖଦଯାତ୍ରା ପରେ ଦିନ ୧୨ଟା ୩୦ ମିନିଟ୍‌ରେ ସାନଫ୍ରାନ୍ସିସ୍କୋ ବିମାନ ବନ୍ଦରରେ ପହଞ୍ଚୁ ପହଞ୍ଚୁ ଅନୁଜପ୍ରତିମ ପ୍ରଦୀପ (ପ୍ରଦୀପ ପଣ୍ଡା-ପ୍ରସିଦ୍ଧ ଓରାକଲ୍ କମ୍ପାନୀର ଆର୍କିଟେକ୍ଟ ଇଞ୍ଜିନିୟର) ସ୍ୱାଗତ କଲେ । ମୋର ଗନ୍ତବ୍ୟସ୍ଥଳ ର୍ୟାଡିସନ୍ ହୋଟେଲ୍‌ରେ ମୋତେ ପହଞ୍ଚାଇଦେଇ ଅନ୍ୟମାନଙ୍କୁ ନେଇ ତାଙ୍କର ବାସସ୍ଥଳୀ ସାନ୍-ରମନ୍ ଅଭିମୁଖେ ଚାଲିଲେ । ସାନ୍‌ଫ୍ରାନ୍ସିସ୍କୋ ଆମେରିକାର ପଶ୍ଚିମ ଉପକୂଳସ୍ଥ ସୁନ୍ଦର ପ୍ରସିଦ୍ଧ ସହର । ସାନ୍-ରମନ୍‌କୁ ସେଠାରେ ଉନ୍ନତ ଗ୍ରାମାଞ୍ଚଳରେ ଗ୍ରହଣ କରାଗଲେ ବି ଆମ ଦୃଷ୍ଟିରେ ଅତ୍ୟାଧୁନିକ ସହର ବୋଲି କହିହେବ । ସାନ୍‌ଫ୍ରାନ୍ସିସ୍କୋର ପୂର୍ବ ଦିଗରେ ୫୦ ମାଇଲ୍ ଦୂରରେ ଅବସ୍ଥିତ ।

ରାଡିସନ୍ ହୋଟୋଲ୍‌ରେ ପହଞ୍ଚି ଜାଣିଲି ମୋର ଅନ୍ୟ ଓଡ଼ିଆ ବନ୍ଧୁ ଦୁଇଜଣ ସିଙ୍ଗାପୁର ବାଟ ଦେଇ ପୂର୍ବଦିନ ସେଠାରେ ପହଞ୍ଚିଛନ୍ତି । ଦୁଇଘଣ୍ଟା ବିଶ୍ରାମ ନେଇ ଆନ୍ତର୍ଜାତୀୟ ମଧୁମେହ ସମ୍ମିଳନୀ (ଆମେରିକାନ୍ ଡାଇବେଟିକ୍ ଆସୋସିଏସନ୍ ଦ୍ୱାରା ଆହୂତ) ମସକୋନ୍ କେନ୍ଦ୍ର ଅଭିମୁଖେ ଚାଲିଲି । ସୁନ୍ଦର, ସୁଶୋଭିତ ଏବଂ ସୁବୃହତ୍ ସମ୍ମିଳନୀ କେନ୍ଦ୍ର । ଦଶହଜାରରୁଅଧିକ ଅତିଥି ଯୋଗ ଦେଇଥାନ୍ତି । ୫୦ହଜାର ଅତିଥିଙ୍କ

ପାଇଁ ସେଠାରେ ସମସ୍ତ ପ୍ରକାର ବନ୍ଦୋବସ୍ତ ଅଛି ବୋଲି ଶୁଣିଲି । ଶୃଙ୍ଖଳିତ ବ୍ୟବସ୍ଥା ଯୋଗୁଁ ସମ୍ମିଳନୀର ବ୍ୟାଚ୍, ବ୍ୟାଗ୍, ବୈଜ୍ଞାନିକ ସନ୍ଦର୍ଭମାନଙ୍କର ସାରାଂଶ ସମ୍ବଳିତ ପୁସ୍ତକ ଏବଂ ସ୍ଥାନଟିର ରଙ୍ଗିନ୍ ନକ୍ସାମାନ ଶୀଘ୍ର ମିଳିଗଲା । ସେଦିନ ସନ୍ଧ୍ୟାରେ ଭାରତୀୟ ନ୍ୟୁଦିଲ୍ଲୀ ହୋଟେଲ୍‌ରେ ୫୫ଜଣ ଭାରତୀୟ ଅତିଥିଙ୍କ ଭିତରେ ପରିଚୟ ଓ ଭାବର ଆଦାନ ପ୍ରଦାନ ହେଲା । ୯-୩୦ ମିନିଟ୍‌ରେ ସୂର୍ଯ୍ୟାସ୍ତ ହେବା ବେଳକୁ ରାତ୍ରିଭୋଜନ ସରି ଯାଇଥିଲା । ପରଦିନର କାର୍ଯ୍ୟକ୍ରମ ସକାଳ ୭ଟାରେ ଥିବାରୁ ଶୀଘ୍ର ହୋଟେଲ୍‌କୁ ଫେରି ରାତ୍ରିଯାପନ କଲୁ । ଆସିବା ବେଳେ ବେଶ୍ ଥଣ୍ଡା ଲାଗୁଥାଏ । ବାହାରର ଉତ୍ତାପ ଥାଏ ୧୦ ଡିଗ୍ରୀ ସେଲ୍‌ସିୟସ୍ ।

ତା.୦୭.୦୬.୨୦୦୮ (ଶନିବାର) :

ଅଭ୍ୟାସ ଅନୁଯାୟୀ ସ୍ଥାନୀୟ ସମୟ ସକାଳ ୪ଟାରୁ ଉଠି ଯୋଗ ଏବଂ ବ୍ୟାୟାମ ପରେ ସାନ୍‌ଫ୍ରାନ୍ସିସ୍କୋ ସହରର ନକ୍ସା ଉପରେ ଆଖି ବୁଲାଇଲି । ବିଦେଶ ଯାତ୍ରା ପୂର୍ବରୁ ଗନ୍ତବ୍ୟ ସ୍ଥାନଟିର ଇତିହାସ ଅଧ୍ୟୟନ କରିବା ମୋର ଚିରାଚରିତ ଅଭ୍ୟାସ । ସାନ୍‌ଫ୍ରାନ୍ସିସ୍କୋର ଇତିହାସ ବିଶେଷ ପୁରୁଣା ନୁହେଁ । ଏହାର ଜନ୍ମ ୧୮୪୬ ମସିହା ଜୁଲାଇ ମାସରେ । ମାର୍କିନ୍ ନୌସେନାର କ୍ୟାପ୍‌ଟେନ୍ ଜନ୍ ମଣ୍ଟଗୋମେରୀ ଏଠାରେ ଜାତୀୟ ପତାକା ଉଡ଼ାଇ ସାନ୍‌ଫ୍ରାନ୍ସିସ୍କୋ ନାମକରଣ କରିବା ପୂର୍ବରୁ ଏହି ଗ୍ରାମଟିର ନାମ ଥିଲା 'ୟେରବାବୁଏନା' । ବର୍ତ୍ତମାନ ମଧ୍ୟ ଏହି ନାମରେ ଦ୍ୱୀପଟିଏ ସାନ୍‌ଫ୍ରାନ୍ସିସ୍କୋ ଉପ-ସାଗର ଭିତରେ ଶୋଭାପାଉଛି । ଇତିହାସ ପୃଷ୍ଠାର ପଛକୁ ଗଲେ ଜଣାଯାଏ ଯେ, ଏହି ଅଞ୍ଚଳର ପ୍ରଥମଅଧିବାସୀ ଲୋହିତ ଭାରତୀୟମାନେ ପାଞ୍ଚରୁ ଦଶହଜାର ବର୍ଷ ପୂର୍ବେ ଏସିଆର ସାଇବେରିଆ ଅଞ୍ଚଳରୁ ଆସିଥିଲେ । ପ୍ରଥମେ ସାଇବେରିଆରୁ ଆଲାସ୍କା ଏବଂ ପରେ ପରେ ଦକ୍ଷିଣକୁ । ଅଷ୍ଟାଦଶ ଶତାବ୍ଦୀରେ ସ୍ପେନୀୟମାନେ ମେକ୍ସିକୋରେ ଆସନ ଦୃଢ଼ୀଭୂତ କରିଥିଲେ । ସେମାନେ କାଲିଫର୍ଣ୍ଣିଆର ସମସ୍ତ ଅଞ୍ଚଳ ନିଜ ଅକ୍ତିଆରକୁ ନେବାବେଳେ ଲୋହିତ ଭାରତୀୟମାନେ ତଥାକଥିତ 'ୟେରବା ବୁଏନା' ଅଞ୍ଚଳ ପରିତ୍ୟାଗ କରିଥିଲେ । ୧୭୭୫ରେ କ୍ୟାପ୍‌ଟେନ୍ ଆୟଲା ଉକ୍ତ ଅଞ୍ଚଳକୁ ଗୋଟିଏ ସହର ଗଢ଼ିବା ପାଇଁ ଉପଯୁକ୍ତ ମନେ କରିଥିଲେ । ତେବେ ୧୮୪୬ ମସିହାର କ୍ୟାପ୍‌ଟେନ୍ ଜନ୍ ମଣ୍ଟଗୋମେରୀ ହିଁ ସାନ୍‌ଫ୍ରାନ୍ସିସ୍କୋର ମୂଳଭିତ୍ତି ସ୍ଥାପନ କଲେ । ୧୮୪୭ ମସିହାରେ ସାନ୍‌ଫ୍ରାନ୍ସିସ୍କୋଠାରୁ ୧୩୦ ମାଇଲ୍ ଦୂର କୋଲାମାଠାରେ ଏକ କରତ କଳ ନିର୍ମାଣ କଲାବେଳେ ମାଟିରୁ ସୁନା ବାହାରିଲା । ସୁନାଲୋଭରେ ପୃଥିବୀର ବିଭିନ୍ନ ଅଞ୍ଚଳରୁ ଲୋକମାନେ ସେହି ଅଞ୍ଚଳକୁ ଅନୁପ୍ରବେଶ କଲେ । ତେବେ ଇଟାଲୀୟ

ମତ୍ସ୍ୟଜୀବୀମାନେ ଅଧିକ ସଂଖ୍ୟାରେ ଆସି ସାନ୍‌ଫ୍ରାନ୍ସିସ୍କୋର ଉପସାଗର ଭିତରେ ବ୍ୟବସାୟରେ ମନୋନିବେଶ କଲେ । କ୍ରମଶଃ ସୁନାର ଭଣ୍ଡାର ଶେଷ ହୋଇଗଲା । ତଥାପି ପ୍ରାକୃତିକ ବନ୍ଦର ଯୋଗୁଁ ସାନ୍‌ଫ୍ରାନ୍ସିସ୍କୋ ଉନ୍ନତିର ସିଡ଼ି ଅତିକ୍ରମ କରିବାରେ ଲାଗିଲା । ଚୀନ୍ ଓ ଜାପାନ୍‌ରୁ ଆସିଥିବା ଅନୁପ୍ରବେଶକାରୀମାନେ ମଧ୍ୟ ପୁରୁଷ ପୁରୁଷ ଧରି ନିଜର ଆସ୍ଥାନ ଦୃଢ଼ କରିପାରିଛନ୍ତି । ୧୯୦୬ ମସିହା ଏପ୍ରିଲ୍ ମାସ ୧୮ ତାରିଖରେ ଏକ ଭୟାବହ ଭୂମିକମ୍ପ ଯୋଗୁଁ ସାନ୍‌ଫ୍ରାନ୍ସିସ୍କୋ ଧ୍ୱଂସ ହୋଇଯାଇଥିଲା । ତେବେ ନୂତନ ସହରର ଅଭିବୃଦ୍ଧି ପାଇଁ ଏହା ବାଧକ ନଥିଲା । ବରଂ ବହୁଗୁଣିତ ଉତ୍ସାହର ସହିତ ନୂତନତ୍ୱର ସ୍ପର୍ଶ ପାଇ ଏହା ଆମେରିକାର ସୁନ୍ଦର ସହରମାନଙ୍କ ଭିତରେ ନିଜର ବୈଶିଷ୍ଟ୍ୟ ପ୍ରତିପାଦନ କରୁଛି । ସାନ୍‌ଫ୍ରାନ୍ସିସ୍କୋର ଆୟତନ ୪୯ ବର୍ଗମାଇଲ୍ । ଲୋକସଂଖ୍ୟା ସାତଲକ୍ଷରୁ ଅଧିକ । ୪୨ଟି ଛୋଟ ଛୋଟ ପାହାଡ଼କୁନେଇ ଗଢ଼ିଉଠିଥିବା ସହରଟିର ପୂର୍ବଦିଗରେ ସାନ୍‌ଫ୍ରାନ୍ସିସ୍କୋ ଉପସାଗର ଏବଂ ପଶ୍ଚିମ ଦିଗରେ ପ୍ରଶାନ୍ତ ମହାସାଗର । ଉତ୍ତରଦିଗରେ ମରିନ୍ କାଉଣ୍ଟି ଭୂଖଣ୍ଡ ସହିତ ସଂଯୁକ୍ତ କରିଛି ୧.୨ ମାଇଲ ଦୈର୍ଘ୍ୟର ଗୋଲ୍ଡେନ୍ ଗେଟ୍ ବ୍ରିଜ୍ । ବିଜ୍ଞାନ ଓ ସୌନ୍ଦର୍ଯ୍ୟ ଉଭୟର ପ୍ରତୀକ ଏହି ପୋଲଟି ବିସ୍ତୀର୍ଣ୍ଣ ବେଳାଭୂମି, ସବୁଜିମାଭରା ପାର୍କ, ଅରଣ୍ୟ, ସୁନ୍ଦର ସୁଶୋଭିତଗୃହ ସହିତ ସଯତ୍ନନିର୍ମିତ ରାସ୍ତାଘାଟ ଯୋଗୁଁ ପର୍ଯ୍ୟଟକଙ୍କ ମନ ମୋହିନିଏ । ପର୍ଯ୍ୟଟନପୁସ୍ତିକା ଉପରେ ଆଖି ବୁଲାଇ ଦେଖିଲି ସମୁଦାୟ ୩୫ଟି ଦର୍ଶନୀୟ ସ୍ଥାନ ରହିଛି, ଯାହାକୁ ବୁଲି ଦେଖିବା ପାଇଁ ଅନ୍ୟୁନ ୩୫ ଦିନ ଦରକାର । ତେବେ ମୁଖ୍ୟ ଦର୍ଶନୀୟ ସ୍ଥାନ ଗୋଲ୍ଡେନ୍ ଗେଟ୍ ବ୍ରିଜ୍, ଫିସରମ୍ୟାନ୍ ହ୍ୱାର୍ଫ, ଗୋଲ୍ଡେନ୍ ଗେଟ୍ ପାର୍କ, ଚାଇନାଟାଉନ୍ ଇତ୍ୟାଦି ଉପରେ ମୋର ନଜର ଲାଗିଗଲା ।

ସକାଳ ୮ଟାରେ ଆମେ ତିନି ବନ୍ଧୁ ପ୍ରାତଃଭୋଜନ ପରେ ମସକୋନ୍ ସମ୍ମିଳନୀ କେନ୍ଦ୍ର ଅଭିମୁଖେ ଚାଲିଲୁ । ବିସ୍ତୀର୍ଣ୍ଣ ଇଲାକା ଭିତରେ ଦଶହଜାରରୁ ଊର୍ଦ୍ଧ୍ୱ ପ୍ରତିନିଧିଙ୍କ ପାଇଁ ୧୫ଟି ସଭାଗୃହ, ବିଶାଳ ପ୍ରଦର୍ଶନୀ ମଣ୍ଡପ, ଆନ୍ତର୍ଜାତୀୟ ଯୋଗାଯୋଗ କେନ୍ଦ୍ର ଏବଂ ଅବସରବିନୋଦନସ୍ଥଳ ଇତ୍ୟାଦିର ବ୍ୟବସ୍ଥା ସୁନ୍ଦର ଭାବରେ କରାଯାଇଛି । ଦୁଇଟି ବୈଜ୍ଞାନିକ ସଂପାନରେ ଯୋଗଦେବା ପରେ ଶିକ୍ଷାମୂଳକ ପ୍ରଦର୍ଶନୀମଣ୍ଡପ ବୁଲି ଦେଖିଲୁ । ଜ୍ଞାନ ଆହରଣ ପାଇଁ ମୁଦ୍ରିତ ପୁସ୍ତକ ସହିତ ଉପହାର ମାନ ମିଳୁଥାଏ । ଗୋଟିଏ ମଣ୍ଡପରେ ଚା' ପାନ କରିବାକୁ ଗଲାବେଳେ ଜଣେ ଆମେରିକୀୟ ବ୍ୟକ୍ତି ଆମକୁ ଭାରତୀୟ ବୋଲି ଜାଣିବା ପରେ ପଚାରିଲେ, ରାଷ୍ଟ୍ରପତି ପରଭେଜ ମୁସାରଫ୍ ଦିଲ୍ଲୀରେ ଜନ୍ମ ଗ୍ରହଣ କରିଥିଲେ ନା ? ସମ୍ମତିସୂଚକ ଉତ୍ତର ପାଇବାରୁ ସେ କହିଲେ, ଏଥିରେ ତାଙ୍କର ପାକିସ୍ତାନୀ ବନ୍ଧୁ ଏକମତ ନୁହଁନ୍ତି । ସେ କେଉଁଠୁ ଏକଥା ଜାଣିବା ପରେ ଆମ ପାଖରୁ ନିଶ୍ଚିତ

ହେବା ପାଇଁ ଆଶା ରଖିଥିଲେ । ପାକିସ୍ତାନୀ ବ୍ୟକ୍ତିଙ୍କ ଚେହେରାରେ ସଂଶୟ ଭାବ ଥିଲା । ମୁଁ ଜଣାଇଦେଲି ଯେ, ନିକଟ ଅତୀତରେ ଶ୍ରୀ ଏବଂ ଶ୍ରୀମତୀ ମୁସରଫ୍ ଏ ସ୍ଥାନ ପରିଦର୍ଶନ କରି ଫେରିଛନ୍ତି । ଉଭୟେ ପ୍ରସନ୍ନ ହେଲେ । ସମ୍ମିଳନୀଟି ଗୋଟଏ କ୍ଷୁଦ୍ର ପୃଥିବୀ ଭଳି ମନେ ହେଉଥିଲା । କାରଣ ପ୍ରାୟ ପ୍ରତ୍ୟେକ ଦେଶରୁ ପ୍ରତିନିଧିମାନେ ଏଠାରେ ଯୋଗ ଦେଇଥିଲେ । ଆମର ମଧ୍ୟାହ୍ନଭୋଜନର ଅବକାଶ ନଥିଲା । ଅପରାହ୍ଣରେ ଗୋଟିଏ ବୈଜ୍ଞାନିକସମ୍ମାନରେ ଯୋଗଦେବା ପରେ ପାଞ୍ଚଟା ବେଳେ ବସ୍ ଯୋଗେ ଏକ ବିଶେଷ ସମ୍ମାନ ଉଦ୍ଦେଶ୍ୟରେ ଅନ୍ୟତ୍ର ଯାତ୍ରା କଲୁ । କାଲିଫର୍ଣ୍ଣିଆ, ନ୍ୟୁୟର୍କ, ଆମଷ୍ଟରଡମ୍, ପ୍ୟାରିସ୍ ଇତ୍ୟାଦି ବିଭିନ୍ନ ସ୍ଥାନରୁ ଆସିଥିବା ମଧୁମେହ ବିଶେଷଜ୍ଞଙ୍କ ସହିତ ନୂତନ ଇନ୍‌ସୁଲିନ୍ ବିଷୟରେ ପ୍ରତ୍ୟକ୍ଷ ଭାବ ବିନିମୟ ହେଲା । ୮.୩୦ ମିନିଟ୍‌ରେ ରାତ୍ରିଭୋଜନ ପାଇଁ ଅନ୍ୟ ଏକ ଭାରତୀୟ ହୋଟେଲ୍‌କୁ ଯାତ୍ରା କଲୁ । ସେଠାରୁ ଫେରି ପରସ୍ପରକୁ ଶୁଭରାତ୍ରି ଜଣାଇ ବିଶ୍ରାମ ନେଲୁ ।

ତା.୦୮.୦୬.୨୦୦୮ (ରବିବାର) :

ଆଜି ଦର୍ଶନୀୟ ସ୍ଥାନ ପରିଦର୍ଶନର ଦିନ । ପ୍ରାତଃଭୋଜନ ପରେ ଦୁଇ ବନ୍ଧୁଙ୍କଠାରୁ ବିଦାୟ ନେଇ ସମ୍ମିଳନୀ ପ୍ରତିନିଧିରୁ ପରିଦର୍ଶକ ପାଲଟିଗଲି । ଆଗରୁ କହିଥିଲି, ଅନୁଜପ୍ରତିମ ପ୍ରଦୀପ ଆମ ଦଳର ଅନ୍ୟ ତିନିଜଣ (ପତ୍ନୀ ଡା. ଶ୍ରଦ୍ଧାଞ୍ଜଳି, ଅନୁଜ ଡା. ସଞ୍ଜୟ ଏବଂ ମାଈଁ ପଦ୍ମାବତୀ)ଙ୍କୁ ନେଇ ତାଙ୍କର ବାସସ୍ଥାନ ସାନ୍-ରମନ୍ ଚାଲି ଯାଇଥିଲେ । ସେ ସେମାନଙ୍କୁ ସାଙ୍ଗରେ ନେଇ ମୋ ପାଖରେ ଦିନ ୧୧ଟା ବେଳେ ପହଞ୍ଚିଲେ । ହୋଟେଲ୍ ପରିତ୍ୟାଗ କରିବାର ବିଧି ଅନୁସରଣ କରି ସନ୍ନିକଟସ୍ଥ ଫିସରମ୍ୟାନସ ହ୍ୱାର୍ଫ ଭ୍ରମଣରେ ଗଲୁ ।

ଫିସରମ୍ୟାନ୍‌ସ ହ୍ୱାର୍ଫ :

ଗୋଲ୍ଡନ୍ ଗେଟ୍ ବ୍ରିଜ୍ ପରେ ଫିସରମ୍ୟାନ୍‌ସ ହ୍ୱାର୍ଫ ପର୍ଯ୍ୟଟକମାନଙ୍କର ଦ୍ୱିତୀୟ ପସନ୍ଦ । ସହରର ଠିକ୍ ଉତ୍ତର ଦିଗରେ ଉପସାଗର ଜଳରାଶି ଭିତରେ ଇଟାଲୀୟ ନାବିକମାନେ ଏହି ଅଞ୍ଚଳଟି ପ୍ରଥମେ ପ୍ରତିଷ୍ଠା କରିଥିଲେ । ବିଭିନ୍ନ ଆକାର ଓ ରଙ୍ଗର ଯନ୍ତ୍ରଚାଳିତ ନୌକା, ଷ୍ଟିମର୍, ଲଞ୍ଚ୍ ସବୁ ସଯତ୍ନ ନିର୍ମିତ ଜେଟି କୂଳରେ ବିଶ୍ରାମ ନେଇଥାନ୍ତି । ସେମାନଙ୍କ ବନ୍ଧୁବର୍ଗ ପର୍ଯ୍ୟଟକଙ୍କୁ କୋଳରେ ଧରି ଉପସାଗରର ସୌନ୍ଦର୍ଯ୍ୟରେ ଅଭିଭୂତ କରାଉଥାନ୍ତି । କୂଳେ କୂଳେ ସ୍ମୃତି ଉପହାରର ସୁସଜ୍ଜିତ ଦୋକାନମାନଙ୍କ ମେଳରେ ସାମୁଦ୍ରିକ ଖାଦ୍ୟ ଯଥା-କଙ୍କଡ଼ା, ଚିଙ୍ଗୁଡ଼ି, ମାଛ ଇତ୍ୟାଦିର ବିପଣୀ । ଅନତିଦୂରରେ ମହମମୂର୍ତ୍ତି ମ୍ୟୁଜିୟମ୍ ଏବଂ ଆମୋଦଦାୟକ Ripley's believe it or not Museum । ସାନ୍‌ଫ୍ରାନ୍‌ସିସ୍କୋର ସାମୁଦ୍ରିକ ଇତିହାସ ପ୍ରଦର୍ଶନ କରୁଥିବା ଭାସମାନ ଜାହାଜଗୁଡ଼ିକର ପ୍ରଦର୍ଶନୀ ମଧ୍ୟ ଖୁବ୍ ଉଚ୍ଚକୋଟୀର । ଅତ୍ୟାଧୁନିକ ସାଜସଜ୍ଜାପୂର୍ଣ୍ଣ ଦୋକାନ ସହିତ ପ୍ରାଚୀନ ସୌନ୍ଦର୍ଯ୍ୟଭୂଷିତ ଆଇସ୍‌କ୍ରିମ୍, ଫଳ, ଫଳରସ ଓ ପୋଷାକର ବିପଣୀ ବିସ୍ତୀର୍ଣ୍ଣ ଅଞ୍ଚଳର ସୌନ୍ଦର୍ଯ୍ୟ ବୃଦ୍ଧି କରୁଥାନ୍ତି । ସେଠାରୁ ଚାଲିଲୁ ଗୋଲ୍ଡେନ୍ ଗେଟ୍ ବ୍ରିଜ୍ ।

ଗୋଲ୍ଡେନ୍ ଗେଟ୍ ବ୍ରିଜ୍ : (ଚିତ୍ର-୧)

ବିଶ୍ୱ ପର୍ଯ୍ୟଟନ ମାନଚିତ୍ରରେ ସାନ୍‌ଫ୍ରାନ୍‌ସିସ୍କୋ ସହରର ପ୍ରଧାନ ଚିହ୍ନ ହେଉଛି ଗୋଲ୍ଡେନ୍ ଗେଟ୍ ବ୍ରିଜ୍ । ଏହାର ବୟସ ମାତ୍ର ୭୧ ବର୍ଷ । ଇଂଜିନିୟର ଯୋଶେଫ୍ ଷ୍ଟ୍ରାସ୍ ଏହାକୁ ୩୫ ନିୟୁତ ଡଲାର୍ ଖର୍ଚ୍ଚରେ ୧୯୩୭ ମସିହାରେ ନିର୍ମାଣ କରିଥିଲେ । ସମୁଦ୍ର ଉପର ଦେଇ ପୋଲଟିଏ ନିର୍ମାଣ କରିବାର ଆବଶ୍ୟକତା ଅନେକ ଅନୁଭବ କରିଥିଲେ ମଧ୍ୟ ଅନେକ ବର୍ଷ ଧରି ଫଳବତୀ ହୋଇପାରୁନଥିଲା । ବିରୋଧୀମାନେ ଭୂମିକମ୍ପ ଓ ବାତ୍ୟାପ୍ରବଣ ଅଞ୍ଚଳରେ ଏହା ଅନାବଶ୍ୟକ କହୁଥିବା ବେଳେ କେତେକ ଏହାଯୋଗୁଁ ଉପମହାଦ୍ୱୀପର ସୌନ୍ଦର୍ଯ୍ୟ ହ୍ରାସ ପାଇଯିବ ବୋଲି ଆଶଙ୍କା କରିଥିଲେ । ଶେଷରେ କଳା ଓ ବିଜ୍ଞାନର ଅପରୂପ ସଂଯୋଗରେ ଏହି ପୋଲଟି ନିର୍ମିତ ହୋଇଥିଲା । ସାନ୍‌ଫ୍ରାନ୍‌ସିସ୍କୋରୁ ମରିନ୍ କାଉଣ୍ଟି ପର୍ଯ୍ୟନ୍ତ ଦୁଇ ମାଇଲ ଦୂରକୁ ଦୈନିକ ଯାତାୟାତ କରୁଥିବା ଲକ୍ଷାଧିକ ଯାତ୍ରୀଙ୍କ ଗମନାଗମନ ସୁବିଧା ସହିତ ତତୋଧିକ ପରିଭ୍ରମଣକାରୀଙ୍କ ମନୋରଞ୍ଜନ ପାଇଁ ଏହା ସୁବିଖ୍ୟାତ । କାର୍‌ରେ ପୋଲଟି ଅତିକ୍ରମ କରିବା ପୂର୍ବରୁ ପୋଲର ମୁଖ୍ୟ ସ୍ତମ୍ଭର ତଳ ଭାଗରେ (ଫୋର୍ଟ ପଏଣ୍ଟ) ସୁଦୃଶ୍ୟ ପୁଷ୍ପବାଟୀ ଭ୍ରମଣ କଲୁ । ପୋଲ ଅତିକ୍ରମ କରିବା ପରେ ଏକ ପାହାଡ଼ ଶୀର୍ଷରେ (ଭିଷ୍ଟା ପଏଣ୍ଟ) ଦର୍ଶକ ଗ୍ୟାଲେରୀର ସୌନ୍ଦର୍ଯ୍ୟ ଅତୁଳନୀୟ । ତା' ଉପରେ ଦଣ୍ଡାୟମାନ ହୋଇ ସହରର ସୌନ୍ଦର୍ଯ୍ୟ ଉପଭୋଗ ସହିତ ଜଳକ୍ରୀଡ଼ା ଓ ନୌକାବିହାର କରୁଥିବା ପର୍ଯ୍ୟଟକଙ୍କର ଦୃଶ୍ୟ ଏବଂ ଅନତି ଦୂରରେ ଐତିହାସିକ ଆଲ୍‌କାଟ୍ରାଜ୍ ଦ୍ୱୀପର ଅବଲୋକନ ବେଶ୍ ଆମୋଦ ପ୍ରଦାନ କରୁଥାଏ ।

ଏ ଅଞ୍ଚଳ ବର୍ଷର ଅନେକ ଦିନ ଘନ କୁହୁଡ଼ି ଦ୍ୱାରା ଆଚ୍ଛନ୍ନ ଥାଏ ଏବଂ ଘଣ୍ଟା ପ୍ରତି ଷାଠିଏ ମାଇଲ୍‌ରୁ ଅଧିକ ବେଗରେ ପବନ ବହିଥାଏ । ସେଦିନ ପାଗ ବେଶ୍ ଅନୁକୂଳ ଥିଲା ଏବଂ ଆମେ ମନଭରି ସୌନ୍ଦର୍ଯ୍ୟ ଉପଭୋଗ କଲୁ । ଏକ ଅନୁଚ୍ଚ ସ୍ତମ୍ଭ ଉପରେ ନିର୍ମିତ ଯୋଶେଫ୍ ଷ୍ଟ୍ରାସ୍‌ଙ୍କ ପ୍ରତିମୂର୍ତ୍ତି ତଳେ ବସି ଫଟୋ ନେଲୁ ଏବଂ ଶିଳ୍ପୀଙ୍କର ସ୍ତୁତିଚାରଣ କଲୁ । ସାଇକେଲ୍ ଆରୋହୀଙ୍କ ପାଇଁ ବିଶେଷ ରାସ୍ତାଟି ବେଶ୍ ଭରପୂର ଥିଲା । ଏହା ବ୍ୟାୟାମ ଓ ଭ୍ରମଣ ଉଭୟର ପରିପୂରକ ।

ଆଲ୍‌କାଟ୍ରାଜ :

ବାର ଏକର କ୍ଷେତ୍ରଫଳ ବିଶିଷ୍ଟ ଏହି ଦ୍ୱୀପଟି ସାନ୍‌ଫ୍ରାନ୍ସିସ୍କୋର ପୂର୍ବ ଉପକୂଳରୁ ମାତ୍ର ଏକମାଇଲ୍ ଦୂରରେ ସମୁଦ୍ର ଭିତରେ ଅବସ୍ଥିତ । ସ୍ପେନିଶ୍ ଭାଷାରେ ଏହାର ଅର୍ଥ ପେଲିକାନ୍ ପକ୍ଷୀ ଅର୍ଥାତ୍ ଦୀର୍ଘ ଚଞ୍ଚୁବିଶିଷ୍ଟ ଜଳଚର ପକ୍ଷୀ । ଚଞ୍ଚୁ ତଳେ ମାଛ ରଖିବା ପାଇଁ ଥଳି ଥାଏ । ସେମାନେ ଅଗଣିତ ସଂଖ୍ୟାରେ ଦ୍ୱୀପଟିକୁ କୋଳାହଳମୟ ରଖୁଥିଲେ । ୧୮୫୦ ମସିହାରୁ ଏହା ଏକ ମିଲିଟାରୀ ଦୁର୍ଗ ଭାବରେ ବ୍ୟବହୃତ ହେଉଥିଲା । ୧୯୩୪ ମସିହାରେ ଏଠାରେ ଏକ ଜେଲ୍ ସ୍ଥାପନ କରାଯାଇ ବିପଦଜନକ ବନ୍ଦୀମାନଙ୍କୁ ରଖିବାକୁ ବ୍ୟବସ୍ଥା କରାଗଲା । ଆଣ୍ଡାମାନ୍ ଦ୍ୱୀପର ସେଲୁଲାର୍ ଜେଲ୍ ଭଳି ଏହି ଜେଲ୍ ପ୍ରସିଦ୍ଧ । ୧୯୬୩ ମସିହାରେ ଆମେରିକାନ୍ କଂଗ୍ରେସର ଏକ କମିଟି ଆଲ୍‌କାଟ୍ରାଜ୍ ଉପରେ ଅଭିମତ ଦେଲେ ଯେ, ଜଣେ ବନ୍ଦୀଙ୍କୁ ଆଲ୍‌କାଟ୍ରାଜ୍‌ରେ ରଖିବା ଖର୍ଚ୍ଚ ନ୍ୟୁୟର୍କର ଶ୍ରେଷ୍ଠ ହୋଟେଲ୍ ୱାଲଡଫ୍ ଅଷ୍ଟୋରିଆରେ ଜଣେ ଅତିଥି ରହିବାର ଖର୍ଚ୍ଚଠାରୁ ଅଧିକ । ଏହି ଅଭିମତ ପଢ଼ି ଆଟର୍ଣ୍ଣି ଜେନେରାଲ୍ ରବର୍ଟ କେନେଡ଼ି ଜେଲ୍‌କୁ ବନ୍ଦକରି ମ୍ୟୁଜିୟମ୍‌ରେ ପରିବର୍ତ୍ତନ କଲେ । ଉପକୂଳରୁ ଜଳଯାତ୍ରାରେ ଯାଇ ଏହା ପରିଦର୍ଶନ କରିବା ଖୁବ୍ ଆମୋଦଦାୟକ । ଆମେ କିନ୍ତୁ ଭିଷ୍ଟା ପଏଣ୍ଟରୁ ଦୂରବୀକ୍ଷଣ ଯନ୍ତ୍ର ସାହାଯ୍ୟରେ ପତଳା କୁହୁଡ଼ିଘେରା ଦ୍ୱୀପର ସୁଷମା ଉପଭୋଗ କଲୁ ।

ଅପରାହ୍ନ ଛଅଟାରେ ଗୋଲ୍ଡେନ୍ ଗେଟ୍ ବ୍ରିଜ୍‌ରୁ ସହର ଅଭିମୁଖେ ପ୍ରସ୍ଥାନ କଲୁ । ରଷିଆନ୍ ହିଲ୍ ଅଞ୍ଚଳରେ ଲୋମ୍ବାର୍ଡ଼ ଷ୍ଟ୍ରିଟ୍‌ର ବିଶ୍ୱପ୍ରସିଦ୍ଧ ଅଙ୍କାବଙ୍କା ଗଳି (କ୍ରୁକ୍‌ଡ ଷ୍ଟ୍ରିଟ୍) ଦେଇ ନର୍ଥ ବିଚ୍, ଚାଇନାଟାଉନ୍, ଫାଇନାନ୍‌ସିଆଲ୍ ଡିଷ୍ଟ୍ରିକ୍ଟର ଶୋଭା ଅବଲୋକନ କରୁ କରୁ ସାନ୍‌ଫ୍ରାନ୍ସିସ୍କୋ ସହର ପାର୍ ହୋଇ ସାନ୍ ରମନ୍ ଅଭିମୁଖେ ଆଗେଇଲୁ । ବାଟରେ ଓରାକଲ୍ ସଂସ୍ଥାର ଆନ୍ତର୍ଜାତୀୟ ମୁଖ୍ୟ କାର୍ଯ୍ୟାଳୟକୁ ନେଇଗଲେ ପ୍ରଦୀପ । ଅତ୍ୟାଧୁନିକ କାର୍ଯ୍ୟାଳୟ । କୋଠାଗୁଡ଼ିକର ଚତୁର୍ଦ୍ଦିଗରେ ସବୁଜ ଉଦ୍ୟାନ ଓ ପୁଷ୍ପବାଟିକା ଖୁବ୍ ମନମୁଗ୍ଧକର । ଗୋଟିଏ କୋଠା ଭିତରେ ଅତ୍ୟାଧୁନିକ ବ୍ୟାୟାମଶାଳା ବି ବୁଲି ଦେଖିଲୁ । ସଂସ୍ଥା ତରଫରୁ କର୍ମଚାରୀମାନଙ୍କର ସ୍ୱାସ୍ଥ୍ୟରକ୍ଷା ଓ ମାନସିକ ଚାପରୁ ମୁକ୍ତି ପାଇଁ ଏହା ଅଭିନବ ଉଦ୍ୟମ । ସେଠାରୁ ସୁଦୃଶ୍ୟ ସାନମ୍ୟାଟିଓ ପୋଲ ଦେଇ ସାନ୍‌ଫ୍ରାନ୍ସିସ୍କୋ ଉପସାଗର ଅତିକ୍ରମ କଲୁ ଏବଂ ୪୫ ମିନିଟ୍‌ର ଯାତ୍ରା ପରେ ପହଞ୍ଚିଲୁ ସୁନ୍ଦର ପ୍ରାକୃତିକ ପରିବେଶରେ ଉତ୍ତୀର୍ଣ୍ଣ ସାନ୍ ରମନ୍‌ରେ ।

ସାନ୍ ରମନ୍ :

ସାନଫ୍ରାନ୍ସିସ୍କୋ ଉପସାଗରର ପୂର୍ବ ଉପକୂଳରେ ଆଲାମେଡ଼ା କାଉଣ୍ଟିର ହେୱାର୍ଡ଼ ଓ ଡବ୍‌ଲିନ୍ ଅଞ୍ଚଳ ଅତିକ୍ରମ କରି କଣ୍ଟ୍ରାକୋଷ୍ଟା କାଉଣ୍ଟିର ସାନ୍ ରମନ୍ ଗ୍ରାମରେ ପହଞ୍ଚିଲୁ ।

ସୁଦୃଶ୍ୟ ପାର୍ବତ୍ୟାଞ୍ଚଳରେ ନୂତନ କରି ଗଢ଼ି ଉଠିଥିବା ଏହି ଅଞ୍ଚଳରେ ପ୍ରାକୃତିକ ପରିବେଶ ଖୁବ୍ ମନୋରମ । କଳ୍ପନାର 'ଛୋଟ ମୋର ଗାଁଟି' ସ୍ୱଚକ୍ଷୁରେ ଦେଖି ନିଜକୁ ଭାଗ୍ୟବାନ୍ ମନେ କଲି । ଜାତୀୟ ରାଜପଥ ଛାଡ଼ି ଗ୍ରାମ୍ୟ ରାସ୍ତାରେ ପ୍ରବେଶ କଲାବେଳେ ରାସ୍ତାର ଗୁଣାତ୍ମକ ମାନରେ କୌଣସି ତଫାତ୍ ଦୃଷ୍ଟିରେ ପଡ଼ିଲା ନାହିଁ । ମସୃଣ ରାସ୍ତାକଡ଼ରେ ଫୁଟ୍‌ପାଥ୍ ଏବଂ ପ୍ରାତଃ ଭ୍ରମଣ ତଥା ସାନ୍ଧ୍ୟ ଭ୍ରମଣକାରୀଙ୍କର ଚାଲିବା ଦୌଡ଼ିବା ପାଇଁ ଅଲଗା ରାସ୍ତା । ସୁଶୋଭିତ ମ୍ୟାପଲ୍ ଗଛର ଧାଡ଼ି । ମଝିରେ ମଝିରେ ଫୁଲର ବଗିଚା । ନୂଆଣିଆ ଛାତର ସୁନ୍ଦର ଘରସବୁ ଉପତ୍ୟକାର ସୌନ୍ଦର୍ଯ୍ୟ ବୃଦ୍ଧି କରୁଥାନ୍ତି ।

ଗାଁ ମୁହଁରେ ବିଦ୍ୟାଳୟ ଓ ଡାକ୍ତରଖାନା ଅତିକ୍ରମ କରି ପ୍ରଦୀପଙ୍କ ଘରେ ପହଞ୍ଚିଲୁ । ନଗରରୁ ଆସି ଗାଁରେ ପହଞ୍ଚିବା ଭଳି ଲାଗିଲାନି । ଯାତ୍ରାଜନିତ କ୍ଳାନ୍ତି ତ ଆଦୌ ନଥିଲା । ଦୁଇହଜାର ବର୍ଗଫୁଟ୍‌ର ସୁନ୍ଦର ଘରଟିଏ । ବାହ୍ୟ ଓ ଆଭ୍ୟନ୍ତରର ସାଜସଜ୍ଜା ଖୁବ୍ ଉଚ୍ଚକୋଟୀର ଓ ସୁବିଧାଜନକ । ପ୍ରଶସ୍ତ ଗ୍ୟାରେଜ୍ ଭିତରେ ଦୁଇଟି ଗାଡ଼ି ଓ ଅନ୍ୟାନ୍ୟ ଆସବାବପତ୍ର ରଖିବା ପାଇଁ ଯଥେଷ୍ଟ ସ୍ଥାନ । ଡ୍ରଇଂ ରୁମ୍‌ର ଉପର ସ୍ତରରେ ଲିଭିଂ ରୁମ୍ (ଚାରୋଟି ପାହାଚ ଉପରେ), ରୋଷେଇ ଘର, ଆଇଲ୍ୟାଣ୍ଡ (ପରିବା କାଟିବା ଓ ଭୋଜନ ପ୍ରସ୍ତୁତି ସାମଗ୍ରୀ ରଖିବା ପାଇଁ) ଏବଂ ପାଖରେ ଡାଇନିଂ ଟେବୁଲ୍ । ଉପର ମହଲାରେ ଶୟନ କକ୍ଷ, ପିଲାମାନଙ୍କ ପାଇଁ ସ୍ୱତନ୍ତ୍ର କକ୍ଷ ଓ ପଢ଼ା ପ୍ରକୋଷ୍ଠ । ସୁନ୍ଦର ରେଷ୍ଟରୁମ୍ (ଟଏଲେଟ୍‌କୁ ରେଷ୍ଟରୁମ୍ କୁହାଯାଏ) ଆମେରିକୀୟ ଗୃହର ବିଶେଷତ୍ୱ । ଘରେ ଜିନିଷପତ୍ର ରଖିଦେଇ ଗ୍ରାମ୍ୟଶୋଭା ଦର୍ଶନରେ ବାହାରିଲୁ । ସମୟ ୭ଟା । ଉଜ୍ଜ୍ୱଳ ସୂର୍ଯ୍ୟକିରଣ ସହିତ ବାହାରର ତାପମାନ ୧୫-୧୬ ଡିଗ୍ରୀ ସେଲ୍‌ସିୟସ୍ । ତେଣୁ ଭ୍ରମଣ ବେଶ୍ ଆମୋଦଦାୟକ । ସାହି ବସ୍ତି ଗଢ଼ାହେଲା ବେଳେ ପ୍ରଥମେ ରାସ୍ତା, ଭୂତଳ ନାଳ, ବିଦ୍ୟୁତ୍ ତାର, ଟେଲିଫୋନ୍ ତାର ଇତ୍ୟାଦିର ବ୍ୟବସ୍ଥା କରାଯାଇଥାଏ । ରାସ୍ତା କଡ଼ର ବୃକ୍ଷ ଓ ପୁଷ୍ପ ନିଜର ସୌନ୍ଦର୍ଯ୍ୟ ପ୍ରକାଶ କରୁଥାନ୍ତି । ଏହାକୁ ପ୍ରତ୍ୟକ୍ଷ କରିବାର ସୁଯୋଗ ମିଳିଲା । କାରଣ ପ୍ରଦୀପ ଆମକୁ ଗୃହ ନିର୍ମାଣ ଶୈଳୀ ଦେଖାଇବା ପାଇଁ ନୂତନ ବସ୍ତି ଆଡ଼କୁ ନେଇଗଲେ । ଘରଗୁଡ଼ିକ କାଠରେ ତିଆରି ହୋଇଥିବାର ମୁଁ କଳ୍ପନା କରି ନଥିଲି । ପ୍ରଥମେ ସିମେଣ୍ଟର ଚଟାଣ କରି ଦିଆଯାଏ । ତା' ପରେ କାଠର ଖମ୍ବ ଖଞ୍ଜିଦେଇ ବିଶେଷ ନିର୍ମିତ ପ୍ଲାଇଉଡ୍‌ର କାନ୍ଥ ତିଆରି ହୁଏ । କଣ୍ଟା ଓ ସ୍କ୍ରୁର ବ୍ୟବହାର ମଧ୍ୟ ବିଶେଷ ଯନ୍ତ୍ର ଦ୍ୱାରା କରାଯାଏ । ମାତ୍ର ଛଅମାସରେ ସୁନ୍ଦର ଘରଟିଏ ମୁଣ୍ଡ ଟେକିଦିଏ । ବାସସ୍ଥଳୀର ଚତୁଃପାର୍ଶ୍ୱରେ ପୁଷ୍ପବାଟିକା ଏବଂ ପ୍ରଶସ୍ତ ରାସ୍ତାଘାଟ ତଥା ଭୂତଳ ନାଳ ନର୍ଦ୍ଦମା ସହିତ ଯୋଗାଯୋଗ ଯୋଗୁଁ ଗୃହର ଅଭ୍ୟନ୍ତର ଓ ବାହ୍ୟ ସୌନ୍ଦର୍ଯ୍ୟ ଏକାଭଳି ଲାଗିଲା । ରାସ୍ତାକଡ଼ରେ କିମ୍ବା ରାସ୍ତାଉପରେ କାଗଜ ଟୁକୁଡ଼ାଟିଏ ବି ଦେଖିବାକୁ ମିଳିଲାନି । ଆମେରିକୀୟ ସଂସ୍କୃତିରେ

ଅଳିଆ ଆବର୍ଜନା ନିଷ୍କାସନ ପାଇଁ ବିଶେଷ ଗୁରୁତ୍ୱ ଦିଆଯାଇଥାଏ । ସୂର୍ଯ୍ୟୋଦୟ ପୂର୍ବରୁ ଭିନ୍ନ ରଙ୍ଗର ଜରି ଭିତରେ ପରିବା ଚୋପା, କାଗଜ ଟୁକୁଡ଼ା, ପ୍ଲାଷ୍ଟିକ୍ ଜିନିଷ ଇତ୍ୟାଦି ରଖି ମୁହଁଟି ବାନ୍ଧି ଦିଆଯାଇଥାଏ ଏବଂ ତାକୁ ନେଇ ବୈଜ୍ଞାନିକ ପଦ୍ଧତିରେ ବିଭିନ୍ନ କାର୍ଯ୍ୟରେ ଲଗାଯାଏ । ପ୍ରଦୀପଙ୍କର ଛୋଟ ପରିବାରଟିଏ । ପତ୍ନୀ ଦୀପା ଶିକ୍ଷିତା, ସୁଗୃହିଣୀ । ଦୁଇଟି ପୁଅ ପ୍ରତ୍ୟୁଷ ଓ ଦେବେଶ ।

ସାନ-ରମନର ଜନସଂଖ୍ୟା ୫୦ହଜାରରୁ ୬୦ହଜାର ଭିତରେ । ଜଳବାୟୁ ସ୍ୱାସ୍ଥ୍ୟକର । ପ୍ରସିଦ୍ଧ କାଲିଫର୍ଣ୍ଣିଆ ଚେରି, ପ୍ଲମ୍ ଏବଂ ଆପେଲ୍ ଆଦି ସମସ୍ତ ପ୍ରକାର ଫଳ ପ୍ରକୃତି ଆକୁଣ୍ଠିତ ଭାବରେ ଭରି ଦେଇଛି । ନୂତନ ପିଢ଼ିର ଉଦୀୟମାନ ତରୁଣ ସାନ୍‌ଫ୍ରାନ୍ସିସ୍କୋ ଅପେକ୍ଷା ଏ ଅଞ୍ଚଳରେ ରହିବାକୁ ସୁଖକର ମନେ କରନ୍ତି ।

ଜ୍ୟେଷ୍ଠ ପୁତ୍ର ପ୍ରତ୍ୟୁଷର ବ୍ରତୋପନୟନ ଉପଲକ୍ଷେ ଦୀପା, ପ୍ରତ୍ୟୁଷ ଓ ଦେବେଶ ଭୁବନେଶ୍ୱର ଚାଲିଆସିଥିଲେ । ଏକାକୀ ପ୍ରଦୀପ ଖୁବ୍ ଆନ୍ତରିକତାର ସହିତ ଆମର ପରିଚର୍ଯ୍ୟା କରି ପରିଭ୍ରମଣରେ ସହାୟତା କରିଥିଲେ । ଗତକାଲି ପ୍ରାୟ ୨୦ ମାଇଲ୍ ଦୂରସ୍ଥ ଚେରି କୋଳିର ବଗିଚାକୁ ନେଇ ନିଜ ହାତରେ ସୁସ୍ୱାଦୁ କୋଳି ତୋଳି ଖାଇବାର ଅନୁଭବ କରାଇଥିଲେ । ଆମେରିକାର ଅନେକ ଗ୍ରାମାଞ୍ଚଳରେ ଏହା ଏକ ବିଧି । ଋତୁ ଅନୁଯାୟୀ ବିଭିନ୍ନ କୋଳି ଏବଂ ଫଳ ପାଚିଗଲେ ବଗିଚାର ମାଲିକମାନେ ନିଜ ହାତରେ ତୋଳି ଖାଇବା ପାଇଁ ନିମନ୍ତ୍ରଣ କରନ୍ତି । ଅବଶ୍ୟ ମାଗଣା ଖାଇବା ପରେ ଘରକୁ ଆଣିବାକୁ ହେଲେ ମୂଲ୍ୟ ଦେବାକୁ ପଡ଼େ । ଏହା ସହିତ ଏକ ସୁନ୍ଦର ହିନ୍ଦୁ ମନ୍ଦିର, ଅତ୍ୟାଧୁନିକ ବିପଣୀ (ମଲ୍) ଏବଂ ବ୍ୟାୟାମଶାଳା ଦେଖାଇଥିଲେ ।

ଆମେ ସାନ୍ଧ୍ୟଭ୍ରମଣରୁ ୯ଟା ବେଳେ ଫେରି ପରଦିନ ଭୋର୍ ୪ଟା ବେଳେ ଲସ୍ ଏଞ୍ଜେଲସ୍ ଅଭିମୁଖେ ବିମାନଘାଟିକୁ ଯିବାପାଇଁ ପ୍ରସ୍ତୁତି ଆରମ୍ଭ କଲୁ । ପ୍ରଦୀପ ନିଜ କ୍ୟାମେରାରେ ଉଠାଇଥିବା ଫଟୋଗୁଡ଼ିକ କମ୍ପ୍ୟୁଟରରେ ସମ୍ପାଦନା କରି ସିଡିଟିଏ ସସ୍ନେହ ଧରାଇଦେଲେ । ସ୍ୱର୍ଣ୍ଣିମ ସାନ୍‌ଫ୍ରାନ୍ସିସ୍କୋରେ ଏହା ଶେଷରାତ୍ରୀ । 'ସ୍ୱର୍ଣ୍ଣିମ' ଦୁଇଟି କାରଣରୁ । ପ୍ରଥମତଃ ସ୍ୱର୍ଣ୍ଣଖଣିର ସନ୍ଧାନରେ ଏଠାରେ ପ୍ରଥମେ ଜନବସତି ଗଢ଼ି ଉଠିଲା । ଦ୍ୱିତୀୟ କାରଣ ହେଲା- ପ୍ରସିଦ୍ଧ ଗୋଲ୍‌ଡେନ୍ ଗେଟ୍ ବ୍ରିଜ୍ । ଅବଶ୍ୟ ଅନ୍ତର୍ଜାତୀୟ ରଙ୍ଗ 'ଗୋଲ୍‌ଡେନ୍' ନାଁ ଦେଇଛି । ଏଥିରେ ସୁନା ଛାଉଣୀ କରାଯାଇ ନାହିଁ ।

■

ଲାସ୍ୟମୟୀ ଲସ୍ ଏଞ୍ଜେଲସ୍

ତା. ୦୯.୦୬.୨୦୦୮ (ସୋମବାର) :

ପୂର୍ବଯୋଜନା ଅନୁଯାୟୀ ଭୋର୍ ୪.୩୦ ମିନିଟ୍‌ରେ ପ୍ରଦୀପ ସାନ୍‌ଫ୍ରାନ୍ସିସ୍କୋ ବିମାନଘାଟି ଅଭିମୁଖେ ଗାଡ଼ି ଚଳାଇବା ଆରମ୍ଭ କଲେ । ନିରହଂକାରୀ ନିରଳସ ମଣିଷଟିଏ । ଦିନକର ଲସ୍ ଏଞ୍ଜେଲସ୍ ଭ୍ରମଣ ସାରି ସନ୍ଧ୍ୟାବେଳେ ପୋର୍ଟଲ୍ୟାଣ୍ଡ ସିଟି ଯିବାର ସମସ୍ତ ଯୋଜନା ସେ କରିଥାନ୍ତି । ଭି.ଆଇ.ପି. ଟୁର୍ ଗାଡ଼ିରେ ଭ୍ରମଣ ସହିତ ପ୍ରାତଃଭୋଜନ ଏବଂ ମଧ୍ୟାହ୍ନଭୋଜନ ବ୍ୟବସ୍ଥା ବି କରିଥିଲେ । ଆମକୁ ବିମାନଘାଟିରେ ଯଥାସମୟରେ ପହଞ୍ଚାଇ ବିଦାୟ ନେଲେ । ତାଙ୍କର ସାନ୍ନିଧ ହରାଇବାର ଦୁଃଖ ମନରେ ରହିଗଲା । ଛଅଟା ବେଳେ ଯାତ୍ରା ଆରମ୍ଭ କରି ୭ଟା ୧୫ ମିନିଟ୍‌ରେ ଲସ୍ ଏଞ୍ଜେଲସ୍‌ରେ ପହଞ୍ଚିଗଲୁ । ଜିନିଷପତ୍ର ସବୁ ପୋର୍ଟଲ୍ୟାଣ୍ଡକୁ ପଠାଇ ଦିଆଯିବା ବ୍ୟବସ୍ଥା ହୋଇଥାଏ । ତେଣୁ ଆମେ କେବଳ ହାତ ବ୍ୟାଗ୍ ଧରି ଲସ୍ ଏଞ୍ଜେଲସ୍‌ରେ ଓହ୍ଲାଇ ପୂର୍ବ ସ୍ଥିରୀକୃତ ଭିଆଇପି ଟୁର୍ କମ୍ପାନୀର ଅଫିସ୍‌ରେ ପହଞ୍ଚିଲୁ । ସକାଳ ୯ଟା ବେଳେ ସହର ଭ୍ରମଣ ଆରମ୍ଭ । ଏଠାରେ କହିବା ଉଚିତ୍ ହେବ, ଲସ୍‌ଏଞ୍ଜେଲସ୍ ଆମେରିକାର ଦ୍ୱିତୀୟ ବୃହତ୍ତମ ସହର ଏବଂ ସେଠାରେ ଅନେକ ଦର୍ଶନୀୟ ସ୍ଥାନ ରହିଛି । ଜନସଂଖ୍ୟା ଏକକୋଟିରୁ ଅଧିକ । ମୁଖ୍ୟତଃ ସହର ଭ୍ରମଣ, ଡିସ୍‌ନିଲ୍ୟାଣ୍ଡ ଏବଂ ୟୁନିଭର୍ସିଆଲ୍ ଷ୍ଟୁଡିଓ ଯାତ୍ରା । ଏହି ତିନୋଟି ଯାତ୍ରା ଗୋଟିଏ ଲେଖାଏଁ ଦିନ ନିଅନ୍ତି । ପ୍ୟାରିସ୍‌ରେ ଡିସ୍‌ନିଲ୍ୟାଣ୍ଡ ଦେଖିଥିବାରୁ ମୋର ଆଗ୍ରହ ନଥିଲା । ପିଲାମାନଙ୍କ ପାଇଁ ଏହା ବିଶେଷ ଆମୋଦଦାୟକ । ତେଣୁ ଆମେ ଏଡ଼ାଇଦେଲୁ । ୟୁନିଭର୍ସିଆଲ୍ ଷ୍ଟୁଡିଓ ଦର୍ଶନୀୟ ଏବଂ ମଜାଦାର ମଧ୍ୟ । କିନ୍ତୁ କିଛିଦିନ ଆଗରୁ ଅଗ୍ନିକାଣ୍ଡ ଘଟିଥିବାରୁ ତାହା ବନ୍ଦ ଥିଲା । ଅତଏବ ଆମ ପାଇଁ ଏକମାତ୍ର ବିକଳ୍ପ ଥିଲା "ସହରର ଦର୍ଶନୀୟ ସ୍ଥାନ ଭ୍ରମଣ" । ଆମୋଦଦାୟକ ସିଟି ରାଇଡ୍

ବସ୍‌ରେ ସକାଳ ୯ଟାରୁ ଅପରାହ୍ଣ ୪.୩୦ ମିନିଟ୍ ପର୍ଯ୍ୟନ୍ତ ଭ୍ରମଣ ପାଇଁ ଆଗରୁ ଟିକଟ କରିଥିଲୁ । ନ୍ୟୁଜିଲାଣ୍ଡ, ହଲାଣ୍ଡ, ଚୀନ୍, ଆମେରିକାରୁ ଆସିଥିବା ୧୫ଜଣ ଭ୍ରଣକାରୀଙ୍କୁ ନେଇ ଆମ ବସ୍ ଯାତ୍ରା ଆରମ୍ଭ କଲା । ଡ୍ରାଇଭର ହିଁ ଗାଇଡ୍ । ଗାଡ଼ି ଚଲାଇବା ବେଳେ ଧାରା ବିବରଣୀ ଦେଉଥାନ୍ତି । ତା' ପୂର୍ବରୁ ସ୍ୱପରିଚୟ ଦେବା ସହିତ ଆମ ସମସ୍ତଙ୍କ ପରିଚୟ ନେଇ ଆପଣାର କରି ଦେଇଥିଲେ ।

ଲସ୍‌ଏଞ୍ଜେଲସ୍ ଯୁକ୍ତରାଷ୍ଟ୍ର ଆମେରିକାର ପଶ୍ଚିମ ଉପକୂଳରେ ସର୍ବପୁରାତନ ସହର । ପଞ୍ଚସ୍ତରୀ ମାଇଲର ସୁଦୀର୍ଘ ବେଳାଭୂମି । ପାହାଡ଼, ପର୍ବତ, ହ୍ରଦ, ଉଦ୍ୟାନଭରା ପ୍ରାକୃତିକ ପରିବେଶ । ବିଶ୍ୱର ଶ୍ରେଷ୍ଠ ମନୋରଞ୍ଜନ ନଗରୀ ବୋଲି ଏହାକୁ ହିଁ କୁହାଯାଏ । କାରଣ 'ହଲିଉଡ୍' ସର୍ବପୁରାତନ ଓ ସର୍ବବୃହତ୍ ଚଳଚ୍ଚିତ୍ର ନିର୍ମାଣକାରୀ ଅଞ୍ଚଳ । ଟେଲିଭିଜନ୍ ଓ ସଂଗୀତ ଦୁନିଆର ବୃହତ୍ କମ୍ପାନୀମାନେ ଏଠାରେ ହିଁ ଆସନ ଜମାଇଛନ୍ତି । ଏହାର ଆମୋଦପ୍ରଦ ଜଳବାୟୁ ଠିକ୍ ଭୂମଧ୍ୟସାଗର କୂଳବର୍ତ୍ତୀ ସହରମାନଙ୍କ ଭଳି । ବାହାରର ତାପମାନ ୧୫ ଡିଗ୍ରୀ ସେଲ୍‌ସିୟସ୍ ଥିଲା । ଆର୍ଦ୍ରତା ଖୁବ୍ କମ୍ ଥିବାରୁ ଦେହରୁ ଝାଳ ବୋହୁ ନଥିଲା ।

ପ୍ରଥମେ ଯାଇ ପହଞ୍ଚିଲୁ 'ଫିସରମ୍ୟାନ୍ ଭିଲେଜ୍' ବା ମତ୍ସ୍ୟଜୀବୀଙ୍କ ଗାଁରେ । ପ୍ରଶାନ୍ତ ମହାସାଗର କୂଳ ଭିତରକୁ ପଶି ଆସି ହ୍ରଦଟିଏ ସୃଷ୍ଟି କରିଛି । ଜଳରାଶି ସ୍ଥିର । ଏହି ଅଞ୍ଚଳରେ ହିଁ ପ୍ରଥମେ ଇଟାଲୀୟ ମତ୍ସ୍ୟଜୀବୀ ଜନବସତି ସୃଷ୍ଟି କରିଥିଲେ । ବର୍ତ୍ତମାନ ପ୍ରାୟ ଛଅହଜାରରୁ ଊର୍ଦ୍ଧ୍ୱ ମୋଟରଚାଳିତ ବୋଟ୍‌ରେ ମତ୍ସ୍ୟ ବ୍ୟବସାୟ ସହିତ ଭ୍ରମଣକାରୀଙ୍କୁ ସମୁଦ୍ର ଯାତ୍ରାର ଆମୋଦ ପ୍ରମୋଦ ଯୋଗାଇ ଆସୁଛନ୍ତି ଅଞ୍ଚଳବାସୀ। କୂଳେ କୂଳେ ବିଭିନ୍ନ ସୁସଜ୍ଜିତ ଦ୍ରବ୍ୟର ବିପଣି । ଐତିହାସିକ ମାନ୍ୟତା ସହିତ ଭ୍ରମଣକାରୀଙ୍କର ଆନନ୍ଦ ଲାଭ ସ୍ଥାନଟିର ମହତ୍ତ୍ୱ ବୃଦ୍ଧି କରିଛି ।

ଦ୍ୱିତୀୟ ଲକ୍ଷ୍ୟସ୍ଥଳ ଥିଲା 'ଭେନିସ୍ ବିଚ୍' ବା ଭେନିସ୍ ବେଳାଭୂମି । ପୃଥିବୀର ଅନ୍ୟତମ ପ୍ରାକୃତିକ ପରିବେଶ ସହିତ ଯୋଜନାବଦ୍ଧ ଦୋକାନ ବଜାର ଓ ଚତୁଃପାର୍ଶ୍ୱରେ ସୌନ୍ଦର୍ଯ୍ୟ ବୃଦ୍ଧିକାରୀ ଉଦ୍ୟାନ ଆମକୁ ବେଶ୍ ରୁଚିକର ଲାଗିଲା। ଚିତ୍ରଶିଳ୍ପୀ ଓ ସଂଗୀତକାରଙ୍କର କଳା ପ୍ରଦର୍ଶନ ଲାଗିଥାଏ। ଏକନିଷ୍ଠ ଭାବରେ ସେମାନେ ଦର୍ଶକ ଓ ଶ୍ରୋତାମାନଙ୍କର ମନୋରଞ୍ଜନ କରୁଥାନ୍ତି। ଲସ୍ ଏଞ୍ଜେଲସ୍‌ର ପ୍ରସିଦ୍ଧ ଦଶଗୋଟି ବେଳାଭୂମି ମଧ୍ୟରୁ ଏହା ସର୍ବଶ୍ରେଷ୍ଠ।

ପରବର୍ତ୍ତୀ ଲକ୍ଷ୍ୟ 'ରୋଡ଼ିଓ ଡ୍ରାଇଭ୍'ରେ ଆମକୁ ଗାଇଡ୍ ପହଞ୍ଚାଇ ଦେଲେ । ଏହା ଏକ ପୃଥିବୀ ପ୍ରସିଦ୍ଧ ବଜାର । ପ୍ରସିଦ୍ଧ ଏଥିପାଇଁ ଯେ, ବିଶିଷ୍ଟ ସିନେକଳାକାରମାନେ ଏଠାରୋ ସେମାନଙ୍କର ମନପସନ୍ଦ ଜିନିଷମାନ କିଣିଥାନ୍ତି ।

ସୁନ୍ଦର ଉଠାଣିଆ ରାସ୍ତା ଦୁଇପଟେ ନାନା କିସମର ଫୁଲର ବଗିଚା । ପାର୍କରେ ବସିଲା ଭଳି ସୁସଜ୍ଜିତ କାଠ ବେଞ୍ଚକୁ ଲାଗି ଫୁଟ୍‌ପାଥ୍ । ତାକୁ ମୁହଁକରି ରହିଛନ୍ତି ବିଶ୍ୱପ୍ରସିଦ୍ଧ ଦୋକାନ ସବୁ । ଲୁଗାପଟା, ଘଡ଼ି, ଇଲୋକ୍ଟ୍ରୋନିକ୍ ଦ୍ରବ୍ୟ, ଅଳଙ୍କାର ଏବଂ ଅନ୍ୟାନ୍ୟ ଆବଶ୍ୟକୀୟ ପଦାର୍ଥର ଦୋକାନ ସବୁ ଆକର୍ଷଣୀୟ ମ୍ୟୁଜିୟମ୍ ଭଳି ସୁସଜ୍ଜିତ । ଦାମ୍ ଅନେକ ବେଶୀ । ତେବେ ଆମେ ଗ୍ରାହକ ଭାବରେ ନୁହେଁ, ଭ୍ରମଣକାରୀ ହିସାବରେ ଦେଖିନେଲୁ । ସିନେମାପ୍ରେମୀମାନେ ସେମାନଙ୍କର ପ୍ରିୟ ତାରକାମାନେ ଏହି ଦୋକାନମାନଙ୍କରୁ କିଣନ୍ତି ବୋଲି ଖୁସି ଅନୁଭବ କରୁଥାନ୍ତି । ତେବେ ସ୍ଥାନଟିର ପରିବେଶ ମନଛୁଆଁ ।

ଏଥର ମଧ୍ୟାହ୍ନଭୋଜନର ସମୟ । ଗାଇଡ୍ ଆମକୁ ନେଇଗଲେ ଏକ ପ୍ରସିଦ୍ଧ ଅଞ୍ଚଳ 'କୃଷକ ବଜାର'କୁ । ଶହ ଶହ ସଂଖ୍ୟାରେ ଜଳଖିଆ ଓ ପାନୀୟ ଦୋକାନ ଗୋଟିଏ ସ୍ଥାନରେ ଏପରି ରହିବା ପୃଥିବୀର ଅନ୍ୟତ୍ର ଦେଖାଯାଏ ନାହିଁ । ୧୭୮୧ ମସିହାରେ ଲସ୍ ଏଞ୍ଜେଲସର ପ୍ରାଣ ପ୍ରତିଷ୍ଠା ହୋଇଥିଲା । ନିକଟବର୍ତ୍ତୀ ଆଲଭେରା ଗଳି ଐତିହାସିକ ପ୍ରଥମ ଗଳି । କିଛି ସମୟ ବୁଲିବା ପରେ ମଧ୍ୟାହ୍ନଭୋଜନ କରିନେଲୁ ।

ଶେଷ ଦର୍ଶନୀୟ ସ୍ଥାନ ଆସିଗଲା 'ହଲିଉଡ୍'। ଏହି ଅଞ୍ଚଳ ପାଇଁ ଲସ୍ ଏଞ୍ଜେଲସ୍ ମନୋରଞ୍ଜନର ରାଜଧାନୀ ଭାବରେ ଚର୍ଚ୍ଚିତ। 'ହଲିଉଡ୍' ପୃଥିବୀର ପ୍ରତ୍ୟେକ କୋଣ ଅନୁକୋଣୁ ପରିଦର୍ଶକମାନଙ୍କୁ ଟାଣିଆଣେ । ଦୂରରୁ ଗୋଟିଏ ପାହାଡ଼ ଶୀର୍ଷରେ ଲେଖା HOLYWOOD ଚିହ୍ନ ପ୍ରତି ଗାଇଡ୍ ଅଙ୍ଗୁଳି ନିର୍ଦ୍ଦେଶ କଲେ । ୧୯୨୩ ମସିହାରୁ ବହୁ ପରିଚିତ ଏହି ଚିହ୍ନଟି ଏକ ବିଶାଳ ଭୂଖଣ୍ଡର ମଉଡ଼ମଣି । ବିତ୍ତଶାଳୀ ଓ ପ୍ରସିଦ୍ଧ କଳାକାରମାନେ ପାର୍ଶ୍ୱବର୍ତ୍ତୀ 'ବିଭର୍ଲି ହିଲ୍' ଅଞ୍ଚଳରେ ସୁନ୍ଦର ପ୍ରାସାଦ ଭିତରେ ବାସ କରନ୍ତି । ପ୍ରଥମେ ଏ ଅଞ୍ଚଳ ଅତିକ୍ରମ କଲୁ । ତା'ପରେ ଗାଡ଼ି ଆସି ଅଟକି ଗଲା ମ୍ୟାନ୍ସ ଚାଇନିଜ୍ ଥିଏଟର୍ ପାଖରେ । ପାଦରେ ଚାଲି ଚାଲି ସବୁ ଦେଖିବାର ନିୟମ ଥିଲା । ଫୁଟ୍‌ପାଥ ଉପରେ ବିଶିଷ୍ଟ କଳାକାରମାନଙ୍କର ହାତ ଓ ପାଦଚିହ୍ନ ଉପରେ ସେମାନଙ୍କର ନାମ ଲେଖାଥିଲା । ଅନେକ ଭ୍ରମଣକାରୀ ସେମାନଙ୍କ ପ୍ରିୟ କଳାକାରମାନଙ୍କର ହାତ ଓ ପାଦ ସାଙ୍ଗରେ ନିଜର ହାତ ଓ ପାଦକୁ ମାପି ନେଉଥାନ୍ତି । ଏମିତି ଚାଲି ଚାଲି ଗୋଟିଏ ସୁନ୍ଦର ସ୍ଥାନରେ ପହଞ୍ଚିଲୁ 'କୋଡ଼ାକ୍ ଥିଏଟର୍'ରେ । ପୃଥିବୀ ପ୍ରସିଦ୍ଧ ଏହି ପ୍ରେକ୍ଷାଳୟରେ ସିନେମା ଜଗତର ସର୍ବଶ୍ରେଷ୍ଠ ପୁରସ୍କାର 'ଓସ୍କାର' ଦିଆଯାଏ । ଏହାକୁ ଏକାଡେମୀ ପୁରସ୍କାର ମଧ୍ୟ କୁହାଯାଏ। ୧୯୨୭ ମସିହାରେ ଏକାଡେମୀ ଅଫ୍ ମୋସନ୍ ପିକ୍‌ଚର୍ ଆର୍ଟ ଆଣ୍ଡ ସାଇନ୍ସସ୍ ବା

ଲେଖା AMPAS ପ୍ରଥମେ ପ୍ରତିଷ୍ଠା ହୋଇଥିଲା । ଏହା ତରଫରୁ ୧୯୨୯ ମେ ୧୬ ତାରିଖରେ ପ୍ରଥମ ଏକାଡେମୀ ପୁରସ୍କାର ଦିଆଯାଇଥିଲା । ୧୯୩୧ ମସିହାରୁ ଏହାକୁ ଓସ୍କାର୍ ପୁରସ୍କାର ବୋଲି କୁହାଯାଉଛି । ୧୯୯୧ ମସିହାରେ ବିଶିଷ୍ଟ ନିର୍ଦ୍ଦେଶକ ସତ୍ୟଜିତ୍ ରାୟ ତାଙ୍କର ଜୀବନବ୍ୟାପୀ ସାଧନାର ସ୍ୱୀକୃତି ପାଇଁ 'ଓସ୍କାର' ପୁରସ୍କାର ଲାଭ କରିଥିଲେ ।

ସମୟ ସରି ଆସିଲା । ହଲିଉଡ୍‌ଠାରୁ ଗାଇଡ୍ ଠିକ୍ ସମୟରେ ବିମାନଘାଟିରେ ପହଞ୍ଚାଇ ଦେଲେ । ସନ୍ଧ୍ୟା ୬.୪୫ ମିନିଟ୍‌ରେ ଆମ ବିମାନ ପୋର୍ଟଲ୍ୟାଣ୍ଡ ସହର ଅଭିମୁଖେ ଉଡ଼ିଲା ।

■

ପ୍ରିୟତମା ପୋର୍ଟଲ୍ୟାଣ୍ଡ

ତା. ୦୯-୦୬-୦୮ (ସୋମବାର) :

ଆମେରିକାର ଆନ୍ତଃରାଜ୍ୟ ସୁଖଦ ବିମାନଯାତ୍ରାର ପଟାନ୍ତର ନାହିଁ । ସନ୍ଧ୍ୟା ୬.୪୫ ମିନିଟ୍‌ରେ ଆମ ବିମାନ ଲସ୍ ଏଞ୍ଜେଲସ୍ ଛାଡ଼ି ରାତି ଦଶଟା ବେଳେ ଯେତେବେଳେ ପୋର୍ଟଲ୍ୟାଣ୍ଡ ଆକାଶରେ ତଳକୁ ଖସିବା ଆରମ୍ଭ କଲା ସହରର ଦୃଶ୍ୟ ଦେଖି ମୁଁ ଆତ୍ମବିଭୋର ହୋଇଗଲି । କଲମ୍ବିଆ ଓ ଉଇଲାମେଟ୍ ନଦୀ ଦ୍ୱୟର ସଙ୍ଗମ ସ୍ଥଳରେ ତାରକା ସଦୃଶ ରଙ୍ଗୀନ୍ ଆଲୋକମାଳାର ବିସ୍ତାର, ନଦୀଗର୍ଭସ୍ଥ ସବୁଜ ଦ୍ୱୀପମାନଙ୍କରେ ବୃକ୍ଷରାଜିରେ ଲୁଚକାଳି ଖେଳୁଥିବା ଜୁଳୁଜୁଳିଆ ପୋକ ସଦୃଶ ବିଦ୍ୟୁତ୍‌ବର୍ତ୍ତିକା ଏବଂ କ୍ରମଶଃ ଦୃଷ୍ଟିର ବଳୟକୁ ଆସୁଥିବା ପ୍ରଶସ୍ତ ରାଜରାସ୍ତାରେ ଧାବମାନ ମୋଟରଯାନ ସବୁ ପୋର୍ଟଲ୍ୟାଣ୍ଡକୁ ସ୍ୱାଗତ ଜଣାଇଲେ । ଚତୁର୍ଦ୍ଦିଗରେ ସବୁଜ ବୃକ୍ଷରାଜିର ସମ୍ଭାର । ବିମାନଘାଟିରେ ଔପଚାରିକ କାର୍ଯ୍ୟାନୁଷ୍ଠାନ ପରେ ପ୍ରସ୍ଥାନ ଦ୍ୱାର ଦେଇ ନିର୍ଗତ ହେଲୁ । କିଛି ସମୟ ପରେ ଡ଼ଃ ପ୍ରିୟଦର୍ଶନଙ୍କର ଦର୍ଶନ ମିଳିଲା । ସାନପୁଅ ଆଦର୍ଶକୁ ନେଇ ଗାଡ଼ିରୁ ଓହ୍ଲାଇ ଆମକୁ ସ୍ୱାଗତ କଲେ । ପ୍ରିୟଦର୍ଶନ ଦୀର୍ଘ ପଚିଶ ବର୍ଷ ଧରି ଆମେରିକାରେ କମ୍ପ୍ୟୁଟର ବିଜ୍ଞାନୀ ହିସାବରେ ସେବାରତ । ବର୍ତ୍ତମାନ ପ୍ରସିଦ୍ଧ ଇନ୍‌ଟେଲ୍ କମ୍ପାନୀରେ ବରିଷ୍ଠ ବୈଜ୍ଞାନିକ । ପାଞ୍ଚଦିନ ପାଇଁ ତାଙ୍କର ଆତିଥ୍ୟ ନେବୁ । ମାତା-ପୁତ୍ରଙ୍କର ମିଳନ ହେଲା । ନମସ୍କାର ଓ ଆଶୀର୍ବାଦର ବିନିମୟ ପରେ ତାଙ୍କ ଗୃହ ଅଭିମୁଖେ ଯାତ୍ରା ଆରମ୍ଭ କଲୁ । ରାସ୍ତାକଡ଼ର ସବୁଜିମା, ପୁଷ୍ପସମ୍ଭାର ଏବଂ ପ୍ରଶସ୍ତ ରାଜରାସ୍ତାର ମସୃଣତା ଯୋଗୁଁ ଯାତ୍ରାକ୍ଳେଶ ଆଦୌ ନଥାଏ । ବାହାରର ତାପମାନ ୧୦° ସେଲ୍‌ସିୟସ୍ ବୋଲି ଦର୍ଶନ କହିଲେ । ପ୍ରାୟ ୪୫ ମିନିଟ୍ ପରେ ଯେଉଁ ଘର (ଚିତ୍ର-୨) ସାମ୍‌ନାରେ କାର୍ ଅଟକିଲା ତାହା ସିମଳା ସହରର ବ୍ରିଟିସ୍ ଉଚ୍ଚାଧିକାରୀଙ୍କ ବାସଗୃହ ଭଳି ମୋର ମନେ ହେଲା । ରିମୋଟ୍ ପରିଚାଳିତ ଗ୍ୟାରେଜ୍ କବାଟଟି ଉପରକୁ ଉଠିଲା

ବେଳେ ଦେଖିଲି ଆଉ ଗୋଟିଏ ସୁଦୃଶ୍ୟ କାର୍ । ତା'ର ଅଧିକାରିଣୀ ଶ୍ରୀମତୀ ଅନ୍ନମାଳା (ଅନୁ), ଦର୍ଶନଙ୍କର ଧର୍ମପତ୍ନୀ । ସେ ଏକ ସରକାରୀ ସଂସ୍ଥାରେ ଚାକିରି କରନ୍ତି। ବଡ଼ପୁଅ ଆଶୀଷ । ବୟସ ଷୋହଳ । ମ୍ୟାଟ୍ରିକୁଲେସନ୍ ପାସ୍ କରି କଲେଜରେ ନାମ ଲେଖାଇବାର ପ୍ରସ୍ତୁତି ଚାଲିଛି । ସେ ଏକ ଦୀପ୍ତିମାନ ପ୍ରତିଭା । ଓରେଗନ୍ ପ୍ରଦେଶରେ ସର୍ବୋଚ୍ଚ ନମ୍ବରଧାରୀ ସଙ୍ଗେ ସଙ୍ଗେ ଆନ୍ତର୍ଜାତୀୟ "ଷ୍ଟକ୍‌ହୋମ୍ ଜୁନିଅର ୱାଟର୍ ପ୍ରାଇଜ୍"ରେ ଦ୍ୱିତୀୟ ସ୍ଥାନର ଅଧିକାରୀ । "ଆନ୍ତର୍ଜାତୀୟ ବିଜ୍ଞାନ ଓ ଯାନ୍ତ୍ରିକ ବିଦ୍ୟା" ର ପ୍ରତିଯୋଗିତାରେ ବି ପୁରସ୍କୃତ। ସାନପୁଅ ଆଦର୍ଶ ସପ୍ତମ ଶ୍ରେଣୀର ପ୍ରତିଭାବାନ୍ ଛାତ୍ର । ଏହିଭଳି ପ୍ରତିଭାସଂପନ୍ନ ପରିବାର ପ୍ରତି ଉଭୟ ଲକ୍ଷ୍ମୀ ଓ ସରସ୍ୱତୀଙ୍କର ଆଶୀର୍ବାଦ ରହିଛି। ଇଏ ହେଲା ଆମେରିକାରେ ମୋର ମାତୁଳାଳୟ। ତେଣୁ ସୁଖଦ ରହଣି ଭିତରେ ଐଶ୍ୱର୍ଯ୍ୟମୟ ଆମେରିକା ଉପରେ ପ୍ରତ୍ୟକ୍ଷ ଜ୍ଞାନଲାଭର ମୋର ଅନେକ ଦିନର ଅଭିଳାଷ ଆଜି ପୂର୍ଣ୍ଣ ହେବାକୁ ଯାଉଛି । ଗତ ଜାନୁୟାରୀ ୨୩ ତାରିଖ ଭିସା ପାଇଁ ସାକ୍ଷାତକାର ଦିନ କଥା ମୋର ମନେ ପଡ଼ିଗଲା। ସାକ୍ଷାତକାର ନେଉଥିବା ଆମେରିକୀୟ ଅଧିକାରିଣୀ ଜଣକ ମୋର ଯାତ୍ରାର ଉଦ୍ଦେଶ୍ୟ ପଚାରିବା ପରେ ଦର୍ଶନଙ୍କ ସହିତ ପ୍ରକୃତ ସଂପର୍କ କ'ଣ ଜାଣିବାକୁ ଚାହିଁଲେ। ସେ ମୋର ମାଆଙ୍କ ଭାଇଙ୍କର ପୁଅ ବୋଲି ଜାଣିବା ପରେ ଭିସା ପାଇଁ ସହର୍ଷ ସମ୍ମତି ଦେଲେ ଏବଂ ଅଭିବାଦନ ଜଣାଇଲେ ଯେ, ମୁଁ ଆମେରିକାର କେବଳ ପଶ୍ଚିମ ଉପକୂଳ ନୁହେଁ, ସମଗ୍ର ଆମେରିକାର ଶ୍ରେଷ୍ଠ ସୌନ୍ଦର୍ଯ୍ୟମୟ ଇଲାକା ଭ୍ରମଣରେ ଯାଉଛି। ଏ କଥା କହି ଦର୍ଶନ ଓ ଅନୁ (ଅନ୍ନମାଳା) କୁ ଆମୋଦିତ କଲି ଏବଂ ପ୍ରତ୍ୟୁତ୍ତର ପାଇଲି ଯେ, ସେ ଯାହା କହିଛନ୍ତି ତାହା ଅକ୍ଷରେ ଅକ୍ଷରେ ସତ ଏବଂ ଆମର ରହଣୀ ନିଶ୍ଚୟ ସୁଖମୟ ହେବ। ଶୁଭରାତ୍ରି ଜଣାଇ ନିଦ୍ରାଦେବୀଙ୍କ କୋଳକୁ ଚାଲିଗଲି।

ତା.୧୦-୦୬-୦୮ (ମଙ୍ଗଳବାର) :

ଗତ ରାତିରେ ଗୃହ ପ୍ରବେଶ ବେଳେ ପ୍ରିନ୍ସ ଆମର ବାଟ ଓଗାଳି ଭୁକିଥିଲା। ବର୍ଷକର ଅଷ୍ଟ୍ରେଲିଆନ୍ ସେପ୍‌ହାର୍ଡ଼ ଛୁଆଟିଏ। ଘରର ଦୁଇ ପୁଅଙ୍କ ସାଙ୍ଗରେ ଗେହ୍ଲା ଝିଅଟିଏ ଭଳି ବଢ଼ୁଛି । ଖୁବ୍ ବୁଦ୍ଧିମତୀ । ଭୋର ଚାରିଟା ବେଳେ ମୁଁ ଏବଂ ଶ୍ରଦ୍ଧାଞ୍ଜଳି ଅମୃତବେଳା ଯୋଗ ପାଇଁ ଲିଭିଂ ରୁମ୍‌ର ସୋଫା ଉପରେ ବସୁ ବସୁ ମୃଦୁ ଗର୍ଜନ ସହିତ ଉପରୁ ଓହ୍ଲାଇ ଆସିଲା ଏବଂ ଆତ୍ମୀୟପୂର୍ଣ୍ଣ ବ୍ୟବହାର ଦେଖାଇସାରି ଉପରକୁ ଉଠିଗଲା ତା' ଖାଉନ୍ଦ ପାଖକୁ। ସେମାନଙ୍କର ଉଠିବା ସମୟ ଆହୁରି ଦୁଇ ଘଣ୍ଟା ବାକିଥାଏ। ଆମେ ପଇଁଚାଳିଶ ମିନିଟ୍ ଧରି ଯୋଗ କରିବା ପରେ ଆମେରିକାର ଗୃହସଜ୍ଜା ଉପରେ

ଆଲୋଚନା କଲୁ। ଆଠ ହଜାର ବର୍ଗଫୁଟ ସ୍ଥାନ ଉପରେ ଚାରି ହଜାର ବର୍ଗଫୁଟରେ ଦୁଇ ମହଲା ଘର । ସାମ୍ନାରେ ଚାରିଶହ ବର୍ଗଫୁଟ ସ୍ଥାନରେ ଫୁଲ ବଗିଚା ଓ ଘାସର ଗାଲିଚା । ଘର ପଛରେ ବିସ୍ତୀର୍ଣ୍ଣ କ୍ରୀଡ଼ାଭୂମି ଏବଂ ବିବିଧ ବୃକ୍ଷରାଜି । କାଠର ପ୍ଲାଟଫର୍ମରୁ ସିଡ଼ିରେ ଓହ୍ଲାଇ ତଳକୁ ଗଲେ ବିବିଧ କ୍ରୀଡ଼ା କସରତର ବ୍ୟବସ୍ଥା । ଆମେରିକାର ଜୀବନଶୈଳୀରେ ଶାରୀରିକ ଶ୍ରମ ଓ କ୍ରୀଡ଼ାର ଯଥେଷ୍ଟ ମହତ୍ତ୍ୱ ରହିଛି । ଛୋଟ-ବଡ଼ ଗୋଷ୍ଠୀ କେନ୍ଦ୍ରମାନଙ୍କରେ ବ୍ୟାୟାମଶାଳା ଓ ପାଠାଗାର ଉଭୟ ପାଖାପାଖି ରହିଥାନ୍ତି । ତଳ ମହଲାର ସାଜସଜ୍ଜା ଅଧିକ ରୁଚିପୂର୍ଣ୍ଣ। ଡ୍ରଇଂରୁମ୍, ଲିଭିଂରୁମ୍, ରୋଷେଇ ସ୍ଥାନ, ଆଇଲ୍ୟାଣ୍ଡ, ଷ୍ଟୋର ରୁମ୍ ଏବଂ ଡାଇନିଙ୍ଗ ରୁମ୍ ଏ ସମସ୍ତ ବିନା କାନ୍ଥରେ କେବଳ ଆସବାବପତ୍ର ଦ୍ୱାରା ପରସ୍ପର ଠାରୁ ପୃଥକ୍ । ଚଉଦ ଫୁଟକୁ ଷୋହଳ ଫୁଟର ଗୋଟିଏ ମାତ୍ର ଶୟନ କକ୍ଷ ଏବଂ ସଂଯୁକ୍ତ ସ୍ନାନାଗାରଟି ତତ୍‌ବୃହତ୍ ଏବଂ ଆଡ଼ମ୍ବରପୂର୍ଣ୍ଣ । ନିତ୍ୟକର୍ମ ସରିବା ବେଳକୁ ଆଦର୍ଶ ଓ ଅନୁ ଓହ୍ଲାଇ ଆସିଲେ। ଉପର ମହଲା ଘର ବୁଲି ଆସିଲୁ। ତିନୋଟି ଶୟନ ପ୍ରକୋଷ୍ଠ । ପିଲାମାନଙ୍କର ଖେଳ ରୁମ୍, କମ୍ପ୍ୟୁଟର ରୁମ୍, ଲଣ୍ଡ୍ରିରୁମ୍, ଏବଂ ସୁଦୀର୍ଘ ହଲ୍ ତଥା ସିନେମା ପ୍ରକୋଷ୍ଠ। ପ୍ରାୟ ତିରିଶ ଜଣ ବସିବାର ସ୍ଥାନ । କାନ୍ଥରେ ପରଦା ଏବଂ ସେ ଦିଗକୁ ଚାହିଁ ଉପରେ ସିନେମା ପ୍ରୋଜେକ୍ଟର । ସଂଗତିସପଂନ୍ନ ଆମେରିକୀୟ ପରିବାର ସଙ୍ଗରେ ତାଳଦେଇ ମୁଣ୍ଡ ଟେକିଥିବା ଏହି ଓଡ଼ିଆ ଘରଟି ପୋର୍ଟଲ୍ୟାଣ୍ଡର ଉତ୍ତର-ପଶ୍ଚିମ ଦିଗରେ 'ନାଓମି' ଅଞ୍ଚଳରେ ଏକ କ୍ଷୁଦ୍ର ପାର୍ବତ୍ୟାଞ୍ଚଳରେ ନିର୍ମିତ । ପ୍ରାତଃ ଭ୍ରମଣରେ ଯାଇ ଦେଖିଆସିଲୁ ମାତ୍ର ୨୦/୨୫ଟି ବାସଗୃହ ଉଚ୍ଚକୁ ଲମ୍ବିଥିବା ସୁଦୃଶ୍ୟ ରାସ୍ତାକଡ଼ରେ ନିର୍ମିତ ଏବଂ ଚତୁଃର୍ଦ୍ଦିଗରେ ଅରଣ୍ୟର ଶୋଭା। ଗ୍ରୀଷ୍ମକାଳର ପ୍ରାରମ୍ଭ, ତଥାପି ବାହ୍ୟ ତାପମାନ ବାର ଡିଗ୍ରୀ ସେଲସିୟସ୍ ଥିଲା। ବାହାରେ ଜଣେ ବି ପଥଚାରୀଙ୍କୁ ଦେଖିଲୁ ନାହିଁ । ଅଧଘଣ୍ଟାଏ ଭିତରେ ଗାଡ଼ି ଦୁଇଟି କେବଳ ରାସ୍ତା ଅତିକ୍ରମ କଲେ ।

ଆଜିର ଭ୍ରମଣସୂଚୀ ଦର୍ଶନ ଓ ଅନୁ ଶୁଣାଇ ଦେଲେ। ଉଭୟଙ୍କୁ କାର୍ଯ୍ୟକ୍ଷେତ୍ରକୁ ଯିବାକୁ ପଡ଼ିବ । ଅପରାହ୍ନ ତିନିଟା ବେଳେ ଦର୍ଶନ ଆସି ଆମକୁ ନେଇଯିବେ ସହରର କେନ୍ଦ୍ରାଞ୍ଚଳ Downtown, ଗୋଲାପ ବଗିଚା ଓ ହିନ୍ଦୁ ମନ୍ଦିର ପରିଦର୍ଶନରେ। ପୋର୍ଟଲ୍ୟାଣ୍ଡ ସହରର ମାନଚିତ୍ରଟିଏ ମୋତେ ମିଳିଗଲା । ଯେଉଁମାନେ ଆମେରିକାନ୍ ଅଟୋମୋବାଇଲ୍ ଆସୋସିଏସନ୍‌ର ସଭ୍ୟ ହୋଇଥାନ୍ତି ସେମାନଙ୍କୁ ନିଜ ସହରର ହେଉ କିମ୍ବା ଭ୍ରମଣରେ ଯାଉଥିବା ଅନ୍ୟ ସହରର ରାସ୍ତାଘାଟ ଚିହ୍ନିତ ସୁନ୍ଦର ମାନଚିତ୍ରମାନ ସଂସ୍ଥା ତରଫରୁ ମାଗଣାରେ ମିଳେ। ଅନ୍ୟଥା ପୁସ୍ତକ ଦୋକାନ ଏବଂ ସ୍ମରଣିକା ଦୋକାନରେ କିଣିବାକୁ ମିଳିଥାଏ। ଦର୍ଶନ ମୋତେ ମାନଚିତ୍ରର ମୁଖ୍ୟାଂଶ ଦେଖାଇ ଦେଇ କାର୍ଯ୍ୟାଳୟକୁ ଚାଲିଗଲେ

ଏବଂ ଓରେଗନ୍ ରାଜ୍ୟ ଏବଂ ପୋର୍ଟଲ୍ୟାଣ୍ଡ ସହର ସମ୍ପର୍କରେ ମୁଁ କିଛି ଧାରଣା କରିନେଲି । ଆମେରିକାର ପଶ୍ଚିମ ଉପକୂଳର ପ୍ରସିଦ୍ଧ ଚାରିଗୋଟି ସହର ମଧ୍ୟରୁ ପୋର୍ଟଲ୍ୟାଣ୍ଡ ଅନ୍ୟତମ । ଅନ୍ୟମାନେ ହେଲେ ଲସ୍ ଏଞ୍ଜେଲସ୍, ସାନଫ୍ରାନ୍ସିସ୍କୋ, ସିଏଟଲ୍ । ଓରେଗନ୍ ରାଜ୍ୟର ବୃହତ୍ତମ ସହର ପୋର୍ଟଲ୍ୟାଣ୍ଡ । ଜନସଂଖ୍ୟା ପାଞ୍ଚ ଲକ୍ଷରୁ ଅଧିକ । ୨୦୦୬ ଜନଗଣନା ଅନୁସାରେ ୫୩୭୦୮୧ । ଏହି ରାଜ୍ୟର ଉତ୍ତରକୁ ୱାସିଂଟନ୍ ଏବଂ ଦକ୍ଷିଣ ସୀମାକୁ ଲାଗିଛି କାଲିଫର୍ଣ୍ଣିଆ ଓ ନେଭାଡ଼ା । ପୂର୍ବରେ ଇଡ଼ାହୋ । ସୁନ୍ଦର କଲମ୍ବିଆ ନଦୀ ଓରେଗନ୍ ଓ ୱାସିଂଟନ୍ ରାଜ୍ୟର ସୀମା ନିର୍ଦ୍ଧାରଣ କରିଛି । କଲମ୍ବିଆର ଉପନଦୀ ଉଇଲାମେଟ୍ । ଉଇଲାମେଟ୍ କୂଳରେ ହିଁ ପୋର୍ଟଲ୍ୟାଣ୍ଡ ସହର ଗଢ଼ିଉଠିଛି । ଜଙ୍ଗଲ ସମ୍ପଦ, ନୌବାଣିଜ୍ୟ ଓ ମତ୍ସ୍ୟ ବ୍ୟବସାୟ ପାଇଁ ପ୍ରସିଦ୍ଧ ପୋର୍ଟଲ୍ୟାଣ୍ଡ ବର୍ତ୍ତମାନ ଏକ ବିଶିଷ୍ଟ ପର୍ଯ୍ୟଟନ ଓ ବାଣିଜ୍ୟ କେନ୍ଦ୍ର । ଏହାକୁ ଗୋଲାପ ନଗରୀର ବି ମାନ୍ୟତା ଦିଆଯାଇଛି । ସ୍ଥାନୀୟ ବାସିନ୍ଦାମାନେ ସେତୁ ନଗରୀ, ସାଇକେଲ୍ ସହର, ଲେଖକ ଓ ପାଠକ ମାନଙ୍କର ସହର ଓ ଶିକ୍ଷା ନଗରୀ କହି ଗର୍ବ ଅନୁଭବ କରନ୍ତି ।

ଗୋଲାପ ନଗରୀ :

ପ୍ରତିବର୍ଷ ଜୁନ୍ ମାସରେ ଆନ୍ତର୍ଜାତୀୟ ଗୋଲାପ ପ୍ରଦର୍ଶନୀ ପାଇଁ ସମଗ୍ର ଆମେରିକା ଏବଂ ଅନ୍ୟାନ୍ୟ ଦେଶରୁ ପର୍ଯ୍ୟଟକମାନେ ଏକତ୍ରିତ ହୁଅନ୍ତି । ଏଠାର ପ୍ରାକୃତିକ ପରିବେଶ ଗୋଲାପ ଚାଷ ପାଇଁ ଖୁବ୍ ଅନୁକୂଳ । ଉଇଲାମେଟ୍ ଏବଂ କଲମ୍ବିଆ କୂଳରେ ଗଢ଼ି ଉଠିଥିବା ଅସଂଖ୍ୟ ପାର୍କ ବିଭିନ୍ନ ଜାତିର ଗୋଲାପରେ ଭରପୂର । ଆନ୍ତର୍ଜାତୀୟ ଗୋଲାପ ବଗିଚାରେ ପ୍ରାୟ ଛଅ ହଜାରରୁ ଅଧିକ ବୃକ୍ଷ ଏବଂ ତିନିଶହ କିସମରୁ ଅଧିକ ପ୍ରକାର ଗୋଲାପ ଦେଖିବାକୁ ମିଳେ ।

ସେତୁନଗରୀ :

ଦୁଇଟି ନଦୀକୂଳରେ ଗଢ଼ି ଉଠିଥିବା ଯୋଗୁଁ ପୋର୍ଟଲ୍ୟାଣ୍ଡରେ ଅନେକ ସୁନ୍ଦର ସେତୁ ନିର୍ମାଣ କରାଯାଇଛି । ସେତୁଗୁଡ଼ିକ ନିର୍ମାଣ କଳା ଦୃଷ୍ଟିରୁ ଯେତିକି ଗାରିମାମୟ, ପାରିପାର୍ଶ୍ୱିକ ସୌନ୍ଦର୍ଯ୍ୟ ବୃଦ୍ଧି ଯୋଗୁଁ ତତୋଧିକ ମନୋରମ । ମୁଖ୍ୟ ସେତୁଗୁଡ଼ିକ ମଧ୍ୟରେ ସେଣ୍ଟଜନ୍, ହଥର୍ଣ୍ଣ, ଇଣ୍ଟରଷ୍ଟେଟ୍ ଓ ସାମ୍ ଜାକସନ୍ ସେତୁ ପର୍ଯ୍ୟଟକମାନଙ୍କର ମନୋରଞ୍ଜନ କରନ୍ତି । ଉଇଲାମେଟ୍ ନଦୀ ଅତିକ୍ରମ କରିବା ପାଇଁ ୧୦ଟି ବୃହତ୍ ସେତୁ ରହିଛି ।

ସାଇକେଲ୍ ନଗରୀ :

ଅଧୁନା ପୃଥିବୀର ଉନ୍ନତ ଦେଶମାନଙ୍କରେ ସାଇକେଲ୍ ଚାଳନାକୁ ଅଧିକ ଗୁରୁତ୍ୱ ଦିଆଯାଉଛି । ଏହା ପରିବେଶକୁ ପ୍ରଦୂଷଣ ମୁକ୍ତ ରଖିବା ସଙ୍ଗେ ସଙ୍ଗେ ଚାଳକଙ୍କର ସ୍ୱାସ୍ଥ୍ୟ ପାଇଁ ଅନୁକୂଳ ଏବଂ ବିଶ୍ୱକୁ 'ଶକ୍ତି' କ୍ଷୟରୁ ରକ୍ଷା କରିବାରେ ସାହାଯ୍ୟ କରିଥାଏ ।

ଆମେରିକାର ବିଭିନ୍ନ ସରକାରମାନଙ୍କରେ ସାଇକେଲ୍ ଚାଳନାକୁ ସରକାରୀସ୍ତରରେ ଉତ୍ସାହିତ କରାଯାଏ । ତେବେ ଏଥିରେ ସଫଳତା ପାଇଁ ପୋର୍ଟଲ୍ୟାଣ୍ଡ ସ୍ୱର୍ଣ୍ଣ ପଦକର ଅଧିକାରୀ । ଅସଂଖ୍ୟ କର୍ମଚାରୀ, ବ୍ୟବସାୟୀ, ଛାତ୍ର ଓ ଯୁବକ ସାଇକେଲ୍‌ରେ ନିତ୍ୟ ନୈମିତ୍ତିକ ଯାତ୍ରାକୁ ମର୍ଯ୍ୟାଦାଜନକ ବୋଲି ଭାବନ୍ତି । ପ୍ରତିବର୍ଷ "ପ୍ରୋଭିଡ଼େନ୍ସ ବ୍ରିଜ୍ ପେଡ଼ାଲ୍" ନାମକ ଉତ୍ସବ ପାଳନ କରାଯାଏ । ଉଇଲାମେଟ୍ ନଦୀର ଦଶଟି ମୁଖ୍ୟ ସେତୁକୁ ଗାଡ଼ି ଚାଳକଙ୍କ ପାଇଁ ବନ୍ଦ କରିଦିଆଯାଏ ଏବଂ କୋଡ଼ିଏ ହଜାରରୁ ଅଧିକ ପ୍ରତିଯୋଗୀ ସାଇକେଲ୍ ଚାଳନାରେ ପାରଦର୍ଶିତା ପ୍ରଦର୍ଶନ କରନ୍ତି । ୧୯୭୧ ମସିହାରୁ ରାଜ୍ୟ ସରକାର ଜାତୀୟ ରାଜପଥ ପାଣ୍ଠିର ଏକଶତାଂଶ ଅର୍ଥ ସାଇକେଲ୍ ଚାଳକଙ୍କ ପାଇଁ ସ୍ୱତନ୍ତ୍ର ରାସ୍ତା ନିର୍ମାଣରେ ଖର୍ଚ୍ଚ କରିବା ପାଇଁ ବିଧେୟକ ପାସ୍ କରିଛନ୍ତି ।

ପାଠକ ଓ ଲେଖକମାନଙ୍କ ସହର :

ପୋର୍ଟଲ୍ୟାଣ୍ଡରେ ବର୍ଷାର ପରିମାଣ ଅଧିକ ଯୋଗୁଁ ପାଠକଙ୍କ ସଂଖ୍ୟା ଅଧିକ ବୋଲି କେହି କେହି କହନ୍ତି । ତେବେ ଏଠାକାର ବାସିନ୍ଦାମାନେ ବୌଦ୍ଧିକ ଚେତନା ଦୃଷ୍ଟିରୁ ସମୃଦ୍ଧ । ସହରରେ ଛୋଟ ବଡ଼ ଅନେକ ପାଠାଗାର । ବୃହତ୍ତମ "ମଲଟନୋମା କାଉଣ୍ଟି ପାଠାଗାର" ସହରର କେନ୍ଦ୍ରାଞ୍ଚଳରେ ଅବସ୍ଥିତ । ପାଠକଙ୍କ ସଂଖ୍ୟା ଦୃଷ୍ଟିରୁ ଏହା ଯୁକ୍ତରାଷ୍ଟ୍ର ଆମେରିକାରେ ପ୍ରଥମ ସ୍ଥାନ ଅଧିକାର କରିଛି । ପାଓ୍ୱେଲ୍, ବ୍ରଡ଼ଓ୍ୱେ, ଆନିବ୍ଲୁମ୍ସ, ଲୁକିଙ୍ଗ ଗ୍ଲାସ୍, ସେଣ୍ଟ ହେଲେନସ୍, ଥାର୍ଡ଼ଷ୍ଟ୍ରିଟ୍ ବୁକ୍ସ ଓ ଓରେଗ୍ ବୁକ୍ କମ୍ପାନୀ ଭଳି ଖ୍ୟାତନାମା ପ୍ରକାଶକ ଓ ବିକ୍ରେତାମାନେ ସର୍ବତ୍ର ସୁଦୃଶ୍ୟ, ସୁପାଠ୍ୟ ପୁସ୍ତକର ବଜାର ମେଲି ଦେଇଛନ୍ତି । ଲକ୍ଷାଧିକ ପାଠକଙ୍କର ରୁଚିକୁ ଖୋରାକ ଯୋଗାନ୍ତି ଶତାଧିକ ନାମୀ ଲେଖକ । ବିଶିଷ୍ଟ ଔପନ୍ୟାସିକ ମଲିଗ୍ଲାସ୍, ଗାଳ୍ପିକ ଲାରି କଲଟନ୍, ସ୍ତମ୍ଭକାର ଜୋନାଥନ୍ ନିକୋଲାସ, ଫେସନ୍ ଲେଖକ ଭିଭିଆନ୍ ମ୍ୟାକନର୍ଣ୍ଣ ଇତ୍ୟାଦିଙ୍କ ପାଇଁ ପୋର୍ଟଲ୍ୟାଣ୍ଡବାସୀ ଗର୍ବିତ । ପ୍ୟାରିସ୍ ଓ ପ୍ରେଗ୍ ସହରର କଫି ଦୋକାନ ସବୁ ଲେଖକଙ୍କ ଆଡ୍ଡା ଭାବରେ ପ୍ରସିଦ୍ଧ । ପୋର୍ଟଲ୍ୟାଣ୍ଡ ମଧ୍ୟ ସେହି ସମ୍ମାନର ଅଧିକାରୀ । କଫି କପ୍ କିମ୍ବା ବିୟର ଗ୍ଲାସ୍ ହାତରେ ଧରି ଲେଖକ ଓ କବିମାନଙ୍କର ବୌଦ୍ଧିକ ଆଲୋଚନା ଶ୍ରୋତାମାନଙ୍କୁ ଆକୃଷ୍ଟ କରିଥାଏ । ମହାବିଦ୍ୟାଳୟ ଓ ବିଶ୍ୱବିଦ୍ୟାଳୟ ସ୍ତରରେ ଲେଖକମାନଙ୍କୁ ସମ୍ମାନିତ କରାଯାଏ ଯାହାକି ପାଠକୀୟତାକୁ ପ୍ରୋତ୍ସାହନ ଦିଏ । ବୃହତ୍ତମ ପୋର୍ଟଲ୍ୟାଣ୍ଡ ବିଶ୍ୱବିଦ୍ୟାଳୟରେ ଛାତ୍ର ସଂଖ୍ୟା ସତର ହଜାରରୁ ଅଧିକ । ଏଠାରେ "ସୃଜନଶୀଳ ଲେଖନୀ କର୍ମସୂଚୀ" (creative writing programme)କୁ ବିଭିନ୍ନ ବିଷୟ ସହିତ ସଂଯୁକ୍ତ କରାଯାଇଛି ।

ଅପରାହ୍ଣ ତିନିଟା ବେଳେ ଦର୍ଶନଙ୍କ ସାଙ୍ଗରେ ସହର ଭ୍ରମଣରେ ବାହାରିଲୁ । ବୁଲି ବାହାରିବା ପାଇଁ ଏହା ହିଁ ପ୍ରକୃଷ୍ଟ ସମୟ । କାରଣ ରାତି ଆସେ ୯.୩୦ ମିନିଟ୍‌ରେ ।

ପ୍ରଥମେ ଯାଇ ପହଞ୍ଚିଲୁ ସହରର କେନ୍ଦ୍ରସ୍ଥଳ downtownର ଏକ ମଲ୍ (ବଜାର)ରେ । ମଲ୍ କହିଲେ ଆମ ଭାରତୀୟ ଦୋକାନ ବଜାରର ଗହଳି ବୁଝାଏ ନାହିଁ । ଲୋକମାନଙ୍କର ଆତଯାତ ବହୁତ କମ୍ । ସୁସଜ୍ଜିତ ଦୋକାନଗୁଡ଼ିକ ପାଖଦେଇ ଗଲାବେଳେ ଜଳର ଫୁଆରା ଓ ପୁଷ୍ପକୁଣ୍ଡମାନ ନିମନ୍ତ୍ରଣ କରନ୍ତି ଅବସର ବିନୋଦନ ପାଇଁ । ଆମକୁ ଛାଡ଼ି ସେ ଅନୁଙ୍କୁ ଅଫିସ୍‌ରୁ ନେଇ ଆସିଲେ ଏବଂ ବ୍ୟକ୍ତିଗତ କାର୍ଯ୍ୟରେ ଚାଲିଗଲେ । ବର୍ତ୍ତମାନ ଅନୁ ଆମର ଦିଗ୍‌ଦର୍ଶିକା । କିଛି ଜରୁରୀ ଜିନିଷ କିଣିବା ପରେ ସ୍ମରଣିକା ଦୋକନରୁ ମୁଁ ଓରେଗନ୍ ଓ ପୋର୍ଟଲ୍ୟାଣ୍ଡର ଦୁଇଟି ସଚିତ୍ର ପୁସ୍ତକ କିଣିଲି । ବିଭିନ୍ନ ଦର୍ଶନୀୟ ସ୍ଥାନର ଫଟୋଚିତ୍ର ସହିତ ସଂକ୍ଷିପ୍ତ ବିବରଣୀ ବେଶ୍ ସୁଦୃଶ୍ୟ ଓ ସୁପାଠ୍ୟ । ଅନୁଙ୍କ କର୍ମକ୍ଷେତ୍ର ଏଇ ପାଖରେ । ସାମ୍‌ନାରେ ଯେଉଁ ସୁଦୃଶ୍ୟ ଛକଟି ଦେଖାଯାଉଛି, ତାର ନାଁ ପାଇଓନିର୍ କୋର୍ଟହାଉସ୍ ଛକ । ଗୋଟିଏ ଛକ ଏତେ ସୁନ୍ଦର ହୋଇପାରେ ମୁଁ କଳ୍ପନା କରିପାରି ନଥିଲି । ରୋମ୍ ଏବଂ ପ୍ୟାରିସ୍ ଭଳି ସୁନ୍ଦର ସହରରେ ଏମିତି ଛକ ଦେଖିବାକୁ ମିଳେ ଯାହା ସୁନ୍ଦର ସ୍ଥାପତ୍ୟ ସହିତ ଜଳ-ଫୁଆରା ପାଇଁ ଆଦୃତ । ଏଠାରେ ଜଳଫୁଆରା ସହିତ ସ୍ଥାପତ୍ୟ ଏବଂ ବର୍ଷସାରା ପୁଷ୍ପ ପ୍ରଦର୍ଶନୀ ପାଇଁ ବିସ୍ତୃତ ଇଲାକା ରହିଛି । ବିଭିନ୍ନ ଅନୁଷ୍ଠାନ ତରଫରୁ ଦେଶବିଦେଶର ପୁଷ୍ପ ପ୍ରଦର୍ଶନୀ ପ୍ରାୟ ପ୍ରତ୍ୟେକ ମାସରେ ଅନୁଷ୍ଠିତ ହୁଏ । ଜନ-ଚିତ୍ତବିନୋଦନର ଛକଟି ପାର ହୋଇ ଅନୁଙ୍କ କାର୍ଯ୍ୟାଳୟକୁ ଗଲୁ । ସରକାରୀ କାର୍ଯ୍ୟାଳୟ ହୋଇଥିଲେ ବି ସାଜସଜ୍ଜା, ସୁବିଧା ଓ ଉପକରଣମାନ ଦେଖି ଖୁସି ଲାଗିଲା । ତାଙ୍କର କିଛି ଆମେରିକାନ୍ ସହକର୍ମୀଙ୍କ ସହିତ ଦେଖା ହେଲା । ଭାରତୀୟଙ୍କ ପ୍ରତି ଗଭୀର ସମ୍ମାନବୋଧ ଥିବାର ଲକ୍ଷ୍ୟ କଲି । ତେବେ କେବଳ ସହକର୍ମୀ କାହିଁକି, ଦୋକାନର ବିକ୍ରେତା ହୁଅନ୍ତୁ କିମ୍ବା ଅପରିଚିତ ପଥଚାରୀ ସମସ୍ତେ ମଧୁର ବ୍ୟବହାରରେ ସମ୍ଭାଷଣ କରନ୍ତି । ପଚାରି ବୁଝିଲି ପଦପଦବୀ ନିର୍ବିଶେଷରେ ପରସ୍ପରକୁ ମାନବୀୟ ମୂଲ୍ୟବୋଧ ଆଧାରରେ ସମ୍ଭାଷଣ କରିବା ଆମେରିକୀୟ ସଂସ୍କୃତିର ବିଶେଷତ୍ୱ । ଭାରତୀୟ ସଂସ୍କୃତିରେ ଆତ୍ମିକ ଦୃଷ୍ଟି କିମ୍ବା ଆତ୍ମିକ ସମ୍ଭାଷଣକୁ ଏମାନେ ଅନୁସରଣ କରିଥିବା ଭଳି ମନେହେଲା । ତେବେ ଆମର ସ୍ଥିତି ନିମ୍ନଗାମୀ କାହିଁକି ?

ତା'ପରେ ଚାଲିଲୁ ଗୋଟିଏ ହିନ୍ଦୁମନ୍ଦିର ଦର୍ଶନରେ । ବିସ୍ତୀର୍ଣ୍ଣ ଇଲାକା ଭିତରେ ଛୋଟ ମନ୍ଦିରଟିଏ । (ଚିତ୍ର-୩) ଦକ୍ଷିଣ ଭାରତୀୟ ପୂଜାରୀମାନେ ଦାୟିତ୍ୱରେ ଅଛନ୍ତି । ମୁଖ୍ୟ ହଲ୍‌ରେ ସୁନ୍ଦର ପରିଷ୍କାର ପରିଚ୍ଛନ୍ନ ପରିବେଶ ଭିତରେ ଲକ୍ଷ୍ମୀନାରାୟଣ, ରାମ-ସୀତା, ରାଧାକୃଷ୍ଣଙ୍କର ଯୁଗଳ ମୂର୍ତ୍ତି ସହିତ ତିରୁପତୀ ବାଲାଜୀଙ୍କର ମୂର୍ତ୍ତି ପୂଜା ପାଉଛନ୍ତି । ପୂଜାସ୍ଥଳୀରେ ଗୁରୁ ନାନକ ଓ ଗୁରୁ ଗୋବିନ୍ଦ ସିଂହଙ୍କର ଫଟୋଚିତ୍ର ବିରାଜମାନ କରିଥିବାର ଦୃଷ୍ଟିଗୋଚର ହେଲା । ମଦର ମେରୀଙ୍କର ଆକର୍ଷଣୀୟ ମୂର୍ତ୍ତିଟିଏ ମଧ୍ୟ ଲକ୍ଷ୍ମୀ-ନାରାୟଣ

ଓ ରାଧାକୃଷ୍ଣଙ୍କ ଯୁଗଳ ମୂର୍ତ୍ତିର ମଧ୍ୟଭାଗରେ ପୂଜା ପାଉଥିଲେ । ଜାତି, ଧର୍ମ ନିର୍ବିଶେଷରେ ପ୍ରତ୍ୟେକ ବ୍ୟକ୍ତିର ଧାର୍ମିକ ଭାବନାକୁ ସମ୍ମାନ ଦେବାପାଇଁ ଏହି ଆଧୁନିକ ମନ୍ଦିରଟି ସ୍ଥାପିତ । ବର୍ଷସାରା ଆଧ୍ୟାତ୍ମିକ ସଭାମାନ ଅନୁଷ୍ଠିତ ହୁଏ ଏବଂ ପର୍ବ-ପର୍ବାଣି ସମୟରେ ଭାରତୀୟମାନେ ଏକତ୍ର ହେବାର ସୁଯୋଗ ପାଆନ୍ତି । ମନ୍ଦିରର ବାହ୍ୟପରିବେଶ ମଧ୍ୟ ରୁଚିକର ଥିଲା । ନାନା ରଙ୍ଗର ପୁଷ୍ପବାଟିକା ଓ ଶ୍ୟାମଳ ବୃକ୍ଷ ସମ୍ଭାର ଭିତରେ ଗାଡ଼ି ରଖିବା ପାଇଁ ପ୍ରଶସ୍ତ କ୍ଷେତ୍ର । ମନ୍ଦିରରୁ ଫେରୁ ଫେରୁ ଦର୍ଶନ ଆମ ସହିତ ଯୋଗଦେଲେ ଏବଂ ପ୍ରସିଦ୍ଧ "ଗୋଲାପ ଉଦ୍ୟାନ" ପରିଦର୍ଶନରେ ବାହାରିଲୁ ।

ପାଞ୍ଚ ଏକରର ବିଶାଳ ଭୂମି ଉପରେ ସୁଦୃଶ୍ୟ ଗୋଲାପ ଉଦ୍ୟାନ । ଛଅ ହଜାରରୁ ଅଧିକ ବିଭିନ୍ନ ରଙ୍ଗର ଗୋଲାପ ଗଛ ପୃଥିବୀର ସମସ୍ତ କୋଣଅନୁକୋଣରୁ ଆଣି ରୋପଣ କରାଯାଇଛି । ତିନି ଶହରୁ ଅଧିକ ଜାତିର ଗଛଗୁଡ଼ିକର ନାମକରଣ ବି କରାଯାଇଛି । ସଯତ୍ନବର୍ଦ୍ଧିତ ବଗିଚା ଭିତରେ ଶୀତଳସମୀରଣ ମନକୁ ପୁଲକିତ କରୁଥିଲା । ସନ୍ଧ୍ୟା ନଇଁ ଆସୁଥିଲା । ଫାଟକ ବାହାରକୁ ବାହାରିଲୁ । ସାମ୍ନାର ରାସ୍ତାଟି ଟିକିଏ ଉଠାଣିଆ ହୋଇ ଶିଶୁ-ଉଦ୍ୟାନ ଓ ଚିଡ଼ିଆଖାନାର ଦିଗ ନିର୍ଦ୍ଦେଶ କରୁଥିଲା ।

୧୧-୦୬-୦୮ (ବୁଧବାର) :

ଭୋର୍ ଚାରିଟା ବେଳେ ଯୋଗରେ ବସିବା ବେଳକୁ ପ୍ରିନ୍ସ ବିନା ଭୁକାରେ ସଂଭାଷଣ କରିଗଲା । ୫ଟା ୩୦ରେ ରାତି ପାହିବା ବେଳକୁ ଖେଳିବା ପାଇଁ ଟାଣିଲା । ବାହାରେ ଖୁବ୍ ଥଣ୍ଡା । ତେଣୁ ତା'ର ଖେଳସ୍ଥାନ (କାଠ ନିର୍ମିତ ସୁଦୃଶ୍ୟ ମଣ୍ଡପଟିଏ)କୁ ଯାଇହେଲା ନାହିଁ । ଗତକାଲି କିଣିଥିବା ପୋର୍ଟଲ୍ୟାଣ୍ଡର ଫଟୋଚିତ୍ର ସଂବଳିତ ପୁସ୍ତକଟି ଆଣି ପଢ଼ିଲି । ମୁଖବନ୍ଧ ପରେ ଫଟୋଚିତ୍ରଗୁଡ଼ିକର ସଂକ୍ଷିପ୍ତ ବର୍ଣ୍ଣନା ନଗରସୁନ୍ଦରୀ ସହିତ ବେଶ୍ ପରିଚିତି ଆଣିଦେଲା । ଦର୍ଶନ ଓ ଅନୁ ରାତିର କାର୍ଯ୍ୟକ୍ରମ ବିଷୟରେ ଜଣାଇଲେ । ଦର୍ଶନଙ୍କ ସହିତ ତାଙ୍କର ଅଫିସ୍ ପରିଦର୍ଶନ ଏବଂ ଅନୁଙ୍କ ସହିତ ସର୍ବସାଧାରଣ ପାଠାଗାର, ବ୍ୟାୟାମଶାଳା (GYMNASIUM) ଡାକ୍ତରଖାନା ଓ ମଲ୍ ଭ୍ରମଣ । ପୂର୍ବାହ୍ନରେ ଅନୁ ପ୍ରଥମେ ପାଠାଗାର ନେଇଗଲେ । ସୁବିଶାଳ ଓ ସୁସଜ୍ଜିତ ପାଠାଗାର । ପୁସ୍ତକ ଓ ପତ୍ରପତ୍ରିକା ପାଇଁ ଅଲଗା ପ୍ରକୋଷ୍ଠ । ପୁସ୍ତକର ବିଭିନ୍ନ ବିଭାଗ ଯଥା-ଉପନ୍ୟାସ,ଗଳ୍ପ, ଭ୍ରମଣ କାହାଣୀ, ଶିଶୁଙ୍କ ପାଠ୍ୟ ଏବଂ ବିଜ୍ଞାନର ବିଭିନ୍ନ ବିଭାଗ ପାଇଁ ସ୍ୱତନ୍ତ୍ର ଭାବରେ ପ୍ରକୋଷ୍ଠମାନ ରହିଛି । ପ୍ରତ୍ୟେକ ବିଭାଗରେ କମ୍ପ୍ୟୁଟର୍ । କେବଳ ସଦସ୍ୟତା ପତ୍ର ପାଇଥିବା ବ୍ୟକ୍ତିମାନେ ଘରକୁ ପୁସ୍ତକମାନ ନେଇ ପାରିବେ । କୌଣସି ପୁସ୍ତକ ସେଠାରେ ନଥିଲେ, ଅନ୍ୟ ପାଠାଗାରରୁ ଆଣି ଯୋଗାଇବାର ବ୍ୟବସ୍ଥା ରହିଛି । କୌଣସି ପୃଷ୍ଠାର ଫଟୋକପି କରିବାକୁ

ଚାହିଁଲେ ସେଠାରେ ସ୍ୱଳ୍ପମୂଲ୍ୟ (ପୃଷ୍ଠା ପ୍ରତି ଦଶ ସେଣ୍ଟ) ଦେଇ କରିପାରିବେ। ଦର୍ଶନଙ୍କର ଜ୍ୟେଷ୍ଠ ପୁତ୍ର ଆଶୀଷଙ୍କର ବିଜ୍ଞାନରେ ପୁରସ୍କାର ଲାଭ ବିଷୟ ଖବର କାଗଜରେ ବାହାରିଥିବାର ସକାଳେ ଶୁଣିଥିଲୁ। ତାକୁ ପଢ଼ି ଫଟୋକପି କରି ନେଇ ଆସିଲୁ ।

ତା'ପରେ ବ୍ୟାୟାମଶାଳା ଅଭିମୁଖେ ବାହାରିଲୁ। ଆଶୀଷଙ୍କ ବିଦ୍ୟାଳୟ "ସନ୍‌ସେଟ୍ ହାଇସ୍କୁଲ" ପାଖରେ ବ୍ୟାୟାମଶାଳା । ଉଚ୍ଚ ବିଦ୍ୟାଳୟର କୋଠାବାଡ଼ି ଓ ପରିବେଶ ଖୁବ୍ ଉଚ୍ଚକୋଟିର। ବ୍ୟାୟାମଶାଳାଟି ସାର୍ବଜନୀନ ହେଲେ ମଧ୍ୟ ସ୍କୁଲ୍ ଛାତ୍ରମାନେ ତା'ର ବିଶେଷ ସୁବିଧା ନେଇଥାନ୍ତି। ଭିତରେ ପଶି ଦେଖିଲେ ତାହା ଏତେ ବିରାଟକାୟ ଯେ ମୋର କଳ୍ପନାନୀତ। ବାସ୍କେଟ୍ ବଲ୍, ବେସ୍ ବଲ୍, ଟେନିସ୍ ଇତ୍ୟାଦିର କୋର୍ଟ ଗୋଟିଏ ପଟେ ଅନେକ ସଂଖ୍ୟାରେ ଦେଖିଲୁ । ଥଣ୍ଡା ଜଳବାୟୁ ଯୋଗୁଁ ସମସ୍ତେ ଦିନର ବିଭିନ୍ନ ସମୟରେ ଅଭ୍ୟାସ ପାଇଁ ଆସିଥାନ୍ତି। ତା'ପରେ ଦେଖିଲୁ ବ୍ୟାୟାମ ବିଭାଗ। ବିଭିନ୍ନ ଆଧୁନିକ ଯନ୍ତ୍ର ହଲ୍‌ମାନଙ୍କରେ ଶୋଭା ପାଉଥାନ୍ତି। ବ୍ୟାୟାମ ସମୟରେ ପୋଷାକ ପରିବର୍ତ୍ତନ ଏବଂ ଅପେକ୍ଷା କରିବା ପାଇଁ ସୁସଜ୍ଜିତ ପ୍ରକୋଷ୍ଠମାନ ରହିଛି । ସବୁଠାରୁ ସୁଦୃଶ୍ୟ ଓ ବୃହତ୍ ଥିଲା ସନ୍ତରଣ ବିଭାଗ । ଚାରିଗୋଟି ସନ୍ତରଣ ପୁଷ୍କରିଣୀ । ଚତୁଃପାର୍ଶ୍ୱରେ ସ୍ନାନାଗାର ଓ ପୋଷାକ ପରିବର୍ତ୍ତନର ଗୃହ। ଗୋଟିଏ ସନ୍ତରଣାଗାରରେ ପ୍ରାୟ କୋଡ଼ିଏ ଜଣ ସ୍କୁଲ୍ ଛାତ୍ର ଏବଂ ଦୁଇଜଣ ଅଭିଭାବକ (ଶିକ୍ଷକ ହୋଇପାରନ୍ତି) କ୍ରୀଡ଼ାରେ ମନୋନିବେଶ କରିଥାନ୍ତି । ଅନୁ କହିଲେ, କୌଣସି ଗୋଟିଏ ଛାତ୍ରର ଜନ୍ମଦିନ ପାଳନ ପାଇଁ ସମସ୍ତେ ଏଠାକୁ ଆସିଛନ୍ତି । ସେମାନେ ସନ୍ତରଣ ପରେ ଗୋଟିଏ ସ୍ୱତନ୍ତ୍ର ପ୍ରକୋଷ୍ଠରେ କେକ୍ କାଟିବା ଓ ଜଳଯୋଗ ଇତ୍ୟାଦି ବିଧି ପାଳନ କରି ଘରକୁ ଫେରିବେ । ଶରୀରଚର୍ଯ୍ୟା ଓ ମନୋରଞ୍ଜନର କି ଅପୂର୍ବ ସମନ୍ୱୟ ?

ଗୋଟିଏ ଶିଶୁରୋଗ ଓ କର୍କଟରୋଗ ଡାକ୍ତରଖାନା ଦେଖାଇବା ପାଇଁ ଅନୁ ନେଇଗଲେ। ତାଙ୍କର ପରିଚିତ ଡାକ୍ତର ସେଦିନ ଅନୁପସ୍ଥିତ ଥିଲେ ବି ଡାକ୍ତରଖାନାର ପରିବେଶ, ଅପେକ୍ଷାଗୃହ, ରୋଗୀମାନଙ୍କର ଶଯ୍ୟା ପ୍ରକୋଷ୍ଠ ଇତ୍ୟାଦି ଦେଖି ମୋହିତ ହେଲୁ । ସୁଶ୍ୟାମଳ ଓ ବିସ୍ତୀର୍ଣ୍ଣ ଅଞ୍ଚଳରେ ଡାକ୍ତରଖାନା ଗଢ଼ାଯାଇଛି । ଶବ୍ଦ ପ୍ରଦୂଷଣ ରୋକିବା ପାଇଁ ଅଲଗା ସୀମା ଭିତରେ ବହୁତଳ ପ୍ରାସାଦ ବିଶିଷ୍ଟ ପାର୍କିଂ ସ୍ଥାନ। ଆମକୁ ତୃତୀୟ ମହଲାରେ ସ୍ଥାନ ମିଳିଲା । ସାଇକେଲ୍ ପାର୍କିଂ ଅନ୍ୟତ୍ର। ସେଠାରେ ଅଟୋରିକ୍ସା, ରିକ୍‌ସା ଇତ୍ୟାଦିର ପ୍ରଚଳନ ନାହିଁ । ତେଣୁ ରାସ୍ତାରେ ଜନସମାଗମ, କୋଳାହଳ କିମ୍ବା ହର୍ଣ୍ଣ ଇତ୍ୟାଦି ଦ୍ୱାରା ଶବ୍ଦ ପ୍ରଦୂଷଣର ସଂଭାବନା ନାହିଁ । ଡାକ୍ତରଖାନା ଅଭ୍ୟନ୍ତରର ସାଜସଜ୍ଜାରେ ପରିଷ୍କାର ପରିଚ୍ଛନ୍ନତା ସହିତ ରୋଗୀମାନଙ୍କର ଏକାନ୍ତ ଏବଂ ନିଃଶବ୍ଦ ପରିବେଶ ପାଇଁ ଯଥେଷ୍ଟ ଧ୍ୟାନ ଦିଆଯାଇଛି ।

ତା'ପରେ ଚାଲିଲୁ 'ମଲ୍' ଅଭିମୁଖେ। ଜେ.ସି.ପେନି, ମ୍ୟାସିସ୍, ଟାରଗେଟ୍, ସିଅରସ୍, ଏମ୍ପୋରିଅମ୍ ଇତ୍ୟାଦି ଅନେକ ନାମୀ କମ୍ପାନୀର ବିପଣି ନିଜର ଗାରିମା ପାଇଁ ଚର୍ଚ୍ଚିତ । ବିଭିନ୍ନ ଦ୍ରବ୍ୟ ଉପରେ ରିହାତି ସହିତ ଉପହାର ଇତ୍ୟାଦି ସମ୍ବାଦପତ୍ରରେ ପ୍ରଚାରିତ ହୋଇଥାଏ ଏବଂ ଦ୍ରବ୍ୟଥିବା ସ୍ଥାନରେ ବି ପ୍ରଦର୍ଶିତ ହୋଇଥାଏ । ଏସବୁ ଦେଖି ଜିନିଷ କିଣିଲେ ଫାଇଦା ଅଛି । ତେଣୁ ଧୁରନ୍ଧର ଅନୁ ଓ ଶ୍ରଦ୍ଧାଞ୍ଜଳି କିଛି ପ୍ରୟୋଜନୀୟ ଜିନିଷ କିଣିବା ବେଳେ ମୁଁ ନୂତନ ପିଢ଼ିର କ୍ୟାମେରା, ମୋବାଇଲ, ଲ୍ୟାପ୍‌ଟପ୍ ଇତ୍ୟାଦି ଦେଖି ଆମୋଦ ଲାଭ କରୁଥିଲି । ୟୁରୋପ ବଜାର ଅପେକ୍ଷା ଆମେରିକା ବଜାରରେ ଜିନିଷପତ୍ର ଶସ୍ତା । ଓରେଗନ୍ ରାଜ୍ୟରେ ବିକ୍ରିକର ନାହିଁ । ନିଜ ଦେଶରେ ଦ୍ରବ୍ୟର ଉତ୍ପାଦନ ଖୁବ୍ କମ୍ । ବିଶ୍ୱର ବିଭିନ୍ନ ସ୍ଥାନ ଯଥା- ଜାପାନ୍, ଚୀନ୍, କୋରିଆ ଇତ୍ୟାଦିରୁ ସେମାନେ ଆମଦାନୀ କରିଥାନ୍ତି । ଲୁଗାପଟା କ୍ଷେତ୍ରରେ ଭାରତର ବି କିଛି ଅଂଶ ରହିଛି । ତେବେ ଗୁଣାତ୍ମକ ଅପକର୍ଷକୁ ସେମାନେ ଗ୍ରହଣ କରିପାରନ୍ତି ନାହିଁ। ଦୋକାନ ଭିତରେ ବେତନଭୋଗୀ କର୍ମଚାରୀ ବହୁତ କମ୍ । ଅନେକ ବିଶ୍ୱବିଦ୍ୟାଳୟ ଛାତ୍ର ଓ ଛାତ୍ରୀ ପଢ଼ାଖର୍ଚ୍ଚ ପାଇଁ ସାମୟିକ ଚାକିରି କରିଥାନ୍ତି । ଘଣ୍ଟାଏ କାମକଲେ ଦଶରୁ ପନ୍ଦର ଡଲାର ପର୍ଯ୍ୟନ୍ତ ମଜୁରି ପାଇଥାନ୍ତି । ସେମାନଙ୍କର ହର୍ଷିତ ଚେହେରା, ମଧୁର ବ୍ୟବହାର ଓ ଅଣବ୍ୟବସାୟିକ, ସରଳ ମନୋଭାବ ମଲ୍‌ର ସୁନ୍ଦର ପରିବେଶକୁ ବହୁଗୁଣିତ କରିଦିଏ । ତେଣୁ ତିନିଘଣ୍ଟା କଟାଇବାରେ ଆମର କ୍ଲାନ୍ତି ନଥିଲା । ଅପରାହ୍ନରେ ଦର୍ଶନ ଆମକୁ ତାଙ୍କ ଅଫିସ୍ ଦେଖାଇବାକୁ ନେଲେ । ବିସ୍ତୀର୍ଣ୍ଣ ଇଲାକାରେ ସୁଦୃଶ୍ୟ କୋଠାମାନ ନମ୍ରତାର ସହିତ ମୁଣ୍ଡ ଟେକିଛନ୍ତି। ଚତୁର୍ଦ୍ଦିଗରେ ବୃକ୍ଷ ଓ ପୁଷ୍ପବାଟିକାର ସମ୍ଭାର । ସୁଦୂରବିସ୍ତାରୀ କାର୍ ପାର୍କିଂ ସ୍ଥାନ । ଇଣ୍ଟେଲ୍ କମ୍ପାନୀର ଏକ ପ୍ରଧାନ କାର୍ଯ୍ୟାଳୟ । ଏଠାରେ କର୍ମଚାରୀଙ୍କ ସଂଖ୍ୟା ୧୭ ହଜାରରୁ ଅଧିକ । ଅଗ୍ରଗଣ୍ୟ ଆନ୍ତର୍ଜାତୀୟ କମ୍ପାନୀର ୯୨ ହଜାର କର୍ମଚାରୀ । ଚତୁର୍ଥ ମହଲାରେ ଥିବା ତାଙ୍କ ପ୍ରକୋଷ୍ଠ ଅନତିବୃହତ୍ କିନ୍ତୁ ରୁଚିପୂର୍ଣ୍ଣ ସାଜସଜ୍ଜା। କମ୍ପ୍ୟୁଟର ବିଜ୍ଞାନ ଯେତେବେଳେ ଉନ୍ନତିର ସୋପାନ ଅତିକ୍ରମ କରିବାକୁ ଲାଗିଲା 'ଇଣ୍ଟେଲ୍' ଭଳି କିଛି କମ୍ପାନୀ ବିଜ୍ଞାନ ଓ ବ୍ୟବସାୟରେ ଆଧିପତ୍ୟ ବିସ୍ତାର କରିବାକୁ ଆରମ୍ଭ କଲେ । ଆଜି ସେମାନେ ସଫଳତାର ଶୀର୍ଷରେ । ସମଗ୍ର ବିଶ୍ୱରୁ ଉଦୀୟମାନ ଇଂଜିନିୟରମାନେ ଏହି କମ୍ପାନୀରେ ଯୋଗଦେଇ ବିଜ୍ଞାନର ଉନ୍ନତି ସହିତ ସ୍ୱଉନ୍ନତି ମଧ୍ୟ କରିଛନ୍ତି । ଅଫିସ୍ କୋଠାରେ ତଳମହଲାରେ ପ୍ରଶସ୍ତ ଅବସର ବିନୋଦନ ପ୍ରକୋଷ୍ଠ। ସେଠାରେ ଚା'ପାନ କରି ଘରକୁ ଫେରିଲୁ।

୧୨-୦୬-୦୮ (ଗୁରୁବାର)

ଆଜିର ଯୋଜନା ବିଷୟରେ ଦର୍ଶନ କାଲି ଶୁଣାଇ ଦେଇଥିଲେ। ବିଶ୍ୱର ତୃତୀୟ ଉଚ୍ଚତମ ଜଳପ୍ରପାତ 'ମଲଟନୋମା' ପରିଦର୍ଶନ। କଲମ୍ବିଆ ନଦୀ ଉପତ୍ୟକା ଅଞ୍ଚଳରେ ଆଠଗୋଟି ପ୍ରସିଦ୍ଧ ଜଳପ୍ରପାତ ଭିତରେ ଇଏ ମଉଡ଼ମଣି । ସୁନ୍ଦର ରାଜରାସ୍ତାରେ ଉତ୍ତର ଦିଗକୁ ଯାଇ ଆମ ଗାଡ଼ି କଲମ୍ବିଆ ନଦୀର ଧାରେ ଧାରେ ପାହାଡ଼ ଉପରକୁ ଉଠିଲା । ଦୂରରୁ ତୁଷାରାବୃତ୍ତ "ହୁଡ୍ ପର୍ବତ"ର ଦୃଶ୍ୟ ଦେଖିଲୁ । ଅଶୀମାଇଲ ଦୀର୍ଘ କଲମ୍ବିଆ ନଦୀ ଓରେଗନ୍ ଓ ୱାସିଂଟନ୍ ରାଜ୍ୟର ସୀମା ନିର୍ଦ୍ଧାରଣ କରେ। ଏହି ନଦୀର ଉଭୟ ପାର୍ଶ୍ୱରେ ଦୁଇଶହ ବୟାନବେ ହଜାର ଏକର ଜମିକୁ ସରକାର ୧୯୮୨ ମସିହାରୁ ଜାତୀୟ ଦର୍ଶନୀୟ ଅଞ୍ଚଳ ଭାବରେ ସ୍ୱୀକୃତି ପ୍ରଦାନ କରିଛନ୍ତି । ଏହି ଅଞ୍ଚଳର ଇତିହାସ ଖୁବ୍ ସମୃଦ୍ଧ । ଆମେ ଗାଡ଼ି ପାର୍କ କରି ସମ୍ମାରେ ଥିବା ପରିଦର୍ଶନ କେନ୍ଦ୍ରରେ ପ୍ରବେଶ କଲୁ। ସେଠାରେ ଅଶୀମାଇଲ୍ ପରିବ୍ୟାପ୍ତ ଅଞ୍ଚଳରେ ଥିବା ପ୍ରାକୃତିକ ସଂପଦ ଯଥା ପର୍ବତଶ୍ରେଣୀ, ଜଳପ୍ରପାତ, ଅରଣ୍ୟ ନିବାସ ଇତ୍ୟାଦିର ବିସ୍ତୃତ ବିବରଣୀ ସଚିତ୍ର ପ୍ରଦର୍ଶିତ ହୋଇଛି । ସୁଦୃଶ୍ୟ ଆକୃତିମାନ ମଧ୍ୟ ରହିଛି । ଅଭ୍ୟର୍ଥନାକାରୀଙ୍କଠାରୁ ସୁନ୍ଦର ପୁସ୍ତିକା ଦୁଇଟି ମିଳିଲା । ପୁସ୍ତିକାର ପ୍ରଚ୍ଛଦରେ ମଲଟନୋମା ଜଳପ୍ରପାତର ଛବିଟି ଖୁବ୍ ମନଲୋଭା । ଏହାର ବିରାଟ ଫଟୋଚିତ୍ର ଦେଖି ପ୍ରକୃତ ଜଳପ୍ରପାତ ଦେଖିବାକୁ ଉତ୍କଣ୍ଠା ଜାତହେଲା । ବେଶୀ ଦୂର ନୁହେଁ, ଦୁଇ ମିନିଟ୍ ଚଲା ରାସ୍ତାରେ ଯାଇ ସାମ୍ନାରେ ୬୨୦ ଫୁଟ୍ ଉଚ୍ଚ ଲାର୍ଚ ପର୍ବତ ଶ୍ରେଣୀରୁ ଝରି ପଡୁଥିବା ଜଳପ୍ରପାତଟି ମୋତେ ଆତ୍ମବିସ୍ମୃତ କରିଦେଲା। ଏହାର ଦୁଇଟି ସ୍ତର। ଉପର ସ୍ତରଟିର ଉଚ୍ଚତା ଦୁଇତୃତୀୟାଂଶ, ତଳସ୍ତରଟି ଏକତୃତୀୟାଂଶ। ତଳ ସ୍ତରର ଟିକିଏ ଉପରକୁ ସୁଦୃଶ୍ୟ ସେତୁଟିଏ ଦୁଇଟି ପାହାଡ଼ ଚୀଖକୁ ସଂଯୋଗ କରୁଛି। ତାହାର ନାଁ ବେନ୍‌ସନ୍ ସେତୁ । ପ୍ରାୟ ଅଧଘଣ୍ଟାଏ କାଳ ସୌନ୍ଦର୍ଯ୍ୟ ଉପଭୋଗ କରି ଆମେ ଫେରିଆସିଲୁ । କିନ୍ତୁ ଦୁଃସାହସୀ ଜଙ୍ଗଲ ଭ୍ରମଣକାରୀମାନେ ଏ ଅଞ୍ଚଳରେ ସପ୍ତାହ ସପ୍ତାହ ଧରି ପଦଯାତ୍ରା କରି ଆଠୋଟି ଜଳପ୍ରପାତ ଓ ଅରଣ୍ୟ ସଂପଦର ସୌନ୍ଦର୍ଯ୍ୟ ଉପଭୋଗ କରିଥାନ୍ତି । ରହିବା ଓ ଖାଇବାର ସୁପରିଚାଳିତ ବ୍ୟବସ୍ଥାମାନ ରହିଛି ।

ଅଭ୍ୟର୍ଥନାକକ୍ଷରୁ ପାଇଥିବା ପୁସ୍ତିକାରୁ ଦେଖିଲି, ସେଥିରେ ମାନଚିତ୍ର ସହିତ ପଦଯାତ୍ରାର ଲକ୍ଷ୍ୟସ୍ଥଳ, ଦୂରତା, ଖାଦ୍ୟପେୟ ଓ ବିଶ୍ରମସ୍ଥଳୀ ବିଷୟରେ ମାର୍ଗଦର୍ଶନ ଦିଆଯାଇଛି । ଅନ୍ୟ ପୁସ୍ତିକାଟିରେ ଏହି ଅଞ୍ଚଳର ଇତିହାସ, ଭୌଗୋଳିକ ବିବରଣୀ ଓ ପରିଦର୍ଶକମାନଙ୍କ ସୁବିଧା ପାଇଁ ସମସ୍ତ ସୂଚନା ରହିଛି ।

ଇତିହାସ :

କଲମ୍ବିଆ ନଦୀ ଉପତ୍ୟକା ଅଞ୍ଚଳର ଆଦିମ ଅଧିବାସୀଙ୍କୁ ୱାଟ୍‌ଲାଲା ବା କାସକେଡ଼ସ ବୋଲି କୁହାଯାଏ । ସେମାନେ 'ଚିନୁକାନ' ଭାଷାର ଉପଭାଷା 'କିକତ୍'ରେ କଥାବାର୍ତ୍ତା କରନ୍ତି । ନଦୀରୁ ସାଲ୍‌ମନ୍, ଷ୍ଟିଲ୍‌ହେଡ୍, ଷ୍ଟରଜନ୍ ଓ ଇଲ୍ ଇତ୍ୟାଦି ଉନ୍ନତ ଧରଣର ମାଛ ଧରି ସେମାନେ ଜୀବନ ନିର୍ବାହ କରୁଥିଲେ । ଏହା ସହିତ ଶିକାର, ବୃକ୍ଷ, ଫଳ, ପୁଷ୍ପ ଇତ୍ୟାଦି ସମ୍ପଦକୁ ନେଇ ବ୍ୟବସାୟରେ ଉନ୍ନତି କରୁଥିଲେ । ସିଡ଼ାର ଗଛର ଗଣ୍ଡିରୁ ଉନ୍ନତ ଧରଣର ନୌକା ତିଆରି ଶିଖିଥିଲେ । ୧୮୫୫ ମସିହାରେ ସେମାନେ ଯୁକ୍ତରାଷ୍ଟ୍ର ଆମେରିକା ସହିତ କଲମ୍ବିଆର ଦକ୍ଷିଣାଞ୍ଚଳର ମିଶ୍ରଣ ପାଇଁ ଉଇଲାମେଟ୍ ଇପତ୍ୟକା ଚୁକ୍ତିରେ ସ୍ୱାକ୍ଷର କରିଥିଲେ । ବର୍ତ୍ତମାନ ସେମାନେ ଓରେଗନ୍‌ର ପଶ୍ଚିମାଞ୍ଚଳରେ ବସବାସ କରୁଛନ୍ତି । ତେବେ ଏହି ଚୁକ୍ତି ସ୍ୱାକ୍ଷର ପରେ ପୋର୍ଟଲ୍ୟାଣ୍ଡ ସହର ଗଢ଼ିଉଠିଲା ଏବଂ କଲମ୍ବିଆ ନଦୀ ଉପତ୍ୟକାର ଅରଣ୍ୟସଂପଦ, ମଲଟନୋମା ଓ ଅନ୍ୟ ଜଳପ୍ରପାତ ଏବଂ ତୁଷାରାଚ୍ଛନ୍ନ ମାଉଣ୍ଟ ହୁଡ୍ (ହୁଡ୍ ପର୍ବତ) ପର୍ଯ୍ୟଟକମାନଙ୍କର ସ୍ୱର୍ଗ ପାଲଟିଗଲା । ମଲଟନୋମାର ଆକ୍ଷରିକ ଅର୍ଥ ହେଉଛି ନଦୀର ନିକଟ ।

ବର୍ଷସାରା ଜଳପାତ କରୁଥିବା ମଲଟ୍‌ନୋମା ଆମେରିକାର ଦ୍ୱିତୀୟ ଓ ପୃଥିବୀର ତୃତୀୟ ଉଚ୍ଚତମ ଜଳପ୍ରପାତ । ପ୍ରଥମ ସ୍ଥାନରେ ଭେନିଜୁଆଲାର ଆଞ୍ଜେଲ୍ ପ୍ରପାତ (୩୨୧୨ ଫୁଟ) ଏବଂ ଦ୍ୱିତୀୟ ସ୍ଥାନରେ କାଲିଫର୍ଣ୍ଣିଆର ୟୋସେମାଇଟ୍ (୧୭୫୦ ଫୁଟ) । ତେବେ ଏହାର ସୌନ୍ଦର୍ଯ୍ୟ ନିଆରା । ବିଶେଷତଃ ୧୯୧୪ ମସିହାରେ କଲମ୍ବିଆ ନଦୀ କୂଳରେ ଐତିହାସିକ ରାଜରାସ୍ତା ଏବଂ ୧୯୧୫ ମସିହାରେ ନିର୍ମିତ ବେନ୍‌ସନ୍ ବ୍ରିଜ୍ (ଜଳପ୍ରପାତର କଟିମେଖଳା ଭଳି ସୌନ୍ଦର୍ଯ୍ୟ ବୃଦ୍ଧି କରିଛି) କୋଟି କୋଟି ପର୍ଯ୍ୟଟକଙ୍କୁ ଏଠାକୁ ଆକର୍ଷିତ କରୁଛି । ପ୍ରତିବର୍ଷ ପ୍ରାୟ କୋଡ଼ିଏ ଲକ୍ଷରୁ ଅଧିକ ଦର୍ଶକ ଏ ଅଞ୍ଚଳ ପରିଦର୍ଶନରେ ଆସନ୍ତି । ୧୯୪୩ ମସିହାରେ ବିଶିଷ୍ଟ ବ୍ୟକ୍ତି ସାଇମନ୍ ବେନ୍‌ସନ୍ ୩୦୦ ଏକର ପରିମିତ ଅରଣ୍ୟ ସମ୍ପଦକୁ ଜଙ୍ଗଲ ବିଭାଗ ହାତରେ ଅର୍ପଣ କରିଥିଲେ । ନିଷ୍ଠା ଓ ସୁପରିଚାଳନା ଯୋଗୁଁ ଏହି ଅଞ୍ଚଳର ପ୍ରାକୃତିକ ସମ୍ପଦ ଅକ୍ଷୁର୍ଣ୍ଣ ରହିଛି । ମଧୁର ସ୍ମୃତି ନେଇ ଆମେ ପୋର୍ଟଲ୍ୟାଣ୍ଡ୍ ସହର ଅଭିମୁଖେ ଫେରିଲୁ । ସହରର ନିକଟବର୍ତ୍ତୀ ହେବାପରେ ଦର୍ଶନ ଆମକୁ ଏକ ଉଠାଣି ରାସ୍ତାରେ ନେଇଗଲେ "ପିଟକ୍ ମ୍ୟାନ୍‌ସନ୍" ।

ପିଟକ୍ ମ୍ୟାନସନ୍ : (ଚିତ୍ର-୪)

ପୋର୍ଟଲ୍ୟାଣ୍ଡ ସହରର ପୂର୍ବତନ ମେୟର, ସମ୍ବାଦପତ୍ରର ମାଲିକ ଏବଂ ଅନେକ ବ୍ୟବସାୟ ପ୍ରତିଷ୍ଠାନର ଅଧିକାରୀ 'ପିଟକ୍' ଏକ ଅନୁଚ୍ଚ ପାହାଡ଼ର ସମତଳ ଶୀର୍ଷ

ଭାଗରେ ସୁନ୍ଦର ପ୍ରାସାଦଟିଏ ନିର୍ମାଣ କରି ରହୁଥିଲେ । ପ୍ରାସାଦର ଗଠନ ପ୍ରଣାଳୀ ଏବଂ ଚତୁଃର୍ଦ୍ଦିଗରେ ଉଦ୍ୟାନ ଖୁବ୍ ମନୋରମ । ତାଙ୍କ ବଂଶଧରମାନେ ଏହାକୁ ଏକ ସଂଗ୍ରହାଳୟରେ ପରିଣତ କରିଛନ୍ତି । ଉପରେ ପହଞ୍ଚିବା ପରେ ଦେଖିଲି ସେହି ମହାପୁରୁଷ ବ୍ୟକ୍ତିଗତ ରୁଚି ପାଇଁ ଯାହା କରିଥିଲେ ତାହା ଚିରକାଳ ପାଇଁ ଅତୁଟ ସୌନ୍ଦର୍ଯ୍ୟମୟ ହୋଇ ରହିଛି । ବହୁତ ସଂଖ୍ୟାରେ ପରିଦର୍ଶକ ପ୍ରତିଦିନ ସ୍ଥାନଟିର ସୌନ୍ଦର୍ଯ୍ୟ ଅବଲୋକନ କରିବା ସଙ୍ଗେ ସଙ୍ଗେ ନିମ୍ନ ଉପତ୍ୟକାରେ ପୋର୍ଟଲ୍ୟାଣ୍ଡ ସହରର ଅଭିରାମ ଦୃଶ୍ୟ ଉପଭୋଗ କରନ୍ତି । ସହରର ଦୃଶ୍ୟର ପ୍ରଚ୍ଛଦପଟରେ ତୁଷାରାଚ୍ଛନ୍ନ ହୁଡ଼ ପର୍ବତର ଦୃଶ୍ୟ ପୁଣି ଉପଭୋଗ କଲୁ । ପ୍ରାୟ ଘଣ୍ଟାଏ କାଳ ଭ୍ରମଣ କରି ପ୍ରତ୍ୟାବର୍ତ୍ତନ କଲୁ ।

୧୩-୦୬-୦୮(ଶୁକ୍ରବାର) :

ପ୍ରାତଃଭ୍ରମଣ ପରେ ନିକଟସ୍ଥ ଅନ୍ୟ ଏକ ପାଠାଗାର ଓ ବ୍ୟାୟାମଶାଳା ବୁଲି ଦେଖିଲୁ । କିଛି ଔଷଧ କିଣିବାକୁ ଫାର୍ମାସୀ ଦୋକାନକୁ ଯାଇଥିଲୁ । ଆମେରିକାରେ ଔଷଧ ବିକ୍ରୟ ଉପରେ ଖୁବ୍ କଟକଣା ରହିଛି । ଚିକିତ୍ସକଙ୍କ ବ୍ୟବସ୍ଥାପତ୍ର (ପ୍ରେସ୍କ୍ରିପ୍ସନ୍) ନଥିଲେ ଔଷଧ ମିଳିବ ନାହିଁ । ତେବେ ଭିଟାମିନ୍, କ୍ୟାଲ୍ସିୟମ୍, ଥଣ୍ଡା, ସର୍ଦ୍ଦି, କାଶ ଇତ୍ୟାଦି ସାଧାରଣ ରୋଗପାଇଁ ଔଷଧ କିଣିବାକୁ ମିଳିବ । ଆଜି ସନ୍ଧ୍ୟାରେ ପୋର୍ଟଲ୍ୟାଣ୍ଡବାସୀ କିଛି ଓଡ଼ିଆ ପରିବାରର ବନ୍ଧୁମିଳନର ଆୟୋଜନ ଥିଲା । ଏପରି ଆୟୋଜନ ସବୁ ସହରର ନିୟମିତ କରାଯାଏ ବୋଲି ମୁଁ ଶୁଣିଥିଲି । ତେଣୁ ପ୍ରତ୍ୟକ୍ଷ ଅନୁଭୂତିଲାଭର ଆଶାରେ ଉତଫୁଲ୍ଲିତ ଥିଲି ।

ସନ୍ଧ୍ୟା ୭ଟା ବେଳେ ପ୍ରଥମେ ପହଞ୍ଚିଲେ ଉମାକାନ୍ତ ଓ ସୀମା । ସେମାନେ ଚାରୋଟି ଘର ଛାଡ଼ି ରହନ୍ତି । ଉମାକାନ୍ତ ଇନ୍‌ଟେଲ୍ କମ୍ପାନୀରେ ଇଂଜିନିୟର । ଝିଅଟି ବଡ଼-ସଙ୍ଗୀତ ଓ ନୃତ୍ୟ ନିପୁଣା ଏବଂ ପୁଅଟି ସାନ । ତା'ପରେ ଆସିଲେ ରାହୁଲ୍-ମାନୀ ଓ ଏକମାତ୍ର ପୁଅ ରୋହିତ୍ । ଏହି ପରିବାରଟି ବିଶେଷ ଅତିଥି ଥିଲେ । କାରଣ ତାଙ୍କର ସିଏଟଲକୁ ବଦଳି ହୋଇଯାଇଛି । ପ୍ରଣବେଶ ଓ ମିତାଲୀ ଏବଂ କାର୍ତ୍ତିକ ଓ ଅରୁନ୍ଧତୀ ଆସି ପହଞ୍ଚିଗଲେ । ପ୍ରଚଳିତ ପ୍ରଥା ଅନୁସାରେ ସେମାନେ ଦୁଇଟି ଲେଖାଏଁ ସୁସ୍ୱାଦୁ ବ୍ୟଞ୍ଜନ ଧରି ଆସିଥିଲେ । ଏହାଯୋଗୁଁ ଭୋଜନର ଗରିମା ବଢ଼େ ଏବଂ ସମସ୍ତେ ସତ୍‌କାରର ଦାୟିତ୍ୱକୁ ବାଣ୍ଟି ନେଇଥାନ୍ତି । ଫଳରସ ପାନ ପରେ ପରିଚୟର ଆଦାନ ପ୍ରଦାନ । ଉଦୀୟମାନ କମ୍ପ୍ୟୁଟର ଇଞ୍ଜିନିୟର ଏବଂ ସୁଶିକ୍ଷିତା, ବହୁଗୁଣସଂପନ୍ନା, ଆଦର୍ଶ ଗୃହିଣୀମାନଙ୍କୁ ନେଇ ସମାବେଶ ବେଶ୍ ଚମତ୍କାର ଓ ଆଡ଼ମ୍ବରପୂର୍ଣ୍ଣ ଥିଲା । ଗୁରୁଜୀ ଓ ଗୁରୁପତ୍ନୀଙ୍କ ଆଗମନ ପାଇଁ ସମସ୍ତଙ୍କ ନଜର ରହିଥିଲା । ୮.୩୦ ମିନିଟରେ ଉଭୟେ

ଆସି ପହଞ୍ଚିଗଲେ । ସେମାନଙ୍କ ସମ୍ମୁଖରେ ଶିକ୍ଷିତ ତରୁଣ ଓଡ଼ିଆ ଆମେରିକାନ୍‌ମାନଙ୍କର 'ଧର୍ମ' ଭାବନା ତଥା ଆଧ୍ୟାତ୍ମିକତାର ଉଦ୍‌ବେଳନକୁ ପ୍ରତ୍ୟକ୍ଷ କରିବାର ସୁଯୋଗ ମୋତେ ମିଳିଗଲା ।

ଗୁରୁ କଲ୍‌କିଜୀଙ୍କର ଜନ୍ମସ୍ଥାନ ପୁରୀ । ବାଣୀବିହାରରୁ ଦର୍ଶନଶାସ୍ତ୍ରରେ ଏମ୍,ଏ ପଢ଼ିବା ପରେ କିଛି ବର୍ଷ ହରିଦ୍ୱାର ଓ ଋଷିକେଶରେ ଆଧ୍ୟାତ୍ମିକ ସାଧନାରେ ଅତିବାହିତ କରିଥିଲେ । ବର୍ତ୍ତମାନ ପୋର୍ଟଲ୍ୟାଣ୍ଡ ବିଶ୍ୱବିଦ୍ୟାଳୟରେ ଦର୍ଶନ ଶାସ୍ତ୍ରର ଅଧ୍ୟାପକ । ଗୁରୁପତ୍ନୀ 'ବିଜ୍ଞାନମୟୀ' ମାଲେସିଆରେ ଜନ୍ମିତା। ପ୍ରକୃତ ନାଁ ଆଘୁଲାର ବାଣୀ ସୁବ୍ରମନ୍ୟମ୍ । ନାଁରୁ ଜଣାପଡ଼େ ଭାରତୀୟ ତାମିଲ୍ ବଂଶୋଦ୍ଭବ । ଉଭୟେ ଶାସ୍ତ୍ରସମ୍ମତ ପୂଜାପାଠରେ ଧୂରୀଣ । ଛୁଟିଦିନମାନଙ୍କରେ କଲ୍‌କିଜୀଙ୍କ ଆଶ୍ରମରେ ପ୍ରବଚନ ହୁଏ ଏବଂ ଶିଷ୍ୟଶିଷ୍ୟାଙ୍କର ଆସର ଜମେ । ବିଶେଷ ନିମନ୍ତ୍ରଣ କ୍ରମେ ସେ ଘରକୁ ଆସି ପୂଜାପାଠ କରନ୍ତି । ଉଭୟଙ୍କୁ ସ୍ୱାଗତ୍ କଲାପରେ ଆଧ୍ୟାତ୍ମିକ ଚର୍ଚ୍ଚା ଆରମ୍ଭ ହୋଇଗଲା । ଭକ୍ତିମାର୍ଗ ଓ ଜ୍ଞାନମାର୍ଗର ତୁଳନାତ୍ମକ ଆଲୋଚନାରେ ଆମ ଉଭୟଙ୍କର ଦର୍ଶନ ଅନ୍ୟମାନେ ବେଶ୍ ଉପଭୋଗ କଲେ । ତା'ପରେ ମାନି, ରାହୁଲ ଓ ରୋହିତକୁ ବିଦାୟ ସଂଭାଷଣ । ସମସ୍ତେ ସେମାନଙ୍କର ଗୁଣକୀର୍ତ୍ତନ କଲେ ଏବଂ ସେମାନେ ସମସ୍ତଙ୍କୁ ସିଏଟଲ୍ ଯିବାପାଇଁ ସସ୍ନେହ ନିମନ୍ତ୍ରଣ ଜଣାଇ ବିଦାୟ ନେଲେ । ଆସର ଉଠିଗଲା, କିନ୍ତୁ ପ୍ରବାସୀ ଓଡ଼ିଆ ପରିବାରମାନଙ୍କର ପାରସ୍ପରିକ ସ୍ନେହ-ସମ୍ବନ୍ଧ ଆଧ୍ୟାତ୍ମିକ ଚିନ୍ତାଧାରା ଏବଂ କଲ୍‌କିଜୀଙ୍କ ଭଳି ଜଣେ ଓଡ଼ିଆ ବିଦ୍ୱାନ୍ ଗୁରୁ ତଥା ଦର୍ଶନ-ଅଧ୍ୟାପକଙ୍କର ଯୋଗଦାନ ସେହି ସନ୍ଧ୍ୟାକୁ ଚିରସ୍ମରଣୀୟ କରି ରଖିବ। ତେବେ ସୀମା, ମାନି, ମିତାଲୀ ଓ ଅରୁନ୍ଧତୀ ଓଡ଼ିଶାର ଆଭିଜାତ୍ୟ ସଂପନ୍ନ ପରିବାରର ଜୀବନ ଶୈଳୀକୁ ଝୁରି ହେଉଥିବାର ଲକ୍ଷ୍ୟ କଲି। ସେମାନଙ୍କ ମନରେ ଓଡ଼ିଶା ଭ୍ରମଣ ପାଇଁ ପ୍ରତୀକ୍ଷାର ଭାବ । ବୈଜ୍ଞାନିକ ସ୍ୱାମୀ ଓ ବର୍ଦ୍ଧିଷ୍ଣୁ ଶିଶୁମାନଙ୍କର ପରିଚର୍ଯ୍ୟା ତଥା ମାନସିକ ଶାନ୍ତି ପାଇଁ ସେମାନେ ସାଧନାରତ । ସୀମା ତାଙ୍କ କନ୍ୟାର ନୃତ୍ୟ-ନିପୁଣତା ବିଷୟରେ କହିଲେ ଏବଂ ପରଦିନ ସକାଳେ ଘରକୁ ନେଇ ତା'ର ସଫଳତାର ସନ୍ତକ ଫଟୋଚିତ୍ର ପ୍ରଦର୍ଶନ କରାଇଲେ ।

ତା.୧୪-୦୬-୦୮ (ଶନିବାର) :

ଆଜି ସିଏଟଲ୍ ଅଭିମୁଖେ ପୋର୍ଟଲାଣ୍ଡ ଛାଡ଼ିବାର ଦିନ । ଅନୁ ଏବଂ ଦର୍ଶନଙ୍କର ବ୍ୟସ୍ତ ଜୀବନ ଭିତରେ ପାଞ୍ଚଟି ଦିନ ସୁଖ ଓ ସଫଳତାର ସହିତ କଟିଗଲା । ଦର୍ଶନ ତାଙ୍କର ବୃତ୍ତିଗତ ଜୀବନରେ ବ୍ୟସ୍ତତା ସହିତ ଆଗାମୀ ଜୁଲାଇ ତିନି ଓ ଚାରି ତାରିଖରେ ଓଡ଼ିଶା ସୋସାଇଟି ଅଫ୍ ଆମେରିକାର ବାର୍ଷିକ ସମ୍ମିଳନୀର ଆୟୋଜନ ପାଇଁ ପ୍ରସ୍ତୁତି

ଚଳାଇଥାନ୍ତି । କାରଣ ସେ ଚଳିତ ବର୍ଷ ପାଇଁ ସଂପାଦକ । କାନାଡ଼ାର ଟରଣ୍ଟୋରେ ହେବାକୁ ଥିବା ଏହି ସମାବେଶରେ ଓଡ଼ିଶାର ରାଜ୍ୟପାଳ ମାନ୍ୟବର ମୁରଲୀଧର ଚନ୍ଦ୍ରକାନ୍ତ ଭଣ୍ଡାରେ, ରେଲ୍‌ୱେ ବୋର୍ଡ଼ର ଚେୟାରମ୍ୟାନ୍ ଶ୍ରୀ କଲ୍ୟାଣ ଜେନା ଓ ଅନ୍ୟାନ୍ୟ ବହୁତ ସମ୍ମାନିତ ବ୍ୟକ୍ତି ଯୋଗଦେବାର ଅଛି । ଯାହାହେଉ ପୂର୍ବରୁ ଅନୁଜ ସଂଜୟ ଏବଂ ଦର୍ଶନଙ୍କର ନିର୍ଦ୍ଧାରିତ ଯୋଜନା ଅନୁସାରେ ସକାଳ ୯ଟାରେ ଦର୍ଶନଙ୍କ ଗାଡ଼ିରେ ଆମେ ୧୭୫ ମାଇଲ୍ ସିଏଟଲ୍ ଯାତ୍ରା ପାଇଁ ବସିଲୁ । ଦୁଇ ଦିନର ଏହି ଯାତ୍ରାରେ ଅନୁ ଏବଂ ମାଇଁ ବି ସହଯାତ୍ରିଣୀ ଥିଲେ । ଦୁଇଦିନ ପାଇଁ ସିଏଟଲ୍ ଭ୍ରମଣ ସେମାନଙ୍କ ଉଦ୍ଦେଶ୍ୟ । ଆଶୀଷ ଓ ଆଦର୍ଶ ଆଗାମୀ ପରୀକ୍ଷା ପାଇଁ ପ୍ରସ୍ତୁତି ଉଦ୍ଦେଶ୍ୟରେ ରହିଗଲେ ।

ବୈଜ୍ଞାନିକଙ୍କ ଘାସକଟା :

ଦର୍ଶନ ଗାଡ଼ିରେ ଷ୍ଟାର୍ଟ ଦେବାପରେ ହଠାତ୍ ବନ୍ଦ କରି ଓହ୍ଲାଇଗଲେ । କାରଣ ଜାଣିବା ପରେ ମୁଁ ଆଚମ୍ବିତ ହୋଇଗଲି । ଘର ସାମ୍ନା ବଗିଚାରେ ଘାସଗୁଡ଼ିକ ବଢ଼ିଯାଇଛନ୍ତି । ସେହି ସପ୍ତାହରେ ତାଙ୍କର ଘାସ କାଟିବାର ଯୋଜନା ଥିଲା । ଆଉ ଦୁଇଦିନ ଭିତରେ ଅଧିକ ବଢ଼ିଗଲେ ହୁଏତ ଜରିମାନା ଦେବାକୁ ପଡ଼ିପାରେ । ଅଧଘଣ୍ଟାଏ ସମୟ ନେଇ ଦର୍ଶନ, ସଂଜୟ ଓ ଆଶୀଷ ଘାସକଟା ସାରିଦେଲେ । ସଯତ୍ନରେ କଟାଯାଇଥିବା ଘାସକୁ ଯଥାସ୍ଥାନରେ ରଖିବା ପରେ ଗାଡ଼ି ଷ୍ଟାର୍ଟ ହେଲା । ସୁନ୍ଦର ଓ ସ୍ମୃତିମୟ ପୋର୍ଟଲାଣ୍ଡ ସହରକୁ ବିଦାୟ ଦେଇ ଉତ୍ତର ଦିଗରେ ଯାତ୍ରା ଆରମ୍ଭ କଲୁ ।

■

ସୁଶ୍ରୀ ସିଏଟଲ୍

ତା. ୧୪-୦୬-୦୮ (ଶନିବାର) :

ସକାଳ ଦଶଟା ବେଳେ ପୋର୍ଟଲାଣ୍ଡକୁ ବିଦାୟ ଜଣାଇ ଯାତ୍ରା ଆରମ୍ଭ କଲୁ । ନାମୀ କମ୍ପାନୀର ଦାମୀ କାରଟା ସୁବ୍ୟବସ୍ଥିତ ରାଜରାସ୍ତା ଉପରେ ୬୦ରୁ ୬୫ ମାଇଲ ବେଗରେ ଦୌଡୁଥିଲା । ମନଲୋଭା ପ୍ରାକୃତିକ ପରିବେଶ । ହାଲୁକା ଆଲୋଚନା ଭିତରେ ଗ୍ୟାସ୍ ଷ୍ଟେସନ୍‌ରେ ଗାଡ଼ି ଅଟକିଲା । ଗାଡ଼ିଟି ଗ୍ୟାସ୍‌ଚାଳିତ ବୋଲି ମୁଁ ଭାବିନେଲି । ପରେ ଜାଣିଲି ଯେ ଏହା ପେଟ୍ରୋଲ୍ ଚାଳିତ । ପେଟ୍ରୋଲକୁ ଆମେରିକାରେ ଗ୍ୟାସୋଲିନ୍ କୁହାଯାଏ । ଗ୍ୟାସୋଲିନ୍‌ର ସଂକ୍ଷିପ୍ତିକରଣ ହେଲା ଗ୍ୟାସ୍ । ଦର୍ଶନଙ୍କର ଗତ ରାତ୍ରିର ଅନିଦ୍ରାଜନିତ କ୍ଲାନ୍ତି ଯୋଗୁଁ ଅନୁ ଷ୍ଟିୟରିଂ ଧରିଲେ । ଗୃହ ପରିଚାଳନାରେ ଯେମିତି ଧୂରନ୍ଧର ଗାଡ଼ିଚାଳନାରେ ସେପରି ପରିପକ୍ୱ । ଗତ ସଂଧ୍ୟାର ଆସର ବେଳେ ସୀମା କହିଥିଲା ଯେ, ଆମେ ଓଡ଼ିଆଣୀମାନେ ଏଠି ଡ୍ରାଇଭର୍, ରୋଷେୟା, ଚାକର, ମାଳୀ, ଧୋବଣୀ ଇତ୍ୟାଦି ସବୁ ଭୂମିକାରେ ଅଭିନୟ କରୁଛୁ । ଯନ୍ତ୍ରସଭ୍ୟତାର ସବୁ ସାଧନ ହାତପାହାନ୍ତାକୁ ଆସିଯିବା ପରେ ଏତେସବୁ ଭୂମିକା ସୁଚାରୁ ରୂପେ ଅଭିନୟ କରିଗଲେ ଅସୁବିଧା କେଉଁଠି ?

ମୁଁ ଓଲଟି ପ୍ରଶ୍ନ କରିଥିଲି- ଉଚ୍ଚ ଆୟକାରୀ ଗୃହକର୍ତ୍ତା ସକାଳ ସାତଟାରୁ ରାତି ଆଠଟା ପର୍ଯ୍ୟନ୍ତ ବୃତ୍ତିଗତ କାର୍ଯ୍ୟରେ ବ୍ୟସ୍ତ ରହିବା ବେଳେ ଗୃହକର୍ତ୍ତ୍ରୀ ବାକି କାମ ସମ୍ଭାଳିବାକୁ ବାଧ୍ୟ । ତେବେ ଗୃହକର୍ତ୍ତ୍ରୀ ଯଦି ଚାକିରି କରିଥାନ୍ତି, ଅଧିକ ଜଞ୍ଜାଳ ମୁଣ୍ଡାଇବେ ନିଶ୍ଚୟ । ଅନୁ ସେମାନଙ୍କର ବ୍ୟସ୍ତ ପାରିବାରିକ ଜୀବନର ଚିତ୍ର ପ୍ରଦାନ କଲେ । ଯାହାହେଉ, ଆର୍ଥିକ ସ୍ୱଚ୍ଛଳତା, ସୁନ୍ଦର ପରିବେଶ ଓ ଅନୁକୂଳ ଜୀବନଚର୍ଯ୍ୟା ଓଡ଼ିଆ ଆମେରିକାନ୍‌ମାନଙ୍କୁ କିପରି ସୁଖ-ସମୃଦ୍ଧି ସମ୍ପନ୍ନ ରଖିଛି ତା'ର ପ୍ରତ୍ୟକ୍ଷ ଅନୁଭୂତି ମୋରହେଲା । କଲମ୍ବିଆ ନଦୀ ଉପର ଦେଇ ସୁଦୃଶ୍ୟ ପୋଲ ଓ ପାର୍ଶ୍ୱବର୍ତ୍ତୀ ଅରଣ୍ୟ

ସଂପଦର ଦୃଶ୍ୟ ଅତିକ୍ରମ କରି ୱାଶିଂଟନ୍ ରାଜ୍ୟରେ ପ୍ରବେଶ କଲୁ । ଓରେଗନ୍ ଭଳି ୱାଶିଂଟନ୍ ରାଜ୍ୟ ଉପରେ ପ୍ରକୃତି ସମସ୍ତ ସମ୍ଭାର ଅକୁଣ୍ଠିତ ଭାବରେ ଅଜାଡ଼ି ଦେଇଛି । ଗନ୍ତବ୍ୟସ୍ଥଳ ଥିଲା ସୁଶ୍ରୀ ସିଏଟଲ୍ ନଗରୀର ରେଣ୍ଟନ୍ ଅଞ୍ଚଳ ଏବଂ ଆମକୁ ଆତିଥ୍ୟ ପ୍ରଦାନ ପାଇଁ ତତ୍ପର ଥିଲେ ମୋର ଭଗିନୀପୁତ୍ର (ଭଣଜା) ତାରକନାଥ । ଡାକ ନାଁ ବୁଜି। ପତ୍ନୀ ଦିବ୍ୟା ଓ ଚାରି ମାସର ପୁତ୍ର ସନ୍ତାନ ସିଦ୍ଧାର୍ଥକୁ ନେଇ ଛୋଟ ପରିବାର । ନ୍ୟୁକ୍ଲିୟର ଇଂଜିନିୟରିଂରେ ଟେକ୍ସାସ୍‌ରେ ପାଞ୍ଚବର୍ଷ ଉପାଧ୍ୟୁତ୍ତର ଡିଗ୍ରୀ ଓ ଡକ୍ଟରେଟ୍ ଲାଭ ପରେ କିଛିମାସ ହେଲା ଉଚ୍ଚ ଦରମାର ଚାକିରିଟି ମିଳିଛି ସିଏଟଲ୍‌ରେ । ଆମେରିକାନ୍ ନାତିର ଫଟୋଟି କେବଳ ଦେଖିଥିଲି, ତେଣୁ ଉତ୍କଣ୍ଠା ଥିଲା ଶୀଘ୍ର ପହଞ୍ଚି ତାକୁ କୋଳେଇନେବା ପାଇଁ । ଅନୁ ତାଙ୍କର ଗୃହଠିକଣା ଜାଣିଥିଲେ ବି ଜି.ପି.ଏସ୍. (ଗ୍ଲୋବାଲ୍ ପୋଜସନିଂ ସିଷ୍ଟମ୍) ଯନ୍ତ୍ରଟିର ସାହାଯ୍ୟ ନେଲେ । ବିଜ୍ଞାନର କି ଚମତ୍କାରିତା ? ଛୋଟ ପକେଟ୍ ରେଡିଓ ଆକୃତିର ଯନ୍ତ୍ରଟି ଗାଡ଼ି ଚାଳକଙ୍କ ସାମ୍ନାରେ ରାସ୍ତାଘାଟର ଚିତ୍ର ପ୍ରଦର୍ଶନ କରି ଚାଲିବା ସଂଗେ ସଂଗେ ସଶବ୍ଦ ନିର୍ଦ୍ଦେଶ ଦେଇ ଚାଲିଛି । କୃତ୍ରିମ ଉପଗ୍ରହ ସହିତ ସଂଯୁକ୍ତ ହୋଇ ଏହି ଯନ୍ତ୍ରଟି ସୁଚାରୁରୂପେ କାର୍ଯ୍ୟ ସମ୍ପାଦନ କରୁଥାଏ । ଦୁଇଟାବେଳେ ଗନ୍ତବ୍ୟସ୍ଥଳରେ ପହଞ୍ଚିଗଲୁ । ବୁଜିଙ୍କ କାନ୍ଧରେ ସିଦ୍ଧାର୍ଥ ଗୁଲ୍‌ଗୁଲ୍ ହସଟିମାନ ସମସ୍ତଙ୍କ ଆଡ଼କୁ ନିକ୍ଷେପ କରି ଆମକୁ ସ୍ୱାଗତ କଲା । ହସ୍ତ ପ୍ରସାରଣ କରିବାରୁ ମୋ କୋଳକୁ ଆସିଗଲା । ଜଳପାନ ପରେ (ଆମେରିକାରେ ମଧ୍ୟାହ୍ନଭୋଜନ ପ୍ରାୟ କରୁ ନଥିଲୁ) ଦର୍ଶନ, ଅନୁ ଓ ମାଇଁ ବେଲେଭ୍ୟୁ ଦିଗରେ ପ୍ରସ୍ଥାନ କଲେ । ଦର୍ଶନଙ୍କର ଅନ୍ତରଙ୍ଗ ବାଲ୍ୟବନ୍ଧୁ 'ନୀଳମାଧବ'ଙ୍କ ଘରେ ସେମାନଙ୍କର ଦୁଇ ଦିନର ରହଣୀ କାର୍ଯ୍ୟକ୍ରମ ଥିଲା । ନୀଳମାଧବ ପ୍ରସିଦ୍ଧ ମାଇକ୍ରୋସଫ୍ଟ କମ୍ପାନୀରେ ବରିଷ୍ଠ ଇଂଜିନିୟର । ଜନ୍ମ ଆମ ବ୍ରହ୍ମପୁର ସହରରେ । ତାଙ୍କ ସହିତ ବୁଜିଙ୍କର ବି ପରିଚିତି ଅଛି । ତାଙ୍କ ଘରେ ରାତ୍ରିଭୋଜନ ପାଇଁ ନୀଳମାଧବ ଓ ପତ୍ନୀ ରୀନା ସସ୍ନେହ ନିମନ୍ତ୍ରଣ ଜଣାଇଲେ । ରାତି ଆଠଟା ବେଳେ ସେମାନଙ୍କ ସହିତ ଯୋଗଦେବା ପାଇଁ ପ୍ରତିଶ୍ରୁତି ଦେଲୁ । ସିଏଟଲ୍ ଭଳି ସହରରେ ଆମର ମାତ୍ର ତିନିଦିନର ରହଣୀ ପାଇଁ ବୁଜି ଓ ଦିବ୍ୟା ଅଭିମାନଭରା ଭର୍ତ୍ସନା କଲେ । ପୂର୍ବରୁ ଦର୍ଶନ ବି ସେଇ କଥା କହିଥିଲେ । ତେବେ ନ୍ୟୁୟର୍କ, ୱାଶିଂଟନ୍ ଡି.ସି. ଭଳି ପୂର୍ବାଞ୍ଚଳର ଦର୍ଶନୀୟ ସ୍ଥାନ ପାଇଁ ଅଧିକ ସମୟ ଦେଇ ଆମେ କାର୍ଯ୍ୟକ୍ରମ ସ୍ଥିର କରିସାରିଥିଲୁ । ସିଏଟଲ୍‌ର ଶ୍ରୀ ଉପରେ ବି ଧାରଣା ନଥିଲା । ସମୟର ସ୍ୱଳ୍ପତା ଦୃଷ୍ଟିରୁ ଆମର ସହର ଭ୍ରମଣ ସଂଗେ ସଂଗେ ଆରମ୍ଭ ହୋଇଗଲା ।

ଦୁଇ ମାମୁଁ ଓ ମାଇଁଙ୍କ ପାଇଁ ବୁଜି ଓ ଦିବ୍ୟା ଅମାପ ଖୁସିର ସହିତ କେବଳ ଯେ ଅପେକ୍ଷମାଣ ଥିଲେ ତାହା ନୁହେଁ, ତିନିଦିନର କାର୍ଯ୍ୟକ୍ରମ ପୁଙ୍ଖାନୁପୁଙ୍ଖ ଭାବରେ ପ୍ରସ୍ତୁତ

କରି ରଖିଥିଲେ । ସିଦ୍ଧାର୍ଥକୁ ମା' କୋଳରେ ଛାଡ଼ିଦେଇ ଆମେ ବାହାରିଗଲୁ । ଦାମୀ ନିଶାନ୍ ଗାଡ଼ିରେ ବୁଜି ପ୍ରଥମେ ଆମକୁ ପୁସ୍ତକ ବିଭାଗ ଥିବା ମଲ୍‌କୁ ନେଇଗଲେ । ମୋର ପ୍ରଥମ ପସନ୍ଦ ସିଏଟଲ୍ ଉପରେ ସଚିତ୍ର ପୁସ୍ତକଟିଏ ଧରାଇଦେଲେ । ତା' ପରେ ବିଶ୍ୱଭ୍ରମଣ ସଂପର୍କୀୟ ପାଞ୍ଚଟି ଡି.ଭି.ଡି.ର ସେଟ୍ । ମୋ ହାତରେ ସ୍ୱର୍ଗର ଚାନ୍ଦ ଯେମିତି ଖସିପଡ଼ିଲା । ଗତ ସାତବର୍ଷ ଧରି ଏଭଳି ଡି.ଭି.ଡି କିମ୍ବା ସି.ଡି ମୁଁ ଭାରତ କାହିଁକି ଦକ୍ଷିଣ ପୂର୍ବ ଏସିଆ କିମ୍ବା ୟୁରୋପ ବଜାରରେ ପାଉ ନଥିଲି । ମୋତେ ସନ୍ତୁଷ୍ଟ କରିସାରି ସାନ ମାମୁଁଙ୍କ ପାଇଁ ଲ୍ୟାପ୍‌ଟପ୍‌ର ସହଯୋଗୀ ଉପକରଣ ଓ ମାଇଁଙ୍କ ପାଇଁ କିଛି ଘରକରଣା ବସ୍ତୁ କିଣାଇଦେଲେ । ସିଏଟଲ୍‌ର ମଲ୍ ପୋର୍ଟଲ୍ୟାଣ୍ଡର ମଲ୍ ଭଳି ମନୋରମ । ତେବେ ଓରେଗନ୍ ସରକାରଙ୍କର ନୀତି ଯୋଗୁଁ ସେଠାରେ ବିକ୍ରିକର ଦେବାକୁ ପଡୁନଥିଲା । ଜନସଂଖ୍ୟା ଅନୁପାତରେ ସଂଖ୍ୟାଧିକ ମଲ୍ ଯୋଗୁଁ ବିଶେଷ ଜନଗହଳି ନଥାଏ । ଶିଶୁମାନଙ୍କ ପାଇଁ ନାନା କ୍ରୀଡ଼ାର ବ୍ୟବସ୍ଥା ସହ ଅନ୍ୟ ମନୋରଂଜନର ସାମଗ୍ରୀ ମାନ ଚିତ୍ତବିନୋଦନ କରନ୍ତି । ପ୍ରଶସ୍ତ ଗାଡ଼ି ରଖିବା ସ୍ଥାନ, ବୃକ୍ଷ-ପୁଷ୍ପଶୋଭିତ ଉଦ୍ୟାନ ଏବଂ ଶାନ୍ତ ଶୀତଳ ଜଳବାୟୁ ଯୋଗୁଁ 'ବଜାର'ରେ ରାତି ଆଠଟା ପର୍ଯ୍ୟନ୍ତ କିପରି ରହିପାରିଲୁ ଜାଣିହେଲା ନାହିଁ । ତା' ପରେ ନୀଳମାଧବଙ୍କ ବାସଗୃହ ଅଭିମୁଖେ ଯାତ୍ରା ଆରମ୍ଭ କଲୁ । ଓ୍ୱାଶିଂଟନ୍ ହ୍ରଦ କୂଳ ଦେଇ ପ୍ରଶସ୍ତ ରାଜପଥରେ ବେଲେଭ୍ୟୁ ଅଞ୍ଚଳର ବଣପାହାଡ଼ଘେରା ପ୍ରାକୃତିକ ପରିବେଶ ବେଶ୍ ମନଛୁଆଁ । ଘର ସମ୍ମୁଖରେ ପହଞ୍ଚି ଦେଖିଲୁ ସୁଉଚ୍ଚ ଲୌହ ଫାଟକଟି ବନ୍ଦ ଅଛି ଏବଂ କୌଣସି ଦରଓ୍ୱାନ୍ ନାହାନ୍ତି । ବୁଜି ମୋବାଇଲ୍ ଫୋନ୍‌ରେ ଉପସ୍ଥିତି ଜଣାଇଦେବାରୁ କୋଡ୍ ନମ୍ବରଟିଏ ମିଳିଗଲା । କାନ୍ଥରେ ଲାଗିଥିବା ନମ୍ବର ସ୍ୱିଚ୍ ଚିପିଦେବା ପରେ ସ୍ୱୟଂଚାଳିତ ଗେଟ୍ ଖୋଲିଗଲା । ଏହି ଆଧୁନିକତମ ବ୍ୟବସ୍ଥାଟି ଦୁଇ ଏକର ପରିମିତ ସ୍ଥାନରେ ରାଜବାଟୀସମ ଦ୍ୱିତଳ ପ୍ରାସାଦର ଆଭିଜାତ୍ୟ ଘୋଷଣା କରିଦେଲା । ଭିତରେ ପଶିବା ପରେ ଗୃହକର୍ତ୍ତ୍ରୀ ରୀନା ସ୍ୱାଗତ ସମ୍ଭାଷଣ କଲେ ଏବଂ ନୀଳମାଧବ କିଛି ସମୟ ପରେ ଫେରିବେ ବୋଲି ଜଣାଇ ପ୍ରାସାଦର ସୁସଜ୍ଜିତ ଡ୍ରଇଁରୁମ୍, ସନ୍ତରଣ ପୁଷ୍କରିଣୀ, ଟେନିସ୍ ଓ ବାସ୍କେଟ୍ ବଲ୍ ପଡ଼ିଆ, ଶିଶୁ ଉଦ୍ୟାନ ଏବଂ କ୍ରୀଡ଼ା ସାମଗ୍ରୀ ସବୁ ଦେଖାଇଲେ । ଫେରିବା ବେଳକୁ ତଳମହଲାର ଲିଭିଂରୁମ୍, ଅଫିସ୍, ପାଠାଗାର, ପୂଜାଘର, ରୋଷେଇ ଘର ଏବଂ ଉପର ମହଲାର ବ୍ୟାୟାମଶାଳା, ଶୟନ ପ୍ରକୋଷ୍ଠ ଓ ତତ୍‌ସଂଲଗ୍ନ ଅତ୍ୟାଧୁନିକ ପ୍ରସାଧନ ତଥା ସ୍ନାନାଗାର ଦେଖି ଚମତ୍କୃତ ହୋଇଥିଲୁ । ପ୍ରତ୍ୟେକ ଅଂଶ କାରୁକାର୍ଯ୍ୟପୂର୍ଣ୍ଣ । ରୀନା କହିଲେ ଯେ, ଘରଟି ଜଣେ ଋଷୀୟ ଇଂଜିନିୟର ବିକିଦେଇ ଚାଲିଗଲେ । ଦୁଇ ମିଲିଅନ୍ (୨୦ ଲକ୍ଷ ଡଲାର)ର ବାସଗୃହଟି ପ୍ରକୃତରେ ଦର୍ଶନୀୟ । ଗୃହକର୍ତ୍ତା ପହଞ୍ଚି ସହାସ୍ୟ ବଦନରେ ଅଭିବାଦନ

ଜଣାଇଲେ । ପତିପତ୍ନୀ ଉଭୟେ ନିରାଡ଼ମ୍ବର ଓ ନିରହଂକାରୀ । ଗତବର୍ଷ ଏ ଗୃହରେ ପ୍ରବେଶ କରିବାଠାରୁ ଅତିଥିଙ୍କ ସମାଗମ ଲାଗି ରହିଛି । ସେଦିନ ତ ପ୍ରାୟ ୨୦ଜଣ ଅତିଥି ଥିଲେ । ଆମେ ଫେରିବା ପରେ ଦିନେ ଫୋନ୍ କରି ଜାଣିଲୁ ଯେ, ୧୨୫ଜଣ ଓଡ଼ିଆ ବଣଭୋଜି ପାଇଁ ସେଠାରେ ଏକତ୍ରିତ ହୋଇଥିଲେ । ଯାହାହେଉ ଦର୍ଶନଙ୍କର ଅନ୍ତରଙ୍ଗ ବନ୍ଧୁ, ବୁଜିଙ୍କର ପରିଚିତ ଏବଂ ଆମର ବ୍ରହ୍ମପୁର ସହରବାସୀ ହେବାର ଊର୍ଦ୍ଧ୍ୱରେ ଥିଲା ନୀଳମାଧବ ଓ ରୀନାଙ୍କର ସରଳ ବ୍ୟକ୍ତିତ୍ୱ ନିଃସୃତ ସ୍ନେହ ଶ୍ରଦ୍ଧାର ସମ୍ଭାଷଣ । ଦୁଇଟି କନ୍ୟା ସନ୍ତାନ । ଉଭୟେ ନୃତ୍ୟ ଓ ସଂଗୀତ ନିପୁଣା । କନିଷ୍ଠା କନ୍ୟା ଆମେରିକାର 'ଶ୍ରେଷ୍ଠାବାଳିକା'ର ପୁରସ୍କାର ନିକଟରେ ପାଇଛି । ମାଇକ୍ରୋସଫ୍ଟ ମୁଖ୍ୟ କାର୍ଯ୍ୟାଳୟ ଓ ବୋଇଂ କମ୍ପାନୀ ତଥା ସଂଗ୍ରହାଳୟ ଦର୍ଶନ ପାଇଁ ନୀଳମାଧବ ପ୍ରସ୍ତାବ ଦେଲେ । କିନ୍ତୁ ଅନ୍ୟାନ୍ୟ ଯୋଜନା ପରେ ବିଚାର କରିବେ ବୋଲି ବୁଜି ସହର୍ଷ ଉତ୍ତର ଦେଲେ । ଓଡ଼ିଆଘର ରାତ୍ରିଭୋଜନ ସାରି ସମସ୍ତଙ୍କଠାରୁ ବିଦାୟ ନେଇ ଫେରିଲୁ ।

ତା. ୧୫-୦୬-୦୮ (ରବିବାର) :

ଭୋର୍ ଚାରିଟାରେ ଶଯ୍ୟାତ୍ୟାଗ ଓ ପଇଁଚାଳିଶ ମିନିଟ୍ ଯୋଗ ପରେ ନିତ୍ୟକର୍ମ । ଅନ୍ୟମାନେ ଶଯ୍ୟାତ୍ୟାଗ କରିବା ପୂର୍ବରୁ ମୁଁ ଗତକାଲି ହସ୍ତଗତ କରିଥିବା 'ସିଏଟଲ୍' ଭ୍ରମଣ ପୁସ୍ତିକା ଓ ସଚିତ୍ର ପୁସ୍ତକଟି ଉପରେ ଆଖି ବୁଲାଇନେଲି । ସୁଦୃଶ୍ୟ ମାନଚିତ୍ରରେ ଦର୍ଶନୀୟ ସ୍ଥାନର ସମ୍ଭାର ଦେଖି ଅନୁମାନ କରିନେଲି ସମସ୍ତ ସୌନ୍ଦର୍ଯ୍ୟ ପାନ ପାଇଁ ଏକମାସରୁ ଅଧିକ ସମୟ ଦରକାର । ପ୍ରଶାନ୍ତ ମହାସାଗର କୂଳରେ ସ୍ଥିତ ଆମେରିକାର ଉତ୍ତର-ପଶ୍ଚିମ କୋଣରେ ଏହି ଅପରୂପା ସହରର ଲୋକସଂଖ୍ୟା ୬ଲକ୍ଷରୁ ଅଧିକ । ୨୦୦୬ ମସିହା ଜନଗଣନା ଅନୁସାରେ ପାଞ୍ଚଲକ୍ଷ ବୟାଅଶୀ ହଜାର ଚାରିଶହ ଚଉବନ । ୧୮୫୦ ମସିହାରେ ସହରଟିର ସ୍ଥାପନା । ପଶ୍ଚିମରେ ପ୍ରଶାନ୍ତ ମହାସାଗରର ଯେଉଁ ଅଂଶଟି 'ସିଏଟଲ୍' କୂଳକୁ ଛୁଇଁଛି ତାକୁ କୁହାଯାଏ ପଜେଟ୍ ସାଉଣ୍ଡ । 'ଭାସନ୍ ଦ୍ୱୀପ', 'ଟିଲିକମ୍ ଭିଲେଜ୍' ଇତ୍ୟାଦି ବୃହତ୍ ଓ କ୍ଷୁଦ୍ର ଦ୍ୱୀପ ପର୍ଯ୍ୟଟନସ୍ଥଳ ଭାବରେ ବିଖ୍ୟାତ । ପଜେଟ୍ ସାଉଣ୍ଡର ଗୋଟିଏ ଅଂଶ ସିଏଟଲ୍ ଓ ପଶ୍ଚିମ ସିଏଟଲ୍ ଭୂଖଣ୍ଡ ଭିତରକୁ ପଶିଯାଇଛି । ତା'ର ନାଁ ଏଲିଏଟ୍ ଉପସାଗର । ପର୍ଯ୍ୟଟନ, ମତ୍ସ୍ୟଚାଷ, ନୌଯାତ୍ରା ଓ ସାମରିକ ନୌକେନ୍ଦ୍ର ପାଇଁ ପ୍ରକୃତି ଏଠାରେ ସମସ୍ତ ସୁଯୋଗ ସୃଷ୍ଟି କରିଛି । ସିଏଟଲ୍ ଭୂଖଣ୍ଡ ଭିତରେ 'ୱାଶିଂଟନ୍' ଓ 'ୟୁନିଅନ୍ ହ୍ରଦ' ପରସ୍ପର ସହିତ ସଂଯୁକ୍ତ ଏବଂ ୱାଶିଂଟନ୍ କେନାଲ ଦ୍ୱାରା ପଜେଟ୍ ସାଉଣ୍ଡକୁ ଛୁଇଁଛନ୍ତି । ସମଗ୍ର ଅଞ୍ଚଳ ଅନୁପମ ପ୍ରାକୃତିକ ସୌନ୍ଦର୍ଯ୍ୟରେ ସମୃଦ୍ଧ । ସୁଦୃଶ୍ୟ ମୋଟର ଲଞ୍ଚରେ ପର୍ଯ୍ୟଟକମାନେ ଜଳଯାତ୍ରାର

ଆନନ୍ଦ ନେବା ଗତକାଲି ଦେଖିଥିଲି । କୂଳେ କୂଳେ ବୃକ୍ଷଲତା ଓ ପୁଷ୍ପୋଦ୍ୟାନଶୋଭିତ ପ୍ରମୋଦ ବାଟିକା ଓ ସଂଗ୍ରହାଳୟ । ଏଲିଅଟ୍ ଉପକୂଳରେ ମତ୍ସ୍ୟାଗାର, ଜଳଯାତ୍ରା ପାଇଁ ଜେଟି ଏବଂ ସୁନ୍ଦର ବିପଣି ଓ ଭୋଜନାଳୟମାନ ଭ୍ରମଣକାରୀଙ୍କୁ ଆକୃଷ୍ଟ କରେ । ୱାଶିଂଟନ୍ ହ୍ରଦ ଭିତରେ ସୁନ୍ଦର ଦ୍ୱୀପଟିଏ, ନାଁ ତା'ର 'ମରସେସ୍' ଦ୍ୱୀପ । ସୁପ୍ରସିଦ୍ଧ ମାଇକ୍ରୋସଫ୍ଟ କମ୍ପାନୀର ଅଧିପତି ବିଲ୍ ଗେଟ୍ସ ଏହି ଦ୍ୱୀପ ଭିତରେ ଅବସ୍ଥାନ କରନ୍ତି । ଦୁଇବର୍ଷ ତଳେ ସେ ପୃଥିବୀର ସର୍ବଶ୍ରେଷ୍ଠ ବିତ୍ତଶାଳୀ ବ୍ୟକ୍ତିର ସମ୍ମାନ ଲାଭ କରିଥିଲେ । ଉନ୍ନତଶୀଳ ଓ ଅନୁନ୍ନତ ରାଷ୍ଟ୍ରମାନଙ୍କରେ ଏଡ୍ସ ତଥା ମ୍ୟାଲେରିଆ ଇତ୍ୟାଦି ମହାମାରୀର ନିରାକରଣ ପାଇଁ ସେ ଏକ ଟ୍ରଷ୍ଟ ସ୍ଥାପନ କରିଛନ୍ତି । ଆସନ୍ତା ୩୦ ତାରିଖରେ କମ୍ପାନୀରୁ ଅବସର ଗ୍ରହଣ କରି ବାକି ଜୀବନ ସମାଜ ସେବାରେ ଉତ୍ସର୍ଗ କରିବେ ବୋଲି ସେ ଘୋଷଣା କରିଛନ୍ତି ।

ସିଏଟଲ୍‌ର ପୂର୍ବ ଦିଗରେ ବିଖ୍ୟାତ କ୍ୟାସ୍‌କେଡ୍ ପର୍ବତମାଳା । ଦକ୍ଷିଣପୂର୍ବ ଦିଗରେ ଚଉବନ ମାଇଲ୍ ଦୂର ଅତିକ୍ରମ କଲେ ବିଖ୍ୟାତ ରେନିୟର ପର୍ବତ ଶୃଙ୍ଗର ପାଦ ଦେଶରେ ପହଞ୍ଚିହେବ । ଏହାର ଉଚ୍ଚତା ୧୪୪୧୧ ଫୁଟ୍ । ପ୍ରକୃତିପ୍ରେମୀ ଆମେରିକୀୟ ଓ ବିଦେଶାଗତ ପର୍ଯ୍ୟଟକମାନେ ପ୍ରତିବର୍ଷ ପର୍ବତାରୋହଣ ପାଇଁ ଲକ୍ଷାଧିକ ସଂଖ୍ୟାରେ ଏଠାକୁ ଆସିଥାନ୍ତି । ବିଭିନ୍ନ ସୁବିଧା ଯୋଗୁଁ ସିଏଟଲ୍ ସହରରେ ପର୍ଯ୍ୟଟକଙ୍କ ସଂଖ୍ୟା ବାର୍ଷିକ ପନ୍ଦର ଲକ୍ଷରୁ ଅଧିକ ।

ବୁଜି ଓ ଦିବ୍ୟା ଆମ୍ଭର ଭ୍ରମଣସୂଚୀ ପ୍ରସ୍ତୁତ କରି ରଖିଥିଲେ । ଶଯ୍ୟାତ୍ୟାଗ ପରେ ନାତି 'ସିଦ୍' (ସିଦ୍ଧାର୍ଥର ଆମେରିକୀୟ ଡାକ ନାଁ ସିଦ୍)କୁ କୋଳକୁ ଦେଇ ବୁଜି 'ସ୍ନୋକ୍ୱାଲମୀ' ଜଳପ୍ରପାତ ଓ ପର୍ବତର ମହିମା ଶୁଣାଇଲେ । ନଅଟା ବେଳେ ଯାତ୍ରା ଆରମ୍ଭ କଲୁ । ସିଏଟଲ୍‌ର ପୂର୍ବ ଦିଗରେ ଆନ୍ତଃରାଜ୍ୟ ରାସ୍ତାଦେଇ ପଚିଶ ମାଇଲ୍ ଯାତ୍ରା ପରେ ସୁଦୃଶ୍ୟ ଜଳପ୍ରପାତ ସାମ୍ନାରେ ପହଞ୍ଚିଗଲୁ । ପ୍ରକୃତିର ଏହି ବିସ୍ମୟକୁ ଭାଷାରେ ବ୍ୟକ୍ତ କରିବା କଷ୍ଟସାଧ୍ୟ । ୨୭୦ ଫୁଟ୍ ଉଚ୍ଚରୁ ନିପତିତ ଏହି ଜଳପ୍ରପାତ ଜଳକଣା ଓ ଇନ୍ଦ୍ରଧନୁର ମାଧୁର୍ଯ୍ୟରେ ମନ ମୋହିନିଏ । ଶୁଣିଲି, ବିଶ୍ୱପ୍ରସିଦ୍ଧ ନାଏଗ୍ରା ଜଳପ୍ରପାତଠାରୁ ଏହା ଶହେ ଫୁଟ୍ ଅଧିକ ଉଚ୍ଚ । କିଛି କାଳ ସମ୍ମୋହିତ ହୋଇ ଦୃଶ୍ୟ ଅବଲୋକନ କରିବା ପରେ ପର୍ଯ୍ୟଟକ କେନ୍ଦ୍ରରୁ ପ୍ରଚାର ପୁସ୍ତକଟିଏ ଆଣି ଯାହା ପଢ଼ିଲି, ବିସ୍ମୟାଭିଭୂତ ହୋଇଗଲି । ଜଳପ୍ରପାତର ପଶ୍ଚାତ୍ ଭାଗରେ ଏଗାର ହଜାର ନଅଶହ କିଲୋୱାଟ୍ ବିଦ୍ୟୁତ୍ ଉତ୍ପନ୍ନ କରୁଥିବା ଜଳ ବିଦ୍ୟୁତ୍ କେନ୍ଦ୍ର ଭୂମିତଳେ ଏପରି ଭାବରେ ସ୍ଥାପିତ ହୋଇଛି ଯେ, ସ୍ଥାନର ପ୍ରାକୃତିକ ସୌନ୍ଦର୍ଯ୍ୟ ଉପରେ ଆଦୌ ହସ୍ତକ୍ଷେପ କରେ ନାହିଁ । ୧୮୯୦ ମସିହାରେ ଇଂଜିନିୟର ଚାର୍ଲସ୍ ବେକର୍ ପରିଦର୍ଶକ ଭାବରେ ଆସି ବିଦ୍ୟୁତ୍

ଉତ୍ପାଦନ କେନ୍ଦ୍ରର ପରିକଳ୍ପନା କରିଥିଲେ । ୧୮୯୮ ମସିହାରେ ଏହା ସାକାର ରୂପ ନେଲା । ଜଳପ୍ରପାତର ପଶ୍ଚାତ୍ ଭାଗରେ ୨୭୦ ଫୁଟ୍ ଗଭୀରତାର ଆଠଫୁଟ୍ ବ୍ୟାସ ବିଶିଷ୍ଟ ଦୁଇଟି ନଳୀ ଯୋଗେ ୫ଟି ଟରବାଇନ୍‌କୁ ଜଳ ପ୍ରବାହର ସ୍ରୋତ ଖୋଲି ଦିଆଯାଇଛି । ୫ଟି ବୃହତକାୟ ଜେନେରେଟର୍ ଦ୍ୱାରା ୧୧୯୦୦ କିଲୋୱାଟ୍ ଶକ୍ତି ଉତ୍ପନ୍ନ ହେଉଛି । ଉଦ୍‌ବୃତ୍ତ ଜଳରାଶି ୪୫୦ ଫୁଟ୍ ଦୀର୍ଘ ଟନେଲ୍ ଯୋଗେ ଜଳପ୍ରପାତରୁ ପତିତ ଜଳରାଶି ସହିତ ମିଶି ନିମ୍ନକୁ ପ୍ରବାହିତ ହେଉଛି । ଯାନ୍ତ୍ରିକ ବିଜ୍ଞାନ ଏତିକିରେ ସନ୍ତୁଷ୍ଟ ହୋଇନାହିଁ । ୧୯୧୦ ମସିହାରୁ ୧୨୨୫ ଫୁଟ୍ ଦୀର୍ଘ ଭୂତଳ ନଳୀ ଯୋଗେ ଜଳପ୍ରବାହର ଗତିପଥ ପରିବର୍ତ୍ତନ କରି ଏକ ଦ୍ୱିତୀୟ ଜଳବିଦ୍ୟୁତ୍ କେନ୍ଦ୍ର ପ୍ରତିଷ୍ଠା କରାଯାଇଛି । ଏହି କେନ୍ଦ୍ରରୁ ୩୦୦୦୦ ମେଗାୱାଟ୍‌ର ବିଦ୍ୟୁତ୍ ଶକ୍ତି ଉତ୍ପାଦିତ ହୋଇପାରୁଛି । ତେବେ ବିଜ୍ଞାନର ଏହି ବିସ୍ମୟ ପ୍ରକୃତିରାଣୀର ଶୋଭା-ସମ୍ଭାରକୁ ବୃଦ୍ଧି କରିଛି ସିନା ନ୍ୟୁନ କରିନାହିଁ । ଜଳ ପ୍ରପାତର ଶୋଭା ସଂଦର୍ଶନ ପାଇଁ ନଦୀ ଶଯ୍ୟାରେ ୩୦୦ ଫୁଟ୍ ଉଚ୍ଚତାରେ ଗୋଟିଏ ଏବଂ ସମ ସ୍ତରରେ ଆଉ ଗୋଟଏ ନିରୀକ୍ଷଣ ମଞ୍ଚ ସ୍ଥାପନ କରାଯାଇଛି । ଏହାବ୍ୟତୀତ ଦୁଇ ଏକର ପରିମିତ ଅଞ୍ଚଳରେ ପୁଷ୍ପ ବାଟିକା ଏବଂ ତା'ର ଚତୁଃପାର୍ଶ୍ୱରେ ପର୍ଯ୍ୟଟକମାନେ ରହିବା ପାଇଁ ସୁରମ୍ୟ ବାସଗୃହମାନ ପ୍ରତିଷ୍ଠା କରାଯାଇଛି । ନିରୀକ୍ଷଣ ମଞ୍ଚ ଉପରେ ଠିଆହୋଇ ଜଳପ୍ରପାତ (ଚିତ୍ର-୫)ର ଧବଳ ପରଦା ଉପରେ ଇନ୍ଦ୍ରଧନୁର ଛିଟା ଦର୍ଶନ କରି ଅଭିଭୂତ ହେଲୁ । ପ୍ରକୃତି ଓ ବିଜ୍ଞାନର ଶୋଭା ସଂଦର୍ଶନ ପରେ ସ୍ନୋକ୍ୱାଲମି ପର୍ବତ ଅଭିମୁଖେ ଯାତ୍ରା କଲୁ ।

ସ୍ନୋକ୍ୱାଲମୀ ପର୍ବତ : (ଚିତ୍ର-୬)

ପ୍ରାୟ ଏକଘଣ୍ଟା ଯାତ୍ରା ପରେ ତୁଷାରମଣ୍ଡିତ ସ୍ନୋକ୍ୱାଲମୀ ପାର୍ବତ୍ୟାଞ୍ଚଳରେ ପହଞ୍ଚିଲୁ । ଗ୍ରୀଷ୍ମକାଳ ଉପନୀତ ହୋଇଥିଲେ ବି ତୁଷାରଧବଳ ପର୍ବତଶୃଙ୍ଗ ସହିତ ରାସ୍ତା ପାର୍ଶ୍ୱର ଧବଳ ଶୋଭା ମନୋମୁଗ୍ଧକର ଥିଲା । କାଷ୍ଠଗଣ୍ଡି ନିର୍ମିତ ଅନେକ ସୁଦୃଶ୍ୟ ବାସଗୃହ ସ୍ଥାନଟିର ପର୍ଯ୍ୟଟନ ମାନ୍ୟତାକୁ ଘୋଷଣା କରୁଥିଲେ । ଶୀତକାଳରେ ଗୃହଗୁଡ଼ିକର ଅର୍ଦ୍ଧାଂଶ ତୁଷାର ସ୍ତୂପ ଭିତରେ ଆତ୍ମଗୋପନ କରେ । ତେଣୁ ଦୁଇ ମହଲା ବିଶିଷ୍ଟ କରାଯାଇ ଉପର ଭାଗରେ ବି କବାଟ ଲଗା ଯାଇଥିବାର ଦେଖିଲୁ । ବରଫର ପତଳା ଆବରଣ ଉପରେ ଚାଲିବାର ଅନୁଭୂତି ଏବଂ ଚପଳ ପୁଅ-ଝିଅମାନଙ୍କର ସାଇକେଲ୍ ଚାଳନା ଏବଂ ଅନ୍ୟାନ୍ୟ କ୍ରୀଡ଼ା ସଂଦର୍ଶନ ପରେ ସିଏଟଲ୍ ପ୍ରତ୍ୟାବର୍ତ୍ତନ କଲୁ । ସପ୍ତାହାନ୍ତ ଚିତ୍ତବିନୋଦନ ପରେ ଧାଡ଼ି ଧାଡ଼ି ମନୋରଞ୍ଜନ ଯାନ ସହରମୁହାଁ ଧାଇଁଥାନ୍ତି । ଯାନଗୁଡ଼ିକର ଆକାର ଓ ଗଠନ ମନଲୋଭା । ଭିତରେ ଶୟନ କକ୍ଷ, ରୋଷେଇଶାଳା ଓ ପ୍ରସାଧନ କକ୍ଷର ସୁବ୍ୟବସ୍ଥା । ଯାନ ଉପରେ ଏବଂ ପଛରେ ସାଇକେଲ୍

ଖଞ୍ଜା ଯାଇଥାଏ । ପରିବାରର ସମସ୍ତେ ଗୋଟିଏ ଲେଖାଏଁ ସାଇକେଲ୍ ଧରି ଶାରୀରିକ ବ୍ୟାୟାମର ଆନନ୍ଦ ନେଇଥାନ୍ତି । ସପ୍ତାହାନ୍ତ ଅବସର ବିନୋଦନ ପରେ ଆସନ୍ତାକାଲି କାର୍ଯ୍ୟକ୍ଷେତ୍ରକୁ ପ୍ରତ୍ୟାବର୍ତ୍ତନ କରିବେ ।

ଆମରେିକାର ଉତ୍ତରଖଣ୍ଡର ଏହି ଅଞ୍ଚଳର ଶୀତଳ ଓ କମ୍ ଆର୍ଦ୍ରତା ବିଶିଷ୍ଟ ଜଳବାୟୁ ଯୋଗୁଁ ଭ୍ରମଣଜନିତ କ୍ଳାନ୍ତି ଆଦୌ ନଥିଲା । ଅପରାହ୍ଣ ଛଅଟା ବେଳେ ସହରର ଟକ୍ ଉଇଲା ଅଞ୍ଚଳରେ ବୁଜିଙ୍କର ବହୁତଳ ବିଶିଷ୍ଟ ଅଫିଓ୍ ଗୃହରେ ପହଞ୍ଚିଲୁ । ପାର୍କିଂ ସ୍ଥାନଟି କି ସୁନ୍ଦର ! ଉଭୟ ପାର୍ଶ୍ୱରେ ବୃକ୍ଷ ଓ ପୁଷ୍ପ ବିମଣ୍ଡିତ କ୍ଷୁଦ୍ର ନଦୀଧାରଟିଏ ବହି ଯାଉଛି । ସାଂଧ ଭ୍ରମଣ ପାଇଁ ସରୁ କଂକ୍ରିଟ୍ ରାସ୍ତା । କିଛି ସମୟ ଭ୍ରମଣ କରିବାର ଲୋଭ ସମ୍ବରଣ କରିପାରିଲୁ ନାହିଁ । ଘଣ୍ଟାଏ କାଳ ପଦଚାରଣ ପରେ ଅପିସ୍ କୋଠାକୁ ପ୍ରବେଶ କଲୁ । ତୃତୀୟ ମହଲାରେ ସୁଶୋଭିତ ଓ ସୁବ୍ୟବସ୍ଥିତ କର୍ମକ୍ଷେତ୍ର । ପାର୍ଶ୍ୱସ୍ଥ କୋଠରୀଟି ସମ୍ମିଳନୀ କକ୍ଷ । ତା' ପରେ ଚା' ଜଳପାନ ପ୍ରକୋଷ୍ଠ (ପ୍ୟାଣ୍ଟ୍ରି) । ଚା', କଫି, ଫଳରସ ଓ ମୃଦୁପାନୀୟର ଅସରନ୍ତି ଭଣ୍ଡାର । ବିସ୍କୁଟ୍, କେକ୍ ଓ ଚାଉମିନ୍ ରହିଛି । ସଦ୍‌ବ୍ୟବହାର କଲୁ । ସାଇନଟେକ୍ କମ୍ପାନୀର ଫଟୋଚିତ୍ର ଓ ସିଏଟଲ୍‌ର ମାନଚିତ୍ର ଇତ୍ୟାଦି ଦେଖିବା ପରେ ଆମର ପରବର୍ତ୍ତୀ ଲକ୍ଷ୍ୟସ୍ଥଳ 'ସିଏଟଲ୍ ସେଣ୍ଟର'ର ନକ୍ସା କମ୍ପ୍ୟୁଟର ପରଦାରେ ବୁଜି ଦେଖାଇଦେଲେ । ଅବଶ୍ୟ ଉଦ୍ଦେଶ୍ୟ ଥିଲା ଗାଡ଼ି ପାର୍କିଂ ପାଇଁ କେଉଁଠି ଉଦ୍‌ବୃତ୍ତ ସ୍ଥାନ ରହିଛି ନିରୀକ୍ଷଣ କରିବା । ରବିବାର ଯୋଗୁଁ ଖୁବ୍ ଭିଡ଼ ଥାଏ । ତେଣୁ ଏହି ଅଞ୍ଚଳରୁ ପ୍ରବେଶ କଲେ ପାର୍କିଂ ସ୍ଥାନ ପାଇଁ ଘୂରି ବୁଲିବାକୁ ପଡ଼ିଥାଏ । ସ୍ଥାନଟି ଉପରେ ନଜର ପଡ଼ିବା ପରେ ବୁଜି ରାସ୍ତା ଓ ଅଞ୍ଚଳର ନକ୍ସା ସମନ୍ୱିତ ଚିତ୍ର ଛାପାଯନ୍ତ୍ରରୁ ବାହାର କଲେ । ଉତ୍ତର ପଶ୍ଚିମ ଦିଗରେ ଯାତ୍ରା କରି ଜନବହୁଳ ଓ ମନୋରଂଜନଭରା ସିଏଟଲ୍ କେନ୍ଦ୍ରରେ ପହଞ୍ଚିଲୁ ।

ସିଏଟଲ୍ କେନ୍ଦ୍ର :

ପଶ୍ଚିମ ଉପକୂଳରେ ପ୍ୟୁଜେଟ୍ ସାଉଣ୍ଡ ସମୁଦ୍ର ଭିତରକୁ ଭୂଖଣ୍ଡର ଡଲ୍‌ଫିନ୍ ମୁଖାକୃତିର ଅଂଶଟିଏ ପଶିଯାଇଛି । ଏହି ଭୂଖଣ୍ଡଟି ସହର ସ୍ଥାପନର ଆଦିକେନ୍ଦ୍ର । ରୁଚିସମ୍ପନ୍ନ ଅଧିକାରୀମାନେ ମନୋରଂଜନ ପାଇଁ ଏହାକୁ ନିରବଚ୍ଛିନ୍ନ ଭାବରେ ଉନ୍ନତ ଓ ପରିଶୋଭିତ କରି ଆସିଛନ୍ତି । ଅନେକ ଦୂରରୁ 'ସ୍ପେସ୍ ନିଡଲ୍' ଦୃଷ୍ଟି ଆକର୍ଷଣ କଲା । ଦର୍ଶକ ମଞ୍ଚରେ ଚଢ଼ି ସହରର ଶୋଭା ସନ୍ଦର୍ଶନ ପାଇଁ ଟିକେଟ୍ ନମିଳିବାରୁ ସେ କାର୍ଯ୍ୟ ଆସନ୍ତାକାଲି ପାଇଁ ସ୍ଥଗିତ କଲୁ । ଚତୁଃପାର୍ଶ୍ୱର ଶୋଭା ପରିଦର୍ଶନ ସହିତ ପ୍ରଶାନ୍ତ ମହାସାଗରୀୟ ବିଜ୍ଞାନ କେନ୍ଦ୍ର, ପିଲାଙ୍କ ଯାଦୁଘର, ବିଜ୍ଞାନ କାହାଣୀ ଯାଦୁଘର, ସଂଗୀତ ଅନୁଭୂତି କେନ୍ଦ୍ର ଏବଂ ମନୋରଂଜନ ଉଦ୍ୟାନ ବୁଲି ଦେଖିଲୁ । ଏତେଗୁଡ଼ିଏ ଦର୍ଶନୀୟ

ସ୍ଥାନ ଗୋଟିଏ ଇଲାକାରେ ଦେଖିବା ସାଧାରଣତଃ ବିରଳ । ତା' ପରେ କ୍ଷୁଦ୍ର ପର୍ଯ୍ୟଟନ ରେଳରେ ବସି 'ୱେଷ୍ଟିନ୍ ସିଏଟଲ୍' ନାମକ ବାଣିଜ୍ୟ କେନ୍ଦ୍ରକୁ ଯାଇ ଫେରିଲୁ । ସହରର ଅନ୍ୟ ସ୍ଥାନ ପରିଦର୍ଶନ ପାଇଁ ଉଭୟ ସ୍ଥଳ ଓ ଜଳ ଭାଗରେ ଯାତ୍ରା କରୁଥିବା 'ବତକ ଗାଡ଼ି'ର ଯାତ୍ରାରମ୍ଭ ସ୍ଥଳରେ ପହଞ୍ଚିଲୁ । ତେବେ ସମୟର ସ୍ୱଳ୍ପତା ଦୃଷ୍ଟିରୁ ଏହି ମନୋରମ ଯାତ୍ରାର ଅନୁଭୂତି ନେଇପାରିଲୁ ନାହିଁ ।

ତା.୧୬-୦୬-୦୮ (ସୋମବାର) :

ଆଜି ସିଏଟଲ୍‌ରେ ଶେଷଦିନ । ବୁଜିଙ୍କ ଜରୁରୀ ଅଫିସ୍ କାମ ଥିବାରୁ ଆଠଟାବେଳେ ଯାଇ ଦଶଟା ବେଳେ ଫେରିବେ ବୋଲି କହିଲେ । ତା' ପରେ ଗନ୍ତବ୍ୟସ୍ଥଳ ୬୦୫ ଫୁଟ୍ ଉଚ୍ଚ 'ସ୍ପେସ୍ ନିଡଲ୍' । ଗତ ସନ୍ଧ୍ୟାରେ ସିଏଟଲ୍ କେନ୍ଦ୍ରରୁ ଆଣିଥିବା ପ୍ରଚାର ପୁସ୍ତିକାରେ ମନ ଲାଗିଗଲା । ଲେଖାଥିଲା- ''ଯଦି ସିଏଟଲ୍‌ରେ ଏହି ଗୋଟିକ ଦେଖିବେ ତେବେ ସବୁ ଦେଖିନେବେ ।'' ୬୦୫ ଫୁଟ୍ ଉଚ୍ଚତାର ପର୍ଯ୍ୟବେକ୍ଷଣ ମଞ୍ଚରେ ୩୬୦ ଡିଗ୍ରୀ ବୁଲି ଆସିଲେ କ'ଣ ବା ଅଦେଖା ରହିବ ? ପ୍ୟାରିସ୍, କ୍ୱାଲାଲୁମ୍ପୁର ଓ ଭିଏନା ସହରରେ ମୋର ପୂର୍ବରୁ ଅନୁଭୂତି ରହିଛି । ଆସନ୍ନ ମୁହୂର୍ତ୍ତକୁ ଅପେକ୍ଷା କରି ସିଦ୍‌ର ସାନ୍ନିଧ୍ୟ ନେଲି । ବେଶ୍ କୌତୂକିଆ ଆମେରିକୀୟ ନୀତି ।

ବୁଜି ଠିକ୍ ସମୟରେ ଲକ୍ଷ୍ୟସ୍ଥଳରେ ପହଞ୍ଚାଇଦେଲେ । ୧୯୬୨ ମସିହା ବିଶ୍ୱ ବାଣିଜ୍ୟ ମେଳା ଉପଲକ୍ଷେ ଏହା ନିର୍ମିତ ହୋଇଥିଲା । ପର୍ଯ୍ୟଟକଙ୍କ ଭିଡ଼କୁ ଦୃଷ୍ଟିରେ ରଖି ଚତୁର୍ଦ୍ଦିଗରେ ଯଥେଷ୍ଟ ଖୋଲାସ୍ଥାନ, ଫୁଲବଗିଚା ଓ ମ୍ୟାପଲ୍ ଏବଂ ଅନ୍ୟାନ୍ୟ ଦୀର୍ଘକାୟ ବୃକ୍ଷର ସମ୍ଭାର । କ୍ୱାଲାଲୁମ୍ପୁର ଓ ଭିଏନାରେ ବୃକ୍ଷରାଜିର ଅଭାବ ମୋ ନଜରରେ ପଡ଼ିଥିଲା । ପ୍ୟାରିସ୍‌ର ଆଇଫେଲ୍ ଟାୱାର ଅନୁରୂପ ଏହି ଅଞ୍ଚଳର ସୌନ୍ଦର୍ଯ୍ୟ । ଟିକେଟ୍ ନେଇ ବେଗମାନ ଊର୍ଦ୍ଧ୍ୱଗାମୀ ଦୋଳା (ଲିଫ୍‌ଟ)ରେ ୬୦୫ ଫୁଟ୍ ଉଚ୍ଚତାରେ ଚଢ଼ି ସୌନ୍ଦର୍ଯ୍ୟମୟୀ ସିଏଟଲ୍‌ର ହ୍ରଦ, କେନାଲ, ସମୁଦ୍ର ଓ ଅରଣ୍ୟ ସମ୍ପଦ ସହିତ ନଭଶ୍ଚୁମ୍ବୀ ଅଟ୍ଟାଳିକା, ବିପଣି, ରାସ୍ତା ଓ ଯାନବାହନର ଶୋଭାଯାତ୍ରା ସନ୍ଦର୍ଶନରେ ମୁଗ୍ଧ ହେଲୁ । ତଳକୁ ଓହ୍ଲାଇ ଆସିବା ପରେ ସୁସଜ୍ଜିତ ଉପହାର ଦୋକାନରୁ କିଛି କିଣିନେଲୁ । ୱାଶିଂଟନ୍ ବିଶ୍ୱବିଦ୍ୟାଳୟର ହତା, ଛଅସ୍ତରୀ ମହଲା ବିଶିଷ୍ଟ କଲମ୍ବିଆ କୋଠା, ୱାଶିଂଟନ୍ ହ୍ରଦ ଉପରେ ସୁଦୀର୍ଘ ଭାସମାନ ପୋଲ, ୧୯୨୪ ମସିହାରୁ ସ୍ଥାପିତ ଉଡ୍‌ଲ୍ୟାଣ୍ଡ ଗୋଲାପ ବଗିଚା (୨.୫ ଏକର ସ୍ଥାନରେ ଦୁଇଶହ ଅଶୀରୁ ଅଧିକ ପ୍ରଜାତିର ପାଞ୍ଚହଜାର ଗୋଲାପ ଗଛ), ୟୁନିୟନ୍ ଓ ୱାଶିଂଟନ୍ ହ୍ରଦରେ ଭାସମାନ ଜାହାଜ ଓ ନୌକା

ଶୋଭାଯାତ୍ରାର ଦୃଶ୍ୟ ସ୍କେଶ୍ ନିଡଲ୍‌ରୁ ସନ୍ଦର୍ଶନ ପରେ ଆମର ଫେରନ୍ତା ରାସ୍ତାରେ କିଛି ଦୃଶ୍ୟ ପୁନର୍ବାର ଦେଖିନେଲୁ । ଭାସମାନ ପୋଲଟି ଅତିକ୍ରମ କଲାବେଳେ ଉଭୟ ପାର୍ଶ୍ୱର ଜଳରାଶିରେ ରଙ୍ଗିନ ଝିଲିମିଲି ପ୍ରତିବିମ୍ବ ଓ ପୋଲଟିର ଆଲୋକ ସଜ୍ଜାର ଦୃଶ୍ୟ ହୃଦୟଗ୍ରାହୀ ଥିଲା ।

ସିଏଟଲ୍ ଛାଡ଼ିବା ବେଳ । ବୁଜି, ଦିବ୍ୟା ଓ ସିଦ୍‌ଙ୍କଠାରୁ ବିଦାୟ ନେଲାବେଳେ ଆଖି ଦୁଇଟା ଓଦା ହୋଇଗଲା । ଉଭୟେ ପଚାରିଲେ- "ମାମୁଁ ପୁଣି କେବେ ଆସିବ ? ସିଦ୍‌କୁ ଦେଖିବାକୁ ଆସିବନି ?"

- ଥରେ କାହିଁକି, ସୁଯୋଗ ମିଳିଲେ ସହସ୍ରବାର ଆସିବି । ତୁମ୍ଭେମାନେ ତ ଅଛ, ସିଏଟଲ୍ ଭ୍ରମଣ ବି ଅସଂପୂର୍ଣ୍ଣ ରହିଯାଇଛି । ଆଶ୍ୱାସନା ଦେବା ପରେ ଠିକ୍ ସମୟରେ ଆନ୍ତର୍ଜାତୀୟ ବିମାନଘାଟିରେ ପହଞ୍ଚି ରାତି ଦଶଟା ପଇଁଚାଳିଶ ମିନିଟ୍‌ରେ ଉପରକୁ ଉଠିଲୁ ।

■

ନ୍ୟୁୟର୍କର 'ଶାନ୍ତିଗ୍ରାମ'

ତା. ୧୭-୦୬-୦୮ (ମଙ୍ଗଳବାର) :

ସକାଳ ସାତଟା ବେଳେ ଆମ ବିମାନଟି ନ୍ୟୁୟର୍କର ଜନ୍.ଏଫ୍. କେନେଡି ବିମାନଘାଟିରେ ଅବତରଣ କଲା । ମାତ୍ର ଚାରିଘଣ୍ଟାର ଯାତ୍ରା ଥିଲେ ବି 'ଟାଇମ୍ ଜୋନ୍' ପ୍ରତିକୂଳରେ ପାର ହେବାରୁ ରାତିଟିଏ ବିମାନ ଭିତରେ କଟିଗଲା । ଆମକୁ ଆତିଥ୍ୟ ପ୍ରଦାନ କରିବାକୁ ଯାଉଥିବା ମୀନକେତନ ଓ ରୀତା 'କ୍ୟାପ୍ରି'ନାମକ ଘରୋଇ ଟ୍ୟାକ୍ସି କମ୍ପାନୀର ଫୋନ୍ ନମ୍ବରଟି ଜଣାଇ ଦେଇଥିଲେ। ତେଣୁ ବିମାନଘାଟିର ବାହାରକୁ ଆସିବାର ପାଞ୍ଚମିନିଟ୍ ଭିତରେ ଟାକ୍ସିଟିଏ ପହଞ୍ଚିଗଲା। ମାତ୍ର କୋଡ଼ିଏ ମିନିଟ୍‌ର ଯାତ୍ରା ପରେ ତାଙ୍କ ବାସସ୍ଥାନ 'ଫ୍ଲସିଂ' ର କୋଲ୍‌ଡେନ୍ ଷ୍ଟ୍ରିଟ୍‌ରେ ପହଞ୍ଚିଗଲୁ। ୨୭ ମହଲାର ଆପାର୍ଟମେଣ୍ଟର ଚଉଦ ମହଲାରେ ତାଙ୍କର ବାସସ୍ଥାନ। ନ୍ୟୁୟର୍କ୍ ସହରର 'କୁଇନ୍ସ ବରୋ' ପାଞ୍ଚଗୋଟି 'ବରୋ' ମଧ୍ୟରୁ ଅନ୍ୟତମ। ଏହି ବରୋ ଭିତରେ ଫ୍ଲସିଂ। ବେଶ୍ ଜନବହୁଳ ଅଞ୍ଚଳ, କିନ୍ତୁ ପ୍ରଶସ୍ତ ରାସ୍ତାଘାଟ ଏବଂ ସୁନିୟନ୍ତ୍ରିତ ଯାନବାହାନ ଚଳାଚଳ ଯୋଗୁଁ ଯାତ୍ରା ଆରାମଦାୟକ ଥିଲା। ବାହାରର ତାପମାତ୍ରା କୋଡ଼ିଏ ଡିଗ୍ରୀ ସେଲ୍‌ସିୟସ୍। ତେଣୁ ପଶ୍ଚିମର ଶୀତଳ ଜଳବାୟୁ ଠାରୁ ତଫାତ୍ ଅନୁଭବ କରିହେଲା। ତେବେ ବାୟୁମଣ୍ଡଳରେ ଆର୍ଦ୍ରତା କମ୍ ରହିବା ଯୋଗୁଁ ସ୍ୱେଦ ଗର୍ମର ସ୍ଥାନ ନାହିଁ। ମୀନକେତନ ଅଫିସ୍ ଚାଲିଯାଇଥିଲେ। ରୀତା (ସ୍ୱର୍ଣ୍ଣପ୍ରଭା) ସ୍ୱାଗତ ଜଣାଇଲେ। ଏକମାତ୍ର ପୁତ୍ର ଅଙ୍କିତ୍ ନବମ ଶ୍ରେଣୀର ଛାତ୍ର। ସ୍କୁଲ୍‌କୁ ଚାଲିଯାଇଥିଲା। ପୂର୍ବରୁ କେବେ ସାକ୍ଷାତ୍ ହୋଇନଥିଲା। କେବଳ ଟେଲିଫୋନ୍‌ରେ ବାର୍ତ୍ତାଳାପ। ମୀନକେତନ ବ୍ୟାଙ୍କ ଅଫ୍ ଇଣ୍ଡିଆର ବରିଷ୍ଠ ଅଧିକାରୀ। ତିନିବର୍ଷ ପାଇଁ ନ୍ୟୁୟର୍କ ଶାଖାକୁ କାର୍ଯ୍ୟାନ୍ତରିତ। ଦୁଇବର୍ଷ ବିତିଗଲାଣି। ରୀତା ପ୍ରାଣୀ ବିଜ୍ଞାନରେ ଉପାଧୁତ୍ତର ଡିଗ୍ରୀ ହାସଲ କରିଛନ୍ତି। ସେଠାରେ ଶିକ୍ଷୟିତ୍ରୀ। ଛୋଟ ସୁଖୀ ପରିବାରଟିର ଆତିଥ୍ୟ ଅତୁଳନୀୟ। ସ୍ନେହସମ୍ଭାଷଣ, ନିତ୍ୟକର୍ମ ଓ ଜଳଯୋଗ ପରେ ରୀତା ବାଲ୍‌କୋନୀକୁ

ନେଇ ମ୍ୟାନହାଟାନର ଆକାଶଭେଦୀ ଅଟ୍ଟାଳିକାମାନଙ୍କର ଦୃଶ୍ୟ ଦେଖାଇଲେ। ଏମ୍ପାୟାର ଷ୍ଟେଟ୍ ବିଲଡିଂ ରାଜକୀୟ ଭଙ୍ଗୀରେ ନିଜର ଆଧିପତ୍ୟ ପ୍ରଦର୍ଶନ କରୁଥିଲା। ଏହି ୧୦୨ ମହଲା ବିଶିଷ୍ଟ କୋଠାଟି ବର୍ତ୍ତମାନ ଆମେରିକାର ଉଚ୍ଚତମ କୋଠା। ଏହାଠାରୁ ଉଚ୍ଚ ବିଶ୍ୱବାଣିଜ୍ୟ କେନ୍ଦ୍ରର ଦୁଇଟି କୋଠା ୨୦୦୧ ମସିହା ସେପ୍ଟେମ୍ବର ଏଗାର ତାରିଖ ଦିନ ଦୁଃଖଦ ଭାବରେ ଧ୍ୱଂସ ପାଇଯାଇଛନ୍ତି। ଦିନ ଦୁଇଟା ବେଳେ ମ୍ୟାନହଟ୍‌ନରୁ ନ୍ୟୁୟର୍କ ରାଜ୍ୟର ଉତ୍ତର-ପୂର୍ବାଞ୍ଚଳ ସ୍ଥିତ ହେନ୍ସଫଲ୍‌ସର ଶାନ୍ତିଗ୍ରାମ ଅଭିମୁଖେ ଆମର ଯାତ୍ରା ନିର୍ଦ୍ଧାରିତ ଥିଲା। ମୀନକେତନ କମ୍ପ୍ୟୁଟରରୁ ମାନଚିତ୍ର ସହିତ ବିବରଣୀ ପ୍ରସ୍ତୁତ କରି ରଖିଥିଲେ। ଠିକ୍ ବାରଟା ତିରିଶ ମିନିଟ୍‌ରେ ଟ୍ୟାକ୍ସି ପହଞ୍ଚିଗଲା। ଦୁଇଦିନ ଚଳିବା ପାଇଁ ଆବଶ୍ୟକୀୟ ଜିନିଷପତ୍ର ଧରି ଯାତ୍ରା ଆରମ୍ଭ କଲୁ। କୃଷ୍ଣକାୟା ମହିଳା ଟାକ୍ସି ଚାଳିକା ମ୍ୟାନହାଟାନର ପୋର୍ଟ ଅଥରିଟି ବସ୍ ଷ୍ଟାଣ୍ଡରେ ପହଞ୍ଚାଇ ଦେଲେ। ଭୂତଳ ଟିକେଟ୍ ବିକ୍ରି କେନ୍ଦ୍ରରୁ ଟିକେଟ୍ କିଣି ଆଉ ଗୋଟିଏ ମହଲା ତଳକୁ ଯାଇ ବସ୍ ଚଢ଼ିଲୁ। ଜନବହୁଳତା ଯୋଗୁଁ ଭୂତଳରେ ଦୁଇଟି ମହଲାରେ ବସ୍ ଏବଂ ଅନ୍ୟ ଦୁଇଟି ମହଲାରେ ମେଟ୍ରୋରେଲ୍ ଯାତ୍ରା କରନ୍ତି। ତେବେ ବିଦ୍ୟୁତ୍‌ଚାଳିତ ସିଡ଼ି ଓ ଦିଗ ନିର୍ଦ୍ଦେଶକ ଚିହ୍ନ ତଥା ଲେଖା ଯୋଗୁଁ ଯାତ୍ରାରେ କୌଣସି ଅସୁବିଧା ହୋଇନଥିଲା। ହଡ୍‌ସନ୍ ନଦୀର ଭୂତଳ ଟନେଲ୍‌ରେ ପଶି ରାଜରାସ୍ତାରେ ଉଠିଲୁ। ତିନିଘଣ୍ଟା ତିରିଶ ମିନିଟ୍ ପାଇଁ ନ୍ୟୁୟର୍କ ଟ୍ରେଲ୍ ଓ୍ୱେର ଶୀତତାପ ନିୟନ୍ତ୍ରିତ ବସ୍ ସୁଖଦ ଯାତ୍ରା ପ୍ରଦାନ କଲା।

ବଣପାହାଡ଼ ଘେରା ପ୍ରାକୃତିକ ପରିବେଶ ଭିତରେ କେତେକ ଛୋଟ ଛୋଟ ସମୃଦ୍ଧ ଗାଁ ଏବଂ ଦୁଇଟି ସହର ଅତିକ୍ରମ କରି ଆମେ ଅପରାହ୍ନ ୫.୩୦ ମିନିଟ୍‌ରେ ଶାନ୍ତିଗ୍ରାମ ସମ୍ମୁଖରେ ପହଞ୍ଚିଲୁ। ଆନ୍ତର୍ଜାତୀୟ ସଂସ୍ଥା ପ୍ରଜାପିତା ବ୍ରହ୍ମାକୁମାରୀ ଈଶ୍ୱରୀୟ ବିଶ୍ୱବିଦ୍ୟାଳୟର ଏହା ଏକ ରାଜଯୋଗ ଶିକ୍ଷା କେନ୍ଦ୍ର। ରାଜସ୍ଥାନର ମାଉଣ୍ଟଆବୁ ଠାରେ ଏହି ସଂସ୍ଥାର ମୁଖ୍ୟ କାର୍ଯ୍ୟାଳୟ ଏବଂ ... ୧୪୫କୋଟି ଦେଶରେ ଶାଖାମାନ ରହିଛି। ସହଜ ରାଜଯୋଗ ଦ୍ୱାରା ମୂଲ୍ୟନିଷ୍ଠ ଜୀବ... ...ତିକତା ଏବଂ ଆତ୍ମନିୟନ୍ତ୍ରଣ ଦ୍ୱାରା ଜୀବନଧାରଣର ପ୍ରଣାଳୀରେ ପରିବର୍ତ୍ତନ ଆଣିବା ପା... ...ସିକ କର୍ମଶାଳାମାନ ଅନୁଷ୍ଠିତ ହୁଏ। ଏହି ସଂସ୍ଥାର ଆମେରିକୀୟ ମୁଖ୍ୟ କାର୍ଯ୍ୟାଳୟ... ...ନରେ ଅବସ୍ଥିତ। ଏହା ତରଫରୁ ଶାନ୍ତିଗ୍ରାମରେ ୩୦୦ ଏକର ପରିମିତ ସ୍ଥାନ... ...ମିକ ରାଜଯୋଗ ଶିକ୍ଷାୟତନ ପ୍ରତିଷ୍ଠା କରାଯାଇଛି।

ଏହି ସମୟରେ ଆମେରିକାରେ ସୂର୍ଯ୍ୟୋଦୟ ୫ଘଣ୍ଟା ଏବଂ ... ୩୦ ମିନିଟ୍‌ରେ ହୋଇଥାଏ। ଅପରାହ୍ନର ଆକାଶ ଖୁବ୍ ନିର୍ମଳ ଥିଲା ଏବ... ...ଣ୍ଟା ସୁଶୀତଳ। ଅଭ୍ୟର୍ଥନା କକ୍ଷ ଅତିକ୍ରମ କରି ସବୁଜ ଘାସର ଗାଲିଚା ଏବଂ ବିଭିନ୍ନ ପ୍ର...

ଫୁଲ ଓ ଫଳ ଗଛର ସଂଭାରକୁ ଉପଭୋଗ କରୁ କରୁ ବୃହତ୍ ସଭାଗୃହର ପ୍ରବେଶ ପଥରେ ପହଞ୍ଚିଲୁ। ନୟନା ଭଉଣୀ ଆମକୁ ସ୍ୱାଗତ କଲେ। ଶାନ୍ତି ଗ୍ରାମର ନିର୍ଦ୍ଦେଶିକା କଳା ଭଉଣୀ ଏବଂ ଅନ୍ୟ ବିଦେଶୀ ଭାଇଭଉଣୀଙ୍କ ସହିତ ପରିଚୟ ହେଲା। ପୂର୍ବରୁ ଆମର ପରିଚୟ ଓ ଗସ୍ତ କାର୍ଯ୍ୟକ୍ରମର ସୂଚନା ଇ-ମେଲ୍ ଯୋଗେ ଦେଇଥିଲୁ। କଳା ଭଉଣୀଙ୍କ ଲୌକିକ ପିତା ଶ୍ରୀ ଗଣେଶରାଜନ ୮୨ ବର୍ଷ ବୟସରେ ବି ବେଶ୍ ସୁସ୍ଥ, ସବଳ ଓ ସତେଜ ଅଛନ୍ତି। ଏକ ସପ୍ତାହ ହେଲା ସେଠାରେ ସେବାରେ ଥାଆନ୍ତି। ନ୍ୟୁଜର୍ସିରେ ନିଜ ଇଂଜିନିୟର ପୁତ୍ର ପାଖରେ ସେ ରହନ୍ତି। ଗୁଜୁରାଟବାସୀ ହୋଇଥିଲେ ବି ବ୍ୟବସାୟରୁ ଅବ୍ୟାହତି ନେଇ ପରିଣତ ବୟସରେ ଆମେରିକା ଆସି ବୁଲି ଯାଆନ୍ତି। ଆମକୁ ରହିବା ପ୍ରକୋଷ୍ଠ ଦେଖାଇ ସାରି ସନ୍ଧ୍ୟାର କାର୍ଯ୍ୟକ୍ରମ ଶୁଣାଇଦେଲେ। ୭ଟାରୁ ୭.୩୦ ମିନିଟ୍ ପର୍ଯ୍ୟନ୍ତ ଯୋଗ ଏବଂ ତା'ପରେ ରାତ୍ରି ଭୋଜନ। ପନ୍ଦର ମିନିଟ୍ ପରେ ଶାନ୍ତିଗ୍ରାମ ପରିଦର୍ଶନରେ ନେଇଗଲେ। ୩୦୦ ଏକର ଭିତରେ ଜଙ୍ଗଲ, ହ୍ରଦ, ଝରଣା ସବୁ ରହିଛି। ସମ୍ମୁଖରେ ୨୫ଏକର ପରିମିତ ଅଞ୍ଚଳରେ ଆବାସିକ ଗୃହ, ସଭାସ୍ଥଳ, ଭୋଜନାଳୟ ଇତ୍ୟାଦି ନିର୍ମାଣ କରାଯାଇଛି। ୧୯୯୯ମସିହା ପର୍ଯ୍ୟନ୍ତ ଏହା ଏକ ପର୍ଯ୍ୟଟନ ହୋଟେଲ୍ ଥିଲା। ବ୍ରହ୍ମାକୁମାରୀ ଈଶ୍ୱରୀୟ ବିଶ୍ୱବିଦ୍ୟାଳୟ ତରଫରୁ ଏହାକୁ କ୍ରୟ କରି ଉନ୍ନତ ମାନର ଆଧ୍ୟାତ୍ମିକ ସେବା କେନ୍ଦ୍ର ଭାବରେ ଗ୍ରହଣ କରାଯାଇଛି। ସଭାଗୃହରେ ୧୦୦୦ ଜଣଙ୍କ ପାଇଁ ବସିବାର ବ୍ୟବସ୍ଥା, ୧୨ଟି କ୍ଷୁଦ୍ର ଓ ମଧ୍ୟମ ଧରଣର ପ୍ରକୋଷ୍ଠରେ ଶ୍ରେଣୀଗୃହ, ସେମିନାର୍ ଓ କର୍ମଶାଳାର ବ୍ୟବସ୍ଥା, ଆଧୁନିକ ପରିପାଟିରେ ସଜ୍ଜିତ ବୃହତ୍ ରୋଷେଇଶାଳ, ୩୦୦ ଜଣ ଅନ୍ତେବାସୀଙ୍କ ପାଇଁ ଭୋଜନାଳୟ ଇତ୍ୟାଦି ବୁଲି ଦେଖିଲି। ଦୁଇଟି ଭିନ୍ନ କୋଠାରେ ୩୦୦ ଜଣ ଅନ୍ତେବାସୀଙ୍କ ପାଇଁ ରହିବାର ବନ୍ଦୋବସ୍ତ ରହିଛି। ପୂର୍ବରୁ ଏହି କୋଠାଟି ପର୍ଯ୍ୟଟନ ଆବାସ ହିସାବରେ ବ୍ୟବହୃତ ହେଉଥିଲା। ଏତେବଡ଼ ସେବାକେନ୍ଦ୍ରକୁ ୧୦-୧୫ ଜଣ ଭାଇଭଉଣୀ ସମ୍ଭାଳନ୍ତି। ଆମେରିକା, ଇକ୍ୱେଡ଼ର ଓ ଗାଏନାର ... ଭଉଣୀଙ୍କ ସହିତ ଭାବର ଆଦାନ ପ୍ରଦାନ ହେଲା। ସେଦିନ ଦକ୍ଷିଣ ଆମେରି... ବ୍ୟଞ୍ଜନରେ ରାତ୍ରିଭୋଜନ ହେଲା।

...ର) :

ତା.୧୮.୦୬.୦୮ରି ଭୋର୍ ଚାରିଟା ବେଳେ ଉଠି ଯୋଗ କଲୁ । ଯାତ୍ରାଜନିତ ... ଅଭ୍ୟାମ୍ପାର୍ବତ୍ୟାଞ୍ଚଳ ଯୋଗୁଁ ବାହାରର ତାପମାତ୍ରା ୧୦ ଡିଗ୍ରୀ ରହୁଥିଲା । କ୍ଳାନ୍ତି କିଛି ...୩୦ ମିନିଟ୍ ଯାଏଁ ଯୋଗ, ତା' ପରେ ଆଧ୍ୟାତ୍ମିକ କ୍ଲାସ୍ । ପ୍ରାତଃଭୋଜନ ୬...ରେ ବାହାରିଲୁ । ପ୍ରାକୃତିକ ପରିବେଶକୁ ଉପଭୋଗ କରିବାର ସୁବର୍ଣ୍ଣ

ନେଇ ମ୍ୟାନହାଟାନରର ଆକାଶଭେଦୀ ଅଟ୍ଟାଳିକାମାନଙ୍କର ଦୃଶ୍ୟ ଦେଖାଇଲେ। ଏମ୍ପାୟାର ଷ୍ଟେଟ୍ ବିଲଡିଂ ରାଜକୀୟ ଭଙ୍ଗୀରେ ନିଜର ଆଧିପତ୍ୟ ପ୍ରଦର୍ଶନ କରୁଥିଲା। ଏହି ୧୦୨ ମହଲା ବିଶିଷ୍ଟ କୋଠାଟି ବର୍ତ୍ତମାନ ଆମେରିକାର ଉଚ୍ଚତମ କୋଠା। ଏହାଠାରୁ ଉଚ୍ଚ ବିଶ୍ୱବାଣିଜ୍ୟ କେନ୍ଦ୍ରର ଦୁଇଟି କୋଠା ୨୦୦୧ ମସିହା ସେପ୍ଟେମ୍ବର ଏଗାର ତାରିଖ ଦିନ ଦୁଃଖଦ ଭାବରେ ଧ୍ୱଂସ ପାଇଯାଇଛନ୍ତି। ଦିନ ଦୁଇଟା ବେଳେ ମ୍ୟାନହଟ୍‌ନରୁ ନ୍ୟୁୟର୍କ ରାଜ୍ୟର ଉତ୍ତର-ପୂର୍ବାଞ୍ଚଳ ସ୍ଥିତ ହେନ୍‌ସଫଲ୍‌ସର ଶାନ୍ତିଗ୍ରାମ ଅଭିମୁଖେ ଆମର ଯାତ୍ରା ନିର୍ଦ୍ଧାରିତ ଥିଲା। ମୀନକେତନ କମ୍ପ୍ୟୁଟରରୁ ମାନଚିତ୍ର ସହିତ ବିବରଣୀ ପ୍ରସ୍ତୁତ କରି ରଖିଥିଲେ। ଠିକ୍ ବାରଟା ତିରିଶ ମିନିଟ୍‌ରେ ଟ୍ୟାକ୍ସି ପହଞ୍ଚିଗଲା। ଦୁଇଦିନ ଚଳିବା ପାଇଁ ଆବଶ୍ୟକୀୟ ଜିନିଷପତ୍ର ଧରି ଯାତ୍ରା ଆରମ୍ଭ କଲୁ। କୃଷ୍ଣକାୟା ମହିଳା ଟାକ୍ସି ଚାଳିକା ମ୍ୟାନହାଟାନର ପୋର୍ଟ ଅଥରିଟି ବସ୍ ଷ୍ଟାଣ୍ଡରେ ପହଞ୍ଚାଇ ଦେଲେ। ଭୂତଳ ଟିକେଟ୍ ବିକ୍ରି କେନ୍ଦ୍ରରୁ ଟିକେଟ୍ କିଣି ଆଉ ଗୋଟିଏ ମହଲା ତଳକୁ ଯାଇ ବସ୍ ଚଢ଼ିଲୁ। ଜନବହୁଳତା ଯୋଗୁଁ ଭୂତଳରେ ଦୁଇଟି ମହଲାରେ ବସ୍ ଏବଂ ଅନ୍ୟ ଦୁଇଟି ମହଲାରେ ମେଟ୍ରୋରେଲ୍ ଯାତ୍ରା କରନ୍ତି। ତେବେ ବିଦ୍ୟୁତ୍‌ଚାଳିତ ସିଡ଼ି ଓ ଦିଗ ନିର୍ଦ୍ଦେଶକ ଚିହ୍ନ ତଥା ଲେଖା ଯୋଗୁଁ ଯାତ୍ରାରେ କୌଣସି ଅସୁବିଧା ହୋଇନଥିଲା। ହଡ୍‌ସନ୍ ନଦୀର ଭୂତଳ ଟନେଲ୍‌ରେ ପଶି ରାଜରାସ୍ତାରେ ଉଠିଲୁ। ତିନିଘଣ୍ଟା ତିରିଶ ମିନିଟ୍ ପାଇଁ ନ୍ୟୁୟର୍କ ଟ୍ରେଲ୍ ୱେର ଶୀତତାପ ନିୟନ୍ତ୍ରିତ ବସ୍ ସୁଖଦ ଯାତ୍ରା ପ୍ରଦାନ କଲା।

ବଣପାହାଡ଼ ଘେରା ପ୍ରାକୃତିକ ପରିବେଶ ଭିତରେ କେତେକ ଛୋଟ ଛୋଟ ସମୃଦ୍ଧ ଗାଁ ଏବଂ ଦୁଇଟି ସହର ଅତିକ୍ରମ କରି ଆମେ ଅପରାହ୍ନ ୫.୩୦ ମିନିଟ୍‌ରେ ଶାନ୍ତିଗ୍ରାମ ସମ୍ମୁଖରେ ପହଞ୍ଚିଲୁ। ଆନ୍ତର୍ଜାତୀୟ ସଂସ୍ଥା ପ୍ରଜାପିତା ବ୍ରହ୍ମାକୁମାରୀ ଈଶ୍ୱରୀୟ ବିଶ୍ୱବିଦ୍ୟାଳୟର ଏହା ଏକ ରାଜଯୋଗ ଶିକ୍ଷା କେନ୍ଦ୍ର। ରାଜସ୍ଥାନର ମାଉଣ୍ଟଆବୁ ଠାରେ ଏହି ସଂସ୍ଥାର ମୁଖ୍ୟ କାର୍ଯ୍ୟାଳୟ ଏବଂ ପ୍ରାୟ ୧୪୫କୋଟି ଦେଶରେ ଶାଖାମାନ ରହିଛି। ସହଜ ରାଜଯୋଗ ଦ୍ୱାରା ମୂଲ୍ୟନିଷ୍ଠ ଜୀବନ, ନୈତିକତା ଏବଂ ଆତ୍ମନିୟନ୍ତ୍ରଣ ଦ୍ୱାରା ଜୀବନଧାରଣର ପ୍ରଣାଳୀରେ ପରିବର୍ତ୍ତନ ଆଣିବା ପାଇଁ ଆବାସିକ କର୍ମଶାଳାମାନ ଅନୁଷ୍ଠିତ ହୁଏ। ଏହି ସଂସ୍ଥାର ଆମେରିକୀୟ ମୁଖ୍ୟ କାର୍ଯ୍ୟାଳୟ ନ୍ୟୁୟର୍କରେ ଅବସ୍ଥିତ। ଏହା ତରଫରୁ ଶାନ୍ତିଗ୍ରାମରେ ୩୦୦ ଏକର ପରିମିତ ସ୍ଥାନରେ ଆବାସିକ ରାଜଯୋଗ ଶିକ୍ଷାୟତନ ପ୍ରତିଷ୍ଠା କରାଯାଇଛି।

ଏହି ସମୟରେ ଆମେରିକାରେ ସୂର୍ଯ୍ୟୋଦୟ ୫ଘଣ୍ଟା ଏବଂ ସୂର୍ଯ୍ୟାସ୍ତ ୯ଘଣ୍ଟା ୩୦ ମିନିଟ୍‌ରେ ହୋଇଥାଏ। ଅପରାହ୍ନର ଆକାଶ ଖୁବ୍ ନିର୍ମଳ ଥିଲା ଏବଂ ପରିବେଶ ସୁଶୀତଳ। ଅଭ୍ୟର୍ଥନା କକ୍ଷ ଅତିକ୍ରମ କରି ସବୁଜ ଘାସର ଗାଲିଚା ଏବଂ ବିଭିନ୍ନ ପ୍ରକାରର

ଫୁଲ ଓ ଫଳ ଗଛର ସଂଭାରକୁ ଉପଭୋଗ କରୁ କରୁ ବୃହତ୍ ସଭାଗୃହର ପ୍ରବେଶ ପଥରେ ପହଞ୍ଚିଲୁ। ନୟନା ଭଉଣୀ ଆମକୁ ସ୍ୱାଗତ କଲେ। ଶାନ୍ତି ଗ୍ରାମର ନିର୍ଦ୍ଦେଶିକା କଳା ଭଉଣୀ ଏବଂ ଅନ୍ୟ ବିଦେଶୀ ଭାଇଭଉଣୀଙ୍କ ସହିତ ପରିଚୟ ହେଲା। ପୂର୍ବରୁ ଆମର ପରିଚୟ ଓ ଗସ୍ତ କାର୍ଯ୍ୟକ୍ରମର ସୂଚନା ଇ-ମେଲ୍ ଯୋଗେ ଦେଇଥିଲୁ। କଳା ଭଉଣୀଙ୍କ ଲୌକିକ ପିତା ଶ୍ରୀ ଗଣେଶରାଜନ ୮୨ ବର୍ଷ ବୟସରେ ବି ବେଶ୍ ସୁସ୍ଥ, ସବଳ ଓ ସତେଜ ଅଛନ୍ତି। ଏକ ସପ୍ତାହ ହେଲା ସେଠାରେ ସେବାରେ ଥାଆନ୍ତି। ନ୍ୟୁଜର୍ସିରେ ନିଜ ଇଂଜିନିୟର ପୁତ୍ର ପାଖରେ ସେ ରହନ୍ତି। ଗୁଜୁରାଟବାସୀ ହୋଇଥିଲେ ବି ବ୍ୟବସାୟରୁ ଅବ୍ୟାହତି ନେଇ ପରିଣତ ବୟସରେ ଆମେରିକା ଆସି ବୁଲି ଯାଆନ୍ତି। ଆମକୁ ରହିବା ପ୍ରକୋଷ୍ଠ ଦେଖାଇ ସାରି ସନ୍ଧ୍ୟାର କାର୍ଯ୍ୟକ୍ରମ ଶୁଣାଇଦେଲେ। ୭ଟାରୁ ୭.୩୦ ମିନିଟ୍ ପର୍ଯ୍ୟନ୍ତ ଯୋଗ ଏବଂ ତା'ପରେ ରାତ୍ରି ଭୋଜନ। ପନ୍ଦର ମିନିଟ୍ ପରେ ଶାନ୍ତିଗ୍ରାମ ପରିଦର୍ଶନରେ ନେଇଗଲେ। ୩୦୦ ଏକର ଭିତରେ ଜଙ୍ଗଲ, ହ୍ରଦ, ଝରଣା ସବୁ ରହିଛି। ସମ୍ମୁଖରେ ୨୫ଏକର ପରିମିତ ଅଞ୍ଚଳରେ ଆବାସିକ ଗୃହ, ସଭାସ୍ଥଳ, ଭୋଜନାଳୟ ଇତ୍ୟାଦି ନିର୍ମାଣ କରାଯାଇଛି। ୧୯୯୯ମସିହା ପର୍ଯ୍ୟନ୍ତ ଏହା ଏକ ପର୍ଯ୍ୟଟନ ହୋଟେଲ୍ ଥିଲା। ବ୍ରହ୍ମାକୁମାରୀ ଈଶ୍ୱରୀୟ ବିଶ୍ୱବିଦ୍ୟାଳୟ ତରଫରୁ ଏହାକୁ କ୍ରୟ କରି ଉନ୍ନତ ମାନର ଆଧ୍ୟାତ୍ମିକ ସେବା କେନ୍ଦ୍ର ଭାବରେ ଗ୍ରହଣ କରାଯାଇଛି। ସଭାଗୃହରେ ୧୦୦୦ ଜଣଙ୍କ ପାଇଁ ବସିବାର ବ୍ୟବସ୍ଥା, ୧୨ଟି କ୍ଷୁଦ୍ର ଓ ମଧ୍ୟମ ଧରଣର ପ୍ରକୋଷ୍ଠରେ ଶ୍ରେଣୀଗୃହ, ସେମିନାର୍ ଓ କର୍ମଶାଳାର ବ୍ୟବସ୍ଥା, ଆଧୁନିକ ପରିପାଟିରେ ସଜ୍ଜିତ ବୃହତ୍ ରୋଷେଇଶାଳ, ୩୦୦ ଜଣ ଅନ୍ତେବାସୀଙ୍କ ପାଇଁ ଭୋଜନାଳୟ ଇତ୍ୟାଦି ବୁଲି ଦେଖିଲି। ଦୁଇଟି ଭିନ୍ନ କୋଠାରେ ୩୦୦ ଜଣ ଅନ୍ତେବାସୀଙ୍କ ପାଇଁ ରହିବାର ବନ୍ଦୋବସ୍ତ ରହିଛି। ପୂର୍ବରୁ ଏହି କୋଠାଟି ପର୍ଯ୍ୟଟନ ଆବାସ ହିସାବରେ ବ୍ୟବହୃତ ହେଉଥିଲା। ଏତେବଡ଼ ସେବାକେନ୍ଦ୍ରକୁ ୧୦ରୁ୧୫ ଜଣ ଭାଇଭଉଣୀ ସମ୍ଭାଳନ୍ତି। ଆମେରିକା, ଇକ୍ୱେଡ଼ର ଓ ଗାଏନାର ଭାଇ ଭଉଣୀଙ୍କ ସହିତ ଭାବର ଆଦାନ ପ୍ରଦାନ ହେଲା। ସେଦିନ ଦକ୍ଷିଣ ଆମେରିକୀୟ ବ୍ୟଞ୍ଜନରେ ରାତ୍ରିଭୋଜନ ହେଲା।

ତା.୧୮.୦୬.୦୮ (ବୁଧବାର) :

ଅଭ୍ୟାସ ଅନୁଯାୟୀ ଭୋର୍ ଚାରିଟା ବେଳେ ଉଠି ଯୋଗ କଲୁ । ଯାତ୍ରାଜନିତ କ୍ଳାନ୍ତି କିଛି ନଥିଲା । ପାର୍ବତ୍ୟାଞ୍ଚଳ ଯୋଗୁଁ ବାହାରର ତାପମାତ୍ରା ୧୦ ଡିଗ୍ରୀ ରହୁଥିଲା । ୬.୦୦ ଟାରୁ ୬.୩୦ ମିନିଟ୍ ଯାଏଁ ଯୋଗ, ତା' ପରେ ଆଧ୍ୟାତ୍ମିକ କ୍ଲାସ୍ । ପ୍ରାତଃଭୋଜନ ପରେ ଭ୍ରମଣରେ ବାହାରିଲୁ । ପ୍ରାକୃତିକ ପରିବେଶକୁ ଉପଭୋଗ କରିବାର ସୁବର୍ଣ୍ଣ

ସୁଯୋଗଟିଏ ମିଳିଥାଏ । ମଧ୍ୟାହ୍ନଭୋଜନ ପରେ ବିଶ୍ରାମ ନେଇ ଅପରାହ୍ଣ ୫ଟା ବେଳେ ୭/୮ ମାଇଲ୍ ଦୂରସ୍ଥ 'ଦକ୍ଷିଣ ହ୍ରଦ' ନାମକ ଏକ ସୁଶୋଭିତ ପର୍ଯ୍ୟଟନ ସ୍ଥଳରେ ପହଞ୍ଚିଲୁ । ଘଞ୍ଚ ବନାନୀ ଭିତରେ ହ୍ରଦଟିଏ । ଜଳକ୍ରୀଡ଼ା ପାଇଁ ସୁବ୍ୟବସ୍ଥା ରହିଛି । କିଛି ସମୟ ବୁଲାବୁଲି ପରେ ଦକ୍ଷିଣ ଦିଗରେ ଐତିହାସିକ କ୍ୟାଟ୍ସ୍କିଲ୍ ପର୍ବତରେ ଚଢ଼ିଲୁ । ଅନୁଚ୍ଚ ପର୍ବତଟିଏ । ଅଗ୍ରଭାଗ ସମତଳ । ଅତୀତରେ ୧୮୨୪ ମସିହାରୁ ୧୮୯୪ ପର୍ଯ୍ୟନ୍ତ ପର୍ଯ୍ୟଟନସ୍ଥଳୀ ରୂପେ ବିଖ୍ୟାତ ହୋଇଥିଲା । ସେଠାରେ ୧ହଜାରରୁ ଊର୍ଦ୍ଧ୍ୱ ପ୍ରକୋଷ୍ଠ ବିଶିଷ୍ଟ କ୍ୟାଟରସ୍କିଲ୍ ନାମଧେୟ ହୋଟେଲ୍‌ଟିଏ ଥିଲା । ଏହି ନାମରେ ଜଳପ୍ରପାତଟିଏ ବର୍ତ୍ତମାନ ଦର୍ଶକଙ୍କ ଚିତ୍ତବିନୋଦନ କରୁଛି । ଆମେରିକାର ତିନିଜଣ ପ୍ରାକ୍ତନ ରାଷ୍ଟ୍ରପତି ସେଠାକୁ ଅବସର ବିନୋଦନ ପାଇଁ ଆସିଥିବାର ନଥପତ୍ର ରହିଛି । କିନ୍ତୁ ପରବର୍ତ୍ତୀ କାଳରେ ଦୁର୍ଘଟଣାଜନିତ ଅଗ୍ନ୍ୟୁତ୍ପାତ ଯୋଗୁଁ ହୋଟେଲ୍‌ଟି ଧୂଳିସାତ୍ ହୋଇଗଲା । ତା' ପରଠାରୁ ସ୍ଥାନଟି ଐତିହାସିକ ମାନ୍ୟତା ଲାଭ କରି ପର୍ଯ୍ୟଟକମାନଙ୍କୁ ଆକର୍ଷିତ କରୁଛି । ପର୍ବତ ଶିଖରରୁ ତଳକୁ ଅବଲୋକନ କରି ହଡସନ୍ (ନ୍ୟୁୟର୍କର ମ୍ୟାନହାଟାନ୍ ଭୂଖଣ୍ଡର ପଶ୍ଚିମରେ ପ୍ରବାହିତ ହୋଇ ସମୁଦ୍ରରେ ମିଶିଛି) ନଦୀ ଉପତ୍ୟକାର ବିସ୍ତୃତ ଶସ୍ୟକ୍ଷେତ୍ର, ଅଙ୍ଗୁର ବଗିଚା ଏବଂ ମନୋହର ଆମେରିକୀୟ ଗ୍ରାମର ଦୃଶ୍ୟ ଉପଭୋଗ କଲୁ । ଦକ୍ଷିଣ ଆମେରିକାର କଲମ୍ବିଆରୁ ଆସିଥିବା ଲିଲିୟାନା ଭଉଣୀ ଆଧ୍ୟାତ୍ମିକ ଗୀତ ଶୁଣାଇଲେ ଏବଂ ଆମେରିକାର 'ଓହିଓ' ପ୍ରଦେଶର ଖ୍ରୀଷ୍ଟିନା ଭଉଣୀ ନିଜେ ଗାଡ଼ି ଚଳାଇ ଆମର ଗାଇଡ୍ ସାଜିଥିବାରୁ ସ୍ଥାନର ଇତିହାସ ଦୋହରାଇଲେ । ଫେରିବା ବେଳେ ରାସ୍ତାରେ ହରିଣମାନେ ନିର୍ଭୟରେ ବୁଲୁଥିବାର ଦେଖିଲୁ । ଶାନ୍ତିଗ୍ରାମରେ ରାତ୍ରିଭୋଜନ କଲାବେଳେ ଅନୁରୂପ ଦୃଶ୍ୟ ବି ଦେଖିବାକୁ ମିଳିଲା । ଆମ ସାଙ୍ଗରେ ଗଣେଶରାଜନ୍ ଭାଇ ଏବଂ ବମ୍ବେରୁ ଭ୍ରମଣରେ ଆସିଥିବା ଜଣେ ସାମ୍ବାଦିକ ଭାଇ ଥିଲେ । ତେଣୁ ଭାରତର କୌଣସି ଏକ ପାର୍ବତ୍ୟ ପର୍ଯ୍ୟଟନସ୍ଥଳରେ ଥିବା ଭଳି ମନେ ହେଉଥିଲା ।

ତା.୧୯.୦୬.୦୮ (ଗୁରୁବାର) :

ପ୍ରାତଃଯୋଗ ପରେ ନିତ୍ୟକର୍ମ ଓ ପ୍ରାତଃଭ୍ରମଣ । ଆଧ୍ୟାତ୍ମିକ କ୍ଲାସ୍ ପରେ ପ୍ରାତଃଭୋଜନ କଲୁ । ଡରୋଥୀ ଭଉଣୀ ଆଧ୍ୟାତ୍ମିକ ଉପହାର ଓ ପ୍ରସାଦ ପ୍ରଦାନ କରି ଶୁଭଯାତ୍ରାର ସନ୍ଦେଶ ଦେଲେ । ୮.୩୦ ମିନିଟ୍‌ରେ ଫ୍ଲୋରିଡାର ଜନ୍ ଭାଇ ଗାଡ଼ିରେ ନେଇ ୧୦ ମାଇଲ୍ ଦୂର 'ହଣ୍ଟର ମାଉଣ୍ଟେନ୍' ବସ୍‌ଷ୍ଟାଣ୍ଡରେ ପହଞ୍ଚାଇଦେଲେ । ରାସ୍ତାରେ ଅନେକ ପାହାଡ଼ ପରେ ଝୁଲା ଚୌକି (ରୋପ୍ ୱେ) ମାନ ଦେଖାଇ କହିଲେ, ଶୀତଦିନେ

ତୁଷାରପାତ ହେଲେ ଅସଂଖ୍ୟ ପର୍ଯ୍ୟଟକ ବରଫକ୍ରୀଡ଼ା ପାଇଁ ଛୁଟିଆସନ୍ତି । ବର୍ଷର ଅନ୍ୟ ସମୟ ଭଳି ସପ୍ତାହାନ୍ତ ଯୋଗ ଶିବିର କାର୍ଯ୍ୟକ୍ରମ ଚାଲୁଥାଏ । ଦେହ ଓ ମନକୁ ପୁଲକିତ କରି ପର୍ଯ୍ୟଟକମାନେ ପୁଣି ସେମାନଙ୍କ କର୍ମମୟ ଜୀବନକୁ ଫେରିଯାଆନ୍ତି । ସାଙ୍ଗରେ ଥାଏ ସହଜ ରାଜଯୋଗର ଦିବ୍ୟ ଅନୁଭୂତି । ସାରା ବର୍ଷର ସପ୍ତାହାନ୍ତ କାର୍ଯ୍ୟକ୍ରମ ଓ ବିଷୟବସ୍ତୁ ପୁସ୍ତକ ଆକାରରେ ଛପାଯାଇଥାଏ ଏବଂ ୱେବ୍‌ସାଇଟ୍‌ରେ ମଧ୍ୟ ପ୍ରଚାରିତ ହୋଇଥାଏ । ଇଚ୍ଛୁକ ବ୍ୟକ୍ତିମାନେ ସ୍ୱେଚ୍ଛାରେ ଇ-ମେଲ୍ କିମ୍ବା ଟେଲିଫୋନ୍ ଯୋଗେ ଦିନ ସ୍ଥିର କରି ଦୁଇଦିନିଆ କିମ୍ବା ତିନିଦିନିଆ ଯୋଗ ଶିବିର (ରିଟ୍ରିଟ୍)ରେ ଭାଗ ନେଇଥାନ୍ତି ।

ଠିକ୍ ନଅଟା ବେଳେ ଫେରନ୍ତା ବସ୍ ଯାତ୍ରା ଆରମ୍ଭ ହେଲା । ଶାନ୍ତିଗ୍ରାମର ଅମୃତମୟୀ କୋଳରୁ ଫେରି ନ୍ୟୁୟର୍କର କୋଳାହଳ ଭିତରେ ପଶିଲୁ ଦିନ ଗୋଟାଏ ବେଳେ । ମ୍ୟାନ୍‌ହାଟାନ୍‌ରୁ ବସ୍ ହଡସନ୍ ନଦୀ ଶଯ୍ୟା ତଳେ 'ହଲାଣ୍ଡ ଟନେଲ୍' ଦେଇ ଯାତ୍ରା କରିଥିଲା, କିନ୍ତୁ ଫେରିବା ବେଳେ 'ଲିଙ୍କନ୍ ଟନେଲ୍' ଦେଇ ପ୍ରବେଶ କଲା । ପୃଥିବୀରେ ପ୍ରଥମକରି ନିର୍ମିତ ଏହି ଟନେଲ୍ ପରବର୍ତ୍ତୀ କାଳରେ ନଦୀ ଓ ସମୁଦ୍ର ଶଯ୍ୟା ତଳେ ଟନେଲ୍ ପାଇଁ ଯାନ୍ତ୍ରିକ ବିଦ୍ୟାକୁ ବିକଶିତ କଲା । ବର୍ତ୍ତମାନ ବିଜ୍ଞାନର ବିସ୍ମୟ ଇଂଲଣ୍ଡ ଓ ଫ୍ରାନ୍ସ ମଧ୍ୟରେ ଆଟଲାଣ୍ଟିକ୍ ମହାସାଗର ତଳେ ୨୫ କି.ମି. ଦୈର୍ଘ୍ୟ ଟନେଲ୍ ନିର୍ମାଣରେ ଏହା ସହାୟକ ହୋଇଛି । ରୀତା ଅପରାହ୍ଣ କାର୍ଯ୍ୟକ୍ରମ ଶୁଣାଇଦେଲେ । ନିକଟବର୍ତ୍ତୀ ଗଣେଶ ମନ୍ଦିର ଦର୍ଶନ ପରେ ବଜାର ଭ୍ରମଣ । ଲିଫ୍‌ଟ୍‌ରେ ତଳକୁ ଓହ୍ଲାଇବା ପରେ ରୀତା ଆପାର୍ଟମେଣ୍ଟର କେତେକ ବିଶେଷତ୍ୱ ଦେଖାଇଲେ । କୌଣସି ଅଜଣା ବ୍ୟକ୍ତି ଗେଟ୍ ଭିତର ଦେଇ ପ୍ରବେଶ କରିପାରିବେ ନାହିଁ । କାନ୍ଥରେ ସୂଚିତ ସ୍ୱିଚ୍ ଟିପି ଗୃହକର୍ତ୍ତା କିମ୍ବା କର୍ତ୍ତ୍ରୀଙ୍କ ସହିତ ବାର୍ତ୍ତାଳାପ କରିବେ । ସେ ଚାହିଁଲେ ହିଁ କବାଟ ଖୋଲିବ । ଦୁଇବେଳା ସୁରକ୍ଷା କର୍ମୀ ମଧ୍ୟ ମୁତୟନ ରହନ୍ତି । ସେମାନେ ଦୁଇବର୍ଷ ରହିବା ଭିତରେ କୌଣସି ଆଇନ ଶୃଙ୍ଖଳା ପରିସ୍ଥିତି ସୃଷ୍ଟି ହୋଇନାହିଁ । ଭୂତଳ ପ୍ରକୋଷ୍ଠକୁ ନେଇ ଯନ୍ତ୍ରଚାଳିତ ଲଣ୍ଡ୍ରି ଦେଖାଇଲେ । ଧାଡ଼ି ଧାଡ଼ି ଯନ୍ତ୍ରମାନ (ୱାଶିଂ ମେସିନ୍) ରଖାଯାଇଛି । ଛଅଟି ପଚିଶ ସେଣ୍ଟର ମୁଦ୍ରା ଗଳାଇଦେଲେ ଘଣ୍ଟାଏ ଭିତରେ ସଫା ହେବା ସଂଗେ ସଂଗେ ଶୁଖିଲା ଲୁଗା ବାହାରି ଆସିବ । ସ୍ୱାସ୍ଥ୍ୟରକ୍ଷା ଦୃଷ୍ଟିରୁ ଘର ଭିତରେ ଲୁଗା ସଫା କରବା ଓ ଶୁଖାଇବା ଦଣ୍ଡନୀୟ । କୋଠା ବାହାରେ ସୁଦୃଶ୍ୟ ଫଳପୁଷ୍ପ ସୁଶୋଭିତ ବଗିଚା ଓ ବିଶ୍ରାମସ୍ଥଳୀ । ଛୋଟ ପିଲାଙ୍କ ପାଇଁ ବିଭିନ୍ନ ଦୋଳି ଓ ଖେଳର ବ୍ୟବସ୍ଥା ଅଛି । ପାର୍କ ଭିତର ଦେଇ ଗଣେଶ ମନ୍ଦିର ଦିଗରେ ଚାଲିଲୁ । ରାସ୍ତାର ଉଭୟ ପାର୍ଶ୍ୱରେ ଚୀନା, ଭାରତୀୟ, ବଙ୍ଗଳାଦେଶୀ ଦୋକାନୀମାନେ ଆସ୍ଥାନ ଜମାଇଛନ୍ତି । ଗଣେଶ

ମନ୍ଦରଟି ସୁଦୃଶ୍ୟ ଏବଂ ମନ୍ଦିର ଭିତରେ ଲକ୍ଷ୍ମୀ ନାରାୟଣ, ରାମସୀତା, ରାଧାକୃଷ୍ଣ, ହନୁମାନ, ସରସ୍ୱତୀ, ତିରୁପତି ବାଲାଜୀ ଇତ୍ୟାଦି ମୁଖ୍ୟ ଭାରତୀୟ ଦେବ-ଦେବୀ ପୂଜା ପାଉଛନ୍ତି । କିଛି ଭାରତୀୟ ପରିବାର ସହିତ ରୀତା ପରିଚୟ କରାଇଦେଲେ । ମନ୍ଦିରର କିଛି ଦୂରରେ କଲ୍ୟାଣମଣ୍ଡପ । ପର୍ବପର୍ବାଣୀ ପାଳନ, ଭୋଜିଭାତ, ପ୍ରବଚନ, ଭାଷଣ ଇତ୍ୟାଦି ଉପଲକ୍ଷେ ସେମାନେ ଏକତ୍ରିତ ହୋଇଥାନ୍ତି । କିଛିଦିନ ତଳେ ଭାରତର ପ୍ରାକ୍ତନ ରାଷ୍ଟ୍ରପତି ଶ୍ରୀଯୁକ୍ତ ଅବଦୁଲ୍ କଲାମ ଉକ୍ତ ମଣ୍ଡପରେ ଭାରତୀୟମାନଙ୍କୁ ଉଦ୍‌ବୋଧନ ଦେଇଥିଲେ । ଫେରନ୍ତା ବାଟରେ ଆକର୍ଷକ ଶୈଳୀରେ ନିର୍ମିତ ପାଞ୍ଚମହଲା ବିଶିଷ୍ଟ କୋଠାକୁ ଦେଖାଇ ରୀତା 'ସାଧାରଣ ପାଠାଗାର' ବୋଲି କହିଲେ । ଭିତରକୁ ପ୍ରବେଶ କରି ଦେଖିଲୁ ଭୂଗର୍ଭରେ ବିରାଟ ସମ୍ମିଳନୀ ଗୃହ । ସମସ୍ତ ମହଲାର ପ୍ରଶସ୍ତ କକ୍ଷମାନଙ୍କରେ ବିଭିନ୍ନ ବିଭାଗର ପୁସ୍ତକ, ସି.ଡି. ଓ ଡି.ଭି.ଡି. ଇତ୍ୟାଦିର ବୃହତ୍ ସମାବେଶ । ପୋର୍ଟଲାଣ୍ଡଠାରେ ଦେଖିଥିବା ପାଠାଗାରଠାରୁ ଅନେକ ବଡ଼ । ଘରକୁ ଫେରିବା ବେଳକୁ ଅଙ୍କିତ ଫେରିଆସିଥିଲେ । ବୁଦ୍ଧିମାନ୍, ଖେଳପ୍ରିୟ ଚପଳ ନବମ ଶ୍ରେଣୀର ଛାତ୍ର । ଆସନ୍ତାକାଲି ଫିଲାଡେଲ୍‌ଫିଆ, ୱାଶିଂଟନ୍ ଡି.ସି., ନାଏଗ୍ରା ଓ ସହସ୍ର ଦ୍ୱୀପ ଅଭିମୁଖେ ଯାତ୍ରା କରୁଥିବା ଶୁଣି ସେ ନିଜର ଅନୁଭୂତି ଶୁଣାଇଲେ ଏବଂ କମ୍ପ୍ୟୁଟର ପରଦାରେ ବିବରଣୀ ଦେବା ସଙ୍ଗେ ସଙ୍ଗେ କିଣି ଆଣିଥିବା ସ୍ମରଣିକାମାନ ପ୍ରଦର୍ଶନ କଲେ । ରାତି ନଅଟା ବେଳକୁ ମୀନକେତନ ଫେରିଆସିଲେ । ବେଶ୍ ମେଳାପୀ, ଜ୍ଞାନୀ ଓ ଅଭିଜ୍ଞ ବ୍ୟକ୍ତି । ସେ ପ୍ରତ୍ୟହ ୭ଟା ବେଳେ ଘରୁ ବାହାରି ଅଧଘଣ୍ଟାର ରେଳ ଯାତ୍ରାରେ ଅଫିସ୍ ଯାଆନ୍ତି ଏବଂ ନଅଟା ବେଳେ ଫେରନ୍ତି । ଆମେ 'ଇ-ୱାର୍ଲ୍ଡ ଟୁର୍' କମ୍ପାନୀ ଅଧୀନରେ ପାରାଡାଇଜ୍ ଭ୍ୟାକେସନ୍ ଠାରୁ ଇ-ଟିକେଟ୍ କିଣିଥିବା କଥା ତାଙ୍କୁ ପୋର୍ଟଲାଣ୍ଡରୁ ଜଣାଇଥିଲୁ । ଯାତ୍ରା ଆରମ୍ଭ ସ୍ଥଳ ଫ୍ଲସିଂ ଷ୍ଟେସନ୍ ନିକଟରେ । ପାଦଚଲା ଦୂରତା । ସକାଳେ ୬.୪୫ରେ ଆମକୁ ସେଠାରେ ଛାଡ଼ି ସେ ମ୍ୟାନହାଟାନ୍ ସ୍ଥିତ ନିଜ କାର୍ଯ୍ୟାଳୟ ଅଭିମୁଖେ ଟ୍ରେନ୍ ଧରିବେ । ଆମର ତିନିଦିନର ଯାତ୍ରା(୨୦,୨୧ ଓ ୨୨ ତାରିଖ) ବିଷୟରେ ଅନେକ ଉପାଦେୟ ତଥ୍ୟ ଆହରଣ କଲା ପରେ ଶଯ୍ୟା ଗ୍ରହଣ କଲୁ ।

ପ୍ରୀତିନଗରୀ ଫିଲାଡେଲ୍‌ଫିଆ

ତା. ୨୦-୦୬-୦୮ (ଶୁକ୍ରବାର) :

ପ୍ରୀତିନଗରୀ ମାନେ ଦେଶପ୍ରୀତି ନଗରୀ । ଏହି ଐତିହାସିକ ସହର ଉଦ୍ଦେଶ୍ୟରେ ଆମର ଯାତ୍ରା ଆଜି ଆରମ୍ଭ । ସକାଳ ୭ଟା ୧୫ ମିନିଟ୍‌ରେ ଆମକୁ ପାରାଡାଇଜ୍ ଭ୍ୟାକେସନ୍ ଅଫିସ୍ ସମ୍ମୁଖରେ ପହଞ୍ଚାଇ ମୀନକେତନ ବିଦାୟ ନେଲେ । ଅନେକ ବିଦେଶୀ ଯାତ୍ରୀଙ୍କ ସମାଗମ । ଅଧିକାଂଶ ଚୀନା, କିଛି ୟୁରୋପୀୟ ଓ କିଛି ଭାରତୀୟ । ଯାତ୍ରା ପରିଚାଳକ ଚୀନା-ଆମେରିକାନ୍ ଏବଂ ତାଙ୍କର ମୂଳ କାର୍ଯ୍ୟାଳୟ ମ୍ୟାନ୍‌ହାଟନ୍‌ସ୍ଥିତ ବାଓରୀଷ୍ଟ୍ରିଟରେ । ବସ୍ ଯୋଗେ ଆଠଘଣ୍ଟା ପନ୍ଦର ମିନିଟ୍‌ରେ ସେଠାରେ ପହଞ୍ଚି ଜାଣିଲୁ ଯେ, ଆମେରିକା ଓ କାନାଡ଼ା ଭ୍ରମଣ ପାଇଁ ପ୍ରାୟ ଚବିଶ ପ୍ରକାରର ଭ୍ରମଣ ସୂଚୀ ରହିଛି । ଆମର ଟିକେଟ୍ ଦେଖି ଗାଇଡ୍ ନିର୍ଦ୍ଦିଷ୍ଟ ବସ୍ ପାଖକୁ ନେଇଗଲେ । ବାରପୃଷ୍ଠାର ପୁସ୍ତିକାଟିଏ ଆଣି ମନୋନିବେଶ କରୁ କରୁ ଠିକ୍ ନଅଟା ବେଳେ ବସ୍ ଛାଡ଼ିଲା । ଡ୍ରାଇଭର୍, ଗାଇଡ୍ ଓ ପଚାଶ ଜଣ ବିଭିନ୍ନ ଦେଶର ଯାତ୍ରୀଙ୍କୁ ନେଇ ଶୀତତାପ ନିୟନ୍ତ୍ରିତ ଆରାମଦାୟକ ବସ୍‌ଟି ମ୍ୟାନ୍‌ହାଟନ୍ ଛାଡ଼ି ହଲାଣ୍ଡ ଟନେଲ୍‌ରେ ପଶିଲା । ତା' ପରେ ନ୍ୟୁଜର୍ସି ରାଜ୍ୟରେ ପ୍ରବେଶ । ବାଇଶି ବର୍ଷର ଚୀନା ଗାଇଡ୍ 'ରନୀ' ନିଜର ପରିଚୟ ଦେଇ ଯାତ୍ରାର ସଂକ୍ଷିପ୍ତ ବିବରଣୀ ସହିତ ପ୍ରତି ଦୁଇଘଣ୍ଟାରେ ବିଶ୍ରାମସ୍ଥଳ (ଖାଦ୍ୟପେୟ ସହିତ ଶୌଚାଳୟର ସୁବ୍ୟବସ୍ଥା)ରେ ରହଣିକଥା ସୂଚାଇଦେଲେ । ପ୍ରାୟ ଦୁଇଘଣ୍ଟାର ଯାତ୍ରା ପରେ ପେନ୍‌ସିଲ୍‌ଭାନିଆ ରାଜ୍ୟର ଫିଲାଡେଲ୍‌ଫିଆ ସହରରେ ପହଞ୍ଚିଲୁ । ଏ ପ୍ରାଚୀନ ଐତିହାସିକ ସହରଟି ସ୍ୱାଧୀନତା ଲାଭ ପରେ ଯୁକ୍ତରାଷ୍ଟ୍ର ଆମେରିକାର ପ୍ରଥମ ରାଜଧାନୀ । ତେଣୁ ଦେଶପ୍ରେମୀମାନେ ଏହାକୁ ଏକ ତୀର୍ଥସ୍ଥଳର ମାନ୍ୟତା ଦିଅନ୍ତି । ଗାଇଡ୍ ଆମକୁ ନେଇ 'ଇଣ୍ଡିପେଣ୍ଡେନ୍‌ସ ହଲ୍'ରେ ପହଞ୍ଚାଇଦେଲେ । ୧୭୭୬ ମସିହା ଜୁଲାଇ ଚାରି ତାରିଖରେ ଏଠାରେ

ସ୍ୱାଧୀନତାର ଘୋଷଣା କରାଯାଇଥିଲା । ୧୭୮୭ ମସିହାରେ ନୂତନ ସମ୍ବିଧାନର ଚିଠା ମଧ୍ୟ ପ୍ରସ୍ତୁତ କରାଯାଇଥିଲା । ତତ୍‌କାଳୀନ ଆସବାବପତ୍ର ଓ ସ୍ୱାଧୀନତା ଘୋଷଣାର ନଥିପତ୍ର ସବୁ ପର୍ଯ୍ୟଟକଙ୍କ ପାଇଁ ସାଇତି ରଖାଯାଇଛି । ସ୍ୱାଧୀନତା ସଂଗ୍ରାମର ନେତୃତ୍ୱ ନେଇଥିବା ଜର୍ଜ ୱାଶିଂଟନ୍ ମ୍ୟାନହାଟାନ୍‌ର ଫେଡେରାଲ୍ ହଲ୍‌ଠାରେ ପ୍ରଥମ ରାଷ୍ଟ୍ରପତି ଭାବେ ୧୭୮୯ ମସିହାରେ ଶପଥ ନେଇଥିଲେ । ୧୭୯୦ ମସିହାରେ ଫିଲାଡେଲ୍‌ଫିଆକୁ ଅସ୍ଥାୟୀ ରାଜଧାନୀ ଘୁଞ୍ଚିଲା ଏବଂ ୧୮୦୦ ମସିହାରେ ୱାଶିଂଟନ୍ ଡି.ସି.କୁ ସ୍ଥାନାନ୍ତରିତ ହେଲା ।

ଫିଲାଡେଲ୍‌ଫିଆ ସହରର ସ୍ଥାପନା ସ୍ୱାଧୀନତାର ଶହେ ବର୍ଷ ପୂର୍ବରୁ ୱିଲିୟମ୍ ପେନ୍‌ଙ୍କ ଦ୍ୱାରା କରାଯାଇଥିଲା । ସେ ସ୍ୱାଧୀନତାର ବୀଜ ବପନ କରିଥିଲେ ବୋଲି କୁହାଯାଏ । ଇଂଲଣ୍ଡରେ ସେ କ୍ୱାକରସ୍ (Quakers) ଧର୍ମକୁ ଧର୍ମାନ୍ତରିତ ହୋଇଥିଲେ ଏବଂ ସର୍ବଧର୍ମ ସହାବସ୍ଥାନ ନିମିତ୍ତ ଗୋଟିଏ ଅଞ୍ଚଳ ଖୋଜିବାରେ ଲାଗିଲେ । ତାଙ୍କ ବାପାଙ୍କର ପ୍ରାପ୍ୟ ହିସାବରେ ତତ୍କାଳୀନ ରାଜାଙ୍କଠାରୁ ଏକ ଜମି ଚାହିଁବାରୁ ଆମେରିକୀୟ ଉପନିବେଶର ଏହି ଅଞ୍ଚଳଟି ତାଙ୍କୁ ଦିଆଗଲା । ବ୍ୟକ୍ତି ସ୍ୱାଧୀନତା, ଧାର୍ମିକ ସହନଶୀଳତା, ବନ୍ଦୀର ଉପଯୁକ୍ତ ବିଚାର ଇତ୍ୟାଦିର ପୃଷ୍ଠପୋଷକତା ପାଇଁ ସେ ଏକ ଗୋଷ୍ଠୀ ତିଆରି କଲେ ଏବଂ ଫିଲାଡେଲ୍‌ଫିଆ (ଗ୍ରୀକ୍ ଶବ୍ଦ, ଯାହାର ଅର୍ଥ ଭ୍ରାତୃଭାବର ସହର) ସହରର ମୂଳଦୁଆ ସ୍ଥାପନ କଲେ । ୧୭୭୪ ମସିହାରେ ଇଂଲଣ୍ଡ ବିରୁଦ୍ଧରେ ଜନଅସନ୍ତୋଷ ଉଗ୍ରରୂପ ଧାରଣ କରିଥିଲା ଏବଂ ଧୀରେ ଧୀରେ ଏହା ଅନ୍ୟ ଅଞ୍ଚଳକୁ ବ୍ୟାପିବାରେ ଲାଗିଲା । ପରିଣାମତଃ ଯୁକ୍ତରାଷ୍ଟ୍ର ଆମେରିକା ଜନ୍ମ ନେଲା ।

ସୁରମ୍ୟ ଇଣ୍ଡିପେଣ୍ଡେଣ୍ଟ ହଲ୍ କୋଠାଟି ୧୭୩୨ ମସିହାରେ ନିର୍ମିତ । ଚତୁର୍ଦ୍ଦିଗରେ ବିସ୍ତୀର୍ଣ୍ଣ ପ୍ରାନ୍ତର ଓ ବୃକ୍ଷରାଜି । ଅନତି ଦୂରରେ ରହିଛି ମୁକ୍ତିଘଣ୍ଟି (ଲିବର୍ଟି ବେଲ୍) । ଏହି ଘଣ୍ଟିଟି ବଜାଇ ସ୍ୱାଧୀନତା ଘୋଷଣା କରାଯାଇଥିଲା । ପର୍ଯ୍ୟଟକଙ୍କ ସୁବିଧା ଓ ଐତିହାସିକ ଘଣ୍ଟିର ସୁରକ୍ଷା ପାଇଁ ଗୋଟିଏ ସୁଦୃଶ୍ୟମଞ୍ଚ ଉପରେ କାଚଘର ଭିତରେ ପ୍ରଦର୍ଶିତ ହେଉଛି । ବାହାର କାନ୍ଥରେ ଇଂରାଜୀରେ ଏହାର ଇତିହାସ ଲେଖାଯାଇଛି ଏବଂ ଟେପ୍ ରେକର୍ଡ଼ର ଯୋଗେ ଇଂରାଜୀ, ଫ୍ରେଞ୍ଚ୍ ଏବଂ ଜର୍ମାନ୍ ଭାଷାରେ ଐତିହାସିକ ବିବରଣୀ ଶୁଣିବାକୁ ମିଳୁଛି । ଏହି ଘଣ୍ଟିଟି ୧୭୫୧ ମସିହାରେ ଲଣ୍ଡନରେ ନିର୍ମିତ ହୋଇଥିଲା । ଏହା ଉପରେ ବାଇବେଲ୍ ବାଣୀ ଖୋଦେଇ ହୋଇ ଲେଖାଯାଇଛି- "ଏହି ଭୂଖଣ୍ଡର ସମସ୍ତ ଅଞ୍ଚଳ ଓ ସମସ୍ତ ବାସିନ୍ଦାଙ୍କ ପାଇଁ ମୁକ୍ତିର ଘୋଷଣା କରାଯାଉଛି ।" ଊନବିଂଶ ଶତାବ୍ଦୀର ଆରମ୍ଭରେ କ୍ରୀତଦାସ ପ୍ରଥା ବିରୁଦ୍ଧରେ ଆନ୍ଦୋଳନ ବେଳେ ଏହି ବାଣୀ ଜନମାନସକୁ ଉଦ୍‌ବୁଦ୍ଧ କରିଥିଲା ।

ମୁକ୍ତି ଘଣ୍ଟି ଦର୍ଶନ ପରେ ଅନ୍ୟ ଏକ କୋଠାକୁ ଦେଖାଇ ଗାଇଡ୍ କହିଲେ- "ଆମେରିକାର ମୁଦ୍ରାଶାଳା' । ଅନେକ ଐତିହାସିକ କୋଠା, ପୁରାତନ ଅଥଚ ପ୍ରଶସ୍ତ ରାସ୍ତା, ପ୍ରମୋଦ ଉଦ୍ୟାନ, ପ୍ରାଚୀନ ପୋଲ ଇତ୍ୟାଦି ଅତିକ୍ରମ କରି ଆମେ ୱାଶିଂଟନ୍ ଡି.ସି. ଅଭିମୁଖେ ଆଗେଇଲୁ ।

■

ନଗରିଷ୍ଠ ୱାଶିଂଟନ୍ ଡି.ସି.

ଦୁଇଘଣ୍ଟାର ବସ୍ ଯାତ୍ରା ପରେ ଜନବିରଳ ସୁବ୍ୟବସ୍ଥିତ ରାଜରାସ୍ତା, ସବୁଜିମାମୟ ପ୍ରାନ୍ତର ଏବଂ ପୁଷ୍ପଶୋଭିତ ବୃକ୍ଷରାଜି ଅତିକ୍ରମ କରି ଯେଉଁ ଶ୍ୱେତ ସୁଦୃଶ୍ୟ କୋଠାଟିର ଚୂଳ ଦର୍ଶନ କଲି ତା'ର ନାଁ- 'କ୍ୟାପିଟଲ୍' । ଏହା ଯୁକ୍ତରାଷ୍ଟ୍ର ଆମେରିକାର ସଂସଦ ଭବନ ବା ପାର୍ଲିଆମେଣ୍ଟ ହାଉସ୍ । କିଛି ରାସ୍ତା ଅତିକ୍ରମ କରି ବସ୍‌ଟି 'ଏୟାର୍ ଆଣ୍ଡ ସ୍ପେସ୍ ମ୍ୟୁଜିୟମ୍' ସାମ୍ନାରେ ଆମକୁ ଓହ୍ଲାଇଦେଲା । ଏହିଠାରୁ ହିଁ ଆମର ନଗରୀ-ଶ୍ରେଷ୍ଠ ୱାଶିଂଟନ୍ ଡି.ସି. ସହର ଭ୍ରମଣ ଆରମ୍ଭ ।

ପୋଟୋମାକ୍ ନଦୀ କୂଳରେ ଏହି ସୁନ୍ଦର ରାଜଧାନୀ ସହରଟି ୧୭୯୦ ମସିହାରୁ ପ୍ରତିଷ୍ଠିତ ହୋଇଛି । ଏହା ଏକ ସ୍ୱୟଂଶାସିତ ଜିଲ୍ଲା ହିସାବରେ ଆମେରିକୀୟ କଂଗ୍ରେସ ଦ୍ୱାରା ଶାସିତ । ଏହାକୁ ସହର ନୁହେଁ, କଲମ୍ବିଆ ଜିଲ୍ଲା (ଡିଷ୍ଟ୍ରିକ୍ଟ ଅଫ୍ କଲମ୍ବିଆ)ର ମାନ୍ୟତା ଦିଆଯାଇଛି । ଅର୍ଥାତ୍ ଯୁକ୍ତରାଷ୍ଟ୍ରର ଅନ୍ୟ ରାଜ୍ୟମାନଙ୍କ ଭଳି ସ୍ୱାଧୀନ ଭାବରେ ପରିଚାଳିତ । ନିର୍ବାଚିତ ଶାସକଙ୍କୁ ମେୟର କୁହାଯାଏ । ସୁପ୍ରଶସ୍ତ, ସୁନ୍ଦର, ସବୁଜ ସହରଟି ସମୁଦ୍ର ପତନର ୨୫ ଫୁଟ୍ ଉଚ୍ଚରେ ଅବସ୍ଥିତ । ୧୦ ମାଇଲ୍ ଦୀର୍ଘ ବାହୁ ବିଶିଷ୍ଟ ଚତୁଷ୍କୋଣ ଅଞ୍ଚଳଟିର ନକ୍ସା ପ୍ରସ୍ତୁତ କରିଥିଲେ ଫରାସୀ ଇଂଜିନିୟର ପଏର୍ ଚାର୍ଲସ୍ ଏଲ୍ ଏନ୍‌ଫ୍ୟାଣ୍ଟ । ୨୦୦୬ ଜନଗଣନା ଅନୁସାରେ ଜନସଂଖ୍ୟା ପାଞ୍ଚଲକ୍ଷ ଏକାଅଶୀ ହଜାର ପାଞ୍ଚଶହ ତିରିଶି । କିନ୍ତୁ ମେରିଲାଣ୍ଡ ଓ ଭର୍ଜିନିଆ ରାଜ୍ୟର ପାର୍ଶ୍ୱବର୍ତ୍ତୀ ଅଞ୍ଚଳକୁ ନେଇ ବୃହତ୍ତର ୱାଶିଂଟନ୍ ଡି.ସି.ର କଳେବର ବୃଦ୍ଧି ପାଇବାରେ ଲାଗିଛି । ଏହାର ପରିସୀମା ୩୯୫୭ ବର୍ଗ ମାଇଲ୍ ଏବଂ ଜନସଂଖ୍ୟା ୪୦ଲକ୍ଷରୁ ଅଧିକ । ସ୍ପେନୀୟ ନାବିକମାନେ ଷୋଡ଼ଶ ଶତାବ୍ଦୀର ଶେଷ ଭାଗରେ ଏ ଅଞ୍ଚଳକୁ ଆବିଷ୍କାର କରିଥିଲେ ମଧ୍ୟ ୧୬୦୮ ମସିହାରେ କ୍ୟାପ୍‌ଟେନ୍ ଜନସ୍ମିଥ୍ ପ୍ରଥମେ ଜନବସତି ଅନୁକୂଳ ଅଞ୍ଚଳ ବୋଲି ଚିହ୍ନଟ କରିଥିଲେ । ସେତେବେଳେ ନାକୋଥ ଟ୍ୟାଙ୍କ୍ ନାମକ ଆଦିମ

ଅଧିବାସୀମାନେ ସହରର ଦକ୍ଷିଣ-ପୂର୍ବ ଅଞ୍ଚଳରେ ବାସ କରୁଥିଲେ । ୟୁରୋପୀୟ ଅନୁପ୍ରବେଶକାରୀମାନେ ଧୀରେ ଧୀରେ ଏ ଅଞ୍ଚଳରେ ବସତି ସ୍ଥାପନ କରିବାକୁ ଲାଗିଲେ । ସେମାନେ ଇଂଲଣ୍ଡର ଶାସନ-ଶୃଙ୍ଖଳାକୁ ମାନ୍ୟତା ଦେଉଥିଲେ । ୧୯୮୩ ମସିହାରେ ବିଦ୍ରୋହ ପରେ ଏ ଅଞ୍ଚଳ ସ୍ୱାଧୀନତା ଲାଭ କଲା । ପ୍ରଥମ ରାଷ୍ଟ୍ରପତି ଭାବେ ଜର୍ଜ ୱାଶିଂଟନ୍ ସମଭାବାପନ୍ନ ନେତୃବୃନ୍ଦ ଓ ସ୍ଥପତିମାନଙ୍କୁ ନେଇ ଏ ଅଞ୍ଚଳ ରାଜଧାନୀ ପାଇଁ ଉପଯୁକ୍ତ ବୋଲି ନିଷ୍ପତ୍ତି ନେଇଥିଲେ । ରାଜଧାନୀ ପ୍ରତିଷ୍ଠାର ଶୁଭାରମ୍ଭ ଓ ଘୋଷଯାତ୍ରା କାଳରେ ନିମ୍ନଲିଖିତ ଘଟଣାବଳୀ ସ୍ମରଣୀୟ ।

୧୭୯୨ - ଅକ୍ଟୋବର ୧୩ ତାରିଖରେ ରାଷ୍ଟ୍ରପତି ନିବାସ ପାଇଁ ଶୁଭଦାନ ।

୧୮୦୦ - ପାର୍ଲିଆମେଣ୍ଟ ଭବନ କ୍ୟାପିଟଲ୍‌ର ସିନେଟ୍ ଗୃହ ନିର୍ମିତ ଏବଂ ଫିଲାଡେଲ୍‌ଫିଆରୁ ସ୍ଥାନାନ୍ତରିତ ।

୧୮୧୨ - ଇଂରେଜମାନଙ୍କ ସହିତ ଯୁଦ୍ଧରେ ରାଷ୍ଟ୍ରପତି ନିବାସ ଓ ପାର୍ଲିଆମେଣ୍ଟ ଭସ୍ମୀଭୂତ ।

୧୮୧୪ - ଭସ୍ମୀଭୂତ କୋଠାଗୁଡ଼ିକର ପୁନରୁଦ୍ଧାର ଶେଷ ।

୧୮୪୮ - 'ୱାଶିଂଟନ୍ ମନୁମେଣ୍ଟ' ସ୍ମୃତି ସ୍ତମ୍ଭର ନିର୍ମାଣ ଆରମ୍ଭ । ଗୃହଯୁଦ୍ଧ ଯୋଗୁଁ ନିର୍ମାଣ କାର୍ଯ୍ୟ ବନ୍ଦ ହେବା ପରେ ୧୮୭୮ ମସିହାରେ ପୁନର୍ବାର ଆରମ୍ଭ ହୋଇ ୧୮୮୫ ମସିହାରେ ଶେଷ ।

୧୮୫୧ - ଜାତୀୟ ଉଦ୍ୟାନ (ନ୍ୟାସନାଲ୍ ପାର୍କ)ର ପରିକଳ୍ପନା ଓ କାର୍ଯ୍ୟାରମ୍ଭ ।

୧୮୬୧ - ଗୃହଯୁଦ୍ଧ ଯୋଗୁଁ କୋଠାବାଡ଼ି ନିର୍ମାଣ ବାଧାପ୍ରାପ୍ତ ହେଲେ ମଧ୍ୟ ଜାତୀୟ ଉଦ୍ୟାନର ଉନ୍ନତି ।

୧୮୬୩ - କ୍ୟାପିଟଲ୍ କୋଠାର ନିର୍ମାଣ ସମ୍ପୂର୍ଣ୍ଣ ।

୧୯୩୨ - ମୁଖ୍ୟ ନ୍ୟାୟାଳୟ (ସୁପ୍ରିମ୍‌କୋର୍ଟ) କୋଠା ନିର୍ମିତ ହେବା ପରେ କାର୍ଯ୍ୟାଳୟ ସ୍ଥାନାନ୍ତରିତ ।

ୱାଶିଂଟନ୍ ଡି.ସି. ସହରର ପରିକଳ୍ପନା ଓ ଅଭିବୃଦ୍ଧି ପାଇଁ ସ୍ଥପତିମାନେ ରୋମୀୟ ଓ ଫରାସୀ ସ୍ଥାପତ୍ୟ କଳାକୁ ଅନୁକରଣ କରିଛନ୍ତି । ଦୁଇ ମାଇଲ୍ ଦୀର୍ଘ ଜାତୀୟ ଉଦ୍ୟାନ ଅଞ୍ଚଳର ପୂର୍ବ ଦିଗରେ କ୍ୟାପିଟଲ୍ କୋଠା, ପଶ୍ଚିମରେ ଲିଙ୍କନ୍ ସ୍ମୃତି ପୀଠ, ମଧ୍ୟଭାଗରେ ୱାଶିଂଟନ୍ ସ୍ମୃତିସ୍ତମ୍ଭ, ଉତ୍ତରରେ ହ୍ୱାଇଟ୍ ହାଉସ୍ ବା ରାଷ୍ଟ୍ରପତି ଭବନ ଏବଂ ଦକ୍ଷିଣରେ ଥୋମାସ୍ ଜାଫରସନ୍ ସ୍ମୃତିସୌଧକୁ ନିର୍ମାଣ କରାଯାଇଛି । ମଧ୍ୟ ଅଞ୍ଚଳରେ ଅର୍ଥାତ୍ କ୍ୟାପିଟଲ୍ ସମ୍ମୁଖ ରାସ୍ତାର ଉଭୟ ପାର୍ଶ୍ୱରେ ସୁବୃହତ୍ ଓ ସୁଦୃଶ୍ୟ ସ୍ମିଥ୍‌ସୋନିଅନ୍ ମ୍ୟୁଜିୟମ୍‌ଗୁଡ଼ିକୁ ଆମର ଗାଇଡ୍ ମ୍ୟାପ୍‌ରେ ଚିହ୍ନାଇଦେଲେ । ବାମ କଡ଼ର ଦ୍ୱିତୀୟ

କୋଠାଟି ସମସ୍ତଙ୍କର ପ୍ରିୟତମ ସଂଗ୍ରହାଳୟ 'ନ୍ୟାସନାଲ୍ ଏୟାର ଓ ସ୍ପେସ୍ ମ୍ୟୁଜିୟମ୍' ବୋଲି କହି ପ୍ରବେଶ କରାଇଦେଲେ ।

ନ୍ୟାସନାଲ୍ ଏୟାର ଓ ସ୍ପେସ୍ ମ୍ୟୁଜିୟମ୍ :

ଏହି ବିଶ୍ୱପ୍ରସିଦ୍ଧ ବିରାଟ ସଂଗ୍ରହାଳୟରେ ପ୍ରବେଶ କରୁ କରୁ 'ଦର୍ଶକ ସୂଚନା କେନ୍ଦ୍ର'ରୁ ମାଗଣା ପୁସ୍ତିକାଟିଏ ସଂଗ୍ରହ କରିନେଲି । ଷାଠିଏ ପୃଷ୍ଠାର ଜ୍ଞାତବ୍ୟ ବିଷୟ-ପୂର୍ଣ୍ଣ ବିବରଣୀ ରହିଛି । କଳେବର ଦେଖି ଆଶ୍ଚର୍ଯ୍ୟ ହେଲି । ପ୍ରଥମ ପୃଷ୍ଠାରେ ହିଁ ମୋର ମୋହ ଭଙ୍ଗ ହେଲା । ସଂଗ୍ରହାଳୟଟି 'ସ୍ମିଥ୍‌ସୋନିଆନ୍ ମ୍ୟୁଜିୟମ୍' ଶୃଙ୍ଖଳାର ଏକ ଅଂଶ ମାତ୍ର । ଏହି ଅନୁଷ୍ଠାନ ଅଧୀନରେ ୧୯ଟି ସଂଗ୍ରହାଳୟ ଏବଂ ଗୋଟିଏ ଜାତୀୟ ଚିଡ଼ିଆଖାନା ରହିଛି । ସବୁଜ ସୁନ୍ଦର ଜାତୀୟ ଉଦ୍ୟାନ ଅଞ୍ଚଳରେ ଆଠଟି ଏବଂ ସହରର ଅନ୍ୟତ୍ର ଅବଶିଷ୍ଟ ସଂଗ୍ରହାଳୟ ବିକ୍ଷିପ୍ତ ଭାବରେ ସ୍ଥାପିତ । ପୁସ୍ତିକା ଭିତରେ ୱାଶିଂଟନ୍ ଡି.ସି. ସହର, ମଲ୍ ଅଞ୍ଚଳ ଏବଂ ପ୍ରତ୍ୟେକ ସଂଗ୍ରହାଳୟର ନକ୍ସା, ଫଟୋଚିତ୍ର ଏବଂ ବିବରଣୀମାନ ରହିଛି । ନକ୍ସା ଦେଖି ଭ୍ରମଣ କଲେ ଆନନ୍ଦମୟ ଜ୍ଞାନୋଦୟ ହୋଇଥାଏ ।

ଦୁଇମହଲା ବିଶିଷ୍ଟ ବିରାଟକାୟ ସଂଗ୍ରହାଳୟର ତଳ ମହଲାରେ ୧୫ଟି ପ୍ରକୋଷ୍ଠ । ପ୍ରବେଶ ଦ୍ୱାରର ଦକ୍ଷିଣ ଦିଗରେ ଉଡ଼ାଜାହାଜ ଏବଂ ବାମ ଦିଗରେ ରକେଟ୍ ଓ ଅନ୍ତରୀକ୍ଷ ସମ୍ପର୍କୀୟ ପ୍ରଦର୍ଶନୀ । ଅତ୍ୟାଧୁନିକ ଆଇମ୍ୟାକ୍ସ ପ୍ରେକ୍ଷାଳୟଟିଏ ମଧ୍ୟ ରହିଛି । ଉଡ଼ାଜାହାଜର ଆବିଷ୍କାରଠାରୁ ଆରମ୍ଭ କରି ଅନ୍ତରୀକ୍ଷ ଯାତ୍ରା, ମହାକାଶରେ ମହାବିସ୍ଫୋରଣରୁ ପୃଥିବୀର ସୃଷ୍ଟି ଇତ୍ୟାଦି ବିଭିନ୍ନ ବିଷୟରେ ୪୫ ମିନିଟ୍‌ର ଚଳଚ୍ଚିତ୍ରମାନ ଦିନସାରା ଦେଖିବାକୁ ମିଳେ । ଉପର ମହଲାରେ ଆଉ ଗୋଟିଏ ଆଇ ମ୍ୟାକ୍ସ ପ୍ରେକ୍ଷାଳୟ ସହିତ 'ଆଲବର୍ଟ ଆଇନ୍‌ଷ୍ଟାଇନ୍ ପ୍ଲାନେଟୋରିଅମ୍' ନାମରେ ଗ୍ରହମଣ୍ଡଳ ପ୍ରେକ୍ଷାଳୟ ଦେଖିବାକୁ ମିଳିଲା । ପ୍ରବେଶପଥ ସନ୍ନିକଟ ୧୦୦ ନମ୍ବର ମଣ୍ଡପରେ ପ୍ରଥମେ ଆଟଲ୍ୟାଣ୍ଟିକ୍ ମହାସାଗର ପାର ହୋଇଥିବା ଚାର୍ଲ୍ସ ଲିଣ୍ଡ୍‌ବର୍ଗଙ୍କ ଉଡ଼ାଜାହାଜ ସହିତ ପ୍ରଥମ ଚନ୍ଦ୍ର ଅଭିଯାନର ଆପୋଲୋ-୧୧ ଯାନର କଲମ୍ବିଆ ମୋଡ୍ୟୁଲ୍ ପ୍ରଦର୍ଶିତ ହୋଇଛି । କ୍ରମାନ୍ୱୟରେ ବିଭିନ୍ନ ଯୁଦ୍ଧ ଜାହାଜର କ୍ରମବିକାଶ, ଏୟାରବସ୍ ଓ ବୋଇଙ୍ଗ୍ ବିମାନଗୁଡ଼ିକର କକ୍‌ପିଟ୍‌ର ଜୀବନ୍ତ ମଡେଲ୍ ଦେଖିଲୁ । ଗୋଟିଏ ମଣ୍ଡପରେ ଏୟାରବସ୍‌ର କକ୍‌ପିଟ୍‌ରେ ବସି କମ୍ପ୍ୟୁଟରଚାଳିତ ଯନ୍ତ୍ରବିଦ୍ୟା ଦ୍ୱାରା ବିମାନର ଉତ୍ତରଣ, ଯାତ୍ରା ଓ ଅବତରଣର ସମସ୍ତ ଦୃଶ୍ୟ ଅନୁଭବ କରିହେଲା । କୋମଳମତି ବିଦ୍ୟାଳୟ ଛାତ୍ରମାନେ ବହୁ ସଂଖ୍ୟାରେ ଏହି ମଣ୍ଡପରେ ଧାଡ଼ିବାନ୍ଧି ଥାଆନ୍ତି । ୧୦୭ ନମ୍ବର ପ୍ରକୋଷ୍ଠରେ ଉଡ଼ାଜାହାଜର ପୂର୍ବଜ 'ଲିଲିଏନ୍ ଥାଲ ଗ୍ଲାଇଡର୍' (୧୮୯୪ ମସିହାରେ ନିର୍ମିତ) ପ୍ରଦର୍ଶିତ ହୋଇଛି । ପାଖରେ ୧୯୦୯

ମସିହାର ପ୍ରଥମ ଯୁଦ୍ଧଜାହାଜ 'ରାଇଟ୍ ମିଲିଟାରୀ ଫ୍ଲାଏର୍' ମଧ୍ୟ ଶୋଭା ପାଉଛି । ଉପର ମହଲାର ୨୦୯ ନମ୍ବର ପ୍ରକୋଷ୍ଠରେ ୟୁଲ୍‌ବର୍ ଓ ଅରଭିଲି ରାଇଟ୍ ଭ୍ରାତୃଦ୍ୱୟଙ୍କ ଦ୍ୱାରା ଉଦ୍ଭାବିତ ପ୍ରଥମ ଉଡ଼ାଜାହାଜ (୧୯୦୩) ଦୃଷ୍ଟିଆକର୍ଷଣ କଲା । ୨୧୦ ନମ୍ବର ପ୍ରକୋଷ୍ଠରେ ନାମଫଳକ ଝୁଲୁଛି- "ଚନ୍ଦ୍ର ଅଭିଯାନରେ ଆପୋଲୋ" । ଚନ୍ଦ୍ରପୃଷ୍ଠରେ ପ୍ରଥମେ ପଦାର୍ପଣ କରିଥିବା ନିଲ୍ ଆର୍ମଷ୍ଟ୍ରଙ୍ଗ୍, ଜନ୍ ଆଲ୍‌ଡ୍ରିନ୍ ଓ ଜିନ୍ କର୍ଣ୍ଣାନ୍‌ଙ୍କର ମହାକାଶରେ ବ୍ୟବହୃତ ପୋଷାକ, ଖାଦ୍ୟ ଓ ଅନ୍ୟାନ୍ୟ ସାମଗ୍ରୀର ପ୍ରଦର୍ଶନ ଦେଖି ଚିତ୍ତ ପୁଲକିତ ହେଲା । ଗାଇଡ୍‌ଙ୍କର ସମୟ ସାରଣୀ ନିର୍ଦ୍ଦେଶନାମାରୁ ଏହି ସୁଦୃଶ୍ୟ ଓ ଜ୍ଞାନୋଦ୍ଦୀପକ ସଂଗ୍ରହାଳୟରୁ ଅନିଚ୍ଛା ସତ୍ତ୍ୱେ ଅପସରିବାକୁ ପଡ଼ିଲା । ଦକ୍ଷିଣ ପାର୍ଶ୍ୱର ପ୍ରକାଣ୍ଡ କୋଠା- "ଆମେରିକୀୟ ଆଦିମ ଅଧିବାସୀଙ୍କର ଜାତୀୟ ସଂଗ୍ରହାଳୟ" ସାମ୍ନା ଦେଇ ଆସିବା ବେଳେ ଲୋହିତ ଭାରତୀୟଙ୍କର ଇତିହାସ, ଦୈନନ୍ଦିନ ଜୀବନଯାତ୍ରା, ବାସଗୃହ, ଗୃହୋପକରଣ ଇତ୍ୟାଦିର ସୁନ୍ଦର ସମାବେଶ ବୋଲି ନାମଫଳକରୁ କେବଳ ପଢ଼ିଲି ମାତ୍ର । ଅନ୍ୟ ୧୮ଟି ସଂଗ୍ରହାଳୟ ଓ ଚିଡ଼ିଆଖାନାର ବିବରଣୀ ପୁସ୍ତିକାରୁ ପଢ଼ିନେବି ବୋଲି ମନକୁ କେବଳ ସାନ୍ତ୍ୱନା ଦେଲି । ତେବେ ଏୟାରସ୍ପେସ୍ ମ୍ୟୁଜିୟମ୍‌ରେ ଥିବା ଉପହାର ଦୋକାନରୁ କିଣି ଆଣିଥିବା ସଚିତ୍ର ସୁନ୍ଦର ପୁସ୍ତକ 'ୱାଶିଂଟନ୍ ଡି.ସି.'ର କଳା ଓ ଇତିହାସ ଏବଂ ମାଗଣା ମିଳିଥିବା ସ୍ମିଥ୍‌ସୋନିଆନ୍ ସଂଗ୍ରହାଳୟ ପୁସ୍ତକ ଦୁଇଟି ଆଶ୍ୱାସନା ଦେଲେ ଯେ, 'ଦର୍ଶନ'ର କ୍ଷୁଧା 'ପଠନ'ରୁ ଦୂର ହୋଇପାରିବ । ବାସ୍ତବରେ ତାହା ହିଁ ହେଲା ।

କ୍ୟାପିଟଲ୍ (ସଂସଦ ଭବନ)

ପରବର୍ତ୍ତୀ ଲକ୍ଷ୍ୟସ୍ଥଳ 'ସଂସଦ ଭବନ' (ଚିତ୍ର-୭) । ୧୭୭୬ ମସିହା ଜୁଲାଇ ୪ ତାରିଖରେ ଯୁକ୍ତରାଷ୍ଟ୍ର ଆମେରିକା ଫିଲାଡେଲ୍‌ଫିଆ ସହରରେ ଜନ୍ମନେଲା । କିନ୍ତୁ ବର୍ତ୍ତମାନର ରାଜଧାନୀ ୱାଶିଂଟନ୍ ଡି.ସି.ର ୮୮ ଫୁଟ୍ ଉଚ୍ଚ ଜେନକିନ୍ସ ପର୍ବତ ଉପରେ ଜର୍ଜ ୱାଶିଂଟନ୍ ୧୭୯୩ ମସିହା ସେପ୍ଟେମ୍ବର ୧୮ ତାରିଖରେ ସଂସଦ ଭବନର ଶୁଭଦେଲେ । ଏହି ସ୍ଥାନଟିକୁ ସ୍ଥପତି ଏଲ୍ ଏଡ୍‌ଫ୍ୟାଣ୍ଟ୍ ୧୭୯୧ ମସିହାରେ ବାଛିଥିଲେ । ତା' ପରେ ପେସାରେ ଡାକ୍ତର ଥିବା ସୌଖୀନ ସ୍ଥପତି ୱିଲିୟମ୍ ଥର୍ଣ୍ଣଟନ୍ କ୍ୟାପିଟଲ୍ ସୌଧର ନକ୍ସା ପାଇଁ ଏକ ପ୍ରତିଯୋଗିତାରେ ଶ୍ରେଷ୍ଠ ବିବେଚିତ ହେବା ପରେ ନିର୍ମାଣ କାର୍ଯ୍ୟ ଆରମ୍ଭ ହେଲା । ଏହାର ଦୈର୍ଘ୍ୟ ୭୫୧ ଫୁଟ୍, ପ୍ରସ୍ଥ ୫୦୦ ଫୁଟ୍ । ୫୦୦ରୁ ଅଧିକ କୋଠରି ବିଶିଷ୍ଟ ସୌଧର ଗମ୍ବୁଜ ଉପରେ ୧୯ ଫୁଟ୍ ୬ ଇଞ୍ଚ ଉଚ୍ଚତାର ସ୍ୱାଧୀନତାର ପ୍ରତୀକ ମୂର୍ତ୍ତିଟିଏ ଶୋଭାପାଉଛି । ଚାରୋଟି ପର୍ଯ୍ୟାୟରେ ଏହାର ନିର୍ମାଣ କାର୍ଯ୍ୟ ସମ୍ପୂର୍ଣ୍ଣ ହୋଇଛି ।

ପ୍ରଥମ ପର୍ଯ୍ୟାୟ :

ଥର୍ଣ୍ଟନଙ୍କ ମୂଳ ନକ୍ସା ଓ ବେଞ୍ଜାମିନ୍ ହେନେରୀ ଲ୍ୟାଟ୍ରୋବ୍ (ଆମେରିକାରେ ଜନ୍ମିତ ସ୍ଥପତି)ଙ୍କ ଯୋଜନା ଅନୁସାରେ କାମ ଆଗେଇ ଚାଲିଲା । ଦକ୍ଷିଣ ପଟର ସିନେଟ୍ ଗୃହ ୧୮୦୦ ମସିହାରେ ଏବଂ ବାମପଟର ପ୍ରତିନିଧି ସଭାଗୃହ ୧୮୦୭ ମସିହାରେ ନିର୍ମିତ ହୋଇଗଲା । ଉଭୟ ଗୃହର ମଧ୍ୟଭାଗରେ ଯେଉଁ ସୁବିଶାଳ ଭବ୍ୟ ଗମ୍ବୁଜଟି ଆଜି ଦେଖିବାକୁ ମିଳୁଛି ତା'ର କାମ ଆରମ୍ଭ ହୋଇନଥିଲା । ୧୮୧୪ ମସିହାରେ ଇଂରେଜ ସୈନିକମାନେ ଉଭୟ ଗୃହକୁ ଜାଳି ଦେଇଥିଲେ । ସେମାନେ କଂଗ୍ରେସ ପାଠାଗାରର ଅଗଣିତ ପୁସ୍ତକ ସବୁ ଅଗ୍ନିରେ ଆହୂତି ଦେଇଥିଲେ ।

ଦ୍ୱିତୀୟ ପର୍ଯ୍ୟାୟ :

ଇଂରେଜମାନଙ୍କ ସହିତ ଯୁଦ୍ଧ ବନ୍ଦ ହେବା ପରେ ଦ୍ୱିତୀୟ ପର୍ଯ୍ୟାୟର ନିର୍ମାଣ ଆରମ୍ଭ ହେଲା । ସ୍ଥପତି ଚାର୍ଲସ୍ ବଲ୍‌ଫିଞ୍ଚ ଉଭୟ ଗୃହର ପୁନରୁଦ୍ଧାର କରିବା ସଂଗେ ସଂଗେ ମଧ୍ୟଭାଗର ୫୫ ଫୁଟ ଉଚ୍ଚତାର ଗମ୍ବୁଜ ନିର୍ମାଣ କଲେ । ୧୮୩୨ ମସିହାରେ ଏହା ସମାପ୍ତ ହେଲା ।

ତୃତୀୟ ପର୍ଯ୍ୟାୟ :

ବର୍ତ୍ତମାନ ଆମେ ଦେଖୁଥିବା ବିଶାଳକାୟ ସଂସଦ ଭବନ ତୃତୀୟ ପର୍ଯ୍ୟାୟରେ ସଂପୂର୍ଣ୍ଣ ହୋଇଥିଲା । ୧୮୫୭ ମସିହାରେ ପରିବର୍ଦ୍ଧିତ ପ୍ରତିନିଧି ସଭାଗୃହ ଓ ୧୮୫୯ରେ ସିନେଟ୍ ଗୃହର ନିର୍ମାଣ ଶେଷ ହେଲା । ଏହାଦ୍ୱାରା କୋଠାର ଦୈର୍ଘ୍ୟ ୩୫୨ ଫୁଟ୍‌ରୁ ୭୪୬ ଫୁଟ୍‌କୁ ବୃଦ୍ଧି ପାଇଲା । ୧୮୬୩ ମସିହାରେ ବୃହଦାକାର ଗମ୍ବୁଜର ନବନିର୍ମାଣ ହେଲା । ଏହାକୁ ସ୍ଥପତିବିଦମାନେ ଉନବିଂଶ ଶତାବ୍ଦୀର ଏକ ବିସ୍ମୟ ବୋଲି କହନ୍ତି । ଲୌହ ନିର୍ମିତ ୯୦ଲକ୍ଷ ପାଉଣ୍ଡ ଓଜନର ଗମ୍ବୁଜ ଦେହରେ ଦୁଇଟି ଆଭ୍ୟନ୍ତରୀଣ ସ୍ତର ରହିଛି । କେବଳ ରଙ୍ଗ ଦ୍ୱାରା ଏହା ମାର୍ବଲ୍‌ରେ ନିର୍ମିତ ହେବା ଭଳି ଦେଖାଯାଉଛି । ପଥରରେ ନିର୍ମିତ ହୋଇଥିଲେ ଓଜନ ଅଧିକ ହୋଇଥାନ୍ତା ଏବଂ ଆୟୁଷ ମଧ୍ୟ କମି ଯାଇଥାନ୍ତା । ସ୍ଥାପତି ୱାଲ୍‌ଟର ଏହି ନିର୍ମାଣ ପାଇଁ ଭ୍ୟାଟିକାନ୍ ସିଟିସ୍ଥ ସେଣ୍ଟ ପିଟର୍ସ ଚର୍ଚ୍ଚର ବିଶ୍ୱପ୍ରସିଦ୍ଧ ଗମ୍ବୁଜ (୧୫୪୨ରୁ ୧୫୯୦ ମସିହା ମଧ୍ୟରେ ମାଇକେଲ୍ ଆଞ୍ଜେଲୋଙ୍କ ଦ୍ୱାରା ନିର୍ମିତ) ଏବଂ ରୁଷିଆର ସେଣ୍ଟ ପିଟର୍ସବର୍ଗ ସହରର ଆଇଜାକ୍ ଚର୍ଚ୍ଚ (୧୮୪୨ରେ ନିର୍ମିତ) ଠାରୁ ପ୍ରେରଣା ପାଇଛନ୍ତି । ଆଜି ଏହା ଶ୍ରେଷ୍ଠତମ ଗମ୍ବୁଜର ମାନ୍ୟତା ପାଇଛି ।

ଚତୁର୍ଥ ପର୍ଯ୍ୟାୟ :

୧୯୫୯-୬୦ ମସିହାରେ ଗମ୍ବୁଜର ମଧ୍ୟ ଅଂଶର ପୂର୍ବଭାଗକୁ ୩୨ ଫୁଟ ୬ ଇଞ୍ଚ ଆଗକୁ ବଢ଼ାଇ ରୋମୀୟ ସ୍ଥପତି କଳା ଅନୁସାରେ ସୌନ୍ଦର୍ଯ୍ୟମୟ କରାଯାଇଛି ।

ବର୍ତ୍ତମାନ ଗମ୍ବୁଜର ଓସାର ୯୫ ଫୁଟ ୮ ଇଞ୍ଚ ଏବଂ ଉଚ୍ଚତା ୧୮୩ ଫୁଟ୍ । ଗମ୍ବୁଜ ତଳେ ୬୦୦୦ ବର୍ଗଫୁଟ ଅଞ୍ଚଳରେ ସୁଶୋଭିତ ଚିତ୍ରାବଳୀ ଅନେକ ଐତିହାସିକ ଘଟଣାର ସାକ୍ଷ୍ୟ ଦିଏ । ସମଗ୍ର ସଂସଦ ଭବନର ବାହ୍ୟରୂପ ଓ ଅନ୍ତଃରୂପ ଭର୍ସାଇ ପ୍ରାସାଦ (ପ୍ୟାରିସ୍) ଏବଂ ଭ୍ୟାଟିକାନ୍ ସିଟିର କାରୁକଳାଠାରୁ ଅନେକ ଗୁଣରେ ଲାବଣ୍ୟମୟ ।

ସଂସଦ ଭବନର ପଶ୍ଚିମରେ ବିରାଟ ପୁଷ୍କରିଣୀ । ସ୍ଥିର ଜଳରେ ଗମ୍ବୁଜର ଶୋଭା ମନଲୋଭା । ଚତୁଃପାର୍ଶ୍ୱରେ ପୁଷ୍ପବାଟିକା ଓ ଶ୍ୟାମଳ ବୃକ୍ଷରାଜି । କିଛି ସମୟ ଶୁଦ୍ଧବାୟୁ ଆହରଣ କଲା ପରେ ନ୍ୟାସନାଲ୍ ମଲ୍‌ର ଦୂର ଦୂରାନ୍ତର ଦୃଶ୍ୟ ବି ଦେଖିଲୁ । ସଂସଦ ଭବନକୁ ପଛ କରି ୱାଶିଂଟନ୍ ସ୍ମୃତିସ୍ତମ୍ଭ ଏବଂ ଦୂରରେ ଲିଙ୍କନ୍ ସ୍ମାରକୀ ସୌଧ, ମଝିରେ ଜଳାଧାର, ବୃକ୍ଷ ଏବଂ ଚତୁଷ୍କୋଣୀ ସବୁଜ ଲନ୍ ଚାରିପଟେ ସୁଶୋଭିତ ସୌଧମାଳାର ଦୃଶ୍ୟ ଚମତ୍କାର ଥିଲା ।

ହ୍ୱାଇଟ୍ ହାଉସ୍ :

ଆମର ମାର୍ଗଦର୍ଶକ ରନି ପରବର୍ତ୍ତୀ ଲକ୍ଷ୍ୟସ୍ଥଳରେ ଯେତେବେଳେ ପହଞ୍ଚାଇଦେଲେ ଅତି ପରିଚିତ 'ହ୍ୱାଇଟ୍ ହାଉସ୍' ମନ ପ୍ରାଣକୁ ଉଲ୍ଲସିତ କରିଦେଲା । ଆମେରିକାର ଏହି ସୁଦୃଶ୍ୟ ରାଷ୍ଟ୍ରପତି ଭବନଟି ପ୍ରତ୍ୟେକ ଦିନ ଟେଲିଭିଜନ୍ ପରଦାରେ ଦେଖିବାକୁ ମିଳେ । ବୃକ୍ଷରାଜି, ପୁଷ୍ପ ଉଦ୍ୟାନ ଓ ଜଳ ଫୁଆରା ଶୋଭିତ ଏହି ଅଞ୍ଚଳଟି ଜନବସତି ବିରଳ । ଆମେ ପହଞ୍ଚିଲୁ ଭବନର ଦକ୍ଷିଣ ପାର୍ଶ୍ୱରେ । ଚତୁଷ୍କୋଣ ବିଶିଷ୍ଟ ଜାତୀୟ ଉଦ୍ୟାନ (ମଲ୍) ଅଞ୍ଚଳର ଉତ୍ତର ଦିଗରେ ହ୍ୱାଇଟ୍ ହାଉସ୍, ପୂର୍ବରେ ପାର୍ଲିଆମେଣ୍ଟ ଭବନ, ଦକ୍ଷିଣରେ ଜାଫରସନ୍ ସ୍ମୃତି ମନ୍ଦିର । ହ୍ୱାଇଟ୍ ହାଉସ୍ ଓ ଜାଫରସନ୍ ସ୍ମୃତି ମନ୍ଦିର ମଧ୍ୟସ୍ଥଳରେ ୱାଶିଂଟନ୍ ସ୍ମୃତିସ୍ତମ୍ଭ । ସମସ୍ତ ଅଞ୍ଚଳ ସବୁଜିମାଭରା, ଶାନ୍ତ, ଶୀତଳ । ହ୍ୱାଇଟ୍ ହାଉସ୍‌ର ନିରାପତ୍ତାବଳୟ ବାହାରେ ରହି ହିଁ ଆମେ ଦୃଶ୍ୟ ଉପଭୋଗ କଲୁ । ଏହା ସମ୍ମୁଖସ୍ଥ ସୁଉଚ୍ଚ ଖ୍ରୀଷ୍ଟମାସ ବୃକ୍ଷଟି ଜାତୀୟ ବୃକ୍ଷ ଭାବରେ ସମ୍ମାନିତ । ତା' ପାଖରେ ଠିଆହୋଇ ହ୍ୱାଇଟ୍ ହାଉସ୍‌ର ଇତିହାସ ମନ୍ଥନ କଲୁ ।

ସ୍ଥପତି ଜେମ୍ ହୋବାନ୍ ୧୭୯୨ ମସିହାରେ ରାଷ୍ଟ୍ରପତି ଭବନ ନିର୍ମାଣ କରିଥିଲେ । ତେବେ ୧୮୦୦ ମସିହାରେ ଦ୍ୱିତୀୟ ରାଷ୍ଟ୍ରପତି ଜନ୍ ଆଡାମସ୍ ଏହାର ପ୍ରଥମ ଅଧିବାସୀ । ୧୮୧୪ ମସିହା ଅଗଷ୍ଟ ମାସରେ ଇଂରେଜ ବାହିନୀ ୱାଶିଂଟନ୍ ଆକ୍ରମଣ କରି କୋଠାଟିକୁ ଅଗ୍ନିଦଗ୍ଧ କରିଦେଲେ । ସେତେବେଳେ ରାଷ୍ଟ୍ରପତି ଥିଲେ ଡଲି ମ୍ୟାଡିସନ୍ । ଈଶ୍ୱର-ପ୍ରେରିତ ଝଡ଼ବର୍ଷା ଯୋଗୁଁ କୋଠାଟି ସଂପୂର୍ଣ୍ଣ ଧ୍ୱଂସ ହେବାରୁ ରକ୍ଷା ପାଇଯାଇଥିଲା । ଏହାପରେ ଚାରିବର୍ଷ ଅକ୍ଲାନ୍ତ ପରିଶ୍ରମ କରି ହୋବାନ୍

କୋଠାଟିକୁ ନୂଆ ରୂପ ଦେଲେ । ଏହା ଧଳା-ହଳଦିଆ ରଙ୍ଗର ବାଲିପଥରରେ ନିର୍ମିତ ହୋଇଥିଲା । ପୋଡ଼ା ଚିହ୍ନ ଲିଭାଇବା ପାଇଁ ଧଳା ରଙ୍ଗରେ ଶୋଭିତ କରାଗଲା । ସେହିଦିନଠାରୁ ଏହାର ନାଁ ହ୍ୱାଇଟ୍ ହାଉସ୍ । ୧୯୦୨ ମସିହାରେ ସରକାରୀ ସ୍ତରରେ ହ୍ୱାଇଟ୍ ହାଉସ୍ ନାଁଟି ଗ୍ରହଣ କରାଗଲା । ପ୍ରଥମ ରାଷ୍ଟ୍ରପତି ଜର୍ଜ ୱାଶିଂଟନ୍‌ଙ୍କ ବ୍ୟତୀତ ଅନ୍ୟ ସମସ୍ତ ରାଷ୍ଟ୍ରପତି ଏହି ଗୃହରେ ଅବସ୍ଥାନ କରିଛନ୍ତି । ଉନବିଂଶ ଶତାବ୍ଦୀର ପ୍ରାରମ୍ଭରୁ ବ୍ୟବହୃତ ସମସ୍ତ ପୁରାତନ ଦ୍ରବ୍ୟ ରାଷ୍ଟ୍ରପତି ଭବନର ସଂଗ୍ରହାଳୟରେ ସୁରକ୍ଷିତ ଅଛି । ଆଭ୍ୟନ୍ତରୀଣ ସାଜସଜ୍ଜା ଖୁବ୍ ଉଚ୍ଚକୋଟୀର । ରୋମୀୟ ଓ ଫରାସୀ କଳାର ଆଧାରରେ ଏହା ସୁଶୋଭିତ ।

ୱାଶିଂଟନ୍ ସ୍ମୃତିସ୍ତମ୍ଭ :

ଆମେରିକାର ସ୍ୱାଧୀନତା ସଂଗ୍ରାମର କର୍ଣ୍ଣଧାର ଓ ପ୍ରଥମ ରାଷ୍ଟ୍ରପତି ଜର୍ଜ ୱାଶିଂଟନ୍‌ଙ୍କର ସ୍ମୃତିରକ୍ଷା ପାଇଁ ବିଶ୍ୱର ଉଚ୍ଚତମ ପ୍ରସ୍ତର-ସ୍ତମ୍ଭଟି ନିର୍ମିତ । ୧୮୮୪ ମସିହାରେ ଏହାର ନିର୍ମାଣ ଶେଷ ବେଳକୁ ପୃଥିବୀର ଉଚ୍ଚତମ ନିର୍ମାଣକୃତି ହିସାବରେ ମାନ୍ୟତା ପାଇଥିଲା । ୫୫୫ ଫୁଟ୍ ୫ ଇଞ୍ଚ ଉଚ୍ଚ ଏହି ସ୍ମୃତିସ୍ତମ୍ଭ ପାର୍ଲିଆମେଣ୍ଟ ଭବନର ଦୁଇଗୁଣ ଏବଂ ୱାଶିଂଟନ୍ ଡି.ସି. ସହରର ଉଚ୍ଚତମ ଅଟ୍ଟାଳିକଆର ପାଞ୍ଚଗୁଣ ଉଚ୍ଚତା ବିଶିଷ୍ଟ ଥିଲା । ଚତୁଃଷ୍କୋଣୀ ବେଦୀ ଉପରୁ ଉପରକୁ ଉଠି ସୂକ୍ଷ୍ମାଗ୍ର ଧାରଣ କରୁଥିବା ଐତିହାସିକ ପ୍ରସ୍ତର ସ୍ତମ୍ଭକୁ 'ଓବେଲିସ୍କ' ବୋଲି କୁହାଯାଏ । ଏହା ବହୁ ଚର୍ଚ୍ଚିତ ପ୍ରାଚୀନ ମିଶରୀୟ କଳାକୃତି ଏବଂ ୟୁରୋପ, ପଶ୍ଚିମ ଏସିଆ ଓ ଆମେରିକାରେ ଏହାର ଅନୁକରଣମାନ ଦେଖିବାକୁ ମିଳେ । ତେବେ ୱାଶିଂଟନ୍ ସ୍ତମ୍ଭଟି ଅନୁରୂପ ଯେକୌଣସି ସ୍ତମ୍ଭଠାରୁ ଦଶଗୁଣରୁ ଅଧିକ ଉଚ୍ଚ ହେବ । ୧୮୪୮ ମସିହା ଜୁଲାଇ ୪ ତାରିଖରେ ଏହାର ନିର୍ମାଣ କାର୍ଯ୍ୟ ଆରମ୍ଭ କରାଯାଇଥିଲା । ୧୫୬ ଫୁଟ୍ ଉଚ୍ଚତା ପର୍ଯ୍ୟନ୍ତ ସ୍ତମ୍ଭଟିର ରଙ୍ଗ ଶ୍ୱେତବର୍ଣ୍ଣ ଥିବାବେଳେ ଉର୍ଦ୍ଧ୍ୱାଂଶର ବର୍ଣ୍ଣ ପାଉଁସିଆ ହଳଦିଆ । ଏହାର ଅଭ୍ୟନ୍ତରରେ ଉର୍ଦ୍ଧ୍ୱ ବାହକ ଯନ୍ତ୍ର (ଲିଫ୍ଟ) ଖଞ୍ଜାଯିବା ସହିତ ୮୯୭ଟି ପାହାଚ ଚଢ଼ି ଉପରକୁ ଉଠିବାର ବ୍ୟବସ୍ଥା ଅଛି । ଚତୁର୍ଦ୍ଦିଗରେ ଚକ୍ରାକୃତିରେ ୫୦ଟି ରାଜ୍ୟରେ ପ୍ରତୀକସ୍ୱରୂପ ସୁଉଚ୍ଚ ସୁଦୃଢ଼ ସ୍ତମ୍ଭରେ ଆମେରିକାର ଜାତୀୟପତାକା ଶୋଭା ପାଉଛି । ପ୍ରାୟ ୨୨୦୦ ଫୁଟ ଦୂରରେ ଥିବା ଲିଙ୍କନ ସ୍ମାରକୀ ସ୍ଥଳ ପର୍ଯ୍ୟନ୍ତ ବିସ୍ତୃତ ସୁନିର୍ମଳ ଜଳାଶୟ ଭିତରେ ସ୍ତମ୍ଭଟିର ପ୍ରତିବିମ୍ବ ଆମକୁ ବେଶ୍ ଆକର୍ଷିତ କଲା । ଚତୁର୍ଦ୍ଦିଗରେ ଘନ ସବୁଜ ବୃକ୍ଷରାଜି ଓ ରଙ୍ଗବେରଙ୍ଗ ପୁଷ୍ପର ପ୍ରଦର୍ଶନୀ ବେଶ୍ ମନୋହର । ସ୍ତମ୍ଭଟିର ଉଚ୍ଚତା ଓ ସୌନ୍ଦର୍ଯ୍ୟ ଜର୍ଜ ୱାଶିଂଟନ୍‌ଙ୍କ ଭଳି ବିରଳ ପ୍ରତିଭା ଓ ଦୃଢ଼ ସଂଗ୍ରାମୀ ବ୍ୟକ୍ତିତ୍ୱର ଯଥାର୍ଥ ସ୍ମାରକ । ତାଙ୍କ ଜୀବନୀ ଅନୁଧ୍ୟାନ କରି ସ୍ମୃତିଚାରଣ କଲୁ ।

୧୭୩୨ - ଫେବୃଆରୀ ୨୨ ତାରିଖରେ ଭର୍ଜିନିଆ ରାଜ୍ୟର ୱେଷ୍ଟମୋରଲ୍ୟାଣ୍ଡ କାଉଣ୍ଟିସ୍ଥିତ କଲୋନିଆଲ୍ ବିଚ୍‌ରେ ଜନ୍ମଗ୍ରହଣ ।

୧୭୪୯ - ଜମିବାଡ଼ି ସର୍ବେକ୍ଷଣ କର୍ମରେ ବୃତ୍ତିଗତ ଜୀବନ ଆରମ୍ଭ । ନିଜେ ପ୍ରଚୁର ଭୂସଂପଦର ଅଧିକାରୀ ।

୧୭୫୨ - ସୈନ୍ୟ ବିଭାଗରେ ନିଯୁକ୍ତି । ୨୦ ବର୍ଷ ବୟସରେ ମେଜର ପାହ୍ୟାକୁ ଉନ୍ନୀତ ।

୧୭୫୪ - ଲେଫ୍‌ଟନାଣ୍ଟ କର୍ଣ୍ଣେଲ୍ ଭାବରେ ପଦୋନ୍ନତି ଏବଂ ଫରାସୀମାନଙ୍କ ବିରୁଦ୍ଧରେ ଯୁଦ୍ଧ ଅଭିଯାନରେ ଯୋଗଦାନ୍ । ଅନେକ ସଫଳ ଅଭିଯାନ ପରେ ୧୭୫୫ ମସିହାରେ କର୍ଣ୍ଣେଲ୍ ପାହ୍ୟା ଅଲଙ୍କରଣ । ୧୭୫୮ ମସିହାରେ ବ୍ରିଗେଡିୟର ଜେନେରାଲ୍ ପଦ ଲାଭ । ସେହି ବର୍ଷ ଶେଷରେ ସୈନିକ ଜୀବନରୁ ଅବସର ନେଇ ୧୬ ବର୍ଷ କାଳ ଭର୍ଜିନିଆରେ ଜମିଦାରୀ ଓ ରାଜନୈତିକ ଜୀବନ ଯାପନ ।

୧୭୫୯ - ଜାନୁଆରୀ ୬ ତାରିଖରେ ସମବୟସ୍କା ବିଧବା ମାର୍ଥା ଡ୍ୟାଣ୍ଡ୍ରିଜ୍ କଷ୍ଟିସ୍‌ଙ୍କୁ ବିବାହ କରି ମାଉଣ୍ଟ ଭର୍ଣ୍ଣନ୍‌ଠାରେ ପାରିବାରିକ ଜୀବନ ଆରମ୍ଭ । ବିବାହ ବେଳେ ୨୦୦୦ ଏକରରୁ ଅଧିକ ଭୂସମ୍ପତ୍ତି ଓ ୧୦୦ କ୍ରୀତଦାସଙ୍କୁ ଯୌତୁକ ରୂପେ ଲାଭ କରିଥିଲେ ।

୧୭୬୦ରୁ ୧୭୭୪ - ଭର୍ଜିନିଆର ଆଲେକ୍‌ଜାଣ୍ଡ୍ରିଆ ସହରର ସର୍ବୋଚ୍ଚ ବିଚାରପତି ଆସନ ଅଳଂକୃତ ।

୧୭୭୫ - ଭର୍ଜିନିଆର ବିଧାନସଭାକୁ ନିର୍ବାଚିତ । ଏପ୍ରିଲ୍ ମାସରେ ଇଂରେଜମାନଙ୍କ ବିରୁଦ୍ଧରେ ସ୍ୱାଧୀନତା ସଂଗ୍ରାମରେ ନେତୃତ୍ୱ ଗ୍ରହଣ । ଦୀର୍ଘ ୭ ବର୍ଷର ସଂଗ୍ରାମ ପରେ ୧୭୮୩ ମସିହାରେ ପ୍ୟାରିସ୍ ଚୁକ୍ତି ଅନୁସାରେ ସ୍ୱାଧୀନତା ଲାଭ ।

୧୭୮୯ - ଜୁଲାଇ ୪ ତାରିଖରେ ୧୩ଟି ରାଜ୍ୟକୁ ନେଇ ଗଠିତ ଯୁକ୍ତରାଷ୍ଟ୍ର ଆମେରିକାର ପ୍ରଥମ ରାଷ୍ଟ୍ରପତି ଭାବରେ ଶପଥ ଗ୍ରହଣ ।

୧୭୯୭ - ରାଷ୍ଟ୍ରପତି ପଦରୁ ଅବ୍ୟାହତି ।

୧୭୯୯ - ଡିସେମ୍ବର ୧୪ ତାରିଖରେ ୬୭ ବର୍ଷ ବୟସରେ କର୍ମମୟ ଜୀବନର ଅବସାନ ।

ବୀର ସଂଗ୍ରାମୀ ୱାଶିଂଟନ୍‌ଙ୍କୁ ସଲାମ୍ ଜଣାଇ ଆଗେଇ ଚାଲିଲୁ ଜେଫରସନ୍ ସ୍ମାରକୀ ଅଭିମୁଖେ ।

ଥୋମାସ୍ ଜେଫରସନ୍ ସ୍ମାରକୀ :

ବସ୍ ଭିତରୁ ଗାଇଡ୍ ଜେଫରସନ୍ ସ୍ମାରକୀ ଦିଗରେ ଅଙ୍ଗୁଳି ନିର୍ଦ୍ଦେଶ କଲାବେଳେ ଚାରିବର୍ଷ ତଳେ ୨୦୦୪ ମସିହାରେ ରୋମ୍ ସହରରେ ଦେଖିଥିବା ପାନ୍ଥିଅନ୍ ମନ୍ଦିରର ସ୍ମୃତି ଜାଗ୍ରତ ହେଲା । ୧୯୦୦ ବର୍ଷ ତଳର ଏହି କଳାତ୍ମକ ସ୍ଥାପତ୍ୟ ଆଜି ବି ଅତୁଟ ରହିଛି । କଳାର ପୂଜାରୀ ଥୋମାସ୍ ଜାଫରସନ୍ ଯୁକ୍ତରାଷ୍ଟ୍ର ଆମେରିକାର ତୃତୀୟ ରାଷ୍ଟ୍ରପତି ହିସାବରେ ଜନମାନସରେ ବେଶ୍ ଆଦୃତ । ସେ ଏକାଧାରରେ ଦାର୍ଶନିକ, ରାଜନୀତିଜ୍ଞ, ଚତୁର କୂଟନୀତି ବିଶାରଦ, ସ୍ଥପତି, ସଂଗୀତଜ୍ଞ, ବୈଜ୍ଞାନିକ, ଉଦ୍ୟାନବିଦ୍ ଏବଂ ଉଦୀୟମାନ ଗ୍ରନ୍ଥକୀଟ ଥିଲେ । ଆମେରିକାର ସ୍ୱାଧୀନତା ଘୋଷଣାର ସଂଦର୍ଭ ସେ ହିଁ ଲେଖିଥିଲେ । ମାନବାଧିକାର, ଧାର୍ମିକ ସ୍ୱାଧୀନତା ଏବଂ ସର୍ବଶିକ୍ଷାର ସେ ଦୃଢ଼ ପ୍ରବକ୍ତା ଥିଲେ । ସ୍ଥପତିକଳାରେ ଆଗ୍ରହାତିଶଯ୍ୟ ଯୋଗୁଁ ସେ ରୋମ୍ ସହର ତଥା ଇଟାଲୀର ବିଭିନ୍ନ ସ୍ଥାନରେ କଳାକୃତିଗୁଡ଼ିକର ଅନୁଧ୍ୟାନ କରି ନିଜ ରାଜ୍ୟ ଭର୍ଜିନିଆ ଓ ୱାଶିଂଟନ୍ ଡି.ସି.ର ବିଭିନ୍ନ ସ୍ଥାପତ୍ୟର ନକ୍ସା ପ୍ରସ୍ତୁତ କରିଥିଲେ । ତାଙ୍କର ସ୍ମାରକୀ ପାଇଁ 'ପାନଥିଅନ୍'ର ସ୍ମୃତିକୁ ଉଜ୍ଜୀବିତ କରାଯାଇଥିବା ଦେଖି ଖୁସି ଲାଗିଲା । ୨୫ରୁ ୨୭ ଖ୍ରୀଷ୍ଟାବ୍ଦ ମଧ୍ୟରେ ଅଲମ୍ପିକ୍ ଦେବତାମାନଙ୍କ ଉଦ୍ଦେଶ୍ୟରେ ପାନଥିଅନ୍ ନିର୍ମିତ ହୋଇଥିଲା । ସମ୍ରାଟ ଅଗଷ୍ଟସ୍‌ଙ୍କ ଜାମାତା ଓ ରାଜନୈତିକ ପରାମର୍ଶଦାତା ମାର୍କସ୍ ଭିପସାନିଅସ୍ ଅଗ୍ରିପା ରୋମ୍‌ର କ୍ୟାମ୍ପସ୍ ମ୍ୟାରିସିଅସ୍‌ଠାରେ ଏହାକୁ ନିର୍ମାଣ କରିଥିଲେ । ପ୍ୟାନଥିଅନ୍ ଏକ ଗ୍ରୀକ୍ ଶବ୍ଦ, ଯାହାର ଅର୍ଥ ସମସ୍ତ ଦେବତାଙ୍କ ଉଦ୍ଦେଶ୍ୟରେ । ୧୧୮ରୁ ୧୨୫ ମସିହା ମଧ୍ୟରେ ସମ୍ରାଟ ହ୍ୟାଡ୍ରିଆନ୍ ଏହାର ପୁନଃନିର୍ମାଣ କରାଇଥିଲେ, କାରଣ ୮୦ ମସିହାରେ ଅଗ୍ନି ଉତ୍ପାତ ଯୋଗୁଁ ମନ୍ଦିରଟି ଧ୍ୱଂସ ହୋଇଯାଇଥିଲା । ଗୋଲାକୃତି ପ୍ରକୋଷ୍ଠ ଉପରେ ଅର୍ଦ୍ଧ ଗୋଲାକୃତି ଗମ୍ବୁଜଟି ଖୁବ୍ ଶୋଭନୀୟ । ଗମ୍ବୁଜର ମଧ୍ୟଭାଗରେ ନଅ ମିଟର ବ୍ୟାସର ଖୋଲାସ୍ଥାନ ରହିଛି । ଏହା ଖୋଲା ରହିବା ସମ୍ପର୍କରେ କୁହାଯାଏ ଯେ, ପ୍ରକୋଷ୍ଠ ଭିତରେ ୪୫ ଦେବୀ ଦେବତାଙ୍କର ଯେଉଁସବୁ ମୂର୍ତ୍ତି ଥିଲା ସମସ୍ତଙ୍କ ଊର୍ଦ୍ଧ୍ୱରେ ପରମାତ୍ମା ନିବାସ କରନ୍ତି । ତାଙ୍କ ସହିତ ଯୋଗ ପାଇଁ ଦେବୀ-ଦେବତା ଓ ଭକ୍ତଙ୍କ ନିମିତ୍ତ ଏହା ମହାଶୂନ୍ୟକୁ ପଥ ନିର୍ଦ୍ଦେଶ କରେ । ପ୍ରାର୍ଥନା ପ୍ରକୋଷ୍ଟଟିର ବ୍ୟାସ ୪୩.୩ ମିଟର ଏବଂ ଉଚ୍ଚତା ମଧ୍ୟ ସେତିକି । ତେଣୁ ଏହାର ଅନ୍ତଃସ୍ଥଳ ଗୋଟିଏ ଗୋଲାକାର ପେଣ୍ଡୁଭଳି ଦେଖାଯାଏ । ବାହାର ବାରଣ୍ଡା ଉପରେ ୧୨ଟି ଗ୍ରାନାଇଟ୍ ସ୍ତମ୍ଭ ଦୁଇଧାଡ଼ିରେ ନିର୍ମିତ ହୋଇଛି । ଏହି ଗ୍ରାନାଇଟ୍ ପଥର ମିଶରରୁ ଅଣାଯାଇଥିଲା । ୬୦୮ ଖ୍ରୀଷ୍ଟାବ୍ଦରେ ତତ୍କାଳୀନ ପୋପ୍ ବନିଫେସ୍ ଚତୁର୍ଥ ସମ୍ରାଟଙ୍କଠାରୁ ଏହି କୀର୍ତ୍ତିକୁ ଉପହାର ରୂପେ ଗ୍ରହଣ କରିଥିଲେ । ତା'ପରଠାରୁ ଗର୍ଭଗୃହରୁ ମୂର୍ତ୍ତିଗୁଡ଼ିକ ଅପସାରଣ କରାଯାଇ ଖ୍ରୀଷ୍ଟିଆନ୍

ପ୍ରାର୍ଥନା ଗୃହ ରୂପେ ବ୍ୟବହାର କରାଯାଉଛି । ଏହାର ବାହ୍ୟ ଓ ଆଭ୍ୟନ୍ତରୀଣ ସୌନ୍ଦର୍ଯ୍ୟ ଅତୁଳନୀୟ ଏବଂ ଅନ୍ତରାଳରେ ଯେଉଁ ଧାର୍ମିକ ଭାବନା ନିହିତ ରହିଛି ତାହା ଥୋମାସ୍ ଜେଫରସନ୍‌ଙ୍କୁ ଅଭିଭୂତ କରିଥିଲା । ସେହିଦିନଠାରୁ ଆଜିପର୍ଯ୍ୟନ୍ତ କେବଳ ଯୁକ୍ତରାଷ୍ଟ୍ର ଆମେରିକା କାହିଁକି ପୃଥିବୀର ସର୍ବତ୍ର 'ପାନ୍‌ଥିଅନ୍'ର ସମ୍ମୁଖ ଭାଗର ଢାଞ୍ଚାକୁ ସ୍ଥପତିମାନେ ଅନୁସରଣ କରି ଆସୁଛନ୍ତି ।

ସବୁଜ ଘାସର ଗାଲିଚା, ପୁଷ୍ପଉଦ୍ୟାନ ଏବଂ ଜାପାନୀ ଚେରି ବୃକ୍ଷରାଜିର ସଂଭାର ଭିତରେ ସୁଉଚ୍ଚ ସ୍ମାରକୀର ପାହାଚ ଚଢ଼ିଲାବେଳେ ୧୯ ଫୁଟ୍ ଉଚ୍ଚର ବ୍ରୋଞ୍ଜ ପ୍ରତିମୂର୍ତ୍ତିଟି ଦୃଷ୍ଟି ଆକର୍ଷଣ କଲା । ଚତୁର୍ଦ୍ଦିଗରେ ଦୃଷ୍ଟିପାତ କରି ଦେଖିଲି ଜେଫରସନ୍‌ଙ୍କର କିଛି ଅଭିଭାଷଣ ଲିପିବଦ୍ଧ ହୋଇଛି ।

"ଅଯଥା ଓ ବେଦରକାରୀ ବ୍ୟୟ ବନ୍ଦ କରି ଆମେ ଆଭ୍ୟନ୍ତରୀଣ କର ଉଠାଇ ଦେଇଛୁ । ଚାଷୀ, କାରିଗର ଓ ଶ୍ରମିକମାନେ ଟିକସ ଆଦାୟକାରୀକୁ ଦେଖିବାକୁ ପାଉଛନ୍ତି କି ?"

"କୌଣସି କ୍ଷେତ୍ରରେ ବି ଏକ ସଂପ୍ରଦାୟର ଧର୍ମ ଉପରେ ହସ୍ତକ୍ଷେପ କରାଯିବ ନାହିଁ । ଚର୍ଚ୍ଚ ଓ ରାଜ୍ୟ ସରକାରଙ୍କ ଶୃଙ୍ଖଳା ଭିତରେ ଧର୍ମୀୟ ସଂପ୍ରଦାୟ ସେମାନଙ୍କର ଧର୍ମାଚାର ପାଳନ କରିପାରିବେ ।"

"ଆମର ଲକ୍ଷ୍ୟ ହେଉଛି, ସରକାରୀ କାର୍ଯ୍ୟ ଜନତାର ହିତ ପାଇଁ ଉଦ୍ଦିଷ୍ଟ ହେବ, ଶାନ୍ତି ବଜାୟ ରହିବ, ନାଗରିକ ଓ ଧାର୍ମିକ ସ୍ୱାଧୀନତା ଅଖଣ୍ଡ ରହିବ, ଆଇନ ଶୃଙ୍ଖଳା ସୁରକ୍ଷିତ ରହିବ ଏବଂ ସମସ୍ତେ ସମାନ ଅଧିକାର ଉପଭୋଗ କରିବେ ।"

ଅପୂର୍ବ ଠାଣିରେ ଦଣ୍ଡାୟମାନ ପ୍ରତିମୂର୍ତ୍ତି, ଅଭିଭାଷଣର କିୟଦଂଶ ଏବଂ ଚମତ୍କାର ପରିବେଷ୍ଟନୀ ସନ୍ଦର୍ଶନ ପରେ 'ପର୍ଯ୍ୟଟକ କେନ୍ଦ୍ର'କୁ ଯାଇ କିଛି ପୁସ୍ତିକା ସଂଗ୍ରହ କଲି । ସେଠାରେ ଥିବା ଗାଇଡ୍‌ଙ୍କୁ ପାର୍କ ରେଞ୍ଜର କୁହାଯାଏ । ତାଙ୍କଠାରୁ ଜାଣିବାକୁ ପାଇଲି ଯେ, ଏହି ସ୍ମାରକୀ ଓ ତତ୍‌ବେଷ୍ଟିତ ଉଦ୍ୟାନର ସୁରକ୍ଷା ଓ ସୌନ୍ଦର୍ଯ୍ୟବର୍ଦ୍ଧନ ପାଇଁ ଏକ ଜାତୀୟ ସଂସ୍ଥା ରହିଛି । ଏହା ଅଧୀନରେ ସମଗ୍ର ଆମେରିକାର ୩୮୦ଟି ଅନୁଷ୍ଠାନ ପରିଚାଳିତ ହେଉଛି । ପୂଜ୍ୟପୂଜାର କି ସୁନ୍ଦର ବ୍ୟବସ୍ଥା ! ପୁସ୍ତିକାଟିଏ ଉପରେ ଦୃଷ୍ଟିନିବଦ୍ଧ କରି ଥୋମାସ୍ ଜେଫରସନ୍‌ଙ୍କର ଜୀବନୀର କିଛି ଝଲକ୍ ଗ୍ରହଣ କରିନେଲି-

- ୧୭୪୩-ଏପ୍ରିଲ୍ ୧୩ ତାରିଖରେ ଭର୍ଜିନିଆ ରାଜ୍ୟର ଆଲ୍ ବେମ୍ୟାରୀ କାଉଣ୍ଟି ସ୍ଥିତ ସ୍ୟାଡ୍‌ୱେଲ୍ ଗ୍ରାମରେ ଜନ୍ମ ଗ୍ରହଣ କରିଥିଲେ ।
- ୧୭୬୯-୭୪ - ଭର୍ଜିନିଆର ରାଜନୈତିକ ଓ ସାମାଜିକ କ୍ଷେତ୍ରରେ ପ୍ରବେଶ ଓ ନେତୃତ୍ୱ ଗ୍ରହଣ ।

- ୧୭୭୫-୭୬ -ସ୍ୱାଧୀନତା ଘୋଷଣା ପତ୍ରର ନଥି ପ୍ରସ୍ତୁତିରେ ମୁଖ୍ୟ ଅଂଶ ଗ୍ରହଣ ।
- ୧୭୭୯-୮୧- ଭର୍ଜିନିଆର ରାଜ୍ୟପାଳ ପଦରେ ଅଧିଷ୍ଠିତ ।
- ୧୭୮୪-୮୯-ଫ୍ରାନ୍ସରେ ରାଷ୍ଟ୍ରଦୂତ ଭାବରେ ନିଯୁକ୍ତି । ଫ୍ରାନ୍ସ ଓ ଇଟାଲୀର ବିଶ୍ୱପ୍ରସିଦ୍ଧ ରୋମୀୟ କଳାକୃତିଗୁଡ଼ିକର ଅନୁଧ୍ୟାନ ଓ ନିଜର ସ୍ଥପତି ଜ୍ଞାନର ବିକାଶ । ଭର୍ଜିନିଆର ସଂସଦ ଭବନ, ବିଶ୍ୱବିଦ୍ୟାଳୟ, ନିଜର ବାସଗୃହ ଇତ୍ୟାଦିରେ ରୋମୀୟ କଳାର ଯେଉଁଭଳି ପରିସ୍ଫୁଟନ କରିଛନ୍ତି ତାହା ଆଜି ବି ଦର୍ଶକଙ୍କୁ ଚମତ୍କୃତ କରେ ।
- ୧୭୮୯-୯୩ : ପ୍ରଥମ ରାଷ୍ଟ୍ରପତି ଜର୍ଜ ୱାଶିଂଟନ୍‌ଙ୍କ ଅଧୀନରେ ଗୁରୁତ୍ୱପୂର୍ଣ୍ଣ 'ସେକ୍ରେଟାରୀ ଅଫ୍ ଷ୍ଟେଟ୍' ପଦରେ ଅଧିଷ୍ଠିତ ।
- ୧୭୯୭-୧୮୦୧ : ଦ୍ୱିତୀୟ ରାଷ୍ଟ୍ରପତି ଜନ୍ ଆଡାମ୍ସଙ୍କ ସମୟରେ ଉପରାଷ୍ଟ୍ରପତି ପଦ ଅଳଙ୍କରଣ ।
- ୧୮୦୧-୦୯ : ଯୁକ୍ତରାଷ୍ଟ୍ର ଆମେରିକାର ତୃତୀୟ ରାଷ୍ଟ୍ରପତି ଭାବେ ଅଧିଷ୍ଠିତ ।
- ୧୮୦୯-୨୬ : ଅବସରକାଳୀନ ଜୀବନରେ ସ୍ଥପତିବିଦ୍ୟା, ସମାଜସେବା, ସଂଗୀତ, କୃଷି ଗବେଷଣା ଇତ୍ୟାଦିରେ ମନୋନିବେଶ ।
- ୧୮୨୬-ଜୁଲାଇ ୪ ତାରିଖ ଦିନ ଯୁକ୍ତରାଷ୍ଟ୍ର ଆମେରିକାର ୫୦ତମ ସ୍ୱାଧୀନତା ଦିବସରେ ମହାପ୍ରୟାଣ ।
- ବହୁମୁଖୀ ପ୍ରତିଭାସମ୍ପନ୍ନ ମହାମାନବଙ୍କୁ ଶ୍ରଦ୍ଧାଞ୍ଜଳି ଜଣାଇ ବସ୍‌ରେ ଚଢ଼ିଲୁ ।

ଲିଙ୍କନ୍ ସ୍ମାରକୀ :

ସୁଶ୍ୟାମଳ ବନାନୀଶୋଭିତ ଗ୍ରୀକ୍ ମନ୍ଦିର ଶୈଳୀରେ ନିର୍ମିତ ଯେଉଁ ଭବ୍ୟ ସୌଧଟି ଦୃଷ୍ଟିଗୋଚର ହେଲା ତାହା ହେଉଛି 'ଲିଙ୍କନ୍ ସ୍ମାରକୀ' । ଆମେରିକାର ଜନପ୍ରିୟ ଷୋଡ଼ଶ ରାଷ୍ଟ୍ରପତି ତଥା ବିଶ୍ୱବିଦିତ ଜନନାୟକ ଆବ୍ରାହମ୍ ଲିଙ୍କନ୍‌ଙ୍କ ସ୍ମୃତିରେ ଏହି ସୌଧଟି ନିର୍ମିତ ହୋଇଛି ଅନୁପମ କାନନ ପରିବେଶ ଭିତରେ । ସମ୍ମୁଖରେ ୨୨୦୦ ଫୁଟ ଦୀର୍ଘ ଜଳାଧାର ୱାଶିଂଟନ୍ ସ୍ମାରକୀ ସ୍ତମ୍ଭ ପର୍ଯ୍ୟନ୍ତ । ପାହାଚ ଚଢ଼ି ୧୯ ଫୁଟ୍ ଉଚ୍ଚ ଓ ୧୯ ଫୁଟ୍ ଓସାରର ଉପବିଷ୍ଟ ମୂର୍ତ୍ତି ଦର୍ଶନ କଲୁ । ଜର୍ଜିଆ ମାର୍ବଲ୍‌ରେ ନିର୍ମିତ ମସୃଣ ମୂର୍ତ୍ତିଟି ଜୀବନ୍ତ ଭଳି ପ୍ରତୀୟମାନ ହେଉଛି । ଡାହାଣ ହାତର ମୁଠା ଖୋଲା ଏବଂ ବାମ ହାତରେ ମୁଠା ବନ୍ଦ ରହିଛି । ଏହା ଯଥାକ୍ରମେ ତାଙ୍କର କୋମଳତା ଓ ଦୃଢ଼ତାର ପ୍ରତୀକ ବୋଲି ଜାଣିଲି । ଦାସତ୍ୱ ପ୍ରଥା ବିରୁଦ୍ଧରେ ମାନବିକତାର କୋମଳସ୍ୱର ଉତ୍ତୋଳନ

କରିବା ସଂଗେ ସଂଗେ ପରବର୍ତ୍ତୀ କାଳର ଗୃହଯୁଦ୍ଧକୁ ଦୃଢ଼ ହସ୍ତରେ ସେ ଦମନ କରିଥିଲେ । ଉତ୍ତର ଓ ଦକ୍ଷିଣ କାନ୍ଥରେ ତାଙ୍କର ଦୁଇଟି ପ୍ରସିଦ୍ଧ ଭାଷଣ ଖୋଦିତ ହୋଇଛି ।

ଗେଟିସ୍‌ବର୍ଗ ଭାଷଣ :

୧୮୬୩ ମସିହା ନଭେମ୍ବର ୧୯ ତାରିଖରେ ପେନ୍‌ସିଲ୍‌ଭାନିଆର ଗେଟିସ୍‌ବର୍ଗଠାରେ ଗୃହଯୁଦ୍ଧରେ ପ୍ରାଣବଳୀ ଦେଇଥିବା ଶହୀଦ୍‌ଙ୍କ ସ୍ମୃତିରେ ସେ କହିଥିଲେ, "ଏ ଜାତିର ଉତ୍ଥାନ ପାଇଁ ପ୍ରାଣବଳୀ ଦେଇଥିବା ବୀରମାନଙ୍କ ସମାଧିର ଉଦ୍‌ଘାଟନ ଉତ୍ସବରେ ଆମେ ସମବେତ ହୋଇଛୁ । ଯେଉଁ ମହାନ୍ କାର୍ଯ୍ୟ ପାଇଁ ସେମାନେ ଜୀବନ-ଦାନ ଦେଲେ ସେହି ଅସଂପୂର୍ଣ୍ଣ କାର୍ଯ୍ୟକୁ ସଂପୂର୍ଣ୍ଣ କରିବା ପାଇଁ ଆମକୁ ଆତ୍ମୋତ୍ସର୍ଗ କରିବାକୁ ପଡ଼ିବ । ଆମେ ଏଠାରେ ଦୃଢ଼ ସଂକଳ୍ପ ନେବା ଯେ, ଯେଉଁମାନେ ଆତ୍ମବଳୀ ଦେଲେ ସେମାନଙ୍କ ତ୍ୟାଗ ନିରର୍ଥକ ହେବ ନାହିଁ ଏବଂ ଲକ୍ଷ୍ୟ ପୂରଣ ହେବ । ଏ ଜାତି ନୂତନ ସ୍ୱାଧୀନତା ଲାଭ କରିବ ଏବଂ ଜନକଲ୍ୟାଣ ପାଇଁ ଜନତାର ସରକାର ଏ ପୃଥିବୀପୃଷ୍ଠରେ ତିଷ୍ଠି ରହିବ ।"

ସୌଧର ଚତୁର୍ଦ୍ଦିଗରେ ୩୬ଟି ସୁଉଚ୍ଚ ପ୍ରସ୍ତର ସ୍ତମ୍ଭ ଲିଙ୍କନଙ୍କ ମୃତ୍ୟୁ ବେଳକୁ ଆମେରିକାରେ ଥିବା ୩୬ଟି ରାଜ୍ୟର ସଂକେତ ବହନ କରୁଛି । ଏହି ସ୍ତମ୍ଭଗୁଡ଼ିକରେ ରାଜ୍ୟମାନଙ୍କ ନାମ ଖୋଦିତ ହୋଇଥିବାର ଦେଖିଲୁ । ବାହ୍ୟ ବାରଣ୍ଡାରେ ରାଜ୍ୟର ନାମ ଖୋଦିତ ୪୮ଟି ଖମ୍ବ ଦୃଷ୍ଟିଗୋଚର ହେଲା । ଅର୍ଥାତ୍ ୧୯୨୨ ମସିହାରେ ସ୍ମାରକୀ ସୌଧ ନିର୍ମାଣ ଶେଷ ହେବା ବେଳକୁ ୪୮ଟି ରାଜ୍ୟ ଯୁକ୍ତରାଷ୍ଟ୍ର ଆମେରକାର ଅନ୍ତର୍ଭୁକ୍ତ ହୋଇସାରିଥିଲେ । ଅବଶିଷ୍ଟ ଦୁଇଟି ରାଜ୍ୟ ଆଲାସ୍କା ଓ ହାୱାଇର ନାମ ମଧ୍ୟ ଅନ୍ୟ ଫଳକରେ ଖୋଦିତ ହୋଇଛି । ସୌଧର ଆଭ୍ୟନ୍ତର ଓ ବାହ୍ୟଦୃଶ୍ୟ ଉପଭୋଗ ପରେ ପର୍ଯ୍ୟଟକ କେନ୍ଦ୍ରକୁ ଯାଇ ପୁସ୍ତକ, ଅଭିଲେଖ ଓ ଗୁରୁତ୍ୱପୂର୍ଣ୍ଣ ସ୍ମରଣୀୟ ଫଟୋଚିତ୍ର ଦେଖିଲୁ । ବିବରଣୀ ପୁସ୍ତିକା ଖଣ୍ଡିଏ ଆଣି ଲିଙ୍କନଙ୍କର ସଂକ୍ଷିପ୍ତ ଜୀବନୀ ଓ ସ୍ମୃତିସୌଧର ନିର୍ମାଣ କାହାଣୀ ଉପରେ ଦୃଷ୍ଟିନିବଦ୍ଧ କଲି ।

ଲିଙ୍କନଙ୍କର ସଂକ୍ଷିପ୍ତ ଜୀବନୀ :

୧୮୦୯-ଫେବୃଆରୀ ୧୨ ତାରିଖରେ କେଣ୍ଟୁକୀ ରାଜ୍ୟର ହଜେନ୍‌ଭିଲେଠାରେ ଗୋଟିଏ ଗରିବ ପରିବାରର କାଷ୍ଠ ନିର୍ମିତ କୁଟୀର ଭିତରେ ଜନ୍ମ । ନାନା ବାଧାବିଘ୍ନ ଅତିକ୍ରମ କରି ଆଇନ ଶିକ୍ଷା ସମାପ୍ତ ଏବଂ ବୃତ୍ତିଗତ ଜୀବନ ସହିତ ରାଜନୈତିକ କାର୍ଯ୍ୟକଳାପ ଆରମ୍ଭ । ସ୍ୱାଧୀନତା ସଂଗ୍ରାମ ବେଳେ ଘୋଷଣା କରାଯାଇଥିବା ମୂଲ୍ୟଭିତ୍ତିକ ରାଜନୀତିର ସେ ଦୃଢ଼ ପ୍ରବକ୍ତା ଥିଲେ ଏବଂ ସମୟକ୍ରମେ ରାଜ୍ୟ ବିଧାନସଭାରେ ଗୁରୁତ୍ୱପୂର୍ଣ୍ଣ ସ୍ଥାନ ଅଳଂକୃତ କରିଥିଲେ । ସେ ଏକାଧାରରେ

ବାଗ୍ମୀ, ଆଦର୍ଶବାଦୀ ଏବଂ ମାନବିକତାର ମୂର୍ତ୍ତିମନ୍ତ ପ୍ରତୀକ ଥିଲେ । କ୍ରୀତଦାସ ପ୍ରଥା ଉଚ୍ଛେଦରେ ତାଙ୍କର ବହୁତ ଅବଦାନ ଥିଲା ।

୧୮୬୦-ଷୋଡ଼ଶ ରାଷ୍ଟ୍ରପତି ପଦରେ ଅଭିଷିକ୍ତ ।

୧୮୬୧-ଯୁକ୍ତରାଷ୍ଟ୍ର ଆମେରିକାର ଦକ୍ଷିଣାଞ୍ଚଳରେ କ୍ରୀତଦାସ ପ୍ରଥା ବିରୁଦ୍ଧରେ ଆନ୍ଦୋଳନ ଓ ଗୃହଯୁଦ୍ଧ ଆରମ୍ଭ ।

୧୮୬୫ : ବହୁତ ବିରୋଧ ସତ୍ତ୍ୱେ ତ୍ରୟୋଦଶ ସମ୍ବିଧାନ ସଂଶୋଧନ ଦ୍ୱାରା କ୍ରୀତଦାସ ପ୍ରଥା ଉଚ୍ଛେଦ କଲେ । ଏହି ବର୍ଷ ଦ୍ୱିତୀୟଥର ପାଇଁ ସେ ରାଷ୍ଟ୍ରପତି ଆସନ ଅଳଙ୍କୃତ କରିଥିଲେ । ଏପ୍ରିଲ୍ ୧୪ ତାରିଖରେ ଆତତାୟୀର ଗୁଳିରେ ଶହୀଦ୍ ହେଲେ ।

ସ୍ମାରକୀ ନିର୍ମାଣର ଇତିହାସ :

୧୮୬୭ ମସିହାରେ ଆବ୍ରାହମ୍ ଲିଙ୍କନ୍‌ଙ୍କ ଅମର ଆତ୍ମା ପାଇଁ ସମବେଦନା ଜ୍ଞାପନ କରି ସ୍ମାରକୀଟିଏ ନିର୍ମାଣ କରିବା ପାଇଁ ଆମେରିକୀୟ କଂଗ୍ରେସ ପ୍ରସ୍ତାବ ଗ୍ରହଣ କରିଥିଲେ । କିନ୍ତୁ ଉପଯୁକ୍ତ ସ୍ଥାନ ଚିହ୍ନଟରେ ବାଦବିବାଦ ଯୋଗୁଁ ସମୟ ଅତିକ୍ରାନ୍ତ ହେବାରେ ଲାଗିଲା । ୧୯୦୧ ମସିହାରେ ମ୍ୟାକମିଲନ୍ କମିଶନ ପୋଟୋମାକ୍ ନଦୀ କୂଳରେ ଏହି ଉଦ୍ୟାନକୁ ମନୋନୀତ କଲେ । ୧୯୧୪ ମସିହା ଫେବୃୟାରୀ ୧୨ ତାରିଖରେ ନିର୍ମାଣ କାର୍ଯ୍ୟ ଆରମ୍ଭ ହେଲା । ନ୍ୟୁୟର୍କର ସ୍ଥପତି ହେନରୀ ବ୍ୟାକନ୍ ଗ୍ରୀକ୍ ମନ୍ଦିରଶୈଳୀରେ ସ୍ମାରକୀ କୋଠା ଏବଂ ଦାନିଏଲ୍ ଚେଷ୍ଟର୍ ଫ୍ରେଞ୍ଚ୍ ମୂର୍ତ୍ତିର ନିର୍ମାଣ ଆରମ୍ଭ କଲେ । ୧୯ଫୁଟ୍ ଉଚ୍ଚ ଓ ପ୍ରଶସ୍ତ ମୂର୍ତ୍ତିଟି ୩୮ଟି ପ୍ରକାଣ୍ଡ ମାର୍ବଲ୍ ଖଣ୍ଡରୁ ତିଆରି କରାଯାଇ ଏପରି ଯୋଡ଼ି ଦିଆଯାଇଛି ଯେ, ଗୋଟିଏ ପଥରରୁ ଗଢ଼ା ହୋଇଥିବା ଭଳି ଦେଖାଯାଏ । କଲୋରାଡୋର ଉନ୍ନତ ମାନର ମାର୍ବଲ୍ ଏବଂ ଇଣ୍ଡିଆନାର ଚୂନପଥର ଏଥିରେ ବ୍ୟବହୃତ ହୋଇଛି । ତତ୍‌କାଳୀନ ରାଷ୍ଟ୍ରପତି ୱାରେନ୍ ଜି. ହାର୍ଡିଂ ୧୯୨୨ ମସିହା ମଇ ୩୦ ତାରିଖରେ ଏହି ସୁରମ୍ୟ ସ୍ମାରକୀ ସୌଧକୁ ଜାତି ଉଦ୍ଦେଶ୍ୟରେ ଉତ୍ସର୍ଗ କରିଥିଲେ ।

କୋରିଆ ଯୁଦ୍ଧର ସ୍ମାରକୀ :

ଲିଙ୍କନ ସ୍ମୃତିସୌଧ ବାରଣ୍ଡା ଉପରୁ ପାରିପାର୍ଶ୍ୱିକ ସୌନ୍ଦର୍ଯ୍ୟ ଅବଲୋକନ କରୁ କରୁ ଦୃଷ୍ଟିନିବଦ୍ଧ ହେଲା ଏକ ବୃତ୍ତାକାର ପ୍ରମୋଦ ଉଦ୍ୟାନ ମଧ୍ୟରେ ସ୍ଥାପିତ କିଛି ପ୍ରତିକୃତି ଉପରେ । ଅନେକ ପରିଦର୍ଶକ ସେ ଦିଗରେ ଚାଲିଥାନ୍ତି । ଆମେ ମଧ୍ୟ ଆଗେଇଲୁ । ପ୍ରବେଶପଥରେ ଥିବା ପୁସ୍ତକାଳୟରୁ ସ୍ମାରକୀ ପୁସ୍ତିକାଟିଏ ଗ୍ରହଣ କଲି । ୧୯୫୦ ମସିହାରେ କୋରିଆର ଦକ୍ଷିଣାଞ୍ଚଳରେ କମ୍ୟୁନିଷ୍ଟ ସରକାରବିରୋଧୀ ଆନ୍ଦୋଳନ ମୁଣ୍ଡ ଟେକିଥିଲା । ଗଣତନ୍ତ୍ରରେ ବିଶ୍ୱାସ କରୁଥିବା ନେତାମାନଙ୍କୁ ଅକଥନୀୟ

ଅତ୍ୟାଚାରରୁ ରକ୍ଷା କରିବା ପାଇଁ ମିଳିତ ଜାତିସଂଘ ପଦକ୍ଷେପ ନେଲେ । ଶାନ୍ତିପୂର୍ଣ୍ଣ ଉପାୟରେ ସମାଧାନ ହୋଇ ନପାରିବାରୁ ଯୁଦ୍ଧ ଅବଶ୍ୟମ୍ଭାବୀ ହେଲା । ୨୨ଟି ଦେଶର ସୈନ୍ୟବାହିନୀ ସହିତ ଆମେରିକାର ସ୍ଥଳ, ଜଳ ଓ ଆକାଶ ବାହିନୀକୁ ତିନି ବର୍ଷ କାଳ ଯୁଦ୍ଧରେ ବ୍ୟାପୃତ ହେବାକୁ ପଡ଼ିଲା । ପ୍ରାୟ ୧୫ଲକ୍ଷ ଆମେରିକୀୟ ସୈନ୍ୟ, ଇଂଜିନିୟର, ଡାକ୍ତର, ନର୍ସ ଓ ଧର୍ମଯାଜକ ଏଥିରେ ଯୋଗ ଦେଇଥିଲେ । ଏମାନଙ୍କ ମଧ୍ୟରୁ ଯେଉଁମାନେ ଶହୀଦ୍ ହୋଇଥିଲେ ସେମାନଙ୍କ ସ୍ମୃତିରେ ଏହି ସ୍ମାରକୀ ନିର୍ମିତ । ୧୯୯୫ ମସିହା ଜୁଲାଇ ୨୭ ତାରିଖରେ ଆମେରିକାର ରାଷ୍ଟ୍ରପତି କ୍ଲିଣ୍ଟନ୍ ଓ କୋରିଆ ସାଧାରଣତନ୍ତ୍ରର ରାଷ୍ଟ୍ରପତି କିମ୍ ୟଙ୍ଗ୍ ସାମ୍‌ଙ୍କ ଦ୍ୱାରା ଜାତି ଉଦ୍ଦେଶ୍ୟରେ ଏହାକୁ ଉତ୍ସର୍ଗ କରାଗଲା ।

ଗୋଲାକାର ଉଦ୍ୟାନ ଭିତରେ ତ୍ରିକୋଣୀ ସ୍ମାରକୀଟିର ନକ୍ସା ଖୁବ୍ ଆକର୍ଷଣୀୟ । ତ୍ରିକୋଣ ଭିତରେ ୧୯ଜଣ ଅଜଣା ସୈନିକଙ୍କର ଇସ୍ପାତ ପ୍ରତିକୃତି ଶୋଭାପାଉଛି । ଏକ ବିରାଟ ଗ୍ରାନାଇଟ୍ ପ୍ରସ୍ତରନିର୍ମିତ କାନ୍ଥ ଉପରେ ଶତାଧିକ ସୈନିକଙ୍କ ମୁଖାକୃତି ଖୋଦିତ ହୋଇଛି । ଏହା ଉପରେ ପ୍ରତିକୃତିଗୁଡ଼ିକର ଛାୟା ଅପୂର୍ବ ଦୃଶ୍ୟ ସୃଷ୍ଟି କରୁଥାଏ । ନାନା ରଙ୍ଗର ପୁଷ୍ପ ଓ ଶ୍ୟାମଳ ବୃକ୍ଷରାଜି ଭିତରେ ଆଉ ଖଣ୍ଡିଏ ଗ୍ରାନାଇଟ୍ ପଥରରେ ରୁପେଲି ଅକ୍ଷରରେ ଖୋଦିତ ହୋଇଛି "ଫ୍ରିଡମ୍ ଇଜ୍ ନଟ୍ ଫ୍ରି" । ବାର୍ତ୍ତାଟି ମନକୁ ଛୁଇଁଲା । ଯେକୌଣସି ଜାତିକୁ ସ୍ୱାଧୀନତା ପାଇଁ ବହୁମୂଲ୍ୟ ଦେବାକୁ ପଡ଼େ । ତେବେ ଯୁଦ୍ଧପରର ଶାନ୍ତି କ'ଣ ଚିରସ୍ଥାୟୀ ହୋଇପାରିବ ନାହିଁ ? ଏହା ଉପରେ ଚିନ୍ତନ କରୁ କରୁ ଗାଇଡ୍ ଘୋଷଣା କଲେ ଯେ, ୱାଶିଂଟନ୍ ଡି.ସି. ଭ୍ରମଣ ଶେଷ ହେଲା । ସଂଧ୍ୟା ନଇଁ ଆସୁଥିଲା । ପୋଟୋମାକ୍ ନଦୀର ପୋଲ ଉପରେ ନଗରୀ-ରାଣୀ ୱାଶିଂଟନ୍ ଡି.ସି.କୁ ବିଦାୟ ଜଣାଇଲୁ ।

■

ନୃତ୍ୟମୟୀ ନାଏଗ୍ରା

ତା. ୨୧.୦୬.୦୮ (ଶନିବାର) :

ଗତ ରାତିରେ ୱାଶିଂଟନ୍ ଡି.ସି. ସହର ଉପକଣ୍ଠରେ ସୌଖୀନ ହୋଟେଲ୍‌ରେ ରାତ୍ରିଯାପନ କଲୁ । ୱାଶିଂଟନ୍ ଡି.ସି.ର ମାଧୁର୍ଯ୍ୟ ଏବଂ ଅଗଣିତ ଦର୍ଶନୀୟ ସ୍ଥାନର ମହତ୍ୱ ମନକୁ ସରସ କରି ଦେଇଥାଏ । ତେବେ ଆଜିର ସକାଳ ଗୋଟିଏ ବହୁ ପ୍ରତୀକ୍ଷିତ ଲକ୍ଷ୍ୟସ୍ଥଳକୁ ଯିବାର ଉତ୍କଣ୍ଠା ମନରେ ଭରି ଦେଇଛି । ଲକ୍ଷ୍ୟସ୍ଥଳ ହେଲା ବିଶ୍ୱପ୍ରସିଦ୍ଧ ନାଏଗ୍ରା ଜଳପ୍ରପାତ । ଗାଇଡ୍ ସକାଳ ୬ଟା ସୁଦ୍ଧା ଜଳଯୋଗ କରି ହୋଟେଲ୍ ଛାଡ଼ିବାର ସୂଚନା ଦେଇଥାନ୍ତି । ଚାରି ଘଣ୍ଟାର ଯାତ୍ରା । ତା' ପରେ କର୍ଣ୍ଣିଂ କାଚ ସଂଗ୍ରହାଳୟ ପରିଦର୍ଶନ ପାଇଁ ବିରତି ।

କର୍ଣ୍ଣିଂକାଚ ସଂଗ୍ରହାଳୟ :

ନ୍ୟୁୟର୍କ ରାଜ୍ୟର କର୍ଣ୍ଣିଂ ସହରରେ ପୃଥିବୀର ସର୍ବବୃହତ କାଚ କାରଖାନାଟିଏ ଗଢ଼ିଉଠିଛି । କାରଖାନା ସହିତ ବିଶ୍ୱପ୍ରସିଦ୍ଧ ସଂଗ୍ରହାଳୟ ପରିଦର୍ଶନ ପାଇଁ ଏଠାରେ ପର୍ଯ୍ୟଟକମାନଙ୍କର ଭିଡ଼ ଜମେ । ସଂଗ୍ରହାଳୟରେ ପଶି ଖ୍ରୀଷ୍ଟପୂର୍ବ ୧୫୦୦ ମସିହାରେ ମିଶରର ଫାରୋ ରାଜାମାନଙ୍କ ସମୟରେ ବ୍ୟବହୃତ କାଚ ତିଆରି ଅଳଙ୍କାର ଓ ଗୃହ ସାମଗ୍ରୀର ପ୍ରଦର୍ଶନ ଦେଖିଲୁ । ତା' ପରେ ଚୀନ୍ ଓ ଭାରତର ରାଜପରିବାର ତଥା ଜନସାଧାରଣଙ୍କଠାରୁ ସଂଗୃହିତ ବିବିଧ ଦ୍ରବ୍ୟର ସାଜସଜ୍ଜା । କାଚ ନିର୍ମିତ ଦର୍ପଣ, ବାସକୁସନ, ଫଳ ଓ ଫୁଲର ପ୍ରତିକୃତି, ଫୁଲଦାନୀ, ଝାଡ଼ବତୀ ଏଭଳି ଅସଂଖ୍ୟ ଦ୍ରବ୍ୟର ପ୍ରଦର୍ଶନୀ ଖୁବ୍ ଭଲ ଲାଗିଲା । ତା' ପରେ କାରଖାନା ଭିତରେ ବିବିଧ କାଚ ସାମଗ୍ରୀ କିପରି ପ୍ରସ୍ତୁତ କରାଯାଏ ତାହା ଦେଖିଲୁ । ମଧୁର ଅନୁଭୂତି ନେଇ ଦୁଇଘଣ୍ଟା ପରେ ସଂଗ୍ରହାଳୟ ଭିତରୁ ବାହାରିଲୁ। ମଧ୍ୟାହ୍ନଭୋଜନ ପରେ ନାଏଗ୍ରା ଅଭିମୁଖେ ଯାତ୍ରା।

ନାଏଗ୍ରା :

ଅଢ଼େଇ ଘଣ୍ଟାର ଯାତ୍ରା ପରେ ଅପରାହ୍ନ ୪.୩୦ ମିନିଟ୍‌ରେ ନାଏଗ୍ରାଠାରେ ପହଞ୍ଚିଲୁ। ପୃଥିବୀର ବୃହତ୍ତମ ଜଳପ୍ରପାତ ଏବଂ ଅନୁପମ ସୌନ୍ଦର୍ଯ୍ୟର ଅଧିକାରିଣୀ ନାଏଗ୍ରା ଚାରିଶହ ଏକର ପରିମିତ ଏକ ଜାତୀୟ ଉଦ୍ୟାନ। ୩୦୦ ଏକର ପରିମିତ ଅଞ୍ଚଳରେ ଜଳରାଶିର ସୁଷମା ଏବଂ ୧୦୦ ଏକର ପରିମିତ ସ୍ଥଳ ଭାଗରେ ବନାନୀ ଓ ପୁଷ୍ପ ଉଦ୍ୟାନର ସମାରୋହ। ଆତ୍ମବିସ୍ମୃତ ହୋଇ ଏସବୁକୁ ଅତିକ୍ରମ କରି ଆମେ ପରିଦର୍ଶନ କେନ୍ଦ୍ରର ଟିକିଏ ଆଗରୁ ବସ୍‌ରୁ ଓହ୍ଲାଇ ଗାଇଡ୍‌ଙ୍କର ପଶ୍ଚାତ୍‌ଧାବନ କଲୁ। ଆଗରୁ ଟିକେଟ୍‌ର ବ୍ୟବସ୍ଥା ସେ କରିସାରିଥିଲେ। ଜନସମାଗମ ଲାଗିଥାଏ। ଧାଡ଼ିରେ ରହି ନିରୀକ୍ଷଣସ୍ତମ୍ଭ ଦିଗରେ ଚାଲିଲୁ। ନିରୀକ୍ଷଣ ସ୍ତମ୍ଭଟି ଦର୍ଶକମାନଙ୍କ ସୁବିଧା ପାଇଁ ୪୨ ବର୍ଷ ହେଲା ନିର୍ମିତ ହୋଇଛି। ଏହା କୂଳଠାରୁ ନାଏଗ୍ରା ନଦୀ ଭିତରେ ୨୩୦ ଫୁଟ୍ ପର୍ଯ୍ୟନ୍ତ ଲମ୍ବିଯାଇଛି। ବାମପଟେ ଆମେରିକାନ୍, ନବବଧୂ (ବ୍ରାଇଡ଼ାଲ୍) ଓ ଅଶ୍ୱଖୁରାକୃତି ଏଭଳି ତିନୋଟି ଜଳପ୍ରପାତର ସୌନ୍ଦର୍ଯ୍ୟ, ପାହାଡ଼ପଟେ ନଦୀର ଅପରପାର୍ଶ୍ୱ କାନାଡ଼ାକୁ ସଂଯୋଗ କରୁଥିବା ଇନ୍ଦ୍ରଧନୁ ସେତୁର ସୌମ୍ୟ ରୂପ ଏବଂ ବନାନୀ ତଥା ଉଦ୍ୟାନର ଶୋଭା। ଧାଡ଼ିରେ ରହି ସୌନ୍ଦର୍ଯ୍ୟ ଉପଭୋଗ କରୁ କରୁ ଦଳ ଦଳ ହୋଇ ଲିଫ୍‌ଟରେ ପଶିଲୁ। ପ୍ରାୟ ୧୮୦ ଫୁଟ୍ ଅବତରଣ କଲାପରେ 'ମେଡ୍ ଅଫ୍ ଦି ମିଷ୍ଟ' ମୋଟରଚାଳିତ ଲଞ୍ଚରେ ବସି ଜଳପ୍ରପାତର ଜଳରାଶିରେ ଆର୍ଦ୍ର ହେବାର ଆନନ୍ଦ ନେବାପାଇଁ ଅନୁକୂଳ ସମୟ। ନୀଳରଙ୍ଗର ବର୍ଷାତି ଓ ଟୋପି ପିନ୍ଧି ଲଞ୍ଚରେ ଚଢ଼ିଲୁ। ଅଧଘଣ୍ଟାକର ଯାତ୍ରା। ନଦୀ ଗର୍ଭରୁ ବାମ ଦିଗରେ ଜଳପ୍ରପାତର ଦୃଶ୍ୟ ବେଶ୍ ହୃଦୟଗ୍ରାହୀ। ପ୍ରଥମେ ଦୃଷ୍ଟି ନିବଦ୍ଧ ହେଲା 'ଆମେରିକୀୟ ପ୍ରପାତ' ଉପରେ। ପ୍ରାୟ ୯୫୦ ଫୁଟ୍ ଓସାରରେ ପ୍ରଚୁର ଜଳରାଶି ୧୮୦ ଫୁଟ୍ ଉଚ୍ଚରୁ ସଶବ୍ଦେ ପତିତ ହେଉଛି। ଧବଳ ବର୍ଣ୍ଣର ଜଳରାଶି କୁହେଳିକା ସୃଷ୍ଟି କରିଛି ସମ୍ମୁଖରେ। ଧୀରେ ଧୀରେ ଆଗକୁ ବଢ଼ି ଲକ୍ଷ୍ୟ କଲି, ଜଳଧାରା ଯେଉଁଠି ସରିଛି ଏକ କ୍ଷୁଦ୍ରଦ୍ୱୀପର ଭୂଖଣ୍ଡ (ଲୁନାଦ୍ୱୀପ)ର ସେଠାରେ ଆରମ୍ଭ। ପରେ ପରେ ଆଉ ଏକ ଅଣଓସାରିଆ ଜଳଧାର ନଦୀ ଗର୍ଭକୁ ପତିତ ହେଉଛି। ଏକ ବିଦେଶିନୀ ନବବଧୂର ଶ୍ୱେତ ଓଢ଼ଣା ଭଳି ଏହାର ଦୃଶ୍ୟ, ତେଣୁ ନାଁ ଦିଆଯାଇଛି "ନବବଧୂର ଓଢ଼ଣା ପ୍ରପାତ"। ପ୍ରାୟ ୫୦ ଫୁଟ୍ ଓସାରରେ ଜଳଧାରା ପତିତ ହେଉଛି। ଏହି ଜଳପ୍ରପାତର ପାଦଦେଶରେ ହଳଦିଆ ରଙ୍ଗର ବର୍ଷାତି ପରିଧାନ କରି ପରିଦର୍ଶକମାନେ ଉପରକୁ ଚଢ଼ୁଥାଆନ୍ତି ପବନ ଗୁମ୍ଫା (Cave of the winds) ଭିତରେ ପଶି ୨୦ ଫୁଟ୍ ପଛରେ ରହି ପ୍ରପାତର ଛିଟାର ଆନନ୍ଦ ନେବା ଲାଗି। ଛେଳି ଦ୍ୱୀପ (goat island)ର ଏହି

ଅଂଶଟି ଅତିକ୍ରମ କଲେ ଅଶ୍ୱଖୁରାକୃତି ଜଳପ୍ରପାତ (ଏହି ଅଂଶ କାନାଡ଼ା ସୀମା ଅନ୍ତର୍ଭୁକ୍ତ)ର ଭୀମକାନ୍ତ ସୌନ୍ଦର୍ଯ୍ୟର ଦର୍ଶନ! କି ବିଚିତ୍ର ସେ ଦୃଶ୍ୟ! ପ୍ରକୃତିରାଣୀ ପୃଥିବୀର ଏହି ଗୋଟିଏ ସ୍ଥାନରେ ହିଁ ଏଭଳି ଅପରୂପ ସୌନ୍ଦର୍ଯ୍ୟ ଅଜାଡ଼ି ଦେଇଛି। ଇଏ ହିଁ 'ନୃତ୍ୟମୟୀ ନାଏଗ୍ରା' ଯାହାର ଦର୍ଶନ ପାଇଁ ମୁଁ ବିଦ୍ୟାଳୟରେ ପାଠପଢ଼ିବା ବେଳୁ ଲାଳାୟିତ ଥିଲି। ପ୍ରାୟ ୨୬୦୦ ଫୁଟ୍ ଓସାରର ପ୍ରଚୁର ଜଳରାଶି ୧୭୦ ଫୁଟ୍ ନିମ୍ନକୁ ପତିତ ହେବାବେଳେ ଯେଉଁ ଶବ୍ଦ ସୃଷ୍ଟି କରୁଛି, ବାହ୍ୟ ଜଗତର ଅନ୍ୟ କୌଣସି ଶବ୍ଦକୁ କର୍ଣ୍ଣ ଗହ୍ୱରରେ ପ୍ରବେଶ କରିବାକୁ ଦେଉନାହିଁ। ନୟନ ଯୁଗଳ ନାଏଗ୍ରାର ନୃତ୍ୟ ବ୍ୟତୀତ ଆଉ କିଛି ଦେଖିବାକୁ ପ୍ରସ୍ତୁତ ନୁହଁନ୍ତି ଏବଂ ବର୍ଷାତି ଭେଦକରି ପ୍ରପାତର ପାଣିଛିଟା ପିନ୍ଧା ପୋଷାକକୁ ଆର୍ଦ୍ରତାର ସ୍ପର୍ଶ ଦେଲାବେଳେ ମନେ ହେଉଛି ପ୍ରକୃତିରାଣୀ ମୋତେ କୋଳକୁ ନେଇ ଅର୍ଦ୍ଧଜାଗ୍ରତ ଓ ଅର୍ଦ୍ଧସୁପ୍ତ ଜଗତରେ ନାନାବାୟା ଗୀତ ଶୁଣାଉଛି।

ଆମେରିକା-ଯାତ୍ରାର ଉତ୍ସାହ, ଉଦ୍ଦୀପନା ଓ ଉତ୍ତେଜନା ସବୁ ଯେମିତି ଏଇ ନାଏଗ୍ରା ପାଇଁ। ଲଞ୍ଚ କ୍ଷୀପ୍ର ଜଳରାଶି ଭିତରେ ଝୁଲି ଝୁଲି କାନ ପାଖରେ ଗୁଞ୍ଜରଣ ସୃଷ୍ଟି କରୁଥିଲା 'ଦେଖ ମନଭରି ଦେଖ। ପ୍ରକୃତିରାଣୀ ସୁଷମାର ଗନ୍ତାଘର ଖୋଲିଦେଇଛି।' ପ୍ରକୃତିର ଏହି ଦାନ ପାଇଁ ମୋ ଦୃଷ୍ଟିରେ ଆମେରିକା ସୁନ୍ଦର, ଐଶ୍ୱର୍ଯ୍ୟଶାଳୀ ଏବଂ ଅନନ୍ୟ। ସ୍ୱପ୍ନ ଜଗତରୁ ଫେରିବା ଆରମ୍ଭ କଲାବେଳକୁ ଦୃଷ୍ଟି ନିବଦ୍ଧ ହେଲା ନଦୀର ଅପରପାର୍ଶ୍ୱ କାନାଡ଼ାର ନାଏଗ୍ରା ଉଦ୍ୟାନ ଅଞ୍ଚଳ ଉପରେ ଏବଂ ଦୁଇଟି ଦେଶର ହୃଦୟକୁ ଯୋଡ଼ି ଦେଉଥିବା ଇନ୍ଦ୍ରଧନୁ ସେତୁ। ସାମ୍ନାରେ ଉର୍ଦ୍ଧ୍ୱମୁଖୀ ନିରୀକ୍ଷଣ ସ୍ତମ୍ଭର ବିଶାଳତା। ଦର୍ଶକମାନଙ୍କୁ ନାଏଗ୍ରାର ସର୍ବଶ୍ରେଷ୍ଠ ଦୃଶ୍ୟ ଦର୍ଶନର ସୁଯୋଗ ଯୋଜନା ପାଇଁ କର୍ତ୍ତୃପକ୍ଷଙ୍କର ପ୍ରଶଂସାରେ ଶତମୁଖ ହେଲି। ଏଥର ଲଞ୍ଚ ଉପରୁ ଓହ୍ଲାଇବାର ବେଳ। ଭାବୁଥିଲି, ନାଏଗ୍ରା ଦର୍ଶନ କ'ଣ ସରିଗଲା ? ନା, ଗାଇଡ୍ କହିଛନ୍ତି ରାତି ୯.୩୦ ମିନିଟ୍ ପର୍ଯ୍ୟନ୍ତ ଦୃଶ୍ୟ ଉପଭୋଗର ସୁଯୋଗ ଅଛି। ଘଣ୍ଟା ଦେଖିଲି ସମୟ ମାତ୍ର ଛଅ। ସାତଟାବେଳେ ଅତ୍ୟାଧୁନିକ ପ୍ରେକ୍ଷାଳୟରେ ନାଏଗ୍ରାକୁ ଜାଣିବା ପାଇଁ ଚଳଚ୍ଚିତ୍ର ପ୍ରଦର୍ଶନ। ନିରୀକ୍ଷଣସ୍ତମ୍ଭର ଲିଫ୍‌ଟରେ ଉପରକୁ ଉଠି ଦର୍ଶକ କେନ୍ଦ୍ରରେ ଉପହାର ସାମଗ୍ରୀ ଦେଖିବାରେ ଲାଗିଲୁ। 'ନାଏଗ୍ରା ପ୍ରପାତ ଜାତୀୟ ଉଦ୍ୟାନ' ଶୀର୍ଷକ ସଚିତ୍ର ପୁସ୍ତକ ଏବଂ ଗୋଟିଏ ଡି.ଭି.ଡି (ଦେଖିବାକୁ ଯାଉଥିବା ସିନେମା ସମ୍ବଳିତ) କିଣିବା ପରେ କିଛି ମାଗଣା ପୁସ୍ତିକା ସଂଗ୍ରହ କଲି। ପ୍ରାଚୀର ପତ୍ରରୁ ଜାଣିବାକୁ ପାଇଲି ଯେ ୪୫ ମିନିଟ୍‌ର ସିନେମାରେ ନାଏଗ୍ରାର ଇତିହାସ ଏବଂ ତା' କୋଳରେ ସାହସିକ କ୍ରୀଡ଼ାର ଅନେକ ଲୋମହର୍ଷଣକାରୀ ଦୃଶ୍ୟ ରହିଛି। ସଚିତ୍ର ପୁସ୍ତକଟି ଉପରେ

ମଧ୍ୟ ଆଖିବୁଲାଇ ନେଲି। ବହିଟିର ଚିତ୍ରସଜ୍ଜା, ବର୍ଣ୍ଣନାଚାତୁରୀ ଏବଂ ଜ୍ଞାନବର୍ଦ୍ଧକ ବିବରଣୀ ମନକୁ ଛୁଇଁଲା। ପ୍ରେକ୍ଷାଳୟରେ ପଶିବାର ସମୟ ଆସନ୍ନ। ଅନେକ ପର୍ଯ୍ୟଟକ ଶୃଙ୍ଖଳାରକ୍ଷା କରି ଆସନ ଗ୍ରହଣ କରୁଥାନ୍ତି। ସୁସଜ୍ଜିତ ପ୍ରେକ୍ଷାଳୟରେ ଅତ୍ୟାଧୁନିକ ଆଇମ୍ୟାକ୍ସ ଛବି ସଦ୍ୟ ଦର୍ଶନ କରିଥିବା ନାଏଗ୍ରାକୁ ଅଧିକ ଅନ୍ତରଙ୍ଗ କରିଦେଲା। ରୂପେଲି ପରଦାରେ ନାଏଗ୍ରାର ଭୀମକାନ୍ତ ଗର୍ଜନ ଏବଂ ରୂପସୀ ନର୍ତ୍ତକୀ ସୁଲଭ ଚାରୁ ନୃତ୍ୟ ଦର୍ଶନ କରୁକରୁ ପ୍ରଚ୍ଛଦପଟରେ ତା'ର ଇତିହାସ ଶୁଣାଯାଉଥିଲା। ପ୍ରାଗୈତିହାସିକ ତୁଷାର ଯୁଗରେ ଏହି ଅଞ୍ଚଳରେ ଆଦିବାସୀମାନେ ଶାଣିତ ପ୍ରସ୍ତର ଖଣ୍ଡକୁ ବର୍ଚ୍ଛାରେ ଯୋଡ଼ି ପଶୁ ଶିକାର କରୁଥିଲେ। ଆଦିମ ଆଦିବାସୀଙ୍କ ଲୋକକଥା ଅନୁସାରେ ବାଳିକାଟିଏ ପିତାମାତାଙ୍କର ସ୍ଥିରୀକୃତ ବରକୁ ପସନ୍ଦ ନକରି ନାଏଗ୍ରା ଜଳରେ ଝାସ ଦେଇଥିଲା। ସେହି ଅତୃପ୍ତ ଆତ୍ମା ଏବେ ବି ଘୂରି ବୁଲୁଛି ବୋଲି ଅନେକ ମତ ଦିଅନ୍ତି। କିମ୍ବଦନ୍ତୀ ପରେ ଇତିହାସର ବର୍ଣ୍ଣନା। ୧୬୧୫ ଖ୍ରୀଷ୍ଟାବ୍ଦରେ ପ୍ରଥମେ ୟୁରୋପୀୟ ଧର୍ମଯାଜକମାନେ 'ନାଏଗ୍ରା' ଦର୍ଶନ କରିଥିଲେ। ଫାଦର ଗ୍ୟାବ୍ରିଏଲ୍ ଲେଲ୍‌ମ୍ୟାଣ୍ଟ ଏହାକୁ 'ଓଙ୍ଗୁଇରା' ବା 'ନଦୀ' ବୋଲି ବର୍ଣ୍ଣନା କରି ପ୍ରଥମ ଲିଖିତ ବିବରଣୀ ଛାଡ଼ିଯାଇଛନ୍ତି। ଏହି ଅଞ୍ଚଳରେ ଆଧିପତ୍ୟ ବିସ୍ତାର ପାଇଁ ବିଭିନ୍ନ ଆଦିବାସୀ ଗୋଷ୍ଠୀମାନଙ୍କ ଭିତରେ ସଂଘର୍ଷ ଲାଗିବା ପରେ ୧୭୨୦ ମସିହାରେ ନ୍ୟୁୟର୍କ ରାଜ୍ୟର ସେନେକା, କାୟୁଗା, ଓନୋଣ୍ଡାଗା, ଓନିଡ଼ା ଓ ମୋହକ୍ ନାମକ ପାଞ୍ଚଟି ଅଞ୍ଚଳ ସହିତ ଷଷ୍ଠ ଅଞ୍ଚଳ ଭାବରେ ମିଶିଗଲା। ଅଭିଯାତ୍ରୀମାନେ ଏହି ହ୍ରଦ ଓ ଓଣ୍ଟାରିଓ ହ୍ରଦକୁ ସଂଯୋଗ କରୁଥିବା ନାଏଗ୍ରା ନଦୀରେ ଜଳପ୍ରପାତଟି ଅଛି ବୋଲି ଜାଣିପାରିଲେ। ତେବେ ଅବାରିତ ଭାବରେ ଏତେ ଜଳ (ସେକେଣ୍ଡ ପିଛା ୨୨୦ ଟନ୍ ବା ମିନିଟ୍ ପ୍ରତି ୧୫ ଲକ୍ଷ ଗ୍ୟାଲନ୍) ପ୍ରବାହିତ ହେବାର ଉତ୍ସ ଖୋଜି ଜାଣିଲେ ଯେ ସୁପିରିଅର୍, ମିଚିଗାନ୍, ହ୍ୟୁରନ୍ ଏବଂ ଏରି ଭଳି ଚାରୋଟି ବୃହତ୍ ହ୍ରଦର ଜଳ ଏଥିରେ ପ୍ରବାହିତ ହେଉଛି। 'ପଶୁଲୋମ' ବ୍ୟବସାୟୀମାନେ ଧୀରେ ଧୀରେ ଏ ଅଞ୍ଚଳରେ ପ୍ରବେଶ କଲେ। ଫ୍ରାନ୍ସର ଦ୍ୟାନିଏଲ୍ ଚାବର୍ଟ ଜନ କେୟାର ୧୭୫୭ ମସିହାରେ କରତକଳଟିଏ ପ୍ରତିଷ୍ଠା କଲେ। ନଦୀର ଉତ୍ତର ପାର୍ଶ୍ୱରେ ଇଂରେଜମାନେ ଏବଂ ଦକ୍ଷିଣ ପାର୍ଶ୍ୱରେ ଫରାସୀମାନେ ବ୍ୟବସାୟ ବାଣିଜ୍ୟ ସହିତ ପର୍ଯ୍ୟଟନ କ୍ଷେତ୍ର ହିସାବରେ ଏ ଅଞ୍ଚଳର ଉନ୍ନତି କଲେ। ୧୭୭୦ ମସିହାରେ ଇଂରେଜ ଉପନିବେଶକାରୀ ଜନ୍ ଷ୍ଟେଟ୍‌ମ୍ୟାନ୍ ଜଳପ୍ରପାତର ଉପର ମୁଣ୍ଡରେ ନଦୀ ଶଯ୍ୟାରେ 'ଛେଳି ଦ୍ୱୀପ' (୭୦ ଏକରର ପର୍ଯ୍ୟଟନ ସ୍ଥଳୀ)ରେ ଛେଳି ଓ ମେଣ୍ଢା ପାଳନ କରୁଥିଲେ। ଥରେ ପ୍ରବଳ ଶୀତ ପ୍ରକୋପରେ ଗୋଟିଏ ଛେଳିକୁ ଛାଡ଼ି ଅନ୍ୟମାନେ ମରିଗଲେ। ସେହିଦିନଠାରୁ ସେ

ଏହି ଜନପ୍ରିୟ ଦ୍ୱୀପକୁ ଛେଳି ଦ୍ୱୀପ (goat island)ନାଁ ଦେଇଛନ୍ତି। ୧୮୦୧ ମସିହାରେ ଷ୍ଟେଡ଼୍‌ମ୍ୟାନ୍ ନ୍ୟୁୟର୍କ ରାଜ୍ୟକୁ ଏ ଅଞ୍ଚଳର ମାଲିକାନା ହସ୍ତାନ୍ତର କଲେ। ଛେଳି ଦ୍ୱୀପର ଦକ୍ଷିଣ ଅଂଶର ଡାହାଣ ପାର୍ଶ୍ୱରେ ଚାରୋଟି କ୍ଷୁଦ୍ର ଦ୍ୱୀପ ପର୍ଯ୍ୟଟକଙ୍କ ମନୋରଞ୍ଜନ କରନ୍ତି। ୧୮୩୧ ମସିହାରେ ଏହାର ମାଲିକ ଥିବା ଜେନେରାଲ୍ ହ୍ୱିଇଟନି ତାଙ୍କର ତିନି ଝିଅ (ଏଲିନା, ଆଞ୍ଜେଲିନା ଓ ଆସେନାଥ)ଙ୍କ ନାମରେ ପ୍ରଥମ ତିନୋଟି ଦ୍ୱୀପକୁ ତିନି ଭଉଣୀଙ୍କ ଦ୍ୱୀପ (Three Sisters'Island) ଓ ପୁଅ ନାମରେ ଚତୁର୍ଥ ଦ୍ୱୀପଟିକୁ 'ଛୋଟ ଭାଇର ଦ୍ୱୀପ' ନାମରେ ନାମିତ କରିଥିଲେ। ୧୮୮୫ ମସିହାରୁ ଆମେରିକାର ସରକାର ପ୍ରଥମ ରାଷ୍ଟ୍ରୀୟଉଦ୍ୟାନ ଭାବରେ ନାଏଗ୍ରା ପ୍ରପାତ ରାଷ୍ଟ୍ରୀୟ ଉଦ୍ୟାନ ପାରିପାର୍ଶ୍ୱିକ ଦୃଶ୍ୟର ବୃକ୍ଷ ପୁଷ୍ପବାଟିକା ଇତ୍ୟାଦିର ସୌନ୍ଦର୍ଯ୍ୟ ବୃଦ୍ଧି ସହିତ ପର୍ଯ୍ୟଟକଙ୍କ ପାଇଁ ସମସ୍ତ ସୁବିଧା ଯୋଗାଇ ଦେଇ ଆସୁଛନ୍ତି। ରୂପେଲି ପରଦାରେ ହଠାତ୍ ଗୋଟିଏ ପରେ ଗୋଟିଏ ଦୁଃସାହାସିକ ଦୃଶ୍ୟ ଉଦ୍‌ଭାସିତ ହେଲା। ଶ୍ରୀମତୀ ଆନି ଟେଲର ନାମ୍ନୀ ୬୩ ବର୍ଷ ବୟସ୍କା ଶିକ୍ଷୟିତ୍ରୀ ଗୋଟିଏ କାଠ ଡ୍ରମ୍ବା (Barrel) ଭିତରେ ପଶି ଜଳପ୍ରପାତକୁ ଅତିକ୍ରମ କରିବା ପାଇଁ ନଦୀ ଭିତରକୁ ଲମ୍ଫ ଦେଲେ। ୧୯୦୧ ମସିହା ଅକ୍ଟୋବର ୨୪ ତାରିଖର ଏହି ଦୁଃସାହସିକ ପଦକ୍ଷେପରେ ସେ ବିଜୟଲାଭ କରିଥିଲେ। ତେବେ ବିଭିନ୍ନ ପ୍ରକାରର ଦୁଃସାହାସିକ ପଦକ୍ଷେପ ନେଇଥିବା ୧୫ ଜଣ ବ୍ୟକ୍ତିଙ୍କ ମଧ୍ୟରୁ ଦଶଜଣ ସଫଳ ହୋଇ ପାଞ୍ଚଜଣ ମୃତ୍ୟୁବରଣ କରିଥିଲେ। ପ୍ରଥମେ ୧୮୨୭ ମସିହା ସେପ୍ଟେମ୍ବର ୦୮ ତାରିଖରେ ପର୍ଯ୍ୟଟକମାନଙ୍କୁ ଆକର୍ଷିତ କରିବା ପାଇଁ ଗୋଟିଏ ନୌକାରେ ମଇଁଷିଟିଏ, ଦୁଇଟି ଭାଲୁ, ଦୁଇଟି ର୍‍ୟାକୁନ୍, ଗୋଟିଏ କୁକୁର ଏବଂ ଗୋଟିଏ ଠେକୁଆକୁ ବସାଇ ପାଣିକୁ ଠେଲି ଦିଆଯାଇଥିଲା। ଭାଲୁ ଦୁଇଟି ପାଣିରୁ ଡେ଼ଇଁପଡ଼ି ପହଁରି ପହଁରି ଗୋଟ୍ ଦ୍ୱୀପର କୂଳରେ ପହଞ୍ଚି ପାରିଥିଲେ। ତେବେ ଠେକୁଆ ବ୍ୟତୀତ ଅନ୍ୟ ପ୍ରାଣୀମାନେ ମୃତ୍ୟୁବରଣ କରିଥିଲେ। ଦୁଇବର୍ଷ ପରେ ୧୮୨୯ ମସିହାରେ ସାମ୍ ପ୍ୟାଚ୍ ନାମକ ୨୨ବର୍ଷର ଯୁବକ ୮୫ ଫୁଟ ଉଚ୍ଚରୁ ନାଏଗ୍ରାର ଉତ୍ତାଳ ଜଳରାଶିକୁ ଲମ୍ଫ ପ୍ରଦାନ କରି ବଂଚି ଯାଇଥିଲେ। ୧୦ ଦିନ ପରେ ଅକ୍ଟୋବର ୧୭ ତାରିଖ ଦିନ ସେ ୧୩୦ ଫୁଟ ଉଚ୍ଚତାରୁ ଡେଇଁ ସମସ୍ତଙ୍କୁ ଆଚମ୍ବିତ କରି ଦେଇଥିଲେ। ତେବେ ପରବର୍ତ୍ତୀ କାଳରେ ରୋସେଷ୍ଟରର ଜେନେସି ନଦୀ ଗର୍ଭକୁ ୧୦୦ ଫୁଟ ଉଚ୍ଚରୁ ଡେଇଁ ପ୍ରାଣତ୍ୟାଗ କରିଥିଲେ।

୧୮୫୯ ମସିହାରେ ଫରାସୀ ଯୁବକ ଗ୍ରେଟ୍ ବ୍ଲଣ୍ଡିନ୍ ଗୋଟିଏ ଦଉଡ଼ି ଉପରେ ଚାଲି ଚାଲି ଜଳପ୍ରପାତ ସାମ୍ନାରେ ନାଏଗ୍ରା ନଦୀ ଅତିକ୍ରମ କରିଥିଲେ। ୧୯୧୧ ମସିହା ଜୁଲାଇ ୨୫ ତାରିଖରେ ଇଂରେଜ୍ ଯୁବକ ବବିଲିଚ୍ ଗୋଟିଏ ଇସ୍ପାତ ଡ୍ରମ୍ବାରେ

ପଶି ଜଳପ୍ରପାତକୁ ଲମ୍ଫ ପ୍ରଦାନ କରି ବଂଚି ଯାଇଥିଲେ । କିନ୍ତୁ ୧୯୨୦ ମସିହା ଜୁଲାଇ ୧୧ ତାରିଖରେ ଇଂରେଜ ଯୁବକ ଷ୍ଟିଫେନ୍ସ ଏଭଳି ଦୁଃସାହାସିକ ପଦକ୍ଷେପ ନେଇ ମୃତ୍ୟୁବରଣ କରିଥିଲେ । ୧୯୨୮ ଜୁଲାଇ ୦୪ ତାରିଖ ଦିନ କାନାଡ଼ାର କ୍ୟୁବେକ୍ ଅଧିବାସୀ ଜନ୍ ଲୁସିଏର୍ ଛଅଫୁଟ ଉଚ୍ଚ ଏକ ରବର ପେଣ୍ଡୁ ଭିତରେ ପଶି ସଫଳତାର ସହିତ ଜଳପ୍ରପାତ ଅତିକ୍ରମ କରିଥିଲେ ଏବଂ ପାଣି ଭିତରେ ଏକଘଣ୍ଟା କଟାଇଥିଲେ ।

୧୯୬୦ ମସିହାରେ ଏଭଳି ଦୁଃସାହାସିକ ଖେଳ ପ୍ରଦର୍ଶନରୁ ଲୋକମାନଙ୍କୁ ନିବୃତ କରିବା ପାଇଁ କର୍ତ୍ତୃପକ୍ଷ ଦଣ୍ଡ ଘୋଷଣା କରିଛନ୍ତି । ଆମେରିକା ସରକାର ପଚିଶି ହଜାର ଓ କାନାଡ଼ା ସରକାର ଦଶ ହଜାର ଡଲାର ଜୋରିମାନା ସହିତ ଜେଲ୍ ଦଣ୍ଡର ଆଇନଗତ ବ୍ୟବସ୍ଥା କରିଛନ୍ତି । ଏହାସତ୍ତ୍ୱେ ୧୯୮୪ ମସିହା ଜୁଲାଇ ୨ ତାରିଖରେ ଓଣ୍ଟାରିଓର ଯୁବକ କ୍ୟାରେଲ୍ ସୁସେକ୍ ଓ ୧୯୮୫ ମସିହା ଅଗଷ୍ଟ ୧୮ ତାରିଖରେ ରୋଡ଼େ ଦ୍ୱୀପର ୨୦ ବର୍ଷର ତରୁଣ ଷ୍ଟିଭ୍ ଟ୍ରଟର୍ ରବର୍ ଆଚ୍ଛାଦିତ କାଠ ତୁମ୍ବା ଭିତରେ ପଶି ସଫଳତାର ସହିତ ଜଳପ୍ରପାତ ଅତିକ୍ରମ କରିଥିଲେ । ତେବେ ଉଭୟଙ୍କୁ ଜେଲ୍ ଓ ଅର୍ଥଦଣ୍ଡ ଭୋଗିବାକୁ ପଡ଼ିଥିଲା । ଏଭଳି ଘଟଣାମାନ ୧୯୮୫, ୧୯୮୯ ଏବଂ ୧୯୯୦ ମସିହାରେ ବି ଘଟିଥିଲା ଏବଂ କେହିହେଲେ ମୃତ୍ୟୁବରଣ କରିନଥିଲେ । ଶେଷ ଘଟଣାଟି ୨୦୦୩ ମସିହା ଅକ୍ଟୋବର ୨୦ ତାରିଖରେ ଘଟିଥିଲା । ମିସିଗାନ୍ ନିବାସୀ କିର୍କ ଜୋନ୍ସ, ସିଧାସଳଖ ପ୍ରପାତ ଭିତରକୁ ଡେଇଁ ବଂଚି ଯାଇଥିଲେ । ତାଙ୍କୁ ୨୦୦୦ ଡଲାର୍ ଅର୍ଥଦଣ୍ଡ ଦେଇ ଛାଡ଼ି ଦିଆଯାଇଥିଲା । ସେହି ଦିନଠାରୁ ପୃଥିବୀର ସର୍ବଶ୍ରେଷ୍ଠ ଦୁଃସାହସିକ ବ୍ୟକ୍ତିର ସମ୍ମାନ ପାଇ ସେ ଗୋଟିଏ ସର୍କସ୍‌ରେ କାର୍ଯ୍ୟରତ ।

ରୂପେଲି ପରଦାରେ ୧୯୬୦ ମସିହା ଜୁଲାଇ ୯ ତାରିଖରେ ଘଟିଥିବା ଏକ ଦୁର୍ଘଟଣା ଦୃଶ୍ୟର ଅଭିନୟ ଦେଖାଯାଇଥିଲା । ୭ ବର୍ଷର ବାଳକ ରୋଗର୍ ଉଡ୍‌ୱାର୍ଡ଼ ୧୭ ବର୍ଷିୟା ଭଉଣୀ ଡ଼ିନି ଏବଂ ପାରିବାରିକ ବନ୍ଧୁ ହନିକଟଙ୍କ ସହିତ ଯନ୍ତ୍ରଚାଳିତ ନୌକାରେ ବିହାର କଲାବେଳେ ଯନ୍ତ୍ରଟି ଅଚଳ ହେବାରୁ ନୌକା ଦୁର୍ଘଟଣାଗ୍ରସ୍ତ ହେଲା । ଡ଼ିନି 'ଛେଳିଦ୍ୱୀପ' ଦିଗରେ ଧୀରସ୍ରୋତରେ ଭାସିଯାଇ ବଂଚିଗଲା । ହନିକଟ୍ ପ୍ରପାତ ଭିତରକୁ ପଶି ପ୍ରାଣତ୍ୟାଗ କଲେ । କିନ୍ତୁ ୭ବର୍ଷୀୟ ରୋଗର୍‌କୁ 'ମେଡ୍ ଅଫ୍ ଦି ମିଷ୍ଟ' ର କ୍ୟାପଟେନ୍ ଜୀବନ୍ତ ଉଦ୍ଧାର କଲେ । ଆଇମ୍ୟାକ୍ସ ପରଦାରେ ଗୋଟିଏ ପରେ ଗୋଟିଏ ଦୃଶ୍ୟ ନାଏଗ୍ରାକୁ ଅଧିକ ଆପଣାର କରିଦେଲା । ୪୫ ମିନିଟ୍ ପରେ ପ୍ରେକ୍ଷାଳୟରୁ ବାହାରି 'ଛେଳିଦ୍ୱୀପ' ଅଭିମୁଖେ ଚାଲିଲୁ । ପର୍ଯ୍ୟଟକଙ୍କ ପାଇଁ ଦ୍ୱୀପ ଚାରିପଟେ ଚଲାପଥ ନିର୍ମିତ ହୋଇଛି ଏବଂ ସ୍ଥାନେ ସ୍ଥାନେ ଲୁହା ରେଲିଂ ଦିଆଯାଇ

ସୁରକ୍ଷିତ ଭାବରେ ଜଳପ୍ରପାତ ଦୃଶ୍ୟ ଉପଭୋଗ କରିବାର ବ୍ୟବସ୍ଥା ବି ରହିଛି । ୯ଟା ବେଳକୁ ସନ୍ଧ୍ୟା ନଇଁ ଆସିଲା ଏବଂ ନାଏଗ୍ରାର ଜଳରାଶି ବିବିଧ ରଙ୍ଗର ଜ୍ୟୋତିରେ ଉଦ୍‌ଭାସିତ ହେଲା । ଅଧଘଣ୍ଟାଏ କାଳ ରୂପସୀ ନାଏଗ୍ରା ଲାସ୍ୟ ନୃତ୍ୟମୟୀ ବେଶରେ ମନୋରଞ୍ଜନ କଲା । ଗାଇଡ଼ଙ୍କର ତାଗିଦା ନଥିଲେ ସ୍ଥାନ ପରିତ୍ୟାଗର ଇଚ୍ଛା ନଥିଲା ।

ବଫାଲୋ ସହର ଦିଗରେ ଅଧଘଣ୍ଟାଏ କାଳ ଯାତ୍ରା କରି ସୌଖୀନ ହୋଟେଲରେ ରାତ୍ରି ଯାପନ କଲୁ ।

■

ଶୋଭାମୟୀ ସହସ୍ରଦ୍ୱୀପ

୨୨-୦୬-୦୮ (ରବିବାର) :

ସକାଳ ୬ବେଳେ ହୋଟେଲ ପରିତ୍ୟାଗ କଲୁ। ୨୪୦ ମାଇଲ୍ ଅତିକ୍ରମ କରି 'ସହସ୍ର ଦ୍ୱୀପ' ପର୍ଯ୍ୟଟନ ସ୍ଥଳରେ ୧୦ଟା ସୁଦ୍ଧା ପହଞ୍ଚିବାକୁ ପଡ଼ିବ। ଅନ୍ତର୍ଜାତୀୟ ପର୍ଯ୍ୟଟନ କେନ୍ଦ୍ର ହିସାବରେ ଏହାର ପ୍ରସିଦ୍ଧି ରହିଛି। କାନାଡ଼ା ଓ ଯୁକ୍ତରାଷ୍ଟ୍ର ଆମେରିକା ସୀମାରେ ସେଣ୍ଟ୍ ଲରେନ୍ସ ନଦୀ ଭିତରେ ୧୭୯୦ କ୍ଷୁଦ୍ର, ମଧ୍ୟମ ଓ ବୃହତ୍ ଦ୍ୱୀପକୁ ନେଇ 'ସହସ୍ର ଦ୍ୱୀପ' ଅଞ୍ଚଳ ଗଢ଼ି ଉଠିଛି। ନଦୀଟି ଆଟଲାଣ୍ଟିକ୍ ମହାସାଗର କୋଳରେ ମିଶିଯିବା ପୂର୍ବରୁ ନିଜର ଓସାରିଆ ଓ ଗଭୀର କୋଳ ଭିତରେ ଏହି ଦ୍ୱୀପଗୁଡ଼ିକୁ ସ୍ଥାନ ଦେଇଛି। ଠିକ୍ ୧୦ଟା ବେଳେ ବସ୍ ଆମକୁ ନେଇ ନଦୀ କୂଳରେ ପର୍ଯ୍ୟଟନ ବୋଟ୍ ଘାଟ ପାଖରେ ପହଞ୍ଚାଇ ଦେଲା। ଏକ ଘଣ୍ଟାର ନୌଯାତ୍ରା ପାଇଁ ଗାଇଡ଼୍ ଟିକେଟ୍ କିଣିବା ଅବସର ଭିତରେ ପର୍ଯ୍ୟଟନ ପୁସ୍ତିକାଟିଏ ଆଣି ଆଖି ବୁଲାଇ ନେଲି।

ଜନୈକ ଫରାସୀ ଅଭିଯାତ୍ରୀ ଏହି ଦ୍ୱୀପଗୁଡ଼ିକୁ ଆବିଷ୍କାର କରିଥିଲେ। ସପ୍ତଦଶ ଶତାବ୍ଦୀରେ ନୌବାଣିଜ୍ୟର ଅଭିବୃଦ୍ଧି ଯୋଗୁଁ ଏ ଅଞ୍ଚଳର ସମୃଦ୍ଧି ବଢ଼ିବାରେ ଲାଗିଛି। ସ୍ଥିର ଜଳରାଶି ସ୍ୱଚ୍ଛତା ପାଇଁ ମଧ୍ୟ ପ୍ରସିଦ୍ଧ। ବୁଡ଼ାଳୀମାନେ ୧୦୦ ଫୁଟ ଗଭୀର ଜଳରେ ୫୦ରୁ ୬୦ ଫୁଟ ଦୂରର ଦ୍ରବ୍ୟ ଦେଖିପାରନ୍ତି। 'କ୍ଲେଟନ୍' ନାମକ ସ୍ଥଳ ଭାଗଟି ନଦୀ ଭିତରକୁ ପଶିଯାଇଛି, ଯାହାର ତିନି ଦିଗରେ ଜଳରାଶି ଅଞ୍ଚଳଟିକୁ ସ୍ୱାସ୍ଥ୍ୟକର, ଆମୋଦଦାୟକ ଓ ବାଣିଜ୍ୟସମୃଦ୍ଧ କରିଛି। ଅନେକ ଧନିକ ଫରାସୀ ଓ ଇଂରେଜ ବ୍ୟକ୍ତି ପ୍ରଥମେ ଗୋଟିଏ ଗୋଟିଏ ଦ୍ୱୀପ କିଣି ପ୍ରମୋଦଭବନ ନିର୍ମାଣ କଲେ। ପର୍ଯ୍ୟଟକଙ୍କ ଭିଡ଼ ବଢ଼ିବା ପରେ ହୋଟେଲ, ପାନ୍ଥନିବାସ ଏବଂ ବ୍ୟକ୍ତିଗତ ଅଟ୍ଟାଳିକାମାନ ଗଢ଼ି ଉଠିଛି। ବୃହତ୍ ଦ୍ୱୀପମାନଙ୍କରେ ମନୋରଞ୍ଜନ ପାଇଁ ପ୍ରମୋଦଉଦ୍ୟାନ, ଜଳକ୍ରୀଡ଼ା କେନ୍ଦ୍ର ଓ କ୍ଲବ୍‌ହାଉସ୍‌ମାନ ରହିଛି। ଦୁଇ ମହଲା ବିଶିଷ୍ଟ ଯନ୍ତ୍ରଚାଳିତ ନୌକାଟି ଶତାଧିକ ଯାତ୍ରୀଙ୍କୁ

ନେଇ ଯାତ୍ରା ଆରମ୍ଭ କଲା । ଡାହାଣ ଏବଂ ବାମ ପାର୍ଶ୍ୱର ଦ୍ୱୀପଗୁଡ଼ିକ ଦେଖାଇ ଘୋଷକ ବାସିନ୍ଦାଙ୍କର ପରିଚୟ ଓ ଐତିହାସିକ ମାନ୍ୟତା ବିଷୟରେ ଧାରାବିବରଣୀ ଦେଉଥାନ୍ତି । ବିସ୍ତୀର୍ଣ୍ଣ ନିସ୍ତରଙ୍ଗ ନୀଳ ଜଳରାଶି, ମୃଦୁ ମନ୍ଦ ସମୀରଣ ଏବଂ ଦ୍ୱୀପରାଜିର ସବୁଜିମାମୟ ପ୍ରଚ୍ଛଦପଟରେ ରଙ୍ଗବେରଙ୍ଗର ଅଟ୍ଟାଳିକାମାନ ଚିତ୍ତବିନୋଦନ କରୁଥିଲେ । ଏକ ଘଣ୍ଟାକାଳ ଆମେରିକା ଓ କାନାଡ଼ାର ଜଳରାଶି ଭିତରେ ଯାତ୍ରା କଲାପରେ କୂଳକୁ ଆସିଲୁ । ବର୍ତ୍ତମାନ ମଧ୍ୟାହ୍ନଭୋଜନର ସମୟ । ତା'ପରେ ନ୍ୟୁୟର୍କ ଅଭିମୁଖେ ୩୬୦ ମାଇଲ୍ ଯାତ୍ରା ।

ପ୍ରାୟ ୬ ଘଣ୍ଟାର ଯାତ୍ରା ପରେ ହଡ୍‌ସନ୍ ନଦୀ ଉପରେ ୱାଶିଂଟନ୍ ପୋଲ ଦେଇ ନ୍ୟୁୟର୍କର ମୁଖ୍ୟ ଭୂଖଣ୍ଡ ମ୍ୟାନ୍‌ହାଟାନ୍ ଅତିକ୍ରମ କଲୁ । ଅପରାହ୍ଣ ୬ଟା ବେଳେ ଫ୍ଲସିଂସ୍ଥିତ ମୀନକେତନଙ୍କ ବାସଗୃହରେ ପହଞ୍ଚିଗଲୁ । ଦୁଇକୋଟି ଜନସଂଖ୍ୟା ବିଶିଷ୍ଟ ନ୍ୟୁୟର୍କର ଗମନାଗମନ ସୁବ୍ୟବସ୍ଥିତ ଥିବା ଯୋଗୁଁ ସମୟ ନିର୍ଘଣ୍ଟର ଏକ ଘଣ୍ଟା ଆଗରୁ ପହଞ୍ଚିପାରିଲୁ । ତିନିଦିନ କାଳ ୧୫୦୦ ମାଇଲର ଯାତ୍ରାଜନିତ କ୍ଳାନ୍ତି ଆଦୌ ନଥିଲା ।

■

ଅନୁପମ ନ୍ୟୁୟର୍କ

୨୩-୦୬-୦୮ (ସୋମବାର) :

ଗତ ସନ୍ଧ୍ୟାରେ ତିନିଦିନିଆ ୱାଶିଂଟନ୍ ଡି.ସି., ନାଏଗ୍ରା ଓ ସହସ୍ରଦ୍ୱୀପ ଭ୍ରମଣରୁ ଫେରିବା ପରେ ନ୍ୟୁୟର୍କଭ୍ରମଣର ଚର୍ଚ୍ଚା ଆରମ୍ଭ ହୋଇଗଲା । ମୀନକେତନ, ରୀତା ଏବଂ ଅଂକିତ ଆମକୁ ଏ ଅନୁପମ, ଅସାଧାରଣ ସହର ସହିତ ପରିଚିତ କରାଇଦେଲେ । ମାନଚିତ୍ର ଓ କମ୍ପ୍ୟୁଟର ପରଦାରେ ପ୍ରତ୍ୟକ୍ଷଜ୍ଞାନ ବି ଦେଲେ । ମୁଁ ପୂର୍ବରୁ କିଣିଥିବା ସଚିତ୍ର ବିବରଣୀ ପୁସ୍ତକରେ ଯାହା ପଢ଼ିଥିଲି ତାହାଠାରୁ ଅଧିକ ଜାଣିବାକୁ ମିଳିଲା । ସବୁଠାରୁ ବଡ଼କଥା ହେଲା, ଓଡ଼ିଆ ଭାଷାରେ ଲିଖିତ ଆମେରିକା-ଭ୍ରମଣ ସମ୍ପର୍କୀୟ ପୁସ୍ତକମାନଙ୍କରେ ନ୍ୟୁୟର୍କକୁ 'ଅପରାଧ'ର ସହର ବୋଲି ପଢ଼ି ମୋ ମନରେ ଏକ ନକାରାତ୍ମକ ଧାରଣା ଥିଲା । ମୀନକେତନ ଓ ରୀତା ଜଣାଇଦେଲେ ଯେ, ୧୯୯୩ ମସିହା ପରଠାରୁ ଆଇନଶୃଙ୍ଖଳା ସମସ୍ୟା ଦୂର ହୋଇଯାଇଛି । ବର୍ତ୍ତମାନ ପୃଥିବୀର ଏହି ବିତ୍ତୀୟ, ବାଣିଜ୍ୟ ଓ ସାଂସ୍କୃତିକ ରାଜଧାନୀ ଶାନ୍ତିପୂର୍ଣ୍ଣ ସହର ହିସାବରେ ପୂର୍ବ ଗାରିମା ଫେରିପାଇଛି ।

୧୫୨୪ ମସିହାରେ ଇଟାଲୀର ଫ୍ଲରେନ୍ସ ସହରର ନାବିକ ଜିଓଭାନି ଡା ଭେରୋଜାନୋ ପ୍ରଥମ ବିଦେଶୀ ହିସାବରେ ନ୍ୟୁୟର୍କର ଜଳସୀମାରେ ପ୍ରବେଶ କରିଥିଲେ । ୧୬୦୯ ଖ୍ରୀଷ୍ଟାବ୍ଦରେ ନାବିକ ହେନରୀ ହଡ୍‌ସନ୍ ଜଳପଥରେ ଆସି ପ୍ରଥମେ ବସତି ସ୍ଥାପନ କଲେ । ହଡ୍‌ସନ୍ ନଦୀର ସେ ଆବିଷ୍କର୍ତ୍ତା । ପନ୍ଦର ବର୍ଷ ପରେ ଡଚ୍ (ହଲାଣ୍ଡବାସୀ)ମାନେ ବହୁସଂଖ୍ୟାରେ ଆସ୍ଥାନ ଜମାଇଥିବା ନ୍ୟୁ ଆମଷ୍ଟରଡମ୍ ଅଞ୍ଚଳ ସହିତ ସମଗ୍ର ମ୍ୟାନ୍‌ହାଟାନ୍ ଦ୍ୱୀପ ଉପରେ ଅଧିକାର ସାବ୍ୟସ୍ତ କଲେ । ଏଥିରେ ସ୍ଥାନୀୟ ଲୋହିତ ଭାରତୀୟମାନେ ରାଜି ନଥିଲେ । ଦୁଇବର୍ଷ ପରେ ଡଚ୍ ୱେଷ୍ଟଇଣ୍ଡିଜ୍ କମ୍ପାନୀ ତରଫରୁ ପିଟର୍ ମିନିଟ୍ ପଚିଶ ଡଲାର୍ ମୂଲ୍ୟ ଦେଇ ଆଦିବାସୀଙ୍କଠାରୁ ଦ୍ୱୀପଟି କ୍ରୟ କଲେ । ୧୬୬୪ ମସିହାରେ ଇଂରେଜମାନେ ନୂଆ ଆମଷ୍ଟରଡମ୍‌କୁ ଅଧିକାର

କରିନେଲେ । ଏଠାରେ ଗୋଟିଏ ନୂତନ ଉପନିବେଶ ସରକାର ଗଠିତ ହେଲା ଏବଂ ଇଂଲଣ୍ଡର ରାଜା ଦ୍ୱିତୀୟ ଚାର୍ଲସଙ୍କ ଭାଇ ଡ୍ୟୁକ୍ ଅଫ୍ ୟର୍କଙ୍କ ନାମରେ 'ନ୍ୟୁୟର୍କ' ନାମକରଣ ହେଲା । ୧୬୭୩ ମସିହାରେ ହଲାଣ୍ଡ ସରକାର ନ୍ୟୁୟର୍କକୁ ପୁଣି ଅଧିକାର କରି 'ନ୍ୟୁ ଅରେଞ୍ଜ' ନାମ ଦେଲେ । ତିନିବର୍ଷ ପରେ ୧୬୭୬ ମସିହାରେ ଇଂଲଣ୍ଡ ଓ ହଲାଣ୍ଡ ମଧ୍ୟରେ ୱେଷ୍ଟ ମିନିଷ୍ଟର ଚୁକ୍ତି ଅନୁସାରେ ନ୍ୟୁୟର୍କ ଇଂରେଜମାନଙ୍କ ହାତକୁ ଫେରିଆସିଲା । ତା' ପରେ ଲକ୍ଷ ଲକ୍ଷ ବିଦେଶାଗତଙ୍କ ଦ୍ୱାରା ନ୍ୟୁୟର୍କ ସହର ଉନ୍ନତିର ସୋପାନ ଅତିକ୍ରମ କରିବାରେ ଲାଗିଲା । ୧୮୯୮ ମସିହା ଜାନୁଆରୀ ଏକ ତାରିଖରେ ପାଞ୍ଚଗୋଟି ସ୍ୱୟଂଶାସିତ ଅଞ୍ଚଳ (ବରୋ)କୁ ନେଇ ବୃହତ୍ତର ନ୍ୟୁୟର୍କ ଗଠିତ ହେଲା । ଏହି ଦିନଟିକୁ ନ୍ୟୁୟର୍କବାସୀ ସହରର ଜନ୍ମଦିନ ହିସାବରେ ମହାଆଡ଼ମ୍ବରରେ ପାଳନ କରନ୍ତି । ଏହି ସହରର ୮୪୨ ମାଇଲ ଭୂତଳ ରାସ୍ତା (ପୃଥିବୀର ବୃହତ୍ତମ), ହଲାଣ୍ଡ ଟନେଲ୍, ଲିଙ୍କନ୍ ଟନେଲ୍, ବ୍ରୁକ୍ଲିନ୍ -ବ୍ୟାଟେରୀ ଟନେଲ୍ ଭଳି ବିସ୍ମୟକର ପାତାଳ ରାସ୍ତା, ଦୀର୍ଘତମ ବେୟୋନି ପୋଲ, ଲୌହ ନିର୍ମିତ ବ୍ରୁକ୍ଲିନ୍ ପୋଲ ଇତ୍ୟାଦି ଆଧୁନିକ ନିର୍ମାଣ ବିଜ୍ଞାନର ଅତୁଳନୀୟ ପରାକାଷ୍ଠା । ୧୯୪୩ ମସିହାରେ ୪୯୩୦ ଏକର ଜମିରେ ନିର୍ମିତ ଜନ୍ଏଫ୍ କେନେଡି ଆନ୍ତର୍ଜାତିକ ବିମାନ ବନ୍ଦର ଦେଇ ପ୍ରତିବର୍ଷ ଆଠକୋଟିରୁ ନଅକୋଟି ଯାତ୍ରୀ ଯାତ୍ରା କରନ୍ତି । ଏହି ସହରରେ ୧୫୦ଟି ସଂଗ୍ରହାଳୟ, ୧୫୦ରୁ ଊର୍ଦ୍ଧ୍ୱ ସିନେମାଗୃହ, ୩୮ଟି ପ୍ରେକ୍ଷାଳୟ, ୯୦୦ରୁ ଅଧିକ ଗ୍ୟାଲେରି, ୧୮୦୦୦ରୁ ବେଶୀ ଭୋଜନାଳୟ, ଦ୍ୱିଶତାଧିକ ବାର୍ ତଥା ରାତ୍ରି କ୍ଲବ୍, ୧୭୦୦ ପାର୍କ ଏବଂ ୩୦୦ରୁ ଅଧିକ ପାଠାଗାର ଅଛି ।

୨୦୦୬ ମସିହା ଜନଗଣନା ଅନୁସାରେ ଲୋକସଂଖ୍ୟା ଏକକୋଟି ତେୟାନବେ ଲକ୍ଷ ଛଅହଜାର ତେୟାଶୀ । ପରିସୀମା ୩୧୪ ବର୍ଗ ମାଇଲ୍ । ପାର୍କ ଓ ଖେଳପଡ଼ିଆ ସମୁଦାୟ ଭୂଖଣ୍ଡର ଶତକଡ଼ା ସତର ଭାଗ ଅଧିକାର କରିଛନ୍ତି । ତେଣୁ ସହରବାସୀ ମୁକ୍ତ ବାୟୁ ସେବନର ସୁଯୋଗ ପାଇଥାନ୍ତି । ସ୍ୱାୟତ୍ତ ଶାସନ ଅଧିକାରପ୍ରାପ୍ତ ପାଞ୍ଚଟି ବରୋ ଯଥା ବ୍ରଙ୍କସ୍, ବ୍ରୁକଲିନ୍, ମ୍ୟାନ୍ହାଟାନ୍, କୁଇନ୍ସ ଏବଂ ଷ୍ଟାଟେନ୍ ଦ୍ୱୀପ ବିରାଟ ନ୍ୟୁୟର୍କ ସହରର ଅଂଶ । ବ୍ରଙ୍କସ୍‌କୁ ଛାଡ଼ିଦେଲେ ବାକି ଚାରୋଟି ଗୋଟିଏ ଗୋଟିଏ ଦ୍ୱୀପ । ପୋଲ ଓ ଭୂଗର୍ଭ ଟନେଲ୍ ଦ୍ୱାରା ସେମାନଙ୍କର ପରସ୍ପର ସହିତ ସଂଯୋଗ ରହିଛି । ମ୍ୟାନ୍ହାଟାନ୍ ହେଉଛି ସବୁଠାରୁ ସମୃଦ୍ଧ ଓ ଜନବହୁଳ । ପଶ୍ଚିମରେ ହଡ୍‌ସନ୍ ନଦୀ ଓ ପୂର୍ବରେ 'ପୂର୍ବନଦୀ' ପାର ହେବା ପାଇଁ ପୋଲ ଓ ଟନେଲ୍ ସଂଖ୍ୟା ୧୮ । ନ୍ୟୁୟର୍କ ସହର ଭିତରେ ଯେତେ ରାସ୍ତା ରହିଛି ଲମ୍ବାଇଦେଲେ ୫୯୪୦ ମାଇଲ୍ ହେବ ବୋଲି ମୁଁ ପଢ଼ିଥିଲି ।

୧୭୦୦ ମସିହାରେ ଦକ୍ଷିଣ ମ୍ୟାନ୍‌ହାଟାନ୍‌ରେ ଜନବସତି ଅଧିକ ହେବା ସଂଗେ ସଂଗେ ପ୍ରଥମ ପାଠାଗାର 'ସିଟି ହଲ୍' ନିର୍ମିତ ହେଲା । ପରବର୍ତ୍ତୀ କାଳରେ ଏହାର କଳେବର ବୃଦ୍ଧି କରାଯାଇ 'ଫେଡେରାଲ୍ ହଲ୍' ନାଁ ଦିଆଗଲା । ୧୭୮୯ ମସିହାରେ ଜର୍ଜ ୱାଶିଂଟନ୍ ପ୍ରଥମ ରାଷ୍ଟ୍ରପତି ହିସାବରେ ଏଠାରେ ପାଦ ଦେଇଥିଲେ ଏବଂ ଏକ ବର୍ଷକାଳ ନ୍ୟୁୟର୍କ ସହର ଆମେରିକାର ପ୍ରଥମ ରାଜଧାନୀର ମାନ୍ୟତା ଲାଭ କରିଥିଲା । ୧୭୯୨ ମସିହାରେ ୱାଲ୍‌ଷ୍ଟ୍ରିଟ୍‌ର ଗୋଟିଏ ପାର୍କରେ 'ନ୍ୟୁୟର୍କ ଷ୍ଟକ୍ ଏକ୍ସଚେଞ୍ଜ୍' ପ୍ରତିଷ୍ଠା କରାଯାଇଥିଲା । ଏହାକୁ ବିଶ୍ୱ ଅର୍ଥନୀତିର ପ୍ରାଣକେନ୍ଦ୍ର ବୋଲି କୁହାଯାଏ । ମ୍ୟାନ୍‌ହାଟାନ୍‌ର ଦକ୍ଷିଣରେ 'ଏଲିସ୍ ଦ୍ୱୀପ'କୁ ଆମେରିକାର ପ୍ରବେଶ ଦ୍ୱାର ବୋଲି ସମସ୍ତେ ଜାଣନ୍ତି, କାରଣ ଅନୁପ୍ରବେଶାକାରୀମାନେ ପ୍ରଥମେ ଏଠାରେ ନାମ ପଞ୍ଜୀକରଣ କରୁଥିଲେ । ପ୍ରାୟ ଦୁଇକୋଟି ସତୁରୀ ଲକ୍ଷ ଦେଶାନ୍ତରୀ ଏଠାରେ ପହଞ୍ଚି କେବଳ ନ୍ୟୁୟର୍କ କାହିଁକି ସମଗ୍ର ଯୁକ୍ତରାଷ୍ଟ୍ର ଆମେରିକା ଭୂଖଣ୍ଡକୁ ଐଶ୍ୱର୍ଯ୍ୟମୟ କରିଛନ୍ତି । ଇଟାଲି, ଇଂଲଣ୍ଡ, ଆୟାରଲାଣ୍ଡ, ଫ୍ରାନ୍ସ, ଇସ୍ରାଏଲ୍, ଚୀନ୍ ଇତ୍ୟାଦି ଦେଶରୁ ଅଧିକ ଲୋକ ଛୁଟି ଆସିଛନ୍ତି ଏବଂ ସେମାନେ ନ୍ୟୁୟର୍କର ବିଭିନ୍ନ ଅଞ୍ଚଳରେ ବସତି ସ୍ଥାପନ କରି ଆଜି ପର୍ଯ୍ୟନ୍ତ ନିଜର ସାଂସ୍କୃତିକବିଭବକୁ ରକ୍ଷା କରିବାରେ ଚେଷ୍ଟା କରିଛନ୍ତି । ମୁଁ ପାଦ ଦେଇଥିବା ଫ୍ଲସିଂ ଅଞ୍ଚଳ କୁଇନ୍ସ ବରୋର ଅନ୍ତର୍ଭୁକ୍ତ । ଏ ଅଞ୍ଚଳରେ ଦକ୍ଷିଣ ଏସିଆର ଅଧିବାସୀ ବିଶେଷତଃ ଚୀନ୍, ଇଣ୍ଡୋନେସିଆ, ଭାରତ ଓ ଫିଲିପାଇନ୍ସରୁ ଆସି ବସବାସ କରନ୍ତି । ଚୀନ୍‌ର ପାଗୋଡ଼ା ସହିତ ଭାରତର ମନ୍ଦିର ଅନେକ ସ୍ଥାନରେ ଦେଖିବାକୁ ମିଳେ । ଅଧିକ ସଂଖ୍ୟାରେ ଚୀନା ଦୋକାନ ଏବଂ ଅଳ୍ପ ସଂଖ୍ୟାରେ ଭାରତୀୟ ଯଥା-ଗୁଜୁରାଟୀ, ପଞ୍ଜାବୀ, ଦକ୍ଷିଣ ଭାରତୀୟଙ୍କର ଦୋକାନ ଦେଖିବାକୁ ମିଳେ ।

ଆଜିପାଇଁ ନ୍ୟୁୟର୍କ ସହରର ଭ୍ରମଣ ଯୋଜନା କରି ମୀନକେତନ ଅଗ୍ରୀମ ଟିକେଟ୍ କିଣି ରଖିଥିଲେ । ସକାଳ ସାତଟା ତିରିଶ ମିନିଟ୍ ସୁଦ୍ଧା ଅଫିସ୍ ସମ୍ମୁଖରେ ଉପସ୍ଥିତ ହେବାକୁ ପଡ଼ିବ । ପୂର୍ବରୁ ସେହି ଅଫିସ୍‌ରୁ 'ପାରାଡାଇଜ୍ ଭ୍ୟାକେସନ୍ସ' କ୍ରମଣସୂଚୀରେ ଯାତ୍ରା କରିଥିଲୁ । ତେଣୁ ଦଶ ମିନିଟ୍ ଚାଲିବା ପରେ ପହଞ୍ଚିଗଲୁ । ସମସ୍ତ ଯାତ୍ରୀ ମ୍ୟାନ୍‌ହାଟନ୍ ପର୍ଯ୍ୟନ୍ତ ଏକତ୍ର ଯାତ୍ରା କରି ସେଠାରେ ଅଲଗା ଅଲଗା ବସ୍ ଚଢ଼ିଲୁ । ବସ୍ ତ ନୁହେଁ, ଆମେ ଗୋଟିଏ ଦଶଜଣିଆ ସିଟି ରାଇଡ୍ ଗାଡ଼ିରେ ଚଢ଼ିଲୁ । ଚୀନା ଡ୍ରାଇଭର ହିଁ ଗାଇଡ୍ । ଠିକ୍ ନଅଟା ବେଳେ ଯାତ୍ରା ଆରମ୍ଭ ।

ମୁଖ୍ୟ ରାସ୍ତାରୁ ଅଣଓସାରିଆ ଗଳି ଦେଇ ୱାଲ୍‌ଷ୍ଟ୍ରିଟ୍‌ରେ ପାଦ ଦେଲୁ । ଗାଇଡ୍ 'ନ୍ୟୁୟର୍କ ଷ୍ଟକ୍ ଏକ୍ସଚେଞ୍ଜ୍' ଓ 'ଫେଡେରାଲ୍ ହଲ୍' ପାଖରେ ଓହ୍ଲାଇଦେଲେ । ବିଶ୍ୱ-ସମୃଦ୍ଧିର ସ୍ମୃତିପୀଠ ଆହୁରି ଅନେକ କୋଠା ଏହି ଅଞ୍ଚଳରେ ରହିଛି । ଫେଡେରାଲ୍ ହଲ୍

ବାରଣ୍ଡାରେ ଜର୍ଜ ୱାଶିଂଟନ୍‌ଙ୍କର ପୂର୍ଣ୍ଣାବୟବ ମୂର୍ତ୍ତିଟି ଖୁବ୍ ସୁନ୍ଦର ଓ ଭାବୋଦ୍ଦୀପକ । ପ୍ରଥମ ରାଷ୍ଟ୍ରପତି ହିସାବରେ ପ୍ରଥମ ବର୍ଷର କର୍ମମୟ ଜୀବନ ସେ ଏଠାରେ ହିଁ କଟାଇଥିଲେ । ତା' ପରେ ଗଲୁ 'ଜିରୋ ପଏଣ୍ଟ' ସ୍ଥାନକୁ, ଯେଉଁଠାରେ ଏଗାର ସେପ୍ଟେମ୍ବର ଦୁଇହଜାର ଏକ ମସିହାରେ ପୃଥିବୀର ସର୍ବୋଚ୍ଚ କୋଠା ଓ ସର୍ବବୃହତ ବାଣିଜ୍ୟ କେନ୍ଦ୍ର ବିଶ୍ୱବାଣିଜ୍ୟ କେନ୍ଦ୍ରର ୧୧୦ ମହଲାର ମୁଖ୍ୟ କୋଠା ଦୁଇଟି ଉଗ୍ରପନ୍ଥୀଙ୍କ ଆକ୍ରମଣରେ ଭୂପତିତ ହୋଇଥିଲେ । ୧୯୭୨ ମସିହାରେ ନିର୍ମିତ ଉତ୍ତର କୋଠାଟିର ଉଚ୍ଚତା ୧୩୬୮ ଫୁଟ୍ ଏବଂ ୧୯୭୩ ମସିହାରେ ନିର୍ମିତ ଦକ୍ଷିଣ କୋଠାର ଉଚ୍ଚତା ୧୩୬୨ ଫୁଟ୍ ଥିଲା । ଏହା ପୂର୍ବରୁ ୧୯୩୧ ମସିହାରେ ନିର୍ମିତ ୧୦୨ ମହଲା ବିଶିଷ୍ଟ ଏମ୍ପାୟାର ଷ୍ଟେଟ୍ କୋଠା ବିଶ୍ୱର ସର୍ବୋଚ୍ଚ କୋଠାର ମାନ୍ୟତା ଲାଭ କରିଥିଲା । ୧୧.୯.୨୦୦୧ ଦିନ ସକାଳ ୮ଟା ୪୬ ମିନିଟ୍ ଚାଲିଶ ସେକେଣ୍ଡରେ ଆମେରିକାନ୍ ଏୟାରଲାଇନ୍ସର ଫ୍ଲାଇଟ୍ ସଂଖ୍ୟା ୧୧ ଉତ୍ତର କୋଠାକୁ ଏବଂ ଫ୍ଲାଇଟ୍ ସଂଖ୍ୟା ୧୭୫ ନଅଘଣ୍ଟା ତିନିମିନିଟ୍ ଏଗାର ସେକେଣ୍ଡରେ ଦକ୍ଷିଣ କୋଠାକୁ ଧକ୍କାଦେଇ ଧୂଳିସାତ୍ କରିଦେଲେ । ଏଥିରେ ପ୍ରାୟ ୩ହଜାର ବ୍ୟକ୍ତି ପ୍ରାଣ ତ୍ୟାଗ କରିଥିଲେ । ଏମାନଙ୍କ ମଧ୍ୟରେ ଆମେରିକା ଅଗ୍ନିଶମ ବିଭାଗର ୩୪୩ ଜଣ କର୍ମଚାରୀ ଥିଲେ । ସ୍ଥାନଟିକୁ ବୁଲି ଦେଖିଲୁ । ଏକ ସୁଉଚ୍ଚ ସ୍ମରଣିକା କୋଠାର ନିର୍ମାଣ ଆରମ୍ଭ ହୋଇଛି । ବିଶ୍ୱବାଣିଜ୍ୟ କେନ୍ଦ୍ରର ସମୁଦାୟ ୭ଟି କୋଠାରୁ ଅନ୍ୟ ୫ଟି କୋଠାରେ କାର୍ଯ୍ୟ ଚାଲିଛି ।

ଟାଇମ୍ ସ୍କୋୟାର (ସମୟ ଛକ) :

ଚୀନା ଗାଇଡ୍ ଆମକୁ ଉତ୍ସାହିତ କରି କହିଲେ, ବର୍ତ୍ତମାନ ନ୍ୟୁୟର୍କଭ୍ରମଣକାରୀଙ୍କ ପ୍ରଥମ ପସନ୍ଦ ଟାଇମ୍ ସ୍କୋୟାରକୁ ଯିବା । ସେଠାରେ ଦର୍ଶନ, ଭୋଜନ, ଭ୍ରମଣର ମନୋରଞ୍ଜନ ବ୍ୟବସ୍ଥା ଅଛି । ମ୍ୟାନ୍‌ହାଟାନ୍‌ର ଦକ୍ଷିଣରୁ ଉତ୍ତରକୁ ଲମ୍ବିଥିବା ଓସାରିଆ ରାଜପଥ 'ବ୍ରଡ୍‌ୱେ' ଯେଉଁଠାରେ ୪୨ ତମ ଗଳିକୁ ଛେଦ କରିଛି (ମାନଚିତ୍ରରୁ ଭଲ ବୁଝିହୁଏ) ସେଠାରେ ଗାଡ଼ି ଅଟକିଲା । ଗାଇଡ୍ ଦର୍ଶନୀୟ ସ୍ଥାନ ଓ ଭୋଜନର ସୁବିଧା ସମ୍ପର୍କରେ ସୂଚନା ଦେଇ ଦୁଇଘଣ୍ଟା ପରେ ସାକ୍ଷାତ ହେବ ବୋଲି କହି ବିଦାୟ ନେଲେ । ଐତିହାସିକ ଅପେରା ଗୃହ ସହିତ ଆଧୁନିକ ଆଇ-ମାକ୍ସ ଚଳଚ୍ଚିତ୍ର ପ୍ରେକ୍ଷାଳୟ, ମାଡାମ୍ ତୁଷାଡ଼ଙ୍କ 'ମହମ ଯାଦୁଘର', ବିଶ୍ୱାସ କରନ୍ତୁ ବା ନକରନ୍ତୁ ନାମକ କୌତୁକପ୍ରଦ କଣ୍ଢେଇ ଯାଦୁଘର ଇତ୍ୟାଦି କେତେ କ'ଣ ! କେବଳ ବାହାରୁ ଦେଖିବା କଥା । ଏହି ଛକରେ 'ସମୟ ଅଟକି ଯାଇଛି' ବୋଲି କୁହାଯାଏ । ଦିନ ଦିନ ଧରି ଆବାଳ ବୃଦ୍ଧ ବନିତା ସମସ୍ତେ ଏଠାରେ ମନୋରଂଜନର ସ୍ୱାଦ ଗ୍ରହଣ କରୁଥାନ୍ତି । ଅନ୍ୟତ୍ର ରାତି ନଇଁ ଆସିଲେ ବି ଏଠାରେ ସେଇ ଦିନ । ଚମତ୍କାର ଆଲୋକସଜ୍ଜା ଓ ଲୋକମାନଙ୍କର ଆତଯାତ ଦିନ

ଓ ରାତିକୁ ଏକ କରିଦିଏ । ଧାଡ଼ି ଧାଡ଼ି ଭୋଜନ ଓ ପାନଶାଳା । ଶାକାହାର ଭୋଜନ ମିଳୁଥିବା ଏକ ସୁଦୃଶ୍ୟ ଭାରତୀୟ ଭୋଜନଶାଳାରେ ମଧ୍ୟାହ୍ନଭୋଜନ କଲୁ । ତା' ପରେ ଦୁଇଘଣ୍ଟାର ଅବଧି ଶେଷ ହେବା ପର୍ଯ୍ୟନ୍ତ ରାସ୍ତାର ଉଭୟ ପାର୍ଶ୍ୱରେ ଆଧୁନିକ ସୂଚନା ଓ ପ୍ରଯୁକ୍ତି ବିଦ୍ୟା ବିଜ୍ଞାପନ ସମ୍ବଳିତ ଅନ୍ତରାଷ୍ଟ୍ରୀୟ ପୋଷାକ, ସୌଖୀନ ଦ୍ରବ୍ୟ ଓ ଇଲେକ୍‌ଟ୍ରୋନିକ୍ସ ଦୋକାନଗୁଡ଼ିକର ଶୋଭା ଦେଖିଲୁ । ମାଡାମ୍ ତୁଷାଡ଼ଙ୍କର ମହମ ଯାଦୁଘରଟି ଇଂଲଣ୍ଡର ଐତିହାସିକ ଯାଦୁଘର ଅନୁକରଣରେ ପ୍ରତିଷ୍ଠା କରାଯାଇଛି । ଆମେରିକା ତଥା ଅନ୍ୟାନ୍ୟ ଦେଶର ବିଶିଷ୍ଟ ରାଜନୀତିଜ୍ଞ, ସଂଗୀତଜ୍ଞ, ସିନେମା ଓ ମଞ୍ଚତାରକା ଏବଂ ଅଗ୍ରଗଣ୍ୟ ସମାଜସେବୀମାନଙ୍କର ପ୍ରାୟ ଦୁଇଶହ ସୁନ୍ଦର ତଥା ଅବିକଳ ମୂର୍ତ୍ତି ରହିଛି । ମହାତ୍ମା

ଗାନ୍ଧୀଙ୍କର ମୂର୍ତ୍ତିଟିଏ ବି ସ୍ଥାନ ପାଇଛି । ଏହି ଛକରେ ବର୍ଷସାରା ବିଭିନ୍ନ ଉତ୍ସବମାନ ପାଳିତ ହୁଏ । ବିଶେଷତଃ ଖ୍ରୀଷ୍ଟମାସ ଡେ ଓ ନବବର୍ଷ (ନ୍ୟୁୟର୍କ ସହର ପ୍ରତିଷ୍ଠା ଦିବସ ମଧ୍ୟ)ରେ ଏଠାରେ ଲକ୍ଷ ଲକ୍ଷ ପର୍ଯ୍ୟଟକଙ୍କର ଭିଡ଼ ହୁଏ । ରାତିତମାମ୍ ଆସର ଜମେ ଏବଂ ଏଥିପାଇଁ ଆଇନଶୃଙ୍ଖଳା ବିଭାଗ ସଫଳତାର ସହିତ ପର୍ଯ୍ୟଟକମାନଙ୍କର ଖୁସି ତଥା ଚିତ୍ତବିନୋଦନ ପାଇଁ ଧ୍ୟାନ ଦେଇଥାନ୍ତି ।

କେନ୍ଦ୍ରୀୟ ପ୍ରମୋଦଉଦ୍ୟାନ :

ଗାଇଡ୍ ଆମମାନଙ୍କର ସମୟାନୁବର୍ତ୍ତିତାକୁ ପ୍ରଶଂସା କରି ପରବର୍ତ୍ତୀ ଲକ୍ଷ୍ୟସ୍ଥଳ ସେଣ୍ଟ୍ରାଲ୍ ପାର୍କ ବା କେନ୍ଦ୍ରୀୟ ପ୍ରମୋଦଉଦ୍ୟାନ ଦିଗରେ ନେଇଗଲେ । ପ୍ରସିଦ୍ଧ ପଞ୍ଚମ ଗଳି (ଫିଫ୍‌ଥ ଆଭେନ୍ୟୁ) ଓ ୫୯ତମ ରାସ୍ତାର ମିଳନକେନ୍ଦ୍ରରୁ ଏହି ବିଶ୍ୱପ୍ରସିଦ୍ଧ ପ୍ରମୋଦ ଉଦ୍ୟାନଟି ଆରମ୍ଭ ହୋଇ ଉତ୍ତର ଦିଗରେ ଦୁଇ ମାଇଲ୍ ଲମ୍ବିଯାଇଛି । ଓସାର ଅଧମାଇଲ୍ । ଦକ୍ଷିଣ ପଶ୍ଚିମ କୋଣରେ ବ୍ରଡ୍‌ୱେ ଉପରେ 'କଲମ୍ବସ୍ ଛକ'ରେ ଆମ ଗାଡ଼ି ଅଟକିଲା । ସୁଦୃଶ୍ୟ କଲମ୍ବସ୍ ମୂର୍ତ୍ତିର ଦର୍ଶନ ପରେ ପାର୍କରେ ପ୍ରବେଶ କଲୁ । ୮୪୦ ଏକର ଆୟତନର ପ୍ରମୋଦବାଟିକା ଭିତରେ ନୌକାବିହାର ପାଇଁ ଦୁଇଟି ହ୍ରଦ, ତିନୋଟି ପୁଷ୍କରିଣୀ, ପାନ୍ଥନିବାସ, ଥିଏଟର ଗୃହ, ପ୍ରେକ୍ଷାଳୟ, ଶୀତଦିନେ ତୁଷାରକ୍ରୀଡ଼ା ପାଇଁ ପ୍ରଶସ୍ତ କ୍ଷେତ୍ର, ଶିଶୁ ଉଦ୍ୟାନ, ଭୋଜନାଳୟ ଏବଂ ବିପଣି ଏପରି କେତେ କ'ଣ ରହିଛି । ଚାରିପଟେ ଚାଲିବା ଓ ଦୌଡ଼ିବା ପାଇଁ ଉଦ୍ଦିଷ୍ଟ ପଥ ଉପରେ ବ୍ୟାୟାମକାରୀ ତଥା କ୍ରୀଡ଼ାବିତ୍‌ଙ୍କୁ ଦେଖିଲୁ । ଟେନିସ୍, ବେସ୍‌ବଲ୍ ଓ ବାସ୍କେଟ୍‌ବଲ୍ ପଡ଼ିଆରେ ଖେଳ ଚାଲିଛି । ଗହଳ ବୃକ୍ଷରାଜିର ଶୀତଳ ଛାୟାତଳେ ବହୁବିଧ ପୁଷ୍ପରାଜିର ସମ୍ଭାର । ମନୋରଂଜନ, ସ୍ୱାସ୍ଥ୍ୟରକ୍ଷା ଓ ପରିବେଶ ସୁରକ୍ଷାର କର୍ଣ୍ଣଧାର ଏହ ପ୍ରମୋଦ ବାଟିକା ନ୍ୟୁୟର୍କ ସହରର ଏକ ଶ୍ରେଷ୍ଠ ପର୍ଯ୍ୟଟନ ବିଭବ । ଏଭଳି କ୍ଷୁଦ୍ର-ବୃହତ୍ ଅନେକ ବିଭବ

ପାଇଁ ନ୍ୟୁୟର୍କ ସହରଟି ଅନନ୍ୟ । ସମୟର ସ୍ୱଳ୍ପତା ଦୃଷ୍ଟିରୁ ଆସନ୍ତାକାଲି ଭଲଭାବରେ ବୁଲି ଦେଖିବି ବୋଲି କହି କେନ୍ଦ୍ରୀୟ ପ୍ରମୋଦ ଉଦ୍ୟାନଠାରୁ ବିଦାୟ ନେଲି ।

ରକ୍‌ଫେଲର କେନ୍ଦ୍ର :

ଦକ୍ଷିଣକୁ ଯାତ୍ରା କରି ମାତ୍ର ଦଶ ମିନିଟ୍ ଭିତରେ ବିଶ୍ୱପ୍ରସିଦ୍ଧ ରକ୍‌ଫେଲର୍ କେନ୍ଦ୍ର ପାଖରେ ପହଞ୍ଚିଗଲୁ । ୧୯୩୦ ମସିହାରେ ନିର୍ମାଣ ଆରମ୍ଭ କରାଯାଇଥିବା ଏହି ୨୪ ଏକର ପରିମିତ ସ୍ଥାନର ସଂପ୍ରସାରଣ ଓ ପରିବର୍ଦ୍ଧନ ଆଜି ବି ଚାଲିଛି । ବ୍ୟବସାୟିକ, ମନୋରଂଜନ ଓ ଆବାସିକ କେନ୍ଦ୍ର ହିସାବରେ ସମଗ୍ର ଅଞ୍ଚଳରେ ଅନେକ ଦର୍ଶନୀୟ ସ୍ଥାନ ରହିଛି । ସେଥିପାଇଁ ରକ୍‌ଫେଲର୍ କେନ୍ଦ୍ରକୁ "ସହର ଭିତରେ ଆଉ ଗୋଟିଏ ସହର" ବୋଲି କହନ୍ତି । ଏହା ଭିତରେ ୨୧ଟି ସୁବିଶାଳ କୋଠା ଭିତରେ ଚଳଚ୍ଚିତ୍ର ପ୍ରେକ୍ଷାଳୟ, ଅପେରାଗୃହ, ବ୍ୟାଙ୍କ, ପୋଷ୍ଟ ଅଫିସ୍, ବିଦ୍ୟାଳୟ ସବୁ ଅଛି । ବିଭିନ୍ନ ନାମୀ ଏୟାରଲାଇନ୍ସ ଓ ବହୁରାଷ୍ଟ୍ରୀୟ କମ୍ପାନୀ ସେମାନଙ୍କର କାର୍ଯ୍ୟାଳୟ ବି ଖୋଲିଛନ୍ତି । ଭୂମି ତଳେ ପ୍ରାୟ ଦୁଇ ମାଇଲ୍ ରାସ୍ତା ରହିଛି । ଏହି ରାସ୍ତାରେ ଗୋଟିଏ କୋଠାରୁ ଆଉ ଗୋଟିଏ କୋଠାକୁ ଯିବାର ସୁବିଧା ଅଛି । ୧୯୨୮ ମସିହା ଅକ୍ଟୋବର ମାସରେ ଜନ୍.ଡି.ରକ୍‌ଫେଲର୍ (କନିଷ୍ଠ) ଗୋଟିଏ ଅପେରାଗୃହ ଓ କିଛି ବ୍ୟବସାୟିକଗୃହ ନିର୍ମାଣ ପାଇଁ କଲମ୍ବିଆ ବିଶ୍ୱବିଦ୍ୟାଳୟଠାରୁ ଜମିଟି ଲିଜ୍‌ରେ ନେଲେ । ପରେ ପରେ ଆର୍ଥିକ ଦୁରାବସ୍ଥା ଦେଖାଇ ଅପେରା କମ୍ପାନୀ ଏଥିରୁ ଓହରିଗଲା । ତେବେ ବାର୍ଷିକ ତେତିଶ ଲକ୍ଷ ଡଲାର୍ ଭଡ଼ା ଦେବାକୁ ପଡୁଥିବାରୁ ନିଜେ ରକ୍‌ଫେଲର୍ ସମସ୍ତ ଯୋଜନାର ଭାର ମୁଣ୍ଡାଇଲେ । ୧୯୮୦ ମସିହାରେ କଲମ୍ବିଆ ବିଶ୍ୱବିଦ୍ୟାଳୟ ସହିତ ଲିଜ୍ ରଦ୍ଦ କରାଯାଇ ଜମିଟି କିଣାଯାଇଛି ।

୮୫୦ ଫୁଟ୍ ଉଚ୍ଚ ୭୦ ମହଲା ବିଶିଷ୍ଟ ରକ୍‌ଫେଲର ଟାୱାର ଏ ଅଞ୍ଚଳର ମୁଖ୍ୟ ଆକର୍ଷଣ । ଗାଇଡ୍‌ଙ୍କ ହାତରୁ ଟିକେଟ୍ ନେଇ ଲିଫ୍‌ଟରେ ଚଢ଼ିଲୁ । ପ୍ରଥମେ ୬୮ ମହଲା ଏବଂ ପରେ ୭୦ ମହଲାର ନିରୀକ୍ଷଣମଞ୍ଚ ଉପରୁ ଚତୁର୍ଦ୍ଦିଗର ଶୋଭା ନିରୀକ୍ଷଣ କଲୁ । ସେଣ୍ଟ୍ରାଲ୍ ପାର୍କର ବିହଙ୍ଗମ ଦୃଶ୍ୟ ପ୍ରଥମେ ନଜର ଛୁଇଁଲା । ବିସ୍ତୀର୍ଣ୍ଣ ଅଞ୍ଚଳର ଗହନ ବୃକ୍ଷରାଜି ତଳେ ରାସ୍ତାଘାଟ ଓ ପରିଦର୍ଶକଙ୍କର ଗହଳି କିଛି ଦେଖାଯାଉ ନଥିଲା । ହ୍ରଦର ନୀଳ ଜଳରାଶି ଓ ସଯତ୍ନବର୍ଦ୍ଧିତ ବୃକ୍ଷଗୁଡ଼ିକର ସବୁଜ ଶୋଭା ଚତୁଃପାର୍ଶ୍ୱରେ ନଭଶ୍ଚୁମ୍ବୀ ଅଟ୍ଟାଳିକାମାନଙ୍କୁ ପରିବେଶ ସଚେତନତାର ବାର୍ତ୍ତା ଶୁଣାଉଥିଲା । ଦୂରକୁ ଦୃଷ୍ଟି ନିକ୍ଷେପ କରି ପୂର୍ବନଦୀ ଉପରେ ମ୍ୟାନହାଟାନ୍ ଓ ବ୍ରୁକ୍‌ଲିନ୍ ପୋଲ, ଷ୍ଟାଚ୍ୟୁ ଅଫ୍ ଲିବର୍ଟିର ଦୀର୍ଘ କଳେବର ଏବଂ ସମୁଦ୍ରର ନୀଳିମା ଉପଭୋଗ କଲି । ଏମ୍ପାୟର ଷ୍ଟେଟ୍ ବିଲ୍‌ଡିଂ କୋଠାଟି ରାଜକୀୟ ଠାଣିରେ ନିଜର ଶ୍ରେଷ୍ଠତା

ପ୍ରତିପାଦନ କରୁଥିଲା । ତାକୁ ପଛକରି ଫଟୋ ନେଲୁ । ୧୯୩୧ ମସିହା ମେ ଏକ ତାରିଖରେ ୧୨୫୦ ଫୁଟ୍ ଉଚ୍ଚତା ବିଶିଷ୍ଟ ଏହି କୋଠାର ଯେତେବେଳେ ଉଦ୍‌ଘାଟନ ହେଲା, ପୃଥିବୀର ଉଚ୍ଚତମ ସୌଧର ମାନ୍ୟତା ପାଇଲା । ୮୩୮୬୦ ବର୍ଗଫୁଟ୍ ସ୍ଥାନରେ ୧୦୨ ମହଲା ବିଶିଷ୍ଟ କୋଠାର ନିର୍ମାଣ ପାଇଁ ଶୁଭ ଦିଆଯାଇଥିଲା ୧୯୩୦ ମସିହା ମାର୍ଚ୍ଚ ୧୭ ତାରିଖରେ । ମାତ୍ର ଏକବର୍ଷ ୪୫ ଦିନରେ ନିର୍ମାଣ ସମାପ୍ତ ହୋଇଥିଲା । ୭୩ଟି ଲିଫ୍ଟ ସହିତ ୧୮୬୦ଟି ପାହାଚ ଉପରକୁ ଚଢ଼ିବା ପାଇଁ ରହିଛି । ୧୯୫୦ ମସିହାରେ ବାତାନୁକୂଳ ବ୍ୟବସ୍ଥା ପ୍ରଥମେ କରାଗଲା । କୋଠା ଉପରେ ୨୩୦ ଫୁଟ୍ ଉଚ୍ଚତାର ବିଜୁଳି ନିରୋଧକ ଲୌହଦଣ୍ଡ । ଏହାକୁ ମିଶାଇ ଉଚ୍ଚତା ହେଉଛି ୧୪୫୩ ଫୁଟ୍   ଇଞ୍ଚ । ୧୦୫୦ ଫୁଟ୍ ଉଚ୍ଚତାରେ ୮୬ତମ ମହଲାରେ ଦର୍ଶକ ଗ୍ୟାଲେରୀରୁ ସହରର ସୌନ୍ଦର୍ଯ୍ୟ ଦର୍ଶନର ବ୍ୟବସ୍ଥା ରହିଛି । ୧୦୨ତମ ମହଲାର ଉଚ୍ଚତା ୧୨୨୪ ଫୁଟ । ରକ୍‌ଫେଲର ସୌଧ ଉପରୁ ଏହାର ଶୋଭା ସଂଦର୍ଶନ ପରେ କୋଠା ପାଖରେ ପହଞ୍ଚି ଆନନ୍ଦ ଲାଭ କରିଥିଲୁ । କିନ୍ତୁ ଖୁବ୍ ଲମ୍ୱାଧାଡ଼ି ଯୋଗୁଁ ଚଢ଼ିବାର ସୁଯୋଗରୁ ବଞ୍ଚିତ ହେଲୁ । ଏହି ଉଭୟ ସୌଧରୁ ନଭଶ୍ଚୁମ୍ବୀ ଅଟ୍ଟାଳିକାମାନଙ୍କର ସହର ନ୍ୟୁୟର୍କକୁ ଉପଭୋଗ କରିବା ପାଇଁ ପରିଦର୍ଶକମାନଙ୍କ ଭିତରେ ଗଭୀର ଆକାଂକ୍ଷା । ଯାହାହେଉ ଅନ୍ୟ ସୌଧମାନଙ୍କ ଭିତରୁ ୧୯୩୦ ମସିହାର କ୍ରିସଲର କୋଠା (୧୦୪୬ ଫୁଟ୍) ଓ ଟ୍ରମ୍ପକୋଠା (୯୨୮ ଫୁଟ), ୧୯୩୨ ମସିହାର ଆମେରିକୀୟ ଅନ୍ତର୍ଜାତୀୟ କୋଠା (୯୫୧ ଫୁଟ୍), ୧୯୩୩ ମସିହାର ଜି.ଇ. କୋଠା (୮୫୦ ଫୁଟ), ୧୯୭୭ର ସିଟି ଗ୍ରୁପ୍ କେନ୍ଦ୍ର (୯୧୫ ଫୁଟ) ଏବଂ ୨୦୦୧ ମସିହାର ଟ୍ରମ୍ପ ବିଶ୍ୱସ୍ତମ୍ଭ କୋଠା (୮୫୯ ଫୁଟ୍) ଖୁବ୍ ଭଲ ଭାବରେ ଦେଖିହେଲା । ଅବଶ୍ୟ ସେମାନଙ୍କ ପରିଚୟ ପାଇଁ ବିବରଣୀ ପୁସ୍ତିକାର ସାହାଯ୍ୟ ନେବାକୁ ପଡ଼ିଲା । ୧୮୮୯ ମସିହାରେ ପ୍ୟାରିସ୍ ସହରରେ ୧୦୨୩ ଫୁଟ୍ ଉଚ୍ଚତାର ଆଇଫେଲ୍ ଟାୱାର ନିର୍ମିତ ହେବା ପରେ ଆମେରିକାର ସ୍ଥପତିମାନେ ନଭଶ୍ଚୁମ୍ବୀ ଅଟ୍ଟାଳିକା ନିର୍ମାଣ ପାଇଁ ଅନୁପ୍ରାଣିତ ହେଲେ । ୧୯୦୯ରେ ମେଟ୍ରୋପଲିଟାନ୍ ଲାଇଫ୍ ଟାୱାର (୭୦୦ ଫୁଟ୍, ୫୦ ମହଲା), ୧୯୧୩ରେ ୱିଲ୍‌ୱର୍ଥ କୋଠା (୭୯୨ ଫୁଟ, ୫୭ ମହଲା), ୧୯୩୧ ମସିହାରେ ଏମ୍ପାୟାର ଷ୍ଟେଟ୍ ବିଲ୍‌ଡିଂର ନିର୍ମାଣ ସ୍ଥପତି ବିଦ୍ୟା ଜଗତରେ ଚମକ ସୃଷ୍ଟି କରିଥିଲା । କୋଠାଟି ଉପରେ ଶେଷ ନଜର ଢାଳି ରକଫେଲର କେନ୍ଦ୍ରର ନିରୀକ୍ଷଣ ଗ୍ୟାଲେରୀରୁ ତଳକୁ ଓହ୍ଲାଇଲୁ । ତା' ପରେ ଚତୁର୍ଦ୍ଦିଗର ସବୁଜିମା, ବରଫ କ୍ରୀଡ଼ା ପାଇଁ ପଡ଼ିଆ, ଅସଂଖ୍ୟ ଭୋଜନାଳୟ, ଅପେରା ହାଉସ୍, ତିରିଶ ଫୁଟ୍ ଉଚ୍ଚ କ୍ରିଷ୍ଟାଲ୍ ସ୍ଥାପତ୍ୟ, ଗ୍ରୀକ୍ ପୁରାଣ ପ୍ରସିଦ୍ଧ ୪୫ ଫୁଟ୍ ଉଚ୍ଚ

ଆଟଲାସ୍ ମୂର୍ତ୍ତି, ସ୍ୱର୍ଣ୍ଣ ଆଚ୍ଛାଦିତ ୧୮ ଫୁଟ୍ ଉଚ୍ଚତାର ପ୍ରମେଥିଅସ୍ ମୂର୍ତ୍ତି ଏବଂ ଭୂତଳର ବିପଣି, କଳାକୃତି ଇତ୍ୟାଦି ଦେଖିବା ବେଳେ ଗାଇଡ୍ ସମୟ ସରି ଯାଇଥିବାର ସୂଚନା ଦେଲେ ।

ଜାତିସଂଘ ମୁଖ୍ୟ କାର୍ଯ୍ୟାଳୟ :

ରକ୍‌ଫେଲର୍ କେନ୍ଦ୍ରରୁ ବାହାରି ମ୍ୟାନହଟାନ୍‌ର ପୂର୍ବ ଉପକୂଳରେ ୧୮ ଏକର ଜମିରେ ସ୍ଥାପିତ ଜାତସଂଘର ମୁଖ୍ୟ କାର୍ଯ୍ୟାଳୟରେ ପହଞ୍ଚିଲୁ । ମାନବଜାତିର ଏକ ଗୌରବମୟ ଘଟଣା ହିସାବରେ ଦ୍ୱିତୀୟ ମହାଯୁଦ୍ଧ ପରେ ଏହା ସ୍ଥାପିତ ହୋଇଥିଲା ଏବଂ ଏହି ମହତ୍ କାର୍ଯ୍ୟ ପାଇଁ ଭୂମିଦାନ କରିଥିଲେ ଶିଳ୍ପପତି ଜନ୍. ଡି. ରକ୍‌ଫେଲର୍ (କନିଷ୍ଠ) । କାଚ ଓ ମାର୍ବଲ୍ ନିର୍ମିତ ୩୯ ମହଲାର ସଚିବାଳୟ କୋଠାଟି ଦୂରରୁ ଦୃଷ୍ଟି ଆକର୍ଷଣ କରୁଥିଲା । ପ୍ରଥମେ ସାଧାରଣ ଆସେମ୍ଳି କୋଠାର ପରିଦର୍ଶକଙ୍କ ପାଇଁ ଉଦ୍ଦିଷ୍ଟ ପ୍ରବେଶ ପଥରେ ପ୍ରବେଶ କଲୁ । ପୂର୍ବତନ ଏବଂ ନୂତନ ସେକ୍ରେଟାରୀ ଜେନେରାଲ୍‌ମାନଙ୍କର ତୈଳଚିତ୍ର କାନ୍ଥରେ ଝୁଲୁଥାଏ । ତା’ ପରେ ଜାତିସଂଘ ସମ୍ମିଳନୀ ପ୍ରକୋଷ୍ଠ, ନିରାପତ୍ତା ପରିଷଦ ଗୃହ, ହାମରସ୍କୋଲଡ୍ ଗ୍ରନ୍ଥାଗାର ଇତ୍ୟାଦି ପ୍ରକୋଷ୍ଠ ଦେଖିବା ପରେ ପୁସ୍ତକାଳୟ ଓ ଉପହାର କୋଠରିରେ ପ୍ରବେଶ କଲୁ । କିଛି ପୁସ୍ତକ, ପୁସ୍ତିକା ଓ ସ୍ମରଣୀୟ ଉପହାର କ୍ରୟ କରି ବିଶ୍ୱଶାନ୍ତିର ଏ ମନ୍ଦିର ଭିତରୁ ନିଷ୍କ୍ରାନ୍ତ ହେଲୁ । ବାହାରେ ସୁଦୃଶ୍ୟସ୍ଥାପତ୍ୟ ଭିତରେ ଗୋଟିଏ କଳାକୃତି ଉପରେ ନଜର ଲାଗିଗଲା । ବୃହଦାକାର ପିସ୍ତଲଟିଏ । ତା’ର ନଳୀ ମୁହଁରେ କନାର ଗଣ୍ଠି ପକାଇ ଦିଆଯାଇଛି । ବାର୍ତ୍ତା ହେଲା- “ପିସ୍ତଲକୁ ଗର୍ଜିବାକୁ ଦିଅ ନାହିଁ ।” ସ୍ଥାପତ୍ୟମାନଙ୍କ ଚତୁଃପାର୍ଶ୍ୱରେ ରଙ୍ଗୀନ୍ ପୁଷ୍ପରାଜିର ସମ୍ଭାର ଓ ସବୁଜ ବୃକ୍ଷଲତା ପରିଦର୍ଶକମାନଙ୍କୁ ବେଶ୍ ସନ୍ତୋଷ ପ୍ରଦାନ କରୁଥିଲା ।

ସ୍ୱାଧୀନତାର ପ୍ରତିମୂର୍ତ୍ତି (ଷ୍ଟାଚ୍ୟୁ ଅଫ୍ ଲିବର୍ଟି) :

ଆଜିର ନ୍ୟୁୟର୍କ ଦର୍ଶନର ଶେଷ ରହଣୀ ସ୍ଥାନ ଥିଲା ଏକଦା ପୃଥିବୀର ସପ୍ତାଶ୍ଚର୍ଯ୍ୟ ଭିତରେ ସ୍ଥାନ ପାଇଥିବା ସ୍ୱାଧୀନତାର ପ୍ରତିମୂର୍ତ୍ତି । ଗୋଟିଏ କ୍ଷୁଦ୍ର ଦ୍ୱୀପ (ସ୍ୱାଧୀନତା ଦ୍ୱୀପ) ଉପରେ ବିଶାଳ ଗ୍ରାନାଇଟ୍ ବେଦୀ ଉପରେ ମୂର୍ତ୍ତିଟି ଦଣ୍ଡାୟମାନ । ଅନ୍ତରଙ୍ଗ ଦର୍ଶନ ପାଇଁ ଜଳଯାତ୍ରା କରିବାକୁ ପଡ଼ିବ । ଗାଇଡ୍ ଆମକୁ ନେଇ ଦକ୍ଷିଣ ମ୍ୟାନହାଟାନ୍‌ର ପୂର୍ବ ଉପକୂଳରେ ଜେଟି ପାଖରେ ଓହ୍ଲାଇଦେଲେ । ହାତରେ ଟିକେଟ୍ ଧରି ଏକଘଣ୍ଟାର ଜଳଯାତ୍ରା ଉଦ୍ଦେଶ୍ୟରେ ଦ୍ୱିତଳ ବିଶିଷ୍ଟ ଯନ୍ତ୍ରଚାଳିତ ନୌକା ଉପରେ ଚଢ଼ିଲୁ । ଶୀତଳ ମନ୍ଦ ସମୀରଣର ସ୍ପର୍ଶ ସାଙ୍ଗରେ ଘୋଷକଙ୍କର ବିବରଣୀ ଶୁଣୁ ଶୁଣୁ ଆଖିଦୁଇଟି ଘୂରି ବୁଲୁଥିଲେ ନଭଶ୍ଚୁମ୍ବୀ ଅଟ୍ଟାଳିକା, ବିଖ୍ୟାତ ବ୍ୟାଟେରୀ ପାର୍କ, ଲିଙ୍କନ୍ ଦୁର୍ଗ, ବ୍ରୁକଲିନ୍

ପୋଲ, ମ୍ୟାନହାଟାନ୍ ସେତୁ ଇତ୍ୟାଦି ଐତିହାସିକ କୀର୍ତ୍ତି ଦିଗରେ । ରକ୍‌ଫେଲର କେନ୍ଦ୍ର ଉପରୁ ଦେଖିଥିବା ସୌନ୍ଦର୍ଯ୍ୟଠାରୁ ଏ ସୌନ୍ଦର୍ଯ୍ୟ ନିଆରା ଥିଲା । ନୌକାଟି ଚାଲିଥିଲା ୧୫୨ ଫୁଟ୍ ଉଚ୍ଚତାର ସୁବିଶାଳ ଓ ସୁନ୍ଦର ମୂର୍ତ୍ତି ଦିଗରେ । ଅନେକ ଦର୍ଶକ ସ୍ୱାଧୀନତା ଦ୍ୱୀପରେ ପହଞ୍ଚି ସୌନ୍ଦର୍ଯ୍ୟ ଅବଲୋକନ କରୁଥାନ୍ତି । କେତେକ ହେଲିକେପ୍ଟରରେ ଉଡ଼ି ମୂର୍ତ୍ତି ସହିତ ପାରିପାର୍ଶ୍ୱିକ ଦୃଶ୍ୟର ଆନନ୍ଦ ନେଉଥାନ୍ତି । ଘୋଷକ ମୂର୍ତ୍ତିର ଇତିହାସ ବର୍ଣ୍ଣନା କଲେ । ଇଂରେଜମାନଙ୍କ ସହିତ ଆମେରିକାର ଯୁଦ୍ଧ ବେଳେ ଫ୍ରାନ୍ସ ଆମେରିକାକୁ ସାହାଯ୍ୟ କରିଥିଲା । ଏଥିରେ ବିଜୟଲାଭ ପରେ ଫ୍ରାନ୍ସବାସୀ ଆମେରିକାକୁ ଉପହାରସ୍ୱରୂପ ୧୮୮୬ ମସିହାରେ ମୂର୍ତ୍ତିଟିକୁ ଦେଇଥିଲେ । ଆଇଫେଲ୍ ଟାୱାରର ନିର୍ମାତା ଗୁସ୍ତାଭ ଆଇଫେଲ୍ ଲୁହାର ଫ୍ରେମ୍ (ଢାଞ୍ଚା) କରିବା ପରେ ସ୍ଥପତି ଫେଡେରିକ୍ ଏ.ବାର୍ଥୋଲି ତମ୍ବାପତ୍ର ଦ୍ୱାରା ମୂର୍ତ୍ତି ନିର୍ମାଣ ସମ୍ପୂର୍ଣ୍ଣ କରିଥିଲେ । ସ୍ୱାଧୀନତା ଘୋଷଣା ସ୍ମୃତିରେ ବାମହାତରେ ପୁସ୍ତକଟିଏ ଏବଂ ମୁକ୍ତିର ପ୍ରତୀକ ମଶାଲଟିଏ ଡାହାଣ ହାତରେ ଶୋଭା ପାଉଛି । ମୂର୍ତ୍ତିର ମୁକୁଟରେ ସତର ଫୁଟ୍ ଦୈର୍ଘ୍ୟ ଓ ଦଶ ଫୁଟ୍ ପ୍ରସ୍ଥର ଗୋଟିଏ ପ୍ରକୋଷ୍ଠ ରହିଛି । ଯାହା ଭିତରୁ ବାହ୍ୟ ସୌନ୍ଦର୍ଯ୍ୟ ଦର୍ଶନ କରିହେବ ।

ସ୍ୱାଧୀନତାର ଦ୍ୱୀପଟି ଉପର ନ୍ୟୁୟର୍କ ଉପସାଗରରେ ଅବସ୍ଥିତ । ଏହାର ଅର୍ଦ୍ଧେକ ନ୍ୟୁୟର୍କ ରାଜ୍ୟ ଓ ଅପରାଂଶ ନ୍ୟୁଜର୍ସି ରାଜ୍ୟରେ ଅନ୍ତର୍ଭୁକ୍ତ । ଦ୍ୱୀପ ପାଖକୁ ଯାଇ ଗ୍ରାନାଇଟ୍‌ର ବେଦୀ, ତା' ଉପରେ ସ୍ତମ୍ଭ ଓ ସ୍ତମ୍ଭାରୂଢ଼ ସୁଉଚ୍ଚ ମୂର୍ତ୍ତିକୁ ଦର୍ଶନ କରିସାରି ଅଦୂରରେ ଏଲିସ୍ ଦ୍ୱୀପ ଓ ମ୍ୟାନହାଟନ୍‌ର ଦକ୍ଷିଣାଞ୍ଚଳର ବ୍ୟାଟେରୀ ପାର୍କ ଓ କ୍ଲିଣ୍ଟନ୍ ଦୁର୍ଗ ଦିଗରେ ଦୃଷ୍ଟି ନିକ୍ଷେପ କଲୁ । ଆମେରିକାକୁ ଅନୁପ୍ରବେଶ କରୁଥିବା ବ୍ୟକ୍ତିମାନେ ଏଠାରେ ନାମ ପଞ୍ଜୀକରଣ କରି କିଛିଦିନ ରହିବା ପରେ ଅନ୍ୟତ୍ର ଯାତ୍ରା କରୁଥିଲେ । କ୍ୟାସଲ୍ କ୍ଲିଣ୍ଟନ୍ (କ୍ଲିଣ୍ଟନ୍ ଦୁର୍ଗ)ଟି ୧୮୫୫ ଠାରୁ ୧୮୯୦ ମସିହା ପର୍ଯ୍ୟନ୍ତ ସମସ୍ତଙ୍କର ଆଶ୍ରୟସ୍ଥଳ ଭାବରେ ବ୍ୟବହୃତ ହେଉଥିଲା । ବର୍ତ୍ତମାନ ଏହାର ନାଁ କ୍ୟାସଲ୍ ଗାର୍ଡ଼ । ଫେରନ୍ତା ବାଟରେ ଯନ୍ତ୍ରଚାଳିତ ବୋଟ୍‌ଟି ବ୍ରୁକ୍‌ଲିନ୍ ପୋଲ ସହିତ ଆମକୁ ଅନ୍ତରଙ୍ଗ କରିଦେଲା । ୧୮୮୩ ମସିହାରେ ନିର୍ମିତ ଏହି ସେତୁ ଏକ ଚମତ୍କାର କଳାକୃତି ମଧ୍ୟ । ସେ ସମୟରେ ଏହାର ନିର୍ମାଣ କୌଶଳ ଓ ବିଶାଳତାକୁ ବିଜ୍ଞାନର ବିସ୍ମୟ ଭାବରେ ଗଣା ଯାଉଥିଲା । ସେତୁର ଦୁଇଟି ସ୍ତର ରହିଛି । ତଳସ୍ତରରେ ମୋଟରଯାନ ଓ ଉପରସ୍ତରରେ ପଦଚାରୀଙ୍କ ଗମନାଗମନ ।

ସେତୁ ନିର୍ମାଣ ପରେ ତା'ର ଦୃଢ଼ତା ଉପରେ ଜନସାଧାରଣଙ୍କର ସନ୍ଦେହ ଥିଲା । ତେଣୁ କର୍ତ୍ତୃପକ୍ଷ ୨୧ଟି ହାତୀକୁ ସେତୁ ଉପରେ ଏକ ସମୟରେ ଚାଲିବାକୁ ଦେଇ ଏହାକୁ ବେଶ୍ ମଜଭୁତ୍ ବୋଲି ପ୍ରମାଣ ଦେଲେ । ସେ ଦିନଠାରୁ ସେତୁଟି ଅହରହ

ସେବା କରିଆସିଛି । ବିଶେଷ ଉତ୍ସବଦିନରେ ତାକୁ ଆଲୋକମାଳାରେ ସଜାଇ ଦିଆଯାଏ । ଯାନବାହନ ଚଳାଚଳରେ ଦ୍ରୁତ ବୃଦ୍ଧି ଯୋଗୁଁ ବ୍ରୁକ୍ଲିନ୍ ସେତୁର ଉତ୍ତର ଦିଗରେ ଓ୍ୱିମସ୍‌ବର୍ଗ ସେତୁ ଏବଂ ଉଭୟଙ୍କ ମଧ୍ୟଭାଗରେ ମ୍ୟାନ୍‌ହାଟାନ୍ ସେତୁ ନିର୍ମାଣ କରାଯାଇଛି । ୧୯୦୯ ମସିହାରେ ନିର୍ମିତ ଏ ସେତୁଟି ଲୌହ ନିର୍ମିତ ଏବଂ ଆଇଫେଲ୍ ଟାୱାରର ସୌନ୍ଦର୍ଯ୍ୟ ସହିତ ଏହାକୁ ତୁଳନା କରାଯାଏ । ବୋଟ୍ ଆସି କୂଳରେ ଲାଗିଲା । ଅପରାହ୍ଣର ଶୀତଳ ପବନ ମନ-ପ୍ରାଣକୁ ଆନନ୍ଦିତ କରୁଥାଏ । ଗାଇଡ୍ ଆମଠାରୁ ବିଦାୟ ନେଇ ଅନ୍ୟ ଏକ ଗାଡ଼ିରେ ବସାଇ ଯାତ୍ରା ଆରମ୍ଭ କରିଥିବା ଫ୍ଲସିଂକୁ ପଠାଇଦେଲେ ।

ତା. ୨୪.୦୬.୦୮ (ମଙ୍ଗଳବାର) :

ଆମେରିକା ଅନନ୍ୟ କାହିଁକି ? ପ୍ରାକୃତିକ ସଂପଦର ସୁରକ୍ଷା, ବିଜ୍ଞାନର ଘୋଷଯାତ୍ରା, ବାଣିଜ୍ୟିକ ଅଭିବୃଦ୍ଧି ଇତ୍ୟାଦି ପ୍ରତ୍ୟେକ କ୍ଷେତ୍ରରେ ଆମେରିକାବାସୀ ନିପୁଣତା ପ୍ରଦର୍ଶନ କରିଛନ୍ତି । ଗତ ରାତିରେ ନ୍ୟୁୟର୍କ (ମ୍ୟାନ୍‌ହାଟନ୍) ଭ୍ରମଣରୁ ଫେରି ଏ ପ୍ରଶ୍ନ ମୋ ମନରେ ଉଙ୍କିମାରିଲା । ଏହା ସହିତ ସେମାନଙ୍କର ଆଧ୍ୟାତ୍ମିକ ଓ ଧାର୍ମିକ ଚେତନାରେ କିଛି ସଂପର୍କ ଅଛି କି ? ଆଜି ଯେଉଁମାନେ ଆମେରିକାବାସୀ ସେମାନେ ଅତୀତରେ ୟୁରୋପ, ଏସିଆ କିମ୍ବା ଆଫ୍ରିକାର ମୂଳ ଅଧିବାସୀ ଥିଲେ । ନିଜ ନିଜ ଦେଶର ସଂସ୍କୃତିକୁ ଭୁଲିଯାଇ ସେମାନେ ଏକ ନୂତନ ସଂସ୍କୃତିରେ ଲୀନ ହୋଇଯାଇଛନ୍ତି । ତେଣୁ ଆମେରିକାକୁ ତରଳ ପଦାର୍ଥର ପାତ୍ର (ମେଲ୍‌ଟିଂ ପଟ୍) ବୋଲି କୁହାଯାଏ । ତେବେ ନୂତନ ପିଢ଼ିର କେତେକ ସମାଜବିତ୍ ସାଲାଡ୍ ପାତ୍ର (ସାଲାଡ୍ ବୋଲ୍) ନାଁ ଦେଇଛନ୍ତି । ଅର୍ଥାତ୍ ସାଲାଡ଼ରେ ଯେପରି କାକୁଡ଼ି, ଟମାଟୋ, ଗାଜର, ବିବିଧ ପତ୍ର ଇତ୍ୟାଦି ନିଜ ନିଜର ସ୍ୱାତନ୍ତ୍ର୍ୟ ବଜାୟ ରଖି ସୁସ୍ୱାଦୁ ତଥା ହିତକର ଖାଦ୍ୟର ସମ୍ମାନ ଆଣିଥାନ୍ତି ଆମେରିକାବାସୀ ଅନେକ କ୍ଷେତ୍ରରେ ନିଜର ମୂଳ ସଂସ୍କୃତିକୁ ଧରି ରଖିଛନ୍ତି । ତେବେ ସେମାନେ ଗୋଟିଏ କଥା ଜାଣନ୍ତି 'କର୍ମ ସଂସ୍କୃତି' । ଧାର୍ମିକ ବିବିଧତା ସତ୍ତ୍ୱେ ସେମାନେ "ଆଧ୍ୟାତ୍ମିକ ଗୁଣ ଓ ଶକ୍ତିର ପୃଷ୍ଠପୋଷକ" । ଭାରତୀୟ ଯୋଗବିଜ୍ଞାନ, ବିଶେଷତଃ ରାଜଯୋଗ ପ୍ରଚାରକ ଓ ପ୍ରସାରକ ଅନେକ ସଂସ୍ଥା ଆମେରିକାରେ ସମ୍ମାନାସ୍ପଦ ସ୍ଥାନ ହାସଲ କରିଛନ୍ତି । ଏକଥା ମୁଁ ନ୍ୟୁୟର୍କର ଶାନ୍ତି ଗ୍ରାମର ରହଣି ସମୟରେ ଅନୁଭବ କରିଥିଲି । ଆଜି ଆଉ ଗୋଟିଏ ସୁଯୋଗ ଆସିଛି ନ୍ୟୁୟର୍କ ସହରତଳି 'ଲଙ୍ଗ୍ ଆଇଲାଣ୍ଡ'ରେ ପ୍ରଜାପିତା ବ୍ରହ୍ମାକୁମାରୀ ଈଶ୍ୱରୀୟ ବିଶ୍ୱବିଦ୍ୟାଳୟର ଆମେରିକୀୟ ମୁଖ୍ୟାଳୟର ଏକ ଆଧ୍ୟାତ୍ମିକ ମିଳନରେ ଯୋଗଦେବା ଲାଗି । ପୂର୍ବର ଯୋଜନା ଅନୁସାରେ ଦକ୍ଷିଣ ଆମେରିକାର ଗାଏନାରେ ଜନ୍ମିତ 'କମରାଜ' ଭାଇ ସକାଳ ୫-୩୦ ମିନିଟ୍‌ରେ କାର୍ ନେଇ ପହଞ୍ଚିଲେ । ସେ ଏକ କମ୍ପାନୀର ଆର୍ଥିକ ପରିଚାଳନା କ୍ଷେତ୍ରରେ କାମ

କରନ୍ତି । ଛଅବର୍ଷ ହେଲା ବ୍ରହ୍ମାକୁମାରୀ ସଂସ୍ଥାରେ ଯୋଗଦାନ କରି ଆନ୍ତର୍ଜାତୀୟ ମୁଖ୍ୟ କାର୍ଯ୍ୟାଳୟ ରାଜସ୍ଥାନର ମାଉଣ୍ଟଆବୁ ଯାତ୍ରା କରିଛନ୍ତି ଏବଂ ଭାରତୀୟ ସଂସ୍କୃତିର ମୂଳାଧାର ଯୋଗୀ ଜୀବନରେ ବ୍ରତୀ । ଆମେ ବିଶ୍ୱ ସୌହାର୍ଦ୍ଦ୍ୟ ଭବନ (ଗ୍ଲୋବାଲ୍ ହାର୍‌ମୋନି ହାଉସ୍)ରେ କୋଡ଼ିଏ ମିନିଟ୍‌ରେ ପହଞ୍ଚିଗଲୁ । ସୁଦୃଶ୍ୟ ଭବନ । ଅତୀତରେ ବୃହତ୍ ଚର୍ଚ୍ଚଟିଏ ଥିଲା ୧୯୯୨ ମସିହାରୁ ବ୍ରହ୍ମାକୁମାରୀ ସଂସ୍ଥା ଏହି ଭବନଟି କିଣିନେଇ ରାଜଯୋଗ ଶିକ୍ଷାକେନ୍ଦ୍ର ସ୍ଥାପନ କରିଛନ୍ତି । ଏଠାକାର ମୁଖ୍ୟ ମୋହିନୀ ଭଉଣୀ, ସହଯୋଗୀ ପାରୁଲ୍ ଭଉଣୀ, ବିମଳା ଭଉଣୀ ଓ ଅନ୍ୟ କେତେକ ଭାରତୀୟ ଓ ବିଦେଶୀ ଭାଇ ଭଉଣୀଙ୍କ ସହିତ ସାକ୍ଷାତ ଆଲୋଚନା ହେଲା । ସଂସ୍ଥାର ଅନ୍ୟତମ କର୍ଣ୍ଣଧାର ମାତେଶ୍ୱରୀ ଜଗଦମ୍ବାଙ୍କର ସ୍ମୃତି ଦିବସ ପାଳନ କରାଗଲା । ତା' ପରେ ପରିଚୟ ପ୍ରଦାନ ବେଳେ ଜାଣିଲି ପଞ୍ଜାବର ପାତିଆଲା ସହରର ଡାକ୍ତର ସିଙ୍ଗଲ (ରୋଟାରୀ ଗଭର୍ଣ୍ଣର ମଧ୍ୟ) ସସ୍ତ୍ରୀକ ପର୍ଯ୍ୟଟକ ହିସାବରେ ଆସିଛନ୍ତି । ସେମାନେ ଅନ୍ତର୍ଜାତୀୟ ରୋଟାରୀ ସମ୍ମିଳନୀ ଉପଲକ୍ଷେ ଲସ୍ ଏଞ୍ଜେଲସ୍‌ରେ କାର୍ଯ୍ୟକ୍ରମ ସାରି ନ୍ୟୁୟର୍କ ଭ୍ରମଣରେ ଆସିଛନ୍ତି । ଏ ବନ୍ଧୁମିଳନରୁ ଅନୁଭବ ହେଲା ଆମେ ଯେପରି କୌଣସି ଭାରତୀୟ ସହରରେ ଅଛୁ । ଦିନ ଦଶଟା ବେଳେ ମ୍ୟାନ୍‌ହାଟନ୍ କେନ୍ଦ୍ରୀୟ ପ୍ରମୋଦ ଉଦ୍ୟାନ ନିକଟସ୍ଥ ଆମେରିକାର ପ୍ରାକୃତିକ ବିଜ୍ଞାନ ସଂଗ୍ରହାଳୟ ପରଦର୍ଶନ ପାଇଁ କାର୍ଯ୍ୟକ୍ରମ ସ୍ଥିର କରିଥିଲୁ । ଗମନାଗମନ ବ୍ୟବସ୍ଥା ସମ୍ପର୍କରେ ଧାରଣା ନଥିଲା । ମୋହିନୀ ଭଉଣୀ ରେଳ ବିଭାଗର କାର୍ଯ୍ୟସାରଣୀ ଦେଖି ୯ଘଣ୍ଟା ୨୩ ମିନିଟ୍ ଏବଂ ୯ ଘଣ୍ଟା ୨୫ ମିନିଟ୍ ଏଭଳି ଦୁଇ ମିନିଟ୍ ଅନ୍ତରରେ ଗାଡ଼ି ମିଳିବ ବୋଲି କହିଲେ । ପ୍ରଥମ ଗାଡ଼ିଟି ଏକ୍ସପ୍ରେସ୍ । ତେଣୁ ଦେଢ଼ଗୁଣ ଭଡ଼ା ନଅ ଡଲାର୍‌ରେ ୯ ଘଣ୍ଟା ୫୦ ମିନିଟ୍‌ରେ ଲକ୍ଷ୍ୟସ୍ଥଳରେ ପହଞ୍ଚିବ । ଦ୍ୱିତୀୟ ଗାଡ଼ିରେ ଛଅ ଡଲାର୍‌ରେ ଟିକେଟ୍ କିଣି ୧୦ ଘଣ୍ଟା ଏକ ମିନିଟ୍‌ରେ ପହଞ୍ଚି ହେବ । ଏଗାର ମିନିଟ୍ ଅଧିକ ସମୟ ଦେଲେ ତିନି ଡଲାର ଖର୍ଚ୍ଚ ବଞ୍ଚିବ । ତେଣୁ ଆମେ ଦ୍ୱିତୀୟ ଗାଡ଼ିଟି ବାଛିଲୁ । ବିମଳା ଭଉଣୀ ଅନତି ଦୂରସ୍ଥ ଷ୍ଟେସନ୍‌କୁ ନେଇ ଟିକେଟ୍ କିଣାଇ ଗାଡ଼ିରେ ବସାଇଦେଲେ । ଶୀତତାପ ନିୟନ୍ତ୍ରିତ ଆରାମଦାୟକ ଗଦିଯୁକ୍ତ ବସିବା ବ୍ୟବସ୍ଥା । ମୁଁ ଲକ୍ଷ୍ୟ କଲି ପ୍ରଥମ ଗାଡ଼ିରେ କର୍ମଚାରୀ ଗୋଷ୍ଠୀ ଯାତ୍ରା କଲେ, କାରଣ ସେମାନେ ଠିକ୍ ଦଶଟା ବେଳେ ଅଫିସ୍‌ରେ କାର୍ଯ୍ୟାରମ୍ଭ କରିବେ । ଦ୍ୱିତୀୟ ଗାଡ଼ିରେ ବୃଦ୍ଧ, ବୃଦ୍ଧା, ପର୍ଯ୍ୟଟକ ଇତ୍ୟାଦି ଶ୍ରେଣୀରେ ଆମ୍ଭେ ଥିଲୁ ।

ଆମେରିକାବାସୀଙ୍କ ସମୟାନୁବର୍ତ୍ତିତା ଓ କର୍ତ୍ତବ୍ୟନିଷ୍ଠାର ପ୍ରଶଂସା କରୁ କରୁ ଠିକ୍ ଦଶଟା ଏକ ମିନିଟ୍‌ରେ ଆମେ ଲକ୍ଷ୍ୟସ୍ଥଳରେ ପହଞ୍ଚିଗଲୁ । ଷ୍ଟେସନ୍‌ର ବର୍ହିଗମନ ପଥରୁ ହିଁ ସଂଗ୍ରହାଳୟର ଅନ୍ତର୍ଗମନ ।

ପ୍ରାକୃତିକ ଇତିହାସର ସଂଗ୍ରହାଳୟ
(ଆମେରିକାନ୍ ମ୍ୟୁଜିୟମ୍ ଅପ୍ ନ୍ୟାଚୁରାଲ୍ ହିଷ୍ଟ୍ରି) :

ଆମେରିକାର ବୃହତ୍ତମ ସଂଗ୍ରହାଳୟ ହିସାବରେ ଏହାର ସୁନାମ ରହିଛି । ପ୍ରବେଶ ଶୁଳ୍କ ଦେଇ ଭିତରକୁ ଗଲୁ । ବିବରଣୀ ପୁସ୍ତିକାଟିଏ ମିଳିଲା । ପାଞ୍ଚମହଲା ବିଶିଷ୍ଟ ଏହି ସଂଗ୍ରହାଳୟ ପ୍ରାକୃତିକ ବିଜ୍ଞାନର ଗନ୍ତାଘର । ସମୁଦାୟ ୪୬ଟି ପ୍ରଦର୍ଶନୀ ମଣ୍ଡପ ସହିତ ପ୍ରତ୍ୟେକ ମହଲାରେ ଆଇମାକ୍ସ ଥିଏଟର, ଗ୍ରହମଣ୍ଡଳ (ପ୍ଲାନେଟୋରିୟମ୍) ଏବଂ ସଭାଗୃହମାନ ରହିଛି । ପ୍ରତ୍ୟେକ ସ୍ଥାନରେ ବୈଜ୍ଞାନିକ ଆଲୋଚନାମାନ ବର୍ଷସାରା ଚାଲିଥାଏ । ସଂଗ୍ରହାଳୟ-କ୍ୟାଲେଣ୍ଡର ପୁସ୍ତକଟିଏ ପ୍ରତି ତିନିମାସରେ ଛପାଯାଏ । ଏଥିରେ ସମସ୍ତ କାର୍ଯ୍ୟକ୍ରମର ବିବରଣୀ ଦେଖିଲି । ପ୍ରାଣୀବିଜ୍ଞାନ, ଧାତୁ, ଭୂତତ୍ତ୍ୱ ଓ ମହାକାଶ ବିଜ୍ଞାନ ଇତ୍ୟାଦି ବିଭିନ୍ନ ବିଷୟରେ ବିଶ୍ୱପ୍ରସିଦ୍ଧ ବୈଜ୍ଞାନିକଙ୍କର ଭାଷଣ, କର୍ମଶାଳା ଏବଂ ସେମିନାରମାନ ଚାଲିଥାଏ । ଯେଉଁମାନେ ଚାନ୍ଦା ଦେଇ ସଭ୍ୟ ହୋଇଥାନ୍ତି ସେମାନେ ଯୋଗ ଦିଅନ୍ତି । ବ୍ୟକ୍ତିବିଶେଷ, ଯୁଗଳ, ପରିବାର ବର୍ଗ, ବିଦ୍ୟାଳୟ ଛାତ୍ର, ବିଭିନ୍ନ ବିଭାଗର ପ୍ରାୟୋଜକ ଏବଂ ଅନୁଷ୍ଠାନମାନଙ୍କ ପାଇଁ ସଦସ୍ୟତାଶୁଳ୍କର ପରିମାଣ ଭିନ୍ନ । ଏହା ଏକ ସାଧାରଣ ସଂଗ୍ରହାଳୟ ବୋଲି ମୋର ଯେଉଁ ଧାରଣା ଥିଲା ତାହା ଦୂର ହେଲା । ବିଜ୍ଞାନଶିକ୍ଷାର ଏହା ଏକ ମହାନ୍ ଜାତୀୟ ଅନୁଷ୍ଠାନ । ଭୂତଳ ମହଲାରେ ବିଶ୍ୱ-ବ୍ରହ୍ମାଣ୍ଡର ରହସ୍ୟ ସଂପର୍କୀୟ ପ୍ରଦର୍ଶନୀ ଦେଖିଲୁ । ପ୍ରଥମ ମହଲାରେ ସାମୁଦ୍ରିକ ଜୀବ, ଝିଟିପିଟି ଓ ସର୍ପ ଜାତୀୟ ଜୀବମାନଙ୍କର ମଣ୍ଡପମାନ ଦେଖିବା ପରେ ଉତ୍ତର ଆମେରିକାର ସ୍ତନ୍ୟପାୟୀ ପ୍ରାଣୀମାନଙ୍କର ପ୍ରଦର୍ଶନୀ ଦେଖିଲୁ । ଏହି ମହଲାରେ ରସ୍‌ହଲ୍, ଗଗେନ୍ ହିମ୍ ହଲ୍, ମର୍ଗାନ୍ ମେମୋରିଆଲ୍ ହଲ୍, ସ୍ପିଜର୍ ହଲ୍, କଫ୍‌ମ୍ୟାନ୍ ଥିଏଟର, ୱାରବର୍ଗ ହଲ୍, ଥିଓଡିର ରୁଜଭେଲ୍‌ଟ ସ୍ମାରକ ହଲ୍, ଗଟସ୍‌ମ୍ୟାନ୍ ହଲ୍ ଏବଂ ଲିଣ୍ଡର ଥିଏଟର ନାମଧେୟ ପ୍ରକୋଷ୍ଠମାନଙ୍କରେ ବିଭିନ୍ନ କାର୍ଯ୍ୟକ୍ରମ ଚାଲିଥାଏ । କେନ୍ଦ୍ରସ୍ଥଳରେ ଲେଫରାକ୍ ଆଇମାକ୍ସ ସିନେମା ଗୃହରେ ରତ୍ନ ଓ ଧାତୁ ବିଜ୍ଞାନ ସଂପର୍କୀୟ ଚଳଚ୍ଚିତ୍ରଟିଏ ପ୍ରଦର୍ଶିତ ହେଉଥାଏ । ଦ୍ୱିତୀୟ ମହଲାରେ ଆଫ୍ରିକୀୟ ଜନଜାତି ଓ ପଶୁପକ୍ଷୀମାନଙ୍କର ମଣ୍ଡପ ଦେଖିଲୁ । ବିଭିନ୍ନ ଜନ୍ତୁ ଯଥା- ହାତୀ, ଗଣ୍ଡା, ଜଳହସ୍ତୀ, ସିଂହ, ବାଘ ଇତ୍ୟାଦିଙ୍କର ସଂରକ୍ଷିତ ମୂର୍ତ୍ତି ସବୁ ଜୀବନ୍ତ ଦେଖାଯାଉଥିଲା । ଏହି ମହଲାରେ ମଧ୍ୟ ବିଭିନ୍ନ ସେମିନାର ଗୃହ ଓ ଥିଏଟର ହଲ୍‌ରେ କାର୍ଯ୍ୟକ୍ରମ ଚାଲୁଥିଲା । ତୃତୀୟ ମହଲାରେ ଉତ୍ତର ଆମେରିକାର ପକ୍ଷୀ, ନ୍ୟୁୟର୍କ ରାଜ୍ୟର ପଶୁପକ୍ଷୀ ଏବଂ ସରୀସୃପ ଜାତୀୟ ପ୍ରାଣୀମାନଙ୍କର ସଂଗ୍ରହ ମଣ୍ଡପ ଦେଖିଲୁ । ହେଡେନ୍ ପ୍ଲାନେଟୋରିୟମ୍‌ରେ ମହାକାଶ ବିଜ୍ଞାନର କାର୍ଯ୍ୟକ୍ରମ ଚାଲିଥାଏ । ମାର୍ଗାରେଟ୍ ମିଡ୍ ହଲ୍‌ରେ ପ୍ରଶାନ୍ତ ମହାସାଗରୀୟ ଜନଜାତିର ପ୍ରଦର୍ଶନୀ

ବେଶ୍ ରୁଚିକର ଲାଗିଲା । ଚତୁର୍ଥ ମହଲାରେ ସବୁଠାରୁ ଅଧିକ ଭିଡ଼ ଦୃଷ୍ଟିଗୋଚର ହେଲା । ଡାଇନୋସର୍‌ମାନଙ୍କର ଜୀବାସ୍ମ (ଫସିଲ୍) ପାଇଁ ଏହି ମହଲା ବିଖ୍ୟାତ । ପୃଥିବୀର ବୃହତ୍ତମ ଡାଇନୋସର୍ ଜୀବାସ୍ମକୁ ସୁନ୍ଦର ଭାବରେ ସଜାଇ ରଖାଯାଇଛି (ଚିତ୍ର-୯) । ଏମାନଙ୍କର ଶ୍ରେଣୀବିଭାଗ, ସୃଷ୍ଟି ଓ ବିନାଶର କାହାଣୀ ଏବଂ ସଂଗ୍ରହକାରୀଙ୍କର ଅଭିଯାନ ସଂପର୍କରେ ବିବରଣୀ, ପ୍ରଦର୍ଶନୀ ଓ ଚଳଚ୍ଚିତ୍ର ଖୁବ୍ ଭଲ ଲାଗିଲା । ଏ ସଂଗ୍ରହାଳୟଟି ବର୍ଷ ବର୍ଷ ଧରି କାହିଁକି, ଜୀବନସାରା ଜ୍ଞାନ-ବିଜ୍ଞାନର ଖୋରାକ୍ ଯୋଗାଇବା ପାଇଁ ପ୍ରତିଷ୍ଠା କରାଯାଇଛି । ସଂଗ୍ରହାଳୟର ଭୋଜନାଗାରରେ ମଧ୍ୟାହ୍ନଭୋଜନ କରିବା ପରେ ତିନିଟା ବେଳେ କେନ୍ଦ୍ରୀୟ ପ୍ରମୋଦ ଉଦ୍ୟାନରେ ପଶିଲୁ । ପୂର୍ବ ଦିନର ଅପୂର୍ଣ୍ଣ ଇଚ୍ଛା ପୂର୍ଣ୍ଣ କରିବା ପାଇଁ ପ୍ରାକୃତିକ ପରିବେଶରେ ବୁଲାବୁଲି କରି ଏବଂ ବୃକ୍ଷଛାୟା ତଳେ ସମେଣ୍ଟ ବେଞ୍ଚ ଉପରେ ଥକ୍କା ମେଣ୍ଟାଇବା ବେଳେ ଆମେରିକୀୟମାନଙ୍କ ଜୀବନଶୈଳୀରୁ କିଛି ଅନୁଧ୍ୟାନ କଲି । ଅନେକ ପୁରୁଷ ଓ ମହିଳା ଚିହ୍ନିତ ରାସ୍ତା ଉପରେ ଦୌଡ଼ୁଥାନ୍ତି । ଜନୈକ ମହିଳା ଚାରି ପାଞ୍ଚମାସର ଶିଶୁଟିକୁ ଶୁଆଇଥିବା ଠେଲାଗାଡ଼ି (ପ୍ରାମ୍)ଟିକୁ ଧରି ଦୌଡ଼ୁଥିବାର ଦେଖିଲି (ଚିତ୍ର-୮) । ପ୍ରକୃତିପ୍ରେମ ସହିତ ସ୍ୱାସ୍ଥ୍ୟରକ୍ଷାର ଜ୍ଞାନ ସେମାନଙ୍କୁ ବେଶ୍ ସୁସ୍ଥ, ସବଳ ଓ ଦୀର୍ଘଜୀବୀ କରିଛି । ଅପରାହ୍ଣ ପାଞ୍ଚଟା ବେଳେ ଭୂତଳ (ମେଟ୍ରୋ) ରେଳରେ ଫ୍ଲସିଂ ବସାଘରକୁ ଫେରିଲୁ ।

■

ଘରବାହୁଡ଼ା

୨୫-୦୬-୦୮ (ବୁଧବାର) :

ଆଜି ନ୍ୟୁୟର୍କ ଛାଡ଼ିବାର ଦିନ । ରାତି ୮ଟା ୫୫ ମିନିଟ୍‌ରେ ଡେଲ୍‌ଟା ଏୟାର ଲାଇନ୍‌ସ୍‌ର ବିମାନ ଆମକୁ କୋଳରେ ବସାଇ ଜନ୍.ଏଫ୍.କେନେଡି ବିମାନଘାଟି ଛାଡ଼ିବ । ତେଣୁ ଅପରାହ୍ନ ୫ଟା ବେଳେ ଟାକ୍ସି ପାଇଁ ବରାଦ ଦେଇ ଶେଷ ତଥା ମଧୁରତମ କାର୍ଯ୍ୟକ୍ରମ 'ଉପହାର' କ୍ରୟ ପାଇଁ ବଜାରକୁ ଗଲୁ । ସ୍ଥାନୀୟ ବଜାରରେ ଅଧିକାଂଶ ଚୀନା ଏବଂ ଅଳ୍ପ ଭାରତୀୟ ତଥା ବଙ୍ଗଳାଦେଶୀ ଦୋକାନରେ ପଶିଲୁ । ରୀତା ଆମର ଚାହିଦା ମୁତାବକ ଦୋକାନକୁ ନେଉଥାନ୍ତି । ଏ ଅଞ୍ଚଳଟି କଲିକତା-ମୁମ୍ବାଇ ଭଳି ସହରର ବଜାର ଭଳି ଲାଗୁଥିଲା । ତେବେ ପ୍ରଶସ୍ତ ରାଜପଥ କଡ଼ରେ ସୁବ୍ୟବସ୍ଥିତ ଫୁଟ୍‌ପାଥ୍, ଅପେକ୍ଷାକୃତ କମ୍ ଲୋକଗହଳି ଏବଂ ଧୂଳି-ଝାଳ ବିହୀନ ପରିବେଶ ଯୋଗୁଁ ବଜାର ବୁଲିବାରେ ଆରାମ ଓ ଆନନ୍ଦ ଥିଲା । ଫେରିବା ପରେ ମଧ୍ୟାହ୍ନଭୋଜନ ଏବଂ ଜିନିଷ ସଜାଡ଼ିବା ସାରି ଏକଘଣ୍ଟାର ବିଶ୍ରାମ । ଠିକ୍ ପାଞ୍ଚଟା ବେଳେ କ୍ୟାପ୍ରି ଟ୍ରାଭେଲ୍‌ସ୍‌ର ଟ୍ୟାକ୍ସି ପହଞ୍ଚିଗଲା । ମୀନକେତନଙ୍କଠାରୁ ସକାଳେ ବିଦାୟ ନେଇ ସାରିଥିଲୁ । ରୀତା ବଜାରରୁ ଫେରି ଶୁଭଯାତ୍ରା ଜଣାଇ କର୍ମକ୍ଷେତ୍ରକୁ ଚାଲି ଯାଇଥିଲେ । ଅଙ୍କିତଙ୍କ ଠାରୁ ବିଦାୟ ଦେଇ ଫ୍ଲସିଂ ଛାଡ଼ିଲୁ । ସନ୍ଧ୍ୟା ଠିକ୍ ୮.୫୫ ମିନିଟ୍‌ରେ ନ୍ୟୁୟର୍କକୁ ବିଦାୟ ଜଣାଇ ବିମାନଯାତ୍ରା ଆରମ୍ଭ କଲୁ । ଗଲାବେଳେ ୧୬ ଘଣ୍ଟାର ଯାତ୍ରା ଥିଲେ ବି ଅନୁକୂଳ ବାୟୁ ପ୍ରବାହ ଓ ନିମ୍ନସ୍ତରୀ ଯାତ୍ରାପଥ ହେତୁ ୧୩ ଘଣ୍ଟାରେ ମୁମ୍ବାଇ ବିମାନ ବନ୍ଦରେ ପହଞ୍ଚିଗଲୁ । ଘଣ୍ଟା ଦେଖାଇଦେଲା ୨୬ ତାରିଖ ରାତି ଦଶ । ପରଦିନ ପ୍ରଭାତରେ ଭୁବନେଶ୍ୱର ଅଭିମୁଖେ ବିମାନଯାତ୍ରା ଏବଂ ବ୍ରହ୍ମପୁରରେ ଗୃହପ୍ରବେଶ ଅପରାହ୍ନ ଗୋଟାଏ ବେଳେ ।

ପୁନଶ୍ଚ ନାଏଗ୍ରା (କାନାଡ଼ା ଭ୍ରମଣ)

ସେଦିନ (ତା.୨୧.୦୬.୦୮) ନୃତ୍ୟମୟୀ ନାଏଗ୍ରାର ସଂଦର୍ଶନ-ମୁଗ୍ଧ ସହଯାତ୍ରୀମାନଙ୍କ ଭିତରେ ଆଲୋଚନା ଚାଲିଥାଏ ଯେ କାନାଡ଼ା ପଟେ ନାଏଗ୍ରାର ଦୃଶ୍ୟ ଅଧିକ ମନୋରମ । ଅନେକ ଯାତ୍ରୀ ସେଥିପାଇଁ କାନାଡ଼ା ଭିସା ନେଇ ଅପର ପାର୍ଶ୍ୱକୁ ଯାଇଥାନ୍ତି । ଆମର ଯାତ୍ରା କାର୍ଯ୍ୟକ୍ରମ କେବଳ ଆମେରିକା ଭିତରେ ହିଁ ସୀମିତ ଥିଲା । ଭବିଷ୍ୟତରେ କେବେ ସୁଯୋଗ ମିଳିଲେ 'ତୋ ଅପରୂପ ସୌନ୍ଦର୍ଯ୍ୟକୁ ପୁଣି ଦେଖିବି' ବୋଲି କହି ନାଏଗ୍ରାଠାରୁ ବିଦାୟ ନେଇଥିଲି । ଯାହାହେଉ ଏତେଶୀଘ୍ର ସେ ସୁଯୋଗ ମିଳିବ ବୋଲି ଆଶା ନଥିଲା । କିନ୍ତୁ ମିଳିଗଲା ।

"ଆନ୍ତର୍ଜାତୀୟ ମଧୁମେହ ଗବେଷଣା ସଂସ୍ଥା'ର ତ୍ରୟୋବାର୍ଷିକ ସମ୍ମିଳନୀ 'ମଣ୍ଟ୍ରିଲ୍' ସହରରେ ଅନୁଷ୍ଠିତ ହେଉଥିବାର ଜାଣି ସୁଯୋଗ ଅପେକ୍ଷାରେ ଥିଲି । ୧୯ ଅକ୍ଟୋବର ୨୦୦୯ ତାରିଖ ଦିନ ଦିଲ୍ଲୀରୁ ବାହାରି ମଣ୍ଟ୍ରିଲ୍, କ୍ୟୁବେକ୍ ସହର, କିଙ୍ଗ୍‌ଷ୍ଟନ୍, ଟରଣ୍ଟୋ ଏବଂ ନାଏଗ୍ରା ଭ୍ରମଣର ଯୋଜନା ଫଳବତୀ ହେଲା । ମାତ୍ର ପାଞ୍ଚଦିନର ଭ୍ରମଣ କାଳରେ କାନାଡ଼ା ସମ୍ପର୍କରେ ଜ୍ଞାନୋଦୟ ହେବା ସଂଗେ ସଂଗେ ମନଭରି ନାଏଗ୍ରା ଦର୍ଶନର ସୁଯୋଗ ମିଳିଲା ।

୧୯-୧୦-୦୯ (ସୋମବାର) :

ନବକଳେବରରେ ସୁଶୋଭିତ ଇନ୍ଦିରା ଗାନ୍ଧୀ ଅନ୍ତର୍ଜାତୀୟ ବିମାନ ଘାଟିରୁ ସକାଳ ୮ଟା ୧୫ ମିନିଟ୍‌ରେ ବ୍ରିଟିଶ୍ ଏୟାର ଲାଇନ୍ସର ବୋଇଂ ବିମାନଟି ଆକାଶକୁ ଉଠିଲା । ଦ୍ୱିଶତାଧିକ ଯାତ୍ରୀଙ୍କ ଭିତରେ ଆମ ଦଳରେ ୪୦ଜଣ ମଧୁମେହ ବିଶେଷଜ୍ଞ ଥିଲୁ । ଅବଶ୍ୟ ପାଞ୍ଚଜଣ ମାର୍ଗଦର୍ଶକ ବି ଥିଲେ । ୮ଘଣ୍ଟା ୩୦ ମିନିଟ୍‌ର ଯାତ୍ରା ପରେ ହିଥ୍ରୋ ବିମାନ ବନ୍ଦରରେ ପହଞ୍ଚିଲୁ ସ୍ଥାନୀୟ ସମୟ ଗୋଟାଏ ପାଞ୍ଚ ମିନିଟ୍‌ରେ । ପଶ୍ଚିମ ଦିଗରେ

ଟାଇମ୍ ଜୋନ୍ ଅତିକ୍ରମ କରିବାରୁ ଚାରିଘଣ୍ଟା ତିରିଶ ମିନିଟ୍ ଲାଭ ପାଇଥିଲୁ । ଚାରିଘଣ୍ଟା ପରେ ଅର୍ଥାତ୍ ସ୍ଥାନୀୟ ସମୟ ପାଞ୍ଚଟା ତିରିଶ ମିନିଟ୍‌ରେ ବ୍ରିଟିଶ୍ ଏୟାରଲାଇନ୍ସର ଅନ୍ୟ ଏକ ବିମାନରେ ଉପରକୁ ଉଠିଲୁ ମଣ୍ଟ୍ରିଲ୍ ଅଭିମୁଖେ । ୬ଘଣ୍ଟାରୁ ଊର୍ଦ୍ଧ୍ୱ ସମୟର ଉଡ୍ଡାଣ ପରେ 'ମଣ୍ଟ୍ରିଲ୍' ମାଟି ଛୁଇଁବା ବେଳକୁ ସ୍ଥାନୀୟ ସମୟ ସାତଟା ୩୫ ମିନିଟ୍ । ପୁଣି ଟାଇମ୍ ଜୋନ୍ ଖେଳରେ ୫ଘଣ୍ଟାର ଲାଭ । ଅର୍ଥାତ୍ କାନାଡ଼ା ସମୟ ଭାରତୀୟ ସମୟଠାରୁ ୯ଘଣ୍ଟା ପଛୁଆ । ଦୀର୍ଘକାଳ ବିମାନ ଯାତ୍ରାର କ୍ଳାନ୍ତି ବିନୋଦନ ପାଇଁ ମୁଁ ଭ୍ରମଣପୁସ୍ତିକାର ସାହାଯ୍ୟ ନେଇଥାଏ । କାନାଡ଼ା ବିଷୟରେ ସଂଗ୍ରହ କରିଥିବା ତଥ୍ୟରୁ ପାଠକମାନଙ୍କୁ ଭାଗ ଦେବା ଉଚିତ ମନେ କରୁଛି ।

କାନାଡ଼ା : କାନାଡ଼ାର ପ୍ରାକୃତିକ ସୌନ୍ଦର୍ଯ୍ୟ ଓ ପ୍ରଗତି ଦେଖି ସମସ୍ତେ ପ୍ରଶଂସାରେ ଶତମୁଖ । ପ୍ରସିଦ୍ଧ ହଲିଉଡ୍ ଅଭିନେତ୍ରୀ ଜେନ୍ ଫଣ୍ଡା ଥରେ କହିଥିଲେ "ମୁଁ କାନାଡ଼ାରେ ଥିବାବେଳେ ଅନୁଭବ କରେ, ସମଗ୍ର ପୃଥିବୀ ଏହିଭଳି ହେବା ଉଚିତ ।" ରୁଷିଆ ପରେ କାନାଡ଼ା ହେଉଛି ପୃଥିବୀର ଦ୍ୱିତୀୟ ବୃହତ୍ତମ ରାଷ୍ଟ୍ର । ତେବେ ଜନସଂଖ୍ୟା ଖୁବ୍ କମ୍ । ରୁଷିଆ, କାନାଡ଼ା, ଯୁକ୍ତରାଷ୍ଟ୍ର ଆମେରିକା ଓ ଭାରତର କ୍ଷେତ୍ରଫଳ ଓ ଜନସଂଖ୍ୟା ତୁଳନାତ୍ମକ ଭାବରେ ଉପସ୍ଥାପନ କରୁଛି ।

ଦେଶ	**କ୍ଷେତ୍ରଫଳ (ବର୍ଗ କି.ମି.)**	**ଜନସଂଖ୍ୟା (୨୦୦୯)**
୧. ରୁଷିଆ	୧୭୦୭୫୦୦୦	୧୪,୧୯,୦୩୯୭୯
୨. କାନାଡ଼ା	୯୯୭୦୬୧୦	୩୩୬୨୮୫୭୧
୩. ଚୀନ୍	୯୬୦୦୦୦୦	୧୩୩୪୫୦୦୦୦୦
୪. ଯୁକ୍ତରାଷ୍ଟ୍ର ଆମେରିକା	୯୧୬୧୯୨୩	୩୦,୮୦,୧୧୦୦୦
୫. ଭାରତ	୩୨୮୭୨୬୩	୧୧୫ କୋଟିରୁ ଊର୍ଦ୍ଧ୍ୱ

କାନାଡ଼ାର ଶତକଡ଼ା ୨୫ ଭାଗ ଅଞ୍ଚଳ ବଣଜଙ୍ଗଲରେ ପରିପୂର୍ଣ୍ଣ । ପଶ୍ଚିମରେ ପ୍ରଶାନ୍ତ ମହାସାଗର, ପୂର୍ବରେ ଆଟଲାଣ୍ଟିକ୍ ମହାସାଗର ଏବଂ ଉତ୍ତରରେ ଆର୍କଟିକ୍ ମହାସାଗର । ଏହାର ଜଳସୀମାକୁ ପୃଥିବୀର ବୃହତ୍ତମ ଭାବରେ ପରିଗଣିତ କରାଯାଏ । ଅସଂଖ୍ୟ ନଦୀ ଓ ହ୍ରଦ ଯୋଗୁଁ ମଧୁରଜଳ ସଂଭାରରେ କାନାଡ଼ା ପୃଥିବୀରେ ପ୍ରଥମ ସ୍ଥାନ ଅଧିକାର କରିଛି । ଏହାର ୧୩ଟି ରାଜ୍ୟ ପ୍ରାକୃତିକ ସଂପଦରେ ପରିପୂର୍ଣ୍ଣ ଏବଂ ସମୃଦ୍ଧି ପାଇଁ ପରସ୍ପର ସହିତ ପ୍ରତିଯୋଗିତାରେ ଅବତୀର୍ଣ୍ଣ । ୧୪୯୨ ମସିହାରେ କଲମ୍ବସ୍ ଆମେରିକା ଆବିଷ୍କାର ପରେ ୧୫୦୦ ମସିହାରେ କାନାଡ଼ାରେ ପଦାର୍ପଣ କଲେ । କଲମ୍ବସ୍, କାର୍ଟିୟର ଏବଂ କ୍ୟାଲବଟ୍ ସମୁଦ୍ରଯାତ୍ରାରେ ପ୍ରବେଶ କଲାବେଳକୁ ସେଠାରେ ସ୍ଥାନୀୟ ଅଧିବାସୀ 'ଲୋହିତ ଭାରତୀୟ'ମାନେ ବସବାସ କରୁଥିଲେ ଏବଂ ଉତ୍ତର

କାନାଡ଼ାର ତୁଷାରାବୃତ୍ତ ଅଞ୍ଚଳରେ ଏସ୍କିମୋ ବା ଇନ୍‌ଟୁଇଟ୍ ଜନଜାତି ବସତି ସ୍ଥାପନ କରିଥିଲେ। ଧୀରେ ଧୀରେ ୟୁରୋପୀୟମାନେ ପୂର୍ବ ଉପକୂଳର ନିୟୁଫାଉଣ୍ଡଲ୍ୟାଣ୍ଡ୍ ଏବଂ ଅନ୍ୟାନ୍ୟ ଇଲାକାରେ ବସତି ସ୍ଥାପନ କଲେ।

ମଣ୍ଟ୍ରିଲ୍ ସହରଟି ସେଣ୍ଟ ଲରେନ୍ସ ନଦୀ ଭିତରେ ଗୋଟିଏ ପ୍ରକାଣ୍ଡ ଦ୍ୱୀପ। ଏହା 'ଟରଣ୍ଟୋ' ପରେ କାନାଡ଼ାର ଦ୍ୱିତୀୟ ବୃହତ୍ତମ ସହର। ଜନସଂଖ୍ୟା ୩୨ ଲକ୍ଷରୁ ଅଧିକ। ଏଠାରେ ମୁଖ୍ୟତଃ ଫରାସୀ ଭାଷାଭାଷୀ ଲୋକେ ରହୁଥିଲେ ବି ପୃଥିବୀର ବିଭିନ୍ନ କୋଣ ଅନୁକୋଣରୁ ଲୋକ ଯାଇ ବସବାସ କରନ୍ତି। 'ପ୍ୟାରିସ୍' ପରେ ଏହା ପୃଥିବୀର ଦ୍ୱିତୀୟ ବୃହତ୍ତମ ଫରାସୀ ଅଧ୍ୟୁଷିତ ସହର। ୧୯୯୨ ମସିହାରେ ଏହି ସହରର ୩୫୦ତମ ଜନ୍ମବାର୍ଷିକୀ ମହାସମାରୋହରେ ପାଳିତ ହୋଇଥିଲା। ସହରର ଉଚ୍ଚତମ ଅଞ୍ଚଳ Mount Royal ବା Royal Mountainରେ ଫରାସୀମାନେ ପ୍ରଥମେ ବସତି ସ୍ଥାପନ କରିଥିଲେ। ତେଣୁ ଏହାର ନାଁ 'ମଣ୍ଟ୍ରିଲ୍'। ୧୯୬୭ ମସିହାରେ ବୃହତ୍ ବିଶ୍ୱ ବାଣିଜ୍ୟ ମେଳା ଓ ୧୯୬୭ ରେ ଅଲମ୍ପିକ୍ କ୍ରୀଡ଼ା ଆୟୋଜିତ ହୋଇଥିବାରୁ ସହରର ସର୍ବାଙ୍ଗୀନ ଅଭିବୃଦ୍ଧି ଘଟିଛି।

ବିମାନ ଘାଟିରୁ ହୋଟେଲ୍ ଅଭିମୁଖେ ଯାତ୍ରା କଲାବେଳେ ସହରର ସାନ୍ଧ୍ୟକାଳୀନ ଦୃଶ୍ୟ ମନକୁ ସରସ କରିଦେଇଥିଲା। ଦୁଇ ଘଣ୍ଟାର ବିଶ୍ରାମ ପରେ ଭାରତୀୟ ରେଷ୍ଟୁରାଣ୍ଟ 'ମହାରାଜା'ରେ ରାତ୍ରିଭୋଜନ କରି ଫେରିଆସିଲୁ। ଦିନର ତାପମାତ୍ରା ପ୍ରାୟ ୧୦° ସେଣ୍ଟିଗ୍ରେଡ୍ ଓ ରାତିର ତାପମାତ୍ରା ୧ରୁ ୨ ଡ଼ିଗ୍ରୀ ସେଣ୍ଟିଗ୍ରେଡ୍ ରହିବ ବୋଲି ଶୀତବସ୍ତ୍ରର ବ୍ୟବସ୍ଥା କରିଥିଲୁ।

୨୦.୧୦.୦୯ (ମଙ୍ଗଳବାର) :

କାନାଡ଼ାର ପ୍ରଥମ ସକାଳ, ଯାତ୍ରାଜନିତ କ୍ଲାନ୍ତି ଦୂର କରି ନୂତନ ଭୂଖଣ୍ଡରେ ଦିନଚର୍ଯ୍ୟା ପାଇଁ ଆହ୍ୱାନ ଓ ଅଭିବାଦନ କଲା। ଗତ ସନ୍ଧ୍ୟାରେ ସଂଗ୍ରହ କରିଥିବା ପୁସ୍ତକଟିରୁ 'ମଣ୍ଟ୍ରିଲ୍' ସହର ସମ୍ପର୍କରେ ବିବରଣୀ ଆହରଣ କଲି।

୧୬୪୨ ଖ୍ରୀଷ୍ଟାବ୍ଦରେ ଫରାସୀ ନାବିକ ଓ ଧର୍ମପ୍ରଚାରକ ପଲ୍ ଡ଼ି.ଚୋମେଦେ ମେସୋନିଭ୍ ସ୍ଥାନୀୟ ଅଧିବାସୀ 'ଇରେକୁଇସ୍' ନାମକ ଲୋହିତ ଭାରତୀୟଙ୍କ ଜୀବନଯାପନ ପ୍ରଣାଳୀରେ ହସ୍ତକ୍ଷେପ କଲେ। ସେମାନଙ୍କ ପଶୁଲୋମ ବ୍ୟବସାୟକୁ ହାତେଇବା ଏବଂ ଧର୍ମାନ୍ତରୀକରଣ କରି ଶାନ୍ତିପୂର୍ଣ୍ଣ ସଦ୍‌ଭାବ ସ୍ଥାପନ କରିବା ଲକ୍ଷ୍ୟ ଥିଲା। ଏକ ବର୍ଷର ଉଦ୍ୟମ ପରେ ସେ ସଫଳ ହେଲେ ଏବଂ ଗୋଟିଏ ଦୁର୍ଗ ସିପ୍‌ଟାଲ୍, ଗୋଟିଏ ଚର୍ଚ୍ଚ ଓ ୭୦ ଜଣ ସହକର୍ମୀଙ୍କ ପାଇଁ ବାସଗୃହ ନିର୍ମାଣ କଲେ। ଏ ଅଞ୍ଚଳର ନାଁ

ଦେଲେ 'ଭିଲେମ୍ୟାରୀ'। ୧୬୬୫ ମସିହାରେ ସେ ସମ୍ରାଟ ଚତୁର୍ଦ୍ଦଶ ଲୁଇଙ୍କର ଡାକରା ପାଇ ଫ୍ରାନ୍ସ ଫେରିଗଲେ। ୧୭୬୦ ମସିହା ପର୍ଯ୍ୟନ୍ତ ମଣ୍ଟ୍ରିଲ୍ ସହର, କ୍ୟୁବେକ୍ ସହର ଓ ରାଜ୍ୟର ଅନ୍ୟାନ୍ୟ ଅଞ୍ଚଳ, ଫରାସୀ ଉପନିବେଶ ହିସାବରେ ସାମୁଦ୍ରିକ ବନ୍ଦର, ପଶୁଲୋମ, ଜଙ୍ଗଲଜାତ ପଦାର୍ଥ ଏବଂ କୃଷିଜାତ ଦ୍ରବ୍ୟକୁ ନେଇ ଉନ୍ନତି କରିବାକୁ ଲାଗିଲେ। ୧୮୬୦ ମସିହାରେ ବ୍ରିଟିଶ୍ ଉପନିବେଶକାରୀମାନେ ଆକ୍ରମଣ କରି ଏହି ଅଞ୍ଚଳରେ ନିଜର ଆଧିପତ୍ୟ ବିସ୍ତାର କଲେ। ଯାହାହେଉ 'କାନାଡ଼ା'ର ଏହି ପୂର୍ବାଞ୍ଚଳ ଉନ୍ନତିର ସୋପାନ ଅତିକ୍ରମ କରିଚାଲିଲା। କ୍ୟୁବେକ୍ ସହର ଫରାସୀମାନଙ୍କର ସହର ହିସାବରେ ଗଢ଼ି ଉଠିଥିବା ବେଳେ 'ମଣ୍ଟ୍ରିଲ୍' ସହର ଇଂରେଜ, ଫରାସୀ, ବିଭିନ୍ନ ୟୁରୋପୀୟ ଦେଶ ଏବଂ ପୃଥିବୀର ପ୍ରାୟ ସମସ୍ତ ଦେଶର ନାଗରିକଙ୍କୁ ଧୀରେ ଧୀରେ ନିଜ କୋଳକୁ ଆଦରି ନେଇଛି। ଏହା କେବଳ ବିଶ୍ୱବାଣିଜ୍ୟର ପ୍ରସାର ଯୋଗୁଁ ସମ୍ଭବ ହୋଇଛି। ସ୍ୱନାମଧନ୍ୟ ମଣ୍ଟ୍ରିଲ୍ ବିଶ୍ୱବିଦ୍ୟାଳୟ ମଧ୍ୟ ଏଥିପାଇଁ କେତେକ ପରିମାଣରେ ଦାୟୀ। ତିରିଶ ବର୍ଷ ତଳେ ଟରଣ୍ଟୋ ସହର 'ମଣ୍ଟ୍ରିଲ୍'ର ଅଭିବୃଦ୍ଧିକୁ ଟପିଗଲା ପରେ ବି ଏ ସହରର ଗାରିମା ଅତୁଟ ରହିଛି। ଆଜିର ପ୍ରଧାନ କାର୍ଯ୍ୟକ୍ରମ ହେଲା 'ବିଶ୍ୱ ମଧୁମେହ ସମ୍ମିଳନୀ'ରେ ଯୋଗଦାନ ଏବଂ ଅପରାହ୍ନରେ ମଣ୍ଟ୍ରିଲ୍ ସହରର ଭ୍ରମଣ।

ବିଶ୍ୱ ମଧୁମେହ ସମ୍ମିଳନୀ :

ଅନ୍ତର୍ଜାତୀୟ ମଧୁମେହ ଗବେଷଣା ସଂସ୍ଥା (IDF)ତରଫରୁ ପ୍ରତି ୩ ବର୍ଷରେ ଥରେ ଏ ସମ୍ମିଳନୀ ଅନୁଷ୍ଠିତ ହୋଇଥାଏ। ମଣ୍ଟ୍ରିଲ୍ କନ୍‌ଭେନସନ୍ ସେଣ୍ଟର (ସମ୍ମିଳନୀ ସ୍ଥଳ)ରେ ଆମେ ସକାଳ ୯.୩୦ ମିନିଟରେ ଯାଇ ପହଞ୍ଚିଲୁ। କି ବିରାଟ ସମ୍ମିଳନୀସ୍ଥଳ ! ପ୍ରାୟ ୩୦ ହଜାର ପ୍ରତିନିଧିଙ୍କ ପାଇଁ ସୁଶୋଭିତ ଓ ସୁଶୃଙ୍ଖଳିତ ଆୟୋଜନ। ପୂର୍ବରୁ ନାମ ପଞ୍ଜିକରଣ କରିସାରିଥିଲୁ । ରସିଦ୍ ଦେଖାଇ 'ସମ୍ମିଳନୀ ବ୍ୟାଗ୍' ସଂଗ୍ରହ କଲୁ। ତା' ଭିତରେ ୫ଦିନ ବ୍ୟାପୀ ବୈଜ୍ଞାନିକ ସଂପାନର ବିବରଣୀ ପୁସ୍ତିକା ଓ ସି.ଡି. ସହ ମଣ୍ଟ୍ରିଲ୍ ସହରର ମାନଚିତ୍ର, ଭ୍ରମଣଯୋଗ୍ୟ ସ୍ଥାନର ବିବରଣୀ ଇତ୍ୟାଦି ପ୍ରୟୋଜନୀୟ ବସ୍ତୁ ରହିଥିଲା। ବିନାଦେୟରେ ବସ୍ ଓ ଟ୍ରାମ୍‌ରେ ଯାତ୍ରା କରିବା ପାଇଁ ପାଞ୍ଚଦିନର ସ୍ମାର୍ଟ କାର୍ଡ଼ ପାସ୍‌ଟିଏ ବି ଥିଲା। ଦୁଇଟି ବୈଜ୍ଞାନିକ ଅଧିବେଶନରେ ଭାଗ ନେବାପରେ ବୈଜ୍ଞାନିକ ପ୍ରଦର୍ଶନୀଗୃହରେ ପ୍ରବେଶ କଲୁ। ଏହାର ବିଶାଳତା କେବଳ ଅନୁଭବ କରିହେବ, ଭାଷାରେ ବ୍ୟକ୍ତ କରିହେବ ନାହିଁ। ପୃଥିବୀର ୧୫୦ଟି ଦେଶ ମଧୁମେହ ନିରାକରଣ ଯୋଜନାର ପଦକ୍ଷେପ ତଥା ସଫଳତା ପ୍ରଦର୍ଶନ ପାଇଁ ନିଜ ନିଜର ଷ୍ଟଲ୍ ଖୋଲିଥିଲେ। ଭାରତୀୟ ଷ୍ଟଲ୍ ବି ବୁଲି ଦେଖିଲୁ। ପାଖ ଅଞ୍ଚଳରେ ବହୁରାଷ୍ଟ୍ରୀୟ ଭେଷଜ କମ୍ପାନୀମାନେ ନିଜ ନିଜର ଷ୍ଟଲ୍ ଖୋଲି ଗବେଷଣାଲବ୍ଧ ଔଷଧର ରୁଚିକର ପ୍ରଦର୍ଶନ

ସହିତ ଆମକୁ ପୁସ୍ତିକା, ସି.ଡି. ଇତ୍ୟାଦି ଉପହାରମାନ ପ୍ରଦାନ କଲେ। ମଧ୍ୟାହ୍ନଭୋଜନ ପାଇଁ ନିର୍ଦ୍ଦେଶିତ ବିରାଟ ହଲ୍ ଭିତରେ ସୁସ୍ୱାଦୁ ସ୍ୟାଣ୍ଡୱିଚ୍, କେକ୍, ଦହି, ଫଳ ଇତ୍ୟାଦିକୁ ନେଇ କ୍ଷୁଧା ନିବାରଣ କଲୁ। ପୁଣି ଗୋଟିଏ ବୈଜ୍ଞାନିକ ସଂପାନରେ ଯୋଗଦେବା ପରେ ୩.୩୦ମିନିଟରେ ସହର ଭ୍ରମଣ ପାଇଁ ବାହାରିଲୁ।

ପ୍ରାଚୀନ ମଣ୍ଟ୍ରିଲ୍ :

ମଣ୍ଟ୍ରିଲ ସହରର ପର୍ଯ୍ୟଟକମାନେ 'ପ୍ରାଚୀନ ମଣ୍ଟ୍ରିଲ୍' ଅଞ୍ଚଳ ବୁଲି ଦେଖିବାକୁ ଅଗ୍ରାଧିକାର ଦେଇଥାନ୍ତି। ଗାଇଡ୍‌ଙ୍କ ପାଦରେ ପାଦ ମିଳାଇ ଚାଲିଚାଲି ଏ ଅଞ୍ଚଳ ବୁଲି ଦେଖିବାରେ ଆନନ୍ଦ ଅଛି ବୋଲି ଶୁଣିଥିଲି। କିନ୍ତୁ ସମୟର ସ୍ୱଳ୍ପତା ଦୃଷ୍ଟିରୁ ସମ୍ମିଳନୀ ସ୍ଥଳରୁ ବସ୍‌ରେ ଚଢ଼ି ଆମେ ଏ ଅଞ୍ଚଳରେ ପହଞ୍ଚିଲୁ। 'ପ୍ଲେସ୍ ଡ଼ି. ଆର୍ମସ୍' ନାମରେ ନାମିତ ସୁନ୍ଦର ଛକରୁ ଆମର ଭ୍ରମଣ ଆରମ୍ଭ କଲୁ। ଛକର ମଧ୍ୟସ୍ଥଳରେ ମଣ୍ଟ୍ରିଲ୍‌ର ପ୍ରତିଷ୍ଠାତା ମେସୋନିଭ୍‌ଙ୍କ ପ୍ରତିମୂର୍ତ୍ତିଟି ଶୋଭା ପାଉଥାଏ। ୧୬୪୨ ମସିହାରେ ଏ ଅଞ୍ଚଳରେ ପ୍ରଥମେ ଫରାସୀ ଉପନିବେଶକାରୀ ପାଦ ଦେଇଥିଲେ। ସେ ପଶୁଲୋମ ବ୍ୟବସାୟରେ ସମଗ୍ର ଉତ୍ତର ଆମେରିକାରେ ନିଜର ଆଧିପତ୍ୟ ପ୍ରତିଷ୍ଠା କରି ବେଶ୍ ଧନଶାଳୀ ହୋଇପାରିଥିଲେ। ୧୮ରୁ ୧୯ ଶତାବ୍ଦୀ ପର୍ଯ୍ୟନ୍ତ ବିଭିନ୍ନ ବ୍ୟବସାୟରେ ନିଜର ଉତ୍କର୍ଷ ପ୍ରତିପାଦିତ କରି ଚତୁଃପାର୍ଶ୍ୱରେ ସୁଉଚ୍ଚ ଏବଂ କାରୁକାର୍ଯ୍ୟପୂର୍ଣ୍ଣ ଅଟ୍ଟାଳିକା ମାନ ନିର୍ମାଣ କରିଥିଲେ। ତନ୍ମଧ୍ୟରୁ 'ମଣ୍ଟ୍ରିଲ୍ ବ୍ୟାଙ୍କ', ସେଣ୍ଟ ସଲ୍‌ପିସ୍ ସେମିନାରୀ, ପୁରାତନ ବିଚାରାଳୟ କୋଠା, ବନ୍‌ସେକୁର୍ ବଜାର ଏବଂ ନଟରଡ଼େମ୍ ଇତ୍ୟାଦି ବୁଲି ଦେଖିଲୁ। ସମସ୍ତ ଅଟ୍ଟାଳିକାରେ ଫରାସୀ ସ୍ଥାପତ୍ୟର ଉତ୍କର୍ଷ ଦେଖିବାକୁ ମିଳିଲା। ୧୮୭୮ରେ ନିର୍ମିତ ମଣ୍ଟ୍ରିଲ୍ ସିଟି ହଲ୍‌ର ସୌନ୍ଦର୍ଯ୍ୟ ମନକୁ ଛୁଇଁଲା। ନଟରଡ଼େମ୍ ଚର୍ଚ୍ଚଟି ୧୮୨୯ ମସିହାରେ ଆମେରିକୀୟ ସ୍ଥପତି ଜେମ୍ସ ଓଡ଼ନେଲ୍‌ଙ୍କ ଦ୍ୱାରା ନିର୍ମିତ। ଏହାର ପ୍ରକାଣ୍ଡ ଗର୍ଭଗୃହ ଓ ଆଭ୍ୟନ୍ତରୀଣ ସାଜସଜ୍ଜା ବେଶ୍ ମନମୁଗ୍ଧକର। ଏହା ଭିତରେ ୩୫୦୦ ଶ୍ରଦ୍ଧାଳୁ ବସି ପ୍ରାର୍ଥନା କରିବା ଓ ପୃଥିବୀର ବୃହତମ ସଙ୍ଗୀତ ଯନ୍ତ୍ର (Organ)ର ଆନନ୍ଦ ନେବାର ବନ୍ଦୋବସ୍ତ ରହିଛି। ଭିଉକ୍ସ ବନ୍ଦର (ପୁରାତନ ବନ୍ଦର) ସେଣ୍ଟ୍‌ଲରେନ୍ସ ନଦୀ କୂଳରେ ସମୃଦ୍ଧ ବନ୍ଦର। ଏହା ପ୍ରାୟ ୨୫ କିଲୋମିଟର ଦୂର ପର୍ଯ୍ୟନ୍ତ ପରିବ୍ୟାପ୍ତ ଏବଂ ଏଠାରେ ୧୦୦ରୁ ଊର୍ଦ୍ଧ୍ୱ ଜାହାଜ ଲଙ୍ଗର ପକାଇବାର ବ୍ୟବସ୍ଥା ରହିଛି। ଏହି ପ୍ରାଚୀନ ସମୃଦ୍ଧ ଅଞ୍ଚଳ ଭ୍ରମଣ କଲାବେଳେ ଫରାସୀ ଉପନିବେଶକାରୀଙ୍କ ଅଧ୍ୟବସାୟ କଥା ଭାବି ଆଚମ୍ବିତ ଲାଗୁଥିଲା।

ମାଉଣ୍ଟ୍ ରୟାଲ ପାର୍କ (ରାଜକୀୟ ପାର୍ବତ୍ୟ ଉଦ୍ୟାନ)

ଆମର ପରବର୍ତ୍ତୀ ଲକ୍ଷ୍ୟସ୍ଥଳ ୨୩୨ ମିଟର ଉଚ୍ଚ ଏହି ପାର୍ବତ୍ୟ ଉଦ୍ୟାନରେ

ପହଞ୍ଚିଲୁ। ୫୦୦ ଏକର ବ୍ୟାପୀ ଏହି ସବୁଜିମାଭରା ଅଞ୍ଚଳଟି ପୃଥିବୀର ଏକ ବିଶିଷ୍ଟ ପର୍ଯ୍ୟଟନସ୍ଥଳୀ ହିସାବରେ ସୁନାମ ଅର୍ଜନ କରିଛି। ନ୍ୟୁୟର୍କର କେନ୍ଦ୍ରୀୟ ପ୍ରମୋଦ ଉଦ୍ୟାନ (Central Pack)ର ସ୍ଥପତି ଫ୍ରେଡ଼େରିକ୍ ଲ ଆଲ୍ମଷ୍ଟେଡ଼ ଏହାର ପରିକଳ୍ପନା ଓ ନିର୍ମାଣ କରିଛନ୍ତି। ଫରାସୀ ଅଭିଯାତ୍ରୀ ଜ୍ୟାକୁସ୍ କ୍ୟାଟିୟର ୧୫୩୫ ମସିହାରେ ତାଙ୍କର ଦ୍ୱିତୀୟ କାନାଡ଼ା ଅଭିଯାନ କାଳରେ ଏହି ସୌନ୍ଦର୍ଯ୍ୟମୟ ପର୍ବତ ଶିଖରକୁ ଆବିଷ୍କାର କରିଥିଲେ। ସବୁଜ ବୃକ୍ଷଲତା ଓ ରଙ୍ଗବେରଙ୍ଗର ପୁଷ୍ପାବଳୀବିମଣ୍ଡିତ ଏହି ଅଞ୍ଚଳର 'ବିଭର' ହ୍ରଦଟି ଜଳକ୍ରୀଡ଼ା ପାଇଁ ବେଶ୍ ଆଦୃତି ଲାଭ କରିଛି। ଶୀତ ଦିନେ ହ୍ରଦର ପାଣି ଜମାଟ ବାନ୍ଧିଲେ ବରଫ କ୍ରୀଡ଼ା ପାଇଁ ଦୂରଦୂରାନ୍ତରୁ ପର୍ଯ୍ୟଟକମାନେ ଭିଡ଼ ଜମାନ୍ତି। ସ୍ଥାନଟିର ସୌନ୍ଦର୍ଯ୍ୟ ଉପଭୋଗ କରୁକରୁ କାର୍ଟିୟରଙ୍କର ସୁଉଚ୍ଚ ପ୍ରତିକୃତିକୁ ସମ୍ମାନ ପ୍ରଦର୍ଶନ କଲୁ। ଏହି ରାଜକୀୟ ପାର୍ବତ୍ୟ ଉଦ୍ୟାନର ଦକ୍ଷିଣପୂର୍ବ କୋଣରେ ପ୍ରସିଦ୍ଧ ସେଣ୍ଟ୍ ଜୋସେଫ୍ ଚର୍ଚ୍ଚଟି (ଚିତ୍ର-୧୫) ସଗର୍ବେ ନିଜର ଉପସ୍ଥିତି ଘୋଷଣା କରୁଥିଲା। ୧୯୪୨ରୁ ଆରମ୍ଭ ହୋଇ ୧୯୬୬ରେ ଶେଷ ହୋଇଥିବା ଏହି ବିରାଟକାୟ ଚର୍ଚ୍ଚଟି ମଣ୍ଟ୍ରିଲ୍‌ର ଶୀର୍ଷତମ ଅଟ୍ଟାଳିକାର ସ୍ଥାନ ଗ୍ରହଣ କରେ। ଏହାର ଗମ୍ବୁଜଟି ଭ୍ୟାଟିକାନ୍ ସିଟିର ପ୍ରସିଦ୍ଧ ସେଣ୍ଟ୍‌ପିଟରଙ୍କ ଚର୍ଚ୍ଚ ପରେ ପୃଥିବୀର ଦ୍ୱିତୀୟ ବୃହତ୍ତମ ଗମ୍ବୁଜର ମାନ୍ୟତା ପାଇଛି। ପ୍ରତିବର୍ଷ ୨୦ ଲକ୍ଷରୁ ଅଧିକ ପରିବ୍ରାଜକ ଏହାର ପରିଦର୍ଶନ କରନ୍ତି ଏବଂ ଶ୍ରଦ୍ଧାଳୁ ଖ୍ରୀଷ୍ଟିଆନ୍‌ମାନଙ୍କ ପାଇଁ ଏହା ଏକ ପବିତ୍ର ତୀର୍ଥସ୍ଥାନ। ସେଣ୍ଟ୍ ଯୋସେଫଙ୍କର ସୁଉଚ୍ଚ ପ୍ରତିକୃତି ଚର୍ଚ୍ଚ ସାମ୍ନାରେ ଶୋଭା ପାଇଛି। ଏହା ଭିତରେ 'ଭ୍ରାତା ଭିଆଣ୍ଡେ'ଙ୍କ ସ୍ମୃତି ସାଇତା ରହିଛି, ଯିଏ କି ମରଣୋତ୍ତର ଭାବେ ୧୯୮୨ ମସିହାରେ ପୋପ୍‌ଙ୍କ ଦ୍ୱାରା 'ସନ୍ଥ' ଉପାଧିରେ ଭୂଷିତ ହୋଇଥିଲେ। ସନ୍ଧ୍ୟା ନଇଁ ଆସିଲା। ଏହି ସମୃଦ୍ଧ ପର୍ବତ ଶୃଙ୍ଗରୁ 'ମଣ୍ଟ୍ରିଲ୍' ସହରର ଦୃଶ୍ୟ ନୟନ-ମନ ହରଣ କରିନେଲା। ବିମୋହିତ ହୋଇ ପ୍ରାକୃତିକ ସୌନ୍ଦର୍ଯ୍ୟ ଉପଭୋଗ କରୁ କରୁ ବସ୍ ଆମକୁ ନେଇ ଭାରତୀୟ ରେଷ୍ଟୁରାଣ୍ଟ୍ ମହାରାଜାରେ ପହଞ୍ଚାଇ ଦେଲା। ରାତ୍ରିଭୋଜନ ଅନ୍ତେ ମଣ୍ଟ୍ରିଲ୍‌ର ଶୀତଳତା (୧ ଡ଼ିଗ୍ରୀ ସେଣ୍ଟିଗ୍ରେଡ଼୍) କୁ ଉପଭୋଗ କରୁ କରୁ ହୋଟେଲରେ ପହଞ୍ଚି ବିଶ୍ରାମ ନେଲୁ।

ତା.୨୧.୧୦.୦୯ (ବୁଧବାର) :

କ୍ୟୁବେକ୍ ସିଟି : ଆଜିର କାର୍ଯ୍ୟସୂଚୀ ଅନୁସାରେ 'କ୍ୟୁବେକ୍ ସହର' ଭ୍ରମଣ ପାଇଁ ସକାଳ ୮ଟା ସୁଦ୍ଧା ନିଜକୁ ପ୍ରସ୍ତୁତ କଲୁ । ଏହି ସହରଟି ସମଗ୍ର ଉତ୍ତର ଆମେରିକା ମହାଦେଶର ପ୍ରାଚୀନତମ ସହର । ୩୫୦ ବର୍ଷରୁ ଊର୍ଦ୍ଧ୍ୱ ବୟସ୍କ ଏହି ସହର 'ବିଶ୍ୱ ଐତିହ୍ୟ କୀର୍ତ୍ତି'ର ମାନ୍ୟତା ପାଇଛି । ଫରାସୀ ଅଭିଯାତ୍ରୀ ସାମୁଏଲ୍ ଡି. ଚାମ୍ପଲେନ୍

୧୬୦୮ ମସିହାରେ ସେଣ୍ଟଲରେନ୍ସ ନଦୀରେ ଅଭିଯାନ କାଳରେ ଏ ସହରର ମୂଳଦୁଆ ସ୍ଥାପନ କରିଥିଲେ । ପ୍ରାୟ ଅଢ଼େଇ ଘଣ୍ଟାର ବସ୍ ଯାତ୍ରା ପରେ ଆମେ ସେଠାରେ ପହଞ୍ଚି ତିନିଘଣ୍ଟାର ଭ୍ରମଣ ସାରି ଫେରି ଆସିବୁ । ଯାତ୍ରା ଆରମ୍ଭରୁ ଜ୍ଞାନଦୀପ୍ତ ପ୍ରଦର୍ଶକ (ଗାଇଡ୍) ଆଜିର ପରିଦର୍ଶନ ସୁଖକର ଓ ଜ୍ଞାନବର୍ଦ୍ଧକ ହେବ ବୋଲି ପ୍ରତିଶ୍ରୁତି ଦେଇ ବିବରଣୀ ଆରମ୍ଭ କଲେ ।

ସେଣ୍ଟ ଲରେନ୍ସ ଓ ସେଣ୍ଟ ଚାର୍ଲ୍ସ ଏହି ଦୁଇଟି ନଦୀର ସଙ୍ଗମ ସ୍ଥଳରେ କ୍ୟୁବେକ୍ ସହର ଗଢ଼ିଉଠିଛି । ଏହି ସ୍ଥାନରେ ବିରାଟ ଲରେନ୍ସ ନଦୀ ମାତ୍ର ଏକ କିଲୋମିଟର ଓସାର । କିନ୍ତୁ ସୁଗଭୀରତା ହେତୁ ଜାହଜ ଚଳାଚଳ ପାଇଁ ପ୍ରକୃଷ୍ଟ । ପ୍ରଥମେ ଫରାସୀ ଅଭିଯାତ୍ରୀ ଜ୍ୟାକୁସ୍ କାର୍ଟିୟର୍ ୧୫୩୫ ମସିହାରେ ଏଠାରେ ପାଦ ଦେଇଥିଲେ । ପ୍ରାୟ ଏକହଜାର ଆଦିମ ଅଧିବାସୀ ଏଠାରେ ବସବାସ କରୁଥିଲେ । ଗାଁଟିର ନାଁ ଥିଲା 'ଷ୍ଟାଡାକୋନା' । ଧୀରେ ଧୀରେ ଫରାସୀ ଉପନିବେଶକାରୀମାନେ ଏ ଅଞ୍ଚଳ ପ୍ରତି ଆକୃଷ୍ଟ ହେଲେ । ଏହାର ମୂଳ ଆକର୍ଷଣ ଥିଲା ପଶୁ ଲୋମ ବ୍ୟବସାୟ । ଦୂରଦର୍ଶୀ ଚାମ୍ପଲେନ୍ ତତ୍କାଳୀନ ଫ୍ରାନ୍ସର ସମ୍ରାଟ ଚତୁର୍ଦ୍ଦଶ ଲୁଇଙ୍କ ପ୍ରେରଣାରେ ଆଦିବାସୀମାନଙ୍କ ହାତରୁ ଏ ଗ୍ରାମଟିକୁ ଛଡ଼ାଇନେଇ ସହର ନିର୍ମାଣ ଆରମ୍ଭ କଲେ । ପ୍ରାଚୀନ କ୍ୟୁବେକ୍ ସହରଟି ୪.୫ କିଲୋମିଟର ପରିଧିର ପ୍ରାଚୀର ଦ୍ୱାରା ପରିବେଷ୍ଟିତ ଏବଂ ଏହାର ଆୟତନ ୧୧ ବର୍ଗ କିଲୋମିଟର । ପ୍ରାଚୀନ ଅଥଚ ସୌନ୍ଦର୍ଯ୍ୟମୟ ଏହି ସହରଟି ଅକ୍ଷତ ଅବସ୍ଥାରେ ଅଛି ଏବଂ ଏହାର ଚତୁଃପାର୍ଶ୍ୱରେ ନୂତନ ସହର ଗଢ଼ିଉଠିଛି । ବର୍ତ୍ତମାନ ଏହାର ଜନସଂଖ୍ୟା ୭୧୫୫୧୫ (୨୦୦୬ ଜନଗଣନା) ଏବଂ ଏହା କ୍ୟୁବେକ୍ ରାଜ୍ୟର ରାଜଧାନୀ । ପ୍ରାଚୀନ ସହରଟି ୯୩ ମିଟର ଉଚ୍ଚ ଡାୟାମାଣ୍ଟ ପର୍ବତ ଉପରେ ଅବସ୍ଥିତ । ଏହାକୁ 'ଉପର ସହର' କୁହାଯାଏ । ପର୍ବତର ପାଦ ଦେଶରେ ସେଣ୍ଟଲରେନ୍ସ ନଦୀ କୂଳରେ ଗଢ଼ି ଉଠିଥିବା ଜନବସତିକୁ 'ତଳ ସହର' କୁହାଯାଏ ।

ଗାଇଡ୍ ଘୋଷଣା କଲେ ଯେ, ଆମେ ବର୍ତ୍ତମାନ ଉପର ସହରରେ ପହଞ୍ଚି ଯାଇଛେ । ଫରାସୀ ଶିଳ୍ପ କଳାରେ ସମୃଦ୍ଧ ରାସ୍ତାଘାଟ, କୋଠାବାଡ଼ି, ବୃକ୍ଷଲତା ସବୁ ପରୀରାଜ୍ୟର ବର୍ଣ୍ଣନା ଭଳି ସୁନ୍ଦର ଦିଶୁଥିଲେ । ଗାଇଡ୍ ଇତିହାସ ପୃଷ୍ଠାରୁ ଜଣାଇଦେଲେ ଯେ, ୧୭୫୯ ମସିହା ସେପ୍ଟେମ୍ବର ୧୩ ତାରିଖ ପର୍ଯ୍ୟନ୍ତ ଏ ସମସ୍ତ ଅଞ୍ଚଳ ଫରାସୀ ଶାସନାଧୀନ ଥିଲା । ସେହିଦିନ ବ୍ରିଟିଶ୍ ସେନା ହାତରେ ଫରାସୀ ସେନାର ପରାଜୟ ଘଟିଲା ।

ଉଭୟ ଉପର ଓ ତଳ ସହରର ଦର୍ଶନୀୟ ସ୍ଥାନଗୁଡ଼ିକ ଯଥା- ରାଜକୀୟ ପାର୍ଲାମେଣ୍ଟ ହାଉସ୍, ନଟରଡ୍ୟାମ୍ ଚର୍ଚ୍ଚ, ସିଟାଡେଲ୍, ପ୍ରାଚୀନ ଫ୍ରଣ୍ଟେନାକ୍ ହୋଟେଲ୍ ଏବଂ ସେଣ୍ଟଲରେନ୍ସ ନଦୀ କୂଳର ବନ୍ଦର (୨୫ କିଲୋମିଟର ଦୀର୍ଘ) ଇତ୍ୟାଦି ଭ୍ରମଣ

କଲୁ । ନଦୀ ଗର୍ଭରେ ଅନେକ ସୁସଜ୍ଜିତ ପୋତ ପର୍ଯ୍ୟଟକଙ୍କୁ କ୍ୟୁବେକ୍ ସହରର ସୌନ୍ଦର୍ଯ୍ୟ ସଂଦର୍ଶନପୂର୍ବକ ଭାସି ଚାଲିଥିଲେ । ବର୍ଷତମାମ୍ ଏ ଅଞ୍ଚଳରେ ପର୍ଯ୍ୟଟକମାନଙ୍କର ଭିଡ଼ ଜମେ । ଭାରତୀୟ ହୋଟେଲ୍‌ରେ ମଧ୍ୟାହ୍ନଭୋଜନ ପରେ ମଣ୍ଟମୋରେନ୍ସି ଜଳପ୍ରପାତ ଅଭିମୁଖେ ଯାତ୍ରା ଆରମ୍ଭ କଲୁ ।

ମ୍ୟାପଲ୍ ବଣରେ ମଧୁର ଅନୁଭୂତି : (ଚିତ୍ର-୧୪)

ମୁଖ୍ୟ ରାସ୍ତାରୁ ବସ୍‌ଟି ଆମକୁ ଗୋଟିଏ ଜଙ୍ଗଲ ଭିତରେ ପ୍ରବେଶ କରାଇଲା । କାନାଡ଼ାର ଜାତୀୟ ପତାକାରେ ଶୋଭିତ ମ୍ୟାପଲ୍ ପତ୍ର ବିଷୟରେ ଜାଣିବାର ଅଭିଳାଷ ମୋର ଆଗରୁ ଥାଏ । ଗାଇଡ୍ ତାହା ପୂରଣ କଲେ । କାନାଡ଼ାର ଉନ୍ନତ ଅରଣ୍ୟ ସଂପଦରେ ମ୍ୟାପଲ୍ ଗଛର ସ୍ଥାନ ସ୍ୱତନ୍ତ୍ର । ଏହି ଗଛର ଗଣ୍ଡି ବେଶ୍ ସଶକ୍ତ ଏବଂ ବିବିଧ ଗୃହ ଉପକରଣରେ ବ୍ୟବହୃତ ହୁଏ । ପତ୍ରଗୁଡ଼ିକ ଖୁବ୍ ସୁନ୍ଦର । ମ୍ୟାପଲ୍ ଗଛର ଗଣ୍ଡିରୁ ରସ ବାହାର କରି ମଧ ବିଭିନ୍ନ ସୁସ୍ୱାଦୁ ବ୍ୟଞ୍ଜନରେ ବ୍ୟବହାର କରାଯାଏ । ବାଡ଼ଘେରା ଯାଇଥିବା ଏକ ଗୃହ ସମ୍ମୁଖରେ ବସ୍‌ଟି ଅଟକିଲା । ୮-୧୦ଟି ବଖରା ବିଶିଷ୍ଟ ସୁନ୍ଦର ବଙ୍ଗଳାଟିଏ । ତା' ଭିତରେ ଦେଖିଲୁ ମ୍ୟାପଲ୍‌ର ସ୍ମୃତି ସାଇତିବା ପାଇଁ ଉପହାର ବିପଣି । ମ୍ୟାପଲ୍ ସିରପ୍ ବୋଲା ଯାଇଥିବା ପାଉଁରୁଟି ବେଶ୍ ସୁସ୍ୱାଦୁ ଲାଗିଲା । ମହୁ ଭଳି ମିଠା ମ୍ୟାପଲ୍ ସିରପ୍‌ର ଡବା, ଚକୋଲେଟ୍ ଏବଂ ଉପହାର ମାନ କିଣି ବସ୍ ଚଢ଼ିଲୁ ।

ମଣ୍ଟମୋରେନ୍ସି ଜଳପ୍ରପାତ :

ଅଧଘଣ୍ଟାକର ବସ୍ ଯାତ୍ରା ପରେ ଆମେ ଏକ ବୃହତ୍ ଓ ସୁଦୃଶ୍ୟ ଜଳପ୍ରପାତ ସମ୍ମୁଖରେ ପହଞ୍ଚି ଅଭିଭୂତ ହୋଇଗଲୁ । ୮୪ ମିଟର ଉଚ୍ଚତା ବିଶିଷ୍ଟ ଏହି ପ୍ରପାତଟି ନାଏଗ୍ରା ଜଳପ୍ରପାତ ଠାରୁ ୩୦ ମିଟର ଅଧିକ ଉଚ୍ଚ । ଚତୁର୍ଦ୍ଦିଗର ସବୁଜିମାଭରା ଦୃଶ୍ୟରାଜି ଭିତରେ ଦୁଗ୍ଧ ଫେନିଳ ଜଳରାଶି ଏକ ଅପୂର୍ବ ଦୃଶ୍ୟ ସୃଷ୍ଟି କରି ଚିତ୍ତ ବିନୋଦନ କରୁଥାନ୍ତି । ଗାଇଡ୍ ସୂଚାଇଦେଲେ ଯେ, ୧୬୦୩ ଖ୍ରୀଷ୍ଟାବ୍ଦରେ ଫରାସୀ ନାବିକ ସାମୁଏଲ୍ ଡି. ଚାମ୍ପଲେନ୍ ସେଣ୍ଟଲରେନ୍ସ ନଦୀରେ ଅଭିଯାନ କଲାବେଳେ ଏହାକୁ ଆବିଷ୍କାର କରିଥିଲେ । ୧୮୮୫ ମସିହାଠାରୁ ଏଠାରେ ଏକ ବିଦ୍ୟୁତ୍ ପ୍ରକଳ୍ପ ସ୍ଥାପିତ ହୋଇଛି ଏବଂ ରାଜ୍ୟର ଅଧିକାଂଶ ଅଞ୍ଚଳ ଏଥିରୁ ଲାଭବାନ୍ ହେଉଛନ୍ତି । ଶୀତଦିନେ ବିଶାଳ ଜଳଧାରା ବରଫ ପାଲଟିଯାଇ ମନୋହର ଦୃଶ୍ୟ ସୃଷ୍ଟି କରେ । ଜଳପତିତ ହେଉଥିବା ନିମ୍ନଭୂଖଣ୍ଡରୁ ପ୍ରାୟ ୩୦ ମିଟର ଉଚ୍ଚତାର ଶିବଲିଙ୍ଗ ଆକୃତିର ସ୍ତୂପଟିଏ ଗଢ଼ିଉଠେ, ଯାହାକି ତୁଷାର କ୍ରୀଡ଼ା ପାଇଁ ଆଗ୍ରହୀ ଜନତାକୁ ଉତ୍ତର ଆମେରିକା ତଥା ବିଶ୍ୱର ଅନ୍ୟାନ୍ୟ ଅଞ୍ଚଳରୁ ଆକୃଷ୍ଟ କରେ । ନିକଟରେ ଥିବା ପରିଦର୍ଶକ କେନ୍ଦ୍ରରେ ଏହି ଫଟୋଚିତ୍ରଟି

ଦେଖି ସମସ୍ତେ ଚମତ୍କୃତ ହେଲୁ । ଅପରାହ୍ନ ୪ଟା ବେଳେ ମଣ୍ଟ୍‌ମୋରେନ୍ସିର ଶୋଭାକୁ ପଛରେ ଛାଡ଼ି ମଣ୍ଟ୍ରିଲ୍ ସହର ଅଭିମୁଖେ ଯାତ୍ରା କଲୁ । ରାତ୍ରି ୭.୩୦ରେ ହୋଟେଲ୍‌ରେ ପହଞ୍ଚି ୮ଟା ବେଳେ ରାତ୍ରିଭୋଜନ ପାଇଁ ଚାଲିଲୁ । ଆଗାମୀ ଦିନର ଦୀର୍ଘଯାତ୍ରା ସଂପର୍କରେ ସୂଚନା ଦେଇ ଗାଇଡ୍ ବିଦାୟ ନେଲେ ।

ତା.୨୨.୧୦.୦୯ (ଗୁରୁବାର) ଟରଣ୍ଟୋ, କିଙ୍ଗ୍‌ଷ୍ଟନ୍, ନାଏଗ୍ରା :

ସକାଳ ୭ଟା ବେଳେ ବସ୍ ଛାଡ଼ିବ ବୋଲି ସୂଚନା ତ ନୁହେଁ, ତାଗିଦ୍ କରାଯାଇଥିଲା । କାରଣ କିଙ୍ଗ୍‌ଷ୍ଟନ୍‌ରେ ସହସ୍ରଦ୍ୱୀପର ଶୋଭା ଏବଂ ଟରଣ୍ଟୋ ସହର ପରିଦର୍ଶନ କରି 'ନାଏଗ୍ରା'ରେ ରାତ୍ରିଯାପନର କାର୍ଯ୍ୟକ୍ରମ ସ୍ଥିରୀକୃତ ହୋଇସାରିଥିଲା । ସେଣ୍ଟ୍ ଲରେନ୍ସ ନଦୀ କୂଳେ କୂଳେ ବସ୍ ଚାଲିଲା । ୩ ଘଣ୍ଟା ୧୫ ମିନିଟ୍‌ରେ ୨୮୯ କି.ମି. ପଥ ଅତିକ୍ରମ କରି ୧୦.୩୦ ମିନିଟ୍‌ରେ କିଙ୍ଗ୍‌ଷ୍ଟନ୍ ସହରରେ ପହଞ୍ଚିଲୁ । କ୍ଷୁଦ୍ର ଅଥଚ ସୁନ୍ଦର ଐତିହାସିକ ସହର । ଏହିଠାରେ ହିଁ ଅଣ୍ଟାରିଓ ହ୍ରଦରୁ ସେଣ୍ଟଲରେନ୍ସ ନଦୀର ଉତ୍ପତ୍ତି । ପ୍ରାକୃତିକ ସୌନ୍ଦର୍ଯ୍ୟ ଉପଭୋଗ କରୁ କରୁ ତିନିମହଲା ବିଶିଷ୍ଟ ଜଳତରୀ ସମ୍ମୁଖରେ ପହଞ୍ଚିଲୁ । ସୁଦୃଶ୍ୟ ତରୀଟି କୃଷ୍ଣ ଜଳରାଶି ଭିତରେ ତରୁଣୀ ଗଭାରେ ପୁଷ୍ପଟିଏ ଭଳି ଦେଖାଯାଉଛି । ୧୧ଟାରୁ ୧୨ ପର୍ଯ୍ୟନ୍ତ ଏହି ତରୀଟି ଆମକୁ କୋଳରେ ନେଇ ସହସ୍ର ଦ୍ୱୀପର ଶୋଭା ଅବଲୋକନ କରାଇବ । ଯାତ୍ରା ଆରମ୍ଭ ହେଲା । ତଳ ମହଲାରେ ଯନ୍ତ୍ରପାତି ଏବଂ ନାବିକମାନଙ୍କ ପ୍ରକୋଷ୍ଠ । ମଝି ମହଲାରେ ସୁଶୋଭିତ ଭୋଜନାଳୟ ଏବଂ ଉପରେ ଖୋଲା ଆକାଶ ତଳେ ସୂର୍ଯ୍ୟସ୍ନାନ ପାଇଁ ଆରାମଦାୟକ ବ୍ୟବସ୍ଥା । ଆମେ ୪୦ଜଣ ହିଁ ଯାତ୍ରୀ ଥିଲୁ । ତେଣୁ ଆମୋଦର ମୁହୂର୍ତ୍ତକୁ ଉପଭୋଗ କରିବା ପାଇଁ ଦ୍ୱିତୀୟ ଏବଂ ତୃତୀୟ ମହଲାକୁ ଆଦରିନେଲୁ । ସୁନ୍ଦର ମାନଚିତ୍ରଟିଏ ହାତକୁ ଆସିଗଲା । ସେଣ୍ଟଲରେନ୍ସ ନଦୀ ଭିତରେ କିଛିଦୂର ଯାଇ ଓଣ୍ଟାରିଓ ହ୍ରଦରେ ପ୍ରବେଶ କରିବୁ । ପ୍ରାୟ ୨୦୦୦ରୁ ଅଧିକ ବୃକ୍ଷରାଜି, ସୁଦୃଶ୍ୟ ସୌଧଶୋଭିତ ଦ୍ୱୀପକୁ ନେଇ 'ସହସ୍ରଦ୍ୱୀପ' ନାମରେ ଏ ଅଞ୍ଚଳ ପର୍ଯ୍ୟଟକମାନଙ୍କୁ ଆକୃଷ୍ଟ କରେ । ଦ୍ୱୀପଗୁଡ଼ିକରେ ସୌରରଶ୍ମି ଓ ପବନଚାଳିତ ଚକ୍ର ଦ୍ୱାରା ବିଜୁଳିର ବ୍ୟବସ୍ଥା । ଆର୍ଥିକ ଦୃଷ୍ଟିରୁ ଅତି ସ୍ୱଚ୍ଛଳବ୍ୟକ୍ତିମାନେ ଗୋଟିଏ ଗୋଟିଏ ଦ୍ୱୀପର ମାଲିକାନା ନେଇ ନିଜର ଅବସର ବିନୋଦନ ସହିତ ବ୍ୟବସାୟିକ ଲାଭ ଉଦ୍ଦେଶ୍ୟରେ ଉପଯୋଗ କରିଥାନ୍ତି । ଗତବର୍ଷ ଆମେରିକାରେ ଦେଖିଥିବା ସହସ୍ରଦ୍ୱୀପର ଶୋଭା କେବଳ ସେଣ୍ଟ୍‌ଲରେନ୍ସ ନଦୀ ଭିତରେ ସୀମିତ ଥିଲା, କିନ୍ତୁ କିଙ୍ଗ୍‌ଷ୍ଟନ୍ କୂଳର ଶୋଭା ଓଣ୍ଟାରିଓ ହ୍ରଦ ଭିତରକୁ ପରିବ୍ୟାପ୍ତ ହୋଇଥିଲା । ଅନେକ ଦ୍ୱୀପ ଫରାସୀ ଓ ଇଂରେଜ ଉପନିବେଶକାରୀଙ୍କ ମଧ୍ୟରେ ସଂଘର୍ଷର ମୂକସାକ୍ଷୀ । ମାଇକ୍

ଦ୍ୱାରା ଏ ଅଞ୍ଚଳର ଇତିହାସ ଶୁଣୁ ଶୁଣୁ ପ୍ରାକୃତିକ ଶୋଭାକୁ ନିଜ ନିଜ କ୍ୟାମେରାରେ ସାଇତି ରଖୁଥିଲୁ । ଏକଘଣ୍ଟା ସମୟ କିଭଳି ଅତିକ୍ରମ ହେଲା ଜାଣିପାରିଲି ନାହିଁ । ୧୨ଟା ବେଳେ 'ଜଳତରୀ'ରୁ ଅବତରଣ କରି ମଧ୍ୟାହ୍ନଭୋଜନ ଉଦ୍ଦେଶ୍ୟରେ ଯାତ୍ରା କଲୁ ।

ଟରଣ୍ଟୋ :

ଠିକ୍ ୧.୩୦ ମିନିଟ୍‌ରେ ଟରଣ୍ଟୋ ଅଭିମୁଖେ ବସ୍ ଯାତ୍ରା । ୩ ଘଣ୍ଟା ୩୦ ମିନିଟ୍ ନିରବଚ୍ଛିନ୍ନ ଅଥଚ ଆମୋଦକର ଯାତ୍ରା ପାଇଁ ପ୍ରସ୍ତୁତ ହେବାକୁ ଗାଇଡ୍ ସୂଚାଇଦେଲେ । ମସୃଣ ରାଜରାସ୍ତାର ଉଭୟ କଡ଼ର ସବୁଜିମା, ଦିଗନ୍ତବିସ୍ତାରୀ ଗହମ କ୍ଷେତ ଏବଂ ସୁଦୃଶ୍ୟ ଯାନବାହନଗୁଡ଼ିକ ଦିଗରେ ଚକ୍ଷୁ ନିବିଷ୍ଟ ରହିଥିବା ବେଳେ ଟରଣ୍ଟୋ ସହର ବିଷୟରେ ଗାଇଡ୍‌ଙ୍କର ବର୍ଣ୍ଣନା କର୍ଣ୍ଣରସ ଭଳି ମନେ ହେଉଥିଲା ।

ଟରଣ୍ଟୋ ହେଉଛି କାନାଡ଼ାର ବୃହତ୍ତମ ସହର । ୨୦୦୬ ମସିହାରେ ଏହାର ଜନସଂଖ୍ୟା ଥିଲା ୨୬,୩୧,୭୨୫ । ବର୍ତ୍ତମାନ ଏହା ୩୦ଲକ୍ଷରୁ ଅଧିକ । ଚତୁଃପାର୍ଶ୍ୱର ଅଞ୍ଚଳକୁ ମିଶାଇ ବୃହତ୍ତମ ସହରର ଯୋଜନାବଦ୍ଧ ବିକାଶ ହେତୁ ଏହା ପୃଥିବୀର ସମସ୍ତ ଦେଶର ଉଚ୍ଚ ଶ୍ରେଣୀର ବ୍ୟକ୍ତିଙ୍କୁ ନିଜ ଆଡ଼କୁ ଆକୃଷ୍ଟ କରୁଛି । ବାଣିଜ୍ୟ ଓ ପର୍ଯ୍ୟଟନ ପାଇଁ ଏଠାରେ ଅନେକ ସୁଯୋଗ ରହିଛି । ଓଣ୍ଟାରିଓ ହ୍ରଦ କୂଳରେ ସବୁଜିମାଭରା ଏହି ସହରର ସ୍ଥାପନା ୧୭ଶ ଖ୍ରୀଷ୍ଟାବ୍ଦରେ । ଫରାସୀ ଉପନିବେଶକାରୀମାନେ ନୌବାଣିଜ୍ୟ ଓ ପଶୁଲୋମ ବ୍ୟବସାୟ ଉଦ୍ଦେଶ୍ୟରେ ଏଠାରେ ବସତି ଆରମ୍ଭ କରିଥିଲେ । ସ୍ଥାନଟିର ସୁନ୍ଦର ପ୍ରାକୃତିକ ପରିବେଶ ଏବଂ ଉତ୍ତରାଞ୍ଚଳଠାରୁ କମ୍ ତୁଷାରପାତ ହେଉଥିବା କାରଣରୁ ଏହା ବର୍ତ୍ତମାନ ବୃହତ୍ତମ ସହରରେ ପରିଣତ ହୋଇଛି । ଇତିହାସ ପ୍ରସିଦ୍ଧ ଓଲ୍‌ଡଫୋର୍ଟ ୟର୍କ 'ପାଇଓନିର ଗ୍ରାମ' ପ୍ରଥମେ ଗଢ଼ି ଉଠିଥିଲା । ଏହି ଅଞ୍ଚଳ ପର୍ଯ୍ୟଟକଙ୍କ ପାଇଁ ବିଶେଷ ଆକର୍ଷଣର କେନ୍ଦ୍ର ହୋଇଛି । ତେବେ ଆଧୁନିକ ସଂଗ୍ରହାଳୟମାନ, ବିସ୍ତୀର୍ଣ୍ଣ ପ୍ରମୋଦ ଉଦ୍ୟାନ ସମୂହ, ଭଳିକିଭଳି ଆକାଶଚୁମ୍ବୀ ଅଟ୍ଟାଳିକା, ସୁଶୋଭିତ ବେଳାଭୂମି, ମନୁଷ୍ୟକୃତ ଦ୍ୱୀପ ଉପରେ ଆମୋଦ-ପ୍ରମୋଦର ବିଶାଳ କ୍ଷେତ୍ର ଏବଂ ସମସ୍ତ ରାଜରାସ୍ତା କଡ଼ରେ ଆଧୁନିକ ପ୍ରେକ୍ଷାଳୟ, ଭୋଜନାଳୟ ଓ ବିପଣିର ଆକର୍ଷଣରେ ପୃଥିବୀର ସମସ୍ତ ଅଞ୍ଚଳରୁ ପର୍ଯ୍ୟଟକମାନେ ଛୁଟିଆସନ୍ତି । ତେବେ ଟରଣ୍ଟୋର ମୁଖ୍ୟ ଆକର୍ଷଣ ହେଲା ସି.ଏନ୍.ଟାୱାର ଓ ନିକଟସ୍ଥ ରୋଗର୍‌ସ୍ ସେଣ୍ଟର (ସ୍କାଇଡୋମ୍) ।

ସମୟର ସ୍ୱଳ୍ପତା ଦୃଷ୍ଟିରୁ କେବଳ ସି.ଏନ୍.ଟାୱାର (କାନାଡିଆନ୍ ନ୍ୟାସନାଲ୍ ରେଲ୍‌ୱେ) ଆରୋହଣ କରି ସହରର ସୌନ୍ଦର୍ଯ୍ୟ ଅବଲୋକନ ପାଇଁ ଆମର କାର୍ଯ୍ୟକ୍ରମ ନିର୍ଦ୍ଧାରିତ ଥିଲା । ଠିକ୍ ପାଞ୍ଚଟା ବେଳେ ଟାୱାର ସାମ୍ନାରେ ଓହ୍ଲାଇଲୁ । ତଳେ ଠିଆହୋଇ

ଶୀର୍ଷ ଦେଶକୁ ଦେଖିବାକୁ ଚାହିଁ ଅସଫଳ ହେଲୁ । ଅଧଘଣ୍ଟାଏ ଆଗରୁ ନଭଶ୍ଚୁମ୍ବୀ ସ୍ତମ୍ଭଟି ଆମର ଦୃଷ୍ଟି ପରିସରକୁ ଆସିଯାଇଥିଲା । ଏହାକୁ ପୃଥିବୀର ଉଚ୍ଚତମ ଫ୍ରି ଷ୍ଟାଣ୍ଡିଂ ବା ବିନା ସହାୟକ ସ୍ତମ୍ଭରେ ଦଣ୍ଡାୟମାନ କୋଠା ବୋଲି କୁହାଯାଏ । ଉଚ୍ଚତା ୧୮୧୫ ଫୁଟ୍ ୫ ଇଞ୍ଚ ବା ୫୫୩.୩୩ ମିଟର । ୧୯୭୬ ମସିହାରେ ଏହାକୁ ସର୍ବସାଧାରଣଙ୍କ ପାଇଁ ଉନ୍ମୁକ୍ତ କରାଯାଇଥିଲା । ଟିକଟ୍ କାଉଣ୍ଟର ପ୍ରକୋଷ୍ଠରେ ପହଞ୍ଚିବା ପରେ କାନ୍ଥରେ ସୁଦୃଶ୍ୟ ଚିତ୍ରମାନ ଦେଖିଲୁ । ଆମେ ଅତି ବେଗଗାମୀ ଉତ୍ତୋଳନ ଯନ୍ତ୍ର (ଲିଫ୍ଟ)ରେ ମାତ୍ର ୫୮ ସେକେଣ୍ଡରେ ଦୁଇ-ତୃତୀୟାଂଶ ଆରୋହଣ କରି 'ଲୁକ୍ ଆଉଟ୍' ନାମକ ପେଟୁଆ ଅଂଶରେ ପହଞ୍ଚିବୁ । ଏହି ଅଂଶଟି ୧୦୦ ଫୁଟ୍ ଉଚ୍ଚ ଏବଂ ୭ ମହଲା ବିଶିଷ୍ଟ । ଏହା ଭିତରେ ପରିଦର୍ଶନ ଗ୍ୟାଲେରୀ ସହିତ ଜଳପାନ ଗୃହ, ମଦ୍ୟଶାଳା (ପୃଥିବୀର ଉଚ୍ଚତମ ମଦ୍ୟଶାଳା ବୋଲି କୁହାଯାଏ) ଘୂର୍ଣ୍ଣୀୟମାନ ଭୋଜନାଳୟ ଏବଂ କାର୍ଯ୍ୟାଳୟପ୍ରକୋଷ୍ଠମାନ ରହିଛି । ଭୂମିପୃଷ୍ଠରୁ ଏହାର ଉଚ୍ଚତା ୧୧୩୬ ଫୁଟ୍ (୩୪୬ ମିଟର) । ଏହି ସ୍ତରରୁ ୩୨୯ ଫୁଟ୍ ଉର୍ଦ୍ଧ୍ୱରେ ଅର୍ଥାତ୍ ଭୂମିରୁ ୧୪୬୫ ଫୁଟ୍ (୪୪୭ ମିଟର) ଉଚ୍ଚତାରେ 'ସ୍କାଇପଡ୍' ନାମକ ପରିଦର୍ଶନ ଗ୍ୟାଲେରୀ ରହିଛି, ଯାହାକି ପୃଥିବୀର ଉଚ୍ଚତମ ପରିଦର୍ଶନ ଗ୍ୟାଲେରୀ । ଏହି ସ୍ଥାନରୁ ୫ଟି ସ୍ତର ଦେଇ ଆଣ୍ଟେନା ରହିଛି ଯାହାକି ରେଡିଓ ଓ ଟେଲିଭିଜନ୍ ତରଙ୍ଗବାହକ ହିସାବରେ କାର୍ଯ୍ୟ କରେ । ଏହି ସ୍ତମ୍ଭ ନିର୍ମାଣରେ ଏକଲକ୍ଷ ୬ହଜାର ଟନ୍ ସିମେଣ୍ଟ ଏବଂ ୪୦୦୦ ଟନ୍ ଇସ୍ପାତ ବ୍ୟବହୃତ ହୋଇଛି ।

ଗାଇଡ୍ ଟିକେଟ୍ ସହିତ ସୁଦୃଶ୍ୟ ପୁସ୍ତିକା ଗୋଟିଏ ଲେଖାଏଁ ଧରାଇ ଆମକୁ ଆରୋହଣ ପାଇଁ ଧାଡ଼ିରେ ଠିଆ କରାଇଦେଲେ । ପୁସ୍ତିକାରେ ଏହି ସ୍ତମ୍ଭର ନିର୍ମାଣ ଇତିହାସ, ସ୍ଥାପତ୍ୟ, କଳା ଓ ସମସ୍ତ ଜ୍ଞାତବ୍ୟ ବିଷୟମାନ ରହିଥିଲା ।

ଉତ୍ତୋଳନ ଯନ୍ତ୍ରରେ ପଶି ଦେଖିଲି ତାହା ସ୍ତମ୍ଭର ବାହାର ପାର୍ଶ୍ୱ ଦେଇ ଉପରକୁ ଉଠିବ ଏବଂ ଏହାର ସ୍ୱଚ୍ଛ ସମ୍ମୁଖ ଭାଗ ଦେଇ ଆମେ ବାହାର ଦୁନିଆକୁ ଦେଖିବୁ । ମାତ୍ର ୫୮ ସେକେଣ୍ଡର ଉତ୍ତୋଳନ ପରେ ଆମେ ଦର୍ଶକ ଗ୍ୟାଲେରୀ (ଚିତ୍ର-୧୨) ଥିବା 'ଆଉଟ୍‌ଲୁକ୍'ରେ ପହଞ୍ଚିଲୁ । ବାହାରର ରାସ୍ତା, କୋଠାବାଡ଼ି, ଉଦ୍ୟାନ ସବୁ ଖୁବ୍ ସୁନ୍ଦର ଦେଖାଯାଉଥିଲେ । ସ୍ତମ୍ଭର ଚତୁଃପାର୍ଶ୍ୱରେ ଛଅଟି ଉତ୍ତୋଳନ ଯନ୍ତ୍ର ରହିଛି । ଅପର ପାର୍ଶ୍ୱର ଆରୋହୀମାନେ ଅଣ୍ଟାରିଓ ହ୍ରଦର ଶୋଭାକୁ ଉପଭୋଗ କରିଥିଲେ । ଦର୍ଶକ ଗ୍ୟାଲେରୀ ପ୍ରଦକ୍ଷିଣ କରୁ କରୁ ଆମେ ସମୁଦାୟ ଟରଣ୍ଟୋ ସହରର ଶୋଭା ଦୂର ଦିଗ୍‌ବଳୟ ପର୍ଯ୍ୟନ୍ତ ସଂଦର୍ଶନ କରୁଥିଲୁ । ଜାଣିବାକୁ ପାଇଲୁ ଏହି ସ୍ତରର ୧୦୦ ମିଟର ଉର୍ଦ୍ଧ୍ୱରେ ଯେଉଁ ପର୍ଯ୍ୟବେକ୍ଷକ ମଞ୍ଚ ରହିଛି ସେଠାରେ ଦଣ୍ଡାୟମାନ ହୋଇ

ଆକାଶ ନିର୍ମଳ ଥିଲେ ୧୬୦ କି.ମି. ଦୂରତା ପର୍ଯ୍ୟନ୍ତ ବିବିଧ ଅଞ୍ଚଳର ଶୋଭା ଦର୍ଶନ କରିହେବ । ଆଉ ଗୋଟିଏ ଉତ୍ତୋଳନଯନ୍ତ୍ର ଦ୍ୱାରା ୩୬ ସେକେଣ୍ଡରେ ଏହି ସ୍ତରକୁ ଯାଇହେବ । ଗ୍ୟାଲେରୀର ବାହାର ଦିଗରେ ସହରର ସୌନ୍ଦର୍ଯ୍ୟ (ଚିତ୍ର-୧୩) ଉପଭୋଗ ପରେ ଭିତର ଅଂଶରେ ଅନେକ ଜ୍ଞାନୋଦ୍ଦୀପକ ଫଟୋଚିତ୍ର ଦେଖିଲୁ । ପୃଥିବୀର ବିଭିନ୍ନ ଅଞ୍ଚଳରେ ଯେଉଁ ସ୍ତମ୍ଭ (ଟାୱାର) ମାନ ରହିଛି ତାହାର ସୁଦୃଶ୍ୟ ଫଟୋ ସହିତ ଉଚ୍ଚତା ଓ ଅନ୍ୟାନ୍ୟ ବିବରଣୀ ଲେଖାଯାଇଥିଲା । କୁଆଲାଲୁମ୍ପୁରର 'ପେଟ୍ରୋନାସ୍ ଟୁଇନ୍ ଟାୱାର', ସାଙ୍ଘାଇ ଟାୱାର, ସିଡ୍‌ନୀ ଟାୱାର, ଟାଇପୋଇ-୧୦୦ ଇତ୍ୟାଦିର ଦର୍ଶନୀୟ ଚିତ୍ର ଦେଖିଲୁ । ଅନ୍ୟ ଏକ ସ୍ଥାନରେ ଉକ୍ତ ସ୍ଥାନରୁ ପୃଥିବୀର ବିଭିନ୍ନ ସହରର ଦୂରତା ପ୍ରଦର୍ଶିତ ହୋଇଥିଲା । ଯଥା-ମୁମ୍ବାଇ : ୧୨୫୧୪ କି.ମି., ବେଜିଂ : ୧୦୬୧୩ କି.ମି., ଟୋକିଓ : ୧୦୩୭୦ ଇତ୍ୟାଦି । ବିଭିନ୍ନ ଦେଶର ଉଚ୍ଚତମ ସ୍ତମ୍ଭର ବିବରଣୀ ଯଥା-ଓରିଏଣ୍ଟାଲ୍ ପର୍ଲ ଟାୱାର (ସାଙ୍ଘାଇ)-୪୬୮ ମିଟର, ପେଟ୍ରୋନା-୪୫୨ ମିଟର, ଚିକାଗୋ-୪୪୪ ମିଟର ଏବଂ ଏମ୍ପାୟାର ଷ୍ଟେଟ୍ ବିଲ୍‌ଡିଂ-୪୪୩ ମିଟର । ଭୋଜନପ୍ରକୋଷ୍ଠ ବୁଲି ସାରିବା ପରେ ତଳେ କାଚ ଚଟାଣ ଥିବା ପ୍ରକୋଷ୍ଠକୁ ଗଲୁ । ଏହା ପୃଥିବୀର ଏକ ଦର୍ଶନୀୟ ଚଟାଣ । ଖୁବ୍ ମୋଟା ଓ ଶକ୍ତ କାଚରେ ନିର୍ମିତ ଚଟାଣରୁ ଭୂତଳର ଦୃଶ୍ୟ ଚମତ୍କାର ଦେଖାଯାଉଥିଲା । ଚଟାଣ ଉପରେ ବସି ପ୍ରେମୀଯୁଗଳ, ବୟସ୍କ ଯୁଗଳ ଏବଂ ଅନ୍ୟ ପର୍ଯ୍ୟଟକମାନେ ଫଟୋ ନେଉଥିଲେ । ଆମେ ମଧ୍ୟ ନେଲୁ । ସମୟ ସରିଲା । ତଳକୁ ଓହ୍ଲାଇବା ପରେ ଉପହାର ବିପଣି ଓ ଭୋଜନାଳୟ ଅତିକ୍ରମ କରି ବସ୍ ଦିଗରେ ଅଗ୍ରସର ହେଲୁ । ସନ୍ନିକଟସ୍ଥ ରୋଗର୍ସ୍ ସେଣ୍ଟର (ସ୍କାଇଡୋମ୍) ବି ଏକ ଦର୍ଶନୀୟ ସ୍ଥାନ । ୧୯୮୯ ମସିହାରେ ନିର୍ମିତ ଏକ ବିଶାଳକାୟ କ୍ରୀଡ଼ାଙ୍ଗନ । ଏହା ଭିତରେ ବେସ୍‌ବଲ୍ ଓ ଫୁଟ୍‌ବଲ୍‌ର ଅନ୍ତର୍ଜାତୀୟ ପ୍ରତିଯୋଗିତା ଅନୁଷ୍ଠିତ ହୁଏ । ପ୍ରାୟ ୩୦ହଜାର ଦର୍ଶକ ଏହା ଭିତରେ ବସିବାର ବନ୍ଦୋବସ୍ତ ଅଛି । ଉପରେ ଛାତଟିଏ ଅଛି, ଯାହାକି ଦରକାର ମୁତାବକ ମାତ୍ର ୨୦ ମିନିଟ୍‌ରେ ବନ୍ଦ କରାଯାଇପାରେ କିମ୍ବା ଖୋଲା ଯାଇପାରେ । ଆମେ ସି.ଏନ୍. ଟାୱାର ଉପରୁ ଏହାର ଶୋଭା ବି ଦର୍ଶନ କରିଥିଲୁ । ଏହାର ପରିସୀମା ଭିତରେ ୩୪୮ ପ୍ରକୋଷ୍ଠ ବିଶିଷ୍ଟ ଏକ ମନୋରମ ହୋଟେଲ୍ ଏବଂ ୬୫୦ ଆସନ ବିଶିଷ୍ଟ ଭୋଜନାଳୟ ରହିଛି । କୋହଲା ପାଗ ଓ ଝିପି ଝିପି ବର୍ଷା ଯୋଗୁଁ ତାପମାନ ୨ରୁ ୩ ଡିଗ୍ରୀ ଭିତରେ ରହୁଥିଲା । ତେଣୁ ବାହାରେ ଅଧିକ ସମୟ ରହି ନପାରି ବସ୍ ଭିତରେ ପ୍ରବେଶ କଲୁ । ଠିକ୍ ୬ଟା ୪୫ ମିନିଟ୍‌ରେ ନାଏଗ୍ରା ଅଭିମୁଖେ ଯାତ୍ରା ।

ନାଏଗ୍ରା :

ରାତି ୯ଟା ୩୦ ମିନିଟ୍‌ରେ ଆମେ ନାଏଗ୍ରାରେ ପହଞ୍ଚିଲୁ । ବର୍ଷକୁ କୋଟିଏ କୋଡ଼ିଏଲକ୍ଷରୁ ଅଧିକ ପର୍ଯ୍ୟଟକଙ୍କ ସମାଗମ ହେଉଥିବା ଏହା ଏକ କ୍ଷୁଦ୍ର ସହର । ଆମପାଇଁ ଯେଉଁ ହୋଟେଲ୍‌ରେ ରହିବା ବ୍ୟବସ୍ଥା ହୋଇଥିଲା ତା'ର ନାଁ 'ଶେରାଟନ୍ ଫଲ୍‌ସ ଭ୍ୟୁ ହୋଟେଲ୍' । ସୁଦୃଶ୍ୟ ହୋଟେଲ୍‌ର ଠିକ୍ ସାମ୍ନାରେ ନାଏଗ୍ରାର ମୁଖ୍ୟ ଜଳପ୍ରପାତଟି ବିବିଧ ରଙ୍ଗର ବର୍ଣ୍ଣାଳୀରେ ନାଚିଉଠୁଥାଏ । ଗତବର୍ଷ ଯୁକ୍ତରାଷ୍ଟ୍ର ଆମେରିକାପଟେ ନାଏଗ୍ରା ପରିଦର୍ଶନ ବେଳେ ଯାହା ଶୁଣିଥିଲି କାନାଡ଼ାପଟେ ଏହା ଅଧିକ ସୁନ୍ଦର ଦିଶେ, ସ୍ୱଚକ୍ଷୁରେ ଦର୍ଶନ କଲି । ୮ ମହଲାରେ ଥିବା ମୋର ପ୍ରକୋଷ୍ଠର ବିଶାଳ ଝରକା ଦେଇ ନାଏଗ୍ରାର ନର୍ତ୍ତନ ବେଶ୍ ହୃଦୟସ୍ପର୍ଶୀ ହେଉଥିଲା । ରାତ୍ରିଭୋଜନ ପରେ କିଛି ସମୟ ନାଏଗ୍ରାର ସୌନ୍ଦର୍ଯ୍ୟରେ ନିଜକୁ ହଜାଇଦେବା ପରେ ଶଯ୍ୟା ଗ୍ରହଣ କଲି । ପରବର୍ତ୍ତୀ ଦିନର କାର୍ଯ୍ୟକ୍ରମକୁ ମନେ ପକାଇଲି - ସକାଳ ୯.୩୦ ମିନିଟ୍‌ର ୧୧.୩୦ ମିନିଟ୍ ପର୍ଯ୍ୟନ୍ତ ନାଏଗ୍ରାର ଶୋଭାକୁ ଅନ୍ତରଙ୍ଗ ଭାବରେ ଉପଭୋଗ କରିବାର ସୁବନ୍ଦୋବସ୍ତ ଅଛି ।

ତା.୨୩.୧୦.୦୯ (ଶୁକ୍ରବାର) :

କାନାଡ଼ା ଗସ୍ତର ଆଜି ଶେଷ ଅଥଚ ସ୍ମରଣୀୟ ଦିନ । ନୃତ୍ୟମୟୀ ନାଏଗ୍ରା ବିଷୟରେ ବିଦ୍ୟାଳୟରେ ପଢ଼ିବା ଦିନୁ ତାକୁ ମନଭରି ଦେଖିବାର ଉଦ୍ଦାମ ଆକାଂକ୍ଷା ଥିଲା । ଗତବର୍ଷ ଆମେରିକାବାସୀ ବନ୍ଧୁମାନେ ଏବଂ ନାଏଗ୍ରା ସାମ୍ନାରେ ଥିବା କିଛି ପର୍ଯ୍ୟଟକ କାନାଡ଼ାପଟୁ ଏହାର ସୌନ୍ଦର୍ଯ୍ୟ ଅଧିକ ଉପଭୋଗ କରିହେବ ବୋଲି କହିଥିଲେ । ଭୋର ୪ଟାରୁ ଉଠି ଯୋଗ ଓ ନିତ୍ୟକର୍ମ ସାରି କାଚ ଝରକା ଉପରୁ ପରଦାଟି ହଟାଇନେଲି । ଗତ ରାତିରେ ବିବିଧ ରଙ୍ଗର ଆଲୋକ-ଭୂଷିତ ନାଏଗ୍ରା ଶ୍ୱେତଫେନିଳ ଶାଢ଼ିଟିଏ ପିନ୍ଧି ସଦ୍ୟସ୍ନାତା ସୁନ୍ଦରୀଟିଏ ଭଳି ଦିଶୁଥିଲା । ମଧ୍ୟରାତ୍ରି ପୂର୍ବରୁ ହିଁ ଆଲୋକସଜ୍ଜା ବନ୍ଦ କରି ଦିଆଯାଏ । 'ନାଏଗ୍ରା' ଶୀର୍ଷକ ସ୍ମରଣିକା ପୁସ୍ତିକାଟି କିଣିଥିଲି । ଆଖି ବୁଲାଇନେଲି । ଏ ପୁସ୍ତକର 'ନୃତ୍ୟମୟୀ ନାଏଗ୍ରା' ଶୀର୍ଷକ ଅଧ୍ୟାୟରେ ଯାହା ତଥ୍ୟ ବର୍ଣ୍ଣନା କରିଛି ସେ ସବୁ ସହିତ ଅନେକ ନୂତନ ସୂଚନା ଏ ପୁସ୍ତକରେ ରହିଥିଲା । ୧୭ ଶତାବ୍ଦୀରେ ବାସ କରୁଥିବା 'ନିଏଗାଗାରେଗା' ଉପଜାତିର ନାମାନୁସାରେ 'ନାଏଗ୍ରା' ନାମକରଣ କରାଯାଇଛି । କେବଳ ଗ୍ରୀଷ୍ମଋତୁ ନୁହେଁ, ଶୀତଋତୁ ତଥା ବର୍ଷସାରା ଏ ଅଞ୍ଚଳରେ ଜନସମାଗମ ଲାଗି ରହିଥାଏ । ଅଧିକ ଶୀତ ସମୟରେ ନାଏଗ୍ରାର ଉଭୟ ଧାରରେ ବରଫ ଜମିବା ଆରମ୍ଭ କରେ । ଶେଷରେ ନାଏଗ୍ରାର ଆଶ୍ୱଖୁରାକୃତି ଆକୃତି

ହୀରାତୁଲ୍ୟ ବରଫ ଦ୍ୱାରା ଆବୃତ ହୋଇ ଆକି ଝଲସାଇ ଦିଏ । ଏହାର ପୃଷ୍ଠଭାଗରେ ଶୀତଳ ଜଳଧାର ପତିତ ହେଉଥାଏ । ୧୮୪୮ ମସିହାରେ 'ଇଷ୍ଟର ରବିବାର' ଏହି ଗୋଟିଏ ଦିନ ମାତ୍ର ନାଏଗ୍ରା ସମ୍ପୂର୍ଣ୍ଣ ଭାବରେ ବରଫ ପାଲଟି ଯାଇଥିଲା । ଏହାକୁ ଦେଖି ଅନେକ ପୃଥିବୀର ଅନ୍ତିମ ଦିବସ ଅର୍ଥାତ୍ ମହାବିନାଶର ଦିନ ବୋଲି ଭାବି ନେଲେ । ଏଭଳି ଘଟଣା ପୁଣି ୨୦୧୩ ମସିହାରେ ଘଟିଲା ।

୭.୩୦ ମିନିଟ୍‌ରେ ଭୋଜନାଳୟରେ ପ୍ରବେଶ କଲୁ । 'ନାଏଗ୍ରା'କୁ ସାମ୍ନା କରି ସଜା ଯାଇଥିବା ଟେବୁଲ୍ ପାଖରେ ପହଞ୍ଚିଗଲୁ । ପ୍ରକୃତିର ଏ ଅନିର୍ବଚନୀୟ ସୁଷମାକୁ ଉପଭୋଗ କରୁ କରୁ ପ୍ରାତଃରାଶ ବି ଚାଲିଥିଲା । ହୋଟେଲ୍ ସାମ୍ନା ରାସ୍ତା ପାର ହେଲେ ସୁଦୃଶ୍ୟ ପୁଷ୍ପବାଟିକା, ତା' ପରେ ପରେ ନାଏଗ୍ରା ଜଳପ୍ରପାତ ଓ ନଦୀ ଧାର ଦେଇ ରାସ୍ତାଟିଏ ଦୂରକୁ ଚାଲିଯାଇଛି । ଅନତି ଦୂରରେ ଜଳବିଦ୍ୟୁତ୍ କେନ୍ଦ୍ରର କୋଠାମାନ ଦୃଶ୍ୟ ହେଉଥିଲା । ଏଠାରୁ ପ୍ରତି ସେକେଣ୍ଡରେ ୪୦ଲକ୍ଷ କିଲୋୱାଟ୍‌ର ବିଦ୍ୟୁତ୍ ଶକ୍ତି ଉତ୍ପନ୍ନ ହୁଏ । ୫୬୦ କି.ମି. ଦୂରତା ପର୍ଯ୍ୟନ୍ତ ସହରଗୁଡ଼ିକରେ ବିଦ୍ୟୁତ୍ ଯୋଗାଣ ଏହିଠାରୁ ହିଁ ହୁଏ । ବାହାରେ ଝିପି ଝିପି ବର୍ଷା ଏବଂ ତାପମାତ୍ରା ଶୂନ ଡିଗ୍ରୀରେ ପହଞ୍ଚିଯାଇଛି । ଆଉ ଦୁଇଦିନ ପରେ 'ମେଡ୍ ଅଫ୍ ଦି ମିଷ୍ଟ' ନୌକାଯାତ୍ରା ବନ୍ଦ କରି ଦିଆଯିବ । କିନ୍ତୁ ଆଜି ଯଦି ପାଗ ଅନୁକୂଳ ନହୁଏ ତେବେ ଏ ଯାତ୍ରା ସମ୍ଭବ ନୁହେଁ ବୋଲି ସୂଚନା ମିଳିଲା ।

ଠିକ୍ ୯ଟା ୨୦ ମିନିଟ୍‌ରେ ଆମପାଇଁ ଉଦ୍ଦିଷ୍ଟ ବସ୍ ଆସି ପହଞ୍ଚିଲା । ଅନୁକୂଳ ପାଗ ପାଇଁ ପ୍ରାର୍ଥନା କରି ସମସ୍ତେ ଆସନମାନ ଆବୋରି ନେଲୁ । 'କ୍ଲିଫ୍‌ଟନ୍ ହିଲ୍' ଅଞ୍ଚଳରେ ପ୍ରବେଶ କରି ନାଏଗ୍ରା ସମ୍ମୁଖରେ ପହଞ୍ଚିବା ପାଇଁ ମାତ୍ର ୧୫ ମିନିଟ୍ ସମୟ ଲାଗିଲା । କିନ୍ତୁ ରାସ୍ତାର ଉଭୟ ପାର୍ଶ୍ୱରେ ଆବାଳବୃଦ୍ଧବନିତା ସମସ୍ତଙ୍କ ମନୋରଂଜନ ପାଇଁ ବିଭିନ୍ନ ଯାଦୁଘର, କଣ୍ଢେଇଘର, ରେଷ୍ଟୁରାଣ୍ଟ, ହୋଟେଲ୍, ଉପହାର ଦୋକାନମାନ ରହିଥିଲା । ଉଭୟ ପାର୍ଶ୍ୱରେ ସବୁଜ ପତ୍ରରାଜି ଓ ରଙ୍ଗୀନ୍ ପୁଷ୍ପବାଟିକା । ସୁଦୃଶ୍ୟ ମସୃଣ ରାସ୍ତା ଉପରେ ଗଲାବେଳେ ସ୍କାଇଲନ୍ ସ୍ତମ୍ଭ ଓ କ୍ୟାସିନୋ ନାଏଗ୍ରା ଦୃଷ୍ଟିଗୋଚର ହେଲେ । ୫୨୦ ଫୁଟ୍ ଉଚ୍ଚର ସ୍କାଇଲନ୍ ସ୍ତମ୍ଭ ୧୯୬୫ ମସିହାରେ ନିର୍ମିତ ହୋଇଥିଲା । ନାଏଗ୍ରା ପ୍ରପାତଠାରୁ ଏହାର ଉଚ୍ଚତା ୭୨୦ ଫୁଟ୍ । ମାତ୍ର ୫୨ ସେକେଣ୍ଡରେ ଏହାର ଉପରକୁ ଉଠିବା ପାଇଁ ତିନୋଟି ଉତ୍ତୋଳନଯନ୍ତ୍ର ରହିଛି । ଉପରକୁ ଚଢ଼ିଗଲା ପରେ ଦର୍ଶକ ଗ୍ୟାଲେରୀରେ ଠିଆହୋଇ ସମଗ୍ର ନାଏଗ୍ରା ଅଞ୍ଚଳର ଅନିର୍ବଚନୀୟ ଶୋଭା ସଂଦର୍ଶନ କରିହୁଏ । ଆକାଶ ନିର୍ମଳ ଥିବାବେଳେ କାନାଡ଼ା ଓ ଯୁକ୍ତରାଷ୍ଟ୍ର ଆମେରିକାର ୨୦,୭୨୦ ବର୍ଗ କି.ମି. ଅଞ୍ଚଳ ଦୃଷ୍ଟିସୀମାକୁ ଚାଲିଆସେ । ଏହା ସହିତ ଘୂର୍ଣ୍ଣାୟମାନ ଭୋଜନାଳୟରେ

ଆନନ୍ଦ ନେବାର ବ୍ୟବସ୍ଥା ବି ରହିଛି । କ୍ୟାସିନୋ ନାଏଗ୍ରା ସଂଭ୍ରାନ୍ତ ଜୁଆଖେଳ ପାଇଁ ଏକ ପ୍ରଶସ୍ତ ଏବଂ ଆମୋଦଦାୟକ କ୍ଷେତ୍ର । ଲକ୍ଷ ଲକ୍ଷ ପର୍ଯ୍ୟଟକ ଦୀର୍ଘଦିନର ରହଣି ପାଇଁ ଏହାର ସୁଯୋଗ ନିଅନ୍ତି । ଅନତି ଦୂରରେ 'ଡଫେରିନ୍ ଦ୍ୱୀପର ପ୍ରାକୃତିକ ଅଞ୍ଚଳ', ନାଏଗ୍ରା ପାର୍କ୍ସ ବଟାନିକାଲ୍ ଗାର୍ଡେନ୍, ପ୍ରଜାପତି ସଂରକ୍ଷଣ କେନ୍ଦ୍ର (୨୦୦୦ରୁ ଅଧିକ ପ୍ରଜାତିର ପ୍ରଜାପତି ରହନ୍ତି), ମେରିନ୍ ଲ୍ୟାଣ୍ଡ (ତିମି, ଡଲ୍‌ଫିନ୍ ଓ ଅନ୍ୟାନ୍ୟ ସାମୁଦ୍ରିକ ପ୍ରାଣୀଙ୍କର କ୍ରୀଡ଼ା) ଏବଂ ଚିଡ଼ିଆଖାନା ଇତ୍ୟାଦି ଦର୍ଶନୀୟ ଅଞ୍ଚଳ ଥିବାର ବହିରୁ ପଢ଼ି ବୁଝିପାରିଲି ପର୍ଯ୍ୟଟକମାନେ କାହିଁକି ଏଠାରେ ସପ୍ତାହ ସପ୍ତାହ ଧରି ରହିବାକୁ ଆସନ୍ତି । ସ୍କାଇଲନ୍ ଟାୱାର ଉପରୁ ଏ ସବୁର ବିହଙ୍ଗମ ଦୃଶ୍ୟ ମନମୁଗ୍ଧକର ।

ବସ୍ ଭିତରେ ସମସ୍ତେ ସହର୍ଷ ବଦନରେ ବର୍ଷାର ପ୍ରସ୍ଥାନ ପାଇଁ ପରମାତ୍ମାଙ୍କୁ ଧନ୍ୟବାଦ ପ୍ରଦାନ କଲେ । କାରଣ ପୃଥିବୀର ସର୍ବୋତ୍ତମ ପର୍ଯ୍ୟଟନସ୍ଥଳୀ 'ନାଏଗ୍ରା'ର ରୂପଶୋଭାକୁ ସ୍ୱାଚ୍ଛନ୍ଦ୍ୟର ସହିତ ଉପଭୋଗ କରିହେବ ବୋଲି ଗାଇଡ୍ ଆଶ୍ୱାସନା ଦେଲେ । ରାସ୍ତାର ଉଭୟ ପାର୍ଶ୍ୱରେ ସୁସଜ୍ଜିତ ଦୋକାନ, ଭୋଜନାଳୟ, ସଂଗ୍ରହାଳୟ ଏବଂ ବିଭିନ୍ନ ଦେଶର ପର୍ଯ୍ୟଟକମାନଙ୍କୁ ଦେଖୁ ଦେଖୁ ବସ୍ ଆମକୁ ନାଏଗ୍ରାର ନିକଟତମ ପ୍ରବେଶ ଦ୍ୱାରରେ ଓହ୍ଲାଇଦେଲା । ସୁବ୍ୟବସ୍ଥିତ ବାଲ୍‌କୋନି ଉପରେ ଚଢ଼ି ଆମେରିକାନ୍ ପ୍ରପାତ, ନବବଧୂର ଓଢ଼ଣା ପ୍ରପାତ ଏବଂ ଶ୍ରେଷ୍ଠତମ ଅଶ୍ୱଖୁରାକୃତି ପ୍ରପାତର ମନଜିଣା ସୌନ୍ଦର୍ଯ୍ୟ ଉପଭୋଗ କଲୁ । ଯୁକ୍ତରାଷ୍ଟ୍ର ଆମେରିକା ଭ୍ରମଣ କାଳରେ ଯେଉଁଭଳି ନାଏଗ୍ରାକୁ ଦେଖିଥିଲି ଏହା ତା'ଠାରୁ ଅନେକ ଗୁଣରେ ଉତ୍କୃଷ୍ଟତର । ମେଡ୍ ଅଫ୍ ଦି ମିଷ୍ଟରେ ଚଢ଼ି (ଚିତ୍ର-୧୦) ନାଏଗ୍ରାର ଜଳଛିଟାରେ ଆର୍ଦ୍ର ହେବାପାଇଁ ଗାଇଡ୍‌ଙ୍କର ଡାକରା ଆସିଲା । ଏହି ଛିଟାର ମାଧୁର୍ଯ୍ୟ ଗତବର୍ଷ ଉପଭୋଗ କରିଥିଲି । ତେଣୁ ଶୂନ ଡିଗ୍ରୀ ତାପମାତ୍ରାରେ ଏହାର ଅନୁଭବ ପୁନର୍ବାର ନେବା ଅପେକ୍ଷା ନାଏଗ୍ରା ଅଞ୍ଚଳର ଦର୍ଶନ ଅଧିକ ଉପଭୋଗ୍ୟ ହେବ ବୋଲି ଭାବି ମୁଁ ସେଥିରୁ ବିରତ ହେଲି । ସହଯାତ୍ରୀମାନେ ଜଳତରୀରେ ବସି କିପରି ତିନୋଟିଯାକ ପ୍ରପାତ ଅତିକ୍ରମ କଲେ ତା'ର ବିହଙ୍ଗମ ଦୃଶ୍ୟ ଓ ଉତ୍ତୋଳିତ ଫଟୋଚିତ୍ର ସବୁ ଚିରସ୍ମରଣୀୟ (ଚିତ୍ର-୧୧) । ମୋର ଠିକ୍ ସାମ୍ନାରେ ଆମେରିକା ପଟେ ପରିଦର୍ଶନ ସ୍ତମ୍ଭ, କାନାଡ଼ା ଓ ଆମେରିକାକୁ ସଂଯୋଗ କରୁଥିବା ଇନ୍ଦ୍ରଧନୁ ସେତୁ, ଛେଳି ଦ୍ୱୀପରେ ପର୍ଯ୍ୟଟକଙ୍କ ଭିଡ଼ ସବୁ ବେଶ୍ ଉପଭୋଗ୍ୟ ଥିଲା । ଆମେରିକା ପଟେ ମେଡ୍ ଅଫ୍ ମିଷ୍ଟ ନୌଯାତ୍ରାକୁ ବନ୍ଦ କରି ଦିଆଯାଇଥିଲା ଏବଂ କାନାଡ଼ା ପଟେ ଆସନ୍ତାକାଲି ହେଉଛି ଶେଷଦିନ । ଶୀତର ଆଗମନ ହେତୁ ପ୍ରତିବର୍ଷ ପାଗ ଅନୁକୂଳ ହେବା ପର୍ଯ୍ୟନ୍ତ ଏପରି ବିରତି ହୋଇଥାଏ । ଏହି କାରଣରୁ ପର୍ଯ୍ୟଟକମାନଙ୍କର ଖୁବ୍ ଗହଳି ଲାଗିଥାଏ । ମୁଁ ଉଚ୍ଚତମ ବାଲ୍‌କୋନିରେ ଠିଆହୋଇ ଯୁକ୍ତରାଷ୍ଟ୍ର ଆମେରିକା, ୟୁରୋପ, ଦକ୍ଷିଣପୂର୍ବ

ଏସିଆ ଇତ୍ୟାଦି ସମଗ୍ର ପୃଥିବୀର ପର୍ଯ୍ୟଟକମାନଙ୍କୁଦେଖି ଆମୋଦିତ ହେଲି । କତିପୟ 'ଭାରତୀୟ' ମଧ୍ୟ ଦୃଷ୍ଟିସୀମାରେ ପ୍ରବେଶ କଲେ। ସହଯାତ୍ରୀମାନେ ଜଳତରୀର ଅନୁଭୂତି ନେଇ ଫେରିଆସିଲେ। ସମୟ ୧୧.୩୦ ମିନିଟ୍। ଠିକ୍ ୧୨ଟାରେ ହୋଟେଲ୍ ଛାଡ଼ିବାର କାର୍ଯ୍ୟକ୍ରମ। ତା' ପରେ ଭାରତୀୟ ରେଷ୍ଟୁରାଣ୍ଟରେ ମଧ୍ୟାହ୍ନଭୋଜନ କରି ଟରଣ୍ଟୋର ପିଅରସନ୍ ବିମାନଘାଟୀ ଅଭିମୁଖେ ଯାତ୍ରା। ନାଏଗ୍ରାକୁ ସପ୍ରେମ ବିଦାୟ ଜଣାଇଲି। ଆମେରିକା ଭ୍ରମଣ କାଳରେ ସଂକଳ୍ପ କରିଥିଲି କାନାଡ଼ା ପଟୁ ଦେଖିବା ପାଇଁ ଆସିବି, ଆସିଲି। ବସ୍‌ରେ ବସି ହୋଟେଲ୍‌ରେ ପହଞ୍ଚିବା ଭିତରେ ନାଏଗ୍ରା ନଦୀ କୂଳେ କୂଳେ ପ୍ରାୟ ୫କି.ମି. ଭ୍ରମଣ କଲୁ। ବାମ ଦିଗରେ ଜଳପ୍ରପାତ ଏବଂ ତା'ର ଉପରକୁ ନଦୀର ନୀଳଫେନିଳ ଜଳରାଶିର ଶୋଭା ଏବଂ ଡ଼ାହାଣ ପଟେ ସୁନ୍ଦର ଉଦ୍ୟାନର ମନୋହର ପୁଷ୍ପ ଓ ବୃକ୍ଷସଜ୍ଜା। ମ୍ୟାପଲ୍ ଓ ଅନ୍ୟ ବୃକ୍ଷମାନେ ପତ୍ରଝଡ଼ା ଦେଇଥାନ୍ତି। ରଙ୍ଗବେରଙ୍ଗର ପତ୍ର ସବୁ ଅପୂର୍ବ ଦୃଶ୍ୟ ସୃଷ୍ଟି କରିଥାନ୍ତି। ମଝିରେ ମଝିରେ ପ୍ରାଚୀନ କୀର୍ତ୍ତିରାଜି ସଂପର୍କରେ ଗାଇଡ୍ କହି ଚାଲିଥାନ୍ତି। ବାମପଟେ ନାଏଗ୍ରା ଜଳବିଦ୍ୟୁତ୍ କେନ୍ଦ୍ରର କୋଠାସବୁ ବି ଦେଖିଲୁ। ହୋଟେଲରେ ପହଞ୍ଚି ବିଦାୟର ରୀତିନୀତି ପାଳନ । ତା' ପରେ ଭାରତୀୟ ରେଷ୍ଟୁରାଣ୍ଟରୁ ବିଦାୟ ନେଲୁ। ୩ଟା ବେଳେ ଟରଣ୍ଟୋ ବିମାନ ବନ୍ଦରର ଅନତି ଦୂରରେ ଥିବା ମିସିସୁଗା ଡିକ୍ସ ଆଉଟ୍‌ଲେଟ୍ ମଲ୍‌ରେ କିଣାକିଣି ପାଇଁ ବିରତି। କିଛି ପ୍ରୟୋଜନନୀୟ ଜିନିଷ କିଣିଲି। ପାଞ୍ଚଟା ବେଳେ ଅନ୍ତର୍ଜାତୀୟ ବିମାନଘାଟୀରେ ପ୍ରବେଶ କଲୁ। ଏହି ପିଅରସନ୍ ବିମାନଘାଟୀ ପୃଥିବୀର ଅନ୍ୟତମ ବୃହତ୍ ଓ ସୌନ୍ଦର୍ଯ୍ୟମୟ ବିମାନଘାଟୀ। ରାତି ୮.୨୦ ମିନିଟରେ ଆମ ବିମାନ 'ହିଥ୍ରୋ' ଅଭିମୁଖେ ଉଡ୍ଡାଣ ଆରମ୍ଭ କଲା। 'ହିଥ୍ରୋ'ରୁ ପୁଣି ଦିଲ୍ଲୀ ଯାତ୍ରା। ଟାଇମ୍ ଜୋନ୍‌ର ପୂର୍ବ ଦିଗରେ ଯାତ୍ରା କରୁଥିବାରୁ ୨୪.୧୦.୦୯ ଦିନଟି ବିମାନଯାତ୍ରାରେ ହରାଇଦେଇ ରାତି ୧୨ଟା ବେଳେ ଦିଲ୍ଲୀ ବିମାନଘାଟୀରେ ପହଞ୍ଚିଲୁ।

୨୫.୧୦.୦୯ (ରବିବାର) :

ପ୍ରାତଃକାଳର ନିତ୍ୟକର୍ମ ସାରି ସୁଦୃଶ୍ୟ ଗ୍ରାଣ୍ଡ ହୋଟେଲକୁ ବିଦାୟ ଜଣାଇ ୭.୨୦ ମିନିଟ୍‌ରେ ଭୁବନେଶ୍ୱର ଅଭିମୁଖେ ଘରୋଇବିମାନରେ ଯାତ୍ରା। କାନାଡ଼ା ଭ୍ରମଣର ସ୍ମୃତି ବେଶ୍ ମଧୁର ଓ ଜ୍ଞାନବର୍ଦ୍ଧକ।

■

ବିଦ୍ୟାନଗରୀ ବୋଷ୍ଟନ୍

୧୫.୦୫.୨୦୧୦ (ଶନିବାର) :

ଯୁକ୍ତରାଷ୍ଟ୍ର ଆମେରିକାରେ ଐତିହାସିକ ତଥା ବିଦ୍ୟାନଗରୀ ବୋଷ୍ଟନ ପରିଭ୍ରମଣ ଉଦ୍ଦେଶ୍ୟରେ ଯାତ୍ରା ଆରମ୍ଭ। ମଧ୍ୟରାତ୍ରୀ ୧୨ଟା ୩୫ ମିନିଟରେ ଏୟାର ଫ୍ରାନ୍ସର ବିଶାଳ ବିମାନଟି ଦିଲ୍ଲୀ ଆକାଶ ଉପରକୁ ଉଠିଲା। ଯାତ୍ରାର କାର୍ଯ୍ୟସୂଚୀ ଅନୁସାରେ ସ୍ଥାନୀୟ ସମୟ ୨ଘଣ୍ଟା ୫ ମିନିଟରେ ପ୍ୟାରିସ୍‌ର ଚାର୍ଲସ୍ ଡ଼ି.ଗଲ୍ ବିମାନ ଘାଟୀରେ ପହଞ୍ଚିଲୁ। ଏଥିପାଇଁ ଯାତ୍ରା ଅବଧି ୯ଘଣ୍ଟା। ବିମାନଘାଟୀରେ ୭.୩୫ ମିନିଟ୍ ରହଣି ପରେ ବୋଷ୍ଟନ୍ ଅଭିମୁଖେ ୭ଘଣ୍ଟାର ଯାତ୍ରା। ବୋଷ୍ଟନ୍ ସମୟ ଅପରାହ୍ଣ ୩ଘଣ୍ଟା ୫ମିନିଟରେ ବିମାନ ଅବତରଣ କଲା। ଯାତ୍ରା ଅବଧି ଦୀର୍ଘ ହେଲେ ବି ସହଯାତ୍ରୀ ବନ୍ଧୁମାନଙ୍କର ଭାବମୟ ରସାଳ ଆଲୋଚନା ଏବଂ ଏୟାର ଫ୍ରାନ୍ସର ସୁପରିଚାଳନା ଯୋଗୁଁ ଠିକ୍ ସମୟରେ ବିନା କଷ୍ଟରେ ବୋଷ୍ଟନ୍ ମାଟିରେ ପାଦ ଦେଲାବେଳେ ଦୀର୍ଘ ଦିନର ଅଭିଳାଷ ପୂର୍ଣ୍ଣ ହେବା କାରଣରୁ ମୁଁ ଉତ୍‌ଫୁଲ୍ଲିତ ଥିଲି। 'ଲୋଗାନ୍' ବିମାନଘାଟୀ ବୋଷ୍ଟନ୍ ସହରର ଉତ୍ତରପୂର୍ବ କୋଣରେ ଗୋଟିଏ ଦ୍ୱୀପ ଉପରେ ଅବସ୍ଥିତ। ଏହି ଦ୍ୱୀପରୁ ମୁଖ୍ୟଭୂଖଣ୍ଡରେ ପହଞ୍ଚିବା ପାଇଁ ସମୁଦ୍ର ତଳ ଟନେଲ ଭିତରେ ପ୍ରବେଶ କଲୁ। ପ୍ରାୟ ଦୁଇମାଇଲ୍ ଯାତ୍ରା ପରେ ଅପରାହ୍ଣର ଆଲୋକ ଆମକୁ ସ୍ୱାଗତ କଲା। ବୋଷ୍ଟନ୍ ସହର ପାରି ହୋଇ ଚାର୍ଲସ୍ ନଦୀ ଅତିକ୍ରମ କରି ଜମଜ ସହର କ୍ୟାମ୍ବ୍ରିଜ୍‌ରେ ପ୍ରବେଶ କଲୁ। ଚାର୍ଲସ୍ ନଦୀର ଶୋଭା ସଂଦର୍ଶନ କରୁ କରୁ ଆମର ରହଣିସ୍ଥଳ ୧୬ ମହଲା ଉଚ୍ଚତା ବିଶିଷ୍ଟ ହ୍ୟାତ୍ ରିଜେନ୍ସି କ୍ୟାମ୍ବ୍ରିଜ୍ ହୋଟେଲ୍ ଦୃଷ୍ଟିଗୋଚର ହେଲା। ଉଡ଼ାଜାହାଜରୁ ଅବତରଣ କରିବା ପୂର୍ବରୁ ସ୍ଥାନୀୟ ସମୟକୁ ନେଇ ହାତ ଘଣ୍ଟାରେ ପରିବର୍ତ୍ତନ କରିଥିଲି। ଭାରତୀୟ ସମୟ ଠାରୁ ପ୍ୟାରିସ୍ ସମୟ ୩.୫ ଘଣ୍ଟା ଏବଂ ପ୍ୟାରିସ୍ ସମୟ ଠାରୁ ବୋଷ୍ଟନ୍ ସମୟ ୬ଘଣ୍ଟା ପଛୁଆ। ଏଭଳି ୯.୫ ଘଣ୍ଟାର ସମୟ ବଞ୍ଚିବାରୁ ଆମେ ୧୫ ତାରିଖ ଦିନ ଭାରତରୁ ବାହାରି ସେହିଦିନ ହିଁ ବୋଷ୍ଟନରେ ପହଞ୍ଚି ପାରିଲୁ।

ବିମାନଘାଟୀରୁ ପ୍ରସ୍ଥାନ କରିବା ପୂର୍ବରୁ ବୋଷ୍ଟନ୍ ସହର ସମ୍ପର୍କରେ କିଛି ବିବରଣୀ ପୁସ୍ତିକା ସଂଗ୍ରହ କରିଥିଲି। ହୋଟେଲ ପ୍ରକୋଷ୍ଠରେ ସନ୍ଧ୍ୟା ୬ ଘଣ୍ଟା ପୂର୍ବରୁ ସ୍ନାନାଦି ସମାପନ କରି ପୁସ୍ତିକାଗୁଡ଼ିକ ଉପରେ ଆଖି ବୁଲାଇନେଲି। ଆମେରିକାର ଉତ୍ତର ପୂର୍ବାଞ୍ଚଳର ଐତିହାସିକ ୬ଗୋଟି ରାଜ୍ୟ ମଧ୍ୟରୁ ମାସାଚୁସେଟ୍ସ ଶ୍ରେଷ୍ଠତମ। ଅନ୍ୟଗୁଡ଼ିକ ହେଲା- ମେନ୍, ନ୍ୟୁହ୍ୟାମ୍ପସାୟାର, ଭରମଣ୍ଟ, ରୋଡ଼ ଦ୍ୱୀପ ଏବଂ କନେକ୍ଟିକଟ୍। ସପ୍ତଦଶ ଶତାବ୍ଦୀର ପ୍ରାରମ୍ଭରେ ଇଂଲଣ୍ଡ ଏବଂ ଆୟାର୍ଲାଣ୍ଡର ଅଧିବାସୀମାନେ ପର୍ଯ୍ୟାୟକ୍ରମେ ଆସି ଏ ଅଞ୍ଚଳରେ ବସତି ସ୍ଥାପନ କରି 'ନ୍ୟୁ ଇଂଲଣ୍ଡ' ବା ନୂତନ ଇଂଲଣ୍ଡ ବୋଲି ନାମକରଣ କରିଥିଲେ। 'ବୋଷ୍ଟନ୍' ର ପୁରାତନ ନାମଥିଲା 'ସମଟ୍' ପୋତାଶ୍ରୟ (Shawmut Harbor)। ବୋଷ୍ଟନ୍ ଉପକୂଳର ଦକ୍ଷିଣପୂର୍ବ ଦିଗର ପ୍ଲାଏମାଉଥ୍ ଠାରେ ଇଂରେଜମାନେ ପ୍ରଥମେ ପଦାର୍ପଣ କରିଥିଲେ। ୧୬୨୧ ମସିହାରେ 'ମାଇଲ୍ସ ଷ୍ଟାଣ୍ଡିସ୍' ନାମକ ଦୁଃସାହସୀ ନାବିକ ଦଶଜଣ ସହଯୋଗୀଙ୍କୁ ନେଇ ତତ୍କାଳୀନ ସମଟ୍‌ରେ ପଦାର୍ପଣ କରି ଅନୁଭବ କଲେ ଯେ ଏ ଅଞ୍ଚଳ ଏକ ଉତ୍ତମ ପୋତାଶ୍ରୟ ପାଇଁ ଯୋଗ୍ୟ। ସେମାନଙ୍କର ଏହି ଆବିଷ୍କାର ପରେ ୧୬୨୬ ଖ୍ରୀଷ୍ଟାବ୍ଦରେ ଉଇଲିଅମ୍ ବ୍ଲାକ୍‌ଷ୍ଟୋନ୍ ନାମକ ବିଶିଷ୍ଟ ଧର୍ମଯାଜକ (Church of England) ସ୍ଥାନୀୟ ଅଧିବାସୀମାନଙ୍କ ଠାରୁ ୫୦ ଏକର ସ୍ଥାନ କିଣିନେଲେ (ସମୁଦାୟ ୭୦୦ ଏକର ମଧ୍ୟରୁ)। ନିଜେ ୬ଏକର ଜମି ରଖି କୁଡ଼ିଆ ଗୋଟିଏ ନିର୍ମାଣ କରି ବସବାସ ଆରମ୍ଭ କଲେ ଏବଂ ଅନ୍ୟମାନଙ୍କୁ ଆକର୍ଷିତ କରି ଆଜିର ବିରାଟ ବୋଷ୍ଟନ୍ ସହରର ମୂଳଦୁଆ ସ୍ଥାପନ କଲେ। ଏ ଅଞ୍ଚଳଟି ବିକନ୍ ହିଲ୍ ନାମରେ ଆଜି ପର୍ଯ୍ୟଟକମାନଙ୍କ ଆକର୍ଷଣର ବିନ୍ଦୁ ପାଲଟିଛି। ୧୬୩୦ ମସିହାରେ ଜନ୍ ଉଇନ୍‌ଥ୍ରପ୍ କ୍ଷୁଦ୍ର ଅଥଚ ସୁନ୍ଦର କଲୋନୀଟିଏ ସ୍ଥାପନ କରି Shawmut ନାମ ବଦଳାଇ 'ବୋଷ୍ଟନ୍ ନାମ ରଖିଲେ । କାରଣ ସେମାନେ ଇଂଲଣ୍ଡର ଯେଉଁ ଗ୍ରାମରୁ ଆସିଥିଲେ ତାହାରି ନାଁ ବୋଷ୍ଟନ୍। ଧୀରେ ଧୀରେ ଜନସଂଖ୍ୟା ବୃଦ୍ଧି ପାଇବାରେ ଲାଗିଲା ଏବଂ ପରିଶ୍ରମୀ ଜନତା ସମୁଦ୍ରରୁ ମାଟି ବାହାର କରି ସ୍ଥଳଭାଗର ଆକାର ବୃଦ୍ଧି କରିବାକୁ ଲାଗିଲେ। ଆଜିର ବୋଷ୍ଟନ୍ ସହରର ଜନସଂଖ୍ୟା ୩୦ ଲକ୍ଷରୁ ଅଧିକ। ବୋଷ୍ଟନ୍ ମାନଚିତ୍ର ଉପରେ ଦୃଷ୍ଟି ବୁଲାଇ ନେଲି। ଚାର୍ଲସ୍ ନଦୀର ଡାହାଣ ପାଖରେ ବୋଷ୍ଟନ୍ ସହର ଏବଂ ବାମ ପାଖରେ କ୍ୟାମ୍ବ୍ରିଜ୍ ସହର। ଆମ ହୋଟେଲ୍ ଗବାକ୍ଷରୁ ଚାର୍ଲସ୍ ନଦୀ ଓ ବୋଷ୍ଟନ୍ ବିଶ୍ୱବିଦ୍ୟାଳୟର ନୟନାଭିରାମ ଦୃଶ୍ୟ ଅବଲୋକନ କଲି। ଠିକ୍ ୮ଘଣ୍ଟା ୫ମିନିଟରେ ସନ୍ଧ୍ୟା ନଇଁ ଆସିଲା। ରାତ୍ରିଭୋଜନରୁ ଫେରି ଯାତ୍ରା ଜନିତ କ୍ଳାନ୍ତି ମେଣ୍ଟାଇବା ପାଇଁ ଶୀଘ୍ର ଶଯ୍ୟା ଗ୍ରହଣ କଲି।

୧୬.୦୫.୨୦୧୦(ରବିବାର) :

ଚିରାଚରିତ ଭୋର ୪ଟା ବଦଳରେ ୫ଟାରେ ଶଯ୍ୟା ତ୍ୟାଗ କଲି। ରାତ୍ରିର ଅନ୍ଧକାର ଚାଲିଯାଇନଥାଏ। ଠିକ୍ ୫ଟା ୨୦ରେ ସୂର୍ଯ୍ୟୋଦୟ। ଗବାକ୍ଷରୁ ପରଦା ହଟାଇ ଚାର୍ଲସ୍ ନଦୀର ଅନୁପମ ଦୃଶ୍ୟ ଅବଲୋକନ କଲି। ନଦୀର ଉଭୟ ପାର୍ଶ୍ୱର ବୃକ୍ଷଆଚ୍ଛାଦିତ ଚଲାପଥରେ ଚଳାଚଳ ଆରମ୍ଭ ହୋଇଯାଇଛି। ସ୍ୱାସ୍ଥ୍ୟସଚେତନ ଛାତ୍ର, ଶିକ୍ଷକ ଓ ସାଧାରଣ ନାଗରିକ ପ୍ରାତଃଭ୍ରମଣ ଏବଂ ଦୌଡ଼ ଆରମ୍ଭ କରିଦେଇଛନ୍ତି। ନଦୀବକ୍ଷରେ ନୌବିହାର ବି ଚାଲିଛି। ବାହାରର ତାପମାତ୍ରା ୧୦ ଡିଗ୍ରୀ ସେଣ୍ଟିଗ୍ରେଡ୍ ବୋଲି ଟି.ଭି ପରଦାରୁ ଜାଣିଲି। ପ୍ରାତଃକର୍ମ ସମାପନ କରି ବୋଷ୍ଟନ୍ ପରିଭ୍ରମଣର ପୁସ୍ତିକା ଉପରେ ଆଖି ବୁଲାଇନେଲି। ଭ୍ରମଣକାରୀମାନେ ଏହି ଐତିହାସିକ ନଗରୀକୁ ଆସିବା ପରେ ପ୍ରାଚୀନ ସଂଭ୍ରାନ୍ତ ବସତି ଅଞ୍ଚଳ ବିକନ୍ ହିଲ୍ (Beacon Hill), ବୋଷ୍ଟନ୍ କମନ୍, ପୁରାତନ ରାଜ୍ୟ ଭବନ, ବିଭିନ୍ନ ଚର୍ଚ୍ଚ ଇତ୍ୟାଦି ସହିତ ହାବାର୍ଡ଼ ବିଶ୍ୱବିଦ୍ୟାଳୟ ପରିଦର୍ଶନ ପସନ୍ଦ କରିଥାନ୍ତି। ଆମର ଭ୍ରମଣସୂଚୀରେ ପୂର୍ବାହ୍ନରେ ଆଟଲାଣ୍ଟିକ୍ ମହାସାଗର ବକ୍ଷରେ ତିମିମାଛ ଦର୍ଶନ ଏବଂ ଅପରାହ୍ନରେ ସହର ପରିକ୍ରମାର କାର୍ଯ୍ୟକ୍ରମ ରହିଛି। ତେବେ ଭ୍ରମଣ ପୁସ୍ତିକାଟିରେ ୨୫ଟି ଦର୍ଶନୀୟ ମ୍ୟୁଜିଅମ୍, ସମୁଦ୍ର କୂଳରେ ନ୍ୟୁ ଇଂଲଣ୍ଡ ଆକ୍ୱାରିୟମ୍ ଏବଂ ଅନ୍ୟାନ୍ୟ ଆମୋଦପୂର୍ଣ୍ଣ ଭ୍ରମଣସ୍ଥଳୀର ବର୍ଣ୍ଣନା ରହିଛି। ୭ଦିନରୁ ୧୦ଦିନର ଭ୍ରମଣ କାର୍ଯ୍ୟକ୍ରମ ରହିଲେ ହିଁ ଏସବୁ ଦର୍ଶନ ସମ୍ଭବ। ଯାହାହେଉ, ସକାଳ ୯ଟା ବେଳେ ତିମିମାଛ ଦର୍ଶନ କାର୍ଯ୍ୟକ୍ରମ ପାଇଁ ପ୍ରସ୍ତୁତ ରହିବାକୁ ନିର୍ଦ୍ଦେଶ ଥିଲା। ପ୍ରାତଃଭୋଜନ କରି ଠିକ୍ ସମୟରେ ବସ୍ ଚଢ଼ିଲୁ। ପ୍ରାୟ ୨୦ ମିନିଟର ଯାତ୍ରା ପରେ ଆଟଲାଣ୍ଟିକ୍ ମହାସାଗରର କନ୍ୟା 'ମାସାଚୁସେଟ୍ ସାଗର' ପଦଧୌତ କରୁଥିବା ଜେଟି ଅଞ୍ଚଳରେ ପହଞ୍ଚିଲୁ। ପ୍ରଦର୍ଶକ ଟିକେଟ୍ କାଉଣ୍ଟରରୁ ଟିକେଟ୍ ସହିତ 'ତିମିମାଛ ଦର୍ଶନ' ସମ୍ବନ୍ଧୀୟ ପୁସ୍ତିକାମାନ ଆଣି ବଣ୍ଟନ କଲେ। ଠିକ୍ ୧୦ଟା ବେଳେ ୨୫୦ ଯାତ୍ରୀ ବହନ କ୍ଷମତା ରଖିଥିବା କ୍ଷୁଦ୍ର ଜାହାଜରେ ଚଢ଼ି ଚତୁଃପାର୍ଶ୍ୱର ଶୋଭା ସଂଦର୍ଶନ କରୁ କରୁ ୧୦.୩୦ ମିନିଟ୍‌ରେ ଜାହାଜଟି କୂଳ ଛାଡ଼ିଲା। (ଚିତ୍ର-୨୦)

ତିନି ମହଲା ବିଶିଷ୍ଟ ଜାହାଜ । ତଳ ମହଲାରେ ରେଷ୍ଟୁରାଣ୍ଟ ଏବଂ ରେଷ୍ଟରୁମ୍ (ଶୌଚାଳୟ)। ମଝି ମହଲାରେ ସୁଶୋଭିତ ଅଡ଼ିଟୋରିୟମ୍ ଏବଂ ଉପର ମହଲାର କେନ୍ଦ୍ରସ୍ଥଳରେ ମୁକ୍ତାକାଶ ତଳେ ସମୁଦ୍ର-ଶୋଭା ସଂଦର୍ଶନ ପାଇଁ ଆରାମଦାୟକ ଚୌକି ଏବଂ ଚତୁଃପାର୍ଶ୍ୱରେ ପର୍ଯ୍ୟାପ୍ତ ସ୍ଥାନ ରହିଛି ଚଳପ୍ରଚଳ ପାଇଁ। ପ୍ରତ୍ୟେକ ମହଲାରେ ଉଦ୍‌ଘୋଷକଙ୍କ ସ୍ୱର ପ୍ରାଞ୍ଜଳ ଭାବରେ ଶୁଣିବା ପାଇଁ ସୁବନ୍ଦୋବସ୍ତ। ବିଭିନ୍ନ କମ୍ପାନୀ ତରଫରୁ ଏଭଳି ମହାସମୁଦ୍ର ଭ୍ରମଣ ପାଇଁ ବ୍ୟବସ୍ଥାମାନ ରହିଛି। ଆମେ ଚଢ଼ିଥିବା

ଜାହାଜଟି ବୋଷ୍ଟନ୍ ହାର୍‌ବର କ୍ରୁଇସ୍ କମ୍ପାନୀର। ଆଖପାଖରେ 'ନ୍ୟୁ ଇଂଲଣ୍ଡର ଆକ୍ୱାରିୟମ୍' ଏବଂ ସେଭେନ୍ ସିସ୍ ହ୍ୱେଲ୍ ୱାଚ୍ (Seven Seas Whale Watch)ର କିଛି ଜାହାଜ ଲଙ୍ଗର ପକାଇଥିବାର ଏବଂ ଆଉ କିଛି ଯାତ୍ରା କରୁଥିବାର ଦେଖିଲି।

ଉନ୍ମୁକ୍ତ ଆକାଶରେ ଡ଼େକ୍ ଉପରେ ପରସ୍ପର ବାର୍ତ୍ତାଳାପ ସହିତ କୂଳସଂଲଗ୍ନ ନଭଶ୍ଚୁମ୍ବୀ ଅଟ୍ଟାଳିକା, ଅଦୂରସ୍ଥ ଲୋଗାନ୍ ବିମାନ ବନ୍ଦର ଏବଂ ଅନ୍ୟ ଏକ କ୍ଷୁଦ୍ର ଦ୍ୱୀପସ୍ଥିତ ହ୍ୟାତ୍ କମ୍ପାନୀର ସୁବୃହତ୍ ହୋଟେଲ୍‌ର ଦୃଶ୍ୟ ଅତୀବ ମନୋରମ ଥିଲା। ଭ୍ରମଣସୂଚୀ ପୁସ୍ତିକାରୁ ପଢ଼ିଥିଲି ଯେ ପ୍ରାୟ ୨ ଘଣ୍ଟାର ଜଳଯାତ୍ରା ପରେ କ୍ରୀଡ଼ାରତ ତିମିମାଛ ଦେଖିବାକୁ ମିଳିବେ। ଆଟଲାଣ୍ଟିକ୍ ମହାସାଗରର ବୋଷ୍ଟନ୍ ଉପକୂଳସ୍ଥ ଅଂଶକୁ 'ମେନ୍ ସାଗର' ଏବଂ 'ମାସାଚୁସେଟ୍ ସାଗର' କୁହାଯାଏ। ଏହାକୁ ଅତିକ୍ରମ କଲେ ଷ୍ଟେଲ୍ ୱାଗେନ୍ ଦ୍ୱୀପ ନିକଟରେ ତିମିମାଛମାନଙ୍କର ଅଭୟ ବିଚରଣସ୍ଥଳୀ (Sanctuary)। ଖୋଲା ଡେକ୍ ଉପରେ ପବନ ଅଧିକରୁ ଅଧିକତର ଶୀତଳ ହେବାରେ ଲାଗୁଥିଲା। ଉଦ୍‌ଘୋଷକ ତିମିମାଛ ସଂପର୍କରେ ତଥ୍ୟ ପ୍ରଦାନ ଆରମ୍ଭ କଲେ। ମଝି ମହଲାରେ କାଚଘେରା ପ୍ରେକ୍ଷାଳୟ ଭିତରେ ଆରାମଦାୟକ ଚୌକିରେ ବସି ବିବରଣୀ ଶୁଣିଲି। ଆମର ଏ ଯାତ୍ରା କାଳରେ ନିମ୍ନଲିଖିତ ପ୍ରାଣୀମାନଙ୍କୁ ସେମାନଙ୍କ ପ୍ରାକୃତିକ ଆବାସରେ ଦର୍ଶନ କରିବାର ସୁଯୋଗ ରହିଛି।

୧. ହମ୍ପବ୍ୟାକ୍ ତିମିମାଛ (Humpback Whale)- ଏ ଅଞ୍ଚଳରେ ଏହି ଶ୍ରେଣୀର ତିମି ପ୍ରଚୁର ପରିମାଣରେ ଦେଖାଯାନ୍ତି। ଜଳସ୍ତରରୁ ଊର୍ଦ୍ଧ୍ୱକୁ ଡେଇଁ ଖେଳିବା ଏମାନଙ୍କର ସ୍ୱଭାବ। ଉପରକୁ ଡେଇଁବା ବେଳେ ଏମାନଙ୍କର ବିଶାଳ ବପୁ ଧନୁ ଭଳି ବକ୍ର ଦେଖାଯାଏ। ତେଣୁ ଏମାନଙ୍କୁ Humpback Whale ବା କୂଜଧାରୀ ବୋଲି କୁହାଯାଏ। ଏମାନେ ସୁନ୍ଦର ଗୀତ ଗାଆନ୍ତି ଏବଂ ଆମଭଳି ପରିଦର୍ଶକମାନଙ୍କୁ କୌତୂହଳ ଦୃଷ୍ଟିରେ ଦେଖନ୍ତି। ଏମାନଙ୍କର ଦାନ୍ତ ନଥାଏ। ଦୈର୍ଘ୍ୟ ୫୦ ଫୁଟ୍ ଏବଂ ଓଜନ୍ ୩୦ ଟନ୍ ପର୍ଯ୍ୟନ୍ତ ହୋଇଥାଏ। ପୃଥିବୀସାରା ଏମାନଙ୍କ ସଂଖ୍ୟା ପ୍ରାୟ ୨୫୦୦୦ । ଉତ୍ତର ଆଟଲାଣ୍ଟିକ୍ ମହାସାଗରରେ ପ୍ରାୟ ୧୦୦୦୦ ଏବଂ ଆମେ ଯାତ୍ରା କରୁଥିବା ମେନ୍ ସାଗରରେ ପ୍ରାୟ ୧୦୦୦ ସଂଖ୍ୟାରେ ବସବାସ କରନ୍ତି । ଏମାନଙ୍କ ଡେଣା ୧୫ ଫୁଟ୍ ଦୀର୍ଘ ହୋଇଥାଏ । ନଭେମ୍ବର-ଡିସେମ୍ବର ମାସରେ 'ଶୀତ' ଆସିଗଲେ ଏମାନେ ଆମେରିକାର ଦକ୍ଷିଣ ପୂର୍ବ ତଥା ୱେଷ୍ଟଇଣ୍ଡିଜ୍ ଉପକୂଳକୁ ଯାଇ ପ୍ରଜନନ କ୍ରିୟା କରନ୍ତି ।

୨. ଫିନ୍ ତିମି (Fin Whales) : ଏହି ଜାତୀୟ ତିମି ଏ ଅଞ୍ଚଳରେ ବୃହତ୍ତମ । ଏମାନଙ୍କ ଦୈର୍ଘ୍ୟ ୭୫ ଫୁଟ୍ ପର୍ଯ୍ୟନ୍ତ ହୋଇଥାଏ । ଓଜନ ୫୦ ଟନ୍ । ଏମାନେ କ୍ଷୀପ୍ର ଗତିରେ ସନ୍ତରଣ କରିଥାଆନ୍ତି । ଗତିର ବେଗ ଘଣ୍ଟା ପ୍ରତି ୩୦ ମାଇଲ୍ ପର୍ଯ୍ୟନ୍ତ

ହୋଇଥାଏ । ପୃଥିବୀର ବୃହତ୍ତମ ପ୍ରାଣୀ ନୀଳ ତିମି (ବ୍ଲୁ ହ୍ୱେଲ୍) ପରେ ଫିନ୍ ତିମି ଦ୍ୱିତୀୟ ବୃହତ୍ତମ । ଧୀରେ ଧୀରେ ବିଲୁପ୍ତି ଆଡ଼କୁ ଗତି କରୁଥିବା ଏମାନଙ୍କର ସଂଖ୍ୟା ୭୫,୦୦୦ରୁ ଅଧିକ । ଉତ୍ତର ଆଟ୍‌ଲାଣ୍ଟିକ୍ ମହାସାଗରରେ ପ୍ରାୟ ୧୦୦୦୦ ଏବଂ ମେନ୍ ସାଗରରେ ପ୍ରାୟ ୨୦୦୦ । ଏମାନଙ୍କ ପିଠିରେ ହୁକ୍ ଭଳି ଅଂଶ ଯୋଗୁଁ ଏପରି ନାମକରଣ କରାଯାଇଛି । ମୁହଁର ଡାହାଣପଟେ ଶ୍ୱେତ ବର୍ଣ୍ଣର ଦାଗ ପିଠି ପର୍ଯ୍ୟନ୍ତ ଲମ୍ବିଥାଏ । ଏ ଶ୍ରେଣୀର ମତ୍ସ୍ୟ ଜଳକ୍ରୀଡ଼ା ବେଳେ ଲାଞ୍ଜକୁ ପାଣି ଉପରକୁ ଉଠାଇ ନଥାନ୍ତି । ଶୀତଦିନେ ଏମାନେ ଦକ୍ଷିଣକୁ ଯାତ୍ରା କରିଥାନ୍ତି ।

୩. ମିନ୍‌କି ତିମି (Minke Whales) : ଉତ୍ତର ଗୋଲାର୍ଦ୍ଧରେ ଏମାନେ କ୍ଷୁଦ୍ରତମ ତିମି । ଏମାନଙ୍କର ଦୈର୍ଘ୍ୟ ୨୩ରୁ ୨୮ ଫୁଟ୍ ପର୍ଯ୍ୟନ୍ତ ହୋଇଥାଏ ଏବଂ ଓଜନ ୧୦ ଟନ୍ । ମୁହଁଟି ଗୋଜିଆ । ବକ୍ଷ ଭାଗଟି ଶ୍ୱେତବର୍ଣ୍ଣର ହୋଇଥାଏ । ଏମାନେ ଥଣ୍ଡା ଅଞ୍ଚଳରେ ରହିବାକୁ ପସନ୍ଦ କରିଥାନ୍ତି ଏବଂ କ୍ଷୀପ୍ର ଗତିରେ ପହଁରିଥାନ୍ତି ।

ଉପରୋକ୍ତ ତିମି ମାଛ ଦେଖିବାକୁ ମିଳିବ ବୋଲି ଉଦ୍‌ଘୋଷକ ଜଣାଉଥାନ୍ତି । ପଚାରି ବୁଝିଲି ଯେ 'ନୀଳତିମି' ଏ ଅଞ୍ଚଳରେ ଦେଖାଯାଆନ୍ତି ନାହିଁ । ସେମାନେ ଆଇସ୍‌ଲାଣ୍ଡ, ପଶ୍ଚିମ ଆମେରିକା ଉପକୂଳ (ପ୍ରଶାନ୍ତ ମହାସାଗର), ଅଷ୍ଟ୍ରେଲିଆ ଏବଂ ଆଫ୍ରିକାର ଦକ୍ଷିଣରେ ଦକ୍ଷିଣ ଆଟଲାଣ୍ଟିକ୍ ମହାସାଗର ଅଞ୍ଚଳରେ ଅଧିକ ପରିମାଣରେ ଦେଖାଯାଆନ୍ତି । ପୃଥିବୀର ଏହି ବୃହତ୍ତମ ପ୍ରାଣୀର ଦୈର୍ଘ୍ୟ ୧୦୦ ଫୁଟ୍ ପର୍ଯ୍ୟନ୍ତ ଏବଂ ଓଜନ ୨୦୦ ଟନ୍ ପର୍ଯ୍ୟନ୍ତ ହୋଇଥାଏ ।

ତିମି ମାଛ ସହିତ ଆମେ ଡଲ୍‌ଫିନ୍ ଅଧିକ ସଂଖ୍ୟାରେ ଦେଖିବୁ ବୋଲି ଉଦ୍‌ଘୋଷକ ଜଣାଇଲେ । ଏମାନେ ଦଳ ଦଳ ହୋଇ ବାସ କରନ୍ତି । ହଜାର ହଜାର ସଂଖ୍ୟାରେ ଦେଖାଯାଇଥାନ୍ତି । ଏମାନଙ୍କର ଦାନ୍ତ ନଥାଏ । ଶରୀରର ଉଭୟ ପାର୍ଶ୍ୱ ଶ୍ୱେତ ବର୍ଣ୍ଣ ଧାରଣ କରିଥାଏ । ୮ରୁ ୯ ଫୁଟ୍ ଦୀର୍ଘ ଏବଂ ଶହେ ଦୁଇଶହ ପାଉଣ୍ଡ ଓଜନର ଶରୀର ନେଇ ଜଳକ୍ରୀଡ଼ାରେ ମନୋରଂଜନ କରିଥାନ୍ତି । ଏମାନେ କାନାଡ଼ା ଉପକୂଳ ପର୍ଯ୍ୟନ୍ତ ଅଧିକ ଥଣ୍ଡା ଜଳରେ ବାସ କରିବାକୁ ପସନ୍ଦ କରିଥାନ୍ତି ।

ଅନେକ ପ୍ରକାର ସାମୁଦ୍ରିକ ପକ୍ଷୀ ଯଥା – Shear Waters, Storm Petrels, Gannets, Jeagers, Skuas, Kitt wakes, Acids, Phalaropes ଦେଖାଯାଆନ୍ତି । ପକ୍ଷୀପ୍ରେମୀଙ୍କ ପାଇଁ ଏହା ଆକର୍ଷଣର କେନ୍ଦ୍ର ।

ସ୍ଥାନୀୟ ସମୟ ୧୨.୩୦ ମିନିଟ୍ । ଉଦ୍‌ଘୋଷକ ଆନନ୍ଦ ଉଦ୍‌ବେଳିତ ସ୍ୱରରେ ଘୋଷଣା କଲେ – "ଏଇ ଦେଖନ୍ତୁ, ବାମପଟେ ଦୁଇଟି ସୁନ୍ଦର ହମ୍ପବ୍ୟାକ୍ ତିମି । ପ୍ରେକ୍ଷାଳୟ ପ୍ରକୋଷ୍ଠର ବାହାରେ ଡେକ୍ ଉପରେ ଠିଆହୋଇ ଏ ଦୃଶ୍ୟ ଉପଭୋଗ

କଲି । ଦୁଇଟି ମାଛ କ୍ରୀଡ଼ାରତ । କେତେବେଳେ ଧୂସର ଓ ଧଳ ରଙ୍ଗର ଲାଞ୍ଜକୁ ପାଣି ଉପରକୁ ଟେକି ପାଣିରେ ବୁଡ଼ା ମାରୁଥାନ୍ତି ତ ନିଜର ବିଶାଳ ବପୁକୁ ଉପରୁ ଉଠାଇ ଆମକୁ ଅଭିବାଦନ ଜଣାଉଥାନ୍ତି । ଏମାନଙ୍କର ଦୈର୍ଘ୍ୟ ପ୍ରାୟ ୪୦ ଫୁଟ୍ ହେବ ବୋଲି ଉଦ୍‌ଘୋଷକ କହିଲେ । ତିମି ମାଛମାନଙ୍କର ଅଭୟ-ଇଲାକାକୁ ଆସି ଯାଇଥିବାରୁ ଆହୁରି ଅନେକ ତିମି ଦେଖିବାକୁ ମିଳବି ବୋଲି ଘୋଷଣା କରାଗଲା । ଆମ ଜାହାଜ ନୀଳ ଜଳରାଶିକୁ ଚିରି ଫେନିଳ ଜଳରାଶିକୁ ପୃଷ୍ଠଦେଶରେ ନିକ୍ଷେପ କରି କରି ଆଗେଇ ଚାଲିଥାଏ । ଉଭୟ ବାମ ଓ ଦକ୍ଷିଣ ଦିଗରେ ଗୋଟଏ ପରେ ଗୋଟିଏ ହମ୍ପବ୍ୟାକ୍, ଫିନ୍ ଏବଂ ମିନ୍‌କି ତିମି ଦୃଷ୍ଟିଗୋଚର ହେଲେ । ମଝିରେ ମଝିରେ ଦଳ ଦଳ ଡଲ୍‌ଫିନ୍ ସମୁଦ୍ରର ଜଳସ୍ତରରୁ ଉର୍ଦ୍ଧ୍ୱକୁ ଲମ୍ଫ ଦେବାର ପ୍ରତିଯୋଗିତା କରି ଆମକୁ ଆମୋଦିତ କରୁଥାନ୍ତି । ବିଭିନ୍ନ ପ୍ରକାରର ପକ୍ଷୀମାନେ କଳରବ କରି ସତେ ଯେମିତି ଏ ବୃହଦାକାର ତିମିମାନଙ୍କୁ ଆହ୍ୱାନ କରୁଥାନ୍ତି- "ଉଠ, ଉପରକୁ ଉଠ" । ପ୍ରାୟ ଏକଘଣ୍ଟାର ଏ ଅଭିରାମ ଦୃଶ୍ୟ ଉପଭୋଗ କରିବା ପରେ ଆମ ଜାହାଜ ଫେରନ୍ତା ରାସ୍ତା ଧରିଲା । ଉଦ୍‌ଘୋଷକ ତିମିମାନଙ୍କ ଗବେଷଣା, ସେମାନଙ୍କର ସୁରକ୍ଷା ତଥା ବଂଶବୃଦ୍ଧିର ଯୋଜନା ସମ୍ପର୍କରେ ବିବରଣୀ ଦେବା ପରେ ଶେଷ କଥା ଶୁଣାଇଲେ- "ଆଜି ଆମ ସମସ୍ତଙ୍କ ପାଇଁ ଅତି ଶୁଭ ଦିନ । କାରଣ ଆମେ ବିଭିନ୍ନ ଜାତିର ୪୨ଟି ତିମିମାଛ ଦେଖିବାର ସୁଯୋଗ ପାଇଲୁ । ୧୯୯୦ରୁ ତିମିମାଛ ସଂରକ୍ଷଣ ଯୋଜନା ଆରମ୍ଭ କରାଯାଇଛି । ଅପରାହ୍ଣ ତିନିଘଣ୍ଟା ବେଳେ ଜାହାଜ କୂଳରେ ଲାଗିଲା । ଭାରତୀୟ ରେଷ୍ଟୁରାଣ୍ଟରେ ମଧ୍ୟାହ୍ନଭୋଜନ ସାରି ବୋଷ୍ଟନ୍ ସହର ଭ୍ରମଣ ଉଦ୍ଦେଶ୍ୟରେ ବାହାରିଲୁ ।

ବୋଷ୍ଟନ୍ ସହର ଭ୍ରମଣ :

ବସ୍‌ରେ ଚଢ଼ିବା ପରେ ସ୍ଥାନୀୟ ଅଭିଜ୍ଞ ଗାଇଡ୍ 'ଆଡେ' ଆମମାନଙ୍କୁ ଅଭିନନ୍ଦନ ଜଣାଇ ସୁନ୍ଦର ଐତିହାସିକ ବୋଷ୍ଟନ ସହରକୁ ସ୍ୱାଗତ କଲେ । ୪ ଘଣ୍ଟା ସମୟ ଅବଧିରେ ଆମକୁ ସମସ୍ତ ମହତ୍ତ୍ୱପୂର୍ଣ୍ଣ ସ୍ଥାନ ପରିଦର୍ଶନ କରାଇବାର ପ୍ରତିଶ୍ରୁତି ଦେଲେ । ବିକନ୍ ହିଲ୍ ଅଞ୍ଚଳ ଦର୍ଶନ ପାଇଁ ପ୍ରଥମେ ନେଇଗଲେ । ବସ୍‌ରୁ ଓହ୍ଲାଇ ଅନୁଚ୍ଚ ପାହାଡ଼ ଉପରେ ଚଢୁ ଚଢୁ ସେ କଙ୍କରିତ ଅଣଓସାରିଆ ରାସ୍ତା, (ଚିତ୍ର-୧୯) ଉଭୟ କଡ଼ର ପାଦଚଲା ରାସ୍ତା ଏବଂ ରାସ୍ତାକୁ ଲାଗି ଗୃହର ପ୍ରବେଶ ଦ୍ୱାର ତଥା ୨/୩ ମହଲା ବିଶିଷ୍ଟ ଅତି ପ୍ରାଚୀନ କୋଠାଘର ପ୍ରତି ଦୃଷ୍ଟି ଆକର୍ଷଣ କଲେ । ଦୁଇ ତିନି ଶତାବ୍ଦୀ ତଳର ଏହି କୋଠାଘରଗୁଡ଼ିକରେ ଇଂରେଜ ସମ୍ଭ୍ରାନ୍ତମାନେ ରହନ୍ତି । କୌଣସି ଘର ସାମ୍ନାରେ ପୋର୍ଟିକୋ କିମ୍ବା ଗ୍ୟାରେଜ୍ ନାହିଁ । ରାସ୍ତା ଉପରେ ଘର ସମ୍ମୁଖରେ ଗାଡ଼ି ପାର୍କ କରିବାକୁ ପଡ଼େ । ପୂର୍ବେ ଘୋଡ଼ାଗାଡ଼ି ଦ୍ୱାରା ଯିବା ଆସିବା ଏକମାତ୍ର ସାଧନ ଥିବାରୁ କେତେକ

ସରୁ ଗଳିରେ ପ୍ରାଚୀନ ପଥୁରିଆ ରାସ୍ତା ଆଜିପର୍ଯ୍ୟନ୍ତ ସ୍ମୃତି ହିସାବରେ ସାଇତି ରଖିଛନ୍ତି । ଦୂର ସ୍ଥାନରେ ଗାଡ଼ି ରଖି ଚାଲି ଚାଲି ଘରକୁ ଯାଆନ୍ତି । ଏହାର ଅଧିବାସୀମାନେ ଖୁବ୍ ସମ୍ଭ୍ରାନ୍ତ ଶ୍ରେଣୀର ବୋଲି ପୁଣି ମନେପକାଇ ଗାଇଡ୍ କହିଲେ ଯେ, ଏ ଅଞ୍ଚଳର ଗୋଟିଏ ଗୋଟିଏ ଘର ୧୬କୋଟିରୁ ୧୭୦ କୋଟି ଟଙ୍କାରେ ବର୍ତ୍ତମାନ କିଣାବିକା ଚାଲିଛି । ପୂର୍ବକାଳର ସମ୍ମୁଖ ନକ୍ସା ନ ବଦଳାଇ କେବଳ ଭିତର ଅଂଶରେ ପରିବର୍ତ୍ତନ ଆଣପାରିବାର ସ୍ୱାଧୀନତା ରହିଛି । କିଛି ବିଶିଷ୍ଟ ଲେଖକ, ଶିଳ୍ପପତି, ରାଜନୀତିଜ୍ଞ ଏ ଅଞ୍ଚଳର ବର୍ତ୍ତମାନ ଅଧିବାସୀ । ଗୋଟିଏ କଥା ଲକ୍ଷ୍ୟ କଲୁ ରାସ୍ତାକଡ଼ର ପ୍ରାଚୀନ କଳାକୃତି ଥିବା ବ୍ରୋଞ୍ଜ ବତୀଖୁଣ୍ଟ ଉପରେ ଗ୍ୟାସ୍ ଲାଇଟ୍ ଖଞ୍ଜାଯାଇଛି । ପ୍ରାଚୀନତାକୁ ମନେ ରଖିବା ପାଇଁ ସେମାନେ ବିଦ୍ୟୁତ୍ ବଦଳରେ ଗ୍ୟାସ୍ ବ୍ୟବହାର କରୁଛନ୍ତି ।

ଏହି ବିକନ୍ ହିଲ୍ (Beacon Hill) ଅଞ୍ଚଳର ପ୍ରଥମ ନାମ ଥିଲା Shawmut । ୱିଲିୟମ୍ ବ୍ଲାକ୍‌ଷ୍ଟୋନ୍ ପ୍ରଥମେ ପର୍ବତ ସଂଲଗ୍ନ ୫୦ ଏକର ଜମି କିଣି ନିଜପାଇଁ ୬ ଏକର ଜମି ରଖି ବାକି ଜମି ଅନ୍ୟ ଉପନିବେଶବାଦୀଙ୍କୁ ବିକି ଦେଇଥିଲେ । ପ୍ରତିରକ୍ଷା ଦୃଷ୍ଟିରୁ ଏହି ଅନୁଚ୍ଚ ପର୍ବତର ଅନେକ ଗୁରୁତ୍ୱ ଥିଲା । ୧୮୦୦ ମସିହା ବେଳକୁ ଗ୍ରୀକ୍ ଏବଂ ରକ୍ଷଣଶୀଳ ଇଂରେଜମାନଙ୍କର ଗୃହନିର୍ମାଣ ଶୈଳୀରେ ଏ ସବୁ ନିର୍ମାଣ ଆରମ୍ଭ ହୋଇଥିଲା ।

ବୋଷ୍ଟନ୍ କମନ୍ :

ଦକ୍ଷିଣ ଦିଗରେ ପ୍ରାୟ ୧୫ ମିନିଟ୍‌ର ଯାତ୍ରା ପରେ ଗାଇଡ୍ ଆମକୁ ଏକ ସୁନ୍ଦର ବୃକ୍ଷରାଜି ଶୋଭିତ ସବୁଜିମା ଭରା ପ୍ରାନ୍ତରକୁ ନେଇଗଲେ । ୫୦ ଏକର ପରିମିତ ଏହି ଐତିହାସିକ ସ୍ଥାନଟି 'ବୋଷ୍ଟନ୍ କମନ୍' । ଏହା ହେଉଛି ଆମେରିକାର ପ୍ରଥମ ପ୍ରମୋଦଉଦ୍ୟାନ । ୧୬୩୪ ମସିହାରେ ସାମରିକ ଶିକ୍ଷା ଓ ତାଲିମ ଉଦ୍ଦେଶ୍ୟରେ ଏହାକୁ କିଣାଯାଇଥିଲା । ବିଭିନ୍ନ ସମୟରେ ଏ ଅଞ୍ଚଳ ସାମରିକ ଘାଟି ହିସାବରେ ବ୍ୟବହୃତ ହୋଇ ଅନେକ ଯୁଦ୍ଧର ରକ୍ତରଂଜିତ ଅଧ୍ୟାୟର ମୂକସାକ୍ଷୀ ହିସାବରେ ଦଣ୍ଡାୟମାନ । ବର୍ତ୍ତମାନ ଉତ୍କୃଷ୍ଟ ପ୍ରମୋଦ ଉଦ୍ୟାନ, ଜଳାଶୟ ଏବଂ ଶିଶୁ କ୍ରୀଡ଼ା ପାଇଁ ଏ ଅଞ୍ଚଳ ଖୁବ୍ ଜନପ୍ରିୟ । ଅନେକ ସମୟରେ ସାଧାରଣ ଉତ୍ସବ ଓ ସଂଗୀତ ମହୋତ୍ସବର ସହରର ଏ ଅଂଶଟି ମୁଖରିତ ହୋଇଉଠେ ।

ମାସାଚୁସେଟ୍ସ ସାଂସଦ ଭବନ : (ଚିତ୍ର-୧୮)

ସୁବର୍ଣ୍ଣ ଗମ୍ବୁଜଶୋଭିତ ବୃହତାକାୟ କୋଠାଟିକୁ ଦେଖାଇ ଗାଇଡ୍ ଜଣାଇଦେଲେ ଯେ ଏହା ହେଉଛି ମାସାଚୁସେଟ୍ ରାଜ୍ୟର ସଂସଦ ଭବନ । ୧୭୯୮ ମସିହାରେ ନିର୍ମିତ ଏହି କୋଠାଟି ବିକନ୍ ହିଲ୍‌ର ସବୁଠାରୁ ସଂଭ୍ରାନ୍ତ ଏବଂ ମନୋହର ସ୍ଥାପତ୍ୟ ।

ତତ୍କାଳୀନ ରାଜ୍ୟପାଳ ସାମୁଏଲ୍ ଆଡାମ୍ସ ଏବଂ ପଲ୍ ରେଭର୍ ଜନ୍ ହ୍ୟାନକକ୍‌ଙ୍କଠାରୁ ଗୋଚର ଭୂମିଟି କ୍ରୟ କରି ସଂସଦ ଭବନର ଶିଳାନ୍ୟାସ କରିଥିଲେ । ଆମେରିକାର ପ୍ରାୟ ପ୍ରତ୍ୟେକ ରାଷ୍ଟ୍ର ଏହାରନକ୍ସାକୁ ଅନୁସରଣ କରି ସାଂସଦ ଭବନମାନ ନିର୍ମାଣ କରିଛନ୍ତି । ବିରାଟକାୟ ତମ୍ବାର ଗମ୍ବୁଜଟିକୁ ୨୩ କ୍ୟାରେଟ୍ ସୁନାର ପାତି ଦ୍ୱାରା ଆଚ୍ଛାଦିତ କରାଯାଇଛି ।

ପାର୍କ ଷ୍ଟ୍ରିଟ୍ ଚର୍ଚ୍ଚ :

୧୮୦୯ ମସିହାରେ ପ୍ରତିଷ୍ଠିତ ଏହି ଚର୍ଚ୍ଚଟି ଗତବର୍ଷ ନିଜର ୨୦୦ତମ ଜନ୍ମଦିବସ ପାଳନ କରିଛି । ଏହାର ସୁରମ୍ୟ ଅଗ୍ରଭାଗର ଉଚ୍ଚତା ୨୧୭ ଫୁଟ୍ । ବୋଷ୍ଟନ୍‌ରେ ପଦାର୍ପଣ କରୁଥିବା ପ୍ରତ୍ୟେକ ବ୍ୟକ୍ତି ସମୁଦ୍ର କୂଳରୁ ହିଁ ଏହାର ଚୂଡ଼ା ଦର୍ଶନ କରି ନିଜକୁ କୃତାର୍ଥ ମନେ କରନ୍ତି । ଅତୀତରେ ଶିକ୍ଷା, ଜନସ୍ୱାସ୍ଥ୍ୟ, ଯୁଦ୍ଧବନ୍ଦୀ ସହାୟତା ଇତ୍ୟାଦି ଅନେକ କାର୍ଯ୍ୟକ୍ରମ ଏହିଠାରୁ ନିୟନ୍ତ୍ରିତ ହୋଇ ଆସୁଥିଲା ।

ଫାନୁଇଲ୍ ହଲ୍ ଓ କ୍ୱିନ୍ସ ମାର୍କେଟ୍ (Faneuil Hall & Quincy Market) :

୧୭୪୨ ମସିହାରେ ପିଟର୍ ଫାନୁଇଲ୍ ଏହି ଅତିକାୟ କୋଠାଟି ନିର୍ମାଣ କରି ସଭାସମିତି ତଥା ବଜାର ପାଇଁ ଜନସାଧାରଣଙ୍କ ଉଦ୍ଦେଶ୍ୟରେ ଉତ୍ସର୍ଗ କରିଥିଲେ । ୧୭୬୫ ମସିହାରେ ଏହି ସ୍ଥାନରେ ଇଂରେଜ ସରକାରଙ୍କର ମନୋମୁଖୀ 'ଷ୍ଟାମ୍ପ୍ ଆଇନ' ବିରୁଦ୍ଧରେ ଜନଅସନ୍ତୋଷ ପ୍ରକାଶ ପାଇଥିଲା । ନିକଟସ୍ଥ କ୍ୱିନ୍ସ ବଜାର ବୋଷ୍ଟନ୍ ସହରର ବୃହତ୍ତମ ବଜାର ଏବଂ ମନୋରଞ୍ଜନସ୍ଥଳୀ ।

ଓଲ୍ଡ ସାଉଥ୍ ମିଟିଙ୍ଗ୍ ହାଉସ୍ :

ଗାଇଡ୍ ଆମକୁ ଇଂରେଜ ସରକାରଙ୍କ ବିରୋଧରେ ବୋଷ୍ଟନ୍ ଅଧିବାସୀଙ୍କର ଆନ୍ଦୋଳନର ଇତିହାସ କହୁ କହୁ ୧୭୨୯ରେ ନିର୍ମିତ ବିରାଟକାୟ ଚର୍ଚ୍ଚ ସମ୍ମୁଖକୁ ନେଇଗଲେ । ଏହି ବୃହତ୍ତମ ସୌଧଟି ଫ୍ୟାନ୍ୟୁଇଲ୍ ହଲ୍ ପରେ ଜନପ୍ରିୟ ସଭାଗୃହ ଏବଂ ଅଧିକ ଜନସମାଗମ ପାଇଁ ପ୍ରକୃଷ୍ଟ କ୍ଷେତ୍ର ଥିଲା । ୧୭୭୩ ମସିହାରେ ୫୦୦୦ରୁ ଅଧିକ ବୋଷ୍ଟନବାସୀ ଇଂରେଜ ସରକାରର ମନୋମୁଖୀ 'ଚା' ଟ୍ୟାକ୍ସ ବିରୁଦ୍ଧରେ ଅସନ୍ତୋଷ ପ୍ରକାଶ କରି ଏକତ୍ରିତ ହୋଇଥିଲେ । ସାମୁଏଲ୍ ଆଡାମ୍ସଙ୍କ ଅଗ୍ନିବର୍ଷୀ ଭାଷଣ ପରେ ୬୦ରୁ ଊର୍ଦ୍ଧ୍ୱ ଯୁବକ ବୋଷ୍ଟନ ବନ୍ଦରରେ ଲଙ୍ଗର ପକାଇଥିବା ତିନୋଟି ଜାହାଜକୁ ଅକ୍ତିଆରକୁ ନେଇ ଚା' ପେଟିଗୁଡ଼ିକୁ ସମୁଦ୍ର ଜଳରେ ନିକ୍ଷେପ କରିଥିଲେ । ଏହି ଘଟଣାଟି 'ବୋଷ୍ଟନ୍ ଟି ପାର୍ଟି' ନାମରେ ଇତିହାସରେ ଲିପିବଦ୍ଧ ।

ଗାଇଡ୍ ବୋଷ୍ଟନ୍ ଆନ୍ଦୋଳନ ଏବଂ ଆମେରିକାର ସ୍ୱାଧୀନତା ସଂଗ୍ରାମର ସ୍ମାରକୀ ବହନ କରୁଥିବା ଅନ୍ୟ କେତେକ ସ୍ଥାନ ଦେଖାଇବାକୁ ଚାହୁଁଥିଲେ । କିନ୍ତୁ

ହାଭାର୍ଡ଼ ବିଶ୍ୱବିଦ୍ୟାଳୟ ପରିଦର୍ଶନ ପାଇଁ ଆମର ଉତ୍କଣ୍ଠା ଦେଖି ବସ୍‌ଟିକୁ ସେ ଦିଗରେ ମୁହାଁଇଲେ ।

ହାଭାର୍ଡ଼ ବିଶ୍ୱବିଦ୍ୟାଳୟ :

ଆୟାର୍ଲାଣ୍ଡ ଏବଂ ଇଂଲଣ୍ଡର ସମ୍ଭ୍ରାନ୍ତ ଧର୍ମଯାଜକମାନେ ଯେତେବେଳେ ବୋଷ୍ଟନ୍ ଉପକୂଳରେ ପାଦ ଦେଲେ 'ସମୟ' ବୋଧହୁଏ ଅପେକ୍ଷା କରିଥିଲା, ଏକ ଅଭୂତପୂର୍ବ 'ବିଦ୍ୟାନଗରୀ' ଏଠାରେ ମୁଣ୍ଡ ଟେକିବ । ୧୬୩୬ ମସିହାରେ ଚାର୍ଲ୍ସ ନଦୀର ପଶ୍ଚିମ କୂଳରେ ହାଭାର୍ଡ଼ ବିଶ୍ୱବିଦ୍ୟାଳୟ ଜନ୍ମ ନେଲା । ବର୍ତ୍ତମାନ ବୋଷ୍ଟନ ସହର ଭିତରେ ୨୭ଟି ଏବଂ ଚତୁଃପାର୍ଶ୍ୱରେ ୪୦ରୁ ଅଧିକ ସୁପ୍ରସିଦ୍ଧ ବିଶ୍ୱବିଦ୍ୟାଳୟ ପୃଥିବୀର କୋଣ ଅନୁକୋଣରୁ ପ୍ରତିବର୍ଷ ଦୁଇଲକ୍ଷରୁ ଅଧିକ ମେଧାବୀ ଛାତ୍ରଙ୍କୁ କୋଳେଇ ନେଉଛନ୍ତି । ତେଣୁ ବୃହତ୍ତର ବୋଷ୍ଟନ୍ ଅଞ୍ଚଳକୁ ବିଦ୍ୟା ମହାନଗରୀର ଆଖ୍ୟା ଦେଲେ । ହାଭାର୍ଡ଼ ବିଶ୍ୱବିଦ୍ୟାଳୟ ହେଉଛି ସମସ୍ତ ଶିକ୍ଷାୟତନମାନଙ୍କର ମଉଡ଼ମଣି । ଆମେରିକାର ସ୍ୱାଧୀନତା ଆନ୍ଦୋଳନର କର୍ଣ୍ଣଧାର ୮ଜଣ ବିଶିଷ୍ଟ ନେତା ଏବଂ ୬ଜଣ ପ୍ରାକ୍ତନ ରାଷ୍ଟ୍ରପତି ଏହି ବିଶ୍ୱବିଦ୍ୟାଳୟରୁ ଶିକ୍ଷାଲାଭ କରିଥିଲେ । ଏହି ଅନୁଷ୍ଠାନରୁ ୨୦ଜଣ ଅଧ୍ୟାପକ ଅଧ୍ୟାପିକା ପଲିଜର୍ (Pulitzer) ପୁରସ୍କାର ଏବଂ ୪୩ଜଣ (ବର୍ତ୍ତମାନ ଓ ପୂର୍ବତନ) ନୋବେଲ୍ ପୁରସ୍କାରରେ ଭୂଷିତ ହୋଇଛନ୍ତି । ଅତିବୃହତ୍ ଅନୁଷ୍ଠାନଟି କେବଳ ବୌଦ୍ଧିକ ଶିକ୍ଷାର ବର୍ତ୍ତିକା ଯେ ବହନ କରିଛି ତାହା ନୁହେଁ, ବୋଷ୍ଟନର ଅଧିକ ସମୃଦ୍ଧି ପାଇଁ ମଧ୍ୟ ସମପରିମାଣରେ ଦାୟୀ । ଧାରାବିବରଣୀ ଦେଉ ଦେଉ ଗାଇଡ୍ ଆମକୁ ଚାର୍ଲ୍ସ ନଦୀର ଅପର ପାର୍ଶ୍ୱରେ 'ହାଭାର୍ଡ଼ ଛକ' ପାଖରେ ପହଞ୍ଚାଇଲେ । ଯେକୌଣସି ଭାରତୀୟ ବିଶ୍ୱବିଦ୍ୟାଳୟ କହିଲେ ଆମେ ବୁଝୁ ସହରର ଜନବସତିଠାରୁ ଦୂରରେ ଗୋଟିଏ ପ୍ରାଚୀରଘେରା ସଂରକ୍ଷିତ ଅଞ୍ଚଳ । କିନ୍ତୁ 'ହାଭାର୍ଡ଼' ଏକ ବିଶ୍ୱବିଦ୍ୟାଳୟ ସହର ଭଳି ଲାଗିଲା । ଏ ସହରର ପ୍ରାଣକେନ୍ଦ୍ର ହାଭାର୍ଡ଼ ଛକ । ଏହା ଏକ ରଙ୍ଗୀନ୍ ବଜାର ଅଞ୍ଚଳ ଭଳି ଦୃଷ୍ଟିଗୋଚର ହେଲା । ବହି ଦୋକାନ, କଫି ଦୋକାନ, ଫୁଲ ଦୋକାନ, ଉପହାର ଦୋକାନ ଏବଂ ଅନ୍ୟାନ୍ୟ ନିତ୍ୟବ୍ୟବହାର୍ଯ୍ୟ ଦୋକାନର ସମାହାର ହୋଇଥିଲେ ହେଁ ଏହାକୁ ବୌଦ୍ଧିକଭାବର ଆଦାନ ପ୍ରଦାନ କେନ୍ଦ୍ର ବୋଲି ଗାଇଡ୍ କହିଲେ । ଲକ୍ଷ୍ୟକଲୁ, ଜ୍ଞାନଦୀପ୍ତ ଛାତ୍ରଛାତ୍ରୀମାନଙ୍କର ସମାହାର ଚତୁର୍ଦ୍ଦିଗରେ । ତା' ଭିତରେ ଆମେ କେତେକ କୌତୂହଳୀ ଭ୍ରମଣକାରୀ । ପାଦରେ ଚାଲି ଚାଲି କିଛି ପ୍ରାଚୀନ କୋଠା ଅତିକ୍ରମ କଲୁ । ଏକ ସୁଦୃଶ୍ୟ କୋଠା ସାମ୍ନାରେ ଜନ୍ ହାଭାର୍ଡ଼ଙ୍କ ପ୍ରତିମୂର୍ତ୍ତି (ଚିତ୍ର-୧୭) ସାମ୍ନାରେ ଗାଇଡ୍ ଆମକୁ ବୃତ୍ତାକାରରେ ଠିଆ କରାଇ ଇତିହାସର ଗହ୍ୱରକୁ ନେଇଗଲେ ।

ଏହି ବିଶ୍ୱବିଦ୍ୟାଳୟର ଛାତ୍ରସଂଖ୍ୟା ୨୦ହଜାରରୁ ଅଧିକ । ୨୧୦୦ ଜଣ

ଅଧ୍ୟାପକ ଓ ପ୍ରାଧ୍ୟାପକ ଉଚ୍ଚମାନର ଶିକ୍ଷା ପ୍ରଦାନ କରନ୍ତି । ଏମାନଙ୍କ ମଧ୍ୟରୁ ଅନେକ ନୋବେଲ୍ ପୁରସ୍କାରପ୍ରାପ୍ତ ଅଧ୍ୟାପକ ବର୍ତ୍ତମାନ ମଧ୍ୟ ଶିକ୍ଷାଦାନ ଓ ଗବେଷଣାରେ ସଂପୃକ୍ତ । ବର୍ତ୍ତମାନ ଆମେରିକାର ୩ଲକ୍ଷ ୨୦ହଜାରରୁ ଅଧିକ ଓ ୧୯୧ଟି ଦେଶରେ ୫୦ହଜାରରୁ ଅଧିକ ହାଭାର୍ଡ଼ ବିଶ୍ୱବିଦ୍ୟାଳୟରେ ଶିକ୍ଷାପ୍ରାପ୍ତ ଉଦୀୟମାନ ବ୍ୟକ୍ତି ବିଜ୍ଞାନ, କଳା, ରାଜନୀତି ଇତ୍ୟାଦି ବିଭିନ୍ନ କ୍ଷେତ୍ରରେ ଅଧିଷ୍ଠିତ । ଏହି ବିଶ୍ୱବିଦ୍ୟାଳୟ ସହରଟି ୪୯୭୯ ଏକର ପରିମିତ ସ୍ଥାନରେ ଅବସ୍ଥିତ ।

ପରବର୍ତ୍ତୀ ଦର୍ଶନୀୟ କୋଠା ହେଲା ହାଭାର୍ଡ଼ ପାଠାଗାର । ଅତିକାୟ ଏହି କୋଠାଟି ବିଶ୍ୱର ବୃହତ୍ତମ ପାଠାଗାର କହିଲେ ଅତ୍ୟୁକ୍ତି ହେବ ନାହିଁ । ୱାଇଡ୍‌ନର (Widener) ପିତା-ପୁତ୍ରଙ୍କ ସ୍ମୃତିରେ ନିର୍ମିତ ଏହି ପାଠାଗାରର ଜନ୍ମବୃତ୍ତାନ୍ତ ଲୋମହର୍ଷକ । ୧୯୧୧ ମସିହାରେ ସମ୍ଭ୍ରାନ୍ତ ଶ୍ରେଣୀର ଯାତ୍ରୀମାନଙ୍କୁ ନେଇ ଯାଉଥିବା 'ଟାଇଟାନିକ୍' ଜାହାଜ ଦୁର୍ଘଟଣାଗ୍ରସ୍ତ ହେବା ପରେ ଶ୍ରୀମତୀ ୱାଇଡ୍‌ନର୍ ସନ୍ତରଣ ଜାଣିଥିବାରୁ ବଞ୍ଚି ଯାଇଥିଲେ । କିନ୍ତୁ ସ୍ୱାମୀ ଓ ପୁତ୍ର ଏହି ଜ୍ଞାନ ଅଭାବରେ ଜଳସମାଧି ଲାଭ କରିଥିଲେ । ବିପୁଳ ସଂପତ୍ତିର ଅଧିକାରିଣୀ ଶ୍ରୀମତୀ ୱାଇଡ୍‌ନର୍ ଏହି ବିଶ୍ୱବିଦ୍ୟାଳୟର ପ୍ରାକ୍ତନ ଛାତ୍ର ଅଲିଅଳ ପୁତ୍ର ଓ ସ୍ୱାମୀଙ୍କ ସ୍ମୃତିରେ ୧୯୧୩ ମସିହାରେ ଏହି ପାଠାଗାର ପ୍ରତିଷ୍ଠା ପାଇଁ ୨୦ ଲକ୍ଷ ଡଲାରର ଆର୍ଥିକ ଅନୁଦାନ ଦେଇଥିଲେ । ସେ ଦୁଇଟି ସର୍ତ୍ତ ରଖିଥିଲେ ଯେ ପୃଥିବୀର ସମସ୍ତ ଅଞ୍ଚଳର ପୁସ୍ତକ ଏଠାରେ ଉପଲବ୍ଧ ହେବ ଏବଂ ଏଠାକୁ ଆସୁଥିବା ଛାତ୍ରମାନଙ୍କୁ 'ସନ୍ତରଣ' ଶିକ୍ଷା ପାଇଁ ଉତ୍ସାହିତ କରାଯିବ । ଯାହାହେଉ, ପୃଥିବୀର ଜ୍ଞାନୀ-ଗୁଣୀମାନଙ୍କର ପଠନକାଂକ୍ଷା ଏହି ପାଠାଗାର ସଫଳତାର ସହିତ ପୂରଣ କରିଆସୁଅଛି । ଏଠାରେ ପୁସ୍ତକ ସଂଖ୍ୟା ଏକକୋଟି ୬୨ ଲକ୍ଷରୁ ଅଧିକ । କଳା, ବିଜ୍ଞାନ ଓ ବାଣିଜ୍ୟର ସମସ୍ତ ବିଭାଗର କୋଠାରେ ଅଭିବୃଦ୍ଧ ଅଞ୍ଚଳ ଅତିକ୍ରମ କରୁ କରୁ 'ମାସୁଚୁସେଟ୍ ଇନ୍‌ଷ୍ଟିଚ୍ୟୁଟ୍ ଅଫ୍ ଟେକ୍‌ନୋଲୋଜି' ଅଞ୍ଚଳରେ ପ୍ରବେଶ କଲୁ । ବିଶ୍ୱପ୍ରସିଦ୍ଧ ଏହି ଇଞ୍ଜିନିୟରିଂ ବିଶ୍ୱବିଦ୍ୟାଳୟରେ ଇଲେକ୍‌ଟ୍ରୋନିକ୍, ଅଣୁବିଜ୍ଞାନ, ମହାକାଶ ବିଜ୍ଞାନ, ପରିବେଶ ବିଜ୍ଞାନ ଇତ୍ୟାଦି ସମସ୍ତ କ୍ଷେତ୍ରରେ ଉଚ୍ଚସ୍ତରର ଶିକ୍ଷାଦାନ କରାଯାଏ । ଅନ୍ୟାନ୍ୟ ପ୍ରସିଦ୍ଧ ବିଦ୍ୟାଳୟ ବିଷୟରେ ଗାଇଡ୍ ବର୍ଣ୍ଣନା କରୁ କରୁ ବସ୍‌ଟି ହୋଟେଲ୍ ଭିତରେ ପ୍ରବେଶ କଲା । ହୋଟେଲ୍ ସମ୍ମୁଖରେ ଧାବମାନ ଚାର୍ଲ୍ସ ନଦୀର ଅପରପାର୍ଶ୍ୱରେ ବୋଷ୍ଟନ୍ ବିଶ୍ୱବିଦ୍ୟାଳୟ । ଏହା ଆମେରିକାର ଅନ୍ୟତମ ବୃହତ୍ ବିଶ୍ୱବିଦ୍ୟାଳୟ । ଛାତ୍ର ସଂଖ୍ୟା ୩୦ହଜାରରୁ ଅଧିକ । ଆମେରିକାର ସମସ୍ତ ୫୦ଟି ରାଜ୍ୟ ଏବଂ ପ୍ରାୟ ୧୩୫ଟି ଦେଶରୁ ଆଗତ ଛାତ୍ରମାନେ ମେଡିକାଲ୍, ଇଂଜିନିୟରିଂ, କଳା, ବିଜ୍ଞାନ, ବାଣିଜ୍ୟ ସମସ୍ତ ବିଷୟରେ ଅଧ୍ୟୟନ

କରନ୍ତି । ଆସନ୍ତାକାଲି ସକାଳେ ବୋଷ୍ଟନ୍ ବିଶ୍ୱବିଦ୍ୟାଳୟ ହତା ଭିତରେ ପ୍ରବେଶ କରିବୁ । ପ୍ରକୋଷ୍ଠର ସୁବୃହତ୍ ପରଦାକୁ ହଟେଇ ବୋଷ୍ଟନ୍ ବିଶ୍ୱବିଦ୍ୟାଳୟର ରାତ୍ରିକାଳୀନ ଦୃଶ୍ୟ ଉପଭୋଗ କରୁ କରୁ ଭାରତୀୟ ରେଷ୍ଟୁରାଣ୍ଟରେ ରାତ୍ରିଭୋଜନ ପାଇଁ ଡାକରା ଆସିଲା ।

ତା.୧୭.୦୫.୨୦୧୦ (ସୋମବାର) :

ଅଧୁନା ବିଶ୍ୱର ଚିକିତ୍ସା ଓ ସ୍ୱାସ୍ଥ୍ୟ ସମ୍ବନ୍ଧୀୟ ଗବେଷଣାର ଏକ ମୁଖ୍ୟ କେନ୍ଦ୍ର ହାଭାର୍ଡ଼ ମେଡିକାଲ୍ ସ୍କୁଲ୍ । ଏହାରି ଭିତରେ ଜସ୍‌ଲିନ୍ ଡାଇବେଟିସ୍ ସେଣ୍ଟର (ଚିତ୍ର-୧୬) ହେଉଚି ମଧୁମେହ ସମ୍ପର୍କିତ ଚିକିତ୍ସା ଓ ଗବେଷଣାର ମଉଡ଼ମଣି । ୧୮୯୮ ମସିହାରେ ଏହି ଅନୁଷ୍ଠାନର ସ୍ଥାପନା ହୁଏ । ଏଲିଏଟ୍ ପ୍ରୋକ୍ଟର ଜସ୍‌ଲିନ୍ ଏହି ଅନୁଷ୍ଠାନର ପ୍ରତିଷ୍ଠାତା । ୧୯୨୧ ମସିହାରେ ଇନ୍‌ସୁଲିନ୍ ଆବିଷ୍କାର ପୂର୍ବରୁ ମଧୁମେହର ଚିକିତ୍ସା ଖୁବ୍ ଜଟିଳ ଥିଲା । ତେବେ ମଧୁମେହ ନିୟନ୍ତ୍ରଣ ପାଇଁ ଡ. ଜସ୍‌ଲିନ୍ ଏବଂ ତାଙ୍କର ସହଯୋଗୀମାନେ ଖୁବ୍ ଅଧ୍ୟବସାୟ କରିଛନ୍ତି । ଇନ୍‌ସୁଲିନ୍ ଆବିଷ୍କାର ପରେ ଏହି ଅନୁଷ୍ଠାନ ବିଶ୍ୱବାସୀଙ୍କୁ ଜ୍ଞାନର ଆଲୋକ ପ୍ରଦାନ କରିଆସିଛି । ୧୯୫୫ ମସିହାରେ ମଧୁମେହ ଚିକିତ୍ସା ପାଇଁ ପ୍ରଥମ ବଟିକାର ଆବିଷ୍କାର ପରେ ଆଜି ପର୍ଯ୍ୟନ୍ତ ସମସ୍ତ ପରୀକ୍ଷା ନିରୀକ୍ଷାର ମୂଳକେନ୍ଦ୍ର ଏହି ଅନୁଷ୍ଠାନ । ବର୍ତ୍ତମାନ ୧୧୨ ବର୍ଷର ପୁରାତନ ଏହି ଅନୁଷ୍ଠାନରେ ପ୍ରତିବର୍ଷ ବିଶ୍ୱର ବିଭିନ୍ନ ଦେଶର ମଧୁମେହ ବିଜ୍ଞାନୀମାନେ ନୂତନ ଗବେଷଣାଲବ୍ଧ ଜ୍ଞାନଲାଭ ପାଇଁ ଏକତ୍ରିତ ହୁଅନ୍ତି । ଚଳିତ ବର୍ଷ ୪୦ଜଣ ଭାରତୀୟ ମଧୁମେହ ବିଜ୍ଞାନୀ ଏବଂ ୧୦ଜଣ ରୁଷିଆବାସୀ ମଧୁମେହ ବିଜ୍ଞାନୀଙ୍କର ଦୁଇଦିନିଆ କର୍ମଶାଳା ଆଜି ଆରମ୍ଭ । ତେବେ ଭିସାଜନିତ ଅସୁବିଧାରୁ ଜଣେ ଭାରତୀୟ ଏବଂ ତିନିଜଣ ରୁଷିଆବାସୀ ଯୋଗ ଦେଇପାରି ନାହାନ୍ତି ।

ଆମର ବସ୍ ବୋଷ୍ଟନ୍ ବିଶ୍ୱବିଦ୍ୟାଳୟ ପାର୍ ହୋଇ 'ହାଭାର୍ଡ଼ ମେଡ଼ିକାଲ୍ ସ୍କୁଲ୍' ଅଞ୍ଚଳରେ ପ୍ରବେଶ କଲା । ୧୭୮୨ ମସିହାରେ ସ୍ଥାପିତ ଏହି ମହାର୍ଘ ଅନୁଷ୍ଠାନଟି ଆମେରିକାର ତୃତୀୟ ପୁରାତନ ଚିକିତ୍ସା ଓ ସ୍ୱାସ୍ଥ୍ୟ ଶିକ୍ଷାଦାନ କେନ୍ଦ୍ର । ସ୍ୱାସ୍ଥ୍ୟଶିକ୍ଷାର ୧୭ଟି ବିଭାଗରେ ଉଚ୍ଚକୋଟୀର ଶିକ୍ଷାଦାନ ଓ ଗବେଷଣା ଏଠାରେ ହୋଇଥାଏ । ତନ୍ମଧ୍ୟରୁ ଜସ୍‌ଲିନ୍ ଗବେଷଣା କେନ୍ଦ୍ର ଅନ୍ୟତମ । ସଦ୍ୟତମ ତଥ୍ୟ ଅନୁସାରେ ୧୦୮୪ ଗବେଷକ, ଚିକିତ୍ସକ ଓ ସହଯୋଗୀ ଏଠାରେ କାର୍ଯ୍ୟରତ । ଉପାଧିଉତ୍ତର ଶିକ୍ଷା ଓ ଗବେଷଣାରେ ୧୩୪୫ ଉଦୀୟମାନ ଛାତ୍ର ପଞ୍ଜିକୃତ, ଏମ୍.ଡି.-୬୨୭, ଏମ୍.ଡି.ପି.ଏଚ୍.ଡି.-୧୪୧ ଏବଂ ପି.ଏଚ୍.ଡି.-୫୭୭ ।

ହାଭାର୍ଡ଼ ମେଡିକାଲ୍ ସ୍କୁଲ୍‌ର ମୁଖ୍ୟ କୋଠା ପାର ହୋଇ 'ଜସ୍‌ଲିନ୍ ମଧୁମେହ କେନ୍ଦ୍ର'ର ସୁଦୃଶ୍ୟ ସୌଧ ଅତିକ୍ରମ କଲୁ । ଆଧୁନିକ ସମ୍ମିଳନୀ କେନ୍ଦ୍ରର ତୃତୀୟ ମହଲାରେ ଆମର ସେମିନାର କକ୍ଷରେ ପ୍ରବେଶ କଲୁ । ୧୦ ଟାରୁ ସଂଧ୍ୟା ୭ଟା ପର୍ଯ୍ୟନ୍ତ ମଧୁମେହ ଗବେଷଣାର ବିଭିନ୍ନ ଦିଗ ସଂପର୍କରେ ବିଶ୍ୱପ୍ରସିଦ୍ଧ ଚିକିତ୍ସା ବିଜ୍ଞାନୀ କାଲେରୋ ଔର, ହାମ୍‌ଡି, ମିଜନ୍‌ର, ମାୟୁନିକ୍, ୱାଲପର୍ଟ ଏବଂ ଭାରତୀୟ ଡାକ୍ତର ସଂଜୟ ଅଗ୍ରୱାଲ ଆଲୋଚନା କରିଥିଲେ । ଶିକ୍ଷାସଂପାନର ଶୀର୍ଷକ - "ଗବେଷଣାଗାରରୁ ଚିକିତ୍ସା କେନ୍ଦ୍ର" । ସଂଧ୍ୟା ପରେ ଅନ୍ୟ କିଛି କାର୍ଯ୍ୟକ୍ରମ ନଥିଲା । ରାତ୍ରିଭୋଜନ ପରେ ବିଶ୍ରାମ ।

ତା.୧୮.୦୫.୨୦୧୦ (ମଙ୍ଗଳବାର) :

ଆଜି ବୋଷ୍ଟନ୍ ସହରରେ ଶେଷଦିନ । ପ୍ରାତଃ ଜଳଯୋଗ ପରେ ସମସ୍ତ ପ୍ରସ୍ତୁତି ସାରି ୯ଟା ବେଳେ ହୋଟେଲ୍ ଛାଡ଼ିଲୁ । ସହରଠାରୁ ପ୍ରାୟ ୨୦ ମାଇଲ୍ ଦୂରରେ ଦର୍ଶନୀୟ ବିପଣି କେନ୍ଦ୍ର ପ୍ରଦର୍ଶନ କଲୁ । ସୁବିସ୍ତୃତ ଅଞ୍ଚଳରେ ପ୍ରସିଦ୍ଧ ବିପଣି କମ୍ପାନୀ ୱାଲ୍‌ମାର୍ଟ, ମେସି, ସପରଷ୍ଟପ୍ ଇତ୍ୟାଦି ପ୍ରାୟ ୨୦ରୁ ଅଧିକ କମ୍ପାନୀ ପ୍ରଶସ୍ତ ସ୍ଥାନ ଅଧିକାର କରି ବିପଣି ଉନ୍ମୁକ୍ତ କରି ଦେଇଛନ୍ତି । ଏହା ଭିତରେ ପଶି ନିଜର ପ୍ରୟୋଜନୀୟ ଜିନିଷ କ୍ରୟ କରିବା ଏକ ସୁଖଦ ଅନୁଭୂତି । ଉକ୍ତ ଅଞ୍ଚଳରେ ସୁରମ୍ୟ ଭାରତୀୟ ରେଷ୍ଟୁରାଣ୍ଟରେ ମଧ୍ୟାହ୍ନଭୋଜନ ସମାପ୍ତ କଲୁ । ପାଗ ବେଶ୍ ଅନୁକୂଳ । ତାପମାନ ୧୪ ଡିଗ୍ରୀ ସେଣ୍ଟିଗ୍ରେଡ୍ ।

ଅପରାହ୍ନ ୫.୪୦ ମିନିଟ୍‌ରେ ଆମ ଭାରତ ପ୍ରତ୍ୟାବର୍ତ୍ତନ ପାଇଁ ଏୟାର ଫ୍ରାନ୍ସ ବିମାନ ଉପରକୁ ଉଠିଲା । ବୋଷ୍ଟନ୍‌ରୁ ପ୍ୟାରିସ୍ ୭ ଘଣ୍ଟାର ଯାତ୍ରା । ପ୍ୟାରିସ୍ ବିମାନଘାଟିରେ ୪ ଘଣ୍ଟାର ରହଣୀ ଏବଂ ପ୍ୟାରିସ୍‌ରୁ ଦିଲ୍ଲୀ ୮ ଘଣ୍ଟାର ଯାତ୍ରା । ଟାଇମ୍ ଜୋନ୍‌ର ସେଇ ମଜାଦାର ଖେଳ । ୨୦ ତାରିଖ ରାତି ୧୦.୩୦ ମିନିଟ୍‌ରେ ଦିଲ୍ଲୀରେ ଅବତରଣ କଲୁ । ୨୧ ତାରିଖ ମଧ୍ୟାହ୍ନରେ (୧୧.୫୫ ମିନିଟ୍) ଭୁବନେଶ୍ୱର ବିମାନ ଘାଟିରେ ପହଞ୍ଚିବା ବେଳକୁ ଅବିଶ୍ରାନ୍ତ ବର୍ଷା । ଏହି ଲଘୁଚାପଜନିତ ବର୍ଷା ନଥିଲେ ବାହାରର ତାପମାନ ୪୦ ଡିଗ୍ରୀରୁ ଊର୍ଦ୍ଧ୍ୱରେ ଥାଆନ୍ତା । ଯାହାହେଉ, ଆମର ଏ ଅବିସ୍ମରଣୀୟ 'ବୋଷ୍ଟନ୍ ଯାତ୍ରା' ସୁରୁଖୁରୁରେ ସମାପ୍ତ ହେଲା ।

ଆମୋଦନଗରୀ ଅର୍ଲାଣ୍ଡୋ

୨୦୦୮ ମସିହାରେ ତିନି ସପ୍ତାହର ଭ୍ରମଣସୂଚୀ ପ୍ରସ୍ତୁତ ହେବା ପରେ ଜଣେ ଅନୁଭବୀ ବନ୍ଧୁ ଉପଦେଶ ଦେଇଥିଲେ 'ଅର୍ଲାଣ୍ଡୋ' ସହର ଭ୍ରମଣ ନକଲେ ଆମେରିକା ଭ୍ରମଣ ଅଧୁରା ରହିଯିବ । ଯୁବପିଢ଼ିଙ୍କ ପାଇଁ ଲାସ୍‌ଭେଗାସ୍ ଏବଂ ଆବାଳ-ବୃଦ୍ଧ-ବନିତା ସମସ୍ତଙ୍କ ପାଇଁ ଅର୍ଲାଣ୍ଡୋ ଭ୍ରମଣ ପ୍ରୀତିପ୍ରଦ । ତେବେ ଅର୍ଲାଣ୍ଡୋ ଶିକ୍ଷାପ୍ରଦ, ଜ୍ଞାନୋଦୀପକ ଆମୋଦପୂର୍ଣ୍ଣ ଭ୍ରମଣ ପାଇଁ ମଧ୍ୟ ପ୍ରସିଦ୍ଧ । ଯୁକ୍ତରାଷ୍ଟ୍ର ଆମେରିକାର ଦକ୍ଷିଣପୂର୍ବ କୋଣରେ ଫ୍ଲୋରିଡ଼ା ରାଜ୍ୟ । ଏହି ରାଜ୍ୟର ମଉଡ଼ମଣି ଅର୍ଲାଣ୍ଡୋ ସହର । ଯାହାହେଉ, ୨୦୧୦ ଜୁନ୍ ମାସରେ ଏହି ଆମୋଦ ଭ୍ରମଣର ସୁଯୋଗ ଜୁଟିଲା ।

ଫ୍ଲରିଡ଼ା ଆମେରିକାର ଚତୁର୍ଥ ଜନବହୁଳ ରାଜ୍ୟ । ପ୍ରଥମ ସ୍ଥାନ ଅଧିକାର କରିଛି କାଲିଫର୍ଣ୍ଣିଆ । ଦ୍ୱିତୀୟରେ ଟେକ୍ସାସ୍ ଏବଂ ତୃତୀୟରେ ନ୍ୟୁୟର୍କ ରାଜ୍ୟ । ଫ୍ଲରିଡ଼ାର ଜନସଂଖ୍ୟା ବର୍ତ୍ତମାନ ଏକ କୋଟି ସତୁରୀ ଲକ୍ଷରୁ ଅଧିକ। ଏହି ରାଜ୍ୟର ପ୍ରସିଦ୍ଧ ନଗରୀଗୁଡ଼ିକ ଭିତରେ ବିଳାସମୟୀ 'ମାୟାମୀ' ଏବଂ ଆମୋଦମୟୀ 'ଅର୍ଲାଣ୍ଡୋ' ଭ୍ରମଣକାରୀମାନଙ୍କର ବିଶେଷ ପସନ୍ଦର ଅଧିକାରିଣୀ।

ଫ୍ଲରିଡ଼ା ରାଜ୍ୟର କେନ୍ଦ୍ରାଞ୍ଚଳରେ ଏହି ସୁରମ୍ୟ ନଗରୀ ଅବସ୍ଥିତ। ୨୦୦୯ ମସିହାର ରିପୋର୍ଟ ଅନୁସାରେ ବୃହତ୍ତର ଅର୍ଲାଣ୍ଡୋର ଲୋକସଂଖ୍ୟା ୨୦ ଲକ୍ଷ ୮୨ ହଜାର ୪୨୧ । ତେବେ କେନ୍ଦ୍ରୀୟ ଅର୍ଲାଣ୍ଡୋ ସହରର ଜନସଂଖ୍ୟା ୧୨ ଲକ୍ଷରୁ ଅଧିକ। ୧୫୧୩ ମସିହାରେ ସ୍ପେନୀୟ ଓ ଇଂରେଜ୍ ଉପନିବେଶବାସୀଙ୍କ ମଧ୍ୟରେ ବାରମ୍ବାର ସଂଘର୍ଷ ପରେ ସ୍ପେନୀୟମାନଙ୍କ ହାତରେ ଏ ଅଞ୍ଚଳର ମାଲିକାନା ରହିଥିଲା। ୧୮୧୯ ମସିହାରେ ଯୁକ୍ତରାଷ୍ଟ୍ର ଆମେରିକା ହାତରେ ସ୍ପେନୀୟମାନେ ଫ୍ଲରିଡ଼ାକୁ ବିକ୍ରି କରିଦେଲେ। ୧୫୬୪ ମସିହାରେ ଫ୍ରେଞ୍ଚ୍ ନାବିକମାନେ କିଛି ଅଞ୍ଚଳରେ ନିଜର ଉପନିବେଶ ପ୍ରତିଷ୍ଠା କରିଥିଲେ। ତେବେ ଏହା ଅଳ୍ପକାଳ ସ୍ଥାୟୀ ରହିଥିଲା। ୧୮୭୫ ମସିହାରେ 'ଅର୍ଲାଣ୍ଡୋ'

ସହର ପ୍ରତିଷ୍ଠିତ ହେଲା। ୧୮୩୭ ମସିହାରେ ନିର୍ମିତ ଗ୍ୟାଟ୍‌ଲିନ୍ ଦୁର୍ଗ ନିକଟରେ ଅର୍ଲାଣ୍ଡୋ ଗଢ଼ି ଉଠିଥିଲା। ଉତ୍କୃଷ୍ଟ କମଳା, ବିସ୍ତର ଚାଷଜମି ଓ ଅସଂଖ୍ୟ ହ୍ରଦ ଯୋଗୁଁ ଏ ଅଞ୍ଚଳ ପ୍ରକୃତିପ୍ରେମୀ ଭ୍ରମଣକାରୀମାନଙ୍କୁ ଆକୃଷ୍ଟ କଲା। କେନ୍ଦ୍ରୀୟ ଫ୍ଲୋରିଡ଼ା ବିଶ୍ୱବିଦ୍ୟାଳୟ ପାଇଁ ଏ ସହର ମଧ୍ୟ ପ୍ରସିଦ୍ଧ । ତେବେ ସମୁଦ୍ର ଦୁନିଆ, ଡିସ୍‌ନିଲ୍ୟାଣ୍ଡ, ୟୁନିଭରସାଲ ଷ୍ଟୁଡ଼ିଓ ଏବଂ କେନେଡ଼ି ମହାକାଶଯାନ କେନ୍ଦ୍ର ଆକର୍ଷଣୀୟ ପର୍ଯ୍ୟଟନ କେନ୍ଦ୍ର। ଶିକ୍ଷାପ୍ରଦ ଭ୍ରମଣସ୍ଥଳୀ ହୋଇଥିବାରୁ କେବଳ ଆମେରିକୀୟ କାହିଁକି ପୃଥିବୀର କୋଣ-ଅନୁକୋଣରୁ ପର୍ଯ୍ୟଟକମାନେ ସପରିବାର ଆସିଥାଆନ୍ତି।

୨୪.୦୬.୧୦(ଗୁରୁବାର):

ସ୍ଥାନୀୟ ସମୟ ଭୋର ୫ଟା ବେଳେ କଣ୍ଟିନେଣ୍ଟାଲ୍ ଏୟାରଲାଇନ୍ସର ବୃହତ୍ ବିମାନଟି ଆମକୁ ନେଇ ନିୟୁଆର୍କ (Newark) ବିମାନ ବନ୍ଦରରେ ଅବତରଣ କଲା। ଗତରାତି ସ୍ଥାନୀୟ ସମୟ ୧୦.୫୦ ମିନିଟ୍‌ରେ ଆମେ ଦିଲ୍ଲୀ ଇନ୍ଦିରା ଗାନ୍ଧୀ ଅନ୍ତର୍ଜାତୀୟ ବିମାନ କେନ୍ଦ୍ର ଛାଡ଼ିଥିଲୁ। ନିରବଚ୍ଛିନ୍ନ ୧୪ଘଣ୍ଟା ୩୦ ମିନିଟ୍ ଯାତ୍ରା ପରେ ନ୍ୟୁୟର୍କ ଆକାଶରେ ପହଞ୍ଚିଲା ବେଳକୁ ସିନ୍ଦୁରା ଫାଟିନଥିଲା। ଏହାର କାରଣ, ଟାଇମ୍ ଜୋନ୍‌ର ଖେଳ ଯୋଗୁଁ ଆମକୁ ୯ଘଣ୍ଟା ୩୦ମିନିଟ୍ ଲାଭ ହୋଇଥିଲା। ଭାରତୀୟ ସମୟ ଠାରୁ ନ୍ୟୁୟର୍କ ସମୟ ପଛୁଆ। ୪୦ ହଜାର ଫୁଟ୍ ଉଚ୍ଚରେ ଉଡ଼ି ଉଡ଼ି ଏସିଆ, ୟୁରୋପ, ଆଟଲାଣ୍ଟିକ୍ ମହାସାଗରର ଆଇସ୍‌ଲ୍ୟାଣ୍ଡ, ଗ୍ରୀନ୍‌ଲ୍ୟାଣ୍ଡର ତଳଭାଗ ଦେଇ କାନାଡ଼ା ଆକାଶରୁ ନ୍ୟୁୟର୍କ ଆଡ଼କୁ ତଳକୁ ଆସିଲୁ। ଉତ୍ତର ଗୋଲାର୍ଦ୍ଧରେ ବର୍ତ୍ତମାନ ଛଅ ମାସିଆ ଦିନ ଚାଲିଥିବାରୁ ଉଡ଼ାଜାହାଜ ଝରକାରୁ ନିରବଚ୍ଛିନ୍ନ ଭାବରେ ଆଲୋକିତ ଆକାଶକୁ ଦେଖିପାରିଥିଲୁ, ଯଦିଓ ଘଣ୍ଟାରେ ଗଭୀର ରାତ୍ରିର ଆଭାସ ଥିଲା। କାନାଡ଼ା ଆକାଶରୁ ଯୁକ୍ତରାଷ୍ଟ୍ର ଆମେରିକା ଦିଗରେ ଦକ୍ଷିଣମୁହାଁ ହେଲା ବେଳକୁ ପୁଣି ରାତ୍ରୀ ମାଡ଼ି ଆସିଲା। ବ୍ୟସ୍ତତମ ନ୍ୟୁଆର୍କ ଉଡ଼ାଜାହାଜଘାଟୀରେ ସୁନ୍ଦର ଆଲୋକ ବ୍ୟବସ୍ଥା ଯୋଗୁଁ ଦିନରାତିର ଭେଦ ଭୁଲି ହୋଇଗଲା। ସକାଳ ୭.୪୦ ମିନିଟ୍‌ରେ ପରବର୍ତ୍ତୀ ଆଭ୍ୟନ୍ତରୀଣ (Domestic)ଉଡ଼ାଜାହାଜର ୩ଘଣ୍ଟାର ଯାତ୍ରା ପରେ ଅର୍ଲାଣ୍ଡୋରେ ପହଞ୍ଚିଲୁ। ସ୍ଥାନୀୟ ସମୟ ୧୦.୪୦ ମିନିଟ୍, ନ୍ୟୁୟର୍କ ସହିତ ସମାନ ଏବଂ ଭାରତଠାରୁ ୯ଘଣ୍ଟା ୩୦ ମିନିଟ୍ ପଛୁଆ। ଅର୍ଥାତ୍ ସେତିକି ବେଳକୁ ଭାରତୀୟ ସମୟ ରାତି ୮ଘଣ୍ଟା ୧୦ମିନିଟ୍। ଦୀର୍ଘ ବିମାନଯାତ୍ରାର କ୍ଳାନ୍ତି ବିନୋଦନ ପାଇଁ ହୋଟେଲରେ ବିଶ୍ରାମ ନେଲୁ। ସିଏଟଲ୍ ସ୍ଥିତ ତାରକନାଥ ଏବଂ ହଷ୍ଟନ୍‌ସ୍ଥିତ ଭଣଜା ଏକାଂଶ ସହିତ ଫୋନ୍‌ରେ ବାର୍ତ୍ତାଳାପ ପରେ ଆଶ୍ୱସ୍ତ ଲାଗିଲା ଏବଂ ପରବର୍ତ୍ତୀ ଦିନର ଭ୍ରମଣସୂଚୀ ଶୁଣି ସେମାନେ କିଛି ମୂଲ୍ୟବାନ୍ ଉପଦେଶ ଦେଲେ।

୨୫.୦୬.୨୦୧୦(ଶୁକ୍ରବାର):

ଭୋର ୫ଟା ବେଳେ ଶଯ୍ୟାତ୍ୟାଗ କଲା ବେଳକୁ ରାତ୍ରିର ନୀରବତା ଚତୁର୍ଦ୍ଦିଗରେ ଛାଇ ଯାଇଥିବାର ବିଶାଳ କାଚ ଝରକାର ପରଦା ଆଡ଼େଇ ଦେଖିଲି। ବିମାନଘାଟୀରୁ ସଂଗ୍ରହ କରିଥିବା ଭ୍ରମଣପୁସ୍ତିକା ଏବଂ ମାନଚିତ୍ରଟି ଉପରେ ଆଖି ବୁଲାଉ ବୁଲାଉ ଠିକ୍ ୬ଘଣ୍ଟା ୨୦ ମିନିଟରେ ସୂର୍ଯ୍ୟୋଦୟର ଶୋଭା ଦର୍ଶନ କଲି। ଅର୍ଲାଣ୍ଡୋର ଏହି ଅଞ୍ଚଳଟି ଜନବିରଳ, ଅର୍ଥାତ୍ ଜନାକୀର୍ଣ୍ଣ ଅଞ୍ଚଳର କୋଳାହଳ ଠାରୁ ଦୂରରେ ବୋଲି ମୁଁ ମାନଚିତ୍ରରୁ ଜାଣିଲି। ବିମାନଘାଟୀରୁ ହୋଟେଲରେ ପହଞ୍ଚିବା ପର୍ଯ୍ୟନ୍ତ ଓସାରିଆ ପକ୍କା ରାସ୍ତା, କଅଁଳ ଘାସର ସବୁଜିମା, ପୁଷ୍ପବାଟିକା ଦେଖିବାକୁ ମିଳୁଥାଏ। କିଛି କିଛି ଦୂରତା ଭିତରେ ସୁଦୃଶ୍ୟ ହୋଟେଲ୍ ଏବଂ ରାସ୍ତାରେ ଦାମୀ କାର୍‌ମାନଙ୍କର ଗମନାଗମନ। ପାଦଚଲା ରାସ୍ତା ଉପରେ କାଁ ଭାଁ ପୁରୁଷ କିମ୍ବା ସ୍ତ୍ରୀଟିଏ ଦେଖାଯାଉଥାନ୍ତି। ଶବ୍ଦପ୍ରଦୂଷଣମୁକ୍ତ ପରିବେଶ ବେଶ୍ ମନଛୁଆଁ। ଝରକାର ଫାଙ୍କରୁ ଦେଖିଲି ରାସ୍ତାରେ ଯାନବାହାନ ଚଳାଚଳ ବିଶେଷ ଆରମ୍ଭ ହୋଇନି। ପ୍ରକୃତିକୋଳରେ ଅଲିଅଳ ରାଜଜେମା ଭଳି 'ଅର୍ଲାଣ୍ଡୋ' ଯେମିତି ଶୋଇ ରହିଛି। ପ୍ରାତଃହାର ପରେ ଠିକ୍ ୯ଟା ବେଳେ ଆମେ ବାହାରିଲୁ 'ସମୁଦ୍ର ଜଗତ' ଭ୍ରମଣ ପାଇଁ। ଆମେରିକାବାସୀ ଜ୍ଞାନୋଦ୍ଦୀପକ ଭ୍ରମଣ, ମନୋରଂଜନ ଓ ମଉଜ ମଜଲିସ୍ ପାଇଁ 'ଅର୍ଲାଣ୍ଡୋ'କୁ ଗଢ଼ି ତୋଳିଛନ୍ତି। ଭ୍ରମଣପୁସ୍ତିକାରୁ ସମୁଦ୍ର ଜଗତର ବର୍ଣ୍ଣନା ପଢୁ ପଢୁ ବିହ୍ୱଳିତ ହୋଇଗଲି। ସ୍ଥଳଭାଗର ମଣିଷ ପାଇଁ ସମୁଦ୍ର ସବୁବେଳେ ଏକ ରହସ୍ୟମୟ ଇଲାକା। ଏହି ରହସ୍ୟକୁ ଭେଦ କରି ସାମୁଦ୍ରିକ ଜୀବ ଏବଂ କୋରାଲ, ପୋହଳା, ବୃକ୍ଷରାଜି, ଅସଂଖ୍ୟ ହ୍ରଦ ଓ ବୃକ୍ଷରାଜି ପରିବେଷ୍ଟିତ ବିରାଟ ସମତଳ ଅଞ୍ଚଳରେ ସୁଦୃଶ୍ୟ ପ୍ରଦର୍ଶନୀର ଆୟୋଜନ।

ସମୁଦ୍ର ଜଗତ(Sea World) :

୯ଟା ୧୫ ମିନିଟରେ ଆମ ବସ୍ ସମୁଦ୍ର ଜଗତ (Sea World) ଅଭିମୁଖେ ଛାଡ଼ିଲା। ମାତ୍ର ୧୫ ମିନିଟ୍ ଯାତ୍ରା ପରେ ଗନ୍ତବ୍ୟସ୍ଥଳରେ ପହଞ୍ଚି କମ୍ପ୍ୟୁଟର ପରିଚାଳିତ ଆଗମନକକ୍ଷରେ ପହଞ୍ଚିଲୁ। ଜନଗହଳିକୁ ଆଖିରେ ରଖି ଗୋଟିଏ ଧାଡ଼ିରେ ଆଠ ଗୋଟି ପ୍ରବେଶ ଦ୍ୱାର। ଶୃଙ୍ଖଳିତ ଭାବରେ ଟିକେଟକୁ କମ୍ପ୍ୟୁଟରରେ ଯାଞ୍ଚ କରାଇ ପ୍ରବେଶ କଲୁ। ପ୍ରବେଶ ପୂର୍ବରୁ ସଚିତ୍ର ବିବରଣୀ ଥିବା ପୁସ୍ତିକା ସଂଗ୍ରହ କରିଥିଲି। ସମୁଦ୍ରଜଗତର ରହସ୍ୟ ଭେଦ କରିବା ପାଇଁ ଅନେକ ଦର୍ଶନୀୟ ଜିନିଷ ୨୦୦ ଏକର ପରିମିତ ଅଞ୍ଚଳରେ ବ୍ୟାପି ରହିଛି। ୧୯୭୩ ମସିହାରେ ଏହା ଉଦ୍‌ଘାଟିତ ହୋଇଥିଲା। ୧୯୬୪ ମସିହାରେ କାଲିଫର୍ଣ୍ଣିଆର ସାନ ଡିଏଗୋଠାରେ ୧୮୯ ଏକର ଜମିରେ ପ୍ରଥମ 'ସମୁଦ୍ର ଜଗତ' ସ୍ଥାପିତ ହୋଇଥିଲା। ବିଖ୍ୟାତ ବ୍ଲାକ୍‌ଷ୍ଟୋନ୍ କମ୍ପାନୀର Sea World Packs and

Entertainment ବିଭାଗ ଦ୍ୱାରା ଏହା ପ୍ରତିଷ୍ଠିତ ଏବଂ ପରିଚାଳିତ। ୧୯୮୮ ମସିହାରେ ଟେକ୍ସାସ ରାଜ୍ୟର ସାନ୍‌ଆଣ୍ଟୋନିଓ ସହରରେ ୨୫୦ ଏକର ଜମିରେ ତୃତୀୟ ସମୁଦ୍ର ଜଗତ ପ୍ରତିଷ୍ଠିତ ହୋଇଛି। ତେବେ ଆମେ ପହଞ୍ଚିଥିବା Sea World ପାର୍କରେ ପରିଭ୍ରମଣକାରୀଙ୍କ ସଂଖ୍ୟା ସର୍ବାଧିକ। ୨୦୦୯ ମସିହାରେ ୫୮ ଲକ୍ଷରୁ ଅଧିକ ଦର୍ଶକ ଏହାକୁ ଉପଭୋଗ କରିଥିଲେ। ବିବରଣୀ ପୁସ୍ତିକାରୁ ବିଶେଷ ଦର୍ଶନୀୟ ନିମ୍ନୋକ୍ତ ବିଭାଗ ଉପରେ ଆଖି ବୁଲାଇ ନେଲି।

୧. ପୋଷା ମାନିଥିବା ଦୁର୍ଦ୍ଦାନ୍ତ ତିମିମାଛ (Orcinus orcal)
୨. ଡଲଫିନ୍ ଖେଳ
୩. ମ୍ୟାନାଟି (ଏକପ୍ରକାର ସ୍ତନ୍ୟପାୟୀ ମାଛ)
୪. ସିଲ୍ ଏବଂ ସମୁଦ୍ର ସିଂହ
୫. ୱାଲରସ୍
୬. ପାଣି-ଓଧ (Otter)
୭. ବରଫ ମଣ୍ଡଳର ଧଳା ଭାଲୁ
୮. ଶାର୍କ ଏବଂ ସାଙ୍କୁଶ ମାଛ
୯. ପେଙ୍ଗୁଇନ୍ ପକ୍ଷୀ
୧୦. ସମୁଦ୍ର କଇଁଛ
୧୧. ବିଚିତ୍ର ସାମୁଦ୍ରିକ ପକ୍ଷୀ ଓ ମତ୍ସ୍ୟ

ପ୍ରାକୃତିକ ସାମୁଦ୍ରିକ ସଂଗ୍ରହାଳୟଟିକୁ ସନ୍ତୋଷଜନକ ଭାବରେ ବୁଲି ଜ୍ଞାନ ଆହରଣ କରିବାକୁ ଦୁଇରୁ ତିନିଦିନ ସମୟ ଦରକାର। ତେବେ ଦର୍ଶକ ହିସାବରେ କୌତୁହଳ ଦମନ କରିବାକୁ ଅନେକ ଗୋଟିଏ ଦିନର କାର୍ଯ୍ୟକ୍ରମ ରଖିଥାନ୍ତି। ଆମ ହାତରେ ସମୟମାତ୍ର ତିନି ଘଣ୍ଟା, କାରଣ ଅପରାହ୍ଣରେ ସମ୍ମିଳନୀର ଉଦ୍‌ଘାଟନ ପାଇଁ ଯିବାକୁ ହେବ। ଯାହାହେଉ, ପୋଷା ଡଲଫିନ୍‌ମାନଙ୍କର ଅଦ୍‌ଭୁତ ଖେଳ, ସେମାନଙ୍କୁ ଲାଳନପାଳନ କରିବାର କ୍ଷେତ୍ର, ସମୁଦ୍ର କଇଁଛ, ସାର୍କ ଓ ସାଙ୍କୁଶମାଛ, ବିଭିନ୍ନ ସାମୁଦ୍ରିକ ପକ୍ଷୀ ଇତ୍ୟାଦିର ଦୃଶ୍ୟ ଉପଭୋଗ ପରେ 'ଶାମୁ' ନାମକ ଶିକାରୀ ତିମିର ଜଳକ୍ରୀଡ଼ା କ୍ଷେତ୍ର ତଥା ଷ୍ଟାଡିୟମ ଅଞ୍ଚଳକୁ ଗଲୁ। ୨୨ ଫୁଟ୍ ଦୀର୍ଘ ଦୁର୍ଦ୍ଦାନ୍ତ ତିମିର ଅଧଘଣ୍ଟିଆ ଖେଳ ୧୨.୩୦, ୨.୩୦ ୫.୩୦, ଏବଂ ୯.୩୦ ମିନିଟରେ ଦେଖିବାକୁ ମିଳିବ। ସମୟ ଅଭାବରୁ ତା' ବିଷୟରେ ତଥ୍ୟ ସଂଗ୍ରହ କରି ଏବଂ ଡିଭିଡିଟିଏ କିଣି ଫେରିବାକୁ ବାଧ ହେଲି। ଏହା ସହିତ ଦୁଇଟି ବୃହତ୍ ରୋଲର୍ କୋଷ୍ଟର ଏବଂ ସୁଉଚ୍ଚ ଦର୍ଶନସ୍ତମ୍ଭରେ ଚଢ଼ି ଯୁବପୀଢ଼ି ଆନନ୍ଦ ନେବାର ସୁବନ୍ଦୋବସ୍ତ ରହିଛି। ଆମେରିକୀୟ ତଥା ବିଦେଶାଗତ

ପରିଦର୍ଶକମାନେ 'ସମୁଦ୍ରଜଗତ'ର ଆନନ୍ଦ ଲାଭ କରିବା ପାଇଁ ଏହା ଏକ ଉପଯୁକ୍ତ ସ୍ଥାନ ଭଳି ଅନୁଭବ ହେଲା।

ଗୋଟାଏ ବେଳେ ସମୁଦ୍ରଜଗତରୁ ଫେରି ଭାରତୀୟ ରେଷ୍ଟୁରାଣ୍ଟରେ ମଧ୍ୟାହ୍ନଭୋଜନ ପରେ ଅନ୍ତର୍ଜାତୀୟ ସମ୍ମିଳନୀ କକ୍ଷରେ ପ୍ରବେଶ କଲୁ। ପୂର୍ବରୁ ଇଣ୍ଟରନେଟ୍ ଯୋଗୁଁ ପଞ୍ଜିକରଣ (Registration)କରାଇଥିବାରୁ ସମୟ ଅପଚୟ ନହୋଇ ଆମର କିଟ୍‌ବ୍ୟାଗ, ବୈଜ୍ଞାନିକ ସଂପାନ ଗୁଡ଼ିକର ସମୟସୂଚୀ ଏବଂ ଅନ୍ୟ ଆନୁସଙ୍ଗିକ ବସ୍ତୁମାନ ମିଳିଗଲା। ଚାରୋଟି ବୈଜ୍ଞାନିକ ସଂପାନରେ ଅଂଶଗ୍ରହଣ କରିବା ପରେ ସନ୍ଧ୍ୟା ୮ଟା ବେଳକୁ ହୋଟେଲ୍ ପ୍ରକୋଷ୍ଟକୁ ଫେରି ଆସିଲୁ। ୮ଘଣ୍ଟା ୩୦ ମିନିଟରେ ସୂର୍ଯ୍ୟାସ୍ତ। ତା'ପରେ ରାତ୍ରିଭୋଜନ ପରେ ଦିନର ବିବରଣୀ ଲେଖି ଶଯ୍ୟା ଗ୍ରହଣ କଲି।

୨୬.୦୬.୧୦(ଶନିବାର) :

ସମ୍ମିଳନୀର କାର୍ଯ୍ୟସୂଚୀ ଅନୁସାରେ ଆମେ ଆଗ୍ରହୀ ଥିବା ସଂପାନଗୁଡ଼ିକ ପୂର୍ବାହ୍ନରେ ହିଁ ରହିଥିଲା। ଠିକ୍ ୮ଟା ବେଳେ ପହଞ୍ଚି ୧.୩୦ ମିନିଟ୍ ପର୍ଯ୍ୟନ୍ତ ସଂଦର୍ଭ ଶୁଣିବା ସହିତ ପ୍ରଦର୍ଶନୀଗୃହରେ ମଧୁମେହ ଚିକିତ୍ସାବିଜ୍ଞାନର ଅନେକ ନୂତନ ତଥ୍ୟ ଅବଗତ ହେଲୁ। ସୁସ୍ୱାଦୁ ଏସିଆନ ଖାଦ୍ୟ ଖାଇବା ପାଇଁ କୁପନ ମିଳିଥାଏ। ସେଠାରେ ହିଁ ମଧ୍ୟାହ୍ନଭୋଜନ ସାରି ଏପ୍‌କଟ୍ ସେଣ୍ଟର (Epcot Centre) ଭ୍ରମଣ ଉଦ୍ଦେଶ୍ୟରେ ବାହାରିଲୁ। ପୃଥିବୀର ମନୋରଞ୍ଜନ ଜଗତର ବୃହତ୍ତମ ଓ ଶ୍ରେଷ୍ଠତମ କୃତି 'ୱାଲ୍ଟ ଡିସ୍‌ନୀ ୱାଲର୍ଡ ରିସୋର୍ଟ'ର ଏକ ଅଂଶ ହେଉଛି ଏପ୍‌କଟ୍ କେନ୍ଦ୍ର। 'ଭବିଷ୍ୟ ବିଶ୍ୱ' (Future World) (ଚିତ୍ର- ୨୩) ସଂପର୍କରେ ପ୍ରତ୍ୟକ୍ଷ ଜ୍ଞାନ ପାଇଁ ଏହା ନିର୍ମିତ। ୱାଲ୍ଟ ଡିସନୀ ୨୫୦୦୦ ଏକର ଜମିରେ ଯେଉଁ ମନୋରଞ୍ଜନ ପାର୍କ ନିର୍ମାଣ କରିଛନ୍ତି ତା'ର ଇତିହାସ କିଛି ଦିନ ତଳେ ପଢ଼ିଥିଲି। ୧୯୫୫ ମସିହାରେ କାଲିଫର୍ଣ୍ଣିଆ ରାଜ୍ୟର ଲସ୍‌ଏଞ୍ଜେଲସ୍ ସହର ସନ୍ନିକଟ ଆନାହିମ (Anaheim) ଠାରେ ସେ ପ୍ରଥମ 'ଡିସନୀଲ୍ୟାଣ୍ଡ' ପ୍ରତିଷ୍ଠା କରିଥିଲେ। ସେ ପରିସଂଖ୍ୟାନରୁ ଜାଣିଲେ ଯେ ଶତକଡ଼ା ୭୫ ଭାଗରୁ ଅଧିକ ଦର୍ଶକ ଆମେରିକାର ଦକ୍ଷିଣ ପୂର୍ବ ଅଞ୍ଚଳରୁ ସେଠାକୁ ଯାଇଛନ୍ତି। ତେଣୁ ଏହି ଅଞ୍ଚଳରେ ଅଧିକ ଜମି ଅଧିଗ୍ରହଣ କରି ନୂତନ ଜ୍ଞାନକୌଶଳ ବ୍ୟବହାର ଦ୍ୱାରା ବୃହତ୍ତର ମନୋରଞ୍ଜନ ପାର୍କଟିଏ ପ୍ରତିଷ୍ଠାର ସ୍ୱପ୍ନ ତାଙ୍କୁ ଆକୃଷ୍ଟ କଲା। ଦୁଇବର୍ଷ ପର୍ଯ୍ୟବେକ୍ଷଣ ପରେ ଅର୍ଲାଣ୍ଡୋର ଦକ୍ଷିଣ ପଶ୍ଚିମ ଦିଗରେ ୩୪କି.ମି ଦୂରରେ ହ୍ରଦ ଓ ସମତଳ ଜମି ପରିବେଷ୍ଟିତ ୩୦ ହଜାର ଏକର ବିଶିଷ୍ଟ ଅଞ୍ଚଳଟିକୁ କିଣିନେଲେ। ଏହି ବୃହତ୍ ଅଞ୍ଚଳଟି ସାନ୍ ଫ୍ରାନ୍‌ସିସ୍‌କୋ ସହରର କ୍ଷେତ୍ରଫଳ ସହିତ ସମାନ। (୧୨୦ ବର୍ଗ କିଲୋମିଟର) ଏବଂ ନ୍ୟୁୟର୍କର ମ୍ୟାନ୍‌ହାଟାନ୍ ଭୂଖଣ୍ଡର ଦୁଇଗୁଣ ଆକାରର। ୧୯୬୫

ମସିହାରେ ଏହି ବିରାଟ ଯୋଜନା ସଂପର୍କରେ ଘୋଷଣା କରାଗଲା ଏବଂ ଯୁଦ୍ଧକାଳୀନ ଭିତ୍ତିରେ କାର୍ଯ୍ୟାରମ୍ଭ ହେଲା। ତେବେ ୧୫.୧୨.୧୯୬୬ ତାରିଖ ଦିନ ୱାଲ୍ଟ ଡିସନୀ ଶରୀର ତ୍ୟାଗ କରିବା ଫଳରେ ତାଙ୍କ ଭାଇ ରୟ.ଓ.ଡିସ୍‌ନୀ ଏହି ବିରାଟ ଯୋଜନାର ନେତୃତ୍ୱ ନେଲେ। ୧୯୭୧ ମସିହା ଅକ୍ଟୋବର ଏକ ତାରିଖ ଦିନ ଶିଶୁମନୋରଞ୍ଜନର ଅଗ୍ରଧାର 'ମ୍ୟାଜିକ୍ କିଙ୍ଗ୍‌ଡମ୍' ଉଦ୍‌ଘାଟିତ ହେଲା। ଏହାର ଦୁଇ ମାସ ୨୦ ଦିନ ପରେ ୨୦.୧୨.୭୧ ତାରିଖ ଦିନ ରୟ.ଓ.ଡିସନୀ ଇହଲୀଳା ସମ୍ବରଣ କଲେ। ଯାହାହେଉ, ଦୃଢ଼ ଭିତ୍ତିଭୂମୀ ଉପରେ ପ୍ରତିଷ୍ଠିତ 'ୱାଲଟ୍ ଡିସନୀ ୱାର୍ଲଡ ରିସୋର୍ଟ' କମ୍ପାନୀ ଲକ୍ଷ୍ୟ ପଥରେ ଆଗେଇ ଚାଲିଲେ। ୧୯୮୦ ମସିହାରେ ବିଶ୍ୱ ସମ୍ମିଳନୀ କେନ୍ଦ୍ର ଏବଂ ୧୯୮୨ ମସିହାରେ 'ଏପ୍‌କଟ୍ କେନ୍ଦ୍ର' ଉଦ୍‌ଘାଟିତ ହେଲା। ୧୯୮୮ ମସିହାରେ ହଲିଉଡ୍ ଷ୍ଟୁଡ଼ିଓ (ପୂର୍ବନାମ ଡିସନି ଏମ୍.ଜି.ଏମ.ଷ୍ଟୁଡ଼ିଓ) ଏବଂ ୧୯୯୮ ମସିହାରେ 'ଡିସ୍‌ନୀସ୍ ଆନିମଲ୍ କିଙ୍ଗଡମ୍' ଜନସାଧାରଣ ପାଇଁ ଉତ୍ସର୍ଗୀକୃତ ହେଲା। ଏହି ବିଶାଳ ମନୋରଞ୍ଜନନଗରୀରେ ଯାହା ଦେଖିବାକୁ ମିଳେ ନିମ୍ନୋକ୍ତ ତାଲିକାରୁ ସ୍ପଷ୍ଟ ହେବ।

୧. ଥିମ୍ ପାର୍କ (Theme Park)
   - କ. ମ୍ୟାଜିକ୍ କିଙ୍ଗଡମ୍ (୧୯୭୧)
   - ଖ. ଏପ୍‌କଟ୍ ସ୍ପେସ୍‌ସିପ୍ ଆର୍ଥ (୧୯୮୨)
   - ଗ. ଡିସ୍‌ନୀସ୍ ହଲିଉଡ଼ ଷ୍ଟୁଡ଼ିଓ (୧୯୮୮)
   - ଘ. ଡିସ୍‌ମିସ୍ ଆନିମଲ୍ କିଙ୍ଗଡମ୍ (୧୯୯୮)

୨. ଜଳକ୍ରୀଡ଼ା କ୍ଷେତ୍ର
   - କ. ଟାଇଫୁନ୍ ଲାଗୁନ୍ (Typhoon Lagoon)
   - ଖ. ବ୍ଲିଜାର୍ଡ଼ ବିଚ୍ (Blizzard Beach)

୩. ଅନ୍ୟାନ୍ୟ ଆକର୍ଷଣ
   - କ. ଡାଉନ୍ ଟାଉନ୍ ଡିସ୍‌ନୀ (Dowtown Disney)
   - ଖ. ଡିସ୍‌ନୀସ୍ ବୋର୍ଡ଼ ୱାର୍କ୍ (Disneys Board Walk)
   - ଗ. ଡିସ୍‌ନି ବିବାହ ମଣ୍ଡପ (Disneys Wedding pavilion)
   - ଘ. ଇଏସ୍‌ପିଏନ୍ ବିଶ୍ୱ କ୍ରୀଡ଼ାଙ୍ଗନ (ESPN wide world of sports complex)
   - ଙ. ୱାଲଟ୍ ଡ଼ିସ୍‌ନୀ ୱାଲର୍ଡ଼ ସ୍ପିଡ୍‌ୱେ (Walt Disney world speedway)

୪. ଗଲଫ୍ କୋର୍ସ

   ଗଲଫ୍ ଖେଳ ପାଇଁ ୫ଟି ବିସ୍ତୃତ ସବୁଜିମାମୟ ଅଞ୍ଚଳ।

୫. ପ୍ରାକୃତିକ ପରିବେଶରେ ଆବାସସ୍ଥଳୀ (Resort)

ଉଚ୍ଚ ଆୟକାରୀଙ୍କ ପାଇଁ ୮ଟି, ମଧ୍ୟବିତ୍ତଙ୍କ ପାଇଁ ୪ଟି ଏବଂ ସାଧାରଣ ବର୍ଗଙ୍କ ପାଇଁ ୫ଟି ହୋଟେଲ୍ ରହିଛି ଯାହା ଭିତରେ ବର୍ଷସାରା ଭିଡ଼ ଲାଗିଥାଏ।

୨୦୦୭ ମସିହାରେ କୋଟିଏ ସତୁରୀ ଲକ୍ଷ ଦର୍ଶକ ମ୍ୟାଜିକ୍ କିଙ୍ଗଡ଼ମ୍, କୋଟିଏ ୯ଲକ୍ଷ ଏପ୍‌କଟ୍ କେନ୍ଦ୍ର, ୯୫ ଲକ୍ଷ ହଲିଉଡ୍ ଷ୍ଟୁଡ଼ିଓ ଏବଂ ୯୪ ଲକ୍ଷରୁ ଅଧିକ ଦର୍ଶକ ଆନିମଲ୍ କିଙ୍ଗଡ଼ମ୍ ପରିଦର୍ଶନ କରିଥିବା ପରିସଂଖ୍ୟାନରୁ ଜଣାଯାଏ। ସୁପରିଚାଳନା ଯୋଗୁଁ ଏହି ସଂସ୍ଥା ଉତ୍ତରୋତ୍ତର ଉନ୍ନତି କରି ଚାଲିଛି। ୧୯୭୧ ମସିହାରେ ୫୫୦୦ ବ୍ୟକ୍ତିଙ୍କୁ ଏହା କର୍ମସଂସ୍ଥାନ ଯୋଗାଇଥିବା ବେଳେ ବର୍ତ୍ତମାନ କର୍ମଚାରୀଙ୍କ ସଂଖ୍ୟା ହେଉଛି ୬୬୦୦୦ରୁ ଅଧିକ।

କେବଳ ଆମେରିକା ନୁହେଁ, ବିଶ୍ୱର କୋଣ ଅନୁକୋଣରୁ ଆବାଳ ବୃଦ୍ଧ ବନିତା 'ଡ଼ିସ୍‌ନୀ ଜଗତ'ର ମନୋରଞ୍ଜନରେ ଭାଗ ନେବାକୁ ଆସିଥାନ୍ତି। ସମୟର ସ୍ୱଳ୍ପତା ଦୃଷ୍ଟିରୁ ଆମର ଲକ୍ଷ୍ୟସ୍ଥଳ ଥିଲା କେବଳ 'ଏପ୍‌କଟ୍'। ବସ୍ ଡ୍ରାଇଭର୍ ତଥା ଗାଇଡ୍ ସୂଚାଇ ଦେଲେ 'ଏପ୍‌କଟ୍'ର ତିନୋଟି ମୁଖ୍ୟ ଅଂଶ ଦର୍ଶନୀୟ।

୧. ଭବିଷ୍ୟତ ଦୁନିଆ- ପୂର୍ବଭାଗ

୨. ଭବିଷ୍ୟତ ଦୁନିଆ- ପଶ୍ଚିମ ଭାଗ

୩. ବିଶ୍ୱ ପ୍ରଦର୍ଶନୀ ମଣ୍ଡପ (World show case)

ଟିକଟ୍ ଆଗରୁ କିଣା ସରିଥାଏ। କମ୍ପ୍ୟୁଟର ଚାଳିତ ପ୍ରବେଶ ଅର୍ଗଳୀ ଦେଇ ଗଲା ବେଳେ ସୁଦୃଶ୍ୟ ବିବରଣୀ ପୁସ୍ତିକା ହସ୍ତଗତ କଲୁ। ଗାଇଡ୍‌ଙ୍କ ପରାମର୍ଶ ଅନୁସାରେ ପ୍ରତ୍ୟେକ ଭାଗ ପାଇଁ ନବେ ମିନିଟ୍ ଲେଖାଏଁ ଖର୍ଚ୍ଚ କରି ଆମେ ଯୋଜନାବଦ୍ଧ ଭାବରେ ଦର୍ଶନକ୍ଷୁଧା ନିବାରଣ କରିବା ପାଇଁ ସ୍ଥିର କଲୁ।

ଭବିଷ୍ୟତ ଦୁନିଆ-ପୂର୍ବଭାଗ :

ଏପ୍‌କଟ୍ ସେଣ୍ଟରର ପ୍ରତୀକ ଭାବରେ ବିରାଟ ଗୋଲକଟିଏ ଦର୍ଶାଯାଏ। ପ୍ରବେଶ ପରେ ସେହି ଗୋଲକ ଦିଗରେ ଅଗ୍ରସର ହେଲୁ। ବିରାଟ ଫଳକରେ ଲେଖା ଯାଇଛି 'Spaceship Earth'। ଭବିଷ୍ୟତ ଦୁନିଆର ଏହା ପ୍ରତିଫଳନ। ଅନେକ ଛାତ୍ରଛାତ୍ରୀ, ଯୁବକ, ବୃଦ୍ଧ ଓ ସପରିବାର ଆସିଥିବା ପତି-ପତ୍ନୀ ଏବଂ ସନ୍ତାନମାନେ ଯେଉଁ ଧାଡ଼ିରେ ଅପେକ୍ଷା କରିଥିଲେ, ଆମେ ସେ ଧାଡ଼ିରେ ଅପେକ୍ଷା କଲୁ। ପ୍ରବେଶ କରିବା ପରେ ସୁଦୃଶ୍ୟ ଉନ୍ମୁକ୍ତ ରେଳଡ଼ବା ଭିତରେ ଆସନ ଗ୍ରହଣ କଲୁ। ଗାଡ଼ିଟି ମନ୍ଥର ଗତିରେ ଅଗ୍ରସର ହେଲା। ହଠାତ୍ ଭୀଷଣ ବର୍ଷା ହେବାର ଅନୁଭବ ହେଲା। ଉଭୟ ପାର୍ଶ୍ୱରେ ଅରଣ୍ୟ, ପର୍ବତ ଏବଂ ଛାଡ଼ି ଛାଡ଼ି ରହିଥିବା ବାସଗୃହମାନ ଦେଖାଗଲା। ଘୋଷଣା କରାଗଲା, ବିଷୁବମଣ୍ଡଳୀୟ ଜନବସତିପୂର୍ଣ୍ଣ

ଅଞ୍ଚଳର ଅନୁଭବ ନିଅନ୍ତୁ। ବର୍ଷା ବଢ଼ି ଚାଲିଲା। ପାହାଡ଼ ଉପରୁ ଜଳପ୍ରପାତରେ ପ୍ରଚୁର ଜଳରାଶି ନିପତିତ ହେଉଥାଏ। ଚତୁର୍ଦ୍ଦିଗରେ ସବୁଜିମାମୟ ବୃକ୍ଷରାଜି। ଏହି ଅଂଶଟି ଅତିକ୍ରମ କଲାପରେ ଶୁଷ୍କ ମରୁଭୂମିରେ ପ୍ରବେଶ କଲୁ। ପୃଥିବୀରେ କେଉଁ କେଉଁ ଅଞ୍ଚଳରେ ମରୁଭୂମି ପରିବ୍ୟାପ୍ତ ତାହା ଘୋଷିତ ହେଲା। ଦିଗନ୍ତବିସ୍ତାରୀ ମରୁବାଲି। ଜନତାର ଚିହ୍ନବର୍ଣ୍ଣ ନାହିଁ। ଦୂରରେ ଭାରବାହୀ ଓଟମାନେ ଚାଲିଛନ୍ତି। ତା'ପରେ ଦୃଶ୍ୟମାନ ହେଲା ସମୁଦ୍ର ଭିତରେ ଟାପୁ। ମଣିଷ ଜାତିର ଜୀବନ ଓ ଜୀବିକା ପାଇଁ ସମୁଦ୍ର କିପରି ସହାୟକ ତାହା ପ୍ରଦର୍ଶିତ ହେଲା। ପରବର୍ତ୍ତୀ ଦୃଶ୍ୟ ଥିଲା ଆଦିମାନବ। ବଣଜଙ୍ଗଲରେ ବୁଲି ଆଦିମାନବ କିପରି ଫଳମୂଳ ସଂଗ୍ରହ ଓ ଶିକାର କରି ଜୀବନ ଯାପନ କରୁଥିଲା ପ୍ରାକୃତିକ ଭାବରେ ଦୃଶ୍ୟମାନ ହେଲା। ତା'ପରେ ଘୋଷଣା କରାଗଲା - ମାନବ ସଭ୍ୟତାର ଅଭିବୃଦ୍ଧି। ମିଶରୀୟ ସଭ୍ୟତା, ଗ୍ରୀକ୍ ଓ ରୋମାନ୍ ସଭ୍ୟତାର ଦୃଶ୍ୟରେ ପିରାମିଡ଼୍, ପ୍ରାଚୀନ ମନ୍ଦିର ଗୁଡ଼ିକର ଧ୍ୱଂସାବଶେଷ ଓ ବିଭିନ୍ନ କୀର୍ତ୍ତିରାଜିର ସୁଦୃଶ୍ୟ ପ୍ରତିକୃତି ବେଶ୍ ମନଛୁଆଁ ହୋଇଥିଲା। ତେବେ ମେସୋପଟାମିଆ, ଭାରତ ଓ ଚୀନ୍‌ର ପ୍ରାଚୀନ ସଭ୍ୟତା ଏଥିରୁ ବାଦ୍ ପଡ଼ିଥିଲା। ଏହାପରେ ପ୍ରଦର୍ଶିତ ହେଲା 'ଆଧୁନିକ ବିଜ୍ଞାନର ଘୋଷଯାତ୍ରା'। ଜର୍ମାନୀରେ ନିର୍ମିତ ପ୍ରଥମ ପ୍ରିଣ୍ଟିଂ ପ୍ରେସ୍ ସହିତ କାର୍ଯ୍ୟରତ କର୍ମଚାରୀ, ପ୍ରଥମ ଛାପା ବାଇବେଲ୍‌ର ପୃଷ୍ଠା ଇତ୍ୟାଦି ରୁଚିପୂର୍ଣ୍ଣ ଭାବରେ ପ୍ରଦର୍ଶିତ ହୋଇଥିଲା।

ଏହାପରେ ଦର୍ଶନ ବିଜ୍ଞାନ, ରସାୟନ ବିଜ୍ଞାନ, ଉଦ୍ଭିଦ ଓ ପ୍ରାଣୀ ବିଜ୍ଞାନର କିପରି ଅଭିବୃଦ୍ଧି ଘଟିଲା ଜ୍ଞାନୋଦ୍ଦୀପକ ଭାବରେ ପ୍ରଦର୍ଶିତ ହେଲା। ଅଧୁନା ବିଜ୍ଞାନର ଉତ୍କର୍ଷ- ଯାନବାହାନ, ବିଦ୍ୟୁତ ଶକ୍ତି, କମ୍ପ୍ୟୁଟର, ଯୋଗାଯୋଗ ବିଜ୍ଞାନ ଇତ୍ୟାଦି ସାମ୍ନାକୁ ଆସିଗଲେ। ତା'ପରେ ଘୋଷଣା କରାଗଲା 'ଭବିଷ୍ୟତର ଜୀବନଯାପନ ଶୈଳୀ' ଦେଖନ୍ତୁ। ସୁନ୍ଦର ପ୍ରାକୃତିକ ପରିବେଶ (Ecofriendly Surrounding)ଭିତରେ ସୁଦୃଶ୍ୟ ବାସଗୃହ, ସୌରଶକ୍ତି ଦ୍ୱାରା ପରିଚାଳିତ ବିଦ୍ୟୁତ୍ ଉପକରଣ, ଉଡ଼ନ୍ତା କାର୍, କ୍ଷୁଦ୍ର ବ୍ୟୋମଯାନ କିପରି ମନୁଷ୍ୟର ସେବାରେ ନିୟୋଜିତ ହେବେ ତାହାର ଅନୁପମ ଦୃଶ୍ୟ ବେଶ୍ ଆମୋଦକର ଥିଲା। ତା'ପରେ ଆସିଲା ଖାଦ୍ୟ ବିଭାଗ। ଭବିଷ୍ୟତର ଖାଦ୍ୟ ପଦାର୍ଥ କୃତ୍ରିମ ରାସାୟନିକ ସାର ଏବଂ କୀଟନାଶକ ପଦାର୍ଥରୁ ମୁକ୍ତ ରହିବେ। ସବୁଜ ଗୃହ (Green House) ବ୍ୟବସ୍ଥା ଦ୍ୱାରା ବର୍ତ୍ତମାନ ମଧ୍ୟ ପନିପରିବା, ଶସ୍ୟ, ଫଳ ଭିତରେ ଉତ୍ପାଦିତ ହେଉଛି ତା'ର ପ୍ରତ୍ୟକ୍ଷ ଦର୍ଶନ ହେଲା। ଅର୍ଥାତ୍ ଏହି ବଗିଚା ଭିତରେ ଆମ ଗାଡ଼ି ଚାଲିଲା ବେଳେ ଉଭୟ ପାର୍ଶ୍ୱରେ ଧାନ, ଗହମ, ମକା ଆଦି ଶସ୍ୟ, ବାଇଗଣ, କଖାରୁ, ଅମୃତଭଣ୍ଡା ଏବଂ ଅନେକ ଜାତିର ପରିବା, କଦଳୀ, ସେଓ, ଷ୍ଟ୍ରବେରୀ, ପିଚ୍,

ପିଅର୍ ଆଦି ବିଭିନ୍ନ କିସମର ଫଳଚାଷ କରାଯାଇଥିବା ଦେଖିଲୁ। ଭବିଷ୍ୟତର ଜନସମାଜ ଖାଦ୍ୟ ପ୍ରଦୂଷଣ, ବିଦ୍ୟୁତ୍ ଶକ୍ତିର ଅଭାବ ତଥା ଗମନାଗମନର ଅବ୍ୟବସ୍ଥା ଇତ୍ୟାଦିରୁ ମୁକ୍ତ ରହି ମାନସିକ, ଶାରୀରିକ ଓ ସାମାଜିକ ସ୍ୱାସ୍ଥ୍ୟର ଅଧିକାରୀ ହେବେ।

ଏହି ସୋ ପରେ ଚାଲିଲୁ ମହାକାଶ ଅଭିଯାନ। (Mission Space)ଅଭିମୁଖେ। ଧାଡ଼ି ବିଶେଷ ଲମ୍ବା ନଥିଲା। ତେବେ ପରବର୍ତ୍ତୀ କାର୍ଯ୍ୟକ୍ରମ ୫ମିନିଟ୍ ପରେ ଆରମ୍ଭ ହେବ ବୋଲି ବୋର୍ଡ଼ରେ ସୂଚନା ଥିଲା। ଠିକ୍ ସମୟରେ ଆମେ ପ୍ରବେଶ କରିବା ପରେ ଜଣେ ମହାକାଶଚାରୀ ଭିଡ଼ିଓ ପରଦାରେ ଆବିର୍ଭୂତ ହୋଇ ସୂଚନା ଦେଲେ- "ଆପଣମାନେ ସମସ୍ତେ ମଙ୍ଗଳଗ୍ରହକୁ ଯାତ୍ରା କରିବା ଉଦ୍ଦେଶ୍ୟରେ ଆସିଛନ୍ତି। ଏଥିପାଇଁ ପ୍ରାରମ୍ଭିକ ଶିକ୍ଷା ନେଇ ଆସିଛନ୍ତି। ଆପଣମାନଙ୍କୁ ମଧ୍ୟରୁ କମାଣ୍ଡର, ଆସିଷ୍ଟାଣ୍ଟ କମାଣ୍ଡର, ଫ୍ଲାଇଟ୍ ଇଂଜିନିୟର ଓ କ୍ୟାପଟେନ୍ ୪ଜଣିଆ ଦଳ ଆସନ ଗ୍ରହଣ କରନ୍ତୁ। ଯେଉଁମାନେ ଶାରୀରିକ ଅସୁସ୍ଥତା ଅନୁଭବ କରୁଛନ୍ତି ଅନ୍ୟ ପ୍ରକୋଷ୍ଠକୁ ଯାଇ ମହାକାଶ ଯାତ୍ରାର ଚିତ୍ର ଦେଖିପାରନ୍ତି।" ଆମ ଭିତରୁ ଦୁଇଜଣ ବାହାରି ଗଲେ। ଆମେ ଦୁଇଜଣ ମହାକାଶ ଯାନର ଗର୍ଭରେ ସ୍ଥାନ ଗ୍ରହଣ କରି ବେଲ୍ଟ ବାନ୍ଧିନେଲୁ। ହଠାତ୍ ଶବ୍ଦ ଓ ଆଲୋକ ସଂଯୋଜନାରେ ମହାକାଶକୁ ଯାତ୍ରା କରିବା ଅନୁଭୂତି ହେଲା। ପୃଥିବୀ ପୃଷ୍ଠ ତ୍ୟାଗ କରି ତାରା ଏବଂ ଗ୍ରହମଣ୍ଡଳ ପାର ହୋଇ ମଙ୍ଗଳ ଗ୍ରହର ଚତୁଃପାର୍ଶ୍ୱ ପ୍ରଦକ୍ଷିଣ କଲୁ। ତା'ପରେ ଗୋଟିଏ ବିରାଟ ଗର୍ତ୍ତ ଦୃଶ୍ୟମାନ ହେଲା। ଗର୍ତ୍ତ ଭିତରେ ପ୍ରବେଶ କରି ବାହାରି ଆସିଲୁ। ମହାକାଶରୁ ପୃଥିବୀର ଦୃଶ୍ୟ ଅବଲୋକନ କରୁ କରୁ ଫେରନ୍ତାଯାତ୍ରାର ଅନୁଭୂତି ହେଲା। ମହାକାଶ ଯାତ୍ରା ପ୍ରତିରୂପ (Space craft Simulater) ନାମକ ଏହି ଯନ୍ତ୍ର ବିଷୟରେ ପଢ଼ିଥିଲି। ପାଞ୍ଚ ମିନିଟ୍‌ର ଏହି ଅନୁଭୂତି ଅବିସ୍ମରଣୀୟ। ଛାତ୍ର ଓ ଯୁବକ ମାନଙ୍କ ପାଇଁ ଏହା ଆମୋଦ ଓ ପ୍ରେରଣାଦାୟକ।

ସମୟର ସ୍ୱଳ୍ପତାରୁ ଏହି ବିଭାଗର ଅନ୍ୟ ତିନୋଟି ବୈଜ୍ଞାନିକ ଆକର୍ଷଣ ଦେଖିନପାରି ଭବିଷ୍ୟ-ଦୁନିଆ-ପଶ୍ଚିମ ଅଭିମୁଖେ ଚାଲିଲୁ।

ଭବିଷ୍ୟତ ଦୁନିଆ ପଶ୍ଚିମ : (ଚିତ୍ର-୨୨)

ବିବରଣୀ ପୁସ୍ତିକାରେ ଏହି ବିଭାଗରେ ୪ଗୋଟି ଆକର୍ଷଣ ଥିବାର ପଢ଼ିଲି। ଯଥା ୧. Epcot Character Spot, ୨. The Seas with Nemo & Friends, ୩. The Land & ୪. Imagination . The Seas with Nemo & friendରେ ପ୍ରବେଶ କଲୁ। ଟ୍ରଲିରେ ବସି ଅନ୍ଧକାରମୟ ପ୍ରକୋଷ୍ଠକୁ ପ୍ରବେଶ କଲୁ । ତା'ପରେ ଅନେକ ବିଚିତ୍ର ସାମୁଦ୍ରିକ ଦୃଶ୍ୟ ଉପଭୋଗ କଲୁ। କମିକ୍ ବହିର ନେମୋ ନାମକ କାଳ୍ପନିକ ମତ୍ସ୍ୟ ଚରିତ୍ରକୁ ନେଇ ଏପରି କଳ୍ପନା। ପନ୍ଦର ମିନିଟର ମନୋରଞ୍ଜନ ପରେ

Imagination ଗୃହରେ ପ୍ରବେଶ କଲୁ। ଚକ୍ଷୁ, କର୍ଣ୍ଣ, ନାସା, ରସନା ଓ ସ୍ପର୍ଶ ଇତ୍ୟାଦି ଇନ୍ଦ୍ରିୟମାନଙ୍କୁ ନେଇ ଖୁବ୍ ସୁନ୍ଦର ପରିକଳ୍ପନା। ଏହା ଏକ ପ୍ରକାର ହାସ୍ୟୋଦ୍ଦୀପକ କାର୍ଟୁନ୍ ପ୍ରଦର୍ଶନ ଭଳି ଲାଗୁଥିଲେ ବି ପଞ୍ଚେନ୍ଦ୍ରିୟ ବିଷୟରେ କୋମଳମତି ଛାତ୍ରଛାତ୍ରୀମାନଙ୍କୁ ଶିକ୍ଷା ପ୍ରଦାନ କରେ। ଶେଷରେ ପଶିଲୁ ଭୂପୃଷ୍ଠ ବା The Land ନାମକ ଗୃହରେ। ଏହା ବି ଶିଶୁ ମନୋରଞ୍ଜନ ପାଇଁ ଉଦ୍ଦିଷ୍ଟ। ନୌଯାତ୍ରା ପାଇଁ କୃଷି ଓ ମତ୍ସ୍ୟ ଗବେଷଣା କେନ୍ଦ୍ର ବୁଲାଇବାକୁ ନେଇ ଉଦ୍ୟୋକ୍ତା ଅନେକ କମିକ୍ ଚରିତ୍ର ସାମ୍ନାକୁ ଆଣିଛନ୍ତି। କମିକ୍ ପଢ଼ିଥିବା ଶିଶୁମାନେ ବେଶ୍ ମଜା ନେଉଥାନ୍ତି। ହଠାତ୍ ଗୋଟିଏ ପଶୁରାଜ ସିଂହ ସମ୍ମୁଖରେ ଆବିର୍ଭାବ ହେଲେ। ଏହା ପଶୁରାଜ ସିଂହ (The Lion King)ସଂପର୍କୀତ ଏକ କାହାଣୀ।

ଶେଷରେ ଚାଲିଲୁ ବିଶ୍ୱ ଦର୍ଶନ (World Showcase)ଅଭିମୁଖେ। ବିବରଣୀ ପୁସ୍ତିକାରେ ଦେଖିଲି, ଗୋଟିଏ ବିରାଟ ଜଳାଶୟ ଚତୁଃପାର୍ଶରେ ମେକ୍ସିକୋ, ନରୱେ, ଚୀନ୍, ଜର୍ମାନୀ, ଇଟାଲୀ, ଆମେରିକା, ଜାପାନ, ମରକ୍କୋ, ଫ୍ରାନ୍ସ, ଇଂଲଣ୍ଡ (U.K.)ଏବଂ କାନାଡ଼ା ପ୍ରଭୃତି ୧୧ଟି ଦେଶର ପ୍ରଦର୍ଶନୀମଣ୍ଡପମାନ ରହିଛି। ଗୋଟିଏ ଉଚ୍ଚସ୍ଥାନରେ ଠିଆହୋଇ ସମଗ୍ର ଅଞ୍ଚଳର ବିହଙ୍ଗମ ଦୃଶ୍ୟ ଗ୍ରହଣ କରିନେଲି। ପ୍ରତ୍ୟେକ ଦେଶ ସ୍ୱ-ସ୍ୱ କଳାଚାତୁରୀରେ ମଣ୍ଡପଗୁଡ଼ିକର ବାହ୍ୟସଜ୍ଜା କରିଛନ୍ତି। ଗାଇଡ୍ କହିଥିଲେ ମେକ୍ସିକୋ, ଚୀନ, ଏବଂ ଫ୍ରାନ୍ସର ମଣ୍ଡପ ଅଗ୍ରାଧିକାର ଦେଇ ଦେଖିବା ପାଇଁ। ପ୍ରଥମେ ପଶିଲୁ ଫ୍ରାନ୍ସ ମଣ୍ଡପରେ। ସୁଦୃଶ୍ୟ ତୋରଣ ଅତିକ୍ରମ କରି ପ୍ରେକ୍ଷାଳୟରେ ପ୍ରବେଶ କଲୁ। ଅର୍ଦ୍ଧ ବୃତ୍ତାକାର ବିରାଟ ପରଦା ଉପରେ ଫ୍ରାନ୍ସର ପ୍ରାକୃତିକ ସୌନ୍ଦର୍ଯ୍ୟ ଓ କଳାକୃତି ଉପରେ ୧୫ ମିନିଟର ସିନେମାଟିଏ ପ୍ରଦର୍ଶିତ ହେଲା। ତା'ପରେ ଆଇଫେଲ୍ ଟାୱାର ଓ ଅନ୍ୟାନ୍ୟ କଳାକୃତିର ପ୍ରଦର୍ଶନୀ ଦେଖିଲୁ। ସେଠାରୁ ଚାଲିଲୁ ଚୀନ୍‌ମଣ୍ଡପ ଅଭିମୁଖେ। ପ୍ରସିଦ୍ଧ ରାଜପ୍ରାସାଦ ନିଷିଦ୍ଧ ନଗରୀ (Forbidden City)ର ଅନୁକରଣ କରାଯାଇ କଳାତ୍ମକ ଭାବରେ ବାହ୍ୟ ସଜ୍ଜା କରାଯାଇଛି। ଭିତରେ ଚୀନ୍‌ର ବିଭିନ୍ନ କଳାକୃତି ଭିତରେ 'ଟେରାକୋଟା ସୈନିକ' (ଚିତ୍ର-୨୧) ନାମକ ପ୍ରଦର୍ଶନୀ ବେଶ୍ ଭଲ ଲାଗିଲା। ଚୀନ୍‌ର ରାଜା କିନ୍‌ସିହୁଆଙ୍ଗ (ଖ୍ରୀଷ୍ଟପୂର୍ବ-୨୧୦) ଖିଆଲି ମନୋଭାବ ନେଇ ୮୦୦୦ରୁ ଉର୍ଦ୍ଧ୍ୱ ସୈନିକଙ୍କ ମୃଣ୍ମୟ ପ୍ରତିମା, ଘୋଡ଼ାଗାଡ଼ି ଏବଂ ଘୋଡ଼ାମାନଙ୍କର ପ୍ରତିକୃତି ଇତ୍ୟାଦି ନିର୍ମାଣ କରି ନିଜର ସମାଧି ପାଖରେ ପୋତିବା ପାଇଁ ନିର୍ଦ୍ଦେଶ ଦେଇଥିଲେ। ଉଦ୍ଦେଶ୍ୟ ଥିଲା, ପରଜନ୍ମରେ ସେ ପୁଣି ରାଜା ହେଲେ ଏମାନେ ଉଜ୍ଜିବୀତ ହୋଇ ତାଙ୍କର ସେବା କରିବେ। ବେଶ୍ କଳାତ୍ମକ ଭାବରେ ଏହା ପ୍ରଦର୍ଶିତ ହୋଇଥିଲା। ଅନ୍ୟ ଏକ ସ୍ଥାନରେ ଚୀନ୍‌ର ପାରମ୍ପରିକ ଖାଦ୍ୟ ପରସା ଯାଉଥିବା ଏକ ବିରାଟ ଭୋଜନାଳୟରେ ଅନେକ ପରିଦର୍ଶକ ଆନନ୍ଦ ନେଉଥିଲେ। ପ୍ରତ୍ୟେକ ମଣ୍ଡପରେ

ସ୍ୱ-ସ୍ୱ ପାରମ୍ପରିକ ଖାଦ୍ୟର ଭୋଜନାଳୟ ରହିଛି। ଶେଷରେ ମେକ୍ସିକୋ ମଣ୍ଡପରେ ପହଞ୍ଚିଲୁ। ପ୍ରାଚୀନ ମାୟାସଭ୍ୟତାର 'ଚିଚେନ୍ ଇଜା' ସହରର ପିରାମିଡ୍ ଆକୃତିର ମନ୍ଦିରର ଅନୁକରଣରେ ମଣ୍ଡପ-କୋଠା ନିର୍ମିତ। ଏହା ନୂତନ ସପ୍ତାଶ୍ଚର୍ଯ୍ୟରେ ସ୍ଥାନ ପାଇଥିବାରୁ ଦର୍ଶକମାନଙ୍କୁ ଆକର୍ଷିତ କରୁଛି। ମାୟାସଭ୍ୟତାର ବିଭିନ୍ନ କଳାକୃତିର ପ୍ରଦର୍ଶନ ଦେଖିସାରି ଅନୁଭବ କଲୁ ଭାରତୀୟ ମଣ୍ଡପଟିଏ ଆକର୍ଷଣୀୟ ହୋଇପାରିଥାନ୍ତା। ଗାଇଡ୍‌ଙ୍କୁ ଏକଥା ପଚାରିବା ବେଳେ କହିଲେ "ପ୍ରଥମେ ଆମେରିକାର ଅନ୍ତରଙ୍ଗ ବନ୍ଧୁରାଷ୍ଟ୍ରମାନଙ୍କୁ ଏ ଅଞ୍ଚଳରେ ସ୍ଥାନ ଦିଆଯାଇଥିଲା। ଭାରତ ସହିତ ବନ୍ଧୁତ୍ୱ ହୁଏତ ଏତେ ଅନ୍ତରଙ୍ଗ ନଥିଲା।" ଯାହାହେଉ, ଅନେକ ଦର୍ଶନୀୟ ବସ୍ତୁ ପରିଦର୍ଶନ କରିବା ସତ୍ତ୍ୱେ ତତୋଧିକ ଛାଡ଼ି ଆସିବାକୁ ପଡ଼ିଲା। "ଡ଼ିସ୍‌ନୀ ଜଗତ" ଭ୍ରମଣ ପାଇଁ ଆମେରିକୀୟ ପରିବାରମାନେ ଅନ୍ତତଃ ଏକ ସପ୍ତାହ ଛୁଟି ନେଇଥାନ୍ତି ବୋଲି ଗାଇଡ୍ କହିଲେ।

ବିଶ୍ୱ ମନୋରଞ୍ଜନ ଜଗତର ବାଦ୍‌ଶାହା "ୱାଲଟ୍ ଡ଼ିସ୍‌ନୀ" ଙ୍କର ଏହି ବିରାଟ ପ୍ରକଳ୍ପର କ୍ଷୁଦ୍ରାତିକ୍ଷୁଦ୍ର ଭାଗଟିଏ ହିଁ ଆମେ ଦର୍ଶନ କଲୁ। ଏହି ମହାନ ପ୍ରତିଭା ଏକାଧାରାରେ ସିନେମା ପ୍ରଯୋଜକ, ନିର୍ଦ୍ଦେଶକ, ପଟ୍ଟକଥା ଲେଖକ, ସ୍ୱର ସଂଯୋଜକ ଏବଂ ଉଦ୍ୟୋଗପତି ହିସାବରେ ସଫଳ ହୋଇଥିଲେ। ୨୬ଟି ଏକାଡ଼େମି ପୁରସ୍କାର (ଓସ୍କାର)ରେ ସେ ଭୂଷିତ ହୋଇଥିଲେ। ତେବେ ତାଙ୍କର ମହାନ୍ ପ୍ରତିଭା Animation ଅର୍ଥାତ ଚଳମାନ କାର୍ଟୁନ୍ ଚିତ୍ର ପାଇଁ ଆବାଳବୃଦ୍ଧ-ବନିତା ସମସ୍ତଙ୍କଠାରେ ପରିଚିତ। କାର୍ଟୁନ୍ 'ମିକି ମାଉସ୍' ର ଛାପ ସମସ୍ତଙ୍କ ମନରେ ରହିଛି। ମ୍ୟାଜିକ୍ କିଙ୍ଗଡ଼ମ୍ ଭିତରେ ଜୀବନ୍ତ 'ମିକିମାଉସ୍' ର ଅଭିନେତାଙ୍କ ପାଖରେ ଖୁବ୍ ଭିଡ଼ ଜାମେ। ୧୯୦୧ ମସିହା ଡ଼ିସେମ୍ବର ୫ ତାରିଖରେ ଜନ୍ମିତ ୱାଲଟ୍ ଡ଼ିସ୍‌ନୀ ମାତ୍ର ୬୫ ବର୍ଷ ବୟସରେ ୧୯୬୬ ମସିହା ଡ଼ିସେମ୍ବର ୧୫ ତାରିଖ ଦିନ ଫୁସ୍‌ଫୁସ୍ କର୍କଟରେ ପୀଡ଼ିତ ହୋଇ ପ୍ରାଣତ୍ୟାଗ କରିଥିଲେ। ଏହି ମହାନ୍ ପ୍ରତିଭାଙ୍କ ପ୍ରତି ଶ୍ରଦ୍ଧାଞ୍ଜଳି ଅର୍ପଣ କରି ଦେଖିଲି, 'ମନୋରେଲ୍' ଯୋଗେ ଦର୍ଶକମାନେ ଏ ସମଗ୍ର ଅଞ୍ଚଳ ବୁଲି ଦେଖୁଛନ୍ତି। ମୁଁ ଏବଂ ଅନ୍ୟ ଦୁଇଜଣ ଭାରତୀୟ ସହଯାତ୍ରୀ ରେଲରେ ଚଢ଼ିଲୁ। ହଠାତ୍ ଅନୁଭବ କଲୁ 'ରେଲଟି ବିପରୀତ ଦିଗରେ ଧାବମାନ। ବୁଝି ଜାଣିଲୁ ଡ଼ିସ୍‌ନୀ ଜଗତର ସବୁଠାରୁ ମୁଖ୍ୟ ଆକର୍ଷଣ "ମ୍ୟାଜିକ୍ କିଙ୍ଗଡ଼ମ୍" କୁ ଏହା ପରିଦର୍ଶନମାନଙ୍କୁ ନେବା ଆଣିବା କରିବା ସହିତ ଏପ୍‌କଟ କେନ୍ଦ୍ରର ବିହଙ୍ଗମ ଦୃଷ୍ଟି ଅର୍ପଣ କରେ। ୧୫ ମିନିଟର ଯାତ୍ରା ପରେ 'ମ୍ୟାଜିକ୍ କିଙ୍ଗଡ଼ମ୍'ର ପ୍ରବେଶ ଦ୍ୱାର ଦୃଷ୍ଟିଗୋଚର ହେଲା। ଉଭୟ ପାର୍ଶ୍ୱରେ ସବୁଜିମାଭରା ପ୍ରାନ୍ତର, ବୃକ୍ଷରାଜି ଓ ଜଳାଶୟମାନ ମନପ୍ରାଣକୁ ଶୀତଳ କରୁଥିଲେ। ସେଠାରେ ଯାତ୍ରୀଙ୍କୁ ଓହ୍ଲାଇ ଏବଂ

ଚଢ଼ାଇ ପୁଣି ଏପ୍‌କଟ୍ କେନ୍ଦ୍ର ସାମ୍ନା ଷ୍ଟେସନରେ ଉପନୀତ ହେଲା । ସହଯାତ୍ରୀମାନଙ୍କ ସହିତ ବସ୍‌ରେ ଚଢ଼ି ହୋଟେଲକୁ ଯାତ୍ରା ଏବଂ ଭାରତୀୟ ରେଷ୍ଟୁରାଣ୍ଟରେ ଭୋଜନାନ୍ତେ ଶଯ୍ୟାଗ୍ରହଣ । ଆଜିର ଆମୋଦମୟ ଦିନଟି ବେଶ୍ ପ୍ରୀତିପଦ ଥିଲା ।

୨୭.୦୬.୧୦ (ରବିବାର):

ପ୍ରାତଃଭୋଜନ ସାରି ସକାଳ ଆଠଟା ବେଳେ ସମ୍ମିଳନୀ କେନ୍ଦ୍ର (ଚିତ୍ର-୨୪) ଅଭିମୁଖେ ଚାଲିଲୁ । ୪ଟି ବୈଜ୍ଞାନିକ ସଂପାନରେ ଭାଗନେଇ ଓ ଶିକ୍ଷାମୂଳକ ପ୍ରଦର୍ଶନୀମଣ୍ଡପ ବୁଲିସାରି ମଧ୍ୟାହ୍ନଭୋଜନ କଲୁ । ଦିନ ଦୁଇଟା ବେଳେ Universal Orlando Resortରେ ପ୍ରବେଶ କଲୁ ।

ପୃଥିବୀର ବୃହତ୍ତମ ଚଳଚ୍ଚିତ୍ର ଷ୍ଟୁଡ଼ିଓ Universal Studio, Florida ୧୯୯୦ ମସିହା ଜୁନ୍ ୭ ତାରିଖରେ ବିଶ୍ୱମନୋରଞ୍ଜନ ପାଇଁ ଆତ୍ମପ୍ରକାଶ କଲା । ୧୯୮୭ ମସିହାରେ ଏହାର ନିର୍ମାଣ ଆରମ୍ଭ ହେବା ବେଳକୁ ଲସ୍‌ଏଞ୍ଜେଲସ୍‌ର ବିଖ୍ୟାତ ହଲିଉଡ୍‌ଠାରେ ୧୯୧୨ ରେ ସ୍ଥାପିତ Universal Studio ନିଜର ଖ୍ୟାତି ଓ ପ୍ରତିଷ୍ଠା ପାଇଁ ସର୍ବବିଦିତ ଥିଲା । ଏଠାରେ ବିସ୍ତୀର୍ଣ୍ଣ ଅଞ୍ଚଳରେ ଦୁଇଟି ମନୋରଞ୍ଜନ ପାର୍କ, ତିନୋଟି ବୃହତ୍ ହୋଟେଲ ଏବଂ City walk Entertainment District ନାମକ ସୁଶୋଭିତ ଅଞ୍ଚଳରେ ଚଳଚ୍ଚିତ୍ର ଷ୍ଟୁଡ଼ିଓର ସମାହାର ଦର୍ଶକମାନଙ୍କୁ ବେଶ୍ ଆମୋଦିତ କରେ । ୧୯୯୯ମସିହାରେ ସ୍ଥାପିତ Island of Adventure ନାମକ ଶୂନ୍ୟଚକ୍ରରେ ଭ୍ରମଣ ଯୁବକ ଶ୍ରେଣୀର ମନରେ ଉନ୍ମାଦନା ଭରିବା ପାଇଁ ଅଭିପ୍ରେତ । ସଚିତ୍ର ବିବରଣୀ ପୁସ୍ତିକାରେ ଆଖି ବୁଲାଇବା ବେଳେ ଜାଣିଲୁ ପୃଥିବୀ ବିଖ୍ୟାତ ଅନେକ ଚଳଚ୍ଚିତ୍ର ଏଠାରେ ଉତ୍ତୋଳିତ ହୋଇଛି । ସୀମିତ ସମୟକୁ ଦୃଷ୍ଟି ଦେଇ ଭ୍ରମଣ ଆରମ୍ଭ କଲୁ । Spiderman, Jurrasic Pack ଇତ୍ୟାଦି ବହୁଚର୍ଚ୍ଚିତ ଚଳଚ୍ଚିତ୍ରର ଚରିତ୍ର ସହିତ ନିଜକୁ ସାମିଲ କରିବା ପାଇଁ ବୈଷୟିକ ଜ୍ଞାନ କୌଶଳରେ ବ୍ୟବସ୍ଥାମାନ କରାଯାଇଛି । ମୋଟରଚାଳିତ ଯାନରେ ବସି ଥ୍ରୀଡ଼ି ଚଷମା ପିନ୍ଧି Spidermanର କାରନାମା ଦେଖିଲୁ । ତା'ପରେ ଜଳଯାତ୍ରାରେ ଯାଇ ଜୁରାସିକ୍ ଯୁଗରେ ଡ଼ାଇନୋସର ମାନଙ୍କୁ ଅତି ପାଖରେ ଦେଖିବାର ଅନୁଭୂତି ହେଲା । ହ୍ୟାରିପୋର୍ଟର ସିରିଜ୍‌ର ସିନେମା ଯେଉଁ ସେଟ୍‌ମାନଙ୍କରେ ସୁଟିଂ ହୋଇଛି ସେ ଅଞ୍ଚଳ ବୁଲି ଦେଖିଲୁ । ମଞ୍ଚ ଉପରେ ଅବିଶ୍ୱାସନୀୟ ସାଜସଜ୍ଜା ଭିତରେ ଗୋଟିଏ ନାଟକ ଅଭିନୀତ ହେବାର ଦେଖିଲୁ, ଯାହାକି ଚଳଚ୍ଚିତ୍ରର ଦୃଶ୍ୟଠାରୁ କମ୍ ନୁହେଁ । ଯାହାହେଉ, ବିଚିତ୍ର ମନୋରଞ୍ଜନ ଦୁନିଆରୁ ଠିକ୍ ସମୟରେ ଅତିକ୍ରାନ୍ତ ହୋଇ ହୋଟେଲରେ ପହଞ୍ଚିଲୁ ।

୨୮.୦୬.୧୦ (ସୋମବାର) :

ଆଜି ଅର୍ଲାଣ୍ଡୋ ଛାଡ଼ିବାର ଦିନ। ପ୍ରାତଃଭୋଜନ ସାରି ଠିକ୍ ୯ଟା ବେଳେ ଜିନିଷପତ୍ର ନେଇ ପୂର୍ବଦିଗରେ ୪୫ ମିନିଟ୍‌ର ଯାତ୍ରା ପରେ 'କେନେଡ଼ି ମହାକାଶ କେନ୍ଦ୍ର' ରେ ପହଞ୍ଚିଲୁ। 'ନାସା' ପରିଚାଳିତ ପୃଥିବୀର ବୃହତ୍ତମ ମହାକାଶ ଗବେଷଣା କେନ୍ଦ୍ର ବୁଲି ଦେଖିବା ପାଇଁ ସମସ୍ତଙ୍କ ମନରେ ଉତ୍କଣ୍ଠା। ସୁଦୃଶ୍ୟ ଗେଟ୍ ପାଖରେ ପହଞ୍ଚିବା ପରେ ଟିକେଟ୍ କାଟି 'ନିରାପତ୍ତା ଯାଞ୍ଚ' (ଯେପରି ବିମାନଘାଟୀରେ ହୁଏ) ଦେଇ ପ୍ରବେଶ କଲୁ। ଏକ ଲକ୍ଷ ଚାଳିଶ ହଜାର ଏକର ପରିମିତ ଜମି ଉପରେ ଏହି ଗବେଷଣା କେନ୍ଦ୍ର ପ୍ରତିଷ୍ଠିତ। Visitors Complexରୁ ସଚିତ୍ର ବିବରଣୀପୁସ୍ତିକା ଆଣି ଯାତ୍ରା ଆରମ୍ଭ କଲୁ।

ଆମେରିକାର ଜାତୀୟ ମହାକାଶ ଗବେଷଣା ସଂସ୍ଥା (National Aeronautics and space administration)ର ମୁଖ୍ୟ ଉତ୍କ୍ଷେପଣ କେନ୍ଦ୍ର ଏଠାରେ ରହିଛି। ୧୯୬୨ ମସିହା ଜୁଲାଇ ମାସରେ ପ୍ରତିଷ୍ଠିତ ହେବାବେଳେ ଏହାର ନାଁ ଥିଲା ମହାକାଶ ଉତ୍କ୍ଷେପଣ କେନ୍ଦ୍ର ବା Launch Operations Centre । ୧୯୬୩ ନଭେମ୍ବର ମାସରେ ରାଷ୍ଟ୍ରପତି ଜନ୍.ଏଫ୍.କେନେଡ଼ିଙ୍କର ମୃତ୍ୟୁ ପରେ ତାଙ୍କ ସ୍ମୃତିରେ ଜନ୍.ଏଫ୍. କେନେଡ଼ି ମହାକାଶ କେନ୍ଦ୍ର ନାମରେ ନାମିତ କରାଯାଇଛି। ଏହା ଭିତରେ ଦୁଇଟି ବୃହତ୍ ଉତ୍କ୍ଷେପଣ କେନ୍ଦ୍ର, ବିଶ୍ୱର ବୃହତ୍ତମ ଅବତରଣ ପଥ (ରନ୍‌ୱେ) ଏବଂ ମହାକାଶ ଯାନର ବିଭିନ୍ନ ଅଂଶ ପାଇଁ ବୃହତ୍ତମ କୋଠାଘର ରହିଛି । ଏହି ଭୂଖଣ୍ଡର ଅନ୍ୟ ଏକ ଅଂଶ ହେଲା Cape Canaveral ବା କାନାଭେରାଲ୍ ଅନ୍ତରୀକ୍ଷ । ୧୯୪୯ ମସିହାରେ ଏଠାରେ ପ୍ରଥମ କ୍ଷେପଣାସ୍ତ୍ର ଘାଟି ନିର୍ମିତ ହୋଇଥିଲା । ୧୯୫୦ ମସିହା ଜୁଲାଇ ୨୪ ତାରିଖରେ ଏଠାରୁ ପ୍ରଥମ ରକେଟ୍ (Bumper 8) ଉତ୍କ୍ଷେପଣ କରାଯାଇଥିଲା । ୧୯୫୮ ମସିହାରେ ମହାକାଶର ରହସ୍ୟ ଭେଦ କରିବା ପାଇଁ 'ନାସା' ଗଠିତ ହେବା ପରେ ୧୯୬୦ ମସିହାରେ ଚନ୍ଦ୍ର ଅଭିଯାନର ପ୍ରଥମ ସୋପାନ 'ଆପୋଲୋ ମିଶନ୍'ର ଘୋଷଣା କରାଯାଇଥିଲା । ୧୯୬୧ ଏପ୍ରିଲ୍ ୧୨ ତାରିଖରେ ରୁଷିଆର ମହାକାଶଚାରୀ ୟୁରି ଗାଗାରିନ୍ ପ୍ରଥମ ଅନ୍ତରୀକ୍ଷ ଯାତ୍ରୀର ଗୌରବ ବହନ କରିବା ପରେ 'ନାସା' ତା'ର ଗବେଷଣା କାର୍ଯ୍ୟ କ୍ଷୀପ୍ର ଗତିରେ ବୃଦ୍ଧି କଲା ଏବଂ ସେହି ବର୍ଷ ମେ ମାସରେ ଆଲାନ୍ ସେପାର୍ଡ଼ (Alan Shepard) ପ୍ରଥମ ଆମେରିକୀୟ ମହାକାଶଚାରୀ ଭାବରେ ମହାଶୂନ୍ୟକୁ ସଫଳ ଯାତ୍ରା କଲେ । ୧୯୬୨ ମସିହା ଫେବୃଆରୀ ୨୦ ତାରିଖରେ ଜନ୍ ଗ୍ଲେନ୍ (John Glenn) 'ମରକ୍ୟୁରୀ' ମହାକାଶ ଯାନରେ ତିନିଥର ପୃଥିବୀକୁ ପ୍ରଦକ୍ଷିଣ କରି ଫେରି ଆସିଲେ । ଅନେକ ମାଇଲଖୁଣ୍ଟ ପାର ହେବା ପରେ ଶନି-୫

(Saturn-V) ରକେଟ୍‌ରେ 'ଆପୋଲୋ' ଚନ୍ଦ୍ର ଅଭିଯାନ ଆରମ୍ଭ କଲା । ୩୬୩ ଫୁଟ୍ ଉଚ୍ଚତାର ରକେଟ୍‌ରେ ଆପୋଲୋ ଯାନର ଘୋଷଯାତ୍ରା ମହାଆଡ଼ମ୍ବରରେ ଆୟୋଜିତ ହେଉଥିବା ବେଳେ ଏକ ଦୁର୍ଘଟଣା ଘଟିଲା । ପୃଥିବୀ ପୃଷ୍ଠରେ ଗବେଷଣା ଚାଲିଥିବା ଅବସ୍ଥାରେ ଆପୋଲୋ-୧ ଅର୍ଦ୍ଧଦଗ୍ଧ ହୋଇ ତିନିଜଣ ମହାକାଶଚାରୀ ପ୍ରାଣତ୍ୟାଗ କଲେ । ଏହାଯୋଗୁଁ ବୈଜ୍ଞାନିକମାନେ ହତୋତ୍ସାହ ନହୋଇ ଅଧିକରୁ ଅଧିକ ପରିଶ୍ରମ କରି ୧୯୬୮ ମସିହା ଡିସେମ୍ବର ୨୧ ତାରିଖରେ ଆପୋଲୋ-୮ ଯାନ ଯୋଗେ ଚନ୍ଦ୍ରକୁ ପ୍ରଦକ୍ଷିଣ କରିବାରେ ସମର୍ଥ ହେଲେ ।

ମାନବ ଜାତିର ଇତିହାସରେ ଅବିସ୍ମରଣୀୟ ଦିନ ୧୯୬୯ ମସିହା ଜୁଲାଇ ୧୬ ତାରିଖ । ଆପୋଲୋ-୧୧ର ଯାତ୍ରା ସଫଳ ହେଲା । ନିଲ୍ ଆର୍ମଷ୍ଟ୍ରଙ୍ଗ୍ (Neil Armstrong) ପ୍ରଥମ ମହାକାଶଚାରୀ ଭାବରେ ଚନ୍ଦ୍ର ପୃଷ୍ଠରେ ପାଦ ଦେଲେ । ଆଗକୁ ଆଗକୁ ପାଦ ପକାଇ ଚାଲିଲାବେଳେ ସେ କହିଲେ- **Thats one small step for man, one giant leap for mankind** ଅର୍ଥାତ୍ ମୋ ଭଳି ମଣିଷ ପାଇଁ ଏହା ଛୋଟ ପଦଚାଳନା ହୋଇପାରେ, କିନ୍ତୁ ମାନବ ଜାତି ପାଇଁ ଉନ୍ନତିର ବିରାଟ ଲମ୍ଫ । ଏହା ପରଠାରୁ ୫ଟି ଅଭିଯାନରେ ୧୨ଜଣ ମହାକାଶଚାରୀ ଚନ୍ଦ୍ରପୃଷ୍ଠରେ ପାଦ ପକାଇ ଫେରି ଆସିଲେଣି । ଆମେ ଚନ୍ଦ୍ରଅଭିଯାନର ଇତିହାସ ପ୍ରେକ୍ଷାଳୟରେ ଦେଖିବା ସହିତ ଶନି-୫ ରକେଟ୍ ଏବଂ ଆପୋଲୋ ଯାନକୁ ଦର୍ଶନ କରିବାକୁ ଯାଉଛୁ ବୋଲି ଶୁଣି ମନ ଉଦ୍‌ବେଳିତ ହେଲା ।

୧୯୭୩ ମସିହା ମେ ମାସରେ ସ୍କାଇଲାବ୍ ମହାକାଶ ଷ୍ଟେସନ୍ ମହାଶୂନ୍ୟରେ ସ୍ଥାପିତ ହେଲା । ୧୯୭୫ ମସିହା ଜୁଲାଇ ମାସରେ ଆମେରିକା ଓ ସୋଭିଏତ୍ ରୁଷର ମହାକାଶଚାରୀମାନେ ଆପୋଲୋ-ସୋୟୁଜ୍ ଯୋଜନାରେ ମହାଶୂନ୍ୟରେ ଦୁଇଦିନ ଅତିବାହିତ କଲେ । ଏହା ପ୍ରଥମ ଆନ୍ତର୍ଜାତୀୟ ଯୁଗ୍ମ ବୈଜ୍ଞାନିକ ସଫଳତା । ଏପ୍ରିଲ୍ ୧୯୮୧ ମସିହାରେ 'କଲମ୍ବିଆ' ଯାନ ଏକ ନୂତନ ଇତିହାସ ସୃଷ୍ଟି କଲା । ଏହି ଯାନଟି ୭ଜଣ ଯାତ୍ରୀଙ୍କୁ ନେଇ ବାରମ୍ବାର (ଶତାଧିକ ଥର) ମହାଶୂନ୍ୟକୁ ଯାତ୍ରା କରି ଫେରି ଆସିବାର କ୍ଷମତା ରଖିଛି । ଏଥିପାଇଁ ୧୫୦୦୦ ଫୁଟ୍ (୪୭୭୨ ମିଟର) ଦୈର୍ଘ୍ୟର ଅବତରଣ ପଥ ତିଆରି ହେଲା । ଏହିପରି ନିରବଚ୍ଛିନ୍ନ ଗବେଷଣା ଯୋଗୁଁ 'ନାସା'ର କେନେଡ଼ି ମହାକାଶ କେନ୍ଦ୍ରରେ ଯେଉଁସବୁ ମାଇଲଖୁଣ୍ଟମାନ ସ୍ଥାପନ ହୋଇଛି ସବୁ ବୁଲି ଦେଖିବା ପାଇଁ ଏକସପ୍ତାହ ସମୟ ଦରକାର । ଆମର ସ୍ୱଳ୍ପକାଳୀନ ଯାତ୍ରାପଥରେ ଯାହା ଦ୍ରଷ୍ଟବ୍ୟ ତାକୁ ବୁଝିନେଇ 'ଦର୍ଶକ କେନ୍ଦ୍ର'ର ଡାହାଣ ଦିଗରେ ଚାଲିଲୁ ।

୪୪ଟି ଶୀତତାପ ନିୟନ୍ତ୍ରିତ ବସ୍ ଯୋଗେ ଏହି ବିରାଟ ଅଞ୍ଚଳ ପରିଦର୍ଶନ କରିବା ପାଇଁ ସୁବନ୍ଦୋବସ୍ତ ରହିଛି । ଧାଡ଼ିରେ ଠିଆ ହେବାର ୫ ମିନିଟ୍ ପରେ ବସ୍ ଚଢ଼ିଲୁ । ୧୫ ମିନିଟ୍‌ର ଯାତ୍ରା ପରେ ଦୂରରୁ ରକେଟ୍ ଉତ୍କ୍ଷେପଣ କେନ୍ଦ୍ର (୩୯ କ ଓ ଖ) ଦେଖିବା ପାଇଁ ୪ ମହଲା ବିଶିଷ୍ଟ ଦର୍ଶକ ଗ୍ୟାଲେରିରେ ଚଢ଼ିଲୁ । ମହାକାଶ ଯାନର ଅଙ୍ଗଗୁଡ଼ିକୁ ଯୋଡ଼ାଯୋଡ଼ି କରିବା ପାଇଁ (Vehicle Assembly Building) ଉଦ୍ଦିଷ୍ଟ ବିରାଟ କୋଠାଟି ଦର୍ଶନ କଲୁ । ୩୬୩ ଫୁଟ୍ ଉଚ୍ଚତାର ରକେଟ୍‌ଟିକୁ ଶୁଆଇ ରଖାଯାଇଥିଲା । ଏହାର ଚତୁଃପାର୍ଶ୍ୱରେ ଆପୋଲୋ ଯାନ ଏବଂ ତନ୍ମଧ୍ୟରେ ବ୍ୟବହୃତ ସାମଗ୍ରୀ ଏବଂ ଅନ୍ୟାନ୍ୟ ଯନ୍ତ୍ରପାତିର ସୁବ୍ୟବସ୍ଥିତ ଭାବରେ ପ୍ରଦର୍ଶନ ଉପଭୋଗ କଲୁ । ଏହି ଐତିହାସିକ ଯାତ୍ରା ବେଳେ ଯେଉଁ ପ୍ରକୋଷ୍ଠରୁ ବୈଜ୍ଞାନିକମାନେ ସମସ୍ତ କାର୍ଯ୍ୟ ନିରୀକ୍ଷଣ ଓ ନିୟନ୍ତ୍ରିତ କରୁଥିଲେ ସେ ପ୍ରକୋଷ୍ଠରେ ପ୍ରବେଶ କରି କମ୍ପ୍ୟୁଟରଚାଳିତ ଆଧୁନିକ ପଦ୍ଧତିରେ ଉକ୍ତ ଯାତ୍ରା ସମୟର ବାସ୍ତବ ଚିତ୍ର ଦର୍ଶନ କରି କୃତାର୍ଥ ହେଲୁ । ବସ୍ ଯୋଗେ ଦର୍ଶକ କେନ୍ଦ୍ରକୁ ଫେରିଆସି Shuttle Launch Experience ପ୍ରକୋଷ୍ଠରେ ଅତିଥି ମହାକାଶଚାରୀ ଭାବରେ ପ୍ରବେଶ କଲୁ ଏବଂ ମହାକାଶରେ ୮ ମିନିଟ୍‌ର ପ୍ରତ୍ୟକ୍ଷ ଅନୁଭୂତି ଲାଭ କଲୁ । ଶେଷ କାର୍ଯ୍ୟକ୍ରମ ଥିଲା ଆଇ-ମାକ୍ସ ପରଦା (ଥ୍ରୀଡି) ଉପରେ ଚନ୍ଦ୍ର ଅଭିଯାନର ଦୃଶ୍ୟ । ୩୦ ମିନିଟ୍‌ର ଏହି କାର୍ଯ୍ୟକ୍ରମରେ ୨୫୦ ଆସନ ବିଶିଷ୍ଟ ଅତ୍ୟାଧୁନିକ ପ୍ରେକ୍ଷାଳୟରେ ଚନ୍ଦ୍ର ଅଭିଯାନର ଆରମ୍ଭରୁ ବର୍ତ୍ତମାନ ପର୍ଯ୍ୟନ୍ତ ସମସ୍ତ ବୈଜ୍ଞାନିକ କାର୍ଯ୍ୟକ୍ରମ ଉପଭୋଗ କଲୁ । ଥ୍ରୀଡି ବ୍ୟବସ୍ଥା ଯୋଗୁଁ ଆର୍ମଷ୍ଟ୍ରଙ୍ଗ୍ ଆମ ଆଖି ସାମ୍ନାରେ ଚନ୍ଦ୍ରପୃଷ୍ଠରେ ଓହ୍ଲାଇବାର ଅନୁଭବ ହେଲା । ଅନ୍ୟ ଏକ ପ୍ରେକ୍ଷାଳୟରେ ବି କାର୍ଯ୍ୟକ୍ରମ ଚାଲିଥାଏ । ୧୫ ମିନିଟ୍ ବିରତି ପରେ ୩୦ ମିନିଟ୍‌ର ବିଭିନ୍ନ କାର୍ଯ୍ୟକ୍ରମ ମାନ ପ୍ରଦର୍ଶିତ ହେଉଛି । ଅନିଚ୍ଛା ସତ୍ତ୍ୱେ ଅନେକ ଦର୍ଶନୀୟ ବସ୍ତୁକୁ ପଛରେ ଛାଡ଼ି ଫେରିଲୁ । ତେବେ ଏହି ମହାର୍ଘ୍ୟ ଅନୁଷ୍ଠାନର ସଚିତ୍ର ସ୍ମରଣିକା ପୁସ୍ତିକାଟିଏ କିଣିବାକୁ ପାଇ ମୁଁ ନିଜକୁ କୃତାର୍ଥ ମନେ କଲି ।

ମଧ୍ୟାହ୍ନଭୋଜନ ପରେ 'ମ୍ୟାୟାମି' ଅଭିମୁଖେ ଦକ୍ଷିଣକୁ ଯାତ୍ରା । ଫ୍ଲୋରିଡ଼ା ରାଜ୍ୟର ଏହି ବୃହତ୍ତମ ସହର ଅନ୍ତରୀକ୍ଷର ଦକ୍ଷିଣ ବିନ୍ଦୁରେ ସ୍ଥାପିତ । ରାତି ଆଠଟା ବେଳେ ଏହି ସୁଦୃଶ୍ୟ ସହରର ସୀମା ସ୍ପର୍ଶ କଲାବେଳେକୁ ସୂର୍ଯ୍ୟଦେବ ଅସ୍ତ ଯାଇ ନଥିଲେ । ସ୍ଥାନୀୟ ମହିଳା ଗାଇଡ୍ ଜଣକ ବସ୍ ଭିତରେ ପଶି ସହର ବିଷୟରେ ଧାରାବିବରଣୀ ଆରମ୍ଭ କଲେ । ରାତି ୧୧ଟା ବେଳକୁ ଭାରତୀୟ ରେଷ୍ଟୁରାଣ୍ଟରେ ଭୋଜନ କରି ହୋଟେଲ୍‌ରେ ପ୍ରବେଶ କଲୁ ।

ତା.୨୯.୦୬.୨୦୧୦ (ମଙ୍ଗଳବାର) :

ନାଁଟି ବହୁ ପରିଚିତ – ମାୟାମୀ (Miami) । ଯୁକ୍ତରାଷ୍ଟ୍ର ଆମେରିକାର ଦକ୍ଷିଣତମ ବିନ୍ଦୁରେ ଅବସ୍ଥିତ ଏ ସୁନ୍ଦର ସହରଟିକୁ ଆମେରିକାର ପ୍ରବେଶ ଦ୍ୱାର ବୋଲି କୁହାଯାଏ । ମାୟାମୀ ସହରାଞ୍ଚଳର ଜନସଂଖ୍ୟା ୨୦୦୯ ଜନଗଣନା ଅନୁସାରେ ୪,୩୩,୧୩୬ ଏବଂ ବୃହତ୍ତର ମାୟାମୀର ୫୨ଲକ୍ଷ ୩୨ହଜାର ୩୪୨ । ସମୁଦ୍ର ପତ୍ତନ ଠାରୁ ମାତ୍ର ଦୁଇ ମିଟର ଉଚ୍ଚତାରେ ଅବସ୍ଥିତ ଏହି ସହରାଞ୍ଚଳ, ଆମେରିକାର ଚତୁର୍ଥ ଜନାକୀର୍ଣ୍ଣ ଅଞ୍ଚଳ ଭାବରେ ପରିଚିତ । ପ୍ରଥମ ନ୍ୟୁୟର୍କ, ଦ୍ୱିତୀୟ ଲସ୍‌ଏଞ୍ଜେଲସ୍ ଏବଂ ତୃତୀୟ ସ୍ଥାନରେ ଚିକାଗୋ । ଏହି ଆନ୍ତର୍ଜାତୀୟ ଖ୍ୟାତିସମ୍ପନ୍ନ ସହରଟି ବ୍ୟବସାୟ, ସଂସ୍କୃତି, ସୌନ୍ଦର୍ଯ୍ୟକଳା (ଫ୍ୟାସନ୍) ସିନେମା, ଟେଲିଭିଜନ୍, ସମ୍ବାଦପତ୍ର, କଳା, ମନୋରଂଜନ ଏବଂ ଆନ୍ତର୍ଜାତୀୟ ବାଣିଜ୍ୟରେ ପ୍ରସିଦ୍ଧି ଲାଭ କରିଛି । ସହରର କେନ୍ଦ୍ରସ୍ଥଳରେ ସମସ୍ତ ଆନ୍ତର୍ଜାତୀୟ ବ୍ୟାଙ୍କ ଓ ବାଣିଜ୍ୟ ସଂସ୍ଥାର କାର୍ଯ୍ୟାଳୟ (କର୍ପୋରେଟ୍ ଅଫିସ୍) କେନ୍ଦ୍ରୀଭୂତ । ଏହାକୁ ପୃଥିବୀର ବୃହତ୍ତମ କେନ୍ଦ୍ରୀଭୂତ ଅଞ୍ଚଳ ବୋଲି କୁହାଯାଏ । ମାୟାମୀ ବନ୍ଦର ଯାତ୍ରୀ ଓ ମାଲପତ୍ର ନେବା ଆଣିବାରେ ପୃଥିବୀର ବ୍ୟସ୍ତତମ ବନ୍ଦର ବୋଲି ପରିଗଣିତ । ନ୍ୟୁୟର୍କର ଜନ୍.ଏଫ୍.କେନେଡ଼ି ବିମାନଘାଟି ପରେ ଏହା ଦ୍ୱିତୀୟ ବୃହତ୍ତମ ଆନ୍ତର୍ଜାତୀୟ ବିମାନ ପ୍ରବେଶଦ୍ୱାର ଭାବରେ ଖ୍ୟାତିଲାଭ କରିଛି ।

ଇତିହାସ :

ଏହି ଅଞ୍ଚଳରେ ଟେକ୍ୱେଷ୍ଟାସ୍ (Tequestas) ନାମକ ଆଦିମ ଅଧିବାସୀ ପ୍ରାୟ ଏକହଜାର ବର୍ଷରୁ ଅଧିକ କାଳ ବସବାସ କରୁଥିଲେ । ୧୫୬୬ ମସିହାରେ ପେଡ୍ରୋ ମେନେଡେଜ୍ ଡି ଆଭିଲିସ୍ (Pedro Menedaz de Aviles)ଙ୍କ ନେତୃତ୍ୱରେ ସ୍ପେନୀୟମାନେ ଏ ଅଞ୍ଚଳରେ ଉପନିବେଶ ସ୍ଥାପନ କଲେ । କୃଷି, ବ୍ୟବସାୟ, ବାଣିଜ୍ୟରେ ସନ୍ତୁଷ୍ଟ ରହି ସେମାନେ ଧୀରେ ଧୀରେ ଉନ୍ନତି ସାଧନ କଲେ । ତା' ପରେ ଇଂରେଜ ଓ ଅନ୍ୟ ଉପନିବେଶକାରୀଙ୍କ ସହିତ ସଂଘର୍ଷ ହେବାରୁ ୧୮୩୬ ମସିହାରେ ଡଲାସ୍ ଦୁର୍ଗ (ଫୋର୍ଟ ଡଲାସ୍) ସ୍ଥାପନ କଲେ । ଜୁଲିଆ ଟଟଲ୍ ନାମକ ମହିଳା କୃଷିଉଦ୍ୟୋଗୀ ୨୮.୦୭.୧୮୯୬ ତାରିଖ ଦିନ ସହର ସ୍ଥାପନର ମୂଳଦୁଆ ପକାଇଥିଲେ । ତେଣୁ ତାଙ୍କୁ ମାୟାମୀର ଜନନୀ (ମଦର୍ ଅଫ୍ ମାୟାମୀ) ବୋଲି କୁହାଯାଏ । ୧୮୯୬ରୁ ୨୦୦୬, ଏହି ୧୧୦ ବର୍ଷ ଭିତରେ ସହରର ଜନସଂଖ୍ୟା ଏକହଜାରରୁ ବଢ଼ି ୫୨ଲକ୍ଷରେ ପହଞ୍ଚିଗଲା । ସହରର କ୍ଷେତ୍ରଫଳ ୫୫.୨୭ ବର୍ଗ ମାଇଲ୍ । ଏଥିମଧ୍ୟରୁ ସ୍ଥଳଭାଗ ୩୫.୬୮ ବର୍ଗ ମାଇଲ୍ ଥିବାବେଳେ ଜଳଭାଗ ୧୯.୫୯ ବର୍ଗ ମାଇଲ୍ । ଅନେକ ଦ୍ୱୀପର ସମଷ୍ଟି ଏହି ସହରଟି ଖୁବ୍ ସୁନ୍ଦର । ବେଳାଭୂମିର

ସୌନ୍ଦର୍ଯ୍ୟ ତତୋଧିକ । ତେଣୁ ଏଠାକୁ ଭ୍ରମଣକାରୀ ଯୁବପିଢ଼ିର ସୁଅ ଛୁଟିଥାଏ । ମାତ୍ର ୧୧୦ ବର୍ଷରେ ସହରର ଏଭଳି ଅଭିବୃଦ୍ଧି ପାଇଁ ଏହାକୁ କୁହୁକ ନଗର (ମ୍ୟାଜିକ୍ ସିଟି) କୁହାଯାଏ ।

ଗତ ସଂଧ୍ୟା ଏବଂ ଆଜି ସକାଳୁ ସହର ଭ୍ରମଣ ଆନନ୍ଦଲାଭ ପରେ ଘରବାହୁଡ଼ା ପାଇଁ ମନ ଚଞ୍ଚଳ ହୋଇଉଠିଲା । ୧.୪୦ ମିନିଟ୍‌ରେ ମାୟାମୀ ବିମାନ ବନ୍ଦର ଛାଡ଼ି ନ୍ୟୁୟର୍କ ଅଭିମୁଖେ ଉଡ୍ଡାଣ । ନ୍ୟୁୟର୍କରୁ ରାତି ୮.୩୦ ମିନିଟ୍‌ରେ ଦିଲ୍ଲୀ ଅଭିମୁଖେ ୧୩ ଘଣ୍ଟା ୩୦ ମିନିଟ୍‌ର ନିରବଚ୍ଛିନ୍ନ ସୁଖଦ ଯାତ୍ରା ପରେ ଭାରତୀୟ ସମୟ ରାତ୍ରି ୮ଟା ୧୫ ମିନିଟ୍‌ରେ ଦିଲ୍ଲୀ ମାଟି ସ୍ପର୍ଶ କଲୁ । ତାରିଖ ବଦଳି ଯାଇଥିଲା ୩୦.୦୬.୨୦୧୦ । ସାଙ୍ଗରେ ନେଇ ଆସିଥିବା ମଧୁର ସ୍ମୃତିକୁ ବାଣ୍ଟିବାର ମଧୁର ଅଭିଳାଷ ନେଇ ନିଦ୍ରାଦେବୀଙ୍କ କୋଳକୁ ଚାଲିଗଲି । ସକାଳ ୭.୩୦ ମିନିଟ୍‌ରେ ଭୁବନେଶ୍ୱର ଅଭିମୁଖେ ଯାତ୍ରା ।

■

ପୁନଶ୍ଚ ଫିଲାଡେଲ୍‌ଫିଆ

ତା.୦୬.୦୬.୨୦୧୨ (ବୁଧବାର) :

"ଆମେରିକାନ୍ ଡାଇବେଟିସ୍ ଆସୋସିଏସନ୍" ଅର୍ଥାତ୍ ଆମେରିକୀୟ ମଧୁମେହ ଗବେଷଣା ସଂସ୍ଥାର ବାସ୍ତରୀତମ ବାର୍ଷିକ ସମ୍ମିଳନୀରେ ଯୋଗଦେବା ପାଇଁ ସୁଯୋଗ ପହଞ୍ଚିଲା । ଆଜି ରାତ୍ରି ଦୁଇଘଣ୍ଟା ପଞ୍ଚତିରିଶ ମିନିଟ୍‌ରେ ନୂଆଦିଲ୍ଲୀସ୍ଥିତ ଅତ୍ୟାଧୁନିକ ଟର୍ମିନାଲ୍-୩ର ଜେଟ୍ ଏୟାରୱେଜ୍ ବିମାନରେ ଯାତ୍ରା ଆରମ୍ଭ । ଆମର ୨୯ଜଣିଆ ପ୍ରତିନିଧି ଦଳ ୮ଘଣ୍ଟାର ଯାତ୍ରା ପରେ ବେଲ୍‌ଜିୟମ୍‌ର ରାଜଧାନୀ ବ୍ରସେଲ୍‌ସ୍‌ରେ ପହଞ୍ଚି ଦୁଇଘଣ୍ଟା ପନ୍ଦର ମିନିଟ୍‌ର ବ୍ୟବଧାନ ପରେ ଅନ୍ୟ ଏକ ବିମାନରେ ନ୍ୟୁୟର୍କ ଅଭିମୁଖେ ଯାତ୍ରା ଆରମ୍ଭ କରିବୁ । ୮ ତାରିଖରୁ ୧୨ ତାରିଖ ପର୍ଯ୍ୟନ୍ତ ଫିଲାଡେଲ୍‌ଫିଆ ସହରରେ ଅନୁଷ୍ଠିତ ହେବାକୁ ଯାଉଥିବା ଏହି ବୈଜ୍ଞାନିକ ସମ୍ମିଳନୀର ସ୍ଲୋଗାନ ହେଲା- "ମଧୁମେହର ନିବାରଣ' । ପୂର୍ବରୁ ୨୦୦୮ ମସିହା ଜୁନ୍ ମାସରେ ଭ୍ରମଣକାରୀ ଭାବରେ ପ୍ରୀତିନଗରୀ ଫିଲାଡେଲ୍‌ଫିଆରେ ମାତ୍ର ଏକଘଣ୍ଟା ପାଇଁ ପଦାର୍ପଣ କରିଥିଲି । ସ୍ୱଳ୍ପ କାଳର ରହଣି ଭିତରେ ମନରେ ସଂକଳ୍ପ ସୃଷ୍ଟି ହୋଇଥିଲା, ପୁଣି ଏଠାକୁ ଆସି ଭଲଭାବରେ ଏହି ଐତିହାସିକ ନଗରୀଟିକୁ ଦେଖିବାର ସୁଯୋଗ ମିଳନ୍ତା କି ? ଯାହାହେଉ, ଚାରିବର୍ଷ ପରେ ଏ ସୁଯୋଗକୁ ହାତଛଡ଼ା କରିବାକୁ ଚାହିଁଲି ନାହିଁ । ଫିଲାଡେଲ୍‌ଫିଆ ସହିତ ନ୍ୟୁ ଜର୍ସି ରାଜ୍ୟର କିଛି ଦର୍ଶନୀୟ ସ୍ଥାନ ଏବଂ ୱାଶିଂଟନ୍ ଡି.ସି. ଦ୍ୱିତୀୟବାର ଭ୍ରମଣ କାର୍ଯ୍ୟକ୍ରମ ବି ରହିଛି ।

ତା.୦୭-୦୬-୨୦୧୨ (ଗୁରୁବାର) :

୮ଘଣ୍ଟା ୨୦ ମିନିଟ୍‌ରେ ସୁଖଦଯାତ୍ରା ପରେ ବ୍ରସେଲ୍ସ ବିମାନ ବନ୍ଦରରେ ସ୍ଥାନୀୟ ସମୟ ୭ଟା ୩୦ ମିନିଟ୍‌ରେ ଅବତରଣ କଲୁ । ସେତେବେଳେ ଭାରତୀୟ ସମୟ

୧୧ଟା ୨୫ ମିନିଟ୍ । ସ୍ଥାନୀୟ ସମୟ ୧୦ ଘଣ୍ଟା ୧୦ ମିନିଟ୍‌ରେ ଜେଟ୍ ବିମାନ କମ୍ପାନୀର ଅନ୍ୟ ଏକ ବିମାନରେ ନ୍ୟୁୟର୍କ ଅଭିମୁଖେ ଯାତ୍ରା । ୭ ଘଣ୍ଟା କୋଡ଼ିଏ ମିନିଟ୍‌ର ଯାତ୍ରା ପରେ ନ୍ୟୁଜର୍ସି ରାଜ୍ୟର ମୁଖ୍ୟ ସହର ତଥା ନ୍ୟୁୟର୍କ ସହରର ଅନତି ଦୂରସ୍ଥ ନ୍ୟୁୟର୍କ ବିମାନ ବନ୍ଦରରେ ସ୍ଥାନୀୟ ସମୟ ଦିନ ୧୨ଟା ୩୦ ମିନିଟ୍‌ରେ ଓହ୍ଲାଇଲୁ । ସେତେବେଳକୁ ଭାରତୀୟ ସମୟ ରାତ୍ରି ୧୦ଟା । ଗ୍ରୀଷ୍ମଋତୁରେ ଆମେରିକାର ପୂର୍ବାଞ୍ଚଳ ସମୟ ଭାରତୀୟ ସମୟଠାରୁ ୯ଘଣ୍ଟା ୩୦ ମିନିଟ୍ ପଛରେ । ଶୀତ କାଳରେ ଏ ବ୍ୟବଧାନ ବଢ଼ିଯାଏ । ନ୍ୟୁୟର୍କ ସହରାଭିମୁଖୀ ତଥା ଆମେରିକାର ଅନ୍ୟାନ୍ୟ ସହରକୁ ସଂଯୁକ୍ତ କରୁଥିବା ଏହି ବିଶିଷ୍ଟ ବିମାନବନ୍ଦରଟି ସୁବୃହତ୍ ଏବଂ କୋଳାହଳମୟ । ତଥାପି ବୈଜ୍ଞାନିକ ପଦ୍ଧତିରେ ସୁଚାରୁରୂପେ ସଂପାଦିତ ବିଦେଶାନ୍ତର, ସୀମାଶୁଳ୍କ ଏବଂ ଯାତ୍ରାର ମାଲ୍‌ପତ୍ର ଗ୍ରହଣ ସ୍ଥାନ ଇତ୍ୟାଦି ଶୀଘ୍ର ଅତିକ୍ରମ କରି ଆମ ଅପେକ୍ଷାରେ ଥିବା କକ୍‌ସକିଙ୍ଗ୍ କମ୍ପାନୀର ଗାଇଡ୍ ପଟ୍ଟବର୍ଦ୍ଧନଙ୍କ ପାଖରେ ଏକତ୍ରିତ ହେଲୁ । ବିମାନବନ୍ଦରଠାରୁ ଆମର ଗନ୍ତବ୍ୟସ୍ଥଳ "ମାଉଣ୍ଟ ଲରେଲ୍'ରେ ଦେଢ଼ଘଣ୍ଟାର ବସ୍ ଯାତ୍ରା ପରେ ପହଞ୍ଚିହେବ । ଏହି କ୍ଷୁଦ୍ର ସହରଟି ନ୍ୟୁଜର୍ସି ରାଜ୍ୟର ମଧ୍ୟଭାଗର ପଶ୍ଚିମରେ ଅବସ୍ଥିତ । ଏଠାରୁ ପଶ୍ଚିମରେ ତେର ମାଇଲ୍ ଗଲେ ଫିଲାଡେଲ୍‌ଫିଆ । ଏହା ପଡ଼ୋଶୀ ପେନ୍ସିଲଭ୍ୟାନିଆ ରାଜ୍ୟର ବୃହତ୍ତମ ସହର ଏବଂ ଏଠାରେ ଆମେରିକାରେ ପ୍ରଥମ ଇଂରେଜବସ୍ତିର ସନ୍ତକମାନ ରହିଛି । ତନ୍ମଧ୍ୟରୁ ଗୋଟଏ ଗଳି ରାସ୍ତା ସୁରକ୍ଷିତ ରହିଛି, ଯାହାକି ସମଗ୍ର ଉତ୍ତର ଆମେରିକାର ପ୍ରଥମ ଗଳି ରାସ୍ତା । ବ୍ରିଟିଶ୍ ସରକାର ବିରୁଦ୍ଧରେ ସ୍ୱାଧୀନତା ସଂଗ୍ରାମ ଫିଲାଡେଲ୍‌ଫିଆରେ ଆରମ୍ଭ ହୋଇ ପ୍ରଥମ ସ୍ୱାଧୀନତା ଘୋଷଣା ୧୭୭୬ ମସିହା ଜୁଲାଇ ୪ ତାରିଖରେ କରାଯାଇଥିଲା । ଏହାର ସ୍ମୃତି 'ସ୍ୱାଧୀନତା ଗୃହ' ଓ 'ମୁକ୍ତି ଘଣ୍ଟି' ମୁଁ ଗତଥର ପରିଦର୍ଶନ କରିଥିଲି । ୧୮୦୦ ମସିହାରେ ଆମେରିକାର ରାଜଧାନୀ ୱାଶିଂଟନ୍ ଡି.ସି. ସହରକୁ ସ୍ଥାନାନ୍ତରିତ ହେବା ପୂର୍ବରୁ ଏ ସହରରେ ଦଶବର୍ଷ କାଳ ରହିଥିଲା । ତେଣୁ ଐତିହାସିକ ଗରିମାମୟ ସହର ହିସାବରେ ଫିଲାଡେଲ୍‌ଫିଆର ସୁଖ୍ୟାତି ରହିଛି । ଏହାକୁ ଗାଇଡ୍ ଦେଶପ୍ରୀତି ନଗରୀ କହି ୨୦୦୮ ମସିହାରେ ମାତ୍ର ୧ଘଣ୍ଟା ଭ୍ରମଣର ସୁଯୋଗ ଦେଇଥିଲେ । ବର୍ତ୍ତମାନ ଚାରିଦିନ ଭ୍ରମଣ ପାଇଁ କାର୍ଯ୍ୟକ୍ରମ ସ୍ଥିରୀକୃତ । ଦିନ ଗୋଟାଏ ବେଳେ ନ୍ୟୁୟର୍କ ବିମାନବନ୍ଦରରୁ ବାହାରି ଅଧଘଣ୍ଟାଏ ବସ୍ ଯାତ୍ରା ପରେ ସୁଦୃଶ୍ୟ ଆଭିଜାତ୍ୟସମ୍ପନ୍ନ ଭାରତୀୟ ଭୋଜନାଳୟରେ ମଧ୍ୟାହ୍ନଭୋଜନ ଏବଂ ତତ୍‌ପରେ ଏକଘଣ୍ଟାର ବସ୍‌ଯାତ୍ରା ପରେ 'ମାଉଣ୍ଟଲରେଲ୍' ନାମକ କ୍ଷୁଦ୍ର ସହରରେ ପହଞ୍ଚି ବିଶ୍ରାମ । ସନ୍ଧ୍ୟା ନଇଁଆସିବା ବେଳକୁ ଘଣ୍ଟାରେ ସ୍ଥାନୀୟ ସମୟ ଆଠଟା ତିରିଶ ମିନିଟ୍ । ନ୍ୟୁୟର୍କରେ ଅବତରଣ କରିବା ପୂର୍ବରୁ ମୁଁ କଣ୍ଟାଗୁଡ଼ିକୁ ଭାରତୀୟ ସମୟଠାରୁ ୯ଘଣ୍ଟା ତିରିଶ ମିନିଟ୍

ପଛକୁ ନେଇ ଯାଇଥିଲି । ଠିକ୍ ୯ଟା ବେଳକୁ ରାତ୍ରିଭୋଜନ ପାଇଁ ଭାରତୀୟ ଭୋଜନାଳୟକୁ ଯାତ୍ରା । ପରଦିନର କାର୍ଯ୍ୟକ୍ରମ ସମ୍ପର୍କରେ ଗାଇଡ୍ ସୂଚନା ଦେଇଥିଲେ । ହୋଟେଲ୍‌ରେ ପହଞ୍ଚି ବିଶ୍ରାମକକ୍ଷରୁ ନ୍ୟୁଜର୍ସି ସମ୍ପର୍କୀୟ ସୁବୃହତ୍ ସ୍ମରଣିକା ପୁସ୍ତକ ସଂଗ୍ରହ କରିନେଲି । ପୁସ୍ତକଟି ଖୋଲୁ ଖୋଲୁ ଯାତ୍ରାଜନିତ କ୍ଳାନ୍ତି ଅପହରଣ ପାଇଁ ନିଦ୍ରାଦେବୀ ଶୀଘ୍ର କୋଳକୁ ନେଇଗଲେ ।

ତା.୦୮.୦୬.୨୦୧୨ (ଶୁକ୍ରବାର) :

ଚିରାଚରିତ ଅଭ୍ୟାସ ଅନୁଯାୟୀ ଭୋର ଚାରିଟା ବଦଳରେ ପାଞ୍ଚଟା ବେଳେ ଶଯ୍ୟାତ୍ୟାଗ କଲି । ଯୋଗ, ନିତ୍ୟକର୍ମ ସମାପନ ଏବଂ ଚା' ପାନ ପରେ ନ୍ୟୁଜର୍ସି ଭ୍ରମଣ ପୁସ୍ତିକା ଉପରେ ଆଖି ବୁଲାଇନେଲି । ପଛ ପୃଷ୍ଠାରେ ଥିବା ମାନଚିତ୍ରଟି ସୂଚାଇଦେଲା ନ୍ୟୁଜର୍ସି ରାଜ୍ୟର ପ୍ରାୟ ଦୁଇତୃତୀୟାଂଶ ଦକ୍ଷିଣକୁ ଅତିକ୍ରମ କରି ପଶ୍ଚିମ ଦିଗରେ ଏହି କ୍ଷୁଦ୍ର ସହରେ ଅବସ୍ଥାନ କରିଛୁ । ସହରଟି କ୍ଷୁଦ୍ର ହେଲେ ମଧ୍ୟ 'ହୋଟେଲ୍ ହିଲ୍‌ଟନ୍ ଗାର୍ଡ଼ନ୍ ଇନ୍' ବେଶ୍ ବୃହତ୍, ସୁନ୍ଦର ଏବଂ ପୁଷ୍ପ-ବୃକ୍ଷ ସୁଶୋଭିତ । ନ୍ୟୁଜର୍ସି ରାଜ୍ୟକୁ ଉପବନରାଜ୍ୟ ନାମରେ ଅଳଙ୍କୃତ କରାଯାଇଛି । ଦେଢ଼ଘଣ୍ଟାର ବସ୍ ଯାତ୍ରା ବେଳେ ଏବଂ ଆମ ହୋଟେଲ୍ ତଥା କ୍ଷୁଦ୍ର ସହରର ପାରିପାର୍ଶ୍ୱିକଅବସ୍ଥା ଅନୁଧ୍ୟାନ କରି ମୁଁ ଏହାର ଯଥାର୍ଥତା ଅନୁଭବ କଲି । ଡେଲାୱାର ନଦୀ ପଶ୍ଚିମ ଦିଗରେ ପେନ୍‌ସିଲ୍‌ଭ୍ୟାନିଆ ଓ ପୂର୍ବରେ ନ୍ୟୁଜର୍ସି ରାଜ୍ୟର ସୀମା ନିର୍ଦ୍ଧାରଣ କରେ । ସୁନ୍ଦର ନଦୀଟି ମାନଚିତ୍ର ଉପରେ ମୋର ଦୃଷ୍ଟି ଆକର୍ଷଣ କଲା ।

ଉତ୍ତମ ପ୍ରାତଃଭୋଜନ ପରେ ଠିକ୍ ୮ଟା ୩୦ ମିନିଟ୍‌ରେ ଆମ ବସ୍ ହୋଟେଲ୍ ପରିତ୍ୟାଗ କଲା । ୨୦ ମିନିଟ୍‌ର ଯାତ୍ରା ପରେ ଆମେ ଡେଲାୱାର ନଦୀ ଉପରେ ପ୍ରସିଦ୍ଧ ଝୁଲନ୍ତା ପୋଲ ପାର ହେଲୁ । ଏହି ପୋଲଟି ୧୯୨୬ ମସିହାରେ ନିର୍ମିତ ହେଲାବେଳକୁ ପୃଥିବୀର ଦୀର୍ଘତମ ଝୁଲନ୍ତା ପୋଲର ମାନ୍ୟତା ପାଇଥିଲା । ପୋଲ ପାର ହେବା ପରେ ପରେ ଫିଲାଡେଲ୍‌ଫିଆ ସହର ତଥା ପେନ୍‌ସିଲ୍‌ଭ୍ୟାନିଆ ରାଜ୍ୟର ସୀମା ଆରମ୍ଭ ହୋଇଗଲା। ସହର ଭ୍ରମଣ ପାଇଁ ଅଭିଜ୍ଞ ସ୍ଥାନୀୟ ଗାଇଡ୍ ରିଚାର୍ଡ଼ଫ୍ରେ ଆମ ସହିତ ଯୋଗଦେଲେ । ନିଜର ମୂଳ ପରିଚୟ 'ଜର୍ମାନ୍' ବୋଲି କହି ଫିଲାଡେଲ୍‌ଫିଆରେ ବାଲ୍ୟ-ଯୌବନ ଅତିବାହିତ କରି ବାର୍ଦ୍ଧକ୍ୟରେ ଉପନୀତ ହେବା କଥା କହିଲେ । ସତୁରୀ ବର୍ଷ ବୟସରେ ବି ବେଶ୍ ଚଞ୍ଚଳ ଓ କାର୍ଯ୍ୟକ୍ଷମ । ସେ ସହରର ଇତିହାସ ବଖାଣିଲେ । ୧୬୮୨ ମସିହାରେ ୱିଲିୟମ୍ ପେନ୍‌ଙ୍କ ଦ୍ୱାରା ପ୍ରତିଷ୍ଠିତ ହୋଇଥିଲା । କିନ୍ତୁ ବେଞ୍ଜାମିନ୍ ଫ୍ରାଙ୍କ୍‌ଲିନ୍ (୧୭୦୬-୧୭୯୦) ସର୍ବାଙ୍ଗୀନ ଉନ୍ନତି

ସାଧନ କରିଥିଲେ । ଯୁକ୍ତରାଷ୍ଟ୍ର ଆମେରିକାର ସ୍ୱାଧୀନତା ଘୋଷଣାର ଚିଠା ଏବଂ ସମ୍ବିଧାନ ରଚନା ଉଭୟରେ ସେ ମୁଖ୍ୟ କର୍ଣ୍ଣଧାର ଥିଲେ ।

ବସ୍ ଏକ କ୍ଷୁଦ୍ର ଗଳି ସାମ୍ନାରେ ପହଞ୍ଚିଲା । ପ୍ରାୟ ପନ୍ଦର ଫୁଟ୍ ଓସାର ଓ ଚାରିଶହ ଫୁଟ୍ ଦୀର୍ଘ ଏହି ଗଳିର ଉଭୟ ପାର୍ଶ୍ୱରେ ପୁରାତନ ବାସଗୃହମାନ ସୁରକ୍ଷିତ । ରାସ୍ତାଟି ଛୋଟ ଛୋଟ ପଥର ଖଣ୍ଡରେ ନିର୍ମିତ । ୧୭୦୩ ମସିହାର ଏହି ଗଳି (ଚିତ୍ର-୨୭) ସମଗ୍ର ଉତ୍ତର ଆମେରିକାର ପ୍ରଥମ ଗଳି । ବିଶିଷ୍ଟ ବ୍ୟକ୍ତିମାନେ ଏହି କ୍ଷୁଦ୍ରତମ ଗଳି ଭିତରୁ ସଂଘର୍ଷ କରି ସୁବୃହତ୍ ଯୁକ୍ତରାଷ୍ଟ୍ର ଆମେରିକାର ମୂଳଦୁଆ ସ୍ଥାପନ କରିଛନ୍ତି । ସେତେବେଳେ ଅଶ୍ୱପୃଷ୍ଠରେ ବସି ଯାତ୍ରା କରିବା ଏକମାତ୍ର ସାଧନ ହୋଇଥିବାରୁ ପଥୁରିଆ ରାସ୍ତା ନିର୍ମାଣ କରାଯାଇଥିଲା । ପରବର୍ତ୍ତୀ କାଳରେ ନିର୍ମିତ ଏଭଳି ରାସ୍ତା ବୋଷ୍ଟନ ସହରରେ ଦେଖିଥିବାର ମୁଁ ପୂର୍ବ ଅଧ୍ୟାୟରେ ବର୍ଣ୍ଣନା କରିଛି । ଏହି ଐତିହାସିକ ଗଳି ଦେଖି ଦେଶ ବିଦେଶର ପର୍ଯ୍ୟଟକମାନେ ଖୁସି ହୁଅନ୍ତି । ତା' ପରେ ୧୭୩୦ ମସିହାରେ ନିର୍ମିତ ଏକ ବିରାଟ ଯୁଦ୍ଧ ଜାହାଜ ମ୍ୟୁଜିୟମ୍‌ରେ ପରିଣତ ହୋଇଥିବାର ଆମେ ଦେଖିଲୁ । ସୁଦୃଶ୍ୟ ଚୀନ୍-କଳାକୃତିରେ ନିର୍ମିତ ତୋରଣ ତଳେ ବସ୍ ପ୍ରବେଶ କଲାବେଳେ ଗାଇଡ୍ କହିଲେ- ଏହା ଚାଇନା ଟାଉନ୍ । ଏହା ଏକ ବିସ୍ତୃତ ଅଞ୍ଚଳ ଏବଂ ଆମେରିକାର ତୃତୀୟ ବୃହତ୍ତମ ଚୀନାବସତି । ପ୍ରଥମ ସ୍ଥାନ ଅଧିକାର କରିଛି ନ୍ୟୁୟର୍କ ଏବଂ ଦ୍ୱିତୀୟ ସାନ୍‌ଫ୍ରାନ୍‌ସିସ୍‌କୋ । ଉଭୟ ଚୀନାବସତି ବୁଲି ଦେଖିବାର ସୌଭାଗ୍ୟ ମୋର ରହିଛି । ହଜାର ହଜାର ଚୀନ୍ ବ୍ୟବସାୟୀ ସୁଦୃଶ୍ୟ ଭୋଜନାଳୟ ଏବଂ ଦୋକାନମାନ ଖୋଲି ଆମେରିକାର ବଜାରକୁ ସଂପୂର୍ଣ୍ଣ ଭାବରେ ଅକ୍ତିଆର କରି ନେଇଛନ୍ତି । ଆମେରିକାରେ ପିଲାଙ୍କ ଖେଳନାଠାରୁ ଆରମ୍ଭ କରି କଲମ୍, ଟର୍ଚ୍ଚ, ଘରକରଣା ଜିନିଷ ଏବଂ ସମସ୍ତ ପ୍ରକାରର ଇଲେକ୍‌ଟ୍ରୋନିକ୍ ତଥା ବୈଦ୍ୟୁତିକ ଯନ୍ତ୍ରପାତି ଚୀନାମାନଙ୍କ ଦ୍ୱାରା ଉତ୍ପାଦିତ । ଏହା ସେମାନଙ୍କର ଆର୍ଥିକ ଅବସ୍ଥାକୁ ସ୍ୱଚ୍ଛଳ କରିବା ସଂଗେ ସଂଗେ ନିଜ ଦେଶରୁ ଅଧିକରୁ ଅଧିକ ଲୋକଙ୍କୁ ଟାଣି ଆଣିଛି । ସେମାନେ ଅନେକ ଦିନରୁ ଅନୁପ୍ରବେଶ କରି କ୍ଷୁଦ୍ର, ମଧ୍ୟମ ଏବଂ ବୃହତ୍ ଶିଳ୍ପ ତଥା ବ୍ୟବସାୟରେ ସଫଳତା ଲାଭ କରିଛନ୍ତି । ରାସ୍ତାର ଉଭୟପାର୍ଶ୍ୱରେ ଚୀନା କଳାକୃତିରେ ସଜ୍ଜିତ ବାସଗୃହ ଏବଂ ଦୋକାନଗୃହ ବେଶ୍ ମନୋମୁଗ୍ଧକର । ଚାଇନାଟାଉନ୍ ପରେ ଫିଲାଡେଲ୍‌ଫିଆ ସମ୍ମିଳନୀ କେନ୍ଦ୍ର ଅତିକ୍ରମ କରି ଗଲାବେଳେ ତା'ର ବିଶାଳତା ଉପଲବ୍ଧି କଲୁ । ଦିନ ଗୋଟାଏ ବେଳେ ସେ ଭିତରେ ପ୍ରବେଶ କରିବୁ ବୋଲି ଗାଇଡ୍ କହିଲେ । ସେତେବେଳକୁ ସମୟ ଦଶଟା । ବାମପଟେ ସ୍କୁଇଲ୍ କିଲ୍ ଏବଂ ଡାହାଣପଟେ ଡେଲାୱାର ନଦୀ ଫିଲାଡେଲ୍‌ଫିଆ ସହରର ସୀମା ନିର୍ଦ୍ଧାରଣ କରନ୍ତି । ୨୦୧୦ ଜନଗଣନା ଅନୁଯାୟୀ ଏ ସହରର ଲୋକସଂଖ୍ୟା

ପନ୍ଦର ଲକ୍ଷରୁ ଅଧିକ । ଯୁକ୍ତରାଷ୍ଟ୍ର ଆମେରିକାର ପଞ୍ଚମ ବୃହତ୍ତମ ସହର ଭାବରେ ଏହାର ଖ୍ୟାତି ରହିଛି । ବୃହତ୍ତର ଫିଲାଡେଲ୍‌ଫିଆର ଜନସଂଖ୍ୟା ଷାଠିଏ ଲକ୍ଷରୁ ଅଧିକ । ଡେଲାୱାର୍ ଉପତ୍ୟକା ଅଞ୍ଚଳକୁ ଯୁକ୍ତରାଷ୍ଟ୍ର ଆମେରିକାର ବୃହତ୍ ବାଣିଜ୍ୟ, ସଂସ୍କୃତି, ଶିଳ୍ପ, ଶିକ୍ଷା ଓ ସ୍ୱାସ୍ଥ୍ୟର ସମୃଦ୍ଧ ଅଞ୍ଚଳ ଭାବରେ ଗଣାଯାଏ । ସୁନ୍ଦର ଆଭିଜାତ୍ୟପୂର୍ଣ୍ଣଅଞ୍ଚଳ ସିଟି ସେଣ୍ଟର ଦେଇ ବସ୍ ଗଲାବେଳେ ରାସ୍ତାର ଉଭୟ ପାର୍ଶ୍ୱରେ ବିଭିନ୍ନ ଦେଶର ଜାତୀୟପତାକା ଉତ୍ତୋଳିତ ହୋଇଥିବାର ଦେଖିଲୁ । ଗାଇଡ୍ ଭାରତୀୟ ପତାକା ପ୍ରତି ଆମର ଦୃଷ୍ଟି ଆକର୍ଷଣ କଲେ ଏବଂ ଏହି ସମ୍ଭ୍ରାନ୍ତ ଅଞ୍ଚଳର ରାଜରାସ୍ତା ଓ ଛକରେ ଜଳର ଫୁଆରା, ମାର୍ବଲ୍ ନିର୍ମିତ ବିଭିନ୍ନ ମୂର୍ତ୍ତି, ଗୃହଗୁଡ଼ିକରେ କଳାର ବିନ୍ୟାସ ଏବଂ ପୁଷ୍ପବାଟିକା-ବୃକ୍ଷ ସମନ୍ୱିତ ସୁନ୍ଦର ପରିବେଶ ପ୍ରତି ନିଜର ସମ୍ମାନ ବ୍ୟକ୍ତ କଲେ । ସମ୍ମୁଖରେ 'ସହର ବିନୋଦନ କେନ୍ଦ୍ର' । ଏହା ଏକ ପୁରାତନ ଓ ବିଶାଳ ଭାସ୍କର୍ଯ୍ୟ । ଏଥିରେ ୬୮୦ଟି ପ୍ରକୋଷ୍ଠ (ଭାରତର ରାଷ୍ଟ୍ରପତି ଭବନର ଦୁଇଗୁଣ) ରହିଛି । ବାହ୍ୟ କାନ୍ଥରେ ୨୫୦ଟି ମନୋମୁଗ୍ଧକର କଳାକୃତି ନିର୍ମିତ ହୋଇଛି । ଫିଲାଡେଲ୍‌ଫିଆ କଳା ସଂଗ୍ରହାଳୟ, ଯୁଦ୍ଧାସ୍ତ୍ର ସଂଗ୍ରହାଳୟ, ଐତିହାସିକ କାରାଗାର ଇତ୍ୟାଦି ଦର୍ଶନୀୟ ସ୍ଥାନ ଆଡ଼କୁ ଅଙ୍ଗୁଳି ନିର୍ଦ୍ଦେଶ କଲାବେଳେ ସେ ନିଜ ସହରର ପ୍ରଶଂସାରେ ଶତମୁଖ ହୋଇପଡୁଥିଲେ । ୧୭୭୬ ମସିହାରେ ଏଠାରେ ଚଉଦଟି ବିଭିନ୍ନ ଭାଷାଭାଷୀର ନାଗରିକ ବାସ କରୁଥିବାର ସେ ପ୍ରକାଶ କଲେ । ବର୍ତ୍ତମାନ ପୃଥିବୀର କୋଣ ଅନୁକୋଣରୁ ନରନାରୀ ଆସି ଏଠାରେ ବସବାସ କରୁଛନ୍ତି । ବସ୍ ଯାଇ ଅଟକିଲା ଐତିହାସିକ ସ୍ୱାଧୀନତା ସଦନ ପାଖରେ, ଯେଉଁଠାରେ କି ସ୍ୱାଧୀନତାର ଘୋଷଣା କରାଯାଇଥିଲା । ଏହି ବିଶାଳଭବନରେ ୧୭୭୬ ମସିହା ପର୍ଯ୍ୟନ୍ତ ବ୍ୟବହୃତ ସମସ୍ତ ଆସବାବପତ୍ର, ସ୍ୱାଧୀନତା ଘୋଷଣାର ମୂଳ ନଥିପତ୍ର ଇତ୍ୟାଦି ସୁରକ୍ଷିତ ରହିଛି । ସ୍ୱାଧୀନଚେତା ଜନତାଙ୍କର କି ସୁନ୍ଦର ମାନସିକତା ! ଅଦୂରରେ ମୁକ୍ତି ଘଣ୍ଟି ସର୍ବସାଧାରଣଙ୍କର ଦର୍ଶନ ପାଇଁ ଏକ ସୁଉଚ୍ଚ ବେଦୀ ଉପରେ କାଚଘର ଭିତରେ ପ୍ରଦର୍ଶିତ ହେଉଛି ।

ସ୍ୱାଧୀନତା ସଦନର ନିର୍ମାଣ ୧୭୩୨ ମସିହାରେ ଆରମ୍ଭ ହୋଇ ୧୭୫୨ ମସିହାରେ ଶେଷ ହୋଇଥିଲା । ସେତେବେଳେ ଏହାର ନାମ ଥିଲା 'ପେନ୍‌ସିଲ୍‌ଭ୍ୟାନିଆ ରାଜ୍ୟ ସଦନ' । ଏହା ଫିଲାଡେଲ୍‌ଫିଆ ସହର ତଥା ଯୁକ୍ତରାଷ୍ଟ୍ର ଆମେରିକାର ଅଭ୍ୟୁଦୟର ମୂକସାକ୍ଷୀ । ୧୭୭୬ ମସିହା ଜୁଲାଇ ଚାରି ତାରିଖ ଦିନ ବେଞ୍ଜାମିନ୍ ଫ୍ରାଙ୍କ୍‌ଲିନ୍, ଥୋମାସ୍ ଜେଫରସନ୍, ଜନ୍ ଆଡାମ୍ ଓ ଜର୍ଜ ୱାଶିଂଟନ୍ ପ୍ରସ୍ତୁତ କରିଥିବା ସ୍ୱାଧୀନତାର ଘୋଷଣାପତ୍ର ଉତ୍ସାହୀ ଜନସମୂହ ଆଗରେ ପାଠ କରିଥିଲେ । ମୁକ୍ତିଘଣ୍ଟି ବି ବାଜିଉଠିଥିଲା । ଏଗାର ବର୍ଷ ପରେ ୧୭୮୭ ମସିହାରେ ତତ୍କାଳୀନ ଯୁକ୍ତରାଷ୍ଟ୍ର

ଆମେରିକାର ତେରଟି ଦେଶ ମଧ୍ୟରୁ ବାରଟି ଦେଶର ପ୍ରତିନିଧି (ରୋଡେଦ୍ୱୀପ ବ୍ୟତୀତ) ସମ୍ବିଧାନରେ ସ୍ୱାକ୍ଷର କରିଥିଲେ । ସମ୍ବିଧାନ ପ୍ରଣୟନ ପାଇଁ ଉପରୋକ୍ତ ମନିଷୀମାନଙ୍କର ବୁଦ୍ଧିମତ୍ତା, ପ୍ରଚେଷ୍ଟା ଓ ଜାତୀୟତା ଭାବର ତୁଳନା ନାହିଁ । ଆମେ ସ୍ୱାଧୀନତାସଦନରେ ପ୍ରବେଶ କରି ବିରାଟକାୟ ସଭାଗୃହ, ଜର୍ଜ ୱାଶିଂଟନ୍‌ଙ୍କର ଚୌକି, ସମ୍ବିଧାନର ମୂଳ ପାଣ୍ଡୁଲିପି ଓ ଅନ୍ୟାନ୍ୟ ସଂରକ୍ଷିତ ବସ୍ତୁଗୁଡ଼ିକ ସଂଦର୍ଶନରେ ମୁଗ୍ଧ ହେଲୁ । ତା' ପରେ ମୁକ୍ତିଘଣ୍ଟି ପାଖରେ ପହଞ୍ଚିଲୁ । ଗତ ଭ୍ରମଣକାଳରେ ବି ଏହି ଐତିହାସିକ ସ୍ୱାଧୀନତାର ସନ୍ତକକୁ ମନଭରି ଦେଖିଥିଲି । ୧୭୫୩ ମସିହାରେ ଏହାକୁ ଇଂଲଣ୍ଡରୁ ଅଣାଯାଇଥିଲା । ଦୁଇହଜାର ପାଉଣ୍ଡ (୯୦୦ କି.ଗ୍ରା.ରୁ ଅଧିକ) ଓଜନର ଏହି ଘଣ୍ଟିଟି ତମ୍ବା, ଟିଣ ଓ ଅନ୍ୟାନ୍ୟ ଧାତୁରେ ନିର୍ମିତ । ଏହାକୁ ବଜାଇବା ପାଇଁ ଭିତରେ ଯେଉଁ ଦଣ୍ଡଟି ରହିଛି ତାହାର ଓଜନ ଚଉରାଳିଶ ପାଉଣ୍ଡ (୨୧ କି.ଗ୍ରା.ରୁ ବେଶୀ) । ପେନ୍‌ସିଲଭ୍ୟାନିଆ ରାଜ୍ୟ ସଦନରେ ବିଭିନ୍ନ କାର୍ଯ୍ୟକ୍ରମରେ ଜନତା ଏକତ୍ରିତ ହେବା ପାଇଁ ଏହା ବାଜି ଉଠୁଥିଲା । ସ୍ୱାଧୀନତାର ଘୋଷଣା ଉଦ୍ଦେଶ୍ୟରେ ବାଜିଲାବେଳେ ଜନସମୂହ ଆନନ୍ଦରେ ଉଦ୍‌ବେଳିତ ହୋଇପଡ଼ିଥିଲେ । ପରବର୍ଷ ୧୭୭୭ ମସିହାରେ ଇଂରେଜମାନେ ଫିଲାଡେଲ୍‌ଫିଆକୁ ଅଧିକାର କରିବା ବେଳେ ଘଣ୍ଟିଟିକୁ ଆଲେନ୍‌ଟାଉନ୍ ନାମକ ଦୂରାନ୍ତ ଅଞ୍ଚଳରେ ଏକ ଚର୍ଚ୍ଚ ଭିତରେ ଲୁଚାଇ ରଖାଯାଇଥିଲା । ୧୭୮୯ ମସିହାରେ ସ୍ୱାଧୀନ ଯୁକ୍ତରାଷ୍ଟ୍ର ଆମେରିକା ଫିଲାଡ଼େଲ୍‌ଫିଆକୁ ରାଜଧାନୀ ଘୋଷଣା କରିବା ପରେ ଘଣ୍ଟିଟିକୁ ଫେରାଇ ଅଣାଯାଇଥିଲା। ପ୍ରଥମରୁ ହିଁ ଘଣ୍ଟି ଦେହରେ ଫାଟ ସୃଷ୍ଟି ହୋଇଥିଲା। ୧୮୪୬ ମସିହାରେ ଜଜ୍ ୱାଶିଂଟନ୍‌ଙ୍କ ଜନ୍ମଦିନ ପାଳନ ବେଳେ ଶେଷଥର ପାଇଁ ଘଣ୍ଟିଟି ବାଜି ନିରବ ହୋଇଗଲା। ଫାଟଟି ବଢ଼ିଯାଇ ଏ ଅବସ୍ଥା ସୃଷ୍ଟି ହେଲା। ଦାସତ୍ୱ ପ୍ରଥା ଉଚ୍ଛେଦର ଘୋଷଣା ଏହି ଘଣ୍ଟି ଦ୍ୱାରା କରାଯାଇଥିବାରୁ ଏହାକୁ "ମୁକ୍ତିଘଣ୍ଟି" ନାମକରଣ କରାଯାଇଛି। ଏହାକୁ ଆମେରିକାବାସୀ ଏକତା, ସ୍ୱାଧୀନତା ଓ ଉନ୍ନତିର ସ୍ମାରକୀ ରୂପେ ସମ୍ମାନ ଦିଅନ୍ତି।

ଆମେ ମୁକ୍ତିଘଣ୍ଟିକୁ ଆଗ୍ରହର ସହିତ ନିରୀକ୍ଷଣ କଲୁ। ତା' ଉପରେ ଦାର୍ଶନିକ ଲେଭିଟିଅସ୍‌ଙ୍କ ବାଣୀ ଖୋଦେଇ ହୋଇଛି "ଏହି ଭୂଖଣ୍ଡର ସମଗ୍ର ଅଞ୍ଚଳ ଓ ସମସ୍ତ ବାସିନ୍ଦାଙ୍କ ପାଇଁ ମୁକ୍ତିର ଘୋଷଣା କରାଯାଉଛି। ଏହା ତଳକୁ (Pass & Stow Philada/ MDCCL III)ଶବ୍ଦ ଗୁଡ଼ିକ ଖୋଦିତ ହୋଇଛି। ଗାଇଡ୍ କହିଲେ ଯେ, ଲଣ୍ଡନରୁ ଅଣାଯିବାବେଳେ ଘଣ୍ଟିଟି ଭାଙ୍ଗିଯାଇଥିଲା। ସ୍ଥାନୀୟ କାରିଗର (Pass/ Stow)ଏହାକୁ ତରଳାଇ ପୁଣି ତିଆରି କରି ନିଜ ନାଁ ଖୋଦେଇ କରିଛନ୍ତି।

ଆମର ପରବର୍ତ୍ତୀ ଗନ୍ତବ୍ୟସ୍ଥଳ ହେଲା ସ୍କୁଇଲ୍‌କିଲ୍ ନଦୀରେ ନିର୍ମିତ ଫେୟାରମାଉଣ୍ଟ ଡ୍ୟାମ୍। ୧୮୮୪ ମସିହାରେ ନିର୍ମିତ ଏହି ଐତିହାସିକ ନଦୀବନ୍ଧ ଆମେରିକାର ସମସ୍ତ ନଦୀବନ୍ଧର ପୂର୍ବଜ ଏବଂ ଦୀର୍ଘତମ। ଟିକିଏ ଆଗକୁ ଯାଇ ସେ ଫେୟାରମାଉଣ୍ଟ ପାର୍କ ପ୍ରତି ଦୃଷ୍ଟି ଆକର୍ଷଣ କଲେ। ଏହି ସୁବିଶାଳ ପ୍ରମୋଦଉଦ୍ୟାନ ଫିଲାଡ଼େଲ୍‌ଫିଆର ଏକ ଦଶମାଂଶ ଭୂମିରେ ନିର୍ମିତ। ଏହାକୁ ସବୁଜରତ୍ନର ଆଖ୍ୟା ମିଳିଛି। ତେଷଠିଟି କ୍ଷୁଦ୍ର ପାର୍କକୁ ନେଇ ସମୃଦ୍ଧ ଏହି ପ୍ରମୋଦଉଦ୍ୟାନ ବିଶ୍ୱରେ ସର୍ବବୃହତ୍। ଦୀର୍ଘ ଅର୍ଦ୍ଧଶତାବ୍ଦୀ ଧରି ୧୮୦୦ ମସିହା ଠାରୁ ୧୮୫୦ ପର୍ଯ୍ୟନ୍ତ ଏହାକୁ ନଦୀର ଉଭୟ ପାର୍ଶ୍ୱରେ ସଯତ୍ନ ନିର୍ମାଣ କରାଯାଇଛି। ୧୮୭୬ ମସିହାରେ ସ୍ୱାଧୀନତାର ଶତବାର୍ଷିକୀ ପାଳନ ଉପଲକ୍ଷେ ଏଠାରେ ଆନ୍ତର୍ଜାତୀୟ ପ୍ରଦର୍ଶନୀ ଅନୁଷ୍ଠିତ ହୋଇଥିଲା।

ଆଜିର ଶେଷ ଦର୍ଶନୀୟସ୍ଥାନ ଭାବରେ ଗାଇଡ୍ ଆମକୁ ପେନ୍‌ସିଲଭ୍ୟାନିଆ ହସ୍‌ପିଟାଲକୁ ନେଇଗଲେ। ୧୭୫୧ ମସିହାରେ ନିର୍ମିତ ଏହି ଐତିହାସିକ ଚିକିତ୍ସାଳୟ ଉତ୍ତର ଆମେରିକାର ସର୍ବପୁରାତନ। ଏହା ପ୍ରାତଃସ୍ମରଣୀୟ ବେଞ୍ଜାମିନ୍ ଫ୍ରାଙ୍କଲିନ୍‌ଙ୍କ ଅନ୍ୟତମ ଅବଦାନ। ଡାକ୍ତରଖାନାର ଐତିହାସିକ ଅଂଶ ବୁଲି ଦେଖିବା ପାଇଁ ୪୫ ମିନିଟ୍‌ର ସ୍ୱତନ୍ତ୍ର ବ୍ୟବସ୍ଥା ରହିଛି। ସେଠାକାର ମହିଳାଗାଇଡ୍ ଜଣଙ୍କ ଆମକୁ ପୁରାତନ ମୁଖ୍ୟ ପ୍ରବେଶ ପଥରେ ନେଇ ସୁପ୍ରଶସ୍ତ ଅପେକ୍ଷା ଗୃହରେ "ଯୀଶୁଖ୍ରୀଷ୍ଟଙ୍କର ରୋଗୀସେବା" ଶୀର୍ଷକ ସୁବୃହତ୍ ସୁନ୍ଦର ତୈଳଚିତ୍ର ସମ୍ମୁଖରେ ଦଣ୍ଡାୟମାନ କରାଇ ଚିକିତ୍ସା ସେବାରେ ଦୟା, ସହୃଦୟତା ଓ କରୁଣାଭାବ ପ୍ରତି ଦୃଷ୍ଟି ଆକର୍ଷଣ କଲେ। ତା'ପରେ ନେଇ ପ୍ରାଚୀନ ପୁସ୍ତକାଗାରରେ ପହଞ୍ଚାଇଲେ। ଏ ବିଶାଳ ପୁସ୍ତକାଗାରଟି ବହୁ ପ୍ରଚୀନ ଚିକିତ୍ସାଗ୍ରନ୍ଥ ଓ ପତ୍ରପତ୍ରିକାକୁ ନେଇ ସମୃଦ୍ଧ। କାଷ୍ଠନିର୍ମିତ ଦୁଇ ମହଲା ପ୍ରକୋଷ୍ଠ ଭିତରେ ପଢ଼ିବା ପାଇଁ ପ୍ରଶସ୍ଥ ସ୍ଥାନ ରହିଛି। ଆଲୋକସଜ୍ଜା ବି ପ୍ରାକୃତିକ ଓ ଉଚ୍ଚଧରଣର। ପୁସ୍ତକାଗାରରୁ ନିବୃତ୍ତ ହେବା ବେଳକୁ ଜଣେ କେରଳୀ ଡାକ୍ତର, ଯିଏକି ସେଠାରେ ଯକୃତ ପ୍ରତିରୋପଣ ଉପରେ ବିଶେଷ ଗବେଷଣା କରୁଛନ୍ତି ଆମ ସମ୍ମୁଖରେ ଉଭାହେଲେ। ସମସ୍ତେ ମିଶି ଶଲ୍ୟ ଚିକିତ୍ସା ଶିକ୍ଷା ଗୃହକୁ ଗଲୁ। ଗମ୍ବୁଜାକାର ଏହି ପ୍ରକୋଷ୍ଠରେ ଥାକ ଥାକ ହୋଇ ପାଞ୍ଚଟିସ୍ତର ପର୍ଯ୍ୟନ୍ତ ବସିବା ସ୍ଥାନ ରହିଛି। କେନ୍ଦ୍ରସ୍ଥଳରେ ଗମ୍ବୁଜ ଶୀର୍ଷରୁ ପତିତ ପ୍ରାକୃତିକ ଆଲୋକରେ ଶଲ୍ୟ ଚିକିତ୍ସା ଅଧ୍ୟାପକ ଶିକ୍ଷାଦାନ କରନ୍ତି ଏବଂ ମୃତ ଶରୀରର ଅଙ୍ଗ ଉପରେ ଶଲ୍ୟ ଚିକିତ୍ସାର ପ୍ରତ୍ୟକ୍ଷ ଜ୍ଞାନ ଦିଅନ୍ତି। ଅନ୍ୟାନ୍ୟ କିଛି ବିଭାଗ ଓ ପ୍ରାଚୀନ ପ୍ରକୋଷ୍ଠମାନ ଦର୍ଶନ ପରେ ମହିଳା ଗାଇଡ୍ ଆମଠାରୁ ବିଦାୟ ନେଲେ। ଭାରତୀୟ କେରଳୀ ଡାକ୍ତରବନ୍ଧୁ ଚିକିତ୍ସା ବ୍ୟବସ୍ଥା ଉପରେ କିଛି ତଥ୍ୟ ଦେଲେ। ଏହି ଡାକ୍ତରଖାନା ଅତି ଉଚ୍ଚଧରଣର ଚିକିତ୍ସା ସେବା ଓ ଡାକ୍ତରୀଶିକ୍ଷା ପ୍ରଦାନ କରିଥାଏ।

ଏଠାରେ ବିଭିନ୍ନ ବିଭାଗରେ ୫୧୫ ଟି ଶଯ୍ୟା ସଂରକ୍ଷିତ ଅଛି । ବିଭାଗଗୁଡ଼ିକ ହେଲା- ଅସ୍ଥିଶଲ୍ୟ, ସ୍ନାୟୁଶଲ୍ୟ, କର୍ଣ୍ଣ-ନାସା-ଗଳା, ସ୍ତ୍ରୀ ଓ ପ୍ରସୂତି, ପାକସ୍ଥଳୀ ଓ ଅନ୍ତ୍ର ଏବଂ ମୂତ୍ରଶଲ୍ୟ ଚିକିତ୍ସା । ଶିଶୁଚିକିତ୍ସା ବିଭାଗ ମଧ୍ୟ ଅତି ଉନ୍ନତ ଧରଣର । ଜୋନ୍ କାର୍ଣ୍ଣେଲ୍ କର୍କଟ ରୋଗ ଚିକିତ୍ସା ବିଭାଗ ଆନ୍ତର୍ଜାତୀୟ ସ୍ତରର ଏକ ଅଗ୍ରଗଣ୍ୟ ବିଭାଗ । ପ୍ରତିବର୍ଷ ୨୯୦୦୦ରୁ ଅଧିକ ରୋଗୀ ଆନ୍ତଃଚିକିତ୍ସା ବିଭାଗରେ ଭର୍ତ୍ତି ହୁଅନ୍ତି ଏବଂ ୫୨୦୦ ରୁ ବେଶୀ ଶିଶୁ ଜନ୍ମଗ୍ରହଣ କରନ୍ତି । ସହରର କେନ୍ଦ୍ରାଞ୍ଚଳରେ ଥିବାରୁ ଏହାକୁ ରୋଗୀମାନଙ୍କର ଆଗମନ ସୁସଂଯୋଜିତ । ନିଜ ସମ୍ପର୍କରେ କହିଲେ କେରଳରେ ଏମ୍.ବି.ବି.ଏସ୍. ଶିକ୍ଷା ସମାପନ ପରେ ସେ ଇଂଲଣ୍ଡରେ ଶଲ୍ୟ ଚିକିତ୍ସାରେ ଚାରିବର୍ଷ ଉପାଧିୋତ୍ତର ଶିକ୍ଷାଲାଭ କଲେ । ଯକୃତ ପ୍ରତିରୋପଣ ପାଇଁ ବିଶେଷ ଶିକ୍ଷାଲାଭ ଉଦ୍ଦେଶ୍ୟରେ ସେ ଏଠାକୁ ତିନିବର୍ଷ ପାଇଁ ଆସିଛନ୍ତି । ଯୁଗଳ ଦନ୍ତଚିକିତ୍ସା ବିଶେଷଜ୍ଞ । ସହର୍ଷେ ବିଦାୟ ନେଲୁ ।

ବାରଟା ତିରିଶ ମିନିଟ୍‌ରେ ପେନ୍‌ସିଲଭ୍ୟାନିଆ ହସ୍‌ପିଟାଲରୁ ବିଦାୟ ନେଇ ଫିଲାଡେଲ୍‌ଫିଆ ଆନ୍ତର୍ଜାତୀୟ ସମ୍ମିଳନୀ କେନ୍ଦ୍ର ଅଭିମୁଖେ ଯାତ୍ରାକଲୁ ।

ଆନ୍ତର୍ଜାତୀୟ ସମ୍ମିଳନୀ କେନ୍ଦ୍ର :

ଅପରାହ୍ନ ଗୋଟାଏ ବେଳେ ଆନ୍ତର୍ଜାତୀୟ ସମ୍ମିଳନୀ କେନ୍ଦ୍ରରେ ପ୍ରବେଶ କଲୁ । ସୁବିସ୍ତୃତ ପଞ୍ଜିକରଣ ଅଞ୍ଚଳ, ଛଅଟି ମୁଖ୍ୟ ହଲ୍ ସମେତ ତିରିଶଟି କ୍ଷୁଦ୍ର ସମ୍ମିଳନୀ ପ୍ରକୋଷ୍ଠ, ଚିକିତ୍ସା ବିଜ୍ଞାନ ପ୍ରଦର୍ଶନୀ ପାଇଁ ବିସ୍ତୀର୍ଣ୍ଣ ଇଲାକା, ସୁବୃହତ୍ ଭୋଜନାଳୟ ଏବଂ ଆନୁସଙ୍ଗିକ କାର୍ଯ୍ୟାଳୟମାନ ସୁଦୃଶ୍ୟ ପରିପାଟି ନେଇ ନିଜ ନିଜର ଉପସ୍ଥିତି ଘୋଷଣା କରୁଛନ୍ତି । କୋଡ଼ିଏ ହଜାରରୁ ଊର୍ଦ୍ଧ୍ୱ ପ୍ରତିନିଧିଙ୍କ ପାଇଁ ସୁବ୍ୟବସ୍ଥା । ଭାରତୀୟ ଭୋଜନାଳୟରୁ ପରିବେଷିତ ସୁଦୃଶ୍ୟ ପ୍ୟାକେଟ୍‌ର ସୁସ୍ୱାଦୁ ମଧ୍ୟାହ୍ନଭୋଜନ ସାରି ପଞ୍ଜିକରଣ ଅଞ୍ଚଳରୁ ବ୍ୟାଚ୍, ବ୍ୟାଗ୍, ବୈଜ୍ଞାନିକ ସଂପାନଗୁଡ଼ିକର ବିବରଣୀ ପୁସ୍ତିକା ଏବଂ ପ୍ରଦର୍ଶନୀ ସ୍ଥାନଗୁଡ଼ିକର ତଥ୍ୟସମ୍ବଳିତ ପ୍ରଚାରପୁସ୍ତିକା ଇତ୍ୟାଦି ଗ୍ରହଣ କରି ସ୍ୱନିର୍ବାଚିତ ସମ୍ମିଳନୀ ପ୍ରକୋଷ୍ଠମାନଙ୍କରେ ମଧୁମେହ ବିଜ୍ଞାନ ଚର୍ଚ୍ଚା ପାଇଁ ପ୍ରବେଶକଲୁ । ବୈଜ୍ଞାନିକ ସଂପାନ ସରିବା ପରେ ଅପରାହ୍ନ ୬ଟା ବେଳେ ବସ୍ ରହଣୀ ସ୍ଥାନରେ ଏକତ୍ରିତ ହେଲୁ । ମଧୁମେହ ଗବେଷଣା ଜନିତ ମହାର୍ଘ ସଂପାନ ସମ୍ପର୍କରେ ଆଲୋଚନା କରୁ କରୁ ବସ୍ ହୋଟେଲ୍ ଅଭିମୁଖେ ପ୍ରସ୍ଥାନ କଲା । ଆସନ୍ତାକାଲିର କାର୍ଯ୍ୟସୂଚୀ ସମ୍ପର୍କରେ ଗାଇଡ୍ ଘୋଷଣା କଲେ । ସକାଳ ଆଠଟାରେ ସମ୍ମିଳନୀ ସ୍ଥଳରେ ପହଞ୍ଚି ମଧ୍ୟାହ୍ନଭୋଜନ ପର୍ଯ୍ୟନ୍ତ ବିଭିନ୍ନ କାର୍ଯ୍ୟକ୍ରମରେ ଭାଗନେବୁ ଏବଂ ଅପରାହ୍ନରେ ଫ୍ରାଙ୍କଲିନ୍ ବିଜ୍ଞାନକେନ୍ଦ୍ର ପରିଦର୍ଶନ । ସମ୍ମିଳନୀ ପଞ୍ଜିକରଣ ଅଞ୍ଚଳରେ ଫିଲାଡ଼େଲ୍‌ଫିଆର ସୁନ୍ଦର ରଙ୍ଗୀନ୍ ମାନଚିତ୍ର

ଓ ଭ୍ରମଣ ପୁସ୍ତିକା ପାଇଥିଲି ଏବଂ "ଫିଲାଡ଼େଲ୍‌ଫିଆର ଦର୍ଶନୀୟ ସ୍ଥାନ" ନାମକ ସୁଦୃଶ୍ୟ, ତଥ୍ୟ ସମ୍ବଳିତ ସଚିତ୍ର ପୁସ୍ତକଟିଏ କିଣିଥିଲି। ଆଜିର ରାତ୍ରିଭୋଜନ ପରେ ଏହା ମୋର ପଠନପ୍ରିୟ ମନ ପାଇଁ ଖୋରାକ।

ଫିଲାଡ଼େଲ୍‌ଫିଆ :

ଯୁକ୍ତରାଷ୍ଟ୍ର ଆମେରିକାର ଏହା ପଞ୍ଚମ ଜନବହୁଳ ସହର। ୨୦୧୦ ମସିହା ଜନଗଣନା ଅନୁଯାୟୀ ଲୋକସଂଖ୍ୟା ୧୫,୨୬,୦୦୬। ବୃହତ୍ତର ଫିଲାଡେଲ୍‌ଫିଆ (ଯାହାକୁ ଡେଲାୱାର୍ ନଦୀର ଉପତ୍ୟକା ବୋଲି କହନ୍ତି)ର ଜନସଂଖ୍ୟା ଷାଠିଏ ଲକ୍ଷରୁ ଅଧିକ। ଏହାର ଡାକ ନାଁ "ଫିଲି" ଏବଂ ସମ୍ମାନସୂଚକ ନାମ "ଭ୍ରାତୃପ୍ରୀତିର ସହର"। ଦୁଇଟି ଗ୍ରୀକ୍‌ଶବ୍ଦ 'ଫିଲିସ୍' ଏବଂ 'ଆଡ଼େଲ୍‌ଫସ୍'ରୁ ଫିଲାଡ଼େଲ୍‌ଫିଆର ନାମକରଣ। ୧୬୮୨ ମସିହାରେ ଇଲିୟମ୍ ପେନ୍ ଏ ସହର ପ୍ରତିଷ୍ଠା କରିଥିବା ବିବରଣୀ ପୂର୍ବରୁ ଦେଇଛି। ଗତଥର ଭ୍ରମଣ କାଳରେ ଗାଇଡ୍‌ଙ୍କ ବର୍ଣ୍ଣନାରୁ ଦେଶପ୍ରୀତି ନଗରୀ ବା ପ୍ରୀତି ନଗରୀର ନାମକରଣ କରିଥିଲି। କିନ୍ତୁ ପ୍ରକାଶିତ ତଥ୍ୟ ଅନୁସାରେ ଏହା "ଭାତୃପ୍ରୀତି ନଗରୀ"। ୱିଲିୟମ୍ ପେନ୍ ଏ ସହରର ଜନ୍ମଦାତା କିନ୍ତୁ ବୈଜ୍ଞାନିକ ଫ୍ରାଙ୍କ୍‌ଲିନ୍ ପାଳକ ପିତା। ତାଙ୍କର ଅବଦାନ କେବଳ ଫିଲାଡେଲ୍‌ଫିଆ ବା ପେନ୍‌ସିଲ୍‌ଭ୍ୟାନିଆର ନୁହେଁ, ସମଗ୍ର ଯୁକ୍ତରାଷ୍ଟ୍ର ଆମେରିକାର ଅଭ୍ୟୁଦୟ ପାଇଁ ବି ରହିଛି। ଆସନ୍ତାକାଲି ଫ୍ରାଙ୍କ୍‌ଲିନ୍ ବିଜ୍ଞାନକେନ୍ଦ୍ର ଭ୍ରମଣ କାଳରେ ତାଙ୍କ ସମ୍ପର୍କରେ ଅଧିକ ତଥ୍ୟ ଆହରଣ କରିବା ଆଶା ନେଇ ଶଯ୍ୟା ଗ୍ରହଣ କଲି।

ତା.୦୯.୦୬.୧୨ (ଶନିବାର) :

ପ୍ରାତଃ ଚାରିଟାବେଳେ ଶଯ୍ୟାତ୍ୟାଗ, ଯୋଗ ଏବଂ ଗୀତାଜ୍ଞାନ ପଠନ ପରେ ବୈଜ୍ଞାନିକ ଫ୍ରାଙ୍କ୍‌ଲିନ୍‌ଙ୍କ କୃତୀ ଉପରେ ଦୃଷ୍ଟିପାତ କଲି। ସାତଟାବେଳେ ପ୍ରାତଃଭୋଜନ ସମାପନ କରି ଠିକ୍ ଆଠଟା ବେଳେ ଗୋଟିଏ ନିର୍ଦ୍ଧାରିତ ବୈଜ୍ଞାନିକ ସଂପାନରେ ଯୋଗଦାନ ପାଇଁ ସମ୍ମିଳନୀ ଗୃହରେ ପ୍ରବେଶ କଲୁ। ଦିନ ବାରଟା ତିରିଶ୍ ମିନିଟ୍ ପର୍ଯ୍ୟନ୍ତ ବୈଜ୍ଞାନିକ ସଂପାନ ଓ ମଧୁମେହର ନିରାକରଣ ସଂପର୍କୀୟ ପ୍ରଦର୍ଶନୀ ଉପଭୋଗ କରି ଅପେକ୍ଷା ଗୃହକୁ ଫେରିବା ବେଳକୁ ଭାରତୀୟ ଭୋଜନାଳୟରୁ ସୁନ୍ଦର ପରିପାଟୀରେ ପରିବେଷିତ ମଧ୍ୟାହ୍ନଭୋଜନ ଆସିଯାଇଥିଲା। ତା'ର ସଦ୍‌ବ୍ୟବହାର କରି ଠିକ୍ ଦୁଇଟା ବେଳେ ଫ୍ରାଙ୍କ୍‌ଲିନ୍ ବିଜ୍ଞାନ କେନ୍ଦ୍ର ଅଭିମୁଖେ ଯାତ୍ରାକଲୁ।

ଏହି ସୁବିଖ୍ୟାତ ବିଜ୍ଞାନକେନ୍ଦ୍ରଟି ଫିଲାଡେଲ୍‌ଫିଆର ସମ୍ଭ୍ରାନ୍ତ ଅଞ୍ଚଳରେ ଆମ ସମ୍ମିଳନୀ କେନ୍ଦ୍ରଠାରୁ ଅନତି ଦୂରରେ ଅବସ୍ଥିତ। ପ୍ରସିଦ୍ଧ ସିଟିହଲ୍ (ନଗର ଭବନ),

ସ୍ୱାଧୀନତାସ୍ମାରକୀ ଐତିହାସିକ ଜାତୀୟ ପ୍ରମୋଦଉଦ୍ୟାନ ଏବଂ କଳା ସଂଗ୍ରହାଳୟ ନିକଟବର୍ତ୍ତୀ ଅଞ୍ଚଳକୁ ଅଳଙ୍କୃତ କରିଛନ୍ତି। ସୁଉଚ୍ଚ ପାବଚ୍ଛ ଶ୍ରେଣୀ ଅତିକ୍ରମ କରି ଫ୍ରାଙ୍କ୍‌ଲିନ୍ ବିଜ୍ଞାନ କେନ୍ଦ୍ରର ପ୍ରବେଶଦ୍ୱାରରେ ଉପନୀତ ହେଲୁ। ସମ୍ମୁଖରେ ମହାନ୍ ବୈଜ୍ଞାନିକ ବେଞ୍ଜାମିନ୍-ଫ୍ରାଙ୍କ୍‌ଲିନ୍‌ଙ୍କର କୋଡ଼ିଏ ଫୁଟ୍ ଉଚ୍ଚର ମାର୍ବଲ ପ୍ରତିମୂର୍ତ୍ତି। ପ୍ରତିଭାଦୀପ୍ତ ମୁଖମଣ୍ଡଳରେ ପ୍ରଶାନ୍ତିର ଆଭା। ଗାଇଡ୍ ମୋ ହାତରେ ବିଜ୍ଞାନକେନ୍ଦ୍ରର କ୍ଷୁଦ୍ର ପୁସ୍ତକଟିଏ ଧରାଇଦେଲେ। ସେଥିରେ ମୁଖ୍ୟ ଦର୍ଶନୀୟ ବସ୍ତୁଗୁଡ଼ିକର ଚିତ୍ର ସହିତ ଆଇମାକ୍ସ ଥିଏଟରର ସମୟ ଅନୁଯାୟୀ ବିଷୟବସ୍ତୁ ଏବଂ ତିନୋଟି ଯାକ ମହଲାର ମାନଚିତ୍ର ସନ୍ନିବିଷ୍ଟ। ତିନିଘଣ୍ଟା ଭିତରେ ମୁଖ୍ୟ ଅଂଶ ସବୁ ବୁଲି ଆସିବା ପାଇଁ ସେ ପରାମର୍ଶ ଦେଲେ। ପୁସ୍ତିକା ଦେହରେ ଆଖି ବୁଲାଇ ଜାଣିଲି ଯେ, ୧୮୨୪ ମସିହାରେ ଏହି ଅନୁଷ୍ଠାନ ପ୍ରତିଷ୍ଠିତ ଏବଂ ୧୯୩୪ ମସିହାରେ ଏହି ନୂତନ କୋଠାକୁ ସ୍ଥାନାନ୍ତରିତ ହୋଇଛି। ଆବାଳବୃଦ୍ଧବନିତା ସମସ୍ତଙ୍କ ପାଇଁ ଶିକ୍ଷଣୀୟ ଓ ଦର୍ଶନୀୟ ବସ୍ତୁ ରହିଛି। ହୃତ୍‌ପିଣ୍ଡର ଏକ ବିଶାଳ ପ୍ରତିକୃତି, ତିରିଶ ଫୁଟ୍ ଉଚ୍ଚର ପେଣ୍ଡୁଲମ୍, ବୃହତ୍‌କାୟ ଷ୍ଟିମ୍‌ଇଂଜିନ୍, ଆଧୁନିକ ଗ୍ରହମଣ୍ଡଳ, ବିଜ୍ଞାନପାର୍କ ଏବଂ ପ୍ରାଚୀନ ସଭ୍ୟତାମାନଙ୍କର ସଂକେତ ବହନ କରିଥିବା ପ୍ରତିକୃତି ଇତ୍ୟାଦି ମୁଖ୍ୟ ଦର୍ଶନୀୟ ବସ୍ତୁ। ପ୍ରଥମେ କୃତ୍ରିମ ହୃତ୍‌ପିଣ୍ଡ ପାଖରେ ପହଞ୍ଚିଲୁ। ମଣିଷ ହୃତ୍‌ପିଣ୍ଡର ପନ୍ଦରହଜାର ଗୁଣରେ ବୃହତ୍ ଏହାର ଆକୃତି। ହୃତ୍‌ପିଣ୍ଡର ଅଳିନ୍ଦ, ନିଳୟ ଓ ରକ୍ତବାହୀନଳୀ ଭିତରେ ପଶି ପାଞ୍ଚବର୍ଷରୁ ପନ୍ଦରବର୍ଷର ପିଲାମାନେ ବିଜ୍ଞାନ ସହିତ କ୍ରୀଡ଼ାର ଆନନ୍ଦ ନେଉଥାନ୍ତି। ବିଦ୍ୟାଳୟର ଛାତ୍ର ଅବସ୍ଥାରେ ହୃତ୍‌ପିଣ୍ଡ ସଂମ୍ପର୍କରେ ଜ୍ଞାନଲାଭ ପାଇଁ ସମସ୍ତଙ୍କର ଆଗ୍ରହଥାଏ। ଏହିଭଳି ପ୍ରତିକୃତିଟିଏ ଦେଖି ପିଲାମାନେ ରୋମାଞ୍ଚିତ ହେଉଥିବାର ଜାଣି ଖୁସିଲାଗିଲା। ତା'ପରେ ପହଞ୍ଚିଲୁ ତିରିଶଫୁଟ୍ ଉଚ୍ଚର ପେଣ୍ଡୁଲମ୍ ଝୁଲୁଥିବା ଚାରିମହଲା ବିଶିଷ୍ଟ ବିରାଟ ପ୍ରକୋଷ୍ଠ ଭିତରେ। ମାର୍ବଲ ନିର୍ମିତ ସିଡ଼ି ଉପରେ ଚଢ଼ି ଏହି ପ୍ରକାଣ୍ଡ କଳାକୃତି ଦେଖି ଚମକୃତ ହେଲୁ। ଛାତ୍ରଛାତ୍ରୀମାନଙ୍କୁ ନେଇ ଯାଇଥିବା ଶିକ୍ଷୟିତ୍ରୀ ସେମାନଙ୍କୁ ପେଣ୍ଡୁଲମ୍ ବିଷୟରେ ଜ୍ଞାନ ଦେଉଥିବାର ଲକ୍ଷ୍ୟକଲୁ। ବହିର୍ବିଭାଗ ବିଜ୍ଞାନାଗାରରେ ପଦାର୍ଥବିଜ୍ଞାନ ସମ୍ୱଳିତ ଅନେକ ଦର୍ଶନୀୟ ଜ୍ଞାନଦୀପ୍ତ ବସ୍ତୁ ଦର୍ଶନକଲୁ। ଅତ୍ୟାଧୁନିକ ଥିଏଟର ପାଖରେ ପହଞ୍ଚି ଜାଣିଲୁ ଯେ ଅଧଘଣ୍ଟାଏ ପରେ ପରବର୍ତ୍ତୀ କାର୍ଯ୍ୟକ୍ରମ ଏକଘଣ୍ଟା ଧରି ଦେଖିବାକୁ ମିଳିବ। ସେଦିନର ବିଷୟବସ୍ତୁ ଥିଲା "ମଙ୍ଗଳ ଗ୍ରହକୁ ଯାତ୍ରା"। ସମୟର ସ୍ୱଳ୍ପତା ଦୃଷ୍ଟିରୁ ଏହାର ଆନନ୍ଦ ନେଇ ପାରିଲୁନି। ତିନୋଟିଯାକ ମହଲାର କଳା ଓ ବିଜ୍ଞାନ କୃତିମାନ ଦେଖିବା ପରେ ବେଞ୍ଜାମିନ୍ ଫ୍ରାଙ୍କ୍‌ଲିନ୍‌ଙ୍କର ଜୀବନୀ ପୁସ୍ତିକାଟିଏ କିଣିଲି। ମନରେ ପ୍ରଶ୍ନ ଉଠୁଥାଏ ଈଶ୍ୱର ଏଭଳି

ମହାନ୍ ପ୍ରତିଭାଟିଏ କଭଳି ସୃଷ୍ଟି କରିଛନ୍ତି ! ଆମେରିକାର ରାଷ୍ଟ୍ରପତିମାନଙ୍କ ତାଲିକାରେ ତାଙ୍କ ନାମ ନାହିଁ । କିନ୍ତୁ ଫ୍ରାଙ୍କ୍‌ଲିନ୍ ପୋଲ, ରାଜରାସ୍ତା, ବିଜ୍ଞାନ ପ୍ରତିଷ୍ଠାନ ଇତ୍ୟାଦିକୁ ମିଶାଇ ପାଞ୍ଚହଜାରରୁ ଊର୍ଦ୍ଧ୍ୱ ଅନୁଷ୍ଠାନରେ ତାଙ୍କ ନାମ ଜଡ଼ିତ ବୋଲି ପୁସ୍ତକଟିରୁ ଜାଣିଲି । ପ୍ରତିଷ୍ଠାନ ଭିତରୁ ନିଷ୍କ୍ରାନ୍ତ ହେବାବେଳେ ଆଜି ରାତ୍ରିଭୋଜନ ପରେ ଏହି ଜୀବନୀ ପୁସ୍ତିକାଟି ପଢ଼ିବା ପାଇଁ ଯୋଜନା କଲି ।

ବେଞ୍ଜାମିନ୍ ଫ୍ରାଙ୍କ୍‌ଲିନ୍ :

ଯଦି ଉଚ୍ଚପଦ ଅଳଙ୍କରଣ କଥା ବିଚାରକୁ ନିଆଯାଏ ବେଞ୍ଜାମିନ୍ ଫ୍ରାଙ୍କ୍‌ଲିନ୍ ୧୭୮୫ ମସିହାରୁ ୧୭୮୮ ପର୍ଯ୍ୟନ୍ତ ପେନ୍‌ସିଲ୍‌ଭ୍ୟାନିଆ ରାଜ୍ୟର ଷଷ୍ଠ ସଭାପତି ଥିଲେ । ଏହାବ୍ୟତୀତ ସେ ୧୭୭୮ରୁ ୧୭୮୫ ପର୍ଯ୍ୟନ୍ତ ଫ୍ରାନ୍ସରେ ଯୁକ୍ତରାଷ୍ଟ୍ର ଆମେରିକାର ବୈଦେଶିକ ମନ୍ତ୍ରୀ ଏବଂ ଉକ୍ତ ପଦବୀ ସହିତ ସ୍ୱିଡେନ୍‌ରେ ବୈଦେଶିକ ମନ୍ତ୍ରୀର ଦାୟିତ୍ୱ ନିର୍ବାହ କରିଥିଲେ । ତେବେ ଆମେରିକାର ରାଷ୍ଟ୍ରପତି ପଦ ଅଳଙ୍କୃତ ନକରି ମଧ୍ୟ ସେ ଆମେରିକାର ପୂର୍ବତନ ରାଷ୍ଟ୍ରପତି ବୋଲି ସମ୍ମାନିତ ହୁଅନ୍ତି । ତାଙ୍କ ସମ୍ପର୍କରେ ବୁଦ୍ଧିଜୀବୀମାନେ କୁହନ୍ତି – He was president of America, but never president of America. ଏହାର କାରଣ ହେଲା ଯୁକ୍ତରାଷ୍ଟ୍ର ଆମେରିକାର ସେ ରାଷ୍ଟ୍ରପିତା । ୧୭୭୬ ମସିହା ଜୁନ୍ ମାସରେ ଜର୍ଜ ୱାଶିଂଟନ୍ (୧୭୩୨-୧୭୯୯), ଥୋମାସ୍ ଜେଫରସନ୍ (୧୭୪୩-୧୮୨୬) ଏବଂ ଜନ୍ ଆଡାମ୍ସ (୧୭୩୫-୧୮୨୬) ତାଙ୍କ ସହିତ ମିଶି ସ୍ୱାଧୀନତାର ଘୋଷଣାପତ୍ର ପ୍ରସ୍ତୁତ କରିଥିଲେ, ଯାହାକି ଜୁଲାଇ ଚାରି ତାରିଖରେ ଘୋଷଣା କରାଯାଇଥିଲା । ୧୭୮୭ ମସିହାରେ ଏହି ବିଶିଷ୍ଟ ବ୍ୟକ୍ତିମାନେ ଯୁକ୍ତରାଷ୍ଟ୍ର ଆମେରିକାର ନୂତନ ସମ୍ବିଧାନ ପ୍ରସ୍ତୁତ କରିଥିଲେ । ଏମାନଙ୍କ ଭିତରେ ବେଞ୍ଜାମିନ୍ ଫ୍ରାଙ୍କ୍‌ଲିନ୍ ବୟୋଜ୍ୟେଷ୍ଠ, ଜ୍ଞାନୀ, ଗୁଣୀ ଓ ଅନୁଭବୀ ଥିଲେ । ତାଙ୍କ ମୃତ୍ୟୁର ଏକ ବର୍ଷ ପୂର୍ବରୁ ଜର୍ଜ ୱାଶିଂଟନ୍ ରାଷ୍ଟ୍ରପତି ପଦ ଅଳଂକୃତ କରିଥିଲେ । ୧୭୯୭ ମସିହାରେ ଜନ୍ ଆଡାମ୍ସ ଦ୍ୱିତୀୟ ରାଷ୍ଟ୍ରପତି ଓ ୧୮୦୧ ମସିହାରେ ଥୋମାସ୍ ଜେଫରସନ୍ ତୃତୀୟ ରାଷ୍ଟ୍ରପତି ଭାବରେ ଆମେରିକାବାସୀଙ୍କର ସେବା କରିଯାଇଛନ୍ତି । ଏହି ତିନିଜଣଯାକ ରାଷ୍ଟ୍ରପତି ବେଞ୍ଜାମିନ୍ ଫ୍ରାଙ୍କ୍‌ଲିନ୍‌ଙ୍କ ବ୍ୟକ୍ତିତ୍ୱରେ ଅନୁପ୍ରାଣିତ ଥିଲେ ।

ବେଞ୍ଜାମିନ୍ ଫ୍ରାଙ୍କ୍‌ଲିନ୍ ୧୭୦୬ ମସିହା ଜାନୁଆରୀ ସତର ତାରିଖରେ ବୋଷ୍ଟନ୍ ସହରରେ ଜନ୍ମଗ୍ରହଣ କରିଥିଲେ । ଦଶବର୍ଷ ବୟସରେ ପାଠପଢ଼ା ଛାଡ଼ି ବାପାଙ୍କର ମହମବତୀ ବ୍ୟବସାୟରେ ସହଯୋଗର ହାତ ବଢ଼ାଇଥିଲେ । ବାରବର୍ଷ ବୟସରେ ବଡ଼ଭାଇଙ୍କର ଛାପା କାରଖାନାରେ ଯୋଗଦେଲେ । ଏହି ଅଭିଜ୍ଞତା ତାଙ୍କୁ ଭବିଷ୍ୟତରେ ଲେଖକ, ପ୍ରକାଶକ ଓ ମୁଦ୍ରାକାର ହେବାରେ ସାହାଯ୍ୟ କଲା । ଅବସର ସମୟରେ

ପାଠପଢ଼ା ଚାଲୁ ରଖିଥାନ୍ତି । ପନ୍ଦରବର୍ଷ ବୟସରେ 'ନ୍ୟୁ ଇଂଲଣ୍ଡ କରାଣ୍ଟ' ନାମକ ସ୍ୱାଧୀନ ପତ୍ରିକା ପ୍ରକାଶ କଲେ । ଆମେରିକାର ଉପନିବେଶ ଅଞ୍ଚଳରେ ଏହା ପ୍ରଥମ ପତ୍ରିକା । ସତର ବର୍ଷ ବୟସରେ ଫ୍ରାଙ୍କ୍‌ଲିନ୍ ନୂତନତ୍ୱର ସଂଧାନରେ ଫିଲାଡେଲ୍‌ଫିଆରେ ପଦାର୍ପଣ କଲେ । ସେଠାରେ ବିଭିନ୍ନ ମୁଦ୍ରାକାରମାନଙ୍କ ସହିତ ସମ୍ପର୍କ ସ୍ଥାପନ କରି ସ୍ୱପ୍ରତିଭାର ପରିଚୟ ଦେଲେ ।

ତତ୍କାଳୀନ ପେନ୍‌ସିଲଭ୍ୟାନିଆର ରାଜ୍ୟପାଳ ସାର୍ ୱିଲିୟମ୍ କିଥ୍‌ଙ୍କ ପରାମର୍ଶ ଅନୁସାରେ ସେ ଉନ୍ନତ ମୁଦ୍ରଣ ଯନ୍ତ୍ରର ସଂଧାନରେ ଇଂଲଣ୍ଡ ଯାତ୍ରା କଲେ । ଏକବର୍ଷ ରହଣି ପରେ ସେ ଫିଲାଡେଲ୍‌ଫିଆ ଫେରିଆସିଲେ ଏବଂ କୌଣସି କାରଣରୁ ମୁଦ୍ରଣ କାରଖାନା ପ୍ରତିଷ୍ଠା ହୋଇନପାରିବାରୁ "ଜୁଣ୍ଟୋ" ନାମକ ଏକ ସଂସ୍ଥା ପ୍ରତିଷ୍ଠା କଲେ । ଏହି ସଂସ୍ଥାର ପ୍ରଗତିଶୀଳ ସଭ୍ୟମାନେ ବ୍ୟବସାୟ, ବାଣିଜ୍ୟ ଓ କଳାର ପୂଜାରୀ ହିସାବରେ ସ୍ୱଉନ୍ନତି ସହିତ ସମାଜର କଲ୍ୟାଣ ପାଇଁ ବଦ୍ଧପରିକର ଥିଲେ। ଏହି ଗୋଟିଏ ସଂସ୍ଥା ଭବିଷ୍ୟତରେ ଅନେକ ସଂସ୍ଥାକୁ ଜନ୍ମଦେଲା ଯାହାକି ଉପନିବେଶର ଅଧିବାସୀଙ୍କ ମନରେ ସ୍ୱାଧୀନତା ଓ ସମୃଦ୍ଧିର ଆଶା ଉଜ୍ଜୀବିତ କଲା। ୧୭୨୮ ମସିହାରେ ଫ୍ରାଙ୍କ୍‌ଲିନ୍ ଏକ ଅତ୍ୟାଧୁନିକ ଛାପାକଳ ପ୍ରତିଷ୍ଠା କରି ପେନ୍‌ସିଲଭ୍ୟାନିଆ ଗେଜେଟ୍ ନାମକ ପତ୍ରିକା ପ୍ରକାଶ କଲେ। ୧୭୩୦ ମସିହାରେ ଚବିଶ ବର୍ଷ ବୟସରେ ଫ୍ରାଙ୍କ୍‌ଲିନ୍ ବିବାହ ବନ୍ଧନରେ ଆବଦ୍ଧ ହେଲେ। ପରବର୍ଷ ପୁତ୍ର ୱିଲିୟମ୍ ଫ୍ରାଙ୍କ୍‌ଲିନ୍ ଜନ୍ମ ନେଇଥିଲେ, ଯିଏକି ଯୌବନରେ ନ୍ୟୁଜର୍ସି ରାଜ୍ୟର ରାଜ୍ୟପାଳ ପଦ ଅଳଙ୍କୃତ କରିଥିଲେ।

୧୭୩୧ ମସିହାରେ ଫ୍ରାଙ୍କ୍‌ଲିନ୍ ଏକ ପାଠାଗାର ପ୍ରତିଷ୍ଠା କଲେ। ବର୍ତ୍ତମାନ ଏହି ପାଠାଗାରଟି ଏକ ବୃହତ୍ ପାଠାଗାର ତଥା ଗବେଷଣାଗାରର ସମ୍ମାନ ଲାଭ କରିଛି। ଏହାର ପୁସ୍ତକ ସଂଖ୍ୟା ପାଞ୍ଚଲକ୍ଷରୁ ଅଧିକ ଏବଂ ଏଠାରେ ଏକଲକ୍ଷ ଷାଠିଏ ହଜାରରୁ ଊର୍ଦ୍ଧ୍ୱ ପାଣ୍ଡୁଲିପି ଏବଂ ପଞ୍ଚସ୍ତରୀ ହଜାରରୁ ଊର୍ଦ୍ଧ୍ୱ ଚିତ୍ରାବଳୀ ସଂରକ୍ଷିତ ହୋଇ ରହିଛି। ୧୭୩୩ ମସିହାରେ ଫ୍ରାଙ୍କ୍‌ଲିନ୍ ନୈତିକଜ୍ଞାନ, ସ୍ୱାଧୀନତା ଓ ବିକାଶ ସମ୍ବଳିତ କେତେକ ପ୍ରେରଣାଦାୟୀ ପୁସ୍ତକ ପ୍ରକାଶ କରିଥିଲେ, ଯାହାକି ପାଠକୀୟ ସ୍ୱୀକୃତି ପାଇଥିଲା।

ଫ୍ରାଙ୍କ୍‌ଲିନ୍ କେବଳ ମୁଦ୍ରାକର, ପ୍ରକାଶକ ଓ ଲେଖକ ନଥିଲେ, ସେ ଜଣେ ବୈଜ୍ଞାନିକ ହିସାବରେ ସୁବିଖ୍ୟାତ। ବିଦ୍ୟୁତ ଦଣ୍ଡ, ଗ୍ଲାସ୍ ଆମୋନିଆ, ଫ୍ରାଙ୍କ୍‌ଲିନ୍ ଷ୍ଟୋଭ୍ (ଚୁଲି), ବାଇଫୋକାଲ୍ ଚଷମା ଏବଂ ମୂତ୍ରାଶୟରେ ଭର୍ତ୍ତି କରାଯାଉଥିବା ନରମନଳୀର ସେ ଉଦ୍ଭାବକ। ଏହିଭଳି ଅନେକ ଜିନିଷର ଉଦ୍ଭାବନ ପରେ ସେ ୧୭୪୩ ମସିହାରେ "ଆମେରିକୀୟ ବିଜ୍ଞାନ ଗବେଷଣା ସଂସ୍ଥା" ପ୍ରତିଷ୍ଠା କରିଥିଲେ ଯାହାର ଲକ୍ଷ୍ୟଥିଲା ବିଜ୍ଞାନର ଆଲୋଚନା ଓ ପ୍ରସାର। ବୈଦ୍ୟୁତିକ ଗବେଷଣାରୁ ସେ ବହୁତ ଅର୍ଥ ଓ ସମ୍ମାନର

ଅଧିକାରୀ ହୋଇପାରିଥିଲେ। ବହୁବାର ଇଂଲଣ୍ଡ ଯାଇ ବୈଜ୍ଞାନିକମାନଙ୍କ ସହିତ ଭାବବିନିମୟ କରୁଥିଲେ।

୧୭୩୬ ମସିହାରେ ଫ୍ରାଙ୍କ୍‌ଲିନ୍ "ଜାତୀୟ ଅଗ୍ନିନିର୍ବାପକ ସଂସ୍ଥା" ପ୍ରତିଷ୍ଠା କରିଥିଲେ। ଏହା ସମଗ୍ର ଉତ୍ତର ଆମେରିକାର ପ୍ରଥମ ଅଗ୍ନିନିର୍ବାପକ ସଂସ୍ଥା। ବର୍ତ୍ତମାନ ଏହା କ୍ଷୁଦ୍ରବୀଜରୁ ମହାଦ୍ରୁମର କାୟାବିସ୍ତାର ଭଳି ବିରାଟ ରୂପ ଧାରଣ କରିଛି। ସେହିଭଳି ସେ ନ୍ୟୁଜର୍ସି ରାଜ୍ୟପାଇଁ ଛାପାନୋଟ୍ ପ୍ରଚଳନ କରିଥିଲେ। ୧୭୬୬ ମସିହାରେ ବ୍ରିଟିଶ୍ ସରକାର ଏହି ନୋଟ୍‌ର ସ୍ଥାୟିତ୍ୱ ଓ ନିରାପତ୍ତାକୁ ପ୍ରଶଂସାକରି ପାଉଣ୍ଡ ପ୍ରଚଳନ ପାଇଁ ଗ୍ରହଣ କରିଥିଲେ।

ଫ୍ରାଙ୍କ୍‌ଲିନ୍ ୧୭୪୩ ମସିହାରେ ଫିଲାଡ଼େଲ୍‌ଫିଆ ମହାବିଦ୍ୟାଳୟ ଓ ଶିକ୍ଷା ଗବେଷଣା ସଂସ୍ଥା ପ୍ରତିଷ୍ଠା କରିଥିଲେ ଏବଂ ୧୭୪୯ ମସିହାରେ ଏହାର ସଭାପତି ଥିବାବେଳେ ପେନ୍‌ସିଲଭ୍ୟାନିଆ ବିଶ୍ୱବିଦ୍ୟାଳୟର ଜନ୍ମଦାତାର ଶ୍ରେୟ ଗ୍ରହଣ କରିଥିଲେ।

୧୭୪୮ ମସିହା ଅକ୍ଟୋବର ମାସରେ ଫ୍ରାଙ୍କ୍‌ଲିନ୍ ଫିଲାଡ଼େଲ୍‌ଫିଆ ରାଜନୀତିରେ ପ୍ରତ୍ୟକ୍ଷ ଅଂଶଗ୍ରହଣ କରି କାଉନସିଲ୍ ସଦସ୍ୟ ଭାବରେ ନିର୍ବାଚିତ ହୋଇଥିଲେ। ପାଞ୍ଚବର୍ଷ ଫିଲାଡ଼େଲ୍‌ଫିଆର "ଶାନ୍ତିପାଇଁ ବିଚାରପତି" ପଦ ଅଳଙ୍କୃତ କରିଥିଲେ। ୧୭୫୫ ମସିହାରେ ପେନ୍‌ସିଲଭ୍ୟାନିଆ ବିଧାନସଭାକୁ ନିର୍ବାଚିତ ହୋଇ ଅନେକ ଜନହିତକର ଯୋଜନାରେ ଅଗ୍ରଣୀ ଭୂମିକା ନିର୍ବାହ କରିଥିଲେ। ୧୭୫୩ ମସିହାରେ ଉତ୍ତର ଆମେରିକାର ଯୁଗ୍ମ ଉପମହାଡାକପାଳ ପଦ ଅଳଙ୍କୃତ କରିଥିଲେ। ଡାକସେବାର ଉନ୍ନତି ପାଇଁ ତାଙ୍କର ପଦକ୍ଷେପ ଯୋଗୁଁ ସେ ସମଗ୍ର ଯୁକ୍ତରାଷ୍ଟ୍ର ଆମେରିକାର ଜନମାନସରେ ଆଦୃତ ହେଲେ।

୧୭୫୧ ମସିହାରେ ଡାକ୍ତର ଥୋମାସ୍ ବଣ୍ଡଙ୍କ ସହ ମିଶି ପେନ୍‌ସିଲଭ୍ୟାନିଆ ଡାକ୍ତରଖାନା ପ୍ରତିଷ୍ଠା କଲେ। ଏହା ସମଗ୍ର ଉତ୍ତର ଆମେରିକାର ପ୍ରଥମ ଚିକିତ୍ସାଳୟ। ଏହି ମହାର୍ଘ ଅନୁଷ୍ଠାନ ଭ୍ରମଣ କରିଥିବାରୁ ମୁଁ ନିଜକୁ କୃତ୍ୟ କୃତ୍ୟ ମନେକଲି ଏବଂ ଫ୍ରାଙ୍କ୍‌ଲିନ୍‌ଙ୍କ ଅମର ଆତ୍ମା ପ୍ରତି ଗଭୀର ଶ୍ରଦ୍ଧାଞ୍ଜଳି ଜଣାଇଲି। ଶିକ୍ଷା ଓ ସ୍ୱାସ୍ଥ୍ୟ କ୍ଷେତ୍ରରେ ତାଙ୍କର ସେବା ଓ କୃତିତ୍ୱ ପାଇଁ ସେ ୧୭୫୩ ମସିହାରେ ପ୍ରସିଦ୍ଧ ହାବାର୍ଡ଼ ଓ ୟେଲ୍ ବିଶ୍ୱବିଦ୍ୟାଳୟ ଦ୍ୱାରା ସମ୍ମାନସୂଚକ ଉପାଧି ଲାଭ କରିଥିଲେ।

୧୭୫୬ ମସିହାରେ ବେଞ୍ଜାମିନ୍ ଫ୍ରାଙ୍କ୍‌ଲିନ୍ ପେନ୍‌ସିଲଭ୍ୟାନିଆ ସୈନ୍ୟବାହିନୀ ଗଠନ କରିବାରେ ପ୍ରମୁଖ ଭୂମିକା ଗ୍ରହଣ କରିଥିଲେ। ଏହାଦ୍ୱାରା ଇଂଲଣ୍ଡ ଉପନିବେଶଗୁଡ଼ିକ ସ୍ୱାଧୀନତା ସଂଗ୍ରାମ ପାଇଁ ଶକ୍ତି ସଞ୍ଚୟ କରିପାରିଲେ।

୧୭୬୨ ମସିହାରେ ଫ୍ରାଙ୍କ୍‌ଲିନ୍ ନିଜର ବୈଜ୍ଞାନିକକୃତୀ ପାଇଁ ଇଂଲଣ୍ଡର

ଅକ୍ସଫୋର୍ଡ଼ ବିଶ୍ୱବିଦ୍ୟାଳୟ ଦ୍ୱାରା ସମ୍ମାନସୂଚକ ଡ଼କ୍ଟରେଟ୍ ଉପାଧିରେ ଭୂଷିତ ହୋଇଥିଲେ। ଡ଼ଃ ଫ୍ରାଙ୍କ୍‌ଲିନ୍‌ଙ୍କର ସମାଜସେବାର ରଥ ଆଗକୁ ବଢ଼ିଚାଲିଲା ଏବଂ ସେ ଇଂଲଣ୍ଡ ଓ ଫ୍ରାନ୍ସ ଗସ୍ତକରି ନିଜର ବୈଜ୍ଞାନିକ ଗବେଷଣାର ସଂଦର୍ଭ ଉପସ୍ଥାପନ କରିବା ସହିତ ଆମେରିକା ରାଜନୀତିର ଅଭ୍ୟୁଦୟରେ ପ୍ରମୁଖ ଭୂମିକା ଗ୍ରହଣ କରିଥିଲେ।

୧୭୭୫ ମସିହା ଜୁଲାଇ ଛବିଶ ତାରିଖରେ "ଯୁକ୍ତରାଷ୍ଟ୍ର ଆମେରିକାର ପୋଷ୍ଟ ଅଫିସ୍" (ୟୁନାଇଟେଡ୍ ଷ୍ଟେଟ୍ ପୋଷ୍ଟ ଅଫିସ୍) ଗଠିତ ହେଲା ଏବଂ ଡ଼ଃ ଫ୍ରାଙ୍କ୍‌ଲିନ୍ ଏହାର ପ୍ରଥମ ପୋଷ୍ଟମାଷ୍ଟର ଜେନେରାଲ ପଦ ଗ୍ରହଣ କରିଥିଲେ। ଏହି ପଦରେ ଦଶବର୍ଷରୁ ଅଧିକକାଳ ରହି ଆମେରିକାର ତେରଟିଯାକ ଉପନିବେଶରେ ଡାକସେବାର ଅନେକ ନୂତନ ବ୍ୟବସ୍ଥା ପ୍ରଚଳନ କରିଥିଲେ। ସେହି ଦିନଠାରୁ ଆଜିପର୍ଯ୍ୟନ୍ତ ଡାକବିଭାଗର ନାମ ବଦଳି ନାହିଁ।

୧୭୭୬ ମସିହା ଜୁନ୍‌ମାସରେ ସ୍ୱାଧୀନତାର ଘୋଷଣାପତ୍ର ପ୍ରସ୍ତୁତ କରିବା ପାଇଁ ଗଠିତ ପାଞ୍ଚଜଣିଆ ପ୍ରତିନିଧିମଣ୍ଡଳର ନେତୃତ୍ୱ ନେଇଥିଲେ। ସତୁରି ବର୍ଷ ବୟସରେ ଯନ୍ତ୍ରଣାଦାୟକ ଗାଉଟ୍ (ଅସ୍ଥିରୋଗ)ରେ ପୀଡ଼ିତ ହେବା ସତ୍ତ୍ୱେ ସେ ଏହି କାର୍ଯ୍ୟ ସୁରୁଖୁରୁରେ ସମାପନ କରିଥିଲେ।

୧୭୭୬ ରୁ ୧୭୮୫ ମସିହା ପର୍ଯ୍ୟନ୍ତ ଡ଼ଃ ଫ୍ରାଙ୍କ୍‌ଲିନ୍ ଫ୍ରାନ୍ସରେ ଆମେରିକାର କମିଶନର ଭାବରେ କାର୍ଯ୍ୟ କରିଥିଲେ। ଏହି ସମୟରେ ଆମେରିକା ଓ ଫ୍ରାନ୍ସର ସଂପର୍କ ଦୃଢ଼ୀଭୂତ ହୋଇଥିଲା ଏବଂ ୧୭୮୩ ମସିହାରେ ପ୍ୟାରିସ୍ ଚୁକ୍ତି ସ୍ୱାକ୍ଷରିତ ହୋଇଥିଲା। ଏହିବର୍ଷ ଏପ୍ରିଲ୍ ମାସରେ ସେ ସ୍ୱିଡ଼େନ୍ ପାଇଁ ଆମେରିକାର ବୈଦେଶିକ ମନ୍ତ୍ରୀ ପଦ ଗ୍ରହଣ କରିଥିଲେ ଏବଂ ପାରସ୍ପରିକ ସଦ୍‌ଭାବର ଚୁକ୍ତି ସ୍ୱାକ୍ଷର କରିବା ସହିତ ରାଷ୍ଟ୍ରଦୂତର ଦାୟିତ୍ୱପୂର୍ଣ୍ଣ ଭୂମିକା ଗ୍ରହଣ କରିଥିଲେ। ଉଭୟ ଚୁକ୍ତି ଯୋଗୁଁ ଆମେରିକାର ସ୍ୱାଧୀନତା ସଂଗ୍ରାମ ପାଇଁ ଫ୍ରାନ୍ସ ଏବଂ ସ୍ୱିଡ଼େନ୍‌ର ସହଯୋଗ ମିଳିଥିଲା। ପ୍ୟାରିସ୍‌ରେ ରହଣିକାଳରେ ସେ ଅନେକ ବୈଜ୍ଞାନିକ ଗବେଷଣାରେ ଲିପ୍ତ ରହିଥିଲେ। ୧୭୮୩ ମସିହା ଅଗଷ୍ଟ ସତେଇଶ ତାରିଖରେ ବିଶ୍ୱର ପ୍ରଥମ ମାନବରହିତ ହାଇଡ୍ରୋଜେନ୍ ବେଲୁନ୍ ଉଡ଼ାଣ ଆରମ୍ଭ ହୋଇଥିଲା। ବୈଜ୍ଞାନିକ ଚାର୍ଲସ୍ ଏବଂ ରବର୍ଟଙ୍କୁ ଏଥିପାଇଁ ଅଭିନନ୍ଦନ ଜଣାଇ ପରବର୍ତ୍ତୀ ସମାନବ ବେଲୁନ୍ ଯାତ୍ରା ପାଇଁ ଆର୍ଥିକ ସହଯୋଗ ପ୍ରଦାନ କରିଥିଲେ।

୧୭୮୫ ମସିହାରେ ଫିଲାଡ଼େଲ୍‌ଫିଆକୁ ପ୍ରତ୍ୟାବର୍ତ୍ତନ ପରେ ଦ୍ୱିତୀୟ ସ୍ୱାଧୀନତା ସଂଗ୍ରାମର କର୍ଣ୍ଣଧାର ସାଜିଥିଲେ। ଏହି ସମୟରେ ଦାସତ୍ୱ ପ୍ରଥା ନିବାରଣ ପାଇଁ ପଦକ୍ଷେପ ନେଇଥିଲେ ଏବଂ ନିଜର ଦୁଇଟି ଦାସଙ୍କୁ ସ୍ୱାଧୀନତା ପ୍ରଦାନ କରିଥିଲେ। ପେନ୍‌ସିଲ୍‌ଭ୍ୟାନିଆ ଦାସତ୍ୱ ନିବାରଣ ସମାଜର ସଭାପତି ଆସନ ତାଙ୍କୁ ମିଳିଥିଲା।

୧୭୮୭ ମସିହାରେ ଡ଼ଃ ଫ୍ରାଙ୍କ୍‌ଲିନ୍ ଫିଲାଡ଼େଲ୍‌ଫିଆ ସମ୍ମିଳନୀରେ ଯୋଗଦେଇ ଯୁକ୍ତରାଷ୍ଟ୍ର ଆମେରିକାର ସଂବିଧାନ ଚିଠା ପ୍ରସ୍ତୁତି କମିଟିର ମୁଖ୍ୟଭାବରେ ମନୋନୀତ ହୋଇଥିଲେ। ଯୁକ୍ତରାଷ୍ଟ୍ର ଆମେରିକା ଗଠନ ପୂର୍ବରୁ ଯେଉଁ ଚାରିଗୋଟି ମୁଖ୍ୟ ଦଲିଲ୍ ପ୍ରସ୍ତୁତ ହୋଇଥିଲା ସେଥିରେ ସେ ମୁଖ୍ୟାଂଶ ଗ୍ରହଣ କରିଥିଲେ।

୧. ସ୍ୱାଧୀନତା ଘୋଷଣା ପତ୍ର।

୨. ପ୍ୟାରିସ୍ ଚୁକ୍ତି

୩. ଫ୍ରାନ୍ସ ସହିତ ସହଯୋଗ ଚୁକ୍ତି (Treaty of Alliance with France)

୪. ଯୁକ୍ତରାଷ୍ଟ୍ର ଆମେରିକାର ସମ୍ବିଧାନ

୧୭୭୧ରୁ ୧୭୮୮ ମସିହା ପର୍ଯ୍ୟନ୍ତ ଡ଼ଃ ଫ୍ରାଙ୍କ୍‌ଲିନ୍ ନିଜର ଆତ୍ମଜୀବନୀ ରଚନା କରିଥିଲେ। ତାଙ୍କର ବହୁମୁଖୀ ପ୍ରତିଭାର ବିକାଶ, ମୂଲ୍ୟନିଷ୍ଠ ଚିନ୍ତାଧାରା ଓ ବ୍ୟକ୍ତିଗତ ଜୀବନ ସମ୍ପର୍କରେ ଯାହା ଦେଖିବାକୁ ମିଳେ ତାହା ଇତିହାସପୃଷ୍ଠାରେ ସ୍ୱର୍ଣ୍ଣାକ୍ଷରରେ ଲିପିବଦ୍ଧ ହୋଇରହିବ। ୧୭୨୬ ମସିହାରେ ୨୦ ବର୍ଷ ବୟସରେ ସେ ନିଜ ଜୀବନରେ ତେରଟି ଭଲ ଗୁଣ ଧାରଣ କରିବେ ବୋଲି ଶପଥ ନେଇଥିଲେ । ସେଗୁଡ଼ିକ ହେଲା-

୧. ଖାଦ୍ୟ ଓ ପାନରେ ମଧ୍ୟମ ପନ୍ଥା । ମାନ୍ଦା ହୋଇଯିବା ପର୍ଯ୍ୟନ୍ତ ଅଧିକ ଖାଦ୍ୟ ଖାଇବ ନାହିଁ କିମ୍ବା ଉନ୍ମାଦ ସୃଷ୍ଟି ହେବା ପର୍ଯ୍ୟନ୍ତ ମଦ୍ୟପାନ କରିବ ନାହିଁ ।

୨. ନିରବତା : ଯାହାଦ୍ୱାରା ଅନ୍ୟର ମଙ୍ଗଳ ହେବ କେବଳ ସେହି କଥା ହିଁ କହିବ । ପରଚର୍ଚ୍ଚା, ପରନିନ୍ଦା କରିବ ନାହିଁ ।

୩. ପରିଷ୍କାର ପରିଚ୍ଛନ୍ନତା - ବାସଗୃହ ଓ କାର୍ଯ୍ୟକ୍ଷେତ୍ର ଉଭୟ ସ୍ଥାନରେ ପ୍ରତ୍ୟେକଟି ଦ୍ରବ୍ୟ ସୁବ୍ୟବସ୍ଥିତ ଭାବରେ ରଖାଯିବା ଉଚିତ ।

୪. ଦୃଢ଼ ମନୋଭାବ - ଯାହା କରିବା ଉଚିତ ବୋଲି ମନେ କରିବ ନିଶ୍ଚିତ ଭାବରେ କରିବ ।

୫. ମିତବ୍ୟୟିତା, ୬.ଅଧ୍ୟବସାୟ, ୭. ଆନ୍ତରିକତା, ଅକପଟତା, ୮.ନ୍ୟାୟ, ୯. ମଧ୍ୟମ ପନ୍ଥା, ୧୦. ସ୍ୱଚ୍ଛତା, ୧୧. ଅନ୍ତର୍ମୁଖୀତା, ୧୨. ପବିତ୍ରତା (ଯୌନ ସଂଯମ), ୧୩. ନମ୍ରତା ଏ ସବୁ ଗୁଣ ଧାରଣ କରିବା ପାଇଁ ସେ ପ୍ରଭୁ ଯୀଶୁଖ୍ରୀଷ୍ଟ ଏବଂ ମହାନ୍ ଗ୍ରୀକ୍ ଦାର୍ଶନିକ ସକ୍ରେଟିସ୍‌ଙ୍କ ଆଦର୍ଶରେ ଅନୁପ୍ରାଣିତ ହୋଇଥିଲେ । ଆତ୍ମଜୀବନୀରେ ଲେଖିଛନ୍ତି- "୨୦ ବର୍ଷ ବୟସରୁ ଏ ସମସ୍ତ ଗୁଣ ଧାରଣ କରିବା ପାଇଁ ମୁଁ ସମସ୍ତ ପ୍ରକାର ଉଦ୍ୟମ କରଛି । ତେବେ ଏଥିରେ ସାମାନ୍ୟ ବ୍ୟତିକ୍ରମ ବି ହୋଇଛି । ସମଗ୍ର

ମାନବ ଜାତି ଏ ସବୁ ଗୁଣ ଧାରଣ କରିବା ପାଇଁ ମୁଁ ଅନୁରୋଧ କରୁଛି ।"

୧୭୮୯ ମସିହା ଜୁଲାଇ ୪ ତାରିଖରେ ଜର୍ଜ ୱାଶିଂଟନ୍ ଯୁକ୍ତରାଷ୍ଟ୍ର ଆମେରିକାର ରାଷ୍ଟ୍ରପତି ଭାବରେ ଶପଥ ଗ୍ରହଣ କଲେ । ନିଜ ଜୀବଦ୍ଦଶାରେ ଏହି ଅବିସ୍ମରଣୀୟ ଘଟଣା ଘଟିଥିବାରୁ ସେ ରୁଗ୍‌ଣ ଓ ବାର୍ଦ୍ଧକ୍ୟ ଅବସ୍ଥାରେ ବି ଅତ୍ୟନ୍ତ ଖୁସି ଓ ଆନନ୍ଦ ଅନୁଭବ କରିଥିଲେ । ଏହାର ୯ ମାସ ପରେ ଡଃ. ଫ୍ରାଙ୍କ୍‌ଲିନ୍ ୮୪ ବର୍ଷ ବୟସରେ ୧୭୯୦ ମସିହା ଏପ୍ରିଲ୍ ୧୭ ତାରିଖ ଦିନ ଇହଲୀଳା ସମ୍ବରଣ କରିଥିଲେ ।

ଡଃ. ଫ୍ରାଙ୍କ୍‌ଲିନ୍ ୧୭୮୫ ମସିହାରେ ବୋଷ୍ଟନ୍ ଟ୍ରଷ୍ଟ ଓ ଫିଲାଡେଲ୍‌ଫିଆ ଟ୍ରଷ୍ଟ ଗଠନ କରି ପାଞ୍ଚହଜାର ଡଲାର୍ ଲେଖାଏଁ ଦାନ କରିଥିଲେ । ବର୍ତ୍ତମାନ ଉଭୟ ଟ୍ରଷ୍ଟର ସମ୍ପତ୍ତି ଯଥାକ୍ରମେ ୫୦ଲକ୍ଷ ଓ ୨୦ଲକ୍ଷ ଡଲାର୍ । ବିଭିନ୍ନ ସାମାଜିକ ଗଠନମୂଳକ କାର୍ଯ୍ୟ ଏବଂ ବୈଜ୍ଞାନିକ ଗବେଷଣା ପାଇଁ ଉଭୟ ଟ୍ରଷ୍ଟ କାର୍ଯ୍ୟରତ ।

ଡଃ. ଫ୍ରାଙ୍କ୍‌ଲିନ୍‌ଙ୍କୁ ଯୁକ୍ତରାଷ୍ଟ୍ର ଆମେରିକା ଯଥାର୍ଥ ସମ୍ମାନ ଦେଇଆସୁଛି । ତାଙ୍କର ବହୁମୁଖୀ ପ୍ରତିଭାର ସ୍ମୃତିଚାରଣ ପାଇଁ ୫ହଜାରରୁ ଅଧିକ ଅନୁଷ୍ଠାନ ଗଢ଼ିଉଠିଛି । ତେବେ ଫ୍ରାଙ୍କ୍‌ଲିନ୍ ବିଜ୍ଞାନ କେନ୍ଦ୍ର, ସେତୁ, ରାଜରାସ୍ତା, ବିଶ୍ୱବିଦ୍ୟାଳୟ, ହସ୍ପିଟାଲ୍ ଇତ୍ୟାଦି ବିଶେଷ ଅନୁଷ୍ଠାନ ଡଃ. ଫ୍ରାଙ୍କ୍‌ଲିନ୍‌ଙ୍କୁ ବିଶ୍ୱଭ୍ରମଣକାରୀଙ୍କ ସହିତ ପରିଚିତ କରାଇ ଦିଅନ୍ତି । ୧୮୬୧ ଏବଂ ୧୮୯୫ ମସିହାରେ ଡାକ ବିଭାଗ ତାଙ୍କ ସ୍ମୃତିରେ ଡାକ ଟିକଟ ପ୍ରଚଳନ କରିଥିଲେ । ୧୯୯୬ ଏବଂ ୨୦୧୧ ମସିହାରେ ଏକଶହ ଡଲାର୍ ମୂଲ୍ୟର ନୋଟ୍‌ରେ ତାଙ୍କ ଫଟୋଚିତ୍ରକୁ ସ୍ଥାନିତ କରାଯାଇଛି । ସୋଭିଏତ୍ ରୁଷିଆ ମଧ୍ୟ ତାଙ୍କ ସ୍ମୃତିରେ ଡାକ ଟିକେଟ୍ ପ୍ରଚଳନ କରିଛନ୍ତି । ଫ୍ରାନ୍ସ ଏବଂ ସ୍ୱିଡେନ୍‌ରେ ବି ତାଙ୍କର ସ୍ମାରକୀ ରହିଛି । ପ୍ରତିଭାମାନଙ୍କର ପ୍ରତିଭା ଡଃ. ଫ୍ରାଙ୍କ୍‌ଲିନ୍‌ଙ୍କ ଜୀବନର ଘଟଣାବଳୀର ଝଲକ-

୧୭୦୬ - ଜାନୁଆରୀ ୧୭ ତାରିଖରେ ବୋଷ୍ଟନ୍ ସହରରେ ଜନ୍ମଗ୍ରହଣ ।

୧୭୨୩- ଫିଲାଡେଲ୍‌ଫିଆରେ ପଦାର୍ପଣ ।

୧୭୨୮- ଛାପାକଳ ସ୍ଥାପନ ।

୧୭୩୧- ପାଠାଗାର ପ୍ରତିଷ୍ଠା ।

୧୭୩୬ - ଅଗ୍ନିନିର୍ବାପକ ସଂସ୍ଥା (Union fire company)ର ସ୍ଥାପନ ।

୧୭୪୩ - ଆମେରିକୀୟ ଦର୍ଶନ ଓ ବିଜ୍ଞାନ ଗବେଷଣା ସଂସ୍ଥାର ଜନ୍ମଦାତା । ବୈଜ୍ଞାନିକ ଗବେଷଣାର ସୁଫଳ ଲୋକଲୋଚନକୁ ଆଣିବାର ପ୍ରଚେଷ୍ଟା । ଫିଲାଡେଲ୍‌ଫିଆ ମହାବିଦ୍ୟାଳୟ ଓ ଶିକ୍ଷା ଗବେଷଣା କେନ୍ଦ୍ର ପ୍ରତିଷ୍ଠା ।

୧୭୪୮- କାଉନ୍‌ସିଲ୍ ସଭ୍ୟ ଭାବରେ ନିର୍ବାଚିତ । ପ୍ରତ୍ୟକ୍ଷ ରାଜନୀତିର ଅୟମାରମ୍ଭ ।

୧୭୪୯- 'ଶାନ୍ତି ପାଇଁ ବିଚାରପତି' ଆସନ ଅଳଙ୍କରଣ ।

୧୭୫୧- ବିଧାନସଭାକୁ ନିର୍ବାଚିତ । ପେନ୍‌ସିଲ୍‌ଭ୍ୟାନିଆ ଡାକ୍ତରଖାନା ପ୍ରତିଷ୍ଠା ।

୧୭୫୩- ଯୁଗ୍ମ ଉପମହାଡାକପାଳ ପଦରେ ଅଧିଷ୍ଠିତ । ହାବାର୍ଡ଼ ଓ ୟେଲ୍ ବିଶ୍ୱବିଦ୍ୟାଳୟରୁ ସମ୍ମାନସୂଚକ ଉପାଧି ।

୧୭୫୬- ପେନ୍‌ସିଲ୍‌ଭ୍ୟାନିଆ ସୈନ୍ୟବାହିନୀ ଗଠନ ।

୧୭୬୨- ଇଂଲଣ୍ଡର ଅକ୍ସଫୋର୍ଡ଼ ବିଶ୍ୱବିଦ୍ୟାଳୟରୁ ସମ୍ମାନସୂଚକ ଡକ୍ଟରେଟ୍ ଉପାଧି ଲାଭ ।

୧୭୭୫ - ମହାଡାକପାଳ ପଦ ଗ୍ରହଣ ।

୧୭୭୬-୮୫ - ଫ୍ରାନ୍ସ ଓ ସ୍ୱିଡେନ୍‌ର ବୈଦେଶିକ ମନ୍ତ୍ରୀ (କମିଶନର) ଭାବରେ ଆନ୍ତର୍ଜାତୀୟ ସେବା ।

୧୭୮୭- ଯୁକ୍ତରାଷ୍ଟ୍ର ଆମେରିକାର ସମ୍ବିଧାନ ଚିଠା ପ୍ରସ୍ତୁତି ।

୧୭୯୦- ଏପ୍ରିଲ୍ ୧୭ ତାରିଖରେ ୮୪ ବର୍ଷ ବୟସରେ ମହାପ୍ରୟାଣ ।

ଡଃ. ବେଞ୍ଜାମିନ୍ ଫ୍ରାଙ୍କ୍‌ଲିନ୍‌ଙ୍କର ଜୀବନୀ ପାଠ ପରେ ଆସନ୍ତାକାଲିର ୱାଶିଂଟନ୍ ଡିସି ଭ୍ରମଣ ପାଇଁ ମାନସିକ ଭାବରେ ନିଜକୁ ପ୍ରସ୍ତୁତ କରି ଶଯ୍ୟା ଗ୍ରହଣ କଲି ।

ପୁନଶ୍ଚ ୱାଶିଂଟନ୍ ଡିସି

ତା.୧୦-୦୬-୨୦୧୨ (ରବିବାର) :

ଜଳପାନ ପରେ ସକାଳ ୮ଟା ବେଳେ ୱାଶିଂଟନ୍‌ଡିସି ଅଭିମୁଖେ ବସ୍ ଚାଲିଲା । ୩ ଘଣ୍ଟା ୩୦ ମିନିଟ୍‌ର ଯାତ୍ରା ପରେ ବାଟରେ ବାଲ୍‌ଟିମୋର ସହରରେ ସାମୟିକ ବିରତି । ବିଖ୍ୟାତ ଜନ୍ ହପ୍‌କିନ୍ ହସ୍ପିଟାଲ୍ ପାଇଁ ଏହି ସମୁଦ୍ରକୂଳସ୍ଥ ପ୍ରାଚୀନ ସହର ପ୍ରସିଦ୍ଧ । ବରେଣ୍ୟ ରାଜନେତା ଶ୍ରୀଯୁକ୍ତ ବିଜୁ ପଟ୍ଟନାୟକ, ଶ୍ରୀଯୁକ୍ତ ଏନ୍.ଟି.ରାମାରାଓ ପ୍ରମୁଖ ଅନେକ ବିଶିଷ୍ଟ ବ୍ୟକ୍ତି ଏଠାରେ ହୃଦ୍‌ରୋଗ ପାଇଁ ଅସ୍ତ୍ରୋପଚାର କରି ଆରୋଗ୍ୟଲାଭ କରିଥିଲେ । ୱାଶିଂଟନ୍‌ଡିସି ସହରରେ ପ୍ରବେଶ କଲା ପରେ ମହିଳା ଗାଇଡ୍ ଆମ ସହିତ ଯୋଗଦେଲେ । ତାଙ୍କଠାରୁ ଏହି ରାଜଧାନୀ ସହରର ଇତିହାସ ଶୁଣୁ ଶୁଣୁ ଆମେ ଦ୍ୱିତୀୟ ବିଶ୍ୱଯୁଦ୍ଧର ସ୍ମାରକୀ (ଚିତ୍ର-୨୬) ପାଖରେ ପହଞ୍ଚିଗଲୁ । ଗତ ଭ୍ରମଣକାଳରେ ଏହି ସୁନ୍ଦର ସ୍ମାରକୀଟିକୁ ଦେଖିପାରି ନଥିଲି । ୱାଶିଂଟନ୍ ସ୍ମୃତିସ୍ତମ୍ଭ ଓ ଲିଙ୍କନ୍ ମେମୋରିଆଲ୍‌ର ମଧ୍ୟଭାଗରେ ସବୁଜ ବନାନୀ ଭିତରେ ଏ ଭାସ୍କର୍ଯ୍ୟ ନିର୍ମିତ ହୋଇଛି । ବୃହତ୍ ବୃତ୍ତାକାର ସ୍ମାରକୀର ମଧ୍ୟଭାଗରେ ଦିବଂଗତ ସୈନ୍ୟମାନଙ୍କ ପାଇଁ ଅଖଣ୍ଡ ଶିଖା ପ୍ରଜ୍ୱଳିତ ହୋଇଛି । ଚତୁଃପାର୍ଶ୍ୱରେ ଯୁକ୍ତରାଷ୍ଟ୍ର ଆମେରିକାର ୫୦ଟି ରାଜ୍ୟର ନାମ ଖୋଦିତ ସ୍ତମ୍ଭଗୁଡ଼ିକ ଦଣ୍ଡାୟମାନ । ନିକଟସ୍ଥ ଦର୍ଶନ କେନ୍ଦ୍ରକୁ ଯାଇ ସଚିତ୍ର ବିବରଣୀ ଥିବା ପୁସ୍ତିକାଟି ନେଇଆସିଲି । ଏଥିରେ ସୁଦୃଶ୍ୟ ଚିତ୍ର ସହତ ଦ୍ୱିତୀୟ ବିଶ୍ୱଯୁଦ୍ଧ ତଥା ସ୍ମାରକୀର ବିବରଣୀ ଲିପିବଦ୍ଧ ହୋଇଛି । ୟୁରୋପର ଉଗ୍ର ଅତ୍ୟାଚାରୀ ରାଜନୀତିଜ୍ଞଙ୍କ କବଳରୁ ବିଶ୍ୱକୁ ରକ୍ଷା କରିବା ପାଇଁ ଯୁକ୍ତରାଷ୍ଟ୍ର ଆମେରିକା ୧୯୪୧ ମସିହାରେ ଦ୍ୱିତୀୟ ବିଶ୍ୱଯୁଦ୍ଧରେ ଯୋଗଦେବାକୁ ବାଧ୍ୟହେଲା । ୧କୋଟି ୬୦ଲକ୍ଷରୁ ଊର୍ଦ୍ଧ୍ୱ ଆମେରିକୀୟ ସୈନିକ ଏହି ଯୁଦ୍ଧରେ ଯୋଗଦାନ କରିଥିଲେ ଏବଂ ୪୦ଲକ୍ଷରୁ ଅଧିକ ଶହିଦ୍ ହୋଇଥିଲେ । ଆମେରିକାର ଜାତୀୟତା ଭାବ, ଏକତା ଏବଂ ସାମରିକ

ଶକ୍ତିର ଉତ୍କର୍ଷ ଏଥିରେ ପ୍ରତିପାଦିତ ହେବା ସଂଗେ ସଂଗେ ଯୁଦ୍ଧୋତ୍ତର ଆମେରିକା ତଥା ବିଶ୍ୱରେ ଶିକ୍ଷା, ଶିଳ୍ପ, ନାରୀପ୍ରଗତି ଏବଂ ଜନତାର ଅଧିକାର କ୍ଷେତ୍ରରେ ଯଥେଷ୍ଟ ଉନ୍ନତି ଘଟିଲା । ସମଗ୍ର ମାନବ ଜାତି 'ମୁକ୍ତି ଏବଂ ନ୍ୟାୟ'ର ଲକ୍ଷ୍ୟ ହାସଲ ପାଇଁ ଜାଗ୍ରତ ହେଲେ । ଏହାର ସ୍ମୃତିଚାରଣ ପାଇଁ ଏହି ସ୍ମାରକୀ ନିର୍ମିତ ହୋଇଛି । ପୃଥିବୀର ୭ଟି ମହାଦେଶ ମଧ୍ୟରୁ ୬ଟି ଏବଂ ସମସ୍ତ ମହାସାଗର ଅଞ୍ଚଳରେ ଏ ଯୁଦ୍ଧ ୪ ବର୍ଷ ଧରି ଜାରି ରହିଥିଲା । ଏଥିରେ ସମଗ୍ର ବିଶ୍ୱର ୫କୋଟିରୁ ଊର୍ଦ୍ଧ୍ୱ ସୈନିକ ତଥା ସାଧାରଣ ଜନତା ମୃତ୍ୟୁବରଣ କରିଥିଲେ ଏବଂ ୧୦୦କୋଟିରୁ ଊର୍ଦ୍ଧ୍ୱ ନିରୀହ ଲୋକ ମାନସିକ ଏବଂ ଶାରୀରିକ ଭାବେ ଆଘାତପ୍ରାପ୍ତ ହୋଇଥିଲେ । ଯୁଦ୍ଧର ବିଭୀଷିକା ପରେ "ମାର୍ଶାଲ୍ ଯୋଜନା" ଅନୁସାରେ ଯୁକ୍ତରାଷ୍ଟ୍ର ଆମେରିକା ସମଗ୍ର ବିଶ୍ୱରେ ଶାନ୍ତି ପ୍ରତିଷ୍ଠା ଓ ପୁନଃନିର୍ମାଣ କାର୍ଯ୍ୟରେ ମନୋନିବେଶ କରିଥିଲା । ୧୯୯୩ ମସିହାରେ ଆମେରିକା କଂଗ୍ରେସ ଏହି ସ୍ମାରକୀ ନିର୍ମାଣ ପାଇଁ ନିଷ୍ପତ୍ତି ନେଇଥିଲା । ବିଶିଷ୍ଟ ସ୍ଥପତି ଫ୍ରେଡ୍‌ରିକ୍ ସେଣ୍ଟ ଫ୍ଲରିଆନ୍‌ଙ୍କ ନକ୍ସା ଅନୁସାରେ ୨୦୦୧ ମସିହା ସେପ୍ଟେମ୍ବର ମାସରେ ଏହି ସୁଦୃଶ୍ୟ ସ୍ମାରକୀର ନିର୍ମାଣ କାର୍ଯ୍ୟ ଆରମ୍ଭ ହୋଇ ୨୦୦୪ ମେ' ୨୯ ତାରିଖରେ ଲୋକାର୍ପିତ ହୋଇଥିଲା। ଗଣତନ୍ତ୍ରର କର୍ଣ୍ଣଧାର ପୂର୍ବତନ ରାଷ୍ଟ୍ରପତି ୱାଶିଂଟନ୍ ଏବଂ ଆବ୍ରାହମ୍ ଲିଙ୍କନ୍‌ଙ୍କ ସ୍ମାରକୀ ମଧ୍ୟସ୍ଥଳରେ ନିର୍ମିତ ଏହି ସ୍ମୃତିପୀଠ ସ୍ମୃତି ଏବଂ ମାନବାଧିକାରର ବାର୍ତ୍ତା ପ୍ରଚାର କରେ ।

ଦିବ୍ୟ ଏବଂ ସ୍ମୃତିସମ୍ବଳିତ ଦ୍ୱିତୀୟ ବିଶ୍ୱଯୁଦ୍ଧ ସ୍ମାରକୀକୁ ପଛରେ ପକାଇ ମଧ୍ୟାହ୍ନଭୋଜନ ପାଇଁ ସହର ଉପକଣ୍ଠରେ ଭାରତୀୟ ଭୋଜନାଳୟରେ ପହଞ୍ଚିଲୁ । ଭୋଜନାନ୍ତେ ୱାଶିଂଟନ୍‌ଡିସିର ଅନ୍ୟ ଦର୍ଶନୀୟ ବସ୍ତୁ ଦେଖିବା ପାଇଁ ନିର୍ଗତ ହେବା ବେଳେ ଗାଇଡ୍ ଅନତି ଦୂରରେ ଦୃଷ୍ଟିଆକର୍ଷକ ଆମେରିକା ପ୍ରତିରକ୍ଷା ବିଭାଗର ସର୍ବୋଚ୍ଚ କାର୍ଯ୍ୟାଳୟ 'ପେଣ୍ଟାଗନ୍' ପ୍ରତି ଅଙ୍ଗୁଳି ନିର୍ଦ୍ଦେଶ କଲେ । ଦୃଢ଼ ନିରାପତ୍ତାବଳୟ ସତ୍ତ୍ୱେ ୨୦୦୧ ସେପ୍ଟେମ୍ବର ୯ ତାରିଖ ଦିନ ଆତଙ୍କବାଦୀମାନେ ଏହା ଉପରେ ବି ଆକ୍ରମଣ କରିଥିଲେ । ଏଥିରେ ୧୮୪ଜଣଙ୍କର ପ୍ରାଣହାନୀ ଘଟିଥିଲା । ସେହିଦିନଠାରୁ ଦୀର୍ଘ ୧୨ ବର୍ଷ ଧରି ମରାମତି କାର୍ଯ୍ୟକ୍ରମ ଚାଲିଛି । ଗାଇଡ୍ ପରିହାସରେ କହିଲେ- "ମାତ୍ର ୧୮ ମାସରେ ଏ ବିରାଟ ସୌଧର ନିର୍ମାଣ ହୋଇଥିଲା, କିନ୍ତୁ ୧୨ ବର୍ଷରେ ମରାମତି ସରିପାରିନି । ପୋଟୋମାକ୍ ନଦୀ ପାର୍ ହୋଇ ରାଜଧାନୀ ସହରରେ ପୁନଃପ୍ରବେଶ କଲୁ। ଏହି ସୁନ୍ଦର ନଦୀଟି ଭର୍ଜିନିଆ ରାଜ୍ୟ ଓ ୱାଶିଂଟନ୍‌ଡିସିର ସୀମା ନିର୍ଦ୍ଧାରଣ କଲେ।

ଆମର ଗତିପଥରେ ୱାଶିଂଟନ୍ ସ୍ମୃତିସ୍ତମ୍ଭ ପୁଣି ଦୃଷ୍ଟିଗୋଚର ହେଲା । ଗାଇଡ୍ କହିଲେ ଇଂରେଜମାନଙ୍କ ସହିତ ଦୀର୍ଘ ୮ ବର୍ଷର ସଂଗ୍ରାମ ପରେ ଜର୍ଜ ୱାଶିଂଟନ୍‌ଙ୍କ ବିଜୟର ସ୍ମୃତି ସ୍ୱରୂପ ଏହି ସ୍ମାରକୀ ନିର୍ମିତ । ଏହି ରାଜଧାନୀ ସହରରେ ୧୨୫ଟି

ବିଶାଳ କଳାମନ୍ଦିର ଓ ସଂଗ୍ରହାଳୟ ରହିଛି । ତନ୍ମଧ୍ୟରୁ ୧୯ଟି ସୁବୃହତ୍ ସଂଗ୍ରହାଳୟକୁ ନେଇ ଗଠିତ ସ୍ମିଥ୍‌ସୋନିଆନ୍ ସଂଗ୍ରହାଳୟ ବିଶ୍ୱରେ ବୃହତ୍ତମ । ତା'ପରେ ଯାଇ ରାଷ୍ଟ୍ରପତି ଭବନ ହ୍ୱାଇଟ୍ ହାଉସ୍ (ଚିତ୍ର-୨୫) ସାମ୍ନାରେ ପହଞ୍ଚିଲୁ । ଗତ ଭ୍ରମଣକାଳରେ ଏହି ବିରାଟ ସୌଧର ପଶ୍ଚାତ୍ ଭାଗରୁ ଦର୍ଶନ କରିବାର ସୁଯୋଗ ମିଳିଥିଲା, ଏଥର କିନ୍ତୁ ସମ୍ମୁଖ ଭାଗରେ ମୁଖ୍ୟ ଫାଟକ ପାଖରେ ଦଣ୍ଡାୟମାନ ହେବାର ସୌଭାଗ୍ୟପ୍ରାପ୍ତ ହେଲୁ । ଗାଇଡ୍ ତଥ୍ୟ ପ୍ରକାଶ କଲେ ଯେ, ପାଞ୍ଚମହଲା ବିଶିଷ୍ଟ ଏହି ଅଟ୍ଟାଳିକାର ଦୁଇଟି ମହଲା ଭୂମିତଳେ ଏବଂ ୩ଟି ମହଲା ଭୂମି ଉପରେ ନିର୍ମିତ । ୧୩୪ ପ୍ରକୋଷ୍ଠ ବିଶିଷ୍ଟ ଏହି ଭବନର କ୍ଷେତ୍ରଫଳ ୫୦ହଜାର ବର୍ଗଫୁଟ୍‌ରୁ ବେଶୀ । ଗତଥର ମୁଁ ଦେଖିଥିବା ସୁନ୍ଦର ଖ୍ରୀଷ୍ଟମାସ ଗଛ ବିଷୟରେ ପଚାରିଥିବାରୁ ଗାଇଡ୍ କହିଲେ- ଝଡ଼ ତୋଫାନରେ ସେ ମୃତ୍ୟୁବରଣ କରିଛି । ହ୍ୱାଇଟ୍ ହାଉସ୍‌ର ପଶ୍ଚିମ ପାର୍ଶ୍ୱରେ ନିର୍ମିତ କୋଠାଟି କଳାକୃତି ପାଇଁ ପ୍ରସିଦ୍ଧ ବୋଲି କହି ଗାଇଡ୍ ଦୃଷ୍ଟି ଆକର୍ଷଣ କଲେ । ଏହା ସହିତ ଚତୁଃପାର୍ଶ୍ୱର ସୁଦୃଶ୍ୟ କୋଠାଗୁଡ଼ିକର ଇତିହାସ ତଥା ବୈଶିଷ୍ଟ୍ୟ ବିଷୟରେ କହିଲା ବେଳେ ଇଂଲଣ୍ଡର ବିଶିଷ୍ଟ ଅତିଥିମାନଙ୍କ ପାଇଁ ନିର୍ମିତ ବ୍ଲେୟାର ହାଉସ୍, ହ୍ୱାଇଟ୍ ହାଉସ୍ ସମ୍ମିଳନୀ କେନ୍ଦ୍ର ଏବଂ ଭାରତୀୟ ଅତିଥିମାନେ ପଦାର୍ପଣ କରୁଥିବା ସୁନ୍ଦର ଅତିଥିଭବନ ପ୍ରତି ବିଶେଷ ଗୁରୁତ୍ୱ ଦେଲେ । ସମସ୍ତ କୋଠା ସୁଦୃଶ୍ୟ ସବୁଜ ପୁଷ୍ପ ଶୋଭିତ ପରିବେଶ ଭିତରେ ଦଣ୍ଡାୟମାନ । ତା' ପରେ ଯୁକ୍ତରାଷ୍ଟ୍ର ଆମେରିକାର କଂଗ୍ରେସ ଓ ସିନେଟ୍ ଭବନର କ୍ୟାପିଟଲ୍ ସାମ୍ନାରେ ଯାଇ ପହଞ୍ଚିଲୁ । ପୂର୍ବ ଭ୍ରମଣ କାଳରେ କ୍ୟାପିଟଲ୍ ସୌଧର ଟିକିଏ ଦୂରରେ ଥାଇ ଦର୍ଶନ କରିଥିଲୁ । ଏଥର ଏଇ ମହାର୍ଘ ସୌଧର ପାହାଚ ଉପରେ ଚଢ଼ି ସଂଦର୍ଶନ ତଥା ଚିତ୍ର ଉତ୍ତୋଳନର ସୁଯୋଗ ମିଳିଲା । ଗାଇଡ୍ କ୍ୟାପିଟଲ୍‌ର ଇତିହାସ ବର୍ଣ୍ଣନା କରିବା ପରେ ପେନ୍‌ସିଲ୍‌ଭ୍ୟାନିଆ ଷ୍ଟ୍ରିଟ୍‌ରେ ଥିବା ଐତିହାସିକ କୋଠା ଯଥା- ପୁରୁଣା ଡାକଘର, ଇନ୍‌କମ୍ ଟ୍ୟାକ୍ସ କୋଠା, ଥିଏଟର୍ ଗୃହ, ଗୁଇନ୍ଦା ବିଭାଗର ଉଚ୍ଚତମ କାର୍ଯ୍ୟାଳୟ ଏବଂ ଜାତୀୟ କଳା ସଂଗ୍ରହାଳୟ ବିଷୟରେ ବିବରଣୀ ପ୍ରଦାନ କଲେ । ଜାତୀୟ କଳାସଂଗ୍ରହାଳୟ କୋଠାଟି ଜେଫରସନ୍ ସ୍ମାରକୀ କୋଠା ସହିତ ସାଦୃଶ୍ୟ ବହନ କରିଛି । ଏହି ଉଭୟ କୋଠା ସମକାଳୀନ ଏବଂ ଜଣେ ସ୍ଥପତିଙ୍କ ଦ୍ୱାରା ନିର୍ମିତ ।

ଶେଷ ଦର୍ଶନୀୟ ସ୍ଥାନ ଥିଲା ନ୍ୟାସନାଲ୍ ଏୟାର ଓ ସ୍ପେଶ୍ ମ୍ୟୁଜିୟମ୍ । ସ୍ମିଥ୍‌ସୋନିଆନ୍ ଶୃଙ୍ଖଳାର ଏହି ସଂଗ୍ରହାଳୟଟି ବିଶେଷ ଜନପ୍ରିୟ । ଦ୍ୱିତୀୟଥର ପାଇଁ ଦର୍ଶନର ସୁଯୋଗ ପାଇ ମୁଁ ନିଜକୁ ଧନ୍ୟ ମନେ କଲି । ତଳ ମହଲାର ୧୦୦ ସଂଖ୍ୟା ପ୍ରକୋଷ୍ଠରେ 'ଚନ୍ଦ୍ରଶିଳାର ଖଣ୍ଡଟିଏ' ପରିଦର୍ଶକଙ୍କ ସ୍ପର୍ଶ ପାଇଁ ସ୍ଥାପିତ ହୋଇଛି । ତାକୁ

ସ୍ପର୍ଶ କରି ବନ୍ଧୁଙ୍କ ଦ୍ୱାରା କ୍ୟାମେରାରେ ଫଟୋଟିଏ ନେଲି ଏବଂ ପ୍ରକୋଷ୍ଠ ୨୦୯ରେ ୧୯୦୩ ମସିହାରେ ରାଇଟ୍ ଭ୍ରାତାଦ୍ୱୟଙ୍କର ପ୍ରଥମ ଉଡ଼ାଜାହାଜଟିକୁ ପ୍ରାଣଭରି ଦର୍ଶନ କଲି । ଗତଥର ଏହାକୁ ଦେଖି ନପାରିବାର ଅବଶୋଷ ଦୂର ହେଲା । ସମସ୍ତ ସହଯାତ୍ରୀ ତା' ପାଖରେ ଠିଆହୋଇ ଚିତ୍ରୋତ୍ତଳନ କରି ଉଲ୍ଲସିତ ହେଲୁ । ସମୟ ସମାପ୍ତିର ସୂଚନା ମିଳିଲା ଏବଂ ଏହିଠାରେ ୱାଶିଂଟନ୍‌ଡିସି ଭ୍ରମଣ ସମାପ୍ତ ହେଲା ।

ଫେରନ୍ତା ରାସ୍ତାରେ ଭାରତୀୟ ଭୋଜନାଳୟରେ ଭୋଜନ କରି ରାତି ୧୧ଟା ବେଳେ ହୋଟେଲ୍‌ରେ ପହଞ୍ଚିଲୁ ।

ତା.୧୧.୦୬.୨୦୧୨ (ସୋମବାର) :

ଆଜି ସମ୍ମିଳନୀର ଶେଷ ଦିନ । ସକାଳ ୯ଟା ବେଳେ ସମ୍ମିଳନୀ ସ୍ଥଳରେ ପହଞ୍ଚି ଯୋଗଦାନ କରିଥିବାର 'ପ୍ରମାଣପତ୍ର' ସଂଗ୍ରହ କଲୁ ଏବଂ ତିନୋଟି ବୈଜ୍ଞାନିକ ସଂପାନରେ ଭାଗନେଲୁ । ମଧ୍ୟାହ୍ନଭୋଜନ ପରେ ନ୍ୟୁଜର୍ସି ରାଜ୍ୟର ପ୍ରସିଦ୍ଧ ସହର ଆଟ୍‌ଲାଣ୍ଟିକ୍ ସିଟି ଉଦ୍ଦେଶ୍ୟରେ ଯାତ୍ରା ।

ଉପବନରାଜ୍ୟ ନ୍ୟୁଜର୍ସି

ଯୁକ୍ତରାଷ୍ଟ୍ର ଆମେରିକାର ଉତ୍ତରପୂର୍ବ ଏବଂ ମଧ୍ୟ ଆଟଲାଣ୍ଟିକ୍ ଅଞ୍ଚଳରେ ନ୍ୟୁଜର୍ସି ରାଜ୍ୟ ଅବସ୍ଥିତ। ଏହାର ଉତ୍ତର-ପୂର୍ବରେ ନ୍ୟୁୟର୍କ ରାଜ୍ୟ, ପଶ୍ଚିମରେ ପେନ୍‌ସିଲ୍‌ଭ୍ୟାନିଆ, ଦକ୍ଷିଣ-ପଶ୍ଚିମରେ ଡ଼େଲାଓ୍ୱାର ରାଜ୍ୟ ଏବଂ ଦକ୍ଷିଣ-ପୂର୍ବ ଦିଗରେ ଆଟଲାଣ୍ଟିକ୍ ମହାସାଗର ସୀମା ନିର୍ଦ୍ଧାରଣ କରନ୍ତି। ନ୍ୟୁ ଜର୍ସି ନାଁଟି ଶୁଣିଲା ବେଳେ ଅନୁମାନ କରିଥିଲି ଜର୍ସି ନାଁଟି କେଉଁଠି ଥିବ। ବ୍ରିଟିଶ୍ ପ୍ରଣାଳୀରେ ଜର୍ସି ଦ୍ୱୀପରେ ଜନ୍ମଗ୍ରହଣ କରିଥିବା ସାର୍ ଜନ୍ କାର୍ଟେରେଟ୍ ଇଂଲଣ୍ଡର ମହାରାଣୀଙ୍କଠାରୁ ଏ ଅଞ୍ଚଳ ଉପହାର ସୂତ୍ରରେ ପାଇଥିବାରୁ ନ୍ୟୁଜର୍ସିର ନାମକରଣ କରିଥିଲେ।

ନ୍ୟୁଜର୍ସି ଆମେରିକାର ସର୍ବୋଚ୍ଚ ଜନବହୁଳ ରାଜ୍ୟ। ପ୍ରତି ବର୍ଗମାଇଲ୍ ପିଛା ୧୧୮୫ (ବର୍ଗ କିଲୋମିଟର ପିଛା ୪୫୮) ଜଣ ବ୍ୟକ୍ତି ବାସ କରନ୍ତି। ୨୦୧୦ ମସିହା ଜନଗଣନା ଅନୁଯାୟୀ ଲୋକସଂଖ୍ୟା ୮୭ଲକ୍ଷ ୯୧ ହଜାର ୮୯୪। ଏହା ଯୁକ୍ତରାଷ୍ଟ୍ର ଆମେରିକାର ଲୋକସଂଖ୍ୟାର ୪.୫%। ୨୦୧୧ ମସିହା ସୁଦ୍ଧା ଜନସଂଖ୍ୟା ୮୮ଲକ୍ଷ ୨୧୧୫୫। କେବଳ ଜନସଂଖ୍ୟାରେ ସମୃଦ୍ଧ ନୁହେଁ ଏହା ସମଗ୍ର ଆମେରିକାର ଦ୍ୱିତୀୟ ଶ୍ରେଷ୍ଠ ବିତ୍ତଶାଳୀ ରାଜ୍ୟ। ବର୍ଗମାଇଲ ପ୍ରତି ବୈଜ୍ଞାନିକ ଓ ଇଂଜିନିୟରମାନଙ୍କର ସଂଖ୍ୟା ହିସାବକୁ ନେଲେ ଏହା ପୃଥିବୀର ସର୍ବଶ୍ରେଷ୍ଠ ରାଜ୍ୟ। ବିଭିନ୍ନ ଜାତି-ଧର୍ମର ଲୋକଙ୍କୁ ନେଇ ଏ ରାଜ୍ୟ ଗଠିତ। ଇହୁଦୀମାନଙ୍କର ସଂଖ୍ୟା ହିସାବକୁ ନେଲେ ନ୍ୟୁୟର୍କ ରାଜ୍ୟ ପରେ ଏହା ଦ୍ୱିତୀୟ ବୃହତ୍ତମ ଅଞ୍ଚଳ। ଏସୀୟ ଲୋକଙ୍କ ସଂଖ୍ୟା ଅନୁପାତରେ ଯୁକ୍ତରାଷ୍ଟ୍ର ଆମେରିକାର ତୃତୀୟ ବୃହତ୍ତମ ରାଜ୍ୟ। ଭାରତୀୟମାନେ ମଧ୍ୟ ଜନସଂଖ୍ୟା ହିସାବରେ ତୃତୀୟ ବୃହତ୍ତମ ସ୍ଥାନ ଅଧିକାର କରିଛନ୍ତି। ମଧ୍ୟଆମେରିକା, କ୍ୟୁବା, ଇଟାଲୀ, ଦକ୍ଷିଣ ଆମେରିକା, ଆଫ୍ରିକା ଓ ଆରବ ଅଞ୍ଚଳରୁ ସ୍ଥାନାନ୍ତରିତ ଲୋକମାନେ ଅଧିକ ସଂଖ୍ୟାରେ ବାସ କରନ୍ତି। ଭାଷାଭିତ୍ତିକ

ଜନଗଣନାରୁ ଜଣାଯାଇଛି ଯେ ସମଗ୍ର ନ୍ୟୁଜର୍ସି ରାଜ୍ୟରେ ଇଂରାଜୀ ସହିତ ସ୍ପେନୀୟ, ଇଟାଲୀୟ, ପୋଲାଣ୍ଡ, ଗୁଜୁରାଟୀ, ହିନ୍ଦୀ ଏବଂ ଚୀନ୍ ଭାଷାର ପ୍ରଚଳନ ଯଥାକ୍ରମେ ରହିଛି। ବର୍‌ଗେନ୍ ଅଞ୍ଚଳରେ କୋରିଆନ୍ ଏବଂ ମାଲାୟାଲମ୍ (କେରଳୀ), ମିଡ଼ିଲସେକ୍ସ ଏବଂ ହଡ଼ସନ୍ ଅଞ୍ଚଳରେ ତେଲୁଗୁ ଓ ତାମିଲ, ନ୍ୟୁଆର୍କରେ ପର୍ତ୍ତୁଗୀଜ୍ ଏବଂ ଅଛକିଛି ଅଞ୍ଚଳରେ ତୁର୍କୀ ଓ ରୁଷୀୟ ଭାଷାର ପ୍ରଚଳନ ଅଛି।

ଆମେରିକା ଆବିଷ୍କାର ପୂର୍ବରୁ ଦୀର୍ଘ ୨୮୦୦ ବର୍ଷ ଧରି ଏ ଅଞ୍ଚଳରେ ଲେପେନ୍ ନାମକ ଆଦିମ ଆଦିବାସୀ ବାସ କରୁଥିଲେ। ସପ୍ତଦଶ ଶତାବ୍ଦୀ ପ୍ରାରମ୍ଭରେ ହଲାଣ୍ଡ ଏବଂ ସ୍ୱିଡ଼େନ୍‌ର ନାବିକମାନେ ପ୍ରଥମ ୟୁରୋପୀୟ ଭାବରେ ପାଦ ଦେଲେ। ୧୬୬୪ ମସିହାରେ ଇଂରେଜମାନେ ଏ ଅଞ୍ଚଳକୁ ଅଧିକାର କଲେ। ସାର୍ ଜର୍ଜ୍ କ୍ୟାର୍ଟେରେଟ୍ ଏବଂ ଜର୍ଜ୍ ବର୍କେଲଙ୍କୁ ଇଂଲଣ୍ଡର ମହାରାଣୀ ଏ ଉପନିବେଶକୁ ଉପହାର ସ୍ୱରୂପ ପ୍ରଦାନ କରିଥିଲେ। ୧୬୭୩ ମସିହା ମାର୍ଚ୍ଚ ୮ ତାରିଖରେ ଜର୍ଜ୍ ବର୍କେଲ୍ ଏହି ଉପନିବେଶରେ ତାଙ୍କର ଭାଗଥିବା ଅର୍ଦ୍ଧାଂଶ ଇଂଲଣ୍ଡର କ୍ୱାକେର ଧର୍ମ ଗ୍ରହଣ କରିଥିବା ଗୋଷ୍ଠୀକୁ ବିକ୍ରି କରିଦେଲେ, ଯେଉଁମାନଙ୍କ ମଧ୍ୟରୁ କିଛି ଡ଼େଲାଓ୍ୱାର ନଦୀ ଉପତ୍ୟକାରେ ବାସ କରୁଥିଲେ। ସେମାନଙ୍କ ମଧ୍ୟରୁ ୱିଲିୟମ୍ ପେନ୍ ଉପନିବେଶର ଟ୍ରଷ୍ଟି ହିସାବରେ ଦାୟିତ୍ୱ ଗ୍ରହଣ କରିଥିଲେ। ସେ ପେନ୍‌ସିଲ୍‌ଭ୍ୟାନିଆ ରାଜ୍ୟ ଓ ଫିଲାଡ଼େଲ୍‌ଫିଆ ସହରର ପ୍ରତିଷ୍ଠାତା।

ଇଂରେଜମାନଙ୍କ ବିରୁଦ୍ଧରେ ଆମେରିକୀୟମାନଙ୍କର ସ୍ୱାଧୀନତା ସଂଗ୍ରାମ ବେଳେ ୧୩ଟି ଯାକ ବ୍ରିଟିଶ୍ ଉପନିବେଶ ଭାଗ ନେଇଥିଲେ। ସେମାନଙ୍କର ନେତୃତ୍ୱ ନେଇଥିଲା ନ୍ୟୁଜର୍ସି । ୧୭୭୬ ମସିହା ଜୁଲାଇ ଦୁଇ ତାରିଖରେ ନ୍ୟୁଜର୍ସି ସମ୍ବିଧାନ ଲେଖାଯାଇଥିଲା। ଏହାର ଦୁଇଦିନ ପରେ ଅର୍ଥାତ୍ ଜୁଲାଇ ୪ ତାରିଖରେ ଯୁକ୍ତରାଷ୍ଟ ଆମେରିକାର ସ୍ୱାଧୀନତା ଘୋଷଣା କରାଯାଇଥିଲା। ଆମେରିକା ଓ ଇଂଲଣ୍ଡର ସୈନ୍ୟବାହିନୀ ଅନେକଥର ଏହି ରାଜ୍ୟରେ ମୁହାଁମୁହିଁ ଯୁଦ୍ଧ କରିଛନ୍ତି। ସେଥିପାଇଁ ନ୍ୟୁଜର୍ସିକୁ ସଂଗ୍ରାମର ଛକରାସ୍ତା (Cross-roads of the Revolution)ବୋଲି କୁହାଯାଏ। ଡ଼େଲାଓ୍ୱାର୍ ନଦୀ ଏ ସବୁର ମୂକସାକ୍ଷୀ।

ଊନବିଂଶ ଶତାବ୍ଦୀର ଇତିହାସ ଅନୁଧ୍ୟାନ କରାଗଲେ ଜଣାଯାଏ ୧୮୦୪ ଫେବୃଆରୀ ୧୫ ତାରିଖରେ ଯୁକ୍ତରାଷ୍ଟ୍ର ଆମେରିକାର ଉତ୍ତରଭାଗର ଶେଷ ରାଜ୍ୟ ଭାବରେ ନ୍ୟୁଜର୍ସି ଦାସତ୍ୱ ପ୍ରଥା ବିଲୋପ କରିଥିଲା। ବୟନଶିଳ୍ପରେ ସମୃଦ୍ଧି ଯୋଗୁଁ ଅସଂଖ୍ୟ ଲୋକ କର୍ମସଂସ୍ଥାନ ପାଇଥିଲେ। ଏହା ସହିତ ଯୁଦ୍ଧାସ୍ତ୍ର ଓ ଜାହାଜ ତିଆରି କାରଖାନାମାନ ରାଜ୍ୟକୁ ଆର୍ଥିକ, ସାମାଜିକ ଓ ବୈଜ୍ଞାନିକସମୃଦ୍ଧି ଆଣିଦେଇଥିଲେ।

ପ୍ରାତଃସ୍ମରଣୀୟ ବୈଜ୍ଞାନିକ ଥୋମାସ୍ ଏଡ଼ିସନ୍ ନ୍ୟୁଜର୍ସିର ୱେଷ୍ଟ ଅରେଞ୍ଜ ଅଞ୍ଚଳରେ ଜନ୍ମଗ୍ରହଣ କରିଥିଲେ। ସେ ୧୦୯୩ଟି ଦ୍ରବ୍ୟ ଆବିଷ୍କାର କରି ବିଶ୍ୱବରେଣ୍ୟ ହୋଇଛନ୍ତି। ଏ ଭିତରୁ ଗ୍ରାମଫୋନ୍ ଓ ଇଲେକ୍ଟ୍ରିକ୍ ବଲ୍ବ ବିଶିଷ୍ଟ ସ୍ଥାନ ଅଧିକାର କରନ୍ତି।

ବିଂଶଶତାବ୍ଦୀରେ ନ୍ୟୁଜର୍ସି ରାଜ୍ୟ ଯୁଦ୍ଧାସ୍ତ୍ର ଉତ୍ପାଦନରେ ଶୀର୍ଷସ୍ଥାନ ଗ୍ରହଣ କରିଥିଲେ। ବିଶେଷତଃ ନୌସେନା ଓ ଆକାଶ ବାହିନୀରେ ବ୍ୟବହୃତ ଅନେକ ଅସ୍ତ୍ର ଏଠାରେ ଆଜି ବି ଉତ୍ପାଦିତ ହୁଏ। ଶିଳ୍ପଅଭିବୃଦ୍ଧି ଯୋଗୁଁ ଆର୍ଥିକ ଉନ୍ନତି ସହିତ ରାସ୍ତାଘାଟ, ପରିବେଶ, ବିଦ୍ୟୁତ୍ ଓ ଜଳଯୋଗାଣ ଇତ୍ୟାଦି ବିଭିନ୍ନ କ୍ଷେତ୍ରରେ ଚରମ ଉତ୍କର୍ଷ ଦେଖିବାକୁ ମିଳେ। ଏକବିଂଶ ଶତାବ୍ଦୀରେ ନ୍ୟୁୟର୍କ ସହରର ପଡ଼ୋଶୀ ନ୍ୟୁଜର୍ସିର ଉତ୍ତରାଞ୍ଚଳ ବ୍ୟବସାୟ-ବାଣିଜ୍ୟ କ୍ଷେତ୍ରରେ ଅଭିବୃଦ୍ଧି ଲାଭ କରିଛି। ଏଥିପାଇଁ ନ୍ୟୁଆର୍କର ଲିବର୍ଟି ଉଡ଼ାଜାହାଜ ଘାଟୀ ବିଶ୍ୱର ପ୍ରସିଦ୍ଧ ଏବଂ ବ୍ୟସ୍ତବହୁଳ ଯାତ୍ରୀପରିବହନକାରୀ ଭାବରେ ଆଦୃତ। ଛଅଥର ଏହି ଉଡ଼ାଜାହାଜ ଘାଟୀ ଦେଇ ଯାତ୍ରା କରିଥିଲେ ବି ମୁଁ ଏହାକୁ ସମୃଦ୍ଧ ନ୍ୟୁଜର୍ସି ରାଜ୍ୟର ମଉଡ଼ମଣି ବୋଲି ଜାଣିପାରି ନଥିଲି।

ପରିବେଶର ସୁରକ୍ଷା ଓ ଅଭିବୃଦ୍ଧି ଯୋଗୁଁ ନ୍ୟୁଜର୍ସି ରାଜ୍ୟ ସୁନ୍ଦର ବନ ଓ ଉପବନରେ ସୁଶୋଭିତ। ତେଣୁ ଏହାକୁ ଆଦରରେ 'ଉପବନ ରାଜ୍ୟ' ବୋଲି କୁହାଯାଏ। ଏହି ମାନ୍ୟତା ଲାଭ କରିଥିବାରୁ ପରିଭ୍ରମଣକାରୀମାନେ ତଥା ଆନ୍ତର୍ଜାତୀୟ ବ୍ୟବସାୟୀ-ଶିଳ୍ପପତିମାନେ ଏହାକୁ ଯଥେଷ୍ଟ ପସନ୍ଦ କରନ୍ତି।

୭ ତାରିଖ ଦିନ ନ୍ୟୁୟର୍କ ବିମାନବନ୍ଦରରେ ଅବତରଣ ପରେ ବସ୍ ଯୋଗେ ଦେଢ଼ଘଣ୍ଟା ଯାତ୍ରା କଲା ବେଳେ ମୁଁ ନ୍ୟୁଜର୍ସିର ସୌନ୍ଦର୍ଯ୍ୟକୁ ମନଭରି ଉପଭୋଗ କରୁଥିଲି। ସେଦିନ ମାଉଣ୍ଟ ଲରେଲ୍ ହୋଟେଲ୍ ହିଲ୍ଟନ୍ ଗାର୍ଡ଼ନ୍ ଇନ୍‌ର ଲବିରେ ପ୍ରବେଶ କରୁକରୁ ନ୍ୟୁଜର୍ସି ଭ୍ରମଣ ପୁସ୍ତିକାଟି ହସ୍ତଗତ ହେବା ପରେ ନ୍ୟୁଜର୍ସି ପ୍ରତି ମୋର ଅଧିକ ଆଗ୍ରହ ଜାଗ୍ରତ ହେଲା। ଗତକାଲି ଅର୍ଥାତ୍ ୧୦ ତାରଖ ରାତ୍ରି ପର୍ଯ୍ୟନ୍ତ ମୁଁ ପୁସ୍ତିକାଟିର ପୃଷ୍ଠା ପରେ ପୃଷ୍ଠା ଆତ୍ମସ୍ଥ କରି ଏହି ରାଜ୍ୟ ଉପରେ ଯଥେଷ୍ଟ ଜ୍ଞାନଲାଭ କଲି।

ତା.୧୧.୦୬.୨୦୧୨(ସୋମବାର)

ନ୍ୟୁଜର୍ସିର ସର୍ବାଧିକ ଆମୋଦଦାୟୀ ସହର ହେଉଛି "ଆଟଲାଣ୍ଟିକ୍ ସିଟି"। ମଧ୍ୟାହ୍ନଭୋଜନ ପରେ ଉଦ୍‌ଯାପିତ ସମ୍ମିଳନୀରୁ ବିଦାୟନେଇ ଆଟଲାଣ୍ଟିକ୍ ସିଟି ଅଭିମୁଖେ ଯାତ୍ରାକଲୁ। ମାତ୍ର ୧ଘଣ୍ଟାର ସୁଖମୟ ଯାତ୍ରାପରେ ଲକ୍ଷ୍ୟସ୍ଥଳରେ ପାଦଦେଲୁ। ରାସ୍ତାର ଉଭୟ ପାର୍ଶ୍ୱରେ ଥିବା ବନାନୀ ଓ ଉପବନରୁ 'ଉପବନ ରାଜ୍ୟ' ର ଯଥାର୍ଥତା ହୃଦୟଙ୍ଗମ କରିହେଉଥିଲା। ନ୍ୟୁଜର୍ସିର ପୂର୍ବ ଉପକୂଳ ୧୩୦ ମାଇଲ୍ ଦୀର୍ଘ ଆଟଲାଣ୍ଟିକ୍

ମହାସାଗରଧୌତ ଅଞ୍ଚଳ। ଏହି ଉପକୂଳରେ ଯାତ୍ରୀମନୋରଞ୍ଜନ ପାଇଁ ଅନେକ ସ୍ଥାନ ରହିଛି। ତନ୍ମଧ୍ୟରୁ ଆଟଲାଣ୍ଟିକ୍ ସହରର ଖ୍ୟାତି ଅଧିକ।

୧୮୭୦ ମସିହାରୁ ଏହା ପର୍ଯ୍ୟଟକମାନଙ୍କର ଆକର୍ଷଣର କେନ୍ଦ୍ରବିନ୍ଦୁ। ଷାଠିଏ ଫୁଟ୍ ଓସାର ଓ ୪ମାଇଲ୍ ଦୀର୍ଘ କାଷ୍ଠ ନିର୍ମିତ ରାସ୍ତା କୂଳେ କୂଳେ ଲମ୍ବି ଯାଇଛି। ଏହା ଦୁଇଟି ଉଦ୍ଦେଶ୍ୟରେ ନିର୍ମିତ। ପ୍ରଥମତଃ ୧୧ଗୋଟି ବୃହତ୍‌ହୋଟେଲ୍‌ରେ ଭିଡ଼ ଜମାଉଥିବା ଅତିଥିମାନଙ୍କ ପାଦଧୂଳିରୁ ଅପେକ୍ଷାଗୃହ (ଲବି)ର ପରିଚ୍ଛନ୍ନତାକୁ ରକ୍ଷା କରିବା ଏବଂ କାଷ୍ଠମଞ୍ଚ ଉପରେ ଆମୋଦ ପ୍ରମୋଦର ପ୍ରଶସ୍ତକ୍ଷେତ୍ର ସୃଷ୍ଟି। ପର୍ଯ୍ୟଟକମାନେ ମଧ୍ୟ ସମୁଦ୍ର ବାଲିକୁ ନିଜ ଜୋତାରେ ବୋହିଆଣି କାରକୁ ଅପରିଷ୍କାର କରିବାରୁ ରକ୍ଷା ପାଆନ୍ତି। ଭାରତୀୟ ନାମାଙ୍କିତ ହୋଟେଲ୍ ଟ୍ରମ୍ପ ତାଜମହଲରେ ଆମେ ପ୍ରବେଶ କଲୁ। ବସ୍ ଓ କାର୍ ପାର୍କିଂ ପାଇଁ ପ୍ରଶସ୍ତସ୍ଥାନ ଓ ସୁବ୍ୟବସ୍ଥିତ ହୋଟେଲର ତଳମହଲାରେ ହଜାର ହଜାର ପରିବ୍ରାଜକ କ୍ୟାସିନୋ ଖେଳରେ ମଗ୍ନ। ଅର୍ଥଉପାର୍ଜନର ପନ୍ଥା ହୋଇଥିବାରୁ ରଙ୍ଗୀନ୍ ଚିତ୍ର, ସୁନ୍ଦର ଆଲୋକସଜ୍ଜା ଏବଂ ଛାତ ଉପରୁ ଝୁଲୁଥିବା ରାଜକୀୟ ଝାଡ଼ଣ ସବୁ ମନମୁଗ୍ଧକର ଥିଲା। ଏହି ହଲ୍‌ର ଅପରପଟେ ନିଷ୍କ୍ରାନ୍ତ ହୋଇ ସମୁଦ୍ର କୂଳକୁ ଗଲୁ। କାଠମଞ୍ଚ ଉପରେ ଚାଲିବା ପାଇଁ ଖୁବ୍ ଭଲଲାଗିଲା। ଜନଗହଳି ଅତିକ୍ରମ କରି କିଛିବାଟ ଆଗକୁ ଗଲୁ। ପିଲାମାନଙ୍କର ମନୋରଞ୍ଜନ ପାଇଁ ବିଭିନ୍ନ ପ୍ରକାରର ଦୋଳି, ବେଲୁନ୍ ଇତ୍ୟାଦି ଅନେକ ବ୍ୟବସ୍ଥା ଅଛି। ସାମୁଦ୍ରିକପକ୍ଷୀମାନେ ଦର୍ଶକମାନଙ୍କ ହାତରୁ ଖାଦ୍ୟ ଝାମ୍ପି ନେବାର ଦୃଶ୍ୟ ମନୋରମ। କାଠମଞ୍ଚରୁ ଓହ୍ଲାଇ ମହାସାଗର ବାଲିରେ କିଛି ବାଟ ବି ଚାଲିଲୁ। ୧୮୬୦ ମସିହାରୁ ନିର୍ମିତ କାଠମଞ୍ଚ ବେଶ ସୁଦୃଢ଼। ଏହା ପୃଥିବୀରେ ସର୍ବପୁରାତନ। ଏଠାରେ ଶତାଧିକଜାତିର ମତ୍ସ୍ୟ ଥିବା ଏକ ବୃହତ୍ ଏବଂ ସୁନ୍ଦର ମତ୍ସ୍ୟାଗାର ଅଛି ବୋଲି ଶୁଣିଲୁ। ଏ ଅଞ୍ଚଳ ବ୍ଲୁବେରୀ ନାମକ ନୀଳରଙ୍ଗର ସୁସ୍ୱାଦୁ କୋଳି ପାଇଁ ପ୍ରସିଦ୍ଧ। ନ୍ୟୁଜର୍ସି ରାଜ୍ୟରେ ପାଦଦେବା ପରେ ପ୍ରତ୍ୟେକ ଦିନ ପ୍ରାତଃଭୋଜନରେ ମୁଁ ଏହି କୋଳି ଖାଉଥିଲି। ଏହି ଉପକୂଳବର୍ତ୍ତୀ ପ୍ରାଚୀନ ସହରରେ ଏକ ସୁନ୍ଦର ବତୀଘର, ଐତିହାସିକ ସଂଗ୍ରହାଳୟ, କୋରିଆଯୁଦ୍ଧର ସ୍ମାରକୀ, ସୁବୃହତ୍ ଅନ୍ତର୍ଜାତୀୟ ସମ୍ମିଳନୀ କେନ୍ଦ୍ର, ଆଇମାକ୍ସ ପ୍ରେକ୍ଷାଳୟ, ରିପ୍‌ଲୀଙ୍କର କୌତୂକ ପ୍ରଦର୍ଶନୀ ଏବଂ ଗଲ୍ଫ ଖେଳ ପାଇଁ ବିସ୍ତୀର୍ଣ୍ଣ ସବୁଜାଞ୍ଚଳ ରହିଛି। ଅନେକ ପ୍ରସିଦ୍ଧ କମ୍ପାନୀ ସେମାନଙ୍କର ବିପଣୀ ଖୋଲି ଦେଇଛନ୍ତି। ପାଇକାରୀ ଦରରେ ସମସ୍ତ ନିତ୍ୟବ୍ୟବହାର୍ଯ୍ୟ ଜିନିଷ ମିଳୁଥିବାରୁ ଅନେକ ଏଠାକୁ ସଉଦାପତ୍ର ପାଇଁ ଆସନ୍ତି। ସମୁଦ୍ରରେ ଜଳବିହାରର ବ୍ୟବସ୍ଥା ବି ଅଛି। ରାସ୍ତାଗୁଡ଼ିକ ସୁନ୍ଦର ଓ ପ୍ରଶସ୍ତ। ଚାରିଆଡ଼େ ଫୁଲର ପସରା। ୨ଘଣ୍ଟା ସୁଖମୟ ଭ୍ରମଣ ପରେ 'ବାଲି' ନାମକ ଅନ୍ୟ ଏକ ବୃହତାକାର ସୌନ୍ଦର୍ଯ୍ୟମୟ ହୋଟେଲରେ ପ୍ରବେଶ କଲୁ। ୬ମହଲା

ପର୍ଯ୍ୟନ୍ତ ଉଠିଥିବା ବୈଦ୍ୟୁତିକ ସିଡ଼ି ଦର୍ଶନୀୟ। ତଳେ କ୍ୟାସିନୋର ପସରା। ସିଡ଼ି ଚଢ଼ି ଚୀନା ଭୋଜନାଳୟରେ ଭୋଜନପାଇଁ ପ୍ରବେଶ କଲୁ। ଜଣେ ଭାରତୀୟମହିଳାଙ୍କ ଦ୍ୱାରା ପରିଚାଳିତ ଏହି ଭୋଜନାଳୟର ସ୍ୱାଦିଷ୍ଟ ଭୋଜନ ଏବଂ ମହିଳାଙ୍କ ଆତିଥେୟତା ସମସ୍ତଙ୍କୁ ମୁଗ୍ଧ କରିଥିଲା।

ରାତ୍ରି ନଅଘଣ୍ଟା ତିରିଶ୍ ମିନିଟରେ ଆଟଲାଣ୍ଟିକ୍ ସହର ଛାଡ଼ି ୧ ଘଣ୍ଟାର ଯାତ୍ରାପରେ ହୋଟେଲରେ ପହଞ୍ଚିଲୁ। ଆସନ୍ତାକାଲି ଆମେରିକା ଛାଡ଼ି ଯିବାର ଦିନ। ବର୍ତ୍ତମାନ ପର୍ଯ୍ୟନ୍ତ ଯାତ୍ରା ସୁରୁଖୁରୁରେ ଚାଲିଲା ଏବଂ ଆମେରିକାର ଏହି ନୂତନ ଅଞ୍ଚଳରେ ସୁଖଦଅନୁଭୂତି ମନପ୍ରାଣକୁ ଆଚ୍ଛାଦିତ କରି ରଖିଛି। ମୁମ୍ବାଇରୁ ଭ୍ରମଣ ସଂସ୍ଥାର ଅଭିଜ୍ଞ ଗାଇଡ୍ ପଟ୍ଟବର୍ଦ୍ଧନଙ୍କୁ ସମସ୍ତେ ବସ୍ ଭିତରେ ଧନ୍ୟବାଦ ଦେଲୁ। କିଛି ସହଯାତ୍ରୀଙ୍କର ଲଳିତକଣ୍ଠରୁ ଅଭୁଲା ହିନ୍ଦୀ ସଙ୍ଗୀତମାନ ଶୁଣୁଶୁଣୁ ଏକଘଣ୍ଟାର ସମୟ ମୁହୂର୍ତ୍ତକ ମଧ୍ୟରେ ଚାଲିଗଲା ଭଳି ଲାଗିଲା।

ତା.୧୨.୦୬.୨୦୧୨(ମଙ୍ଗଳବାର):

ବ୍ରାହ୍ମ ମୁହୂର୍ତ୍ତରେ ଶଯ୍ୟା ତ୍ୟାଗର ଅଭ୍ୟାସ ଯୋଗୁଁ ଫେରନ୍ତା ଯାତ୍ରା ପାଇଁ ଜିନିଷପତ୍ର ସଜାଡ଼ିବା କାମ ସୁରୁଖୁରୁରେ ସରିଗଲା। ୮ଟା ବେଳେ ପ୍ରାତଃଭୋଜନ ସାରି ୯.୩୦ ମିନିଟରେ ହୋଟେଲ୍ ଛାଡ଼ିଲୁ। ଝିପି ଝିପି ବର୍ଷା ଆରମ୍ଭ ହୋଇଯାଇଥିଲା। ମୁଁ ବ୍ରହ୍ମପୁର ଛାଡ଼ିବା ପୂର୍ବରୁ ଇଣ୍ଟରନେଟ୍‌ରୁ ଟିପିନେଇଥିଲି ଯେ ୭ତାରିଖ ପହଞ୍ଚିବାର ଦିନ ସର୍ବୋଚ୍ଚ ତାପମାତ୍ରା ୨୨ ଡିଗ୍ରୀ ସେଣ୍ଟିଗ୍ରେଡ୍ ଏବଂ ୧୧ ତାରିଖରେ ୨୪ ଡିଗ୍ରୀ। ଆଜି ପାଇଁ ବର୍ଷା ସହିତ ତାପମାତ୍ରା ୪ଡିଗ୍ରୀ କମିବାର ସୂଚନା ଥିଲା। ପାଣିପାଗ ପୂର୍ବାଭାଷର ସତ୍ୟତା ଅନୁଭବ କଲି। ରାସ୍ତାରେ ୨ଘଣ୍ଟା ୱାଲ୍‌ମାର୍ଟରେ ପଶି କିଣାକିଣି କଲୁ। ସେଠାରୁ ବାହାରି ୧ଘଣ୍ଟା ଯାତ୍ରା କରିବା ପରେ ଭାରତୀୟ ଭୋଜନାଳୟ 'ରସୋଇ' (ହିନ୍ଦୀ ଶବ୍ଦ। ଓଡ଼ିଆରେ ରୋଷେଇ)ରେ ମଧ୍ୟାହ୍ନଭୋଜନ କଲୁ। ଅତି ସୁନ୍ଦର ପରିବେଶ ପରିପାଟୀ। ପରିଚାରକମାନଙ୍କର ହର୍ଷିତ ଚେହେରା ଏବଂ ଖାଦ୍ୟର ଗୁଣବତ୍ତା ଉଚ୍ଚମାନର ଥିଲା। ଅପରାହ୍ନ ୩ଟା ବେଳେ ବିମାନଘାଟୀରେ ପ୍ରବେଶ କଲୁ। ଠିକ୍ ୬ଘଣ୍ଟା ୩୦ ମିନିଟରେ ଜେଟ୍ କମ୍ପାନୀର ବିରାଟ ଉଡ଼ାଜାହାଜ ଉପରକୁ ଉଠିଲା। ୭ଘଣ୍ଟାର ଯାତ୍ରାପରେ ବ୍ରସେଲ୍ସରେ ସ୍ଥାନୀୟ ସମୟ ସକାଳ ୭.୫୦ ମିନିଟରେ ପହଞ୍ଚିଲୁ। ୨ଘଣ୍ଟା୩୦ ମିନିଟର ବିରତି ପରେ ୧୦ଘଣ୍ଟା ୫ମିନିଟ୍‌ରେ ଦିଲ୍ଲୀ ଅଭିମୁଖେ ଉଡ୍ଡାଣ ଆରମ୍ଭ। ଦିଲ୍ଲୀରେ ରାତି ୯ଘଣ୍ଟା ଚାଳିଶ୍ ମିନିଟ୍‌ରେ ପହଞ୍ଚିଲୁ। ଘଣ୍ଟାରେ ତାରିଖ ବଦଳିଯାଇଛି। ୧୩.୦୬.୧୨। ରାତ୍ରିଯାପନ ପରେ ସକାଳ ୭ଟାରେ ଭୁବନେଶ୍ୱର ଅଭିମୁଖେ ଯାତ୍ରା।

■

ଭୂସ୍ୱର୍ଗ ଭ୍ୟାଙ୍କୋଭର୍

୨୦୦୯ ମସିହାରେ କାନାଡ଼ାର ପୂର୍ବାଞ୍ଚଳସ୍ଥିତ ମଣ୍ଟ୍ରିଲ୍, କ୍ୟୁବେକ୍, କିଙ୍ଗ୍‌ଷ୍ଟନ୍, ଟରଣ୍ଟୋ ଓ ନାଏଗ୍ରାଭ୍ରମଣର ଅନୁଭୂତି ବାଣ୍ଟିଲା ବେଳେ କିଛି ବନ୍ଧୁ ପଶ୍ଚିମାଞ୍ଚଳର ଶୋଭାସମ୍ଭାର ବିଷୟରେ ସୂଚନା ଦେଇଥିଲେ । ଦକ୍ଷିଣ ପଶ୍ଚିମ ଦିଗରେ ବ୍ରିଟିଶ୍ କଲମ୍ବିଆ ପ୍ରଦେଶର ବୃହତ୍ତମ ସହର ଭ୍ୟାଙ୍କୋଭର ପୃଥିବୀର ତିନୋଟି ଜନାଦୃତ ବାସୋପଯୋଗୀ ସହର ମଧ୍ୟରେ ସ୍ଥାନିତ । ନ୍ୟୁଜିଲାଣ୍ଡର ଅକ୍‌ଲ୍ୟାଣ୍ଡ ଏବଂ ଅଷ୍ଟ୍ରେଲିଆର ମେଲ୍‌ବୋର୍ଣ୍ଣ ସହିତ ଭ୍ୟାଙ୍କୋଭର ବିଭିନ୍ନ ଜନମତସର୍ଭେ ଦ୍ୱାରା ମନୋନୀତ । ତେଣୁ ଭ୍ରମଣକାରୀ ବନ୍ଧୁମାନେ ମୋ ମନରେ ଏହି ସୁନ୍ଦର ସହରଟି ପ୍ରତି ଆକର୍ଷଣ ଭରି ଦେଇଥିଲେ । ଯାତ୍ରା ପାଇଁ ସୁଯୋଗ ମିଳିଲା ୨୦୧୫ ମସିହା ନଭେମ୍ବର ଅଣତିରିଶ ତାରିଖ ଦିନ । ଅନ୍ତର୍ଜାତୀୟ ମଧୁମେହ ଗବେଷଣା ସଂସ୍ଥାର ଦ୍ୱିବାର୍ଷିକ ସମ୍ମିଳନୀ (୨୦୦୯ ମସିହା ମଣ୍ଟ୍ରିଲ୍ ସମ୍ମିଳନୀ ପରେ ଏହା ତ୍ରୟୋବାର୍ଷିକରୁ ଦ୍ୱିବାର୍ଷିକରେ ପରିଣତ ହୋଇଛି)ରେ ଯୋଗଦେବା ପାଇଁ କିଛି ବନ୍ଧୁଙ୍କ ସହିତ ପ୍ରତିନିଧି ଭାବରେ ନାମ ପଞ୍ଜିକରଣ କରିଥିଲି । ଭିସା ପାଇଁ ଛଅ ସପ୍ତାହ ପୂର୍ବରୁ ଆବେଦନ ପତ୍ର ଦେଇଥିଲୁ । ଦଶ ବର୍ଷ ପାଇଁ ଭିସା ମିଳିବାରୁ ସମସ୍ତେ ଉତ୍‌ଫୁଲ୍ଲିତ ଥିଲୁ ।

ତା. ୨୯-୧୧-୨୦୧୫ (ରବିବାର) :

ଜର୍ମାନୀର ସୁପ୍ରସିଦ୍ଧ ଲୁପ୍‌ଥାନ୍‌ସା ବିମାନ କମ୍ପାନୀର ସୁବୃହତ୍ ଉଡ଼ାଜାହାଜରେ ଅମୃତବେଳା ୩.୩୦ ମିନିଟ୍‌ରେ ଦିଲ୍ଲୀସ୍ଥିତ ଇନ୍ଦିରା ଗାନ୍ଧୀ ଆନ୍ତର୍ଜାତୀୟ ବନ୍ଦର ଛାଡ଼ିଲୁ । ୬୬୫୦ କି.ମି. ଯାତ୍ରା ପରେ ଫ୍ରାଙ୍କ୍‌ଫର୍ଟ୍ ବିମାନ ବନ୍ଦରରେ ସ୍ଥାନୀୟ ସମୟ ସକାଳ ୭.୨୦ ମିନିଟ୍‌ରେ ପଦାର୍ପଣ କଲୁ । ଯାତ୍ରା ଅବଧି ୮ଟା ୨୦ ମିନିଟ୍ ଥିଲେ ବି ଟାଇମ୍ ଜୋନ୍‌ରେ ୪ଘଣ୍ଟା ୩୦ ମିନିଟ୍ ସମୟର ଲାଭ ହେବା କାରଣରୁ ୭.୨୦ ମିନିଟ୍‌ରେ ପହଞ୍ଚିଗଲୁ । ବିଶାଳ କାନାଡ଼ା ଭୂଖଣ୍ଡରେ ଛଅଟି ଟାଇମ୍ ଜୋନ୍ । ହାତଘଣ୍ଟାର ସମୟକୁ

୪ଟା ୩୦ ମିନିଟ୍ ପଛକୁ ଫେରାଇଦେଲି । ସ୍ଥାନୀୟ ସମୟ ୧୦ଟା ୨୦ ମିନିଟ୍‌ରେ ଅନ୍ୟ ଏକ ସୁବୃହତ୍ ବିମାନରେ ଭ୍ୟାଙ୍କୋଭର ଅଭିମୁଖେ ଦୀର୍ଘ ୧୦ ଘଣ୍ଟା ୧୦ ମିନିଟ୍‌ର ଯାତ୍ରା । ୧୦୦୦୦ କି.ମି.ରୁ ଊର୍ଦ୍ଧ୍ୱ ଦୂରତା ଅତିକ୍ରମ କଲାବେଳେ ଉତ୍ତର ଆଟ୍‌ଲାଣ୍ଟିକ୍ ମହାସାଗରସ୍ଥିତ ଗ୍ରୀନ୍‌ଲ୍ୟାଣ୍ଡର ଦକ୍ଷିଣ ଭାଗ ଦେଇ କାନାଡ଼ାର ପୂର୍ବ ଭାଗରେ ପ୍ରବେଶ କଲୁ । ଟିଭି ପରଦାରେ ନୂତନ ଜ୍ଞାନକୌଶଳରେ ପ୍ରଦର୍ଶିତ ମାନଚିତ୍ରରେ ଅତିକ୍ରମ କରୁଥିବା ସ୍ଥାନମାନ ପ୍ରଦର୍ଶିତ ହେଉଥାଏ । ସବୁଠାରୁ ଚମତ୍କାର ଥିଲା କାଲଗ୍ୟାରୀ ପର୍ବତମାଳା ଏବଂ କଲମ୍ବିଆ ନଦୀ ଉପତ୍ୟକାର ମନୋରମ ଦୃଶ୍ୟସମ୍ଭାର । ଭ୍ୟାଙ୍କୋଭର୍‌ର ସମୟ ଫ୍ରାଙ୍କ୍‌ଫର୍ଟ୍‌ଠାରୁ ୯ଘଣ୍ଟା ପଛୁଆ । ଅର୍ଥାତ୍ ଭାରତୀୟ ସମୟଠାରୁ ୧୩ ଘଣ୍ଟା ୩୦ ମିନିଟ୍ । ତେଣୁ ଦୀର୍ଘ ଯାତ୍ରା ସତ୍ତ୍ୱେ ସ୍ଥାନୀୟ ସମୟ ପୂର୍ବାହ୍ନ ୧୧ଟା ୩୦ ମିନିଟ୍‌ରେ ଆମ ବିମାନ ଭ୍ୟାଙ୍କୋଭର୍ ମାଟି ସ୍ପର୍ଶ କଲା । ବିମାନଘାଟିରେ ଔପଚାରିକତା ସଂପନ୍ନ କରି ଦିନ ଗୋଟାଏ ବେଳେ ନିର୍ଗତ ହେଲୁ ଏବଂ ଭ୍ୟାଙ୍କୋଭର୍ ସହର ଅଭିମୁଖେ ବସ୍ ଯାତ୍ରା ଆରମ୍ଭ ହେଲା । ଭାରତୀୟ ରେଷ୍ଟୁରାଣ୍ଟ ହିମାଳୟରେ ମଧ୍ୟାହ୍ନଭୋଜନ ପରେ ସହରର ପ୍ରାଣକେନ୍ଦ୍ରସ୍ଥିତ ସେଞ୍ଚୁରୀ ପ୍ଲାଜା ହୋଟେଲ୍‌ରେ ପ୍ରବେଶ କଲୁ । ଅପରାହ୍ନ ୪ଟା ବେଳେ ସଞ୍ଜ ନଇଁ ଆସିଲା ଏବଂ ଆମେ ୫ଟା ବେଳେ ସହର ଭ୍ରମଣ ପାଇଁ ବାହାରି ପଡ଼ିଲୁ । ଶୀତର ପ୍ରକୋପ ବଢ଼ି ଚାଲିଥାଏ । ବିମାନରୁ ଅବତରଣ ବେଳେ ବାହାରର ତାପମାତ୍ରା ୫ ଡିଗ୍ରୀ ସେଣ୍ଟିଗ୍ରେଡ୍ ବୋଲି ଘୋଷଣା କରାଯାଇଥିଲା । ବର୍ତ୍ତମାନ ୧ ଡିଗ୍ରୀ ବୋଲି ସୂଚନା ଫଳକରେ ଦେଖିଲୁ । ପୂର୍ବାନୁମାନ ଥିଲା ରାତ୍ରିର ତାପମାତ୍ର –୩ ଡିଗ୍ରୀକୁ ଖସିବ । ଆବଶ୍ୟକୀୟ ଶୀତବସ୍ତ୍ର ପରିଧାନ କରିଥିଲୁ । ଅଭିଜ୍ଞ ଗାଇଡ୍ ବସ୍ ଭିତରେ ଆମକୁ ସମ୍ଭାଷଣ ଜଣାଇ ସ୍ୱାଗତ କଲେ ଏବଂ ଭ୍ୟାଙ୍କୋଭର୍ ସହରର ଇତିହାସ ବଖାଣିଲେ ।

କାନାଡ଼ାର ୧୩ଟି ପ୍ରଦେଶ ମଧ୍ୟରୁ ଅନ୍ୟତମ ବ୍ରିଟିଶ୍ କଲମ୍ବିଆର ମୁଖ୍ୟ ସହର ଭ୍ୟାଙ୍କୋଭର୍ ଦକ୍ଷିଣ ପଶ୍ଚିମ ଦିଗରେ ପ୍ରଶାନ୍ତ ମହାସାଗର କୋଳରେ ଅନେକ ସୁନ୍ଦର ଦ୍ୱୀପପୁଞ୍ଜ ସନ୍ନିକଟରେ ଅବସ୍ଥିତ । ଯୁକ୍ତରାଷ୍ଟ୍ର ଆମେରିକାର ଉତ୍ତର ପଶ୍ଚିମସ୍ଥିତ ୱାଶିଂଟନ୍ ରାଜ୍ୟଠାରୁ ସଡ଼କ ପଥରେ ମାତ୍ର ଏକଘଣ୍ଟାର ଦୂରତା । ସ୍ୱାସ୍ଥ୍ୟକର ଜଳବାୟୁ, ମହାର୍ଘ ଅରଣ୍ୟ ସମ୍ପଦ ଏବଂ ପୃଥିବୀର ବିଭିନ୍ନ ପ୍ରାନ୍ତରୁ ଆସି ବସବାସ କରୁଥିବା ବ୍ୟକ୍ତିମାନଙ୍କର ସ୍ନେହ-ସୌହାର୍ଦ୍ଦ୍ୟ, କର୍ମସଂସ୍କୃତି ତଥା ଭ୍ରାତୃସହଭାଗିତା ଯୋଗୁଁ ଏହି ଭୂଖଣ୍ଡଟି ଅତି ଜନପ୍ରିୟ । ଉତ୍ତରରେ ବୁରାଡ୍ ଉପସାଗର, ଦକ୍ଷିଣରେ ଫ୍ରେଜର୍ ନଦୀ ଏବଂ ପଶ୍ଚିମରେ ଜର୍ଜିଆ ପ୍ରଣାଳୀ ଏହି ସୌମ୍ୟ ସହରର ସୀମା ନିର୍ଦ୍ଧାରଣ କରନ୍ତି । ଏ ଅଞ୍ଚଳରେ ତୁଷାରପାତ ନଗଣ୍ୟ । ବର୍ଷକ ଭିତରେ ଅତ୍ୟଧିକ ୧୧ ଦିନ ମାତ୍ର ତୁଷାରପାତର ନଜିର ରହିଛି ।

ତୁଷାରର ଘନତା ଛଅ ସେଣ୍ଟିମିଟରରୁ ଅଧିକ ହୁଏ ନାହିଁ । ଅଥଚ ସମଗ୍ର କାନାଡ଼ା ତୁଷାର ଭାରାରେ ଆକ୍ରାନ୍ତ । ମିଟର ମିଟର ଉଚ୍ଚତାର ବରଫପାତ ନଭେମ୍ବରରୁ ମାର୍ଚ୍ଚ ଭିତରେ ଜନଜୀବନକୁ ଅସ୍ତବ୍ୟସ୍ତ କରିଦିଏ । ୨୦୧୧ ମସିହା ଜନଗଣନା ଅନୁସାରେ ଜନସଂଖ୍ୟା ୬୦୩୫୦୨ । ବୃହତ୍ତର ଭ୍ୟାଙ୍କୋଭରରେ ୨୪ଲକ୍ଷରୁ ଅଧିକ ଲୋକ ବାସ କରନ୍ତି । ସରେ ଅଞ୍ଚଳରେ ୫ଲକ୍ଷରୁ ଊର୍ଦ୍ଧ୍ୱ ଭାରତୀୟ ଏବଂ ରିଚ୍‌ମଣ୍ଡ ଇଲାକାରେ ସମସଂଖ୍ୟାର ଚୀନାମାନେ ବାସ କରନ୍ତି । ଇଂରେଜମାନେ ପ୍ରଥମେ ଏଠାରେ ବସତି ସ୍ଥାପନ କରିଥିଲେ ମଧ୍ୟ ଶତକଡ଼ା ୫୨ ଭାଗରୁ ଅଧିକ ଅଣଇଂରେଜ ବର୍ତ୍ତମାନର ଅଧିବାସୀ। ୧୧୪ ବର୍ଗ କି.ମି. ସହରାଞ୍ଚଳରେ ଜନସଂଖ୍ୟାର ସାନ୍ଦ୍ରତା ବର୍ଗ କି.ମି. ପ୍ରତି ୫୨୪୯ । କାନାଡ଼ାର ଏହା ବୃହତ୍ତମ ଜନାକୀର୍ଣ୍ଣ ପୌରାଞ୍ଚଳ । ଉତ୍ତର ଆମେରିକାରେ ନ୍ୟୁୟର୍କ, ସାନ୍‌ଫ୍ରାନ୍‌ସିସ୍‌କୋ ଓ ମେକ୍ସିକୋ ସହର ପରେ ଏହାର ସ୍ଥାନ ଚତୁର୍ଥ ।

ଭ୍ୟାଙ୍କୋଭର୍ ସହର ପ୍ରତିଷ୍ଠାର ଇତିହାସ ଅଧ୍ୟୟନରୁ ଜଣାଯାଏ ଯେ, ୧୮୬୭ ମସିହା ଜୁଲାଇ ୧ ତାରିଖରେ ଗ୍ୟାସି ଜ୍ୟାକ୍ ନାମକ କାଠମିଲ୍ ମାଲିକ ବର୍ତ୍ତମାନର ଗ୍ୟାସ୍‌ଟାଉନ୍ ଅଞ୍ଚଳରେ ଶ୍ରମିକମାନଙ୍କ ପାଇଁ କିଛି ଅସ୍ଥାୟୀ ଗୃହ ନିର୍ମାଣ କରାଇଥିଲେ । ଏହି ସ୍ୱାସ୍ଥ୍ୟକର ସମୁଦ୍ରକୂଳ ଅଞ୍ଚଳରେ ଧୀରେ ଧୀରେ ଦୋକାନ ଓ ହୋଟେଲ୍‌ମାନ ଗଢ଼ିଉଠିଲା । ଅଭିବୃଦ୍ଧି ସହିତ କାନାଡ଼ା-ପ୍ରଶାନ୍ତ ମହାସାଗରୀୟ ରେଳପଥର ସ୍ଥାପନା ଏହି ଅଞ୍ଚଳକୁ ସହରର ମାନ୍ୟତା ଦେଲା । ୧୮୮୬ ମସିହା ଏପ୍ରିଲ୍ ୬ ତାରିଖ ଦିନ ସହରର ନାମକରଣ କରାଗଲା ଭ୍ୟାଙ୍କୋଭର୍ । କାରଣ କ୍ୟାପ୍‌ଟେନ୍ ଜର୍ଜ ଭ୍ୟାଙ୍କୋଭର ୧୭୯୨ ମସିହାରେ ଏ ଅଞ୍ଚଳର ପୁଙ୍ଖାନୁପୁଙ୍ଖ ସର୍ବେକ୍ଷଣ କରି ବିଭିନ୍ନ ସ୍ଥାନର ଇଂରାଜୀ ନାମକରଣ କରିଥିଲେ । ତାଙ୍କ ପୂର୍ବରୁ ସ୍ପେନୀୟ ନାବିକ ଫ୍ରାନ୍‌ସିସ୍ ଡ୍ରେକ୍ ୧୫୭୯ ମସିହା ଏବଂ ଜୋସ୍ ମେରିଆ ନର୍ଭେକ୍ ୧୭୯୧ ମସିହାରେ ଏ ଅଞ୍ଚଳରେ ପ୍ରବେଶ କରିଥିବାର ପ୍ରମାଣ ମିଳିଛି ।

ଭ୍ୟାଙ୍କୋଭରର ଆର୍ଥିକ ଅଭିବୃଦ୍ଧିର ମୁଖ୍ୟ ସ୍ରୋତ ହେଲା ଅରଣ୍ୟ ସମ୍ପଦ । ଅନୁକୂଳ ଜଳବାୟୁ ଯୋଗୁଁ ଘଞ୍ଚ ବନାନୀ ଏ ଅଞ୍ଚଳରେ ପରିବ୍ୟାପ୍ତ । ଦ୍ୱିତୀୟ ଅର୍ଥାଗମ ପନ୍ଥା ହେଲା 'ପର୍ଯ୍ୟଟନ' । ପୃଥିବୀର ବିଭିନ୍ନ ଅଞ୍ଚଳରୁ ଭ୍ରମଣବିଳାସୀ ବ୍ୟକ୍ତିମାନେ ଅବସର ବିନୋଦନ ପାଇଁ ବର୍ଷସାରା ଆସିଥାନ୍ତି । କାନାଡ଼ା ଓ ଯୁକ୍ତରାଷ୍ଟ୍ର ଆମେରିକାର ଅସଂଖ୍ୟ ବିତ୍ତଶାଳୀ ବ୍ୟକ୍ତି ଏଠାରେ ଆଭିଜାତ୍ୟପୂର୍ଣ୍ଣ ବଙ୍ଗଳାମାନ ନିର୍ମାଣ କରାଇଛନ୍ତି । ତୃତୀୟ ଆର୍ଥିକ ସ୍ରୋତ ହେଲା 'ଚଳଚ୍ଚିତ୍ର ଶିଳ୍ପ' । ସହରର ପାର୍ଶ୍ୱବର୍ତ୍ତୀ ବିସ୍ତୀର୍ଣ୍ଣ ଇଲାକାରେ ଷ୍ଟୁଡିଓମାନ ନିର୍ମିତ ହୋଇଛି। ଭ୍ୟାଙ୍କୋଭର୍‌କୁ ଉତ୍ତରର ହଲିଉଡ୍ ବୋଲି କୁହାଯାଏ ।

ଉତ୍କୃଷ୍ଟ ବାସୋପଯୋଗୀ ଜଳବାୟୁ ଓ ଉନ୍ନତ ଜୀବନଯାପନ ଶୈଳୀର ସୁବିଧା

ପ୍ରଦାନ କରୁଥିବା ବିଶ୍ୱର ପ୍ରମୁଖ ୫ଟି ସହର ମଧ୍ୟରେ ଏହା ସ୍ଥାନିତ । ପ୍ରସିଦ୍ଧ ଇକୋନୋମିକ୍ ପତ୍ରିକାର ପାଠକୀୟ ମତ ଅନୁସାରେ ଏହା ପୃଥିବୀର ସର୍ବଶ୍ରେଷ୍ଠ ବାସୋପଯୋଗୀ ନଗରୀ । ନଗରୀ ପ୍ରତିଷ୍ଠାର ଆଦିମ କାଳରେ ୧୮୯୮ ମସିହାରେ ନିକଟବର୍ତ୍ତୀ ଅଞ୍ଚଳରେ ସ୍ୱର୍ଣ୍ଣ ଖଣିର ସନ୍ଧାନ ଯୋଗୁଁ ଆମେରିକାର କାଲିଫର୍ଣ୍ଣିଆ ଅଞ୍ଚଳରୁ ଚୀନା ଓ ଜାପାନୀମାନେ ଶହ ଶହ ସଂଖ୍ୟାର ଅନୁପ୍ରବେଶ କରିଥିଲେ । ଦ୍ୱିତୀୟ ବିଶ୍ୱଯୁଦ୍ଧରେ ଜାପାନର ଭୂମିକା ଯୋଗୁଁ ସ୍ଥାନୀୟ ଅଧିବାସୀଙ୍କର ଶରବ୍ୟ ହୋଇ ଜାପାନୀମାନେ ପଳାୟନ କଲେ । କିନ୍ତୁ ଚୀନାମାନେ ସମୃଦ୍ଧି ପଥରେ ଅଗ୍ରସର ହେଲେ । ଭାରତୀୟମାନେ ବିଶେଷତଃ ପଞ୍ଜାବୀ ଓ ଗୁଜୁରାଟୀମାନେ କେବଳ ଭ୍ୟାଙ୍କୋଭର କାହିଁକି ସମଗ୍ର କାନାଡ଼ାରେ ମର୍ଯ୍ୟାଦାବନ୍ତ ସ୍ଥାନ ଅଳଙ୍କୃତ କରିଛନ୍ତି ।

ଗାଇଡ୍ ଭ୍ୟାଙ୍କୋଭର୍‌ର ଇତିହାସ କହୁ କହୁ ବସ୍ ଅଟକିଲା 'କାନାଡ଼ା ପ୍ଲେସ୍'ଠାରେ । ଏହା ଆନ୍ତର୍ଜାତୀୟ ସମ୍ମିଳନୀ କେନ୍ଦ୍ରର ପୂର୍ବଭାଗ କୋଠା । ଏହି ବିରାଟ କୋଠାର ଅନ୍ୟ ଦିଗରେ ପଶ୍ଚିମ ଭାଗ । ସେଠାରେ ଆମର ଅନ୍ତର୍ଜାତୀୟ ମଧୁମେହ ସମ୍ମିଳନୀ ଅନୁଷ୍ଠିତ ହେବ ବୋଲି ସେ ସୂଚନା ଦେଲେ । ଝିପି ଝିପି ବର୍ଷା ସହିତ ଶୀତର ପ୍ରକୋପ ବଢୁଥିଲା । ବସ୍‌ରୁ ଓହ୍ଲାଇ ଗୋଟାଏ ଅତ୍ୟୁଚ୍ଚ ଅଟ୍ଟାଳିକାର ଗୋଲାକୃତି ଅଗ୍ରଭାଗ ଦିଗରେ ଅଗ୍ରସର ହେଲୁ । ଗାଇଡ୍ କହିଲେ- ଭ୍ୟାଙ୍କୋଭର୍‌ର ଏହା ଆମର ପ୍ରଥମ ଦର୍ଶନୀୟ ସ୍ଥାନ- 'ଫ୍ଲାଏ ଓଭର୍ କାନାଡ଼ା' ଅର୍ଥାତ୍ କାନାଡ଼ା ଉପରେ ବିମାନ ଯାତ୍ରା ।

କାନାଡ଼ା ଉପରେ ବିମାନ ଯାତ୍ରା :

ପୃଥିବୀ ପୃଷ୍ଠରେ ୯୯୮୪୬୭୧ ବର୍ଗ କି.ମି. ସ୍ଥାନ ଅଧିକାର କରିଥିବା କାନାଡ଼ା ଋଷିଆ ପରେ ଦ୍ୱିତୀୟ ବୃହତ୍ତମ ଦେଶ । ଏହାର ଉପକୂଳର ଦୈର୍ଘ୍ୟ ୨ଲକ୍ଷ ୨ହଜାର ୮୦ କି.ମି. ଏବଂ ଆମେରିକା ସହିତ ସୀମାରେଖାର ଦୈର୍ଘ୍ୟ ୮୮୯୩ କି.ମି. । ପୂର୍ବରେ ଆଟଲାଣ୍ଟିକ୍ ମହାସାଗର ଏବଂ ପଶ୍ଚିମରେ ପ୍ରଶାନ୍ତ ମହାସାଗର ଏହି ଭୂଖଣ୍ଡର ଉଭୟ ପାର୍ଶ୍ୱକୁ ମଣ୍ଡିତ କରିଛନ୍ତି । ପୂର୍ବରୁ ପଶ୍ଚିମ ଦୈର୍ଘ୍ୟ ୫୫୧୪ କି.ମି. । ଅତ୍ୟାଧୁନିକ ଶୈଳୀରେ ୪ଡି. ଢାଞ୍ଚାରେ ନିର୍ମିତ ୨୦ ମିନିଟ୍‌ର କାର୍ଯ୍ୟକ୍ରମରେ ଆମେ ହେଲିକପ୍ଟରରେ ଉଡ଼ି ଉଡ଼ି ପୂର୍ବରୁ ପଶ୍ଚିମ କାନାଡ଼ାର ଅଠରଟି ଅଞ୍ଚଳ ଦର୍ଶନ କଲୁ । ବିହଙ୍ଗମାର୍ଗରେ ପ୍ରଥମେ ମନିଟୋବା ଓ ନୁନାଇଟ୍ ରାଜ୍ୟକୁ ସ୍ପର୍ଶ କରୁଥିବା ସୁବୃହତ୍ ହଡ୍‌ସନ୍ ଉପସାଗରର ସୀମାରେ ସୂର୍ଯ୍ୟୋଦୟର ଅନୁପମ ଦୃଶ୍ୟ ଉପଭୋଗ କଲୁ । ତା' ପରେ ହେଲିକପ୍ଟରଟି ଉଡ଼ିଚାଲିଲା ପୂର୍ବାଞ୍ଚଳ ପ୍ରଦେଶର ନ୍ୟୁଫାଉଣ୍ଡଲାଣ୍ଡ । ଟୁଇଲିଙ୍ଗେଟ୍ ନାମକ ଜନଜାତି ବାସ କରୁଥିବା କାନାଡ଼ାର ଏହି ଅଞ୍ଚଳରେ ଉଦୟମାନସୂର୍ଯ୍ୟର ପ୍ରଥମ କିରଣ ସ୍ପର୍ଶ କରିବାର ମନୋରମ ଦୃଶ୍ୟରେ ବିମୋହିତ ହେଲୁ । ତା' ପରେ ଦୃଷ୍ଟିଗୋଚର ହେଲା

ଦଶହଜାର ବର୍ଷରୁ ଅଧିକ ବୟସର 'ଆଲେ ବରଫଭେଲା' । ଉଦିତ ସୂର୍ଯ୍ୟର ପ୍ରଥମ କିରଣରେ ନିଜର ଶ୍ୱେତ ଶରୀରକୁ ଚମକଦାର ଭଙ୍ଗୀରେ ପ୍ରଦର୍ଶନ କରୁଥିଲା ଅତିକାୟ ବରଫ ଭେଲା । ଏହି ତିନୋଟି ଦୃଶ୍ୟ ସହିତ ଆମ ଶରୀରରେ ଜଳଛିଟା ଓ ହେମାଳ ପବନ ଅନୁଭବର ବ୍ୟବସ୍ଥା ବି ଥିଲା ।

ଚତୁର୍ଥ ଦୃଶ୍ୟ- ନ୍ୟୁ ଫାଉଣ୍ଡଲ୍ୟାଣ୍ଡର ଉତ୍ତରଭାଗସ୍ଥିତ ଗ୍ରସ୍ ମର୍ଣ୍ଣେ ଜାତୀୟ ଉଦ୍ୟାନର ମୁସ୍ ପ୍ରଜାତିର ହରିଣ ପଲ ।

ପଞ୍ଚମ ଦୃଶ୍ୟ - କ୍ୟୁବେକ୍ ସହର, ଯାହାକି ସମଗ୍ର ଆମେରିକାର ପ୍ରଥମ ଐତିହାସିକ ସହର । ଏ ସୁନ୍ଦର ସହର ଉପରେ ରାଉଜ୍ ନଦୀର ଉଭୟ ପାର୍ଶ୍ୱରେ ବୃକ୍ଷରାଜିର ଶୀତକାଳନୀ ରଙ୍ଗୀନ୍ ଶୋଭା ।

ଷଷ୍ଠ ଦୃଶ୍ୟ - କାନାଡ଼ାର ବୃହତ୍ତମ ଟରଣ୍ଟୋ ସହରର ରାତ୍ରିକାଳୀନ ବିହଙ୍ଗମ ଦୃଶ୍ୟ । ନଭଶ୍ଚୁମ୍ବୀ ଅଟ୍ଟାଳିକା ଭିତରେ ସୁଉଚ୍ଚ ସି.ଏନ୍.ଟାୱାର ପୂର୍ବ ସ୍ମୃତିକୁ ସ୍ମରଣ କରାଇଦେଲା ।

ସପ୍ତମ ଦୃଶ୍ୟ - ଆମର ହେଲିକପ୍ଟରଟି ଓଣ୍ଟାରିଓ ରାଜ୍ୟର ପ୍ରସିଦ୍ଧ ନାଏଗ୍ରା ଜଳପ୍ରପାତ ଉପରେ ଉଡ଼ିବୁଲିଲା । ଆମେରିକା ଓ କାନାଡ଼ା ଉଭୟପଟୁ ଅନ୍ତରଙ୍ଗ ଭାବରେ ନୃତ୍ୟମୟୀ ନାଏଗ୍ରାକୁ ଦେଖିଥିଲି । ତୃତୀୟଥର ପାଇଁ ଆକାଶମାର୍ଗରୁ ସଂଦର୍ଶନରେ ବିମୁଗ୍ଧ ହେଲି ।

ଅଷ୍ଟମ ଦୃଶ୍ୟ - ଓଣ୍ଟାରିଓ ପ୍ରଦେଶର ମସ୍କୋକା ହ୍ରଦର ସ୍ଥିର ଜଳରାଶିର ଅତି ନିକଟକୁ ହେଲିକପ୍ଟରଟି ନଇଁ ଆସିଲା । ଶାନ୍ତ ହ୍ରଦକୋଳରେ ନୌଚାରୀମାନେ ଜଳବିହାରର ଆନନ୍ଦ ନେଉଥିଲେ ଏବଂ ଚତୁଃପାର୍ଶ୍ୱରେ ଶରତଋତୁର ସବୁଜ, ପୀତ ଓ ଲାଲ୍ ରଙ୍ଗର ଆଭାନେଇ ବୃକ୍ଷରାଜି ଆମୋଦିତ ହେଉଥିଲେ ।

ନବମ ଦୃଶ୍ୟ - ଆଲବର୍ଟା ରାଜ୍ୟର ବିସ୍ତୀର୍ଣ୍ଣ ଗହମ କ୍ଷେତ ପାଇଁ ପ୍ରସିଦ୍ଧ ରକିଫୋର୍ଡ୍ ଅଞ୍ଚଳ ଦୃଷ୍ଟିଗୋଚର ହେଲା । ଗହମ କଟା ସରିଥିଲା । ଅଶ୍ୱାରୋହୀ ଗୋପାଳକ (କାଓବୟ)ମାନେ ଅଶ୍ୱଚାଳନାରେ ନୈପୁଣ୍ୟ ପ୍ରଦର୍ଶନ କରୁଥିଲେ ।

ଦଶମ ଦୃଶ୍ୟ - ଏହି ରାଜ୍ୟର ଲୁଇ ପାର୍ବତ୍ୟାଞ୍ଚଳର ପ୍ରସିଦ୍ଧ ବ୍ୟାନଫ୍ ଜାତୀୟ ଉଦ୍ୟାନ ଆମ ସମ୍ମୁଖରେ ଶୋଭାସମ୍ଭାର ମେଲି ଦେଇଥିଲା । ପ୍ରାକୃତିକ ଉପାୟରେ ବିବିଧ ଆକୃତି ଧାରଣ କରିଥିବା ପର୍ବତମାଳା ବେଶ୍ ମନୋରମ ଦୃଶ୍ୟ ଅର୍ପଣ କରୁଥିଲେ ।

ଏକାଦଶ ଦୃଶ୍ୟ - ବ୍ରିଟିଶ୍ କଲମ୍ବିଆର ଗୋଲ୍‌ଡେନ୍ ଅଞ୍ଚଳରେ ସବୁଜ ପର୍ବତାବଳୀ କୋଳରେ ଦୁଗ୍ଧଫେନିଳ ଜଳପ୍ରପାତ ଏବଂ ତତ୍‌ସମ୍ମୁଖରେ ସୁବିଖ୍ୟାତ ରକି ମାଉଣ୍ଟେନ୍‌ର ରେଳଗାଡ଼ି ଧାବମାନ । ଖୁବ୍ ଚମତ୍କାର ଏ ଦୃଶ୍ୟ ।

ଦ୍ୱାଦଶ ଦୃଶ୍ୟ- ଏହି ପ୍ରଦେଶରର ଆସିନିବନ୍ ପ୍ରାଦେଶିକ ଉଦ୍ୟାନ । ତୁଷାରମଣ୍ଡିତ ପର୍ବତମାଳା ପଦଦେଶରେ ଏକ ସୁନ୍ଦର ହ୍ରଦ । ଦୁଇଟି ଦୃଶ୍ୟ ଆମ ସମ୍ମୁଖରେ ଉଭାହେଲେ । ପ୍ରଥମତଃ ହ୍ରଦର ସ୍ଥିର ନୀଳଜଳରାଶିରେ ନୌକା ଭ୍ରମଣ ଏବଂ ଦ୍ୱିତୀୟତଃ ଉତ୍ସାହୀ ତରୁଣମାନଙ୍କର ବରଫ ହକିକ୍ରୀଡ଼ା ।

ତ୍ରୟୋଦଶ ଦୃଶ୍ୟ - ବ୍ରିଟିଶ୍ କଲମ୍ବିଆର ବେଲାକୁଲା ନାମକ ତୁଷାରାଚ୍ଛନ୍ନ ପାର୍ବତ୍ୟ ଇଲାକା । ନୀଳ ଆକାଶ, ଶ୍ୱେତ ପର୍ବତଶୃଙ୍ଗ ଏବଂ ଶୀତଳ ସମୀରଣର କମନୀୟ ପରିବେଶରେ ଦୁଃସାହସିକ କ୍ରୀଡ଼ା ପ୍ରଦର୍ଶନ । ମୁଁ ମଧ୍ୟ ଜଳଛିଟା ଓ ମୃଦୁ ସମୀରଣର ଆନନ୍ଦ ପାଇଥିଲି ।

ଚତୁର୍ଦ୍ଦଶ ଦୃଶ୍ୟ - ପ୍ରସିଦ୍ଧ ଓକାନାଗାନ୍ ଜଳପ୍ରପାତ ସନ୍ନିକଟ ଅଞ୍ଚଳରେ ବିସ୍ତୀର୍ଣ୍ଣ ଅଙ୍ଗୁର କ୍ଷେତ୍ର ଉପରକୁ ହେଲିକପ୍ଟରଟି ନଇଁ ଆସିଲା । ପରେ ସ୍ମରଣିକା ପୁସ୍ତିକାରୁ ଜାଣିଲି ଯେ, ଏହି ଅଙ୍ଗୁର ବିଶ୍ୱପ୍ରସିଦ୍ଧ ବ୍ଲୁ ମାଉଣ୍ଟେନ୍ ମଦ କାରଖାନାରେ ବ୍ୟବହୃତ ହୁଏ । ଅଙ୍ଗୁର କ୍ଷେତର ସବୁଜିମା ଏବଂ ପେନ୍ଥାପେନ୍ଥା ପାଚିଲା ଅଙ୍ଗୁର ବେଶ୍ ଆକର୍ଷଣୀୟ ଥିଲେ ।

ପଞ୍ଚଦଶ ଓ ଷୋଡ଼ଶ ଦୃଶ୍ୟ - ଆମେ ଯେଉଁ କାନାଡ଼ା ପ୍ଲେସ୍‌ରେ ବସି କାର୍ଯ୍ୟକ୍ରମରେ ଆତ୍ମନିବେଶ କରିଛୁ, ତାହାରି ଉପରେ ହେଲିକପ୍ଟରଟି ଉଡ଼ି ବୁଲିଲା । ଏହି ପ୍ରକାଣ୍ଡ ସୁଦୃଶ୍ୟ ଅଟ୍ଟାଳିକାଟି ୧୯୮୬ ମସିହାରେ ନିର୍ମିତ ହୋଇଥିଲା । ତା' ପରେ କିଛି ବର୍ଷ ପାଇଁ ଥ୍ରିଡି ଆଇମାକ୍ସ ପ୍ରେକ୍ଷାଳୟ ଭାବରେ ଆମୋଦ-ପ୍ରମୋଦର କ୍ଷେତ୍ର ଭାବରେ ପ୍ରସିଦ୍ଧ ଥିଲା । ୨୦୧୦ ମସିହା ଶୀତକାଳୀନ ଅଲିମ୍ପିକ୍ କ୍ରୀଡ଼ା ପ୍ରତିଯୋଗିତା ବେଳେ ଏଠାରେ ସମ୍ବାଦ ସରବରାହ କାର୍ଯ୍ୟାଳୟ ଖୋଲା ଯାଇଥିଲା । ତା' ପରଠାରୁ ଫ୍ଲାଏ ଓଭର୍ କାନାଡ଼ାର ୪ଡି ଦୃଶ୍ୟାବଳୀ କୋଟି କୋଟି ଦର୍ଶକଙ୍କୁ ଜ୍ଞାନଦୀପ୍ତ ମନୋରଂଜନର ଖୋରାକ୍ ଯୋଗାଇ ଆସୁଛି ।

ସପ୍ତଦଶ ଦୃଶ୍ୟ - 'ହାଇଡା' ଜନଜାତି ଅଧ୍ୟୁଷିତ ଟୋଫିନୋ ଅଞ୍ଚଳ ବ୍ରିଟିଶ୍ କଲମ୍ବିଆ ପ୍ରଦେଶର ଏକ ପ୍ରମୁଖ ପର୍ଯ୍ୟଟନ କେନ୍ଦ୍ର । ଦିଗନ୍ତବିସ୍ତାରୀ ନୀଳ ସାଗରର ଜଳରାଶି ଉପରେ ଦେଶୀ ଡଙ୍ଗାରେ ବସିଥିବା ମହିଳାଙ୍କର ସୁଲଳିତ କଣ୍ଠରୁ ନିର୍ଗତ ଲୋକସଂଗୀତ ବେଶ୍ ଶ୍ରୁତିମଧୁର ଥିଲା ।

ଶେଷ ଦୃଶ୍ୟ - ଅଷ୍ଟାଦଶ ଦୃଶ୍ୟଟି ଅତୀବ ମନୋହର ଓ ହୃଦୟଗ୍ରାହୀ ଥିଲା । ଉତ୍ତର ମେରୁର ପ୍ରସିଦ୍ଧ 'ଉତ୍ତର ଆଲୋକ' (ଆରୋରା ବୋରିଆଲିସ୍)ର ସବୁଜ, ପୀତ ଓ ନୀଳ ରଙ୍ଗର ବର୍ଣ୍ଣାଳୀରେ ମୁଁ ଆତ୍ମହରା ହୋଇଗଲି । ସ୍ଥାନଟି ଥିଲା ମନିଟୋବା ପ୍ରଦେଶର ଚର୍ଚ୍ଚିଲ୍ ଅଞ୍ଚଳ । ପର୍ଯ୍ୟଟକମାନେ ପ୍ରଚୁର ଅର୍ଥ ଓ ସମୟ ବିନିମୟରେ ଏ

ଅଞ୍ଚଳର ଦୁର୍ବିସହ ଶୀତ ରାତିରେ ପ୍ରକୃତିର ଅନୁପମ ଦୃଶ୍ୟର ସଂଦର୍ଶନ ପାଇଁ ପହଞ୍ଚିଥାନ୍ତି ।

ବିହଙ୍ଗ ମାର୍ଗରେ କାନାଡ଼ା ଦର୍ଶନର ସୁଖ ନେବା ପରେ ପର୍ଯ୍ୟଟକକେନ୍ଦ୍ରରୁ ପୁସ୍ତିକାଟିଏ କିଣିଲି । ଯାହା ଭିତରେ ଉପରୋକ୍ତ ୧୮ଟି ଦୃଶ୍ୟର ବିବରଣୀ ସହିତ ଏହି କାର୍ଯ୍ୟକ୍ରମ ପାଇଁ କିପରି ବୈଜ୍ଞାନିକମାନେ ଅହର୍ନିଶ ବ୍ୟୟବହୁଳ ସାଧନା କରିଥିଲେ ତାହାର ସଚିତ୍ର ବିବରଣୀ ଲିପିବଦ୍ଧ ଥିଲା । ଶୀତରାତିର ଯନ୍ତ୍ରଣା ବେଶୀ ଭୋଗିବାକୁ ପଡ଼ିଲାନି । ବସ୍ ଅପେକ୍ଷା କରିଥିଲା । ରାତ୍ରିଭୋଜନ ପରେ ହୋଟେଲ୍‌କୁ ଫେରି ବିଶ୍ରାମ ନେଲୁ ।

ତା. ୩୦.୧୧.୨୦୧୫ (ସୋମବାର) :

ଭ୍ୟାଙ୍କୋଭର୍ ଓ ଭିକ୍ଟୋରିଆ ସମ୍ବନ୍ଧରେ ପୁସ୍ତିକା ଓ ପୁସ୍ତକର ଗୁଚ୍ଛ ଟିପୟ ଉପରେ ଶୋଭାମାନ ଥିଲା । ସ୍ଥାନୀୟ ସମୟ ୪ଟା ବେଳେ ଶଯ୍ୟାତ୍ୟାଗ କରି ନିତ୍ୟକର୍ମ, ଯୋଗ ଓ ଚା' ପାନ ପରେ ଭିକ୍ଟୋରିଆ ସମ୍ବନ୍ଧୀୟ ପୁସ୍ତକ ଉପରେ ଆଖି ବୁଲାଇନେଲି । ଗାଇଡ୍ ଜଣାଇ ଦେଇଥିଲେ ସକାଳ ୭.୩୦ (୮ଟା ବେଳେ ସୂର୍ଯ୍ୟୋଦୟ)ରେ ଆମକୁ ହୋଟେଲ୍ ଛାଡ଼ି ଦକ୍ଷିଣ ଦିଗରେ ସାଓ୍ୱାସେନ୍ ନାମକ ଫେରି ଘାଟରେ ପହଞ୍ଚିବାକୁ ହେବ । ସେଠାରୁ ୯ଟା ବେଳେ ଭିକ୍ଟୋରିଆ ଅଭିମୁଖେ ଜଳଯାତ୍ରା । ଏକଘଣ୍ଟାର ବସ୍ ଯାତ୍ରା ପରେ ଘାଟରେ ପହଞ୍ଚିଲୁ । ରାସ୍ତାର ଉଭୟ ପାର୍ଶ୍ୱରେ ମୃଦୁ ତୁଷାରପାତ । ଏ ବର୍ଷର ପ୍ରଥମ ତୁଷାରପାତର ଆନନ୍ଦ ନେବା ପାଇଁ ଗାଇଡ୍ ସହର୍ଷ ନିମନ୍ତ୍ରଣ କଲେ । ଜଣାଇଦେଲେ ଯେ, ସଂଧ୍ୟାରେ ଫେରିବା ବେଳକୁ ତୁଷାର ଦେଖିବାକୁ ମିଳିବ ନାହିଁ । ସମଗ୍ର କାନାଡ଼ାରେ ପ୍ରବଳ ତୁଷାରପାତ ହେଉଥିବା ବେଳେ ଏ ଅଞ୍ଚଳଟି ସେଥିରୁ ବଞ୍ଚିତ । ସେଥିପାଇଁ ବର୍ଷସାରା ପର୍ଯ୍ୟଟକଙ୍କ ଭିଡ଼ ଲାଗି ରହେ । ୮ ଘଣ୍ଟା ୪୫ ମିନିଟ୍ ସମୟରେ ବୃହଦାକାୟ ବି.ସି. ଫେରି ଜାହାଜରେ ପ୍ରବେଶ କରିବା ପାଇଁ ଥିବା ଲମ୍ବା ଧାଡ଼ିରେ ବସ୍ ଠିଆ ହେଲା । ଆମର ଦକ୍ଷିଣ ପାର୍ଶ୍ୱରେ କାର୍‌ମାନଙ୍କ ଧାଡ଼ି । ସ୍ୱଳ୍ପ ସମୟର ଅପେକ୍ଷା ପରେ ବସ୍‌ଟି ଗତିଶୀଳ ହେଲା । ଉଦ୍ଦିଷ୍ଟମହଲାରେ ୨୦ରୁ ଅଧିକ ବସ୍ ଏବଂ ଉପର ମହଲାରେ ୫୦୦ରୁ ବେଶୀ କାର୍ ସ୍ଥାନ ଗ୍ରହଣ କଲେ । ବସ୍‌ରୁ ଓହ୍ଲାଇ ଉତ୍ତୋଳକ ଯନ୍ତ୍ରରେ ପଞ୍ଚମ ମହଲାରେ ପହଞ୍ଚିଲୁ । ପଞ୍ଚମ, ଷଷ୍ଠ ଓ ସପ୍ତମ ମହଲାରେ ଭୋଜନାଳୟ ସହିତ ସ୍ମରଣିକା ତଥା ନିତ୍ୟବ୍ୟବହାର୍ଯ୍ୟ ଜିନିଷର ବିକ୍ରୟ କେନ୍ଦ୍ର ଦେଖିଲୁ । ଆରାମଦାୟକ ସୋଫାରେ ବସି ବାହାରର ଦୃଶ୍ୟ ଉପଭୋଗ କଲୁ । ଭ୍ୟାଙ୍କୋଭର୍ ଓ ଭିକ୍ଟୋରିଆ ସମ୍ପର୍କରେ ସଚିତ୍ର ବିବରଣୀ ପୁସ୍ତକମାନ ଦେଢ଼ଘଣ୍ଟାର ଯାତ୍ରାକୁ ଆମୋଦଦାୟକ କରିଦେଲେ । ମଝିରେ

ମଝିରେ ଡେକ୍ ଉପରକୁ ଯାଇ ଚତୁର୍ଦ୍ଦିଗର ଶୋଭା ନିରୀକ୍ଷଣ ତଥା ଫଟୋତ୍ତୋଳନର ମଜା ନେଉଥିଲୁ। କ୍ଷୁଦ୍ର, ମଧ୍ୟମ ଓ ବୃହଦାକାର ଦ୍ୱୀପମାନଙ୍କ ଭିତରେ ହୋଟେଲ୍ ତଥା ବଙ୍ଗଳାମାନ ଦେଖିବାକୁ ମିଳୁଥିଲା। ବାହାରର ତାପମାତ୍ରା ୧୨ରୁ ୧୫ଡିଗ୍ରୀ ରହୁଥିଲା। ତେଣୁ ଶୀତବସ୍ତ୍ରର ସହାୟତାରେ ପ୍ରାକୃତିକ ଦୃଶ୍ୟ ଉପଭୋଗ କରୁଥିଲୁ। ୧୦.୩୦ ମିନିଟରେ ଭିକ୍ଟୋରିଆର ପୂର୍ବ ଉପକୂଳସ୍ଥିତ ସ୍ୱାର୍ଜ୍ ବେ ଜେଟିରେ ଆମ ଜାହାଜ ଲଙ୍ଗର ପକାଇଲା।

ମୈତ୍ରୀନଗରୀ ଭିକ୍ଟୋରିଆ :

ଭିକ୍ଟୋରିଆ ଏକ ମନୋରମ ରାଜଧାନୀ ସହର। ବ୍ରିଟିଶ୍ କଲମ୍ବିଆ ପ୍ରଦେଶର ରାଜଧାନୀ। ଜନସଂଖ୍ୟା ମାତ୍ର ୮୦ ହଜାରରୁ ଅଧିକ। ବୃହତ୍ତର ଭିକ୍ଟୋରିଆର ଜନସଂଖ୍ୟା ପ୍ରାୟ ତିନି ଲକ୍ଷ ପଚାଶ ହଜାର। ସୁବୃହତ୍ ଭ୍ୟାଙ୍କୋଭର ଦ୍ୱୀପ (ଭ୍ୟାଙ୍କୋଭର ସହରର ପଶ୍ଚିମରେ ଅବସ୍ଥିତ)ର ଦକ୍ଷିଣ ଭାଗର ସ୍ୱାସ୍ଥ୍ୟପ୍ରଦ ଜଳବାୟୁ ପାଇଁ ଏ ସହର ଗଢ଼ିଉଠିଛି। ଭ୍ୟାଙ୍କୋଭର ଦ୍ୱୀପର ଦୈର୍ଘ୍ୟ ପାଞ୍ଚଶହ କୋଡ଼ିଏ କିଲୋମିଟର ଏବଂ ପ୍ରସ୍ଥ ୧୩୦ କିଲୋମିଟର। ପୂର୍ବରେ ଜର୍ଜିଆ ପ୍ରଣାଳୀ, ପଶ୍ଚିମରେ ପ୍ରଶାନ୍ତ ମହାସାଗର ଏବଂ ଦକ୍ଷିଣରେ ଜୁଆନ୍ ଡି. ଫୁକା ପ୍ରଣାଳୀ। ଏହି ପ୍ରଣାଳୀ ହିଁ ଭ୍ୟାଙ୍କୋଭର ଦ୍ୱୀପକୁ ଯୁକ୍ତରାଷ୍ଟ୍ର ଆମେରିକାର ୱାଶିଂଟନ୍ ରାଜ୍ୟଠାରୁ ପୃଥକ୍ କରୁଛି। ଭ୍ୟାଙ୍କୋଭର୍ ଦ୍ୱୀପର ଉତ୍ତରରେ କେପ୍ ସ୍କଟ୍ ନାମକ ପାର୍ବତ୍ୟାଞ୍ଚଳର ଭୀମକାନ୍ତ ରୂପ ସହିତ ଦକ୍ଷିଣାଞ୍ଚଳର ଭିକ୍ଟୋରିଆ ସହରର ଅନୁପମ ସୌନ୍ଦର୍ଯ୍ୟ ପର୍ଯ୍ୟଟକମାନଙ୍କୁ ବର୍ଷସାରା ଆକର୍ଷିତ କରିଥାଏ। ଏହି ଦ୍ୱୀପର ଆୟତନ ଇଂଲଣ୍ଡ ସହିତ ସମାନ। ମାତ୍ର ଜନସଂଖ୍ୟା ୬ଲକ୍ଷରୁ କମ୍। ପ୍ରାକୃତିକସଂଭାର ଭିତରେ ଘନ ଜଙ୍ଗଲ, ନଭଶ୍ଚୁମ୍ବୀ ପର୍ବତାବଳୀ, ସବୁଜ ଉପତ୍ୟକା ଏବଂ ଦୀର୍ଘ ବେଳାଭୂମି ଅନ୍ତର୍ଭୁକ୍ତ। ଭିନ୍ନ ଭିନ୍ନ ଇଲାକାରେ ପ୍ରାଚୀନ ଜନଜାତିର ବସତି ରହିଛି। ସେମାନଙ୍କର ଜୀବନଯାପନ ଶୈଳୀ, ଚିତ୍ରକଳା ଓ ଲୋକସଙ୍ଗୀତର ପ୍ରତ୍ୟକ୍ଷତା ତଥା ଗବେଷଣା ପାଇଁ ପର୍ଯ୍ୟଟକମାନେ ଅଧିକ ସଂଖ୍ୟାରେ ଆସିଥାନ୍ତି।

୧୪.୦୩.୧୮୪୩ ଭିକ୍ଟୋରିଆର ସ୍ଥାପନ ଦିବସ। ପ୍ରସିଦ୍ଧ ହଡ୍‌ସନ୍ ବେ କମ୍ପାନୀ ପଶ୍ଚିମ କାନାଡ଼ାର ଏହି ସୌନ୍ଦର୍ଯ୍ୟ ନଗରୀର ମୂଳଦୁଆ ସ୍ଥାପନ କରିଥିଲେ ମଧ୍ୟ ୨.୮.୧୮୬୨ ତାରିଖ ଦିନ ଏହାକୁ ସହରର ମାନ୍ୟତା ଦିଆଯାଇଥିଲା। ନାଗରିକମାନଙ୍କର ମୈତ୍ରୀଭାବ, ଶୃଙ୍ଖଳିତ ଜୀବନଯାତ୍ରା ଏବଂ ସହର୍ଷ ଦିନଚର୍ଯ୍ୟା ପାଇଁ ଭିକ୍ଟୋରିଆ ସହରକୁ ମୈତ୍ରିନଗରୀର ଆଖ୍ୟା ଦିଆଯାଇଛି। ସ୍ୱାସ୍ଥ୍ୟକର ଜଳବାୟୁ ସହିତ ପ୍ରଦୂଷଣ ସମସ୍ୟାରୁ ମୁକ୍ତ ତଥା ନାଗରିକ ମୂଲ୍ୟବୋଧ ପାଇଁ ନ୍ୟୁଜିଲ୍ୟାଣ୍ଡର ଅକ୍‌ଲ୍ୟାଣ୍ଡ ଓ ଅଷ୍ଟ୍ରେଲିଆର ମେଲ୍‌ବୋର୍ଣ୍ଣ ପରି ଏହାର ସ୍ଥାନ ସ୍ୱତନ୍ତ୍ର। କାନାଡ଼ାର କୋଣ ଅନୁକୋଣରୁ

ଅଧିବାସୀମାନେ ଏହି ସୁନ୍ଦର ସହରରେ ସ୍ଥାନ ଦଖଲ କରି ନେଇଛନ୍ତି । ଭ୍ରମଣବିଳାସୀ ବିଶ୍ୱବାସୀଙ୍କର ଏହା ମନପସନ୍ଦର ସ୍ଥାନ । ପୁଷ୍ପ-ବୃକ୍ଷ ବାଟିକା ପାଇଁ ଜଳବାୟୁ ଖୁବ୍ ଅନୁକୂଳ ।

ପାର୍ଲାମେଣ୍ଟ କୋଠା (ଚିତ୍ର-୩୦) ସାମ୍ନାରେ ବସ୍‌ରୁ ଓହ୍ଲାଇଲୁ । କଲିକତାର ଭିକ୍ଟୋରିଆ ମେମୋରିଆଲ୍ ହଲ୍‌ର ସ୍ଥାପତ୍ୟ ସହିତ ସାଦୃଶ୍ୟ ବହନ କରିଥିବାର ଦେଖିଲୁ । ଅବଶ୍ୟ ଆକାରରେ ବୃହତ୍ । ପୋତାଶ୍ରୟ ପାଖରେ ଏହି ଅଞ୍ଚଳଟି ଅନେକ ଐତିହାସିକ ତଥ୍ୟ ଏବଂ ଭ୍ରମଣାନନ୍ଦର ସଂକେତ ବହନ କରୁଥିବାରୁ ଗାଇଡ୍ ଆମକୁ ଦୀର୍ଘ ୧ ଘଣ୍ଟାର ପଦଯାତ୍ରାରେ ନେଲେ । ରାଜକୀୟ ବ୍ରିଟିଶ୍ କଲମ୍ବିଆ ସଂଗ୍ରହାଳୟ, ସାମୁଦ୍ରିକ ସଂଗ୍ରହାଗାର, ଚିତ୍ର ପ୍ରଦର୍ଶନାଗାର, ୧୮୯୨ ମସିହାରେ ନିର୍ମିତ ପ୍ରସିଦ୍ଧ ମହାରାଣୀ ହୋଟେଲ୍ ଏବଂ ଭିକ୍ଟୋରିଆ ଗଲ୍ଫ କ୍ଲବ୍ ଇତ୍ୟାଦି ଦେଖିସାରିବା ପରେ ବିକନ୍ ହିଲ୍ ପାର୍କରେ ପ୍ରବେଶ କଲୁ ।

ବିକନ୍ ହିଲ୍ ପାର୍କ :

ଏକଶହ ତେୟାଶୀ ଏକର ଆୟତନ ବିଶିଷ୍ଟ ଏହି ସୁବୃହତ୍ ପ୍ରମୋଦ ଉଦ୍ୟାନର ଶୋଭା ଅତ୍ୟନ୍ତ ମନୋମୁଗ୍ଧକର । ଗଗନଭେଦୀ ଓକ୍, ସିଡ଼ାର ଓ ଆର୍ବୁଟସ୍ ବୃକ୍ଷର ଆଢୁଆଳରେ ସୁନ୍ଦର ପୁଷ୍ପବାଟିକା, ଶିଶୁମାନଙ୍କର ଆମୋଦ କ୍ରୀଡ଼ାସ୍ଥଳୀ ଏବଂ ସୁଦୃଶ୍ୟ ଚିଡ଼ିଆଖାନା ଦେଖିବା ପରେ ପୃଥିବୀର ଉଚ୍ଚତମ ଟୋଟେମ୍ ସ୍ତମ୍ଭ ସାମନାରେ ପହଞ୍ଚିଲୁ । ୧୨୭ ଫୁଟ୍ ଉଚ୍ଚତାର କାଷ୍ଠ ନିର୍ମିତ ସ୍ତମ୍ଭଟି ୧୯୫୬ ମସିହାରେ ମଙ୍ଗୋ ମାର୍ଟିନ୍‌ଙ୍କ ଦ୍ୱାରା ନିର୍ମିତ ହୋଇଥିଲା । ପକ୍ଷୀ, ପଶୁ, ବୃକ୍ଷ, ମନୁଷ୍ୟ ମୁଖ ଓ ପୁଷ୍ପ ଇତ୍ୟାଦିର ରଙ୍ଗୀନ୍ ଚିତ୍ରମାନ ବେଶ୍ ଆକର୍ଷଣୀୟ ଦେଖାଯାଉଥିଲେ । ୨୦୦୧ ମସିହାରେ ଏହାର ମରାମତି ଏବଂ ୨୦୧୧ରେ ରଙ୍ଗ ଦିଆଯାଇଥିବା କଥା ଗାଇଡ୍ କହିଲେ । ଟୋଟେମ୍ ସ୍ତମ୍ଭ ହାଇଡ଼ା, ଟ୍ରିମ୍‌ସିଆନ୍ ଓ ଲିଙ୍ଗିଟ୍ ଇତ୍ୟାଦି ଜନଜାତିର ସାମାଜିକ ଓ ସାଂସ୍କୃତିକ ଜୀବନ-ଶୈଳୀର ବାର୍ତ୍ତାବହନ କରେ । ପୂର୍ବସୂରୀମାନଙ୍କର ସ୍ମୃତିରକ୍ଷା ତଥା ଜୀବନର ମଧୁର ଘଟଣାବଳୀକୁ ମନେ ରଖିବା ପାଇଁ ସେମାନେ ଗୃହ ସମ୍ମୁଖରେ କ୍ଷୁଦ୍ରରୁ ବୃହତ୍ ସ୍ତମ୍ଭମାନ ନିର୍ମାଣ କରୁଥିଲେ । ବୃହତ୍ ସିଡ଼ାର୍ ବା ଲାଲ୍ ସିଡ଼ାରର ଗଣ୍ଡିରୁ ନିର୍ମିତ ସ୍ତମ୍ଭମାନ ବେଶ୍ ସୁଦୃଢ଼ ଓ ଦୀର୍ଘସ୍ଥାୟୀ । ୧୮୮୦ ମସିହାରେ ନିର୍ମିତ ସ୍ତମ୍ଭମାନ ବର୍ତ୍ତମାନ ବି ଦେଖିବାକୁ ମିଳେ । ସେହି କଳାକୃତିର ନକଲରେ ଏହି ଦୀର୍ଘାକୃତି ସ୍ତମ୍ଭଟି ନିର୍ମିତ । ଅନ୍ୟ ଏକ ସ୍ଥାନରେ ବିଭିନ୍ନ ଆକୃତିର ଅନେକ ସ୍ତମ୍ଭ ଦେଖିବାକୁ ପାଇଲୁ । (ଚିତ୍ର-୨୮)

ବୁଚାର୍ଟ ଗାର୍ଡ଼େନ୍ : (ଚିତ୍ର-୨୯)

ମଧ୍ୟାହ୍ନଭୋଜନ ବିରତି ପରେ ଆମେ ବିଶ୍ୱପ୍ରସିଦ୍ଧ ବୁଚାର୍ଟ ଗାର୍ଡ଼େନ୍‌ରେ ପ୍ରବେଶ

କଲୁ। ପଞ୍ଚାବନ ଏକର ପରିମିତ ଏହି ପୁଷ୍ପ ଓ ପ୍ରମୋଦ ଉଦ୍ୟାନର ୧୯୦୪ ମସିହାରେ ଶତବାର୍ଷିକୀ ଉପଲକ୍ଷେ କାନାଡ଼ା ସରକାର ଏହାକୁ ଜାତୀୟସ୍ମାରକୀ ଭାବରେ ଘୋଷଣା କରିଛନ୍ତି। ଉକ୍ତ ଦମ୍ପତିଙ୍କର ମାଲିକାନାରେ ଏକ ଚୂନପଥର ଖଣି ଏ ସ୍ଥାନରେ ରହିଥିଲା। ଚୂନପଥର ଶେଷ ହୋଇଯିବା ପରେ ଦମ୍ପତି ଠିକ୍ କଲେ ଯେ ଏଠାରେ ଏକ ଉନ୍ନତଶୈଳୀର ପ୍ରମୋଦଉଦ୍ୟାନ ସ୍ଥାପନ କରିବେ। ବିଶ୍ୱର ପ୍ରସିଦ୍ଧ ସହରମାନଙ୍କରୁ ଚାରା ସଂଗ୍ରହ କରି ରୋପଣ କଲେ। ଇଟାଲୀ ଓ ଜାପାନ୍ ବଗିଚା ବିଶେଷ ଆକର୍ଷଣୀୟ। ବୃହତ୍ ଗୋଲାପ ବଗିଚାରେ ୨୫୦ରୁ ଊର୍ଦ୍ଧ୍ୱ ପ୍ରଜାତିର ପ୍ରାୟ ୩୦୦୦ ବୃକ୍ଷ ରଙ୍ଗବେରଙ୍ଗର ଫୁଲ ନେଇ ଦର୍ଶକଙ୍କର ଚିତ୍ତବିନୋଦନ କରନ୍ତି। ପ୍ରତ୍ୟେକ ବୃକ୍ଷର ନାମକରଣ କରାଯାଇ ଥିବାର ଦେଖିଲୁ। ବିଭିନ୍ନ ସ୍ଥାନରେ ଶିଶୁକ୍ରୀଡ଼ା ବ୍ୟବସ୍ଥାମାନ ଦେଖିଲୁ ଯଥା- ବିଭିନ୍ନ ପ୍ରକାରର ଦୋଳି, ତୁଷାରମଣ୍ଡିତ ପାହାଡ଼ ତଳେ ନିର୍ମିତ ଟନେଲ୍ ଭିତରେ ଖେଳନା ରେଳଗାଡ଼ି ଏବଂ ବିଭିନ୍ନ ପଶୁ-ପକ୍ଷୀଙ୍କର ସୁଦୃଶ୍ୟ ଆକୃତିର ସ୍ଥାପତ୍ୟ। ବିଶେଷ ଦିନମାନଙ୍କରେ ଆତସବାଜିର ପ୍ରଦର୍ଶନ ହୁଏ। ବଡ଼ଦିନ ଉପଲକ୍ଷେ ଏକମାସ ଧରି ସୁନ୍ଦର ଆଲୋକ ସଜ୍ଜା ଏକ ସପ୍ତାହ ପୂର୍ବରୁ ଆରମ୍ଭ କରାଯାଇଛି। ଆମେ ତା'ର ଆନନ୍ଦ ନେଲୁ। ବୁଚାର୍ଟ ଦମ୍ପତିଙ୍କର ବାସଗୃହରେ ଖାଦ୍ୟଶାଳା, ନୃତ୍ୟଗାର ଏବଂ କଲ୍ୟାଣମଣ୍ଡପ ସର୍ବସାଧାରଣଙ୍କ ପାଇଁ ନିର୍ମିତ ହୋଇଛି।

ଭିକ୍ଟୋରିଆ ସହର ଚତୁଃପାର୍ଶ୍ୱରେ ମନୋରଞ୍ଜନର ସୁବ୍ୟବସ୍ଥାମାନ ଥିଲେ ମଧ୍ୟ ସମୟର ସ୍ୱଳ୍ପତା ଦୃଷ୍ଟିରୁ ଯାତ୍ରା ଶେଷକଲୁ। ବସ୍‌ଟି ଜେଟି ଅଭିମୁଖେ ଯାଇ ବି.ସି ଫେରି ଜାହାଜ କୋଳକୁ ଆମକୁ ନେଇଗଲା। ରାତ୍ରି ୮ଟା ବେଳେ ଭ୍ୟାଙ୍କୋଭର୍ ସହରରେ ପଦାର୍ପଣ କଲୁ ଏବଂ ଭାରତୀୟ ରେଷ୍ଟୁରାଣ୍ଟରେ ରାତ୍ରିଭୋଜନ ପରେ ହୋଟେଲ୍‌କୁ ଫେରିଲୁ।

ତା.୧.୧୨.୨୦୧୫ (ମଙ୍ଗଳବାର) :

ଆଜି ସମ୍ମିଳନୀର ଦିନ। ଗତ ରାତିରେ ପଞ୍ଜିକୃତ ପ୍ରତିନିଧିଙ୍କ ପାଇଁ ଉଦ୍ଦିଷ୍ଟ ବ୍ୟାଚ୍, କିଟ୍‌ବ୍ୟାଗ୍ ଓ ଆବଶ୍ୟକୀୟ ପୁସ୍ତକ ତଥା ପୁସ୍ତିକା ଆମ ହୋଟେଲ୍ ପ୍ରକୋଷ୍ଠରେ ପହଞ୍ଚିସାରିଥିଲା। ସକାଳ ୮ଟା ବେଳେ ବୈଜ୍ଞାନିକସଂପାନର ପ୍ରଥମ ଅଧିବେଶନ। ତେଣୁ ଜଳପାନ ପରେ ୭.୩୦ ମିନିଟ୍‌ରେ ଆନ୍ତର୍ଜାତୀୟ ସମ୍ମିଳନୀ ସ୍ଥଳ ଅଭିମୁଖେ ନିର୍ଗତ ହେଲୁ। କାନାଡ଼ା ଉପରେ ବିମାନ ଯାତ୍ରା ଉପଭୋଗ କରିଥିବା ସୁବୃହତ୍ ଅଟ୍ଟାଳିକାଟି ପୂର୍ବ ଓ ସମ୍ମିଳନୀ ସ୍ଥଳ ଥିବା ବୃହତ୍ତର କୋଠାଟି ପଶ୍ଚିମ ଭାଗ ବୋଲି ଜାଣିସାରିଥିଲୁ। ପଶ୍ଚିମଭାଗରେ ପ୍ରବେଶ କରି ପ୍ରତିନିଧିପଞ୍ଜୀକରଣର ବିରାଟ କ୍ଷେତ୍ର, ସୂଚନା କେନ୍ଦ୍ର

ଏବଂ ୪ଟି ମହଲାରେ ସମ୍ମିଳନୀ କକ୍ଷମାନ ଠାବକଲୁ। କାର୍ଯ୍ୟକ୍ରମ ସରଣୀରୁ ବାଛିଥିବା ୪ଟି ସମ୍ମିଳନୀ କକ୍ଷରେ ଗୋଟିଏ ପରେ ଗୋଟିଏ ସଂପାନରେ ଭାଗ ନେଲୁ। ଏହି ପ୍ରକାଣ୍ଡ ଅଟ୍ଟାଳିକା ସମୁଦ୍ର ଭିତରକୁ ପଶି ତିନିଦିଗରେ ସାମୁଦ୍ରିକ ଶୋଭାର ସଂଭାର ମେଲିଦେଇଛି। ସୁବୃହତ୍ ବାଲ୍‌କୋନୀର ସ୍ୱଚ୍ଛ ସୁଦୃଢ଼ ପ୍ଲାଷ୍ଟିକ୍‌ର ଆବରଣ ଭିତରୁ ଦେଖିଲୁ, ଭ୍ୟାଙ୍କୋଭର୍ ପୋତାଶ୍ରୟ ବିମାନକେନ୍ଦ୍ରରୁ କ୍ଷୁଦ୍ର ବିମାନମାନ ପର୍ଯ୍ୟଟକମାନଙ୍କୁ ସମୁଦ୍ର ଶଯ୍ୟାରୁ ଉପରକୁ ଉଠାଇ କିଛି ସମୟ ପରେ ଜଳାବତରଣ କରୁଛି। ଏହି ସାମୁଦ୍ରିକଉଡ଼ାଜାହାଜମାନ ଆକାରରେ କ୍ଷୁଦ୍ର ଅଥଚ ଆମୋଦଦାୟୀ। ଭିକ୍ଟୋରିଆ ଓ ଅନ୍ୟାନ୍ୟ ପର୍ଯ୍ୟଟନ କ୍ଷେତ୍ରକୁ ନିୟମିତ ଉଡ଼ାଣ ବି ହୁଏ। ସମ୍ମିଳନୀ ପ୍ରକୋଷ୍ଠରୁ ନିଷ୍କ୍ରାନ୍ତ ହୋଇ ଚିକିତ୍ସାବିଜ୍ଞାନ ସମ୍ପର୍କୀୟ ପ୍ରଦର୍ଶନୀ ଗୃହ ଭ୍ରମଣ ପରେ ମଧ୍ୟାହ୍ନଭୋଜନ ପାଇଁ ଭାରତୀୟ ରେଷ୍ଟୁରାଣ୍ଟ ଅଭିମୁଖେ ଯାତ୍ରା।

ମଧ୍ୟାହ୍ନଭୋଜନ ପରେ ବିଶ୍ୱବିଖ୍ୟାତ୍ ଷ୍ଟାନ୍‌ଲି ପାର୍କ ଅଭିମୁଖେ ବସ୍ ଗଡ଼ିଲା। ୧୦୦୦ ଏକରରୁ ଅଧିକ ଆୟତନର ଏହି ଅରଣ୍ୟ-ପ୍ରମୋଦ ଉଦ୍ୟାନ ତଥା ଆମୋଦ କ୍ଷେତ୍ରଟି ସର୍ବଜନାଦୃତ। ସିଡ଼ାର, ଫିର୍ ଇତ୍ୟାଦି ଆକାଶଭେଦୀ ବୃକ୍ଷ ପରିଶୋଭିତ ନୀଳ ହ୍ରଦର ଶୋଭା ଉପଭୋଗ କଲୁ। ଗୋଟିଏ ଅଂଶରେ ୯ଟି ସୁଦୃଶ୍ୟ ଟୋଟେମ୍ ସ୍ତମ୍ଭ ଦୃଷ୍ଟି ଆକର୍ଷଣ କରୁଥିଲା। କାନାଡ଼ାର ବୃହତ୍ତମ ସାମୁଦ୍ରିକ ଜୀବ ସଂଗ୍ରହାଳୟଟି ମଧ୍ୟ ନିଜର ସ୍ଥାନ ଅଧିକାର କରିନେଇଛି। ପାର୍କକୁ ଘେରିଥିବା ସମୁଦ୍ରକୁଳିଆ ୯କିଲୋମିଟର ଦୀର୍ଘ ରାସ୍ତାଟି ସାଇକେଲ୍, ମୋଟର ସାଇକେଲ୍ ଏବଂ କାର୍ ଆରୋହୀଙ୍କର ସୁଖକର ଯାତ୍ରା ଓ ପରିବେଶ ସୁରକ୍ଷା ପାଇଁ ଉଦ୍ଦିଷ୍ଟ।

ଷ୍ଟାନ୍‌ଲି ପାର୍କରୁ ଉତ୍ତର ଦିଗକୁ ଗତି କଲୁ। ପ୍ରସ୍‌ପେକ୍ଟ ପଏଣ୍ଟ ନାମକ ସ୍ଥାନରେ ଓହ୍ଲାଇ ଚିତ୍ତାକର୍ଷକ ପ୍ରାକୃତିକ ଦୃଶ୍ୟ ଉପଭୋଗ କରିବା ସହିତ ମାନଚିତ୍ରରେ ଚିହ୍ନିତ ଦୁଇଟି ଅଞ୍ଚଳ ପ୍ରତି ଦୃଷ୍ଟିପାତ କଲୁ। ଯଥା-ଉତ୍ତର ଭ୍ୟାଙ୍କୋଭର ଓ ପଶ୍ଚିମ ଭ୍ୟାଙ୍କୋଭର୍। ଉଭୟ ଜନବସତିପୂର୍ଣ୍ଣ ଅଞ୍ଚଳର ବିକାଶ ପାଇଁ ବିଶିଷ୍ଟ ଶିଳ୍ପପତି "ଗିନିସ୍"ଙ୍କର ଅବଦାନ ଅନସ୍ୱୀକାର୍ଯ୍ୟ। ଢାଲୁ ପାର୍ବତ୍ୟାଞ୍ଚଳର ଅରଣ୍ୟଶୋଭା, ନିମ୍ନରେ ଫେନିଳ ସାଗରର ନୀଳାମ୍ବୁ ଦୃଶ୍ୟ କେବଳ ପର୍ଯ୍ୟଟକଙ୍କ ପାଇଁ ସୌନ୍ଦର୍ଯ୍ୟମୟ ତା' ନୁହେଁ, ସ୍ୱାସ୍ଥ୍ୟକର ଜଳବାୟୁ ପାଇଁ ବି ପ୍ରସିଦ୍ଧ। ଉତ୍ତର ଭ୍ୟାଙ୍କୋଭରକୁ ରାସ୍ତା ସୁଗମ୍ୟ କରିବା ପାଇଁ ଲାୟନ୍ସ ଗେଟ୍ ବ୍ରିଜ୍ ନିର୍ମିତ। ଏହା ଯୁକ୍ତରାଷ୍ଟ୍ର ଆମେରିକାର ସାନ୍ ଫ୍ରାନ୍‌ସିସ୍‌କୋ ସହରର ଗୋଲ୍‌ଡେନ୍ ଗେଟ୍ ବ୍ରିଜ୍‌ର ନକ୍ସାରେ ନିର୍ମିତ। ଦୈର୍ଘ୍ୟରେ କ୍ଷୁଦ୍ରତର ହେଲେ ବି ସୌନ୍ଦର୍ଯ୍ୟମୟ। ପାହାଡ଼ ଉପରୁ ପୋଲର ଦୃଶ୍ୟ ଅବଲୋକନ ପରେ ବସ୍‌ଟି ପୋଲ ଉପରକୁ ଗତି କରିବାକୁ ଲାଗିଲା। ପାରିପାର୍ଶ୍ୱିକ ଦୃଶ୍ୟ ଅଧିକରୁ ଅଧିକ ଚମତ୍କାର ଥିଲା। ପୋଲ ପାର

ହୋଇ ପନ୍ଦର ମିନିଟ୍‌ର ଯାତ୍ରା ପରେ ବିଶ୍ୱ ପ୍ରସିଦ୍ଧ "କ୍ୟାପିଲାନୋ ଝୁଲା ପୋଲ" ଦର୍ଶନ ପାଇଁ ବସ୍ ଅଟକିଲା ।

କ୍ୟାପିଲାନୋ ଝୁଲା ପୋଲ ପାର୍କ :

ଉଚ୍ଚ ପର୍ବତଘେରା ଗଭୀର ଉପତ୍ୟକା ସର୍ବଦା ପ୍ରକୃତିପ୍ରେମୀଙ୍କୁ ଆକର୍ଷିତ କରିଥାଏ । କିନ୍ତୁ ୨୭ ଏକର ପରିସୀମା ନେଇ କ୍ୟାପିଲାନୋ ଝୁଲା ପୋଲ ପାର୍କ ଏକ ଅନବଦ୍ୟ ସୃଷ୍ଟି । ଏହା ଏକ ବିଶ୍ୱପ୍ରସିଦ୍ଧ ବୃଷ୍ଟିବନ ବା ବର୍ଷାରଣ୍ୟ । ଏହା ଭିତରେ ପଶିବା ପରେ ଆମକୁ ପ୍ରଥମେ ଇତିହାସକେନ୍ଦ୍ରକୁ ସ୍ୱାଗତ କରାଗଲା । ୧୮୮୯ ମସିହାରେ ନିର୍ମିତ ଝୁଲା ପୋଲଟି ୪୫୦ ଫୁଟ୍ ଦୀର୍ଘ ଏବଂ କ୍ୟାପିଲାନୋ ନଦୀବନ୍ଧରୁ ୨୩୦ ଫୁଟ୍ ଉଚ୍ଚତାରେ ନିର୍ମିତ । ସୁଦୀର୍ଘ ଝୁଲାପୋଲ, ଦୀର୍ଘକାୟ ବୃକ୍ଷମାନଙ୍କୁ ସଂଯୋଗ କରୁଥିବା କ୍ଷୁଦ୍ର ପୋଲମାନ ଏବଂ ଉପତ୍ୟକାର ନିମ୍ନାଂଶରେ ପ୍ରବାହିତ କ୍ୟାପିଲାନୋ ନଦୀର ଅପରୂପ ଶୋଭା ଦେଖି ଆତ୍ମବିସ୍ମୃତ ହେଲୁ ।

ପ୍ୟାରିସ୍‌ର ଆଇଫେଲ୍ ଟାୱାରର ସମସାମୟିକ ଯାନ୍ତ୍ରିକ କୌଶଳର ଏହି ଅନବଦ୍ୟ ସୃଷ୍ଟି ପୃଥିବୀରେ ବିରଳ । ଝୁଲାପୋଲ ଉପରେ ଚାଲିବା ବେଳେ ବୃହତ୍‌କାୟ ସିଡ଼ାର, ଡଗ୍‌ଲାସ୍ ଫିର୍ ଓ ହେମ୍‌ଲକ୍ ବୃକ୍ଷର ମଥା ସ୍ପର୍ଶ କରୁଥିଲୁ । ପ୍ରଦୂଷଣ ମୁକ୍ତ ଜଳବାୟୁ ଓ ପ୍ରାକୃତିକ ଦୃଶ୍ୟର ଗାରିମା ହେତୁ ଏହା ବିଶ୍ୱପ୍ରସିଦ୍ଧ ପର୍ଯ୍ୟଟନ କେନ୍ଦ୍ର ଭାବରେ ପରିଗଣିତ । ପର୍ଯ୍ୟଟକମାନେ ନଦୀକୂଳକୁ ଯାଇ ଅରଣ୍ୟସଂପଦ ଉପଭୋଗ କରିବାର ସୁଯୋଗ ବି ରହିଛି । ତୀକ୍ଷ୍ଣ ଭାବରେ ଊର୍ଦ୍ଧ୍ୱଗାମୀ ପର୍ବତ ପାର୍ଶ୍ୱରେ ଗଢ଼ାଯାଇଥିବା ବାଲ୍‌କୋନି ଉପରେ ପଦଚାଳନା କରି ଅନ୍ୟ ପାର୍ଶ୍ୱର ଶୋଭା ଦର୍ଶନ କଲୁ । ସାମାନ୍ୟ ତଳସ୍ତରରେ ଅର୍ଥାତ୍ ନଦୀର ଏକଶହ ଦଶଫୁଟ୍ ଉପରେ ଗଛକୁ ଗଛ ଯୋଡ଼ାଯାଇଥିବା ପୋଲମାନଙ୍କର ଉପରେ ବୁଲିବା ବେଳେ ଘଞ୍ଚଅରଣ୍ୟର ମାଧୁର୍ଯ୍ୟ ଉପଭୋଗ କଲୁ । ତା'ପରେ ଟୋଟେମ୍ ସ୍ତମ୍ଭର ସୁଦୃଶ୍ୟ ସମାହାର ଦର୍ଶନ । ଉପହାର ବିକ୍ରୟ କେନ୍ଦ୍ରରେ ପଶି ସ୍ମାରକୀମାନ କିଣିଲୁ ।

ସ୍କଟଲ୍ୟାଣ୍ଡ୍ ନିବାସୀ ୬୨ ବର୍ଷ ବୟସ୍କ ଜର୍ଜ ଗ୍ରାଣ୍ଟମ୍ୟାକେ ୧୮୮୮ ମସିହାରେ ଏହି ଝୁଲାପୋଲର ପରିକଳ୍ପନା କରିଥିଲେ । କ୍ୟାପିଲାନୋ ନଦୀ କୂଳେ କୂଳେ ୬୦୦୦ଏକର ଜଙ୍ଗଲ ଜମିର ସେ ମାଲିକ ଥିଲେ । ଆମୋଦ ଉଦ୍ୟାନ କରି ପର୍ଯ୍ୟଟକଙ୍କୁ ଆକର୍ଷିତ କରିବା ତାଙ୍କର ଲକ୍ଷ୍ୟଥିଲା । ୟୁରୋପୀୟ ଓ ଜାପାନୀ ଇଂଜିନିୟର ତଥା ଶ୍ରମିକମାନଙ୍କୁ ନେଇ ସେ ବୃହତ୍ ନିର୍ମାଣ ସହିତ ସମଗ୍ର ଅଞ୍ଚଳର ଉନ୍ନତି ସାଧନ କରିଥିଲେ । ୧୮୯୨ ମସିହାରେ ସେ ପ୍ରାଣତ୍ୟାଗ କରିଥିଲେ । ବର୍ତ୍ତମାନ ଏହାର ମାଲିକାଣୀ ହେଉଛନ୍ତି ନ୍ୟାନ୍‌ସି ଷ୍ଟିବୋର୍ଡ଼ । ପରିବେଶ ସୁରକ୍ଷାବାର୍ତ୍ତା ବହନ କରୁଥିବା ଏହା ବର୍ଷାରଣ୍ୟ ପୃଥିବୀର କୋଣ ଅନୁକୋଣରୁ ପର୍ଯ୍ୟଟକମାନଙ୍କୁ ଆକୃଷ୍ଟ କରିଆସୁଛି ।

କ୍ୟାପିଲାନୋ ପାର୍କ ଭ୍ରମଣର ମଧୁର ସ୍ମୃତି ନେଇ ବସ୍‌ରେ ଚଢ଼ିଲୁ। ଭ୍ୟାଙ୍କୋଭର ସହରର ପ୍ରାଣ ପ୍ରତିଷ୍ଠା ହୋଇଥିବା ସ୍ଥାନ ଗ୍ୟାସ୍‌ଟାଉନ୍‌ର ପ୍ରାଚୀନ କଳାକୃତି, ଆଲୋକ ସ୍ତମ୍ଭ, ଗ୍ୟାସ୍‌ଚାଳିତ ଘଣ୍ଟି ଇତ୍ୟାଦି ଦେଖିଲା ବେଳେ ବର୍ଷା ମାଡ଼ି ଆସିଲା। ବର୍ତ୍ତମାନ ଲକ୍ଷ୍ୟସ୍ଥଳ ଥିଲା କୋଲ୍ ହାର୍‌ବଲ୍ ବା କୋଇଲା ପୋତାଶ୍ରୟର ମରିନା ନୌବିହାର। ଏକ କ୍ଷୁଦ୍ର ଜାହାଜ ଭିତରେ ବୈଜ୍ଞାନିକ ସଂପାନ ତଥା ରାତ୍ରିଭୋଜନରେ ଯୋଗଦେଇ ସମୁଦ୍ର ଭ୍ରମଣର ଆନନ୍ଦ ନେଲୁ। ରାତ୍ରି ୧୦ଟା ବେଳେ ହୋଟେଲ୍‌କୁ ଫେରୁ ଫେରୁ ଗାଇଡ୍ ପରବର୍ତ୍ତୀ ଦିନର ଭ୍ରମଣସୂଚୀ ଶୁଣାଇ ଦେଲେ। ତୁଷାରାଚ୍ଛନ୍ନ ହୁଇସିଲର୍ ପର୍ବତର ଶୋଭା ହୃଦୟଗ୍ରାହୀ ହେବ ବୋଲି କହି ହୋଟେଲ୍ ଲବିରୁ ଭ୍ରମଣ ପୁସ୍ତିକା ସଂଗ୍ରହ କରି ପଢ଼ିବା ପାଇଁ ଉପଦେଶ ଦେଇଥିଲେ।

ତା.୨.୧୨.୨୦୧୫(ବୁଧବାର) :

ଆଜି ଭ୍ୟାଙ୍କୋଭର୍ ଭ୍ରମଣର ଚତୁର୍ଥ ଦିନ। ନିତ୍ୟକର୍ମ ସମାପନ ପରେ ବରଫାବୃତ ହୁଇସିଲ୍‌ର ଓ ବ୍ଲାକ୍‌କମ୍ବ ଯମଜପର୍ବତ ସଂମ୍ପର୍କୀୟ ପୁସ୍ତକଟି ପଢ଼ିନେଲି। ବିଗତ ୫୦ବର୍ଷ ଧରି ଏହି ପର୍ବତଦ୍ୱୟ କୋଟି କୋଟି ଭ୍ରମଣକାରୀଙ୍କୁ ନିଜ କୋଳକୁ ଆକର୍ଷିତ କରି ଆସିଛନ୍ତି। ଦୁଇହଜାର ଦଶ ମସିହାରେ ଅନୁଷ୍ଠିତ ଶୀତକାଳୀନ ଅଲିମ୍ପିକ୍ କ୍ରୀଡ଼ାର ମହାସମାରୋହ ଏହି ସ୍ଥାନର ପର୍ଯ୍ୟଟନସ୍ଥଳୀର ମର୍ଯ୍ୟାଦାକୁ ବହୁଗୁଣିତ କରିଦେଇଛି। ତୁଷାରାଚ୍ଛନ୍ନ ପର୍ବତ ଶୃଙ୍ଗ ଯୁଗଳ, ୮୧୭୧ ଏକରର ତୁଷାର ଉପତ୍ୟକା ଏବଂ ଶୃଙ୍ଗରୁ ଶୃଙ୍ଗ ଯାତାୟତ କରୁଥିବା ଝୁଲା ପ୍ରକୋଷ୍ଠ (ଗଣ୍ଡୋଲା) ଆକର୍ଷଣର କେନ୍ଦ୍ରବିନ୍ଦୁ। ୪.୪ କିଲୋମିଟରର ଝୁଲାଯାତ୍ରା ପୃଥିବୀର ଦୀର୍ଘତମ ଯାତ୍ରାପାଇଁ ଗିନିଜ୍ ବୁକ୍ ଅଫ୍ ରେକର୍ଡ୍ସରେ ସ୍ଥାନ ପାଇଛି। ପ୍ରତ୍ୟେକ ପ୍ରକୋଷ୍ଠରେ ୨୮ ଜଣଙ୍କ ପାଇଁ ବସିବାକୁ ସୁବିଧା ଥିବା ୨୮ଟି ପ୍ରକୋଷ୍ଠ ଘଣ୍ଟାପ୍ରତି ୨୦୫୦ ଜଣ ଯାତ୍ରୀଙ୍କୁ ପରିବହନ କରି ପ୍ରଶଂସାର୍ହ। ଅନୁପମ ସୌନ୍ଦର୍ଯ୍ୟ ଦର୍ଶନ ଏବଂ ତୁଷାର କ୍ରୀଡ଼ାର ଆନନ୍ଦଲାଭ ପାଇଁ ପର୍ଯ୍ୟଟକମାନେ ଏ ଅଞ୍ଚଳକୁ ନଭେମ୍ବରରୁ ମାର୍ଚ୍ଚମାସ ଭିତରେ ଅଧିକ ସଂଖ୍ୟାରେ ଛୁଟି ଆସନ୍ତି । କାରଣ ପ୍ରାୟ ୩୮ ଫୁଟ୍ ଉଚ୍ଚତାର ବରଫ ଜମିବା ଏକ ବିରଳ ଘଟଣା।

ଶାରୀରିକ ଅସୁସ୍ଥତା ଯୋଗୁଁ ମୁଁ ଆଜିର ଏହି ସ୍ମରଣୀୟ ଭ୍ରମଣରୁ ବଞ୍ଚିତ ହେଲି। ବନ୍ଧୁମାନେ ୧୨୦ କିଲୋମିଟରର ଦୀର୍ଘ ବେଳାଭୂମି ରାସ୍ତା, ପ୍ରସିଦ୍ଧ ଶାନନ ଜଳପ୍ରପାତ ଏବଂ ଶୃଙ୍ଗରୁ ଶୃଙ୍ଗ ଝୁଲା ଯାତ୍ରାର ଆନନ୍ଦ ନେଇ ରାତ୍ରି ୭ଟା ସୁଦ୍ଧା ଫେରି ଆସିଲେ।

ତା.୩.୧୨.୨୦୧୫(ଗୁରୁବାର) :

ଆଜି ଭ୍ୟାଙ୍କୋଭରରୁ ବିଦାୟ ନେବାର ଦିନ। ଜଳପାନ ଏବଂ ପ୍ରସ୍ତୁତି ପର୍ବ ଶେଷ କରି ୯ଟା ବେଳେ ବସ୍ ଚଢ଼ିଲୁ। ୧୦.୩୦ମିନିଟ୍ ସମୟରେ ବିମାନଘାଟୀରେ ପହଞ୍ଚି ଲୁଫ୍‌ଥାନ୍ସା ବିମାନ ସଂସ୍ଥାର ଆରାମଦାୟକ ବିମାନରେ ଦିନ ଗୋଟାଏ ତିରିଶ ମିନିଟ୍‌ରେ ଉଡ଼ିବା ଆରମ୍ଭ କଲୁ। ଫ୍ରାଙ୍କ୍‌ଫୁଟ୍‌ରେ ସ୍ଥାନୀୟ ସମୟ ସକାଳ ୮ଘଣ୍ଟା ୨୦ମିନିଟ୍‌ରେ ପହଞ୍ଚି ୫ଘଣ୍ଟା ପରେ ଅନ୍ୟ ଏକ ବିମାନରେ ଦିଲ୍ଲୀ ଅଭିମୁଖେ ଉପରକୁ ଉଠିଲୁ। ଦିଲ୍ଲୀରେ ପହଞ୍ଚିବା ବେଳକୁ ତାରିଖ ବଦଳି ଯାଇଥିଲା। ୫.୧୨.୨୦୧୫ ଏବଂ ସମୟ ଥିଲା ରାତ୍ରି ଗୋଟାଏ ତିରିଶ୍ ମିନିଟ୍। ଭ୍ୟାଙ୍କୋଭର୍ ତଥା ଭିକ୍ଟୋରିଆ ଭ୍ରମଣର ସୁମଧୁର ସ୍ମୃତି ନେଇ ଭୁବନେଶ୍ୱରରେ ସକାଳ ୮ ଘଣ୍ଟା ଏବଂ ବ୍ରହ୍ମପୁରରେ ୧୧ଘଣ୍ଟା ବେଳେ ପହଞ୍ଚିଗଲି।

ଦୀର୍ଘ ବିମାନଯାତ୍ରାର କ୍ଲାନ୍ତି ସତ୍ତ୍ୱେ ମାତୃଭୂମିରେ ପାଦସ୍ପର୍ଶ କଲାବେଳେ ଅଫୁରନ୍ତ ଆନନ୍ଦ ସ୍ୱଚିନ୍ତନକୁ ସଂପୂର୍ଣ୍ଣ ଗ୍ରାସକରି ରଖିଥିଲା ଏବଂ ଶୁଭାକାଂକ୍ଷୀମାନଙ୍କୁ ଅନୁଭୂତିର ସ୍ୱାଦ ବାଣ୍ଟିବା ପାଇଁ ମନକୁ ଦୃଢ଼ କରି ଦେଇଥିଲା।

ଶେଷ କଥା

ଜଗତୀକରଣ ପରେ ସମଗ୍ର ବିଶ୍ୱ 'ବିଶ୍ୱଗ୍ରାମ' (ଗ୍ଲୋବାଲ୍ ଭିଲେଜ୍)ରେ ପରିଣତ ହୋଇଯାଇଛି । ଅଧ୍ୟୟନ, ଚାକିରି, ବ୍ୟବସାୟ-ବାଣିଜ୍ୟ ଏବଂ ଭ୍ରମଣ ଉଦ୍ଦେଶ୍ୟରେ ବିଦେଶ ଯାତ୍ରୀଙ୍କର ସଂଖ୍ୟା ବଢ଼ିଚାଲିଛି । ଏହାର ସୁଯୋଗ ନେଇ ଦକ୍ଷିଣ-ପୂର୍ବ ଏସିଆ, ୟୁରୋପ ଓ ଆମେରିକା 'ପର୍ଯ୍ୟଟନ' ଶିଳ୍ପର ଅଭିବୃଦ୍ଧି ଘଟାଇ ପାରିଛନ୍ତି । ଭାରତ ଏ ଦଗରେ ଦ୍ରୁତଗତିରେ ଅଗ୍ରସର ହୋଇପାରୁ ନାହିଁ । ବିଶାଳ ଭୂଖଣ୍ଡରେ ଗମନାଗମନ, ପରିମଳ ଏବଂ ଜନବିସ୍ଫୋରଣଜନିତ ଅନ୍ୟାନ୍ୟ ସମସ୍ୟାରେ ଆମେ ଜର୍ଜରିତ । ଆମର ନୀତିନିର୍ଦ୍ଧାରକ ରାଜନୈତିକ ନେତାମାନେ ବହୁଳ ବିଦେଶ ଭ୍ରମଣର ସୁଖ ଲାଭ କରୁଥିଲେ ମଧ୍ୟ ଭାରତରେ ନିମ୍ନତମ ସୁଯୋଗ ସୁବିଧାରୁ ଆମକୁ ବଞ୍ଚିତ କରିଛନ୍ତି । ଆମେରିକା ଅନୁଭୂତିର ବୈଶିଷ୍ଟ୍ୟ ପ୍ରତିପାଦନ କରିବା ସଂଗେ ସଂଗେ ନିମ୍ନୋକ୍ତ ଦିଗରେ ସଚେତନତା ସୃଷ୍ଟି ପାଇଁ ଜନତା ଓ ନେତା ସମସ୍ତଙ୍କୁ ଅନୁରୋଧ କରୁଛି ।

୧. ଭ୍ରମଣସ୍ଥଳୀରେ ଶୃଙ୍ଖଳା ରକ୍ଷା ଓ ପରିବେଶ ସୁରକ୍ଷା :

ଆମେରିକାର ଅଧିକାଂଶ ଦର୍ଶନୀୟ ସ୍ଥାନ ଭ୍ରମଣ ପରେ ମୋର ଅନୁଭୂତି ହେଲା ଯେ, ଭ୍ରମଣକାରୀଙ୍କ ସଂଖ୍ୟାକୁ ଦୃଷ୍ଟିରେ ରଖି ଯୋଜନାବଦ୍ଧ ଭାବରେ ଭିତ୍ତିଭୂମି (ଇନ୍‌ଫ୍ରାଷ୍ଟ୍ରକ୍‌ଚର୍) ଗଠନ କରାଯାଇଛି । ଅଧିକ ଜନସଂପଦର ଅଭାବରୁ ସେମାନେ ଯନ୍ତ୍ର ସାହାଯ୍ୟରେ ପ୍ରବେଶ ଦ୍ୱାର, ଭୋଜନାଳୟ, ଶୌଚାଳୟ, ଉନ୍ମୁକ୍ତ ଦର୍ଶକଗ୍ୟାଲେରି ଇତ୍ୟାଦି ପ୍ରତ୍ୟେକ କ୍ଷେତ୍ରରେ ସମସ୍ତ ସୁବିଧା ପ୍ରଦାନ କରିଥାନ୍ତି । ଏହାର କାରଣ, ଘରୋଇ ଉଦ୍ୟମରେ ଏସବୁ ନିର୍ମିତ । ତେଣୁ ସରକାରୀ ଧନର ଅପଚୟ କରି ଜନତାଙ୍କୁ ସୁଖ-ଲାଭରୁ ବଞ୍ଚିତ କରିବାର କୁତ୍ସିତମନୋବୃତ୍ତି ସେଠାରେ ନାହିଁ । ଦର୍ଶକଙ୍କର ଶୃଙ୍ଖଳା ଜ୍ଞାନ ଏବଂ ପରିବେଶ ସଚେତନତା ଅନ୍ୟତମ ମୁଖ୍ୟ କାରଣ । ସମୁଦ୍ର-ଜଗତ, ଡିସ୍‌ନିଲ୍ୟାଣ୍ଡ, ୟୁନିଭର୍‌ସାଲ୍ ଷ୍ଟୁଡିଓ ଆଦି ଦର୍ଶନୀୟ ସ୍ଥାନରେ ସପରିବାର ବୁଲୁଥିବା

ଆମେରିକୀୟ ଆବାଳ-ବୃଦ୍ଧ-ବନିତା ସମସ୍ତଙ୍କଠାରେ ଗୋଟିଏ କଥା ଲକ୍ଷ୍ୟ କଲି ଯେ, ସମସ୍ତେ ଯନ୍ତ୍ରବତ୍ ଶୃଙ୍ଖଳିତ । ଇତସ୍ତତଃ ଚାଲିଯାଉଥିବା ପିଲାଟିକୁ ଡାକିବା ପାଇଁ ମା-ବାପା ଗର୍ଜନ କରୁନାହାନ୍ତି । ଖାଦ୍ୟଦ୍ରବ୍ୟର ଖାଲି ଡବାଗୁଡ଼ିକୁ ପିଲାମାନେ ଠିକ୍ ସ୍ଥାନରେ ପକାଇ ଦେଉଛନ୍ତି । ଶୀତତାପନିୟନ୍ତ୍ରିତ ଶୌଚାଳୟ ଏତେ ପରିଷ୍କାର ଯେ ଅଧିକରୁ ଅଧିକ ସମୟ ତା' ଭିତରେ ରହିବାକୁ ଇଚ୍ଛା ହେଉଛି । ସ୍ଥାନେସ୍ଥାନେ ଗରମରୁ ରକ୍ଷା କରିବା ପାଇଁ ଜଳକଣା ଫୁଆରାର ଏପରି ବ୍ୟବସ୍ଥା ହୋଇଛି ଯେ ରୌଦ୍ରତାପଜନିତ କଷ୍ଟ ଅନୁଭବ କରିହେଉ ନାହିଁ ।

୨. ଆର୍ଥିକ ପରିଚାଳନା (ମନି ମ୍ୟାନେଜ୍‌ମେଣ୍ଟ) :

ଅନେକ କହନ୍ତି "ଆମେରିକାରେ ସବୁ ଶସ୍ତା, କିନ୍ତୁ ଡଲାର୍ ମହଙ୍ଗା" । ଅର୍ଥାତ୍ ସେଠାରେ ପ୍ରତ୍ୟେକ କ୍ଷେତ୍ରରେ ଖର୍ଚ୍ଚାନ୍ତ ହେବାକୁ ପଡ଼େ । ମୁଁ ଅନୁଭବ କଲି, ସାମଗ୍ରୀକ ଭାବରେ ଏହା ଠିକ୍ ନୁହେଁ । ୫ ଡଲାର୍‌ରୁ ୧୦ ଡଲାର ଭିତରେ ସୁସ୍ୱାଦୁ, ପୁଷ୍ଟିକର ଜଳଖିଆ ପରିଷ୍କାର ପରିଚ୍ଛନ୍ନ ପରିବେଶରେ ମିଳିଥାଏ । ପରିଦର୍ଶନସ୍ଥଳୀମାନଙ୍କରେ ଦାମୀ କାଗଜ ଓ ରଙ୍ଗିନ ଛପାଥିବା ପୁସ୍ତିକାମାନ ମାଗଣା ମିଳିଥାଏ । ସ୍ମରଣିକା ଦୋକାନ (ସୋଭେନିର୍ ସପ୍)ମାନଙ୍କରେ ସୁଦୃଶ୍ୟ ସୁପାଠ୍ୟ ସଚିତ୍ର ପୁସ୍ତକ ୫ରୁ ୧୫ ଡଲାର୍ ଦାମ୍‌ରେ କିଣିବାକୁ ମିଳେ । ଏହାସହିତ ୧୦ରୁ ୧୫ ଡଲାର୍ ଦରରେ ଡିଭିଡି ମଧ୍ୟ କିଣିବାକୁ ମିଳେ । ମୁଁ ବିକ୍ରେତାକୁ ଧନ୍ୟବାଦ ଦେଇ ଏ ସବୁ କିଣିବା ବେଳେ କେହି କେହି ବନ୍ଧୁ ଭ୍ରୂକୁଞ୍ଚନ କରି ଡଲାରକୁ ଟଙ୍କାରେ ପରିଣତ କରି ମାତ୍ରାଧିକ ଦାମ୍ ସଂପର୍କରେ ସୂଚାଇ ଦିଅନ୍ତି । ମୁଁ କହେ- "ଆମେରିକାରେ ଖରିଦଦାରୀ କଲାବେଳେ ଏକ ଡଲାର୍‌କୁ ଟଙ୍କାଟିଏ ବୋଲି ଭାବନ୍ତୁ । ଭାରତରେ ଅଲଗା ହିସାବ କରିବେ ।" ମୁଁ ଅନୁଭବ କରିଛି, ସଚିତ୍ର ପୁସ୍ତକ ଓ ଡିଭିଡି ମୋ ଚତୁଃପାର୍ଶ୍ୱର ବନ୍ଧୁ ଏବଂ ସେମାନଙ୍କ ପରିବାରକୁ ବହୁତ ଆନନ୍ଦ ଦିଏ । ନିଜେ ଏସବୁ ବାରମ୍ବାର ଦେଖାଇବା ବେଳେ ଆନନ୍ଦମୟ ଭ୍ରମଣ ବହୁଗୁଣିତ ହୋଇଯାଏ ଏବଂ ଶିକ୍ଷା ବି ମିଳେ । ଆମେରିକାରେ ପ୍ରତ୍ୟେକ କାରବାର ପଛରେ ବ୍ୟବସାୟିକଲାଭର ଆଶା ଅଛି ବୋଲି କୁହାଯାଏ । ସେଠାରେ ଘରୋଇ ସଂସ୍ଥା ଦ୍ୱାରା ସବୁ ପରିଚାଳିତ ହୁଏ । ସେମାନେ ଯେଉଁଳି ସୁବିଧା-ସୁଯୋଗ ଦେଇଥାନ୍ତି ଆମେ ଭାରତରେ ତାହା ପାଇବା ଅତି ବିରଳ । କେନେଡି ମହାକାଶ କେନ୍ଦ୍ରରେ 'ମହାକାଶ ଯାତ୍ରା'ର ଅନୁଭବ ନେବା ପାଇଁ ଗଲାବେଳେ ଆମକୁ ହାତରେ ଧରିଥିବା ଜିନିଷପତ୍ର ଲକର୍‌ରେ ରଖିବାକୁ ପଡ଼ିଲା । ବନ୍ଧୁଜଣେ କହିଲେ- ଏଥିପାଇଁ ଡଲାର ଦେବାକୁ ପଡ଼ିବ । ମୁଁ ଦେଖିଲି, ୨୫ ସେଣ୍ଟ୍‌ର ମୁଦ୍ରାଟିଏ ଗଳାଇଦେବାରୁ ଲକର୍ ଖୋଲିଗଲା । ଆମେ ଜିନିଷ ଫେରାଇ ଆଣିବା ବେଳେ ସେହି ମୁଦ୍ରାଟି ବି ମୋତେ

ମିଳିଗଲା । ଅନ୍ୟ ଏକ ସ୍ଥାନରେ ଯନ୍ତ୍ରଟିଏ ଲାଗିଛି । ଦୁଇଟି ପଚିଶ ସେଣ୍ଟ୍ ଓ ଗୋଟିଏ ଏକ ସେଣ୍ଟ୍‌ର ମୁଦ୍ରା ଗଳାଇଦେଲେ, ଏକ ସେଣ୍ଟ୍‌ର ମୁଦ୍ରାଟିଏ ଆକାର ପରିବର୍ତ୍ତିତ ହୋଇ କେନେଡ଼ି ମହାକାଶ କେନ୍ଦ୍ରର ଫଟୋ ଛାପଥିବା ସୁନ୍ଦର ସ୍ମରଣୀୟ ବସ୍ତୁଟିଏ ହୋଇ ବାହାରି ଆସୁଛି । ଏଥିପାଇଁ ୫୦ ସେଣ୍ଟ୍ ବେଶୀ କିଛି ନୁହେଁ । କୌଣସି ପର୍ଯ୍ୟଟନସ୍ଥଳୀରେ ଶୌଚାଳୟରେ ପ୍ରବେଶ ଶୁଳ୍କ ଦେବାପାଇଁ ପଡ଼େ ନାହିଁ । ଅଥଚ ପ୍ୟାରିସ୍‌ର ଆଇଫେଲ୍ ଟାୱାର, ମିଶରର ପିରାମିଡ୍, ସମରକନ୍ଦର ରେଗିସ୍ଥାନ ଶୌଚାଳୟରେ ଅର୍ଥ ବିନିମୟରେ ପ୍ରବେଶ କରିବାର ମୋର ଅନୁଭୂତି ରହିଛି । ଭାରତରେ ବି ସୁଲଭ ଶୌଚାଳୟରେ ସେହି ବ୍ୟବସ୍ଥା ।

୩. ହୋଟେଲ୍ ଏବଂ ବିମାନଘାଟିରେ "ସ୍ୱୟଂ ପ୍ରବେଶ' (ସେଲ୍‌ଫ ଚେକ୍ ଇନ୍) ବ୍ୟବସ୍ଥା :

ଅନେକ ଉଚ୍ଚମାନର ହୋଟେଲ୍‌ରେ କମ୍ପ୍ୟୁଟର ଓ ପ୍ରିଣ୍ଟରରୁ ବିମାନରେ ଚଢ଼ିବା ପାଇଁ ବୋର୍ଡିଂ ପାସ୍ ପାଇବାର ବ୍ୟବସ୍ଥା ଅଛି । ଯାତ୍ରାର ୪ ଘଣ୍ଟା ପୂର୍ବରୁ ନିଜେ ନିଜର ପସନ୍ଦ ମୁତାବକ ସ୍ଥାନ (ସିଟ୍) ବି ବଦଳାଇ ପାରିବେ । ବିମାନ ଘାଟିରେ ପ୍ରବେଶ କରିବା ପରେ ମଧ୍ୟ କାଉଣ୍ଟରରେ ଲମ୍ବା ଧାଡ଼ିରେ ନରହି ସ୍ୱୟଂକ୍ରିୟ ଯନ୍ତ୍ର ଦ୍ୱାରା ବୋର୍ଡିଂପାସ୍ ପାଇପାରିବେ । ଏ ସବୁ ଦେଖିବା ବେଳେ ଡଲାର ଦେବାକୁ ପଡ଼ିପାରେ ବୋଲି ଭାବିଥିଲି । କିନ୍ତୁ ଜାଣିଲି, ବିନା ମୂଲ୍ୟରେ ଏ ବ୍ୟବସ୍ଥା କରାଯାଇଛି । ତେବେ ଜିନିଷପତ୍ର ନେବାର ଟ୍ରଲିଟିଏ ପାଇଁ ଏକ ଡଲାର୍ ଦେବାକୁ ପଡ଼ିଥାଏ । ଏଥିଯୋଗୁଁ ଟ୍ରଲି ଭିଡ଼ କମିଥିବାର ଲକ୍ଷ୍ୟ କଲି । ଭାରତରେ ଅଳ୍ପ ଜିନିଷ ଥିବା ଯାତ୍ରୀମାନେ ଅଯଥାରେ ଟ୍ରଲି ନେଇ ଲଗେଜ୍ ଗ୍ରହଣ ସ୍ଥାନରେ ଭିଡ଼ ଜମାଇଥାନ୍ତି ।

ଯାହାହେଉ, ସାମଗ୍ରିକ ଭାବରେ ବିଚାର କଲେ ଆମେରିକାଭ୍ରମଣ ମନୋରଂଜକ, ଜ୍ଞାନବର୍ଦ୍ଧକ ଓ ସୁଖପ୍ରଦ । ତେବେ ଯେଉଁମାନଙ୍କର ସୁବିଧା ଓ ସୁଯୋଗ ରହିଛି, ପୂର୍ବରୁ ଯୋଜନା କରି ଦଳଗତ ଭାବରେ ଭ୍ରମଣ କଲେ ବିମାନଭଡ଼ା, ହୋଟେଲ୍ ଖର୍ଚ୍ଚ ଓ ଦର୍ଶନୀୟ ସ୍ଥାନ ପାଇଁ ଟିକେଟ୍‌କିଣାରେ ରିହାତି ପାଇବେ ।

ଗୋଲ୍‌ଡେନ୍ ଗେଟ୍ ବ୍ରିଜ୍, ସାନ୍‌ଫ୍ରାନ୍ସିକୋ ଚିତ୍ର-୫

ଲେଖକଙ୍କ ମାତୁଳାୟ, ପୋର୍ଟଲ୍ୟାଣ୍ଡ ସିଟି

ଚିତ୍ର-୨

ପୋର୍ଟଲ୍ୟାଣ୍ଡର ଉପାସନାପୀଠ ଚିତ୍ର-୩

ପିଟକ୍ ମ୍ୟାନସନ୍ ଉପରୁ ପୋର୍ଟଲ୍ୟାଣ୍ଡର ଦୃଶ୍ୟ ଚିତ୍ର-୮

ମ୍ୟୋକ୍ୱାଲ୍ଲୀ ଜଳପ୍ରପାତ ଚିତ୍ର-୪

ସ୍ନୋକ୍ୱାଲ୍ମୀ ପର୍ବତରେ ତୁଷାର ଶୋଭା ଚିତ୍ର-୬

ସଂସଦ ଭବନ ସମ୍ମୁଖରେ ସପତ୍ନୀକ ଲେଖକ ଚିତ୍ର-୭

ନ୍ୟୁୟର୍କ କେନ୍ଦ୍ରୀୟ ପ୍ରମୋଦ ଉଦ୍ୟାନରେ ସାସ୍ଥ୍ୟପ୍ରଦ ଭ୍ରମଣ ଚିତ୍ର-୮

ଡାଇନୋସର କଙ୍କାଳ, ପ୍ରାକୃତିକ ଇତିହାସ ସଂଗ୍ରହାଳୟ, ନ୍ୟୁୟର୍କ ଚିତ୍ର-୯

ମେଡ୍ ଅଫ୍ ଦି ମିଷ୍ଟ ଉପରୁ ନାଏଗ୍ରା ଚିତ୍ର-୯୦

ନାଏଗ୍ରାର ଧୂମାଳ ଦୃଶ୍ୟ ଚିତ୍ର-୧୧

ସି.ଏନ୍.ଟାୱାର ଦର୍ଶକ ଗ୍ୟାଲେରୀ ଚିତ୍ର-୧୨

ସି.ଏନ୍. ଟାୱାର ଉପରୁ ସହରର ଦୃଶ୍ୟ ଚିତ୍ର-୯୩

ମ୍ୟାପଲ୍ ବଗିଚା ଚିତ୍ର-୧୮

ସେଣ୍ଟ୍ ଜୋସେଫ୍ ଚର୍ଚ୍ଚ, ମଣ୍ଟ୍ରିଲ୍ ଚିତ୍ର-୯୪

ଜସ୍ଲିନ୍ ଡାଏବେଟିସ୍ କେନ୍ଦ୍ର, ବୋଷ୍ଟନ୍ ଚିତ୍ର-୧୬

ଭବିଷ୍ୟ ଦୁନିଆ (ପୂର୍ବ), ଅର୍ଲାଣ୍ଡୋ ଚିତ୍ର-୨୨

ହାର୍ଭାର୍ଡଙ୍କ ପ୍ରତିମୂର୍ତ୍ତି, ବୋଷ୍ଟନ୍ ଚିତ୍ର-୧୭

ମାସାଚୁସେଟ୍ସ ସଂସଦ ଭବନ ଚିତ୍ର-୧୮

ବିକନ୍ ହିଲ୍‌ର ପ୍ରାଚୀନ ଗଳି, ବୋଷ୍ଟନ୍ ଚିତ୍ର-୧୯

ତିମି ଦର୍ଶନ ପାଇଁ ସମୁଦ୍ର ଯାତ୍ରା, ବୋଷ୍ଟନ୍ ଚିତ୍ର-୨୦

ଚୀନ୍‌ର ଟେରାକୋଟା ମୂର୍ତ୍ତି, ଅର୍ଲାଣ୍ଡୋ ଚିତ୍ର-୨୧

ଭବିଷ୍ୟ ବିଶ୍ୱ, ଅର୍ଲାଣ୍ଡୋ ଚିତ୍ର-୨୩

ଆନ୍ତର୍ଜାତୀୟ ମଧୁମେହ ସମ୍ମିଳନୀ, ଅର୍ଲାଣ୍ଡୋ — ଚିତ୍ର-୨୦

ରାଷ୍ଟ୍ରପତି ଭବନ, ୱାଶିଂଟନ୍ ଡି.ସି. ଚିତ୍ର-୨୪

ଦ୍ୱିତୀୟ ବିଶ୍ୱଯୁଦ୍ଧର ସ୍ମାରକୀ, ୱାଶିଂଟନ୍ ଡି.ସି. ଚିତ୍ର-୬୭

ଫିଲାଡେଲ୍ଫିଆର ପ୍ରାଚୀନ ଗଳି ଚିତ୍ର-୨୭

ଟୋଟେମ୍ ସ୍ତମ୍ଭ, ଭ୍ୟାଙ୍କୋଭର୍ ଚିତ୍ର-୨୮

ବୁଚାର୍ଟ ଗାର୍ଡ଼ନ୍, ଭ୍ୟାଙ୍କୋଭର୍ ଚିତ୍ର-୨୯

ସଂସଦ ଭବନ, ଭିକ୍ଟୋରିଆ ଚିତ୍ର-୩୦

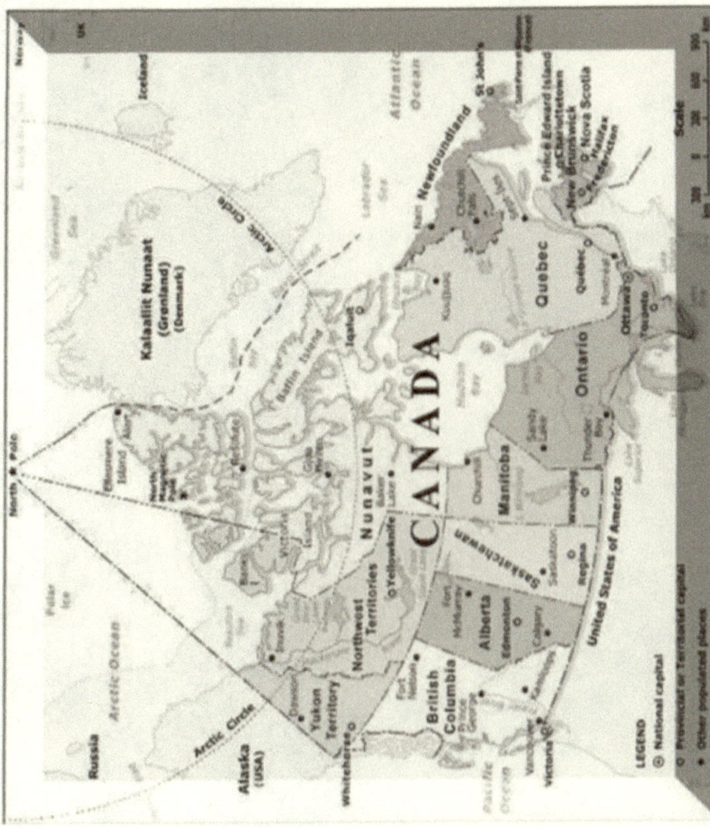

କାନାଡ଼ା ମ୍ୟାପ୍ ଚିତ୍ର-୩୯

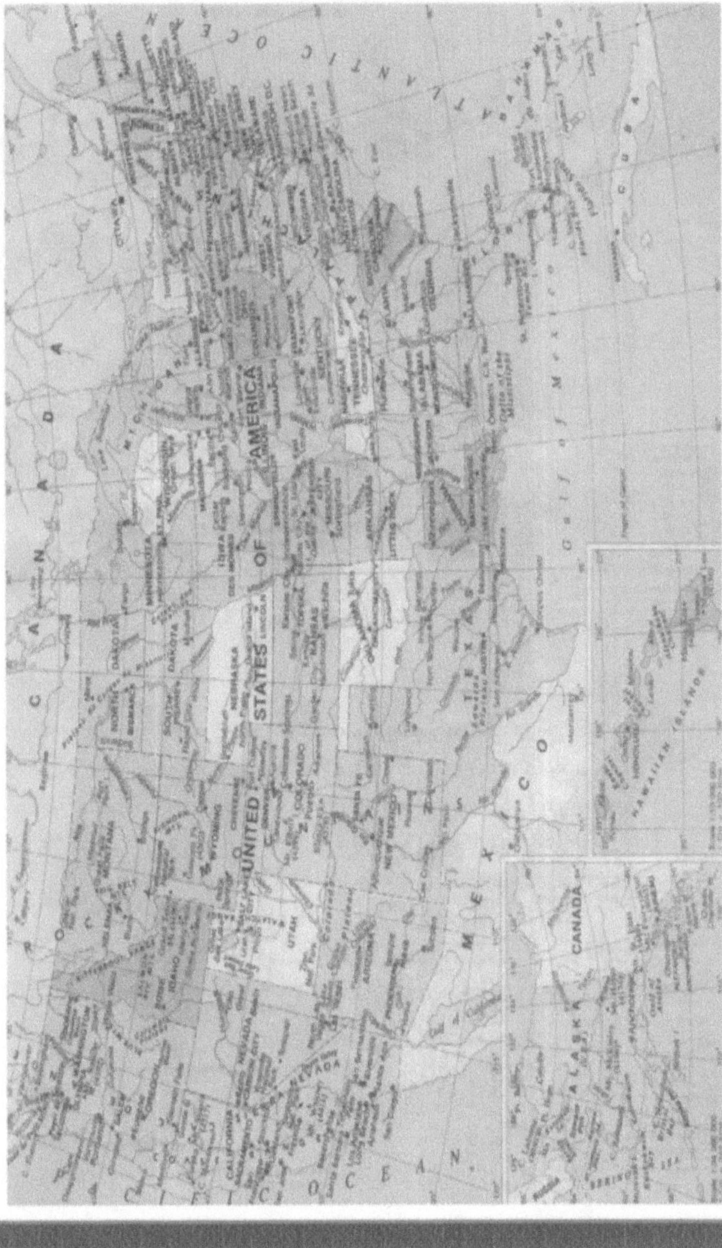

ୟୁଏସ୍‌ଏ ମ୍ୟାପ୍ ଚିତ୍ର-୩୭

BLACK EAGLE BOOKS

www.blackeaglebooks.org
info@blackeaglebooks.org

Black Eagle Books, an independent publisher, was founded as a nonprofit organization in April, 2019. It is our mission to connect and engage the Indian diaspora and the world at large with the best of works of world literature published on a collaborative platform, with special emphasis on foregrounding Contemporary Classics and New Writing.

www.ingramcontent.com/pod-product-compliance
Lightning Source LLC
Chambersburg PA
CBHW020526080526
44583CB00013B/756
9781645603177